일본인의 사회

일본인의 사회

마스다 요시오 엮음

김 양 선 옮김

혜안

일러두기

1 　이 책은 增田義郎 編, 『講座・比較文化 第6卷 日本人の社會』를 번역한 것이다.
2 　일본어 지명, 인명, 고유명사 등은 일본어 발음대로 적고, 발음 표기는 원칙적으로 문교부의 외래어 표기용례에 따랐다. 단 일부 관례화한 발음은 표기용례와 달리 표기하였다.
3. 　원문의 필자 주는 각 글의 끝에 미주로 정리하고 옮긴이의 역주는 본문에 각주로 정리하였다. 미주는 본문에 고딕의 굵은 글씨체〈**1)**〉로 표시하고 옮긴이의 역주는 명조체〈1) 〉로 표시하였다.
4 　연대는 서력을 원칙으로 하되 일본 연호가 들어간 표기는 일부 한정적으로만 사용하였다(예컨대 메이지 30년대, 쇼와 20년대).
5 　책이름, 잡지이름, 신문이름 등은 『 』로, 논문 이름과 잡지게재 글, 단편소설 등은 「 」로 표기하였다.
6 　본문에 실린 표와 도판 등은 원문 그대로이며, 사진은 원문에 실린 사진과 다르다.
7 　필자들에 대한 소개는 원저의 출간연도(1977)를 기준으로 한 것이다.

머리말

학문의 세계에서 가장 중요한 것은 자신의 머리로 생각하는 것이다. 우리도 이제 우리 일본 사회와 역사에 대해 조금씩 스스로 생각해야 할 시점에 이르렀다고 생각한다. 그 출발에 이 책이 조금이나마 도움이 되기를 바란다.

예전에 이런 종류의 책을 편집할 때는 사회학, 경제학, 정치학 등의 분야의 사람들이 주로 참가했으나, 이 책에는 오히려 문화인류학자와 역사학자의 수가 많다. 따라서 종래 선보인 책들과는 다른 시점이나 분석방법 등이 사용되었고, 지금까지의 연구에서는 생각지도 못한 발상을 볼 수 있을 것이다. 이에 독자 여러분도 너무 딱딱하지 않게 가벼운 마음으로 논문들을 읽고 자신의 사고와 연구에 필요한 약간의 힌트를 이 책에서 발견할 수 있기를 바란다.

종래 일본사회를 다룬 사회과학적인 글들과 비교해 보면, 위에서 언급한 특색 외에도 이 책은 매우 풍부한 비교시점을 포함하고 있다는 점을 지적할 수 있다. 필자의 편견일지 모르겠지만 소위 사회과학자의 일본사회론은 마르크스와 웨버 혹은 파슨즈 등의 이론을 어떤 문화적 토양 위에서 생겨난 것인지에 대한 고찰도 없이 맹목적이고 추상적으로 도입하여 일본 현실에 끼워맞추려는 경향이 있었던 것이 아닌가 하는 생각이 든다. 설사 그들이 비교시점을 도입한 적이 있다고 한다 해도 대개는 서구 선진국과 비교하여 일본이 얼마나 뒤떨어져 있는가를 강조하는 정도에 그쳤다고 생각된다. 이 책의 집필자들은 모두 조금이나마 냉정한 비교를 시도하고자 했다. 집필자

중에는 민족학자, 문화인류학자로서 이질적인 문화를 체험한 분들이 많다. 예를 들면 나카바야시 노부히로中林伸浩는 일본의 효자와 아프리카 타렌시족의 효자를 비교했고, 요시다 데이고吉田禎吾는 일본 농촌과 발리의 농촌을 비교했는데, 이는 아프리카와 인도네시아에서 체재하면서 조사한 내용을 바탕으로 한 것이다. 또한 비록 글에서는 이질문화의 관찰이나 비교에 대해 직접 언급하지 않았지만 필자의 시점과 사고에도 이미 외국에서 체험한 내용이 항상 토대를 이루고 있었다는 점을 강조해 두고 싶다.

지식과 연구의 세계에서 일본인과 외국인을 구별 짓는 것은 필자의 취향이 아니지만, 그러나 이 책에 구미 학자가 여럿 참여한 점도 하나의 특색일 것이다. 언급할 것도 없이 외국인 연구자들은 선천적으로 비교시점을 갖고 있다. 아울러 외국인 연구자들의 글에는 그 나라 고유의 학문방법이 나타나 있어서 우리는 거기에서 많은 자극을 받고 새로운 견해를 배울 수 있다. 또한 일정하게 거리를 둔 그들의 견해는 여러 가지 의미로 사용되면서 혼란해진 개념을 체계적으로 정리하여 문제의 본질을 고찰하게끔 하는 실마리를 잡게 해준다. 예를 들면 존 W. 홀의 글은 학자마다 각각 달리 사용되어 의미론적 혼란에 빠져 있던 봉건제라는 개념을 훌륭하게 정리하였다.

이 책에 외국의 일류 연구자들이 원고를 기고해 주신 것은 앞으로의 국제적인 대화에도 도움이 될 것이다.

다시 한 번 더 독자에게 부탁드리고 싶은 것은 이 책에서 어떤 체계적인 것이나 결론적인 것을 찾지 말아달라는 것이다. 어떤 새로운 견해, 잊혀진 문제점, 의외의 정보 등을 발견해서 각자 스스로 일본사회에 대해 생각하는 데 단서나 힌트로 삼기를 바란다. 이 책은 일본사회를 특별히 체계적으로 분석하려고 한 것이 아니다. '집단', '관계', '제도', '가치(이념과 사상)'라는 네 항목에 대해 20명의 학자가 자유롭게 적은 논집이어서 전체적인 통합은 그리 좋지 않을 수도 있다. 그러나 각각의 논문은 각 저자의 독자적인 견해에 입각한 것으로 모두 특색을 갖추고 있고 곳곳에 중요한 지적이나 시사점이 많은 사고방법이 담겨 있다.

끝으로 흔쾌하게 원고를 보내주신 집필자 여러분, 특히 이 책의 구성과 집필자 인선에 큰 도움을 준 요시다 데이고吉田禎吾, 나가시마 노부히로長島信弘 두 분과 번거로운 편집 작업을 맡아주신 니와노 요시히로庭野吉弘, 간 노부유키關伸行에게 진심으로 감사드린다.

1977년 8월 12일

마스다 요시오增田義郎

글 싣는 차례

제 4 부 가치(윤리와 사상)

제1부

집 단

제1장 일본의 무라

요시다 데이고 吉田禎吾

1. 촌락공동체로서의 무라村[1]

일본의 촌락은 결코 일정하지 않고 형태와 구조가 모두 제각각이라서 그 특색을 개괄적으로 설명하기 어려우며, 이는 우리가 의도하는 바도 아니다. 또한 일본의 촌을 연구하는 데는 여러 가지 접근법이 있고 또 농협경제학, 지방사학, 인문지리학, 민속학, 사회학, 법사회학, 사회인류학 등 많은 분야가 있기에 이들을 총망라하려는 것도 아니다. 여기에서는 주로 필자가 조사한 적이 있는 일본의 촌을 중심으로 하여 이를 최근 조사한 인도네시아의 촌 등과 비교하면서 주로 사회인류학의 입장에서 일본 무라村의 두세 가지 특색을 서술하고 그 구조원리를 알아보고자 한다.

일본의 '무라'는 '무레群'와 어원이 같다고 하듯이, 사람들이 함께 거주하는 지역집단으로 취락, 촌락이라고도 한다. 오늘날은 '무라'라고 하면 대개 행정구역을 가리키지만, 지금도 옛 막번시대幕藩時代[2]의 촌에 해당되는 촌락 공동체로서 부락이라는 의미로 사용되는 경우도 적지 않다. 여기에서 다룰 촌 내지 무라는 후자 즉 현재의 행정구역인 정촌町村의 오아자大字,[3] 구區 혹은 부락에 해당되는 소위 촌락공동체다. 이는 스즈키 에이타로鈴木榮太郞가

---

1) 일본의 기초자치단체로 학술적으로는 촌락을 의미하기도 하고 행정구역의 단위를 가리키기도 한다. 원문의 村은 '촌'으로, '村'의 뜻을 중시하여 'むら'로 표기한 경우는 '무라'로 번역하였다.
2) 1603~1868년. 막부라는 무가정권에 의해 통치된 봉건영주시대.
3) 행정의 가장 말단구역.

'자연촌'이라고 불렀던 것으로 현행 행정기구의 말단단위에 해당된다. 이런 점에서 개발도상국의 미개사회나 전통사회 등과 비교할 경우, 일본의 촌은 부분 사회로서의 특색이 강하고 자율성은 상대적으로 약할 것이다. 문화인류학자 머독에 의하면, 212개의 미개사회에서 무라가 정치적으로 독립된 곳은 108곳이며, 그 중 채집·수렵민의 무라는 정치적으로 독립된 경우가 많고 무라를 넘어선 정치체를 갖고 있지 않기 때문에 무라의 연대의식은 매우 강하다. 이에 비해 일본의 촌은 연대성이 강하다고 할 수는 없겠으나, 그렇지만 일본의 무라는 전통적으로 연대성이 강하다. 이는 각종 활동이 부락단위로 이루어지고, 여러 집단이 부락을 기초로 하여 형성된다는 현재까지 파악된 조사 내용에도 잘 나타나 있다.

그 한 예로, 이미 20여 년전 야노 히토시矢野峻 등이 공동으로 조사한 사가佐賀 현의 산촌과 농촌을 들 수 있겠다. 사가 현 사가 군의 산간지대에 예전에 일본 전통 종이의 제조로 유명했던 나오名尾라는 지역이 있고, 나오 강을 따라 작은 집락이 몇 군데 들어서 있다. 그 중 가지와라楮原(19가구), 사지키棧敷(24가구), 욘주보四十坊(16가구)의 세 부락을 조사하였다.[1] 이들 부락에서도 주민들은 자신의 부락을 무라라고 불렀는데, 이 부락은 모두 상호 부조조직의 단위이기도 했다. 각 부락은 각각 우물을 설치하고 수로를 만들고 그 관리와 보수는 대체로 부락별로 담당했다. 즉 부락을 넘어선 수리의 관리와 통제는 이루어지지 않았던 것이다. 이는 소유하고 있는 논의 위치가 비교적 부락별로 정비되어 있었던데다 아울러 자연적으로 흐르고 있는 물이 풍부하였던 것과도 관련이 있다. 일본에서는 무라가 수리水利라는 점에서 공동조직을 갖는 경우는 결코 일반적이지 않으며, 무라의 차원을 넘어 수리조직이 형성된 지역도 적지 않다.[2] 그렇다고 해서 이는 무라와 관계없이 만들어졌다고는 볼 수 없으며, 무라를 단위로 하는 경우도 많다.

더욱이 나오 부락에서는 수로청소와 우물보수가 부락의 공동작업인 '구야쿠'를 통해 이루어졌다. '구야쿠'에는 몇몇 비농가를 제외한 모든 농가가 반드시 참가해야 한다. 어쩔 수 없는 사정으로 공동작업에 빠지게 될 경우에는 '부류'라고 불리는 벌금(당시 약 300엔)을 부락에 내야 한다. 이는 일종의 제재였다. 같은 사가 군이라도 평지에 자리한 혼조本庄 농촌부락에서는 기계 관개가 이루어지고 있었는데, 펌프 수리비와 전기료는 각 부락의 경작자가 경작면적에 따라 내야 하며, 수로 청소도 번番 공동작업으로 해야 한다. 여기에 참가하지 않은 농가는 나오名尾의 경우와 마찬가지로 벌금('고구리' 혹은 '데후소쿠'라고 부른다)을 내야 한다. 남자 대신 여자가 나올 경우에는 남자노동력의 8할로 계산하고 나머지 차액을 내야 한다. 그리고 물을 끌어올리는 기간에는 부락이 물당번을 정해 돌아가며 기계를 관리하거나 기타의 일들을 하게 하였다. 혼조에는 곳곳에 수로가 있는데, 수로는 수리水利는 물론 비료용 진흙을 채취하는 데 중요하였다. 수로를 이용한 '진흙 퍼올리기' 작업도 매년 봄 10일 동안 부락단위로 실시된다. 요컨대 수리관리나 수로정비 등은 산간지역인 나오건 평야지역인 혼조건 모두 부락단위로 실시되며, 여기에는 모두 부락의 강제력이 수반된다. 양수펌프 같은 기계의 도입에도 불구하고 혼조에서는 양수펌프의 관리, 기계관개의 실시, 크리이크의 진흙 퍼올리기 등 모든 일이 부락체제의 틀 안에서 이루어지고 있다는 점이 주목된다.

2. 기능집단과 부락집단의 교류법 – 발리 섬의 사눌 촌을 조사하고

다음으로 일본과 마찬가지로 논농사를 짓는 인도네시아 발리 섬으로 눈을 돌려보자.[3] 인도네시아인은 대부분 회교도지만 발리 섬에는 이슬람교 도가 거의 없고, 지금도 힌두 문화와 발리의 토착문화가 뒤섞인 독특한 형태를 보이며 전통사회의 성격이 강하다. 일본의 부락에 해당하는 것은 반쟐banjar인데 행정기구의 말단단위다. 나오와 혼조에서와는 다르게 수리조 합인 스박subak은 반쟐과 무관하게 조직되어 있으며 행정부와도 공적으로는 아무런 관계도 없다. 우리가 조사한 사눌 촌의 경우 행정촌의 경계와 3개의 스박의 경계가 일치한다. 그러나 스박의 멤버 모두가 행정촌인 사눌에 사는 것은 아니다. 사눌 수리조합의 경우 약 300명의 멤버 가운데 58명 정도가 사눌 사람이 아니다. 사눌 행정촌은 두 개의 관습촌desat adat, 즉 사눌 관습촌과 인타란 관습촌으로 나뉘는데, 사눌 수리조합의 멤버는 사눌 관습촌과 인타란 관습촌에 5 대 4 정도의 비율로 따로따로 소속되어 있다. 스박은 구성원 면에서건 조직적인 면에서건 관습촌이나 부락(반쟐)과 무관하다. 스박은 반쟐과 별개로 독자적인 상호 부조 노동으로 수로 청소나 수로 정비 등을 1년에 2회 정도 실시하고 수로의 수리 등에 경비가 필요한 때는 각 멤버들로부터 비용을 걷는다. 스박은 또한 제사집단이기도 하여 관습촌이나 반쟐과는 별도로 독자적인 사당인 푼굴·차릭Pengulu Carik(논의 장長이라는 의미)을 두고 농업의 여신 부타리·스리Betari Sri를 모시는 의례를 행한다. 제삿날인 피오다란Piodalan은 발리식 달력(210일을 1년으로 한다)에 따라 정해져 있다. 반쟐(부락)의 관점에서 본다면 반쟐의 멤버는 경작하는 논의 위치에 따라 다른 스박에 소속되는 셈이다.

일본의 무라에서는 모내기와 추수를 할 때 부락 내의 이웃이나 부락 내외의 친족들과 공동으로 노동교환을 하거나 혹은 고용노동을 실시한다. 이에 비해 발리에서는 스쿠seka, sekahe라 불리는 반쟐과는 별개의 집단이 실시한다. 즉 스쿠는 다른 몇 개의 반쟐에 소속된 사람들에 의해 만들어진 것이다. 스쿠에는 여러 종류가 있어서 모내기와 추수를 목적으로 하는 것 외에도 건축, 어로, 바론 의례=춤, 가메란4) 악단 등을 위한 집단도 있다. 스쿠 중에는 같은 반쟐 사람들로만 구성된 경우도 있다. 예를 들면 반쟐·브루앙에 속한 사람들끼리 추수를 위한 스쿠를 구성한 경우가 있는데 이런 경우는 오히려 예외적이다. 스쿠는 원칙적으로 다른 몇 개의 반쟐 멤버로 구성되어 있다.

---

4) 인도네시아 발리를 중심으로 한 힌두교의 종교음악과 토속종교음악이 합쳐져서 완성된 타악기에 의한 오케스트라.

그런데 반쟐에서 이루어지는 상호 부조 노동의 내용은 반쟐에 따라 반드시 동일하지는 않다. 예를 들면 신기라 불리는 반쟐(64세대)에서는 결혼식 때 상호부조에는 관여하지 않지만, 브루앙(111세대)이나 브롱(81가구) 등의 반쟐에서는 결혼식의 각종 행사를 반쟐이 담당한다. 일반적으로 반쟐은 치아 갈기(성인식에서 앞니와 송곳니를 줄로 갈아 편평하게 만드는 것) 의식, 결혼식 등의 '인생 의식manusa-yadnya', '신의 날 의식dewa-yadnya', 장례식 · 화장을 포함한 '죽은 영혼 의식pitra-yadnya' 외에 관습촌의 신 · 사당 kayangan tiga이나 기타 사당의 청소와 수리, 반쟐 내의 도로나 도랑 청소, 반쟐 집회소의 청소 등을 담당한다. 그리고 각 카스트(계층)는 몇 개의 '소로한sorohan'이라 불리는 부계출자집단父系出自集團(공통된 부계조상의 재산을 공유하여 그 조상을 제사지내는 집단)으로 구분되어 있다. 예를 들면 프라후마나에는 5개의 소로한이 있고, 브루앙 부락에는 3개의 소로한(쿠마누, 쿠니텐, 마누압)이 있다. 그리고 소로한은 다시 '린티한lintihan'이라는 부계출자집단으로 나뉘어, 브루앙 부락의 소로한 중 하나인 쿠마누에는 91세대가 소속되어 있다. 그러나 린티한의 멤버가 모두 같은 부락에 살고 있다고 할 수는 없고 다른 부락에 사는 사람도 많다. 본가에 해당하는 집의 부지 내에는 린티한 전원이 제사를 지내는 사당이 있다. 친족집단의 멤버는 같은 부락 내에도 살지만 타지에 퍼져 있는 경우가 많아 제삿날 다른 부락에 살고 있는 린티한 친족들이 본가 사당에 많이 모인다.

이와 같이 발리5)의 사회집단은 대부분 한편으로는 제사집단이기도 한데, 그들 집단은 동일한 멤버를 공유하지 않는다. 부락과 수리 집단이 각각 똑같은 구성원으로 이루어지는 경우란 거의 없다. 하나의 부락이 같은 친족집단에 의해 구성되는 경우도 없다. 친족집단의 멤버는 몇 개의 부락에 걸쳐 있으며, 특정 목적을 위해 구성된 스쿠라는 기능집단도 부락과는 독립적으로 구성되어 있다. 이와 같이 발리의 사회조직은 기아츠Geertz 부처가 서술했듯

---

5) 원문에는 '바소'로 표기되어 있다.

이 서로 뒤섞여 여러 집단으로 구성된 복잡한 패턴을 이루고 있다.[4]

일본의 부락은 여러 가지 생활의 영위를 계기로 인간관계의 네트워크가 부락 밖으로 확대되어 있지만, 각 집단은 부락 내에 중층적으로 겹쳐져 있는 경우가 많다. 새로운 기능집단 역시 전통적인 부락이나 조직(구미組)을 기초로 하고 혹은 그것을 단위로 하는 경우가 일반적이다.

예를 들면 일본 무라의 전통적인 연령별 집단도 부락을 단위로 구성되어 있다. 사가 현의 나오 및 혼조의 여러 부락에도, 시마네島根 현 야스기安來 시의 T부락, 오이타大分 현 쓰쿠미津久見 시의 부락, 가고시마鹿兒島 현 스루기摺木 부락, 미야기宮城 현 도와초東和町 부락에도 대체로 부락을 단위로 한 연령집단이 조직되어 있었다. 고치高知 현 하타幡多 군 U부락은 3개 조직으로 나뉘어 있고, 각 조직에는 와카이몬구미(젊은이 조)가 있었다. 시마네 현의 도노카와우치殿川內에서는 '와카렌주'라는 청년단체가 부락단위로 구성되어 있었다. 청년단 조직도 부락이 그 하부조직으로 편성되어 있는 경우가 많다. 사가 현 나오의 여러 부락에는 부락단위마다 어린이, 청년, 장·노인, 원로로 구분되는 연령별 집단이 조직되어 있고, 여자들도 아가씨와 기혼부인들로 이루어진 '경회經會'라고 불리는 집단―이는 연령에 의거한 집단이라기보다는 원래 불교적 신앙집단이었는데 후에 부인회의 성격을 띠게 되었다―이 구성되어 있다. 사가 현 평지의 혼조 여러 부락에는 연령별 집단이 더욱 분화되어 남자의 경우 어린이, 청년, 장년, 중년, 노년, 원로 조직이 있고, 여자의 경우에는 어린이 조, 아가씨 조, 오다이시코お大師講[6] 혹은 간논코觀音講[7]가 있다. 나카시마中島 부락에는 간논코에 새댁, 아줌마, 할머니 식으로 연령에 따른 별개의 그룹들이 만들어졌다. 이는 신앙집단으로서의 '고講'[8]가 연령별 집단의 성격을 겸했다고 할 수 있겠다.[5]

고치 현 U부락에는 다노모시코, 반바코, 와카쿠사코 등의 '고講'가 연령별

---

6) 홍법(弘法)대사를 칭송하는 법회.
7) 관음의 덕을 칭송하는 법회.
8) 법회로서 훗날 성지순례 등의 계조직으로 발전.

집단과 마찬가지로 조직(구미)을 단위로 구성되었고 부인회는 부락을 단위로 구성되었다.

나가사키長崎 현 이키壹岐 섬의 어촌 가쓰모토우라勝本浦는 3개의 '구區'로 나뉘고 각각의 구는 다시 6~8개의 '마치우치町內'라 불리는 조직으로 나뉘는데, 전통적으로 각 조직에는 젊은이 조가 있었다. 그리고 어협청년부는 전통적인 '마치우치'의 젊은이 조를 하부단위로 하여 재편성되어 있다. 또 각 마치우치에는 넨부쓰코念佛講가 있다. 이것은 일종의 장례 조직에 해당하는 것으로 마을에 뜻밖의 재난이 닥치면 마을 사람들이 서로 돕는다. 특히 장례식 때 마치우치에 의해 상호부조가 이뤄진다. 따라서 장례식 날에는 마치우치('고추講中'라고도 한다)에 소속된 사람들은 고기를 잡으러 나가지 않고 장례에 임하는 관습이 있었다.[6]

3. 친족관계에 의거한 촌락 형태

필자는 예전에 일본인과 악령 현상에 대해 서술하면서, 악령이 대체로 일본 서남부지방에 많고 동북지방에 거의 없다는 것을 일본 촌락구조의 차이로 해석할 수도 있다고 언급한 적이 있다.[7] 그 구조의 차이란 나아가 친족관계의 차이와 관련된다.[8] 먼저 첫 번째 촌락구조는 동북지방에 잘 나타나 있다. 동족은 본가와 분가로 이루어져 있으며, 본가를 정점으로 해서 분가들이 본가에 사회경제적으로 예속되어 있다. 그들은 상하관계로 연결되어 있으며 피라미드식 집단을 구성한다. 여기에서 본가와 분가는 지주와 소작인, 우두머리와 부하의 관계이기도 하며, 소작인(=부하)인 분가가 우두머리(=지주)인 본가에 예속되는 이러한 관계는 몇 대에 걸쳐 대대로 이어져 왔다. 때로는 필요에 따라 친족이 아닌 사람을 분가로 받아들이는 경우도 있었다. 따라서 무라의 모든 생활이 본가를 중심으로 이뤄진다. 전형적으로 하나의 무라가 하나의 동족에 의해 고정되고 본가의 씨족신이 동족신인 동시에 무라의 수호신이기도 한 촌락인 것이다.[9]

본가 · 분가의 관계와 우두머리 · 부하의 관계

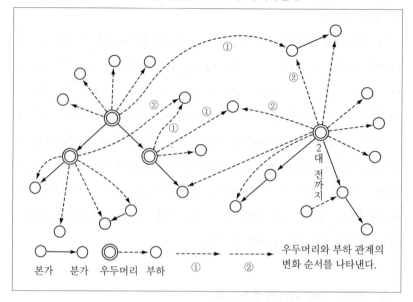

본가   분가   우두머리   부하   ①   ②   우두머리와 부하 관계의
                                                              변화 순서를 나타낸다.

  또 다른 촌락구조는 산인山陰 지방9)의 촌락 등에 전형적으로 나타난다.
본가와 분가라는 계보에 대한 인식은 10대 이상 거슬러 올라가지만 본가와
분가는 상하관계로 연결되어 있지 않다. 즉 지주(=우두머리)가 분가를 설립
할 때 분가를 본가에 예속시키지 않고 지주·우두머리로 삼거나 혹은 자작농
으로 만들어주었던 것이다. 따라서 첫 번째 촌락구조와는 달리 본가·분가의
관계와 지주·소작 관계가 중복되지 않는 경우가 많다. 분가에서 재분가된
경우는 첫 번째 촌락구조와는 달리 총 본가 휘하의 더 작은 분가로 포섭되지
않는 것이다. 따라서 동족이 집단적으로 뭉쳐지지 않으며 본가·분가의
계층조직은 만들어지지 않는다. 제2차 세계대전 전에 6만 평 이상을 소유했다
는 지주=우두머리도 분가를 종속시켜 노동력을 얻으려 하지 않고 분가를
독립시켰다. 이곳의 농업생산은 의제적擬制的 친자관계라고 불리는 우두머리

---

 9) 돗토리, 시마네, 야마구치 현 북부 등 동해와 면해 있는 곳.

=부하제도에 의해 경영되어 왔다. 여기에서 부하는 분가가 아니며 우두머리와 부하의 관계는 본가·분가 관계와는 거의 별개로 구성되어 있다. 분가를 부하=소작인으로 여기는 것은 본가의 수치라고 여기기까지 했다. 산인 지방 T부락의 본가·분가 관계와 우두머리·부하 관계를 표시하면 앞의 그림과 같다.

이 20명 남짓한 부하들 중 분가를 부하로 삼은 경우는 하나뿐이며, 분가에서 재분가된 분가를 부하로 삼은 경우도 하나 있다. 그러나 분가에서 재분가된 분가는 분가로 간주하지 않는다는 사실에서도 알 수 있듯이 전반적으로 분가와 관련 없는 자를 부하로 삼는다는 관념이 강했던 것이 분명하다.[10] 그리고 쌍계적(모계·부계쪽) 친척과 혼인을 통한 인척 등의 친척관계가 경조사, 농사작업, 집짓기, 병문안, 기타 상호부조활동에서 중요하다. 그러나 부락 외부인과의 혼인이 이전부터 많았기 때문에, 친인척은 부락 밖으로 퍼져 있고 지리적으로 떨어져 있어서 어려운 일이 닥쳐도 제 시간에 올 수 없으므로 상호부조의 기능은 약하다.

세 번째 촌락구조는 무라다. 본가와 분가 관계에 대한 인식은 4~5대를 넘으면 유지되지 못하고 계보의식도 약하다. 본가·분가는 상하의 서열관계도 아니며 게다가 우두머리·부하 관계로 발전되는 일도 없다. 계층적 차이가 비교적 적거나 혹은 계층제도가 동족관계에 기초하지 않아서 본가·분가 관계가 의제적인 친자관계와 별개로 구성되어 있는 촌락인 것이다. 이 형태는 고치 현, 사가 현, 가고시마 현 등에 종종 나타나며 군마群馬 현 다노多野 군의 촌락도 이와 비슷한 구조를 갖고 있어 본가·분가 관계가 상하 주종관계가 아니며, 여러 대가 지나면 관계가 애매해져 우두머리·부하 제도도 형성되지 않고, '마케'라고 불리는 인척을 포함한 양친의 친척관계가 생활하는 데 중요하다. 또 사가 현의 촌락처럼 양친의 친척을 포함한 근린관계가 기능적으로 중요하다. 이러한 무라에서는 지연적인 근린집단으로서의 조직(구미), 경제적 혹은 종교적 집단으로서의 고, 젊은이 조와 같은 연령집단의 결합이 눈에 띈다. 다만 이들 집단은 앞에서 언급한 대로 부락을 단위로 하거나 부락 내부에 형성된다.

그리고 두 번째와 세 번째 형태의 무라의 경우, 본가가 분가를 시킬 때는 본가에 가까운 곳이나 부락 내로 분가시키는 경우가 많고, 부락 외로 분가시키는 경우는 앞서 이야기한 산인 지방의 부락처럼 여러 대가 지나면 그 관계가 엷어지는 경향이 강하다. 규슈 남부의 무라에서는 원래 집안이라는 의식이 강했던 것 같지는 않다. 예를 들면 나이토 간지內藤莞爾가 조사한 가고시마 현 고시키지마甑島의 가고시마 촌 오무타小牟田 부락은 조사 당시 (1961년) 68가구 정도였다. 이곳은 반농반어의 영세 부락으로 원래 장자상속제도를 찾아볼 수 없었다. 그렇다고 해서 막내상속도 아니어서 명확한 상속 규칙은 없었지만, 여자가 상속인이 될 수 없다는 점만은 확실하였다. 분가할 때 가옥과 재산의 분배가 이뤄지고 단독상속은 실시된 적이 없었다. 제2차 세계대전 전부터 장남이 다른 곳으로 분가를 하거나 외지로 돈벌러 자주 나갔는데, 그럴 경우 차남이나 3남이 부모를 돌봤다. 때로 딸이 혼인을 할 때 약간의 재산을 나눠주는 경우도 있었다. 이런 점들을 고려하면 호주권이 강했다고는 할 수도 없으며, 당연히 견고한 집안연합이 형성되지도 않았다. 친족관계를 가리키는 단어로는 '몬즈'와 '야우치'가 있는데, 몬즈는 부계집안연합으로서 인척이 포함되지 않는 데 비해, 야우치는 혈연관계와 인척 양쪽을 포함시켜 거의 4촌까지 아우른다. 2~12가구로 이루어지는 몬즈의 계보관계는 형제와 그들의 자손 세대로 이뤄진 경우가 많고, 출자 의식도 명료하지 않고, 계보도 아무리 거슬러 올라간다 해도 대략 5세대에 그친다. 그래서 본가에는 권위가 없고 본가·분가 관계가 상하로 조직되어 있지 않다. 몬즈는 이렇다 할 기능이 없는 집단이다. 경제적으로는 야우치가 더 중요하며 특히 혼인관계를 통한 결합이 이 부락에서는 더 중시되었다. 따라서 부락 내의 혼인을 지지하였다. 게다가 이 오무타 부락 내에서도 마을 밖에도 지주가 없어서 비교적 계층화가 약하고 평등성이 강하다. 분명 선주가 있기는 하지만

일반 어민과 구별되는, 신분계층을 바탕으로 한 선주는 아니었다.[11]

여기에 비하면 같은 어촌이라도 나가사키 현 이키 섬의 가쓰모토우라는 상하 계층제도가 두드러지는 무라다. 조사 당시(1963년) 790가구에 이르는 비교적 큰 어촌이었다. 막번시대부터 번성하여 조사 당시에도 전체 약 60%가 직접 어업에 종사하고 있었다. 이 무라에서는 모토가타元方, 아미가타網方 혹은 오야가타라고 불리는 도매상이 주식을 독점하였다. 도매상은 당초 아홉 군데였지만 그 후 분가 등으로 전성기 때는 13곳으로까지 늘어났다. 막번시대에는 근해에서 고래를 잡아 모토가타들이 포경조합을 조직했다고 도 한다.

메이지明治(1868~1912)와 다이쇼大正(1912~1926) 시대에는 이들 도매상이 무라를 지배했다고 해도 과언이 아니다. 이 시기를 무라 사람들은 도매상 시대라고 부른다. 도매상은 일정 수의 어부를 시키후네敷船로 거느렸는데, 시키후네들은 도매상에게만 고기를 팔아야 했고 매매가격은 도매상이 일방적으로 정했다. 게다가 어부는 배와 어업도구의 구입자금을 도매상에게 빌리고 도매상은 그 돈을 보증금으로 어부에게 빌려주었다. 따라서 도매상과 어부의 관계는 전형적인 우두머리와 부하의 관계로서, 대체로 동족관계와는 별개로 형성되었다.

도매상의 시키후네가 된 어부는 배를 소유한 선주를 가리키며, 배를 갖지 못하고 선주에게 고용되어 선원으로서 일당을 받는 어부는 왓카시라고 불렸다. 당시의 배는 동력이 없었으므로 왓카시는 노를 젓기도 했다. 선주와 왓카시의 관계는 도매상과 선주인 시키후네와의 관계만큼 고정된 것은 아니고, 매년 음력 8월 1일 핫사쿠八朔[10] 날에 다음 해까지 1년간 선원이 된다는 것을 씨족신을 모신 사당에서 고하였다. 도매상, 선주, 왓카시라는 이런 계층구조는 다이쇼 말기부터 쇼와昭和(1926~1989) 초기에 걸쳐 붕괴되었다. 이는 첫째, 도매상이 양식사업과 섬 밖의 사업에 출자했다가 실패한데

---

10) 햇곡식을 추수하는 명절.

다 쇼와 초기의 불황으로 자산을 잃어 도매상 권력이 붕괴했기 때문이다. 두 번째 이유로 도매상의 권력 붕괴에 힘입어 어부가 힘을 얻으면서 도매상과 갈등을 빚고 독립한 후, 방어 양식사업에 성공하였고 나가사키 현 수산과의 지도에도 힘입어 도매상과 시키후네와의 관계가 해체되었기 때문이다. 그 결과 1930년에 어민의 사회경제적 지위는 상승되었다. 게다가 제2차 세계대전 후 선주와 왓카시의 관계는 왓카시가 융자제도를 통해 동력선을 수중에 넣게 되면서 해체되었다. 또한 어업협동조합의 설립(1949년)과 발전에 따라 사회계층의 평균화는 더욱 진전되었다.

요컨대 일본의 촌(부락)은 촌을 단위로 하는 사회관계와 집단이 서로 중첩되어 있어서 일본인의 강한 집단적 지향성을 키워 왔다고도 볼 수 있다. 촌의 사회조직은 지역에 따라 상당한 차이가 있고, 그 차이는 일괄적으로 생태학과 경제적 조건만으로는 설명할 수 없는 부분을 내포하고 있다. 친족관계에 대한 관념 자체도 지역과 촌에 따라 다소 차이가 있을 것이다. 여기에서는 일본의 촌락을 일단 3개의 촌락으로 나누어서 살펴보았는데, 이것은 유형이라고 하기보다는 문화적 변종이라고 해야 할 것이다.

1) 「道德敎育の總合的比較硏究」, 『九州大學敎育學部比較敎育文化硏究施設紀要』 11, 1963.

2) 中村吉治, 『日本の村落共同體』, 日本評論新社, 1958.

3) 필자의 발리 섬 사회에 대한 현지조사는 1974년 문교부 과학연구비에 의한 해외학술조사에 의거한 것이다. 연구대표자 岩田慶治, 「東南アジア島嶼地域における比較民族學的硏究」.

4) H. Geertz & C. Geertz, *Kinship in Bali*, Chicago: The University of Chicago Press, 1975, 18쪽.

5) 『九州大學敎育學部比較敎育文化硏究施設紀要』 11.

6) 高知 현 馬尙 및 長崎 현 勝本浦에 대한 조사는 웬메이그렌 재단의 원조를 받아 이루어졌으며, 두 부락을 통해 알게 된 上田將, 丸山孝一, 上田富士子, 波平惠美子 등의 협력을 받았다.

7) 졸저, 『日本の憑きもの』, 中央公論社, 1970.

8) 蒲生正男, 「親族」, 『日本民俗學大系 第3卷』, 平凡社, 1958.

9) 福武直, 『日本農村の社會的性格』, 東京大學出版會, 1949.

10) 吉田禎吾・上田將・丸山孝一・上田富士子, 「山陰農村の親族組織」, 『民族學研究』 34-1, 1969.

11) 內藤莞爾・吉田禎吾, 「離島村落の社會人類學的研究」, 『民族學研究』 30-3, 1965.

제2장 일본의 도시

요네야마 도시나오 米山俊直

1. 정촌 합병의 의미

효고兵庫 0	교토·시가滋賀·가나가와神奈川 각 1	오사카 2[1]
미야기宮城 3	야마가타山形 4	시즈오카靜岡 5	히로시마廣島 6
지바千葉 7	도쿄 8	가고시마鹿兒島 9	시마네島根 10

이 숫자는 무엇을 나타내는 것일까? 아직도 일본에 남아 있는 행정구역으로서의 촌, 즉 지방자치제 내의 촌의 숫자다. 여기에 제시한 것은 약간의 예에 불과하다.

메이지 첫 해인 1868년에는 전통적인 무라ー집락의 수는 7만을 헤아렸다고 한다. 그 대부분은 자연적으로 형성된 소위 자연마을이었다. 메이지 시기 정촌町村제도의 시행으로 행정단위로서의 촌은 총합 15,000개에 이르렀고 시정촌市町村[1] 제도가 정립되었다. 게다가 오아자大字 등으로 남아 있던 옛 촌의 응집력은 정부가 신사神社 정리합병정책 같은 해체공작을 벌였음에도 불구하고 존속되어 행정촌에 대한 옛 무라의 전통을 계승해 왔다. 이 전통은 봉건성의 잔재로 간주되기도 하고 반대로 아름다운 옛 미풍으로 평가되기도 하였다.

---

1) 한국에 시읍면에 해당.

이 행정단위는 제2차 세계대전 후, 정촌합병 촉진의 움직임에 의해 새롭게 시市와 정町으로 재편되었다. 행정 효율의 개선, 지방재정의 합병에 의한 규모 확대 등의 효과가 있다는 것이 선전 문구였다. 그 결과 행정구역단위로서 촌으로 불리게 된 것은 앞서 제시한 숫자 만큼이나 줄어들었다. 또 나가노 67, 니가타 39, 오키나와 36, 기후 32개로 촌이 많은 현도 있기는 했지만, 총수는 620개로 대부분의 부현府縣에는 시와 정의 수가 촌보다 많다.

이것은 그저 지방제도상의 명칭 이야기에 불과하다고 할 사람도 있을 것이다. 촌으로 부를 것인지 정으로 부를 것인지 그 기준이 되는 것은 인구의 규모다.[1] 시정촌 제도 자체가 메이지 이후 상당히 자의적으로 만들어진 것이고 근본적으로 행정이나 통치 상황을 우선한 것이다. 자연적으로 성립된 무라의 강력한 응집력은 차치하더라도, 행정구역으로서의 촌의 자치 능력은 상당히 미숙한 상태라서 순조롭게 발휘되지 못한 것도 사실이다. 그렇기 때문에 쉽게 시나 정 단위로 편입되었던 것 같다.

그러나 촌 숫자의 이러한 급격한 감소를 하나의 문화 현상으로 파악하고자 한다면, 이는 단순히 제도상의 변화나 명칭 변경 등으로 파악하는 것은 충분하지 않다.

중앙정부로부터의 지도도 있고 도도부현都道府縣[2]의 선도가 있었다 하더라도, 오늘날의 일본인이 위에서 시키는 대로만 움직였다고는 생각할 수 없다. 1세기도 채 안 되는 동안 전통적인 거주 장소였던 촌의 숫자를 100분의 1 이하로 격감시킨 그 흐름이 대단하다.

2. 주민의 선택

거기에는 주민들의 의식적인 선택이 있었을 것이다. 즉 예전의 촌 주민들은 촌보다 정町을, 정제町制보다는 시제市制를 선택했다. 적어도 이러한 변화에

---

2) 일본의 행정구역명칭, 도(都)는 특별시에 해당하며 도쿄도(東京都), 도(道)는 홋카이도(北海道)에만 사용한다. 부(府)는 직할시에 해당하며 현은 우리나라의 도(道)에 해당한다.

대해서 소극적이지만 긍정적이었다. 즉 많은 일본인은 시골 생활보다 도시적인 생활을 지향했다. 제도적인 변화의 배경에는 늘 그것을 재촉하는 문화적 동기가 있었다고 보는 것이 타당하다. 이를 무시한 제도적인 변화란 결코 연속되지 못한다. 일본지도에서 촌의 이름을 지워온 근대 백 년의 움직임 뒤에는 일본인의 도시지향성이 있었고, 그것을 지지한 주민의 선택이 있었다고 해도 과언이 아닐 것이다.

시정촌 합병이라는 제도적 변화는 여러 가지 혼란을 일으켰다. 예전에는 촌이라고 하면 rural, 도시는 urban이었다. 정은 rural과 urban을 묶는 연결점이었다. 따라서 시, 정, 촌은 그 같은 실태를 반영하여 각각 그에 대응하는 안정적인 이미지를 갖고 있었다.

그런데 제2차 세계대전 후의 제도적 변화는 이러한 소박하고 안정적 이미지를 망가뜨리고, 당시까지 쓰이던 무라, 도시, 수도라는 단어의 뜻을 혼란시켜 버렸다. 시정촌별 통계를 그대로 rural과 urban으로 대응시키는 것이 불가능해졌다. 대도시 안에 농업 · 임업 · 어업 등에 종사하는 가구가 포함되고, 광대한 산지와 전답을 포함한 전원도시가 생기기도 했다.

깊은 산속이나 계곡에 위치한 촌도 새롭게 시나 정이 되었다. 하룻밤 사이에 촌민이 갑자기 시민이 되었다며 자조하는 사람도 있었다. 변화에 따라 여러 가지 희비극이 일어나고 새로운 관습이 각지에 생겨났다. 그러나 촌이 시로 이름을 바꿈으로써 각지에 새로운 시민이 많이 생겨났다는 것은 사람들의 의식에도 영향을 줄 수밖에 없었다.

근대 백 년 동안 일본인들은 생활의 장으로서 촌보다는 정, 농어촌보다는 도시가 낫거나 혹은 더 바람직하리라는 생각을 갖고 있었다. 그 같은 도시지향성 때문에 사람들은 촌을 격감시키는 제도적 변화를 받아들였던 것 같다.

두말할 것도 없이 시제와 정제는 인구의 사회적 이동으로 초래된 새로운 집중 주거형태 때문에 발생한 부분도 있다. 대도시 근교의 시와 정에는 집중된 인구 때문에 어쩔 수 없이 촌이 정이 되고 정이 시로 된 경우를 찾아볼 수 있다. 이런 결과를 가져온 인구이동 역시 일본인의 도시지향성 때문이었다고 할 수 있다.

이렇듯 일본인의 강한 도시지향성은 행정구역인 촌의 숫자가 격감된 문화적 배경이 되었다고 할 수 있겠다.

3. 세계적 동향

그런데 일본 근대의 이러한 도시지향성은 세계에서 유래가 없는 것일까? 반드시 그렇지만은 않다.

문화적인 관점에서 보아도 도시로의 인구집중 현상은 역사상으로도 인정되며, 오늘날에도 세계 각지에서 진행되고 있다. 도시 공간은 오늘날 지점에서 지역으로, 지역에서 벨트로 확대되고 있다.

일본의 도시지향성은, 전국적으로 직업선택과 거주이동이 가능해진 메이지 시대 이후 인구의 폭발적 증가와 함께 더욱 강화되었다고 할 수 있다. 오늘날 탈부족화가 진행되는 개발도상국에서도 이러한 도시로의 인구집중 현상이 나타난다. 다칼, 아비장, 아쿠라 등의 서아프리카 해안의 도시는 인구 규모가 50만~150만 명 수준인데, 모두 전체 인구의 1할 정도가 모여 있다. 중남미의 산티아고, 리마, 하바나 등에는 인구 규모는 조금 작지만 전체 인구의 2할이 넘는 인구가 집중되어 있다.

자이르 공화국의 수도 킨샤사는 인구 약 200만 명, 케냐 공화국의 수도 나이로비는 약 60만 명으로 총 인구의 8%와 4%가 모여 있다. 한쪽은 열대우림지역이고 다른 쪽은 사바나로, 기후와 식물분포의 조건은 다르지만 공통점도 있다. 과거 식민지시대 때 만들어진 도심지역과 독립 후 국가의 상징으로 생겨난 도시시설군인 고층 빌딩, 호텔, 도로, 경기장, 기념비 등이 도시 중심을 차지하고 있고, 그 주변에 광대한 주택지역이 들어서는 스프롤[3]

---

3) sprawl : 도시의 급격한 발전으로 시가지가 무계획적으로 교외로 확장되는 현상.

이 일어나고 있다.

한쪽에는 상류계급이 사는 고급주택가가 있고 다른 쪽에는 유입된 인구를 흡수하는 작은 흙집들이 끝없이 펼쳐져 있다. 집중된 노동력을 충분히 받아들일 수 없는 산업규모 때문에 도시 슬럼화 문제들이 그대로 전개되고 있다. 일찍이 요코야마 겐노스케橫山源之助가 『일본의 하층사회』란 책에서 묘사한 '도쿄 빈민' 세계와의 공통점을 거기에서도 쉽게 발견할 수 있다. 야마모토 슈고로山本周五郎의 『아오베카 이야기靑ヘか物語』의 세계와, 나이로비의 풍물과 인정을 그린 니시에 마사유키西江雅之의 『꽃이 있는 풍경』을 비교해 보더라도 인간을 자유롭게 해준다고 하는 '도시의 공기'와 가난으로 인한 애환을 공통적으로 느낄 수 있다.

봄베이, 카이로, 서울, 쟈카르타, 홍콩, 마닐라는 모두 인구 500만 명 규모의 도시고, 부에노스아이레스, 상파울로, 리오데자네이로, 그리고 멕시코시는 모두 700만~900만 명 규모다. 켈커타, 상하이는 다른 문화전통 위에 생겨난 거대도시고, 게다가 일본의 태평양 벨트 지역, 미국의 동서해안 지역, 유럽 북서부 등에 소위 메가로폴리스,[4] 에쿠메노폴리스[5]가 거대 인구집중지역을 만들어냈다는 것은 새삼 언급할 필요도 없다.

4. 집중과 집주集住

옛 유행가 가운데 "한양이 그리우니 빨리 갑시다"라는 구절이 있다. 이러한 도시지향성은 단순히 도시가 직업의 기회나 오락을 쉽게 제공해주기 때문만이 아니라, 보다 깊은 의미 즉 심층적 의미가 존재하는 것은 아닐까? 보다 일반적으로 말하자면 군거성 동물인 인류의 생득적 경향과 연장선상에 있는 성향이 표출된 것은 아닐까?

---

4) megalopolis : 각각 분산된 도시로 보기보다는, 경제·사회·문화·정보 등의 기능이 상호 일체화된 하나의 거대한 도시권역으로 통합한 형태.
5) ecumenopolis : 여러 곳에 중심을 두어 상호 연락망으로 연결시킨 도시 형태.

도시의 성립은 말할 것도 없이 인구가 일정 지역에 모여산다는 것을 전제로 한다. 그러나 그 이전에 인구집중 현상이 일어난다. 일시적인 인구집중은 집주하기 훨씬 이전부터 인류의 생활에 나타났던 것 같다.

수렵채집인의 이동생활 속에서도 사람들은 채집대상인 식물과 조개류가 많은 곳으로 몰려들었다. 일시적 집중이지만 이때 혼인과 제사가 발생할 수 있는 계기가 생겼다. 숲속의 수렵인이 코끼리를 잡으면 근처 사람들이 우르르 몰려와 노획물을 다 먹어치울 때까지 노래하고 춤을 췄다고 한다. 인구집중 현상의 원형은 이 즈음에 생겼을 것이다. 그 계보를 이어 이슬람교도가 메카로, 라마 교도가 라사로 긴 여행을 하게 되었다. 일본의 경우는 에도 시대江戸時代(1603~1868)의 이세伊勢 신궁 참배 역시 이와 공통점을 갖고 있는 것 같다. 1976년 오사카 만국박람회 때 6개월 만에 6,400만 명의 입장객이 모인 것도 이 같은 인간행동의 계보에 해당하는 것은 아닐까?

이에리코, 라가슈, 울 등 고대 오리엔트 도시가 성립한 때로부터 오늘날 신흥독립국으로 발달하고 있는 여러 도시에 이르기까지, 한데 집중하고 싶어지는 이런 충동이 소위 말하는 도시의 매력, 도시의 인구 흡입력의 밑바탕에 존재하는 것이리라.

일시적인 인구집중은 반드시 도시를 필요로 하지는 않는다. 동남아시아와 일본의 일부 지역에서 행해지는 등산행사 즉 같은 마을 같은 동네 사람들이 빠짐없이 모여 산에 올라가 하루를 보내는 행사의 경우, 집중하는 장소는 산 정상이다. 마을제사도 이와 유사하다. 그러나 대규모화는 역시 도시적 공간에서 이루어진다. 수도의 제례의식이 좋은 예다. 각지의 카니발도 그 예가 될 수 있으며, 전국적인 수준의 행사로는 봄여름의 고교야구시합 같은 이벤트도 들 수 있다. 이러한 예는 동서고금의 문화 속에서 얼마든지 찾아낼 수 있다.

주야간 인구의 격차가 큰 대도시의 도심에서는 말하자면 매일 인구집중 현상이 반복적으로 나타난다. 수렵인의 경우, 쓰러뜨린 코끼리가 갖고 있는 흡입력과, 도심의 주간인구 밀집지점이 가지고 있는 흡입력 사이에는 일맥상통하는 점이 있다고 해도 좋을 것이다.

왜 사람들은 도시로 모여들까? 그 이유를 단순한 경제적 이유 등으로 돌려버리는 것은 충분하지 않다. 집주에 앞선 집중―특히 소위 향도이촌이라는 현상의 존재를 충분히 짚고 넘어갈 필요가 있다. 그렇게 함으로써 도시생활과 도시사회를 해명하기 위한 하나의 실마리도 잡을 수 있을 것이다.

5. 향도이촌向都離村[6]

일본문화에서 도시를 고찰할 경우 도시 자체만 연구하는 것은 별 의미가 없다. 순수한 도시인구는 에도 시대의 에도江戸[7]나 교토, 오사카에서도 극히 적었다. 대부분의 주민은 끊임없이 교류하는, 밖에서 들어온 인구 즉 시골 인구였다고 해도 과언이 아닐 것이다. 이러한 경향은 메이지 시대 이후에도 본질적으로 변하지 않는다. 단지 오늘날의 새로운 큰 변화라고 하면, 예전의 시골이 '도시화'되고 그로 인해 유동인구가 모두 시골 사람이라고 단정짓기 어려워졌다는 점이라고 하겠다.

메이지 시대 이후의 일본인은 몇 군데의 도시거점으로 향하는 향도이촌이라는 민족대이동을 해 왔다. 산업혁명이 이를 촉진시켰음은 물론 부정할수 없다. 그 결과 한편으로는 급격한 인구집중이 이루어진 대도시를 발달시켰고, 다른 한편으로는 각지의 지방 전통 붕괴, 구질서의 소멸 내지는 재편성을 촉진시켰다. 시골의 경우는 제2차 세계대전 후 소위 과소 현상이 일어나 마을 전체가 사라지는 경우까지 생겼다.

도시의 경우 고베 시가 그 예다. 1868년 고베神戸 정과 효고兵庫 정의 2개 정으로 만들어진 고베는 거류지 공사를 개시했는데 이 해 2정의 인구는 합계 25,000명이었다고 한다. 1889년 고베 시로 개정되었을 때도 인구는

---

6) 도시지향, 시골이탈.
7) 현재의 도쿄.

경우 138,000명에 불과했다. 그 후 정확히 50년이 지난 1939년 고베 시의 인구는 100만 명을 돌파했다. 이때까지 아직 고베 시는 동쪽의 미카게御影, 스미요시住吉, 모토야마本山, 오사키魚崎, 서쪽의 다루미垂水 등 나중에 합병된 지역을 제외하면 8개 구만이 시 구역이었다. 항구와 무역 그리고 공업생산이 이와 같은 급격한 인구집중을 유발시킨 것이었다. 고베 시의 인구수는 일본의 공업화와 그에 따른 급격한 도시성장을 단적으로 보여준다. 고베와 비슷한 '백년 도시'로는 요코하마橫濱와 삿포로札幌 등 몇 곳을 들 수 있겠다.[3]

이러한 이동으로 인하여 시골 쪽에도 변화가 생긴다. 예를 들면 세토우치瀨戶內[8] 어촌들의 관습 등은 젊은이들이 향도이촌한 결과로 젊은이 조를 결성하는 관습 등 그 골격 부분이 붕괴되어 갔다. 이 같은 현상은 정도 차이는 있지만 전국적으로 나타났다.

6. 생활사의 네 가지 유형

일본에서의 이러한 '백년 도시'의 급속한 성장은 외국과 비교해 보면 약간 다른 성격을 띤다. 일본의 경우, 부분적인 예외를 제외하면 도시로 유입된 인구가 대부분 시골 출신이었다. 이는 미국의 여러 도시가 유럽 등 해외에서 들어온 이주자에 의해 팽창되었고 다양한 민족집단을 받아들였던 사실과 대조적이다. 국제적인 항구도시의 색채가 강한 고베나 요코하마의 경우도 유입인구의 압도적 다수는 일본 각지에서 온 이주자였다. 이주자가 공통된 문화적 배경을 갖고 있다는 점에서는 오히려 오늘날의 아프리카 여러 도시의 팽창과 유사하다고 할 수 있겠다.

따라서 일본도시의 성격과 도시생활자의 사회를 고찰할 경우 주요 구성원인 이주민 1세와 2세가 갖고 있는 시골과 관련된 배경을 무시할 수 없다.

---

8) 세토나이카이(瀨戶內海)와 그 연안 지방.

시골 즉 농촌·산촌·어촌 사람들과 도시와의 관계는 그 생활사(라이프 히스토리)의 측면에서 보면 대략 네 가지 유형이 있다고 할 수 있다. 그 형태는 에도 시대부터 오늘날까지 일관되게 이어져 내려오고 있다고 해도 과언이 아니다.

우선 첫 번째 유형은 농촌에서 태어나 어느 시점에 도시로 이주하여 출신지와 거의 관계를 갖지 않게 된 사람, 소위 농촌이탈형이다. 물론 그 중에는 오사카 상인이 오미近江[9]를 고향으로 여기고 조상의 출신지와 관계를 끊지 않는 경우도 있다. 그러나 대부분 이러한 인간관계는 조상제사 같은 의례적인 것으로 한정되고, 생활사의 대부분은 도시를 무대로 하는 것이 통상적이다.

두 번째 유형은 시골에서 태어나 일정 기간을 도시에서 보낸 후 결국 다시 농촌으로 돌아온 사람들. 도시에 체재한 기간이 학교나 군대 생활 등 제한적인 몇 년인 경우도 있고, 일할 수 있을 때 도시에서 일하다 은퇴한 후 농촌으로 돌아온 사람도 있다. 후자는 소위 생애회귀형이라고 할 수도 있겠다. 이 형태가 자연스럽게 시스템으로 확립되면 농촌에는 노인과 미취학 아동들만 살고 취학연령층은 도시에서 생활한다는, 도시와 비도시를 잇는 하나의 생활형태가 성립된다.

세 번째 유형은 주로 농촌에서 생활을 하다가 농한기마다 도시로 나가 일하는 사람들로, 소위 계절마다 다른 지역으로 돈벌이 가는 경우다. 그 대표적인 경우가 도지杜氏[10]여서 도지형이라고도 할 수 있겠다. 원래 도지는 소위 전문기능을 가진 장인이지만, 다른 지방에는 토목건설현장 등에서 일하는 비숙련 보조 노동자들도 많기 때문에, 그들을 모두 합쳐서 계절회귀형 이라 부를 수도 있겠다.

네 번째 유형은 농촌에 생활거점을 두고 있으면서 도시에서의 취업 기회도

---

9) 현 시가(滋賀) 현의 옛 지명.
10) 술 만드는 기술자.

늘상 갖고 있었던 사람들이다. 예전에는 도시 근교의 행상 등은 도시 근교에 사는 농촌사람들만이 누릴 수 있는 기회였다. 그러나 지금은 소위 도시로 통근하면서 농사를 겸업하는 사람들이 이 유형에 속한다. 그 중에는 사무직인 화이트칼라와 공장노동 등의 블루칼라도 포함되어 있다. 근교통근형이라고 부를 수 있겠다.

도시 팽창은 우선 첫 번째와 두 번째 유형 즉 농촌이탈형과 생애회귀형 사람들에 의해 실현되었다. 그러나 인구의 7할이 농촌인구였던 제2차 세계대전 전의 일본에서는, 도시생활자는 극히 소수파였고 임시거주자가 적지 않았다. 제2차 세계대전 전의 농촌 전통을 일본문화의 핵심으로 보는 견해를 뒷받침하는 근거 중 하나가 바로 이 인구비율이다.

그러나 제2차 세계대전 후 세 번째와 네 번째 유형 즉 계절회귀형과 근교통근형의 생활 유형이 급속히 증가하였고, 또 첫 번째와 두 번째 유형의 2세나 3세들의 집단주거지인 주택단지가 구 도시의 주변부로 확산된 결과 소위 베드타운이 출현하였다. 게다가 고도성장기에 접어들어 신흥 산업도시가 탄생하면서 소위 '도시화'를 전국적으로 확산시켰다.

오늘날에도 일본의 도시인구는 도시에서 나고 자란 사람들 외에도 위와 같은 네 가지 생활사 유형에 속하며 시골과 관련을 맺고 있는 사람들이 상당히 중요한 부분을 차지하고 있다. 그로 인해 도시사회의 구성은 복잡한 형태를 띠게 되었다.

7. 대항지향對抗志向의 약세

향도이촌과 도시지향 풍조에 반대하는 대항적 지향이 없었던 것은 아니다. 오히려 도시를 경박, 화려, 퇴폐의 근원으로 비난하고 비판하면서 자연과 소박한 전원생활을 찬미하는 낭만주의가 일본 근대에 여러 형태로 모든 분야에서 나타났다.

소위 대항사상이라고 하는 농본주의도 그 중 하나로, 농정관료나 내무관료

를 통해 행정과 정치에도 반영되었다. 산업조합운동이나 공황 때의 농촌재생
운동 등에도 도시문명에 대한 대항의식이 있었음을 확인할 수 있다. 청년단운
동도 예외는 아니었다. 의무교육에서도 도시에 대항하여 시골이 강조되었다
는 점도 눈에 띈다. 니노미야 긴지로二宮金次郎11)의 동상이 각지의 초등학교에
세워지기도 했다.

문학에서도 도쿠토미 로카德富蘆花의『자연과 인생』, 미야자와 겐지宮澤賢治
의『농민예술개론』, 시마키 겐사쿠島木健作의『생활의 탐구』처럼, 시골의
장점을 파악하여 평가한 사람이 있었다. 또 후쿠시 고지로福士幸次郎처럼
지방문학을 주장하고 방언으로 시를 쓴 사람도 있다.

도시지향에 대한 이러한 대항은 때로는 내셔널리즘을 불러오기도 하고
아시아주의와 중첩되어 군국 일본을 키우는 세력과도 연결된다. 세계사적으
로 이 대항지향은 한때 일본을 분쟁으로 몰아넣기도 한 것 같다.

그럼에도 불구하고 일본인은 전체적으로 도시화를 선택하여 왔다. 패전으
로 도시가 폐허로 변하였음에도 불구하고, 메이지 이후의 도시지향의 흐름은
크게 변하지 않았다. 격심한 향도이촌과 과소사회의 출현은 이를 충분히
뒷받침한다. 나아가 부흥에서 고도성장기를 거치면서 도시의 발달은 두드러
지고 태평양 벨트지역 같은 도시 연결체계를 만들어냈다. 경관으로서는
오히려 보기 흉한 미국의 시골마을 같은 도로 풍경이 전국 대부분의 지역에서
출현하였고, 새로운 도시를 상징하는 콘크리트 시청사가 전원풍경 속에
나타나기도 했다. 농림어업에 취업하는 인구가 갑자기 줄어들고 세 번째
네 번째 생활사 유형을 가진 사람들이 급증했다.

오늘날에는 시골 인구가 다수파에서 소수파로 바뀌었고, 게다가 이 시골
사람들의 생활 내용도 매우 도시적이다.

1955년 전후, 일본 동북지방에서 일련의 근대화가 진행되었고, 이것을

---

11) 1787~1856년. 본명은 니노미야 손토쿠(二宮尊德). 에도 시대 후기 농촌부흥정책을 지도한
    농정가, 사상가.

홋카이도화北海道化라고 이름 붙였다. 마차 대신에 트럭이, 말을 부리는 대신 경운기가 도입되고, 전통적인 말의 명산지에서는 낙농이 시작되었다. ㄱ자형 집12) 화덕은 점점 전기화로나 홋카이도식 통나무 스토브로 바뀌었다. 전통적인 복장도 서양식으로 바뀌기 시작했다.

쇼와 40년대(1965년대)에 들어와 이 지역의 생활양식은 다시 크게 변화되었다. 가옥을 개축하고 부유한 쌀농가는 프로판가스와 대형 보일러에 온수설비가 된 도시풍 부엌과 목욕탕을 갖추고, 각 집마다 자동차와 전화를 두고 거실에 TV를 두었다. 일부 농가는 이미 도시의 평균 생활수준을 넘는 도시적 생활양식을 갖추게 되었다.

도시지향에 대항하는 입장이 아예 없었던 것은 것은 아니다. 그러나 그것은 무샤노코지 사네아쓰武者小路實篤 등이 주장하는 '새로운 마을 新しい村' 처럼 다소 유토피아적이었고, 도시지향을 제어할 수 있는 성질의 것도, 그럴 만한 힘도 없었다. "우리는 시골에서 살 수 없으니"라는 가사는 도시엘리트층 사이에서 생겨난 것임에 주목해야 할 것이다.

도시지향에 대한 대항지향은 그런 의미에서 힘이 없었다. 농정과 지방자치를 담당하고 농·산·어촌의 실질적인 문제를 직시하는 사람들일지라도, 농촌문제 운동가들과 이데올로기가 농촌의 가난과 낡은 고루함만 지적하는 한, 도시지향에 대항하는 세력이 될 수가 없었던 것이다.

일본문화에서의 도시문화와 일본사회에서의 도시사회를 검토할 때는, 우선 전통적으로 일본인의 강한 도시지향성향과 그 대항력의 허약성을 충분히 염두에 둘 필요가 있다. 이는 또 일본인이 왜 촌사람으로 불리기보다 시민으로 불리기를 원하는가라는 최초의 문제와도 관련이 있을 것이다.

8. 위기의 이항대립

---

12) 曲がり家 : 사람이 사는 본채에 직각이고 마구간이 딸린 옛날의 집 형태.

도시와 농촌이라고 하면 대부분의 사람들은 대체로 사회학 교재에 나오는
도시와 농촌을 비교한 이분법을 떠올릴 것이다. F. 테니스의 게마인샤프트와
게젤샤프트(1887년)는 집단유형론의 고전으로서 지금도 고등학교 교과서
에 등장한다. 거기에는 중세도시가 게마인샤프트, 대도시가 게젤샤프트로
분류되어 있다. 그 후 도시와 농촌을 비교한 P. A. 소로킨과 C. C. 트윈멀먼의
도식(1919년)이나, 인류학 분야에서는 R. 레드필드의 '민속사회folk'와 '도시
사회urban'의 대비(1930년)가 등장한다. 그 예를 여기에서는 두 개 정도
소개해 보겠다(표 1, 2).

<표 1> 도시-농촌의 이분법적 지표

	지표	도시	농촌
1	인구수	많다	적다
2	인구밀도	높다	낮다
3	경관	인공적	자연적
4	건축물	고층적이고 분포는 빽빽	저층적이고 분포는 드문드문
5	토지 이용	입체적, 다각적	평면적, 단일적
6	지역적 이동성	크다	작다
7	계층적 이동성	크다	작다
8	계층구조	복잡	단순
9	산업	제2·3차산업 중심	제1차산업 중심
10	자본의 축적량	많음	적음
11	경제권, 사회권	광역적	지엽적
12	주민의 직업	전문·관리·사무종사자 우위	농·어·임업종사자 우위
13	주민의 인종적 구성	이질적	등질적
14	주민의 생활구조	이심원적 (생산과 생활의 장이 분리)	동심원적 (산업과 생활의 장이 미분리)
15	주민의 소속집단	다수, 다종류	소수, 소종류
16	주민의 인간관계	일시적, 일면적 비인격적, 간접적	지속적, 다면적 인격적, 면접적
17	주민의 퍼스낼러티	개인주의적, 평등주의적	가족주의적, 권위주의적
18	문화	합리적, 참신적	전통적, 토착적
19	사회적 규제	기능적	공동체적
20	사회병리현상	현재적顯在的, 집중적	잠재적, 이산적

福武直·濱島朗, 『社會學』, 1965 ; 奧田道大 外, 『都市社會と人間』, 日本放送出版協會, 1975에서
　　인용

이 이분법은 농촌에 대응하는 도시의 특징을 나타낸다는 점에서 도시사회를 설명하는 데 어느 정도 유효하다. 그러나 이 이분법은 기본적으로 농촌측에 좀더 인간적인 플러스 가치를 인정하고, 도시 쪽에는 인간성이 소외되는 마이너스 평가를 주는 듯하다.

도시인류학자 글릭Gulick은 레드필드의 민속-도시의 이분법을 '도덕적 양극 모델'이라고 부르고, 이 이분법에는 레드필드의 도시에 대한 반감과 민속사회에 대한 칭찬이 나타나 있다고 주장했다. 예를 들면 도시사회의 속성으로 여겨지는 공동체의 결여, 비인격화, 혼돈, 세속적인 것 등은 부정적 이미지를 풍기며, 그에 대응하는 농촌사회의 속성은 모두가 긍정적 평가를 받고 있다. 따라서 이 이분법은 '도덕적'인 것이다(표 2 참조).

〈표 2〉 도덕적 양극 모델 (글릭에 의거)

1	농촌적(rural)	도시적(urban)
2	시골(촌)	마치(도시)
3	공동체	공동체 결여
4	게마인샤프트	게젤샤프트
5	folk(민속)	urban(도시)
6	미개	문명
7	자연(사실적인)	표면적, 인공적
8	소박(단순)	교활(세련)
9	지역적	무국적無國籍적
10	부족사회	대중사회
11	전통적으로 안정	전통적으로 변동
12	인간적 척도	비인간적
13	개성적	보편적
14	균질적	이질적
15	행동규범의 대체 없음	행동규범 다양
16	인격적	비인격적(익명적)
17	구속적	자유
18	총합적	불통합적(혼돈적)
19	획일적	비획일적
20	성聖	속俗
21	미신적	합리적
22	신화 지향	

동일한 견지에서 본다면 일본인에 의해 정리된 도시-농촌의 이분법도 상당히 객관성을 띠고 있다고는 하지만 역시 도덕적 가치판단이 내포되어 있다고 할 수 있다. 이들 이분법에는, 앞서 이야기한 도시지향에 대한 대항지 향에도 공통적으로 나타나는 르산티망[13]이 내재되어 있는 것 같다.

도시와의 비교에 왜 이러한 '도덕적' 태도를 보이는 것일까? 이는 "도시의 공기는 인간을 자유롭게 한다"고 생각했던 사람들의 태도와 완전히 대조적이 다.

이 반도시적 태도는 테니스를 필두로 한 이분법 학자들의 시대와 지역의 양상, 그 역사적 상황이 반영되었기 때문은 아닐까? 산업사회를 거치고 급격한 사회변동이 진행되는 중에 루이스 맨포드가 말하는 '비정한 도시'의 시대가 도래한다. 그것이 인간에게 강한 위기의식을 불어넣었다. 옛날 좋았 던 시절의 소멸과, 새로운 예측 불가능한 시대에 대한 불안, 눈앞에서 여러 가지 '비정非情'을 투영하는 상황을 보게 된 것이다. 이 시기가 『자본론』(1867 년 제1권 간행)이 출간된 시기와 거의 동시대라는 점에 주목해야 한다. 소위 위기의 이항대립이었던 것이다.

9. 도시병리

오늘날 도시사회는 그 후 1세기 정도를 경과했다. 언제까지 이 이항대립에 집착할 것인지 검토할 필요가 있다. 이미 도시화의 물결은 세계를 뒤덮고 있고, 일찍이 도시사회의 독점물이었던 문명의 이기는 더 넓은 지역으로 침투해, 광범한 사람들에게 편리와 재액을 가져다주고 있다. 농촌은 많은 도시적 속성을 흡수해 자체 변혁을 진행시키고 있다. 현대 도시의 성격을 예전의 위기의 이분법으로는 충분히 설명해 낼 수 없는 상황이 이미 출현했다 고 볼 수 있다.

---

13) ressentiment : 프랑스의 철학자 니체가 사용한 용어. 피지배자나 약자가 지배자나 강자에게 품는 증오나 질투.

오히려 염두에 두어야 할 것은, 이러한 도시전통이 세계적으로 만연된 상황 속에서 새롭게 발생한 몇 가지 함정일 것이다. 그것은 이미 K. 볼딩(1964년)이 지적했듯이, 전쟁, 저개발국가의 경제적 탈출 곤란, 인구증가, 엔트로피(가능성·잠재력의 감소)라는 네 가지 사항을 필두로 하여 세계 전체를 소용돌이 속에 몰아넣을 수 있는 것들이다. 석유쇼크는 이 책이 출판된 10년 후에 일어났고, 로마클럽의『성장의 한계』는 1972년에 발간되었다. 고마쓰 사쿄小松左京의『미래의 사상』(1967년)은 이런 '다크사이드의 미래'를 다룬 것으로서는 오히려 선구적인 것이었다.

이들 위기의식은 예전에는 도시와 농촌이라는 범위 내에서만 의식되었으나, 그 시야가 지구적 규모로까지 확대되고 인류 전체와 관련짓게 되었다는 점에 주목해야 할 것이다. 오늘날 세계는 두 차례의 대전과 세계적 규모로 진행되는 도시화 속에서 더 심각한 상황을 맞이하고 있다고 해도 과언이 아니다.

도시사회 내부에도 예전의 이항대립의 범위를 넘어선 문제들이 존재한다. 오늘날 도시를 병리학적으로 다루려는 시도는 적지 않다. 도시인류학은 오히려 발전도상국의 도시문제, 즉 탈부족화와 인구집중과 관련된 문제나, 미국도시의 흑인이나 소수민족 문제 등을 계기로 삼아 발전해 왔다. 도시사회학도 그 중 독립된 '도시병리학'이란 연구분야를 갖고, 연구분야 항목도 작성하였다(표 3 참조). 이 리스트를 통해 현대도시가 안고 있는 문제들이 얼마나 크고 뿌리 깊은지 엿볼 수 있을 것이다.

예전부터 아귀나 지옥 이야기의 무대는 바로 도시였다. 도회지의 화려하고 우아한 모습 뒤로는 빈곤과 비인간적인 생존조건이 강요되는 세계가 있었다. 부와 영화를 누리는 특권계급과는 완전히 다른 형태의 예속계급이 존재하였다. 그리고 오늘날의 도시는 그것들을 그대로 계승한 측면과 함께 근대 이후 새롭게 생겨난 병리적 측면까지 끌어안고 있음을 부정할 수 없을 것이다.

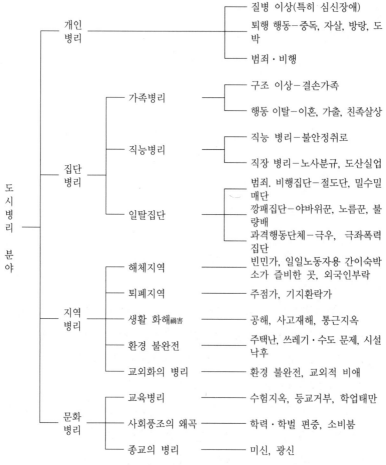

〈표 3〉 도시병리 분야

```
                      ┌ 개인     ┌ 질병 이상(특히 심신장애)
                      │ 병리     ├ 퇴행 행동-중독, 자살, 방랑, 도박
                      │          └ 범죄 · 비행
                      │
                      │          ┌ 가족병리 ┌ 구조 이상-결손가족
                      │          │          └ 행동 이탈-이혼, 가출, 친족살상
                      │          │
                      │ 집단     │ 직능병리 ┌ 직능 병리-불안정취로
                      │ 병리     ┤          └ 직장 병리-노사분규, 도산실업
                      │          │
 도                   │          │          ┌ 범죄. 비행집단-절도단, 밀수밀매단
 시                   │          └ 일탈집단 ├ 깡패집단-야바위꾼, 노름꾼, 불량배
 병 ─┤                │                     └ 과격행동단체-극우, 극좌폭력집단
 리                   │          ┌ 해체지역 ── 빈민가, 일일노동자용 간이숙박소가 즐비한 곳, 외국인부락
 분                   │          ├ 퇴폐지역 ── 주점가, 기지환락가
 야                   │ 지역     ├ 생활 화해禍害 ── 공해, 사고재해, 통근지옥
                      │ 병리     ├ 환경 불완전 ── 주택난, 쓰레기 · 수도 문제, 시설 낙후
                      │          └ 교외화의 병리 ── 환경 불완전, 교외적 비애
                      │
                      │ 문화     ┌ 교육병리 ── 수험지옥, 등교거부, 학업태만
                      └ 병리     ├ 사회풍조의 왜곡 ── 학력 · 학벌 편중, 소비붐
                                 └ 종교의 병리 ── 미신, 광신
```

大橋薫 · 大藪壽一 編, 『都市病理學』, 有斐閣, 1973, 14쪽에서 인용

　　그러나 이런 문제들이 내재되어 있다고 해서 곧바로 도시사회가 좋지 않다고 단적으로 결론을 내릴 수는 없다. 세계는 도시사회를 부정하고 다른 사회로 옮겨갈 수는 없게 된 것이다. 게다가 지금으로서는 세계적 규모로 인정되는 도시지향을 멈추게 할 수 없다. 왜 사람들은 이러한 문제들이 존재한다는 것을 알면서도 향도이촌의 행동을 취하는 것일까? 문제들을

끌어안고 있으면서도 사람들을 끌어들이는 도시의 매력은 도대체 어디에서 온 것일까? 이것들을 모두 함께 연결시켜서 생각해야만 한다.

10. 도시의 역할

도시의 유형화는 막스 웨버를 비롯해 많은 사람들이 시도해 왔다. 신전神殿 도시, 상업교역도시, 정치도시, 군사적 요충, 학예기술 중심, 교통중심 등 여러 가지 구분이 가능하다. 현존하는 도시도, 또는 이미 소멸하여 역사에나 이름이 남아 있는 도시도, 그 역할은 천차만별이고 성립 유래도 발달 과정도 여러 가지다. 그러나 한편으로 이들 도시가 수행하고 있는 역할이라는 점에서 본다면, 이렇게 다양한 도시들일지라도 그 공통점을 추출해 낼 수 있을 것이다. 하나의 일반화된 형태로 다음과 같은 과정을 거칠 것이다.

(1) 우선 인구가 일정한 지점에 집주集住하는 것이 출발점이다. 그 인구가 인종, 언어, 문화, 종교 등에서 다양한 배경을 가진 사람들이라면 더 좋을 것이다. 이 점에서는 오히려 일본의 전통적 도시가 다른 나라에 비해 예외적으로 다양성이 부족했다고 할 수 있다. 그러나 이런 일본에서조차 다양한 문화적 전통이 유입 혼재되어 상호교섭이 이루어졌다.

그러나 어느 정도 장기간에 걸쳐 공동생활을 하면서 필요에 의해 집주인구는 공통언어와 예법 같은 교류수단을 탄생시킨다. 상호 커뮤니케이션을 가능케 하는 공통된 문화요소가 만들어지고, 많은 사람들이 그것을 몸에 익힌다. 물론 각각의 개인들이 가지고 있는 개별적인 문화는 간단히 소멸되는 것이 아니고 그것이 갈등과 분쟁을 빚는 원인이 되기도 하지만, 다른 한편으로는 상호 문화접촉이 이루어져 공통문화를 만들어 내는 바탕이 되기도 한다. 집주가 계속되고 세대가 거듭됨에 따라서 공통문화는 성장하고, 유입하였을 때 가지고 들어온 문화적 배경과의 단절도 발생한다. 소위 '탈부족화'다. 그 결과 도시에는 개성적인 문화가 만들어지고 이것을 공유하는 시민이 탄생한다. 여기에서 비로소 도시의 개성이 생기게 된다.

(2) 이런 공동생활이 지속되는 사이에 유기적인 인간관계의 결합이 생겨나고 사회의 복잡한 조직화도 시작된다. 화폐 등 교환수단의 확립, 기록의 정비와 보존(문자는 본래 세금을 징수할 필요에 의해 생겨났다고조차 한다), 물질적 공간이용의 정비, 즉 상하수도, 도로, 광장, 주거, 공동건축물 등 도시적 시설군의 체계적인 조성. 그리고 통치 혹은 공동생활에서의 규율 확립. 직능의 분화는 분업을 촉진하고 계급을 만든다. 도시는 지배자에 의해 계획·건설된 것과 자연발생적으로 생긴 것과는 조직화와 체계성에서 차이가 있겠지만, 다양하고 많은 인구를 수용하는 이 장치는 공통적 기능요건을 충족시키기 위해 매우 유사한 구조를 갖게 된다.

(3) 이런 도시조직은 유입인구의 수용과 외래사물의 수용이라는 점에서는 일반적으로 관용적이다. 설령 제도상 혹은 체제상 제한이 있다 하더라도 침입을 막기는 곤란할 것이다. 이 점에서도 섬나라라는 지리적 특징을 가지고 있는 일본은 다른 나라에 비해 특수하다. 외래 이주자와 사물의 유입이 전체적으로 다른 나라보다 쉽지 않고, 체크하는 것도 쇄국 같은 형태를 취하면 비교적 쉽게 이루어지기 때문에, 수용 여부는 어느 시대에나 선택사항이었다. 그렇다 하더라도 도시는 도래하는 사람과 사물을 받아들이게 된다. 일반적으로 도시는 오히려 밖으로부터 들어오는 새로운 문화요소의 수용이라는 점에서 개방적이라고 해도 과언이 아니다. 문화요소의 전파는 도시에서 도시로 우선 전해지고 각 지점을 거점으로 하여 주변 지역으로 확대되는 것이 보통이다.

주목해야 할 점은, 이런 문화요소의 수용이 처음에는 무차별·무작위적으로 이뤄지지만, 그 안에서 정착하고 각 도시에서 재생산되는 문화요소는 스스로 선별·선택을 한다는 것이다. 즉 도시는 외래 문물을 수용할 때 필터 기능을 하고 그 결과가 주변 지역으로 전파된다. 도시는 외래문화 수용의 창구임과 동시에 그것을 필터로 거르는 선별의 장이라고도 할 수 있겠다.

(4) 한편, 도시는 그 자체에 문화적 혁신 기능을 갖추고 있다. 혁신 즉 이노베이션은 대개 발명과 발견으로 나뉜다. 발명이란 이미 알고 있는 지식을 결합해서 새로운 사물을 창출하는 것이고, 발견이란 미지의 사물을 지식으로 받아들이는 것이다. 이 혁신 기능에 의해 도시에서 새로운 기술, 지식, 사상, 종교, 세계관 등이 발생한다.

또 이렇게 해서 새롭게 발생한 문화요소나, 외래의 문화요소 가운데 앞서 언급한 필터를 거쳐 정착한 것은 모두 도시 안에서 세련화된다. 그 세련의 과정도 또한 도시가 수행하는 큰 역할이라 할 수 있겠다.

11. 고급문화의 기지로서

문화변화의 이론에서는 그 변화의 계기를 여기에서 예로 든 문화요소의 혁신과 수용에서 찾는다. 여기에서 주목하고 싶은 것은 혁신과 전파가 사실 가장 먼저 도시에서 실현된다는 점이다. 물론 지구상에 아직 도시가 출현하지 않았던 시대에는 적용되지 않는다. 그러나 도시가 성립된 이후에는 특히 광역 문화요소의 전파는 도시를 중계지로 해서 전개되었고, 문화혁신은 도시에서 이루어졌다. 이 점에서 인류사상 도시가 수행해 온 역할은 매우 크다고 할 수 있겠다.

그러나 문화혁신의 장을 도시로만 보는 견해에는 이견도 있을 것이다. 농경목축의 기술혁신은 농경민과 목축민의 생활의 장에서 이뤄졌고, 종교와 사상, 예술과 예능 중 어떤 것은 도시가 아닌 데서 그 기원을 찾을 수도 있다. 그러나 그것이 넓은 지역으로 전파되고 수용되기 위해서는 도시를 거치고 거기에서 세련화됨으로써 비로소 가능해지는 것은 아닐까?

특히 소위 '고급문화'로 불리는 학문, 기술, 예술, 종교, 사상의 고도의 정치화精緻化와 세련화에 도시가 수행한 역할은 명백하다. 만일 그 요소가 원래 주변지역에서 발생해서 도시로 흘러들었다고 하더라도 그것은 도시에서 재생산되어 세련되는 과정을 거쳐 '높은 문화'로 개화되는 것이다. 이즈모노오쿠니出雲阿國14)로부터 시작된 가부키의 발달 과정 등이 그 중 하나라 할 수 있겠다.

도시에는 또 고급문화를 보존, 계승해야 하는 역할이 부과되어 있다. 이는 보존계승의 담당자 내지는 지지자의 일정 수를 도시에서 확보할 수 있다는 사실과 관계 있을 것이다. 이렇게 해서 도시는 주변지역─소위 배후지역에 대한 고급문화의 기지 역할을 하게 된다. 그런 의미에서도 도시는 문화의 중심이다. 그리고 이 중심의 성격에 따라 배후문화의 수준도 좌우된다고 할 수 있겠다.

(5) 이렇게 해서 한 도시와 그 배후지역은 공통된 문화요소를 갖춘 문화영역을 형성한다. 도시가 그 중심 역할을 담당한다는 것은 두말할 필요도 없다. 도시는 문화의 수용, 선별, 정착, 세련, 그리고 주변으로 확산시켜 주는 기지로서 주변에 영향을 미친다.

끊임없는 혁신이 일어나는 중심지인 도시와의 거리적 차이가 문화 차이를 나타낸다고 하는, 도시 중심의 동심원 모델이 있다. 소위 문화권설文化圈說이다. 중심에서 멀리 떨어진 지방에 더 오래된 문화요소가 잔존해 있다고 보는 견해도 있다. 방언주권설方言周卷說15)은 이 모델을 언어 현상에 적용시킨 시도였다.

(6) 도시는 원래 소비지라는 성격을 띠고 있으므로 그 배후지역의 식료와 원료 등의 생산에 의존하는 것은 두말할 필요도 없다. 오늘날에는 그 배후지역이 지구적 규모로 확대되어 가고 있기는 하지만, 그 성격은 변하지 않았다. 그런 의미에서 도시는 제1차 생산지로서 배후지역인 농·산·어촌에 의존하여 성립되었다. 그리고 문화의 중심이라는 성격 때문에 배후지역에 영향을 끼쳤다. 즉 식료나 원료는 배후지역에 의존하고 문화적으로는 배후지역이 도시에 의존하는 상호작용이 성립되는 것이다. 이런 관계에서 도시는 그

---

14) 이즈모 신사의 무녀 출신으로 상경하여 가부키를 시작하였다 하여 가부키의 시조로 불림.
15) 수도권에서 멀리 떨어진 지역일수록 오래된 일본어의 유형을 갖고 있다는 설.

문화적 영향 아래 있는 사람들의 관심의 대상이 되었다. 향도이촌을 초래한 도시의 매력이 여기에 있다. 사람들은 그 매력에 의해 움직이고 그 결과 더 많은 사람들이 도시로 집중한다. 도시가 가진 매력의 원천은 여러 가지겠지만 무엇보다도 세련된 문화에 있다고 봐도 틀리지 않을 것이다.

(7) 그러나 도시는 이런 주변과의 관계만으로 성립되는 것이 아니다. 다른 한편으로는 원거리 도시와의 교역과 교류를 전개한다. 이는 외래의 사물—이질문화요소의 수용을 가능하게 하고, 보다 먼 곳의 자원에 의존하는 소비생활의 기지를 만들기도 하였다.

오늘날의 도시는 세계 어느 도시든 고립될 수가 없다. 더 이상 고립국적 모델은 현실적으로 적용 불가능할 만큼 각 도시간의 연결과 연동성이 높아졌다. 더 다양한 이문화의 교섭과 상호의존관계가 지구 전체에서 이어지고 있다. 그 기준선이 도시에 있다고 해도 과언이 아니다. 도시는 이렇게 해서 세계를 구조적으로 일체화시키는 역할을 한다.

일찍이 고든 차일드는 자신의 책『문명의 기원』(1936년)에서, 신석기혁명 즉 농경목축의 개시로 이어지는 인류사의 제2혁명으로서 '도시혁명'을 들고, 그것으로 인해 문자의 발명을 포함한 문명이 발생하였고 역사의 전환점을 맞이하였다고 했다. 도시의 역할은 그때부터 오늘날까지 기본적으로 변하지 않았다. 그러나 그 후 석유 등 지하자원에 의한 에너지 혁명이 광범위한 정보혁명을 촉진시켜, 광역화된 교류는 결국 전 세계적인 규모의 네트워크를 만들어 내기에 이르렀다. 일본도시도 물론 예외라 할 수 없다.

12. 생활형으로서의 도시전통

현대의 도시는 루이스 맨포드가 말하는 '비정한 산업도시' 즉 근대 공업도시로부터 많은 것을 계승받았다. 좋은 면이건 나쁜 면이건 상당수가 그 시대의 산물이다.

그러나 근대부터 현대까지의 도시생활 배후에는 더 오래된 도시의 전통이 존재했다는 것도 사실이다. 차일드가 지적한 도시혁명단계 때부터, 농업사회 시대를 거치며 지속적으로 농경민과 목축민 사회와 함께 공존해 온, 그런 도시의 전통을 무시하고서는 도시를 이해할 수 없다.

가령 농경목축이 개시된 시기를 1만 년 전으로 본다면, 거의 절반에 해당되는 5천 년은 도시와 농촌의 공존시대였다. 여기에서 농촌전통과 도시 전통이라고 대비적으로 부르는 것은, 이런 공존시대를 통해 상호보완적으로 존속하게 된 부분문화part culture로서 각자 성숙되었기 때문이다.

부분문화 혹은 부분사회로서 도시와 농촌을 파악한 것은 A. L. 클로버가 시초고, 이후 레드필드로 계승되어 그 개념이 더욱 명확해졌다. 도시를 고찰하려고 할 때 농촌을 고찰하는 것 이상으로 이 '부분'이라는 사고방식은 효과적이다. 도시는 그 자체가 완결적으로 존립할 수 없다는 점에서, 적어도 이론적으로는 자족적 완결성을 떠올릴 수 있는 농촌과는 성질을 달리한다. 도시전통을 고찰할 경우 이러한 도시의 비완결성이라는 특질은 중요하다. 물론 도시전통이 성립된 이후 5천 년 동안 도시전통도 상대적 독자성을 만들어 왔다. 그러나 도시는 끊임없이 배후지역 및 다른 도시들과 교류를 해야만 비로소 도시가 될 수 있었다.

도시전통은 5천 년의 역사를 갖고 있다고 하지만 이는 물론 지구 전체의 경향을 나타내는 숫자에 불과하다. 메소포타미아와 이집트처럼 일찍부터 도시전통이 성립한 지역도 있고, 북·서유럽처럼 성립 시기가 꽤 늦은 지역도 있다. 미국대륙과 같이 독자적으로 발달한 도시전통이 외래의 야만 정복자에 의해 단절되고, 그 후 다시 농촌사회가 이식된 후 그 위에 도시전통이 만들어진 지역도 있다. 미합중국의 경우도 20세기 초에는 기본적으로 농업사 회였고 도시인구는 소수에 불과하였다. 1900년의 로스앤젤레스는 인구 10만 2천 명의 소도시였다. 같은 해 뉴욕 205만, 시카고 170만, 샌프란시스코 33만이었고, 합중국의 총인구는 7,600만 명이었다.

일본의 도시는, 646년 나니와쿄難波京16) 건립계획이 시초를 이룬다고 본다면, 본격적인 도읍지는 후지와라쿄藤原京(694년), 헤이조쿄平城京(710년), 헤이안쿄平安京(794년)로서 7~8세기에 탄생된다. 모델로서 염두에 두었던 것은 백만 도시였던 당나라 장안이었는데, 중국에서의 도시 건설은 이미 기원전 1500년경[17] 은나라 시대로까지 거슬러 올라간다. 중국대륙과 동쪽의 섬나라 사이에는 약 2000년의 격차가 존재한다. 게다가 중국은 지금도 농촌전통 쪽의 인구가 압도적으로 많아 '농촌이 도시를 포위하는' 체제다. 일본에서도 도시적 인구가 농촌적 인구를 능가하게 된 것은 극히 최근의 일이다.

도시도 라이프 사이클이 있고, 문명의 흥망은 도시의 흥망이기도 했다. 모헨조다로,[18] 잉카, 혹은 짐바브에[19] 등 지구상 여러 지점에는 일찍부터 인구가 크게 집중하였다가 멸망한 유적들이 남아 있다. 그러나 다른 한편으로 어느 시대엔가 탄생한 도시가 긴 세월을 견디고 존속되어 각자의 도시전통을 현대까지 이어주는 예도 적지 않다. 지중해의 도시들이나 한자 동맹[20]의 여러 도시 등 그 예를 일일이 들 필요도 없을 것이다.

도시전통이란 이러한 도시의 생활형이 계승된 것이다. 이는 지리적 · 역사적 요인들의 영향을 받으면서도 독자의 개성적인 문화를 시민의 생활형이라는 형태로 전수하였다. 실로 "로마는 하루아침에 이루어진 것이 아니다"라 할 수 있겠다. 도시전통은 각 도시의 무구한 역사와 그 역사 안에서 차지해 온 도시의 위치와 그들이 수행해 온 역할에 의해 독특하게 만들어진다. 일본의 도시를 예로 들자면, 천년 수도 교토와 백년 도시이며 백만 도시인 고베는 각자 그 도시전통을 달리하며 생활형도 다르다. 모두 성을 갖고는 있지만 가나자와金澤, 오사카, 나고야名古屋, 센다이仙台, 마쓰야마松山, 구마모

---

16) 고대 일본의 수도로 오늘날의 오사카 성 부근.
17) 원문에는 '기원전 150년경'으로 되어 있는데 오타로 보여 기원전 1500년으로 수정하였다.
18) 현 파키스탄 남부 인더스 문명의 도시유적.
19) 현 남아프리카 짐바브에 공화국에 있는 11~15세기경의 모노모타파 제국의 수도로 건설.
20) Hansebund : 13세기 이후 뤼베크, 함부르크, 부르멘 등 북부 독일의 상업도시들이 무역독점과 보호를 위하여 결성한 도시연합체.

토熊本는 각각 서로 다른 도시전통을 갖고 있다.

일본의 도시전통은 중국에 비하면 훨씬 짧다고는 하지만 천년에 이른다는 사실을 간과해서는 안 될 것이다. 서두에서 이야기했듯이 일본인의 도시지향은 매우 강한데 그러한 지향을 뒷받침해주는 것 중 하나가 유구한 도시전통일 것이다. 게다가 일본의 경우 그 전통을 단절시킬 수 있는 외부세력의 침투가 거의 없었다. 후지와라藤原 3대에 걸친 히라이즈미平泉21)나, 오다 노부나가職田信長의 아즈치安土22) 같은 예도 있지만 전체적으로 도시전통은 잘 보존되어 왔다. 제2차 세계대전으로 피해를 입을 때까지, 산업혁명 이전의 길거리가 그대로 남아 있던 도시가 적지 않았다. 일본인에게 도시전통이란 오랫동안 몸에 밴 익숙한 것이었다. 실제로 도읍지의 정원과 가옥양식을 모방한 건물들이 근교 농촌을 비롯하여 넓게 분포했고, 더 먼 동북부나 서남부 쪽 마을에도 도읍지 풍의 교양이 잘 침투되었다. 여차하면 노인은 가요 한 곡조를 뽑고, 부인은 샤미센23)을 연주할 수 있었다.[4]

야나기타 구니오柳田國男는 도읍지가 단지 도읍지에 살고 있는 사람들의 것만이 아니라 국민 전체의 것이었다고 지적한 바 있다. 아무리 강력한 권력의 보호와 강제력이 있었더라도, 대불을 만들고 마지막으로 눈을 그려넣어 완성시키는 대불개안大佛開眼을 하려면 많은 민중의 협력이 필요했다. 교토와 오사카, 혹은 오늘날의 도쿄도 지방의 지지가 없었다면 존재할 수 없다.

그리고 문화의 중심(핵)으로서의 도시는 그 도시전통을 전국으로 전파하는 기반이다. 도시전통은 각 지방의 전통 속에 잘 흡수되어 있다. 히라이즈미 문화는 가장 비근한 예 중 하나일 것이다. 전국의 무장들이 각지에 만든

---

21) 현 이와테 현의 남부지역에 위치하며 11~12세기에 설쳐 후지와라 3대의 근거지였다. 지금은 몇 개의 유적으로 당시의 번영을 가늠할 수 있을 뿐이다.
22) 현 시가(滋賀) 현에 위치하며 오다 노부나가가 1579년 축성했으나 화재로 소실되고 지금은 돌담만 남아 있다.
23) 일본의 전통 3줄 현악기.

'작은 교토'―니시카와 고지西川幸治는 쓰와노津和野, 하기萩, 다카하시高梁, 야마 구치山口, 쓰야마津山, 히타日田, 가쿠노다테角館, 아키타秋田를 그 예로 들고 있다―가 성립된 것도 소위 도시전통이 중앙에서 지방으로 전파되어 각지에서 도시전통이 확립될 수 있었기 때문이다.

메이지 이후 수도를 도쿄로 옮긴 후의 중앙집권화는, 나라의 중추 기능이나 기업, 기타 조직체의 중심기능을 도쿄로 집중시켜서 모든 것이 도쿄를 기점으로 해서 전파되는 형식을 취하게 했다. 전국 각지의 도시마다 '긴자銀座'24)가 탄생하는 세태는 과거 도읍지와 지방도시 간의 관계를 계승한 측면을 보여준다.

일본의 도시는 목조건축을 중심으로 한다는 소재적 조건 덕택에 신진대사가 원활하게 이루어졌다. 사원이나 성곽 같은 권력의 상징적 건물 외에는 집주에 필요한 시장 같은 시설도 간단하였고, 점포나 작업장 이외에는 거주도 일반적으로 시골보다 협소하여, 농촌전통과 간격을 벌릴 만큼 확연한 생활형의 차이를 만들어 내지 못했다. 기본형인 경우 도시의 거주공간은 농촌과 대동소이했던 것이다. 이러한 공통성으로 인해 도시전통이 농촌으로 쉽게 전파될 수 있었을 것이다. 이 점에서 도시와 농촌의 생활형의 차이는 유럽 등에 비해 적었다.

한편 도시에는 집주로 인한 새로운 위험이나 공포가 존재했다. 화재 등도 그렇지만, 여름철의 전염병은 최대의 공포대상이었다. 교토의 기온祇園 신앙은, 그 전염병의 처치를 빌기 위해 시작되어 큰 축제로 발전하였고 이는 각 지역으로 퍼져나갔다. 농촌전통의 경우, 봄과 가을의 수확기원제나 수확제가 때에 맞춰 등장하고, 중간에 이 여름축제가 첨가되었다. 이것도 도시전통이 전파된 한 예라 할 수 있겠다.

근대의 공업화 속에서 도시는 큰 변모를 겪게 되고 마침내 새로이 산업도시가 발생했다. '연기 도시'가 자랑이던 시기도 있었다. 제2차 세계대전으로

---

24) 도쿄의 대표적인 번화가.

대부분의 도시가 파괴되어 버렸는데, 다시 일어나 고도성장을 이룩하는 과정에서 도시는 다시 변모한다. 도쿄 올림픽과 오사카 만국박람회를 계기로 실시된 관련 사업으로서의 도시 개선이 바로 그 상징이다.

그 와중에 오래된 도시전통은 대부분 상당히 잊혀지고 부정되어 사라졌다는 점도 간과해서는 안 된다. 오래된 세시기歲時記[25]의 계절과 관련된 용어들 가운데 이미 사어가 되어버린 도시전통을 몇 가지 찾아내기란 어렵지 않다.

그렇다고 해서 이 오랜 도시전통을 완전히 잃어버린 것은 아니다. 오늘날에도 그 재생의 징조는 여럿 들 수 있다. 각지에서 축제(마쓰리)가 부활한 것 등도 바로 그 증거다.

일본인의 강한 도시지향은 바로 도시의 편리함이나 합리성에 대한 긍정의 마음이며, 동시에 문화를 전하고 창출해 내는 능력에 대한 기대감의 표출이다. 도시는 그러한 기대에 부응할 수 있는 아름다움과 매력을 갖추어야 할 것이다.

---

25) 연중행사나 계절마다의 풍물 등을 계절이나 달력 순으로 나열하여 설명한 책.

1) 이후 1977년 봄부터 大阪의 행정촌은 더욱 줄어들어 千早赤阪村만 남았다.

2) 지방자치법에 따르면 보통 인구 5만 이상이 시로 되어 있지만, 예를 들면 1970년부터 1972년까지의 시한입법에 의하면 인구 3만 이상의 지역도 '市制'를 실시한 적이 있다.

3) 이런 백년 도시 외에 東京, 名古屋, 京都, 福岡 등은 각 도시의 전통 위에 새로운 유입인구를 더해서 대도시가 되었다. 이들의 경우도 神戶만큼 드라마틱하지는 않지만 유입인구가 갖는 의미는 적지 않다.

4) 주변 지역에 남아 있는 '貴種流離' 전설도 이러한 현상 중 하나일 것이다.

제3장 연령집단

다카하시 도이치 高橋統一

1. 문제의 소재

⑴ 연령집단의 개념과 기본원리-성·연령과 세대의 계승

연령집단age group이라는 용어는 매우 포괄적이어서 상당히 다의적인 의미로 다양하게 사용되고 있다. 미개사회를 주 대상으로 하는 문화인류학(민속학)이나 사회인류학에서는 일반적으로 연령계급 내지는 연령층age class. Altersklassen, 연령단계age grade, 연령그룹age set 같은 용어를 여기에 대응시켜 사용하며, 이것을 포괄하는 단어로서 연령집단을 사용한다. 일본과 같은 현대문명사회에는 근본적으로 미개사회에 직접 대응할 수 있는 연령집단이 존재하지 않지만, 간접적으로 비유가 가능한 것을 촌락사회(민속사회)에서 어느 정도 찾아볼 수 있겠다. 여기에서는 그런 것들을 끄집어내어 비교문화적 시각에서 고찰해보고자 한다.

따라서 우선 먼저 연령집단의 개념과 기본원리를 인류학적으로 이해해둘 필요가 있다. 일정한 전체 사회에서 사람들을 분류하고 집단적으로 조직화하는 데 가장 단순 명쾌한 지표가 되는 것은 '성'과 '연령'이다. 남녀의 성별은 전혀 설명이 필요 없을 만큼 명확하고, 연령 역시 그러하다. 미개사회에서의 연령 구별은 일반적으로 문명인이 생각하는 것 이상으로 확실하며, 그렇게 미개사회가 아닐지라도 세대간의 구별은 명확하고 의외로 세밀한 경우도 적지 않기 때문에, 경우에 따라서는 연령을 대략 하나의 큰 세대로 보는 것도 무방하다. 이러한 의미에서 연령집단을 최초로 인류학적으로 문제시하여 『연령단계제와 남자결사』(1902년)를 저술한 H. 슐츠가, 연령계급의 원초적인 기본 형태를 미성숙한 아이들, 성숙한 미혼 청년남녀, 기혼남녀의 3세대로 구분한 것에도 수긍이 간다. 그런데 어느 사회에서나 보편적인 이 세대구분과 함께, 슐츠는 남녀의 성 구별을 생리적인 것에서부터 심리적 차별로, 다시 의사회적 성향 차이로까지 확장시켜 해석하려고 했다. 즉 임신·출산·육아라는 성과 연결된 여성의 생리적 기능은 여성을 가정에 고착시켜 가족과 친족이라는 혈연유대에 강하게 묶어두기 때문에, 그녀들이 집단을 결합할 수 있는 기회는 근본적으로 혈연 및 좁은 범위의 지연을 넘어설 수 없다.

이에 비해 남자는 가족과 친족에게 묶일 생리적 요청이 없고, 근본적으로 혈연을 끊고 지연을 넘어 결합하려는 심리적·사회적 성향을 갖고 있다고 슐츠는 생각했다. 모든 연령단계제가 궁극적으로는 3세대로 이루어지고 남자만 정식 멤버가 될 수 있는 유래를 그는 이렇게 해석하고, 이를 전제로 해서 연령계급제의 다양한 형태를 발전계열적으로 파악하고자 하였다. 세대 간의 심리적·사회적 대립(미혼의 연소자와 기혼의 연장자)이 연령층 그룹화를 초래하였고, 남녀의 생리적·사회적 성향 차이가 여자를 배제시키고 남자들만의 그룹화를 가져왔다는 사고방식에 문제가 없는 것은 아니다. 또한 연령단계제가 이완, 붕괴되어 단지 남자결사 내지 비밀결사로 이행한다는 그 다음의 발전도식에도 상당한 무리가 있다.[1] 그러나 이상의 전제조건들이나 원초 형태를 이해하고자 했던 슐츠의 견해는 시사하는 점이 많아 높이 평가되어야 할 것이다. 좁은 의미의 전형적인 연령집단으로서 연령단계제age grading system, Altersklassen-system에는 다양한 형태가 있지만, 기본적 구조나 기능에서는 슐츠와 합치되는 양상을 많이 볼 수 있기 때문이다.

그런데 여기에서 언급한 연령단계제란 동아프리카, 동북 및 중앙 인도 일부, 인도네시아와 말레이시아 일부, 미크로네시아, 더 나아가 남브라질 일부 등에 분포해 있는 부족 규모의 집단조직이다. 간단히 말하면, 사춘기의 남자아이를 부족의 성년식을 통해 청년층에 소속시켜 군사적 기능을 담당케 하고, 결혼 후에는 중년층에 소속시켜 정치적 기능을 담당하게 하고, 노년이 되면 장로층으로서 부족의 제사의식을 담당케 하는 제도다. 이곳에서는 씨족이나 리네지(혈통) 같은 혈연적인 집단조직의 멤버십이나 부족·촌·향 등의 지연집단에 대한 소속 여부는 거의 문제가 되지 않는다. 씨족이나 촌장의 아들이라고 해서 지도자가 되는 것이 아니다. 연령단계 내의 리더십은 어디까지나 개인의 자질 역량만을 중시하는 것이 원칙이다. 따라서 이곳에서의 기본원리 중 하나는 연장자 순이다. 그리고 위의 분포에서도 잘 알 수 있듯이, 이 제도가 일부 미개사회에서만 나타난다는 것은 이 제도가 실제로는 혈연이나 지연의 강력한 유대로 인해 관철되지 못했기 때문이다. 사실 연령단계제가 두드러진 곳에서는 일반적으로 씨족조직이나 여러 지연 조직이 약하다. 또 연장자 서열이라는 종적 상하관계와 더불어, 같은 단계(혹은 연령그룹) 내에서의 횡적 관계가 소위 동년배끼리의 강고한 결합을 나타낸다는 것은 지적할 필요조차 없다. 주요 3단계의 구분과 기능이 명확하고 게다가 전반기의 2단계 사이에는 미혼과 기혼의 구별이 있기 때문에, 저절로 결혼규제라는 기능을 부족적 규모로 행사한다는 점도 중요하다. 여자의 경우에는 이런 것이 없다.

이는 남자의 성년식이 부족적 규모로 일정 시기에 일정 연령에 달한 모든 자에게 실시되고, 복잡하고 장기간에 걸치며(할례와 신체가공 포함) 그동안 쭉 독신을 유지해야 하는 것에 비해, 여자는 초경 때 개인별로 성년식이 가족적으로 치러지고 그 후 바로 결혼을 할 수 있다는 점과 일맥상통한다. 성년·성녀식 및 결혼이라는 통과의례가 갖는 의미가 남녀 사이에서 이처럼 대조를 보인다는 것은 연령단계제가 존재하는 사회의 중요한 특징 중 하나다. 요컨대 연령단계제 사회에서는 이상의 여러 원리에 의거한 구조기능에 의해 세대가 계승되는 것이다.

(2) 세계대전 후의 연구사-오카岡의 학설을 둘러싸고

제2차 세계대전 전의 일본에서는, 젊은이 조는 단순히 그 자체로 하나의 체계화된 집단조직으로서 주로 민속학 분야에서 조사 연구되었다. 1945년 이후에는 이것을 연령집단 더 엄밀하게 연령단계제의 청년층으로 파악하고자 하는 시도가 꽤 활발히 전개되었다. 두말할 나위 없이 이는 인류학적 개념과의 비교를 염두에 둔 것이었고, 새로운 시각에서 과제를 설정한 것이었다. 이 문제를 제기하고 구체적으로 조사연구를 추진한 것은 오카 마사오岡正雄 교수였다. 오카의 학설은 제2차 세계대전 전, 빈에서 독일어로 쓴 「고대일본의 문화층」(1934)이라는 학위논문에 전개되었고, 1945년 이후 학회지상에서 좌담회 형식으로 공표되었다가 단행본으로 출판되었다(岡正雄 外, 『日本民族の起源』, 平凡社, 1958). 이 학설은 문헌기록 이전 고대일본의 민족문화의 원류와 계통을, 주변민족문화와의 문화권·문화층적 관계에 비추어 그 위치를 정하고자 하였기 때문에, 복합적인 문화 전반을 대상으로 하였다. 그 중에서도 특히 일본 기층문화의 형성요소로서 사회구조를 중시하였다.

이 경우, 연령단계제도 사회구조를 규정짓는 중요 요소로 특정 문화층·사회유형의 기초가 된다고 하였다. 지금 이 내용을 자세히 서술할 여유는 없지만, 간단히 요약하면 다음과 같다. 고대 일본문화를 구성한 여러 종족문화로는 ① 조몬繩文[1] 중기 이전의 채집민족문화 ② 모계적 뿌리열매(감자, 고구마, 토란 등) 재배민 문화, ③ 모계적 쌀농사민 문화 ④ 모계적 부계 씨족적 밭농사민 문화, ⑤ 남성적 연령단계제적 논농사·어로민 문화, ⑥ 씨족지배의 종족문화라는 여섯 종류를 들 수 있겠다. 이 가운데 ⑤는 비교·검증 결과 야요이彌生[2] 중기 이후로 추정되며, 중국 강남에서 기원전 5~4세기경 도래한 것으로 여겨지는 아우스트로네시아어계의 종족문화다. 그리고 ④와 ⑥이 각각 퉁그스어계 및 알타이어계의 북방종족문화로서 야요이

---

1) 구석기시대~기원전 3세기경.
2) 기원전 4세기~기원후 3세기경.

초기와 고분시대[3])에 각각 중국 동북부와 한반도를 경유하여 도래한 것으로 인식되는 반면, ⑤가 남방문화권의 소산으로 여겨진다는 점과, 앞의 두 개가 모두 부계혈연집단조직을 근간으로 하고 있는 데 비해 ⑤는 연령단계제라는 연령집단조직을 기반으로 한 사회구조를 가진다는 점이 중요한 의미를 갖는다. 오카의 학설에서는 이보다 앞서 일본 고대문화와 국가의 형성과 관련하여, (1) 모계적(재배민족)사회, (2) 모권적(재배민족) 사회, (3) 부권적(어로민족 · 재배민족 · 전사적) 사회, (4) 부권적(왕후적 · 도시적 · 목민적) 사회라는 네 가지의 계층적인 기층문화라는 사회유형을 설정했다. 거기에서는 연령단계제는 (3)에, 부계씨족조직은 모계 외혼제外婚制 동족조직으로서 (4)에 소속되어 있다. 이것을 더욱 구체적으로 분석한 것이 앞서 이야기한 여섯 개의 종족문화에 대한 지적이다. 오카 학설이 옳은지 그른지의 여부는 차치하고 아무튼 중요한 것은 연령단계제가 어디까지나 혈연(부계)집단에 대한 대비적인 것으로 파악되었다는 점이다. 이것은 앞에서 설명한 연령단계제의 기본이념과도 합치되므로 수긍해도 좋을 것이다. 이러한 관점에서 사회학에서는 (4)를 일본 동북지방의 동족형 촌락과 관련시키고, (3)을 일본 서쪽지방의 비동족형 혹은 고구미講組[4])형 촌락과 연결시켜 재고해 보려는 발상이 나온 것이다. 법사회학에서도 동족형 · 고구미형에 대해서는 가격형家格型 · 무가격형無家格型이라는 유형을 설정하여 다른 시각에서 논의하였지만, 사회학의 고구미형과 마찬가지로 무가격형도 설득력이 약하다는 미비점이 있다. 따라서 이 인류학적 발상은 그 나름대로 신선한 감각을 보여주었다고는 할 수 있을 것이다.

그런데 이 발상에는 몇 가지 문제점이 있다. 우선 첫째는 문헌기록 이전 옛 일본의 사회구조를 오늘날의 민속사회에서 얼마나 찾아볼 수 있는가 하는 점이다. 이는 물질문화나 언어 등과는 다르게 매우 어려운 문제다.

---

3) 4~6세기.
4) 관혼상제를 치를 때 이웃끼리 서로 도와주는 조직체.

적어도 어떤 형태로 어느 정도 찾아볼 수 있다는 가설적 전제가 없으면 이 발상은 완전히 무의미해져 버리므로, 일단 가능하다고 보고 조사연구에 나서야 할 것이다. 두 번째는 혈연(친족)집단인 동족조직에 대치되는 것으로 비혈연집단인 연령단계제를 설정하기는 부적절하며, 동족이란 다른 형태의 혈연집단이나 친족조직(이에 연합)이 설정되어 있지 않다면 그 의미가 모호해지지는 않을까 하는 의문이다(예를 들면 竹田旦, 『日本の家と村』, 1967 등). 이 의문은 일단 타당해 보이지만, 앞에서도 지적했듯이 연령단계제 이념에서 본다면, 혈연집단이 약한 곳에서 연령단계제가 확립되기 쉽다는 점, 또 연령단계제가 있는 일본 촌락사회에서는 부계(단계單系) 친족조직인 동족에 비해 쌍계雙系적 친족관계가 일반적으로 많이 나타난다는 점을 아울러 생각해 본다면 그다지 문제 삼을 필요는 없을 것 같다. 세 번째는 연령단계제가 일본의 서쪽 지방에 왜 그렇게 두드러지게 분포되어 있는가 하는 의문이다. 이것은 다소 성가신 문제로, 연령단계제의 인류학적 개념을 일본에서 대비시 킬 때의 태도와도 관련이 있다. 명확히 대비시킬 수 있을 만큼 정비된 것은 오히려 거의 없었다 할지라도, 현재적顯在的인 젊은이 조와 더불어 잠재적인 중년과 장로 단계, 게다가 소년단계(어린이 조)가 존재하는 형태는 결코 적지 않았다. 경우에 따라서는 젊은이 단계보다 이들이 더 두드러진다. 그리고 이들은 일본 서쪽지방 쪽에서 많이 나타나기 때문에, 젊은이 조 자체는 전국적인 분포를 보인다 해도 이를 연령단계제 내의 한 단계로서 재인식한다면, 연령단계제가 일본 서쪽지방에 분포해 있다는 견해는 일단 성립될 것 같다.

네 번째는 연령단계제에 구애받지 않고 더 일반적인 광의의 연령집단이라 는 범위에서 파악하는 것이 유효하지 않을까 하는 의문이다. 이것도 타당한 의문이지만 처음부터 이렇게 나가면 문제를 집약할 수 없어 오카의 발상이 나오지 못할 우려가 있다. 따라서 우선 연령단계제로서 파악해 보고 그 다음에 일반적인 연령집단으로 재검토하는 것이 적당할 것이다. 실제 조사연구 과정에서 연령단계제를 일본에 대비시킬 때 다소 문제가 생겨서 몇몇 연구자들 사이에서는 새롭게 세대계층제라는 개념과 술어를 만들어 연구를 진전시키려는 상황도 일어났다. 이는 오카의 발상이 어떤 종류의 벽에 부딪혔음을 의미할 수도 있다. 이 부분에 대해서는 다시 한 번 후술하고자 한다.

(3) 문제시각의 정리 – 아프리카 연구를 통해서

동아프리카는 연령집단이 다양한 형태로 가장 두드러지게 분포된 지역으로 알려져 있는데, 특히 연령단계제는 나일어계와 쿠슈(햄)어계의 여러 우목⊹牧민 종족들 사이에서 잘 발달되었다. 이들 우목민이 나일 상류지역과 남 이디오피아에서 남하하면서 반츠어계의 여러 농경민 종족들에게도 연령단계제가 도입되어, 다양한 연령집단이 확산되기에 이르렀다고 한다. 동아프리카 우목민 사회에 왜 연령단계제가 현저히 발달했는지는 밝혀지지 않았지만, 아마도 소 및 부족 그 자체를 스스로 방어하거나 증식 번영이라는 군사적·정치적 요청에 의한 것임에 틀림없을 것이다. 이야기가 좀 비약되지만, 일본 연령단계제=젊은이 조가 어촌사회에 많이 나타나는 이유를, 생업인 어로가 가족단위의 농경과는 다르게 마을단위의 공동체적 협동노동이 요구되기 때문이라고 보는 견해와 일맥상통하지 않을까?

그런데 동아프리카의 연령단계제를 일본의 것과 비교할 경우, 이것을 역사적 시점에서 보는 것은 직접이든 간접이든 지리적 거리와 문화적 격차 때문에 전혀 무의미하다. 그러나 구조기능적 시각에서 본다면 양자의 극단적인 문화적 차이를 염두에 두고, 동시에 각각의 문화적 배경을 고려한 후 원리적인 유사점을 비교해 보는 것은 나름대로 의미가 있을 것이다. 단 이를 실제로 구체적으로 추진할 경우, 여러 가지 어려운 문제가 발생해서 연구는 그렇게 긴단하지 않을 것이다. 연구를 할 때 중요한 것은 오히려 유사점의 비교는 큰 줄기로 그치고, 어떤 한쪽(여기에서는 일본의 연령단계제)의 구조적 기능원리를 분석하는 일이다. 그 편이 더 실리적이고 더 효과적이다. 그런데 그런 시점으로 동아프리카의 연령단계제를 개관한 후 무엇보다 통감하였던 점은, 연령단계제가 결국은 다름 아닌 일종의 장로제gerontocracy 라는 사실이었다. 미혼의 젊은이 단계는 평상시에는 많은 소를 공동으로 방목·관리하는 캠프를 경영하고 전시에는 청년전사로서 가축과 부족을 방어하고, 기혼의 중년(연장자)단계는 주로 시정에 종사하면서 청년들을 감독·지휘하였다. 그리고 장로단계는, 이 두 가지 역할을 충분히 끝낸 자들로서 오로지 부족적 제의가 있을 때 사제 역할을 수행하여 부족의 번영에 최고 책임을 진다. 존재 형태는 여러 가지라 할지라도 기본 형태는 이상과 같으므로 궁극적으로 일종의 장로제라고 보아도 될 것이다. 이는 일본의 연령단계제를 검토할 때도 염두에 두어야 할 점이다. 동아프리카의 경우, 이러한 장로제가 표출시킨 한 예로, 앞서도 지적한 연령단계제에 의한 부족적 결혼규제가 더욱 극단적으로 작용하여 일부다처제를 쉽게 성립시킬 수 있었다는 점도 특색으로 들 수 있다. 즉 남자는 사춘기 때 할례와 성년식을 거쳐 젊은이 단계에 소속되지만 십 수년 장기간에 걸쳐 독신으로 지내야 하는 데 비해, 여자는 초경과 성년식을 거치면 바로 결혼을 할 수 있다. 이 차이가 인구 구조상의 왜곡을 발생시켜, 여자가 연장자·장로 들의 여러 부인 중 한 명이 되는 형태로 흡수되어 결과적으로 일부다처 혼인제가 성립되는 것이다.[21] 이 밖에 일부다처제를 조장하는 것으로 젊은이 로는 감당할 수 없는 고액의 신부값bride wealth(결혼자금, 소 열~수십 마리) 등도 있는데, 어쨌든 동아프리카에서는 연령단계제가 결혼규제에서 중요한 부족적 기능을 갖고 있었음을 간과해서는 안 된다. 그리고 일본의 경우도 물론 그 표출 방식은 다르더라도 충분히 염두에 두어야 할 것이다.[31]

2. 일본의 연령집단 – 연령단계제의 존재 형태

(1) 젊은이 단계형(젊은이 조)

앞 절에서 서술했듯이, 여기에서는 일본 촌락사회(민속사회) 연령집단의 양상을 주로 연령단계제의 구조·기능이라는 테두리에서 살펴보겠다. 여러 가지 견해가 있겠지만, 개괄하자면 젊은이 조가 주체가 되는 청년단계형과 장로가 주체가 되는 장로단계형의 두 가지 유형으로 크게 나눌 수 있겠다. 후자의 대표적인 예가 종래 일반적으로 미야자宮座[5]라고 불리는 존재다. 미야자에는 다양한 형태가 있으므로 나와 생각이 다른 사람도 있겠지만, 나는 이것을 감히 제사장로제로 규정해 보고자 한다.[4] 이들 두 유형 외에도 약간 다른 형태가 나타나지만, 그것들은 대략 두 유형 중 어느 한쪽에 속한다고 볼 수 있을 것이다. 또한 중년단계 역시 일반적으로 젊은이 단계나 장로단계의 둘 중 어느 한쪽과 좀더 밀접히 연결되기 마련이므로, 그 자체만으로는 하나의 유형을 만들어내지 못하고 있는 형편이다. 이하 두 유형에 대해 각각 구체적인 예를 하나씩 들어 설명하겠다. 우선 젊은이 단계형의 예다.

〈표 1〉은 이즈 반도의 남서해안에 위치한 이하마 부락의 연령단계제를 나타낸 것으로, 현재의 소방단이 이 젊은이 조의 구조와 기능을 계승하고 있다(이하의 서술은 鈴木二郎 編, 『都市と村落の社會學的研究』, 世界書院, 1956, 138~142쪽 참조). 젊은이 조가 주체이기는 하지만, 노인들의 기억과 입으로 전승되는 내용을 가지고 메이지 시기와 그 이전 상황을 복원해 보면 연령단계제는 〈표 1〉과 같으며 확실히 일관된 연령단계제를 나타내고 있다. 그런데 만17세가 되면 남자는 모두 정월 첫 집회에서 슈쿠로宿老(후술) 2명의 추천으로 젊은이 조에 들어간다. 이후 2년간 하시리즈카이走り使い(심부름꾼)로 소위 허드렛일을 한다. 다음이 쓰카이아가리使い上がり(19~24세)로서 당당한 젊은이 조의 일원이 된다. 이 두 가지를 총괄해서 소 젊은이 무리小若衆라고 부르는데, 마을 일과 제례 같은 젊은이 조의 노동력 주체가 된다. 이 두 개의 소단계age-set는 각각 히자나라비膝並び, age-mates라고 불리며 연대책임을 져야 한다. 예전에 내야도寢宿[6]가 있었을 때 소 젊은이 무리는

5) 씨족 일원으로 구성되어 씨족신의 제사를 담당하는 집단.

연령	연령단계	임원과 선발방법	소방단
60	노 인 무 리 年寄衆		
50	다 이 슈 쿠 로 大宿老		부단장
40	주 슈 쿠 로 中宿老	슈쿠로가시라宿老頭(슈쿠로 장, 2명 호선)	
35	슈 쿠 로 宿老	구미가시라組頭(조장, 1명 전원선거)	부 장
32	오 야 카 타 親方	가시라頭(우두머리, 2명 전원선거)	반 장
29	가 시 라 와 키 頭脇		
27	주 로 中老		
25	고 추 로 小中老	가시라야쿠頭役(부우두머리, 2명 호선)	
19	쓰카이아가리使い上がり	소 젊은이 무리 小若衆	
17	하시리즈카이走り使い		
	학 생		

(표 오른쪽에 "젊은이 조직" 표시)

전원이 몇 칸의 내야도에 나누어 묵었다. 그 다음 단계인 고추로小中老(25~26세)를 넘는 나이가 되어도 미혼이라면 내야도에 묵었다. 특히 25세 이상의 젊은이들 가운데 가시라야쿠頭役가 부락의 윗마을과 아랫마을 두 구역에서 각 1명씩 호선으로 선발되어 소 젊은이 무리를 지휘 감독하였다. 고추로는 이들 소 젊은이 무리의 바로 다음 단계로, 실질적으로는 그 위의 주로中老 (27~28세)의 준비단계로서 마을의 공적인 일들을 배웠다. 주로는 가시라頭 (후술)에 직속되어 그를 보좌하여 젊은이 조의 회계나 소 젊은이 무리의 노동업무를 할당하는 일을 했다.

그 위가 가시라와키頭脇(29~32세)인데, 이 단계가 되면 각자의 이름 끝에 아니(형)라는 칭호를 붙였다. 그 위가 젊은이 조에서는 가장 높은 오야카타親方(33~35세)로, 그들 역시 마찬가지로 ○○ 오야카타라는 칭호로 불렸다. 그리고 35세 사람들 가운데서 젊은이 조 전원이 참가한 선거에서 위·아래 마을 두 지역에 1명씩 우두머리인 가시라가 선출되어, 이들이 젊은이 조의 전체 회계 주임이 된다. 가시라는 앞에서 이야기했듯이 주로中老 를 지배하며 회계를 비롯해 바다나 산에 대한 직접지휘권을 가진다—젊은이 조는 해초 채취나 부락소유의 약간의 그물 등에 대한 권력을 가지는 한편,

---

6) 집을 나와 또래끼리 합숙하는 것.

기본재산으로 18정보[7) 정도의 산을 갖는다. 가시라는 또 마을 사무를 담당하는 마을 행정관료(현재는 이하마 구(伊浜區)의 장)과 함께, 지연조직으로서의 마을 조직과 젊은이 조를 실제로 연계해서 운영하는 중요한 역할을 한다.

이렇게 해서 젊은이 조의 각 단계를 마치고 나면 슈쿠로(36~40세)가되며, 슈쿠로들 가운데서 젊은이 조 전원의 선거에 의해 젊은이 조의 조장인 구미가시라가 선발된다. 임기는 2년이고 젊은이 조를 총괄하는 대표자의 지위를 갖는다. 슈쿠로는 소위 젊은이 조의 고문격인데 그들 사이에서도 윗마을과 아랫마을 각 1명씩 슈쿠로가시라를 그들끼리 선출한다. 이 위의 연령단계제는 명확하지 않지만, 대개 40세가 주슈쿠로中宿老, 50세가 다이슈쿠로大宿老, 60세 이상이 노인 무리年審衆로 불렸던 것 같다. 또 〈표 1〉의 오른쪽 난은 현재의 소방단 관리가 연령단계제의 어디에 해당하는지를 나타낸다. 두말할 나위 없이 이상에서 서술한 지위의 선출에는, 집안 사정이나 재산 및 가족과 친족관계 등은 전혀 관계가 없으며 오로지 본인의 자질과 능력만이 문제시되었다. 따라서 선거권·피선거권은 성원 모두 평등하다. 그래서 각 단계간의 구분이 명료하고 역할분담이 확실하며, 연장서열과 동년배 감각이 강건하다는 점은 새삼 지적할 필요도 없으며, 진정한 의미의 연령단계제라고 할 수 있겠다. 다만 구성·기능적으로 보아 연령단계제가 젊은이 단계에 집중되어 있다는 점 또한 명백한 사실이다.

나는 이러한 이하마의 예를 일단 젊은이 단계형으로 파악해 보고자 한다. 이 형태가 일본의 서쪽지방, 특히 어촌에 많다는 것은 앞에서도 지적한 대로다. 그리고 예를 들면 시마志摩[8) 지방처럼, 젊은이 모임이나 의제적인 친자관계와 연결되어 제사와 의례 기능을 담당하는 경우 등 다양한 형태를 띤다(大間知篤三, 『志摩の年齡段階制』, 文化財保護委員會, 1965).

---

7) 1정보는 3000평.
8) 미에(三重) 현 시마 반도.

또한 앞에서 언급한 것으로도 알 수 있듯이 부락이 지리적으로 둘로 나뉘고 이것이 연령단계제와도 관련이 있다는 것은(예전 메이지 초기에는 위·아래 마을마다 따로 젊은이 조가 있었다고도 한다), 이처럼 쌍을 이루는 조직이 일본 촌락사회에 적지 않았다는 점(특히 일본 서쪽지방)을 고려하다면, 촌락구조상 뭔가 문제가 있을 것 같지만 여기에서는 단지 이를 지적하는데 그치고자 한다.

(2) 장로단계형(미야자宮座)

앞에서 장로단계형 연령단계제로서 미야자를 언급했었다. 여기에서는 그 실례로서 시가滋賀 현 고난湖南 지방의 시가라키초信樂町 다라오多羅尾의 예(사토미야里宮 신사)를 살펴보겠다(이하의 서술은 미주 4의 졸저에 의거한다).

다라오는 약 200호로 토박이들은 현재 거의 미야자에 소속되어 있기 때문에 소위 무라자村座[9]인데, 메이지 중기까지는 도쿠가와 시대 이후 혼뱌쿠쇼本百姓[10]층에 속했던 조자가부나카마長座株仲間라 불리는 수십 호에 의해 조직되는 가부자株座[11]였다. 그리고 이것은 좌·우 두 개의 집안으로 나뉘어 가부나카마를 이루었다. 이 가운데 좌쪽의 격이 높은 것으로 간주되고 다라오의 다이칸代官[12] 집안으로 연결되는 사무라이 신분이었던 것 같다. 이 때문이었는지 무라자村座로 변화되는 과정에서 우쪽의 집안으로 들어가는 자가 많아 현재는 우쪽이 전체의 2/3를 차지하고 있다. 조자(어른신 조)는 좌우 각각에 최고 연장자 남자 가운데 나이순으로 선출한 10명으로 구성되어 있다. 이 각 10명이 정식으로는 넨뇨年預라 불리는 장로 무리로 즉 장로단계이

---

9) 마을 사람 전원이 참여하는 개방적인 조직.
10) 에도 시대에 전답과 가옥을 보유하고 부역이나 세금을 부담하며 부락공동체의 일원으로서 들이나 산, 수로시설 등을 사용할 권리를 갖고 있던 자영농민.
11) 특정 집안끼리만으로 구성되어 폐쇄적으로 세습되는 조직.
12) 에도 시대의 지방행정 담당관.

<표 2> 다라오의 미야자와 통과의례

연령	칠당七當(일곱 가지 당번)	조자長座(어르신 조, 좌·우 1쌍)
80	⑦ 산신제 당번	1. 자초座長 2. 와키초로脇長老 — 자쇼座掌 3. 4. 5. 6. ~ — 넨뇨年預
70		10. 조자長座(=엔뇨年預에 가입)
60	⑥ 제사 당번	
50	⑤ 9일 당번	미야모리宮守(1명)
45	④ 3월 당번	가리가시라狩頭(6명)
40	③ 쓰키교지月行司(나무당번)	
30	② 떡꽃당번	
20	① 종이당번	제사동료(젊은이 조)
17		가입(등록)

며, 미야자 자체를 나타내는 궁극적 권위의 주체였다(표 2 참조).

2월 5일의 산신제 당번(후술)을 할 때 최고 장로(좌우의 각 우두머리인 자초座長)는 상위 5명씩 넨뇨를 초대하여, 구시宮司(현재 다라오에는 세습되는 구시 직이 있다)와 미야모리宮守(후술)의 입회 하에 행사를 진행하고 장수를 축원한 후 은퇴한다. 그러면 다음 자리의 부 자초 격인 와키초로脇長老가 자초로 올라가며 순서를 차례차례 밟아 조자長座(=엔뇨)에 들어가게 된다. 그 사이에 누가 죽으면 역시 이때 조자에 들어온 순서(연장자순)에 따라 다음 자리에 있던 자가 올라가 보충한다. 또 엔뇨 10명 중 상위 5명을 자쇼座掌라고 부르며 특히 고위 장로로서 미야자 의례에서 중요한 역할을 한다. 6~10위에 해당하는 엔뇨는 조자에는 이름이 올라 있지만 실질적으로 는 어떤 역할이나 권위도 없었다. 또 두 조자에는 미야모리宮守(또는 간누시神主=신사 신궁의 제사관)라고 불리는 관리인이 있어서 이들이 미야자의 서열장부나 회계장부를 관리한다. 이들을 정하는 방법이나 임기는 따로 정해져 있지 않고, 조자에서 뽑는다. 대개 예전의 가부나카마 집안 사람들 가운데 중년자가 된다.

그런데 다라오에서는 칠당七番이라 하여, 남자(장남)는 평생 일곱 가지 의례를 순서에 따라 행함으로써 무사히 생애를 마치고 천수를 누릴 수 있다고 여겨 왔다. 이를 간단히 설명하면, ① 종이 당번은 2월 10일 미나쿠치마쓰리水口祭13) 때, 각 집의 못자리 물을 대는 곳에 세우는 기원용 종이를 각 집으로부터 수집하는 일, ② 꽃 만드는 당번은 미나쿠치마쓰리에 사용할 축하용 나무에 붙일 꽃 모양의 떡을 찧는 일, ③ 쓰키교지月行司는 꽃 모양 떡을 사용해서 축하용 나무를 제작하는 일, ④ 3월 당번은 3월 3일에 오곡의 풍요를 기원하기 위해 사토미야 신사에서 행하는 의례가 있는데 그 의례를 위해 여러 가지 준비를 하는 것이 당번 집, ⑤ 9일 당번은, 9월 9일 다카미야高宮라는 사토미야 신사 안측에 있는 신사에서 개최되는 ④와 같은 의례가 있을 때의 당번, ⑥ 제사 당번은 10월 14일 사토미야 신사에서 실시되는 가을제사의 당번 집, ⑦ 산신제 당번은 2월 5일 산신제 때 당번 집이 되는 것으로, 앞에서 이야기했듯이 이것이 생애를 정리하는 데 필요한 은퇴 의례다. 이들 당번(일, 당번 집)을 결정하는 것은, 각 일의 역할과 비중에 따라 종류(주담당/부담당)나 사람 수가 달라지기 때문에 복잡하지만, 모두 원칙적으로는 들어온 순서(연장) 순이었다. 그리고 더 대략적으로는 ①이 20세 정도, ②가 20대 후반부터 30대, ③이 40대 전반, ④ · ⑤ · ⑥이 40대 후반부터 50~60대, ⑦은 70~80대(보통은 80세 이후)다. 따라서 일곱 가지 당번은 미야자의 통과의례로서의 지위 ritual status를 연령단계적으로 표시한 것이라고 할 수 있겠다.

그런데 미야자에 들어가려면 만 17세의 남자(장남)가 좌 · 우 중 어느 한 곳에 개별적으로 11월 13일 지원서를 내야 한다. 이는 마쓰리나카마祭仲間

---

13) 모내기할 때 1년의 풍작을 기원하면서 논물 대는 곳의 입구에서 지내는 제사.

(제사동료)로 불리는 젊은이 조에 가입하는 것이기도 하다. 그 전날 미리 장로그룹인 조자에게 인사를 드리러 가는데 이때 지참해 간 축하용 술(탁주)을 받아 마셔야만 한다.

이처럼 자座에 가입하고 등록하는 것은 장래는 물론이고 자에서의 순서(연장순)을 결정하는 일이므로 매우 중요하다. 마쓰리나카마는 요컨대 젊은이 조로 보아도 무방하며, 미야자에 비추어 본다면, 어르신 조에 대한 젊은이 조다. 마쓰리나카마(현재는 제례부라고 부른다) 사이에는 세밀한 서열구분이나 지위역할의 분담은 특별히 나타나지는 않지만, 연장서열이 엄격하여 한 살이라도 더 먹은 사람에게는 복종을 해야 한다. 마쓰리나카마의 업무는 제례나 미야자의 여러 행사를 준비하고, 다카미야 신사나 사토미야 신사의 요이미야宵宮14) 때 미야고모리宮籠り15)를 하는 것이 주요 임무다. 결혼하면 마쓰리나카마 단계에서 나오게 되는데 바로 다음으로 이어지는 명확한 중년단계 조직이 없다. 단지 중·장년층의 경우, 가리가시라(사냥대장)라고 부르는 직분이 있는데, 원래 멧돼지의 피해를 막기 위해 멧돼지 사냥을 할 때 우두머리 역할을 하는 것이 임무였다. 이웃마을과 마을의 경계를 둘러싸고 분쟁이 일어날 때 조정을 담당하거나 길닦이 공사를 감독하는 등 어르신 조의 뜻을 받들어 행동한다. 일단 이것을 중년단계로 보아도 무방할 것이다. 가리가시라는 좌·우 각 6명으로 합계 12명이다 [또한 다라오의 미야자에서는 도쿠가와 시기부터 메이지·다이쇼 시기까지 좌·우 합계 1조町(1조는 3000평) 2탄反(1탄은 300평) 정도의 조직공동 논과 약간의 산림이 기본재산으로 있었다].

이상의 고찰로 알 수 있듯이 다라오 지역의 경우, 미야자는 확실히 일종의 연령단계제라고 볼 수 있으며, 또 장로단계가 현저히 중시되고 그 기능은 제사로 제한되었다. 내가 보는 한, 대부분의 미야자에 이런 특색이 보이므로,

---

14) 신사의 본제사 전날이나 며칠 전에 행하는 제사.
15) 기원을 위해서 신사에 은거하는 것.

일단 미야자는 제사장로제라고 규정하고, 연령단계제의 측면에서는 이를 장로단계제형이라고 부르고 싶다. 이 같은 형태가 일본 서쪽지방 특히 기나이畿內16)에 현저히 나타난다는 것은 새삼 지적할 필요도 없다(肥後和男, 『宮座の硏究』, 弘文堂, 1941 참조). 또한 옛날에는 미야자의 기능이 제사에만 한정되지 않고 촌락공동체의 다른 여러 측면에도 영향을 미쳤을 것으로 판단된다.

이러한 실태는 지금은 거의 사라지고 없지만, 조사된 일부 사례나 노인들의 구전 속에 남아 있다. 또 미야자의 경우 다라오 지역에서도 알 수 있듯이, '가문家'이 깊이 관련되어 있어 (특히 가부자의 경우), 이전의 청년단계제형과는 달리 복잡한 문제들이 얽혀 있다. 또 좌·우로 양분된 조직 역시 일반적인 특징인데, 이 점은 청년단계제형 사례(이하마)에서도 지적했듯이 일본 촌락사회의 기본구조와도 관계 있을 것으로 추측된다.

(3) 기타 여러 형태

이상의 두 유형처럼 젊은이로부터 장로까지 일관된 연령단계제를 전반적으로 갖춘 경우는 전국적으로 보아 일본 동쪽지역보다 서쪽지역 쪽이 많지만, 그렇다고 해서 그렇게 엄청나게 많은 수는 아니다. 한편 일관된 연령단계제는 아니라 해도, 꽤 특수한 조직이나 기능을 갖춘 부분적인 연령집단이 특정 지방에서 풍부한 지역성을 띠며 산재되어 있다. 그 가운데 두드러진 예를 몇 가지 살펴보겠다. 옛 사쓰마薩摩17) 번의 '헤코니세兵兒二才' 제도는 이즈미헤코出水兵兒라든지 고쿠부헤코國分兵兒라는 이름으로도 알려져 있는데, 고시郷士18)가 국경경비를 담당한 데서 발전한 것이라고 한다. 헤코야마兵兒山(6, 7~14세), 헤코니세(15~20세), 주로中老(21~30세) 등으로 이루어진 연령

---

16) 야마시로(山城, 교토), 야마토(大和, 나라), 이즈미(和泉, 오사카), 셋쓰(攝津, 오사카), 가와치(河內, 오사카)를 포함하는 구 행정구역.
17) 에도 시대의 사쓰마·오스미(大愚, 현 가고시마 현) 두 곳과 휴가(日向, 현 미야자키 현)를 합친 지역으로 77만 석을 받은 시마즈(島津) 가계의 영토.
18) 에도 시대에 농촌에 거주한 무사.

단계조직이었다. 주목할 점은, 그 전체가 둘로 나뉘어 문무 수업이나 제사·예의범절 익히기 등의 대항경기를 펼쳐 서로 단련하고(양분조직), 명문가의 적자인 미소년을 지고稚兒19)로 받들기도 했다는 점이다. 이는 나중에 언급하게 될 신라의 화랑제도와 비슷하다.5) 헤코니세는 메이지 이후에도 형태를 바꾸어 촌락사회에서 그 기능을 수행했는데, 일종의 젊은이 조직이라고 봐도 될 것이다. 또 쓰시마의 '본오도리盆踊り20) 조직'은 고도모오도리(9~15세), 주로中老(16~27세의 평민청년과 16~23세의 고시 청년), 다유太夫(28~37세의 평민남자와 24~30세의 고시 남자), 오초大長(다유를 마친 남자로 장남만)라는 연령단계조직이다. 오초 단계가 되어야 비로소 성숙한 촌민으로 공식적으로 인정받게 되는데, 오초는 일반 연령단계제에 비춰본다면 중년단계에 해당한다. 쓰시마에서는 기능은 현재에는 본오도리 기간으로 한정되어 있지만, 예전에는 계속 존속된 조직이었던 것 같다. 그렇다고 한다면 이는 전체적으로 일단 일종의 연령단계제라고 보아도 될 것이다. 평민과 고시(무사계층)에 약간 연령차가 나는 것은, 쓰시마의 독자적인 사회성원층 때문일 것이다. 아무튼 연령집단이 다양한 연령단계에 대응되는 통과의례에 의해 조직된다는 것은 당연한 일이며, 그것이 해당 지방의 전통문화와 절충되어 특정 연령단계제로 집약되고, 그 기능 역시 한정되어 지역만의 독특한 색채를 형성시켜 준 것이다.

젊은이 조 이전의 어린이 조는 젊은이 조와 연계되는 것으로 전국 각지에서 나타난다. 대부분은 소정월小正月21)·셋쿠節句22)·본盆23)·이노코亥の子24)

---

19) 신사나 사원의 제사나 법회 등에서 동자로 분장하는 남녀 아이.
20) 음력 7월 15일 정령을 맞이하고 위로하기 위해 행한 행사로 현재는 남녀가 모여서 추는 윤무.
21) 1월 1일 정식 설날과 비교된 명칭으로 1월 15일을 중심으로 한 며칠간을 말한다. 주로 풍작을 기원하거나 일년 점을 보는 등의 행사가 열린다.
22) 연중행사 중 특히 주요한 5일로 1월 7일 진지쓰(人日, 일곱 가지 재료로 넣어 만든 죽을 먹는 풍습), 3월 3일 히나마쓰리(여자아이들의 축제), 5월 5일 단오(남자아이들의 축제), 7월 7일 칠석, 9월 9일 중양절을 가리킨다.
23) 음력 7월 15일 조상의 혼령을 공양하는 제사.
24) 음력 10월 돼지날의 추수감사행사. 돼지와 같은 다산과 무병장수를 기원.

· 산신제 같은 연중행사와 밀접히 관련되어 있다. 남자의 젊은이 조에 대응되는 아가씨 조가 남자들만큼 조직화되어 있지 않았던 것과 마찬가지로, 이런 연중행사에서도 여자아이는 히나오쿠리25) 같은 것 외에는 두드러진 것이 없다. 젊은이 조에 대해서는 새삼 지적할 필요가 없겠지만, 청년 기숙이 아가씨 기숙(월경 때 기거하는 오두막이나 출산을 위한 산실도 포함)과 비교해 볼 때, 결혼을 규제하는 역할을 한다는 점도 경시할 수 없다. 동시에 청년 기숙이 쓰나모토網元26)의 기구 하에 놓이게 되면 숙친宿親과 숙자宿子라는 의제적 친자관계가 형성되어 본래의 연령단계제에 반하는 기능적 의미로 바뀌어버리는 경우도 적지 않다.

일본 동북지방의 남부에서부터 관동지방 북부지역에는 '게이야쿠코契約講'라고 불리는 고講 조직이 있다. 촌락자치적인 지연에 입각한 가문의 연합으로서, 소위 고구미講組27)라고 보아도 될 것이다. 이 안에는 청년·중년(호주)·장로(은거) 등 같은 연령=세대별로 조직된 것이 적지 않아, 소위 연령고(세대 고)라고 볼 수 있다. 이 경우에는 여자에게도 동일한 조직이 약간 존재한다. 이들은 잘 정리된 조직이 아니어서 연령단계제라고 보기는 힘들지만, 아무튼 전체적으로는 연령=세대계층별 조직이라는 형태를 띠고 있다. 동북지방의 연령집단으로는 아오모리靑森 현 시모키타下北 반도 어촌에 있는 청년 기숙과 아가씨 나카마(아가씨 기숙)가 알려져 있고, 게이야쿠코契約講를 염두에 둔다면 연령집단을 일본의 서쪽지방에 한정된 것이라고 지나치게 강조하는 것은 재고해 보아야 할 것이다.

마지막으로 덧붙이고 싶은 것은 앞에서 언급한 '세대계층제'다. 친족 명칭을 세대계층별로 구별하여 표현하는 것은, 널리 일반적으로 나타나는 현상이므로 당연한 것이지만, 일본의 경우는 '가문' 제도와 연결되어 가족·친족의 관습·관행의 일환으로 중요한 의미를 갖곤 한다. 안채를 장남 부부에게

---

25) 3월 3일 저녁 때 히나마쓰리 장식인형을 강이나 바다로 띄워 보내는 것.
26) 기숙에서 부모 역할을 하는 사람.
27) 관혼상제를 치를 때 이웃끼리 서로 도와주는 조직체.

내주고 바깥채로 옮기는 소위 은거분가의 관행으로, 가장(오야지) 연합인 안채 집단과 조부(오지지) 연합인 바깥채 집단이 촌락구성상 명료하게 나뉘고 이에 따라 할아버지·남동생·젊은이들 등의 대인對人 호칭이 사용된다. 그리고 미혼남자는 젊은이 기숙에 기거하기 때문에, 3개의 세대계층이 서로 다른 거주 형태를 취하게 되는 셈이다. 에모리 이쓰오江守五夫는 이것을 연령단계제의 일종의 외적 가시적 표현으로 보아 세대계층제라고 부르고, 일본의 서남지역에 많이 잔재한다고 했다. 가모 다다오蒲生正男·무라타케 세이이치村武精一·쓰보이 히로시坪井洋 등은 공통적으로 세대계층제라는 용어를 사용하고는 있지만, 동족과 같은 단일계 집단이 아니라 쌍계적 친족관계가 두드러진다는 점, 가족 내의 친족명칭이 고도의 촌락내혼과 어우러져 촌락에서의 세대호칭으로 분류되어 사용된다는 점에 착안해서 그 개념을 규정하였기 때문에, 에모리의 견해와는 상당한 차이가 있다. 이들에 비해 스미타니 가즈히코住谷一彦는 더 나아가 동족계층제·연령계층제 외에 제3의 촌락구조유형으로 세대계층제를 들었다. 이는 종래 언급되어 온 일본 서쪽지방의 연령단계제형을 연령계층제와 세대계층제의 두 유형으로 나누었다는 의미를 갖는다. 이 경우 세대계층제란 엄격한 연령계층제에 의거하지 않는 느슨한 세대계층제에 역점을 둔 것이다. 즉 청년 기숙, 아가씨 기숙이나 출산실, 월경시 사용하는 오두막 같은 특수 합숙소나 다계多系적 친족조직을 동반하는 은거제隱居制 가족 등에 '세대'의 원리가 존재하여, 친족 명칭이 촌락 내에서의 혼인풍습과 맞물려 세대 호칭으로 전화되었다고 지적하였다. 이상으로 서로 다른 착안과 역점이 세대계층제라는 용어와 개념에 맞물려 있고, 또 그 발상의 계기가 된 조사지역이나 촌락유형의 분포범위도 차이가 있기 때문에, 이 용어는 정착되었다고는 할 수 없다. 나는 아직 이런 촌락구조론에 끼어들어 의견을 펼칠 만큼 조사 실적을 올렸거나 이론적 고찰을 행한 것이 아니므로, 이에 대한 비판이나 의견 개진은 앞으로의 과제로 삼고 여기에서는 단지 소개 정도에 그치고자 한다.

3. 주변 여러 민족들의 연령집단

(1) 한국·중국

현대 한국에 연령집단 특히 연령단계제가 존재한다는 문헌자료나 보고기록은 찾을 수 없지만, 제2차 세계대전 전이나 전쟁중의 자료를 보면 연령집단이 일부 있었던 것 같다(이하의 서술은 鈴木榮太郎, 『朝鮮農村社會踏査記』, 大阪屋戸書店, 1944 ; 鈴木榮太郎, 「朝鮮の契とプマシ」, 『民族學研究』27-3, 1963 ; 泉靖一, 『濟州道』, 東京大學東洋文化研究所, 1966에 의거한다). 한국의 계는 일본의 고講에 해당하며 동(부락)에는 각종 계가 있었다. 이 가운데 주목되는 것이 노인계로서 동갑계(친목계)의 일종인데, 한반도 중부 및 남부에는 유사한 일본의 고보다 훨씬 많았다고한다. 젊은이 조직의 존재는 명확하게 확인된 바 없지만, 제주도의 경우에는청년계가 19~40세 남자들 사이에서 행해지고 매월 일정액을 부어 불시에필요한 지출을 충당하였다. 전체적으로 계는 주로 남자가 하고 여자는 적었다. 어린이 동갑계도 일부 나타나지만, 이는 어린이 조직이라기보다는 부모가 조직해 주었던 것으로 보인다. 계는 고려 말 공조조합에서 발달한 것인데중국의 합회合會와 역사적·문화적으로 관련이 있으며, 일본의 고 역시 같은맥락에서 이해해야 할 것이다. 특히 앞서 이야기한 일본 동북지방의 게이야쿠코는, 촌락의 자치조직으로 기능한 한국의 동약계에 대응한다고 스즈키에이타로 박사는 지적했다. 위의 노인계·청년계 등도 전술한 일본의 노인(은거) 게이야쿠·젊은이 게이야쿠에 대비시킬 수 있을 것이다.

한韓민족의 연령집단에 대한 역사적 문헌자료에 입각한 연구로는 미시나아키히데三品彰英 박사의 선구적인 업적이 있다. 신라에서 융성했던 화랑에대한 연구가 그것이다(三品彰英, 「新羅の奇俗花郎制度に就いて−新羅社會史研究」, 『歷史と地理』25·1~27·5, 1929 및 『新羅花郎の研究』, 平凡社, 1974 참조). 미시나는 화랑제의기원을 멀리 삼한시대의 원시적 남자집회로 추정하고, 신라의 각 시기별변이 과정을 고찰하고, 나아가 고려부터 조선까지의 변용 과정까지 자세히서술하였다. 그리고 화랑제의 본질로서 다음 네 가지를 지적하였다. (가)

가무유희를 행하는 청년남자의 사교클럽, (나) 국가 유사시의 청년전사단, (다) 국가적·사회적 청년교육기관, (라) 화랑이라 불리는 특이하며 고귀한 소년을 뽑는 집회. 이는 미개·문명 할것없이 여러 민족에게서 보이는 유사한 것들을 연상시키지만, 한민족 독자의 색채가 강하다고 한다. 화랑 자체가 신라왕정 때 성립기를 거쳐 쇠퇴·흥망에 이르기까지 상당한 변화를 거쳤기 때문에 일괄적으로 말할 수 없지만, 최대 특징은 화랑이라는 명칭에서 엿볼 수 있듯 화랑으로 불리는 상류귀족 출신의 소년을 뽑아 결성한 청년집단이라는 점일 것이다. 화랑에 대한 자세한 설명은 미시나의 저술로 대신하겠지만, 미시나도 서술했듯이 이상의 특색과 본질에서 금방 연상되는 것은 앞의 절 3항에서 이야기한 사쓰마의 헤코니세와 쓰시마의 본오도리 조직이다. 미시나는 또 남자집회조직이라는 민족문화 요소와 관련하여, 한민족은 확실히 남방문화권에 속한다는 것을 만주(중국 동북지방)와 대비시켜 서술했다. 덧붙여 일본에서는 젊은이 조직이 씨신에 대한 제례나 부락신 제사에 주체적으로 참가한 사실로 미루어 이 기능이 고대에 한층 중요했을 것으로 판단되므로, 미야자와의 발생적 연관도 이 점에서 찾아야 한다고 기술했다. 이러한 지적은 나의 입장이나 시각에서 볼 때 실로 시사하는 바가 크다.

그리고 현대중국에 관한 문헌자료나 보고서는 직접 갖고 있지 않지만, 고대중국의 연령집단(남자집회)에 관해서는 M. 키에스트로프의 논고 「고대중국에서의 남자집회와 연령계급」이 미시나에 의해 소개되었다(앞의 『新羅花郎の研究』 참조). 여기에는 선진先秦(중국고대) 시대의 가관례加冠禮, 남자집회, 기타 연령계급조직으로 특히 남자집회의 숙소 Männerhaus 등 여러 기능이 논술되어 있다.

(2) 대만

대만의 경우, 고사족高砂族[28])으로 불리는 소수 인도네시아계에 현저한

28) 대만 원주민족.

연령단계제가 나타난다. 동해안의 아미 족, 그 남쪽 대동臺東 평원의 퓨마(파나파양) 족과 중부의 쵸우 족이 그러한데, 쵸우 족은 다른 두 부족에 비해 저조하다.

이들에 대해 메이지 시대 말·다이쇼 시대 초기부터 제2차 세계대전 직전까지 고노 가로쿠河野嘉六, 사야마 유키치佐山融吉, 오카마쓰 산타로岡松參太郎, 고이즈미 데쓰小泉鐵, 후루노 기요토古野淸人, 마부치 도이치馬淵東一, 오카다 겐岡田謙 등의 여러 학자가 조사 연구를 진행하였다. 이들의 조사보고와 문헌자료를 다방면으로 조사하여, 미시나 아키히데 박사가 간결한 논고를 발표하였다. 여기에서는 이것에 입각하여 개관해 보고자 한다(앞의 三品彰英, 『新羅花郎の硏究』 참조. 위에서 언급한 연구 중 연령단계제를 직접 다룬 문헌으로는 岡田謙, 「年齡階級の社會史的意義」, 『社會經濟史學』 1-4, 1932 ; 古野淸人, 「高砂族の年齡階級と集會所」, 『高砂族の祭儀生活』, 1945 등이 있다).

아미 족의 경우는 기밀사Kiwit와 박박사Pokpok의 두 촌락에서 정비된 연령단계제를 찾을 수 있다. 기밀사는, 3년마다 성년식에서 13~14세의 소년들이 전원 동년배 조직을 결성하는데, 촌락의 습관에 따라 특정의 고유한 조직 내의 이름을 갖게 되며, 그 이름으로 평생을 보낸다. 이런 조직의 1조부터 7조까지(13~35세)가 젊은이 단계로서 캇파하라 불리며, 이보다 상급이 마도아사이 즉 연장자 단계다. 캇파하의 7개 조직은 각 복장으로 식별되는데, 4조 이상은 미혼자로서 밤에 집회숙소(젊은이 기숙)에서 머물기 때문에 사실상 젊은이 조직이라고 할 수 있다. 집회숙소는 요컨대 men's house로서 집회소·감시소·숙소·사당이라는 총합적 기능을 갖고 있으며 특히 여자는 출입금지다. 이들의 성년식에서 주목해야 할 것은 기밀사가 모시는 선조신의 직계라고 하는 세습직 사제의 우두머리인 카케탕으로부터 신앙적인 지배를 받는다는 점이다. 박박사에서는 이와 다르게 모두 촌락회의 (성년 이상의 남자회의)가 원로와 노번老藩의 협의 하에 운영된다. 퓨마 족도 대개는 유사하지만, 성년식이 매년 행해진다는 점, 동기입사자끼리의 동년배 의식이 약하고 아미 족처럼 고유한 조직 내의 이름도 없다는 점이 다르다. 단계로는 소년(13·15~18·20세), 청년(19~22세), 장년(23세 이상), 노년(40세 이상)의 4단계가 있는데, 이 가운데 청년·장년 단계의 경우 전쟁이나 수렵을 위한 엄격한 훈련과 장로에 대한 복종과 봉사가 눈에 띈다. 퓨마 족은 정치적으로는 세습 우두머리 제도를 취하며 연령단계제는 전체적으로는 그 지배 하에 있다.

한편 쵸우 족의 경우는 앞의 두 부족에 비해 연령단계제 자체는 훨씬 저조한 반면, 복잡한 씨족조직이 사회구조의 주역을 담당한다. 즉 몇 호에서 수십 호 정도 되는 소형 씨족으로부터 순차적으로 중·대형 씨족으로 올라가며 최종적으로 부족으로 통일된다.

북 쵸우 족의 경우, 같은 씨족이라도 몇 개 부족으로 나뉘어 분포하는 경우가 많고, 어떤 부족에 귀속하는가는 오히려 어느 부족의 청년집회숙소의 제사에 참가하는가에 따라 결정된다고 한다. 즉 집회숙소의 제사가 부족결합의 중심이 되는 셈이고, 이는 아마도 씨족에서 부족으로의 통일이 청년집회숙소를 중심으로 이뤄졌음을 시사한다. 한漢족과 부눈족의 압박에 대항하여 군사적인 결속을 꾀한 것이 부족통합을 이룩했다고 여겨지며, 여기에 연령단계제가 일익을 담당했다고 볼 수 있다. 그렇다면 연령단계제와 혈연집단은 서로 반발하기만 하는 것이 아니라 일정한 조건 아래에서는 적극적으로 서로 보충하는 관계였다고 하겠다. 이와 비슷한 사례가 미크로네시아의 파라오 섬과 동아프리카에서도 자주 나타난다. 이 점은 일본 민속사회를 살필 때도 염두에 두어야 할 것이다.

그런데 제2차 세계대전 후의 조사연구에서 주목해야 할 것은 구라타 이사무倉田勇의 연구다. 그는 아미 족 타바론 촌의 연령단계제가 조[粟]의 이동성 화전경작과 불가분으로 연결되어 있으며, '사회적 연령'에 대한 인지는 조의 수확제(이리신)를 통해 이루어지는 메커니즘을 분석했다(倉田勇, 「年齡階級と燒畑耕作―アミ族タバロン社會の場合」, 『現代民族の宗敎と文化―古野淸人敎授古稀

記念論文集—』, 社會思想社, 1972). 구 대북 제국대학의 우쓰시카와 네노조移川子之
藏·후루노 기요토古野淸人 교수 등과 제2차 세계대전 후 대만 중앙연구원의
유무웅劉斌雄 등의 조사 데이터와 구라타의 데이터를 비교 검증한 내용을
바탕으로 한 고찰로, 특히 화전용 야외 오두막에서의 공동생활이 부락집회소
에서의 연령단계제에 대응된다는 점, 또 약 10년을 주기로 일주하는 경작지의
이동이 계급(연령조직) 명의 순환시스템과도 일치한다는 점 등 중요한 사실
들이 지적되었다. 단계와 조직(소단계)의 순환 시스템은, 미주 3)에서 언급했
듯이 동아프리카에서도 많이 나타나며, 시간관념이나 달력계산법과도 직접
관련되는 연령단계제에서는 기본 문제 중 하나인 만큼 이상의 지적은 시사하
는 바가 크다. 다만 대만의 고사족 외에 인도네시아에 대해서는 정확히
조사된 보고나 문헌자료가 현재까지는 없다.

(3) 미크로네시아

예전의 남양군도(구 국제연맹위임통치령) 가운데 파라오와 포나페 두
섬의 토지제도를 상세히 조사연구한 스기우라 겐이치杉浦健— 교수가 이룩한
제2차 세계대전 전의 연구업적은, 자료적으로나 이론적으로나 매우 유용하
여 높은 평가를 받았다(杉浦健—, 「南洋群島の土地制度」, 『民族硏究所紀要』 1, 1944).
이에 의하면, 포나페 섬에는 연령단계제(연령단체)가 없으나, 파라오에는
남녀 모두에게 나타나며 이분적인 씨족조직과 복합되어 복잡하지만 대단히
질서정연한 부락조직을 이루고 있다. 여자도 남자처럼 개별 조직화되었다는
점, 또 씨족조직과 결합되어 결국 씨족조직에 포괄되어 일체화되어 있다는
점으로 보아, 엄밀하게 연령단계제라고는 하기 어렵겠지만, 일단은 그렇게
보아도 무방할 것이다.

부락 중앙에는 큰 장로집회소가 있고, 해안에는 성년남자의 집회소가
있다. 성년남자 집회소는 두 개의 부두(남쪽과 북쪽)에 몇 개씩 나뉘어
서 있고, 배를 두는 창고에는 전투용 카누를 소장하고 있다. 성년남자는

남북 집회소 중 어느 한쪽에 소속되는데, 씨족의 이분적 규제에 따라 정해진다. 그들은 각 집회소에서 숙식을 하고 배 창고를 관리한다. 바다로 나가는 집단어로 역시 이 같은 단위로 이루어지는 경우가 많다. 여자 집회소는 없다.

연령단계로는 청년·중년·노년의 3단계(조)가 있는데, 씨족이 전체적으로 이중으로 양분되어 있어 결국 넷으로 분할되기 때문에 이들 역시 이 4개 조직에 속하게 되어 있다. 즉 각 씨족은 1부터 4 중 한 군데에 소속되며, 또한 1과 3으로 이루어진 Ⅰ과, 2와 4로 이루어진 Ⅱ라는 식으로 분절 또는 합성되어 있다. 그리고 씨족간에는 일정한 순위가 있다. 3단계의 연령단계는 각 단계마다 약 10명 단위로 이루어지는데, 가능한 한 각 씨족에서 골고루 성원이 들어올 수 있도록 구성된다. 게다가 연령단계제가 전체적으로 남과 북으로 나뉘기 때문에 결과적으로 6개 단계가 만들어지고 총 인원수는 60명 정도가 된다. 각 단계의 조장은 제1순위 씨족이, 부조장은 제2순위 씨족이 된다. 이와 같이 넷으로 구분된 씨족조직은 3개의 연령단계와 복합되고, 게다가 연령단계제 자체가 또 양분되는 중층구조를 이루고 있다. 여기에는 연장서열원리와 양분원리가 교차된다. 따라서 궁극적으로 연령단계제는 씨족조직에 포괄되어 일체화된다고 볼 수 있다. 이 파라오 섬의 예는 지금까지 몇 번인가 지적한 바 있던 연령단계제와 친족조직 및 양분조직을 둘러싼 문제에 시사하는 바가 큰 귀중한 자료라 할 수 있겠다.

(4) 타이

인도차이나에는 명확한 연령단계제가 없어서 문제로 삼을 만한 연령집단도 없는 것 같다. 타이 족의 연령이나 성의 원리, 세대구분에 관해 아야베 쓰네오綾部恒雄와 이와타 게이지岩田慶治가 매우 흥미로운 논고를 발표했기 때문에 그것을 개관해 보고자 한다(綾部恒雄, 「タイ國社會における性と年齡の原理」, 『タイ族—その社會と文化』, 弘文堂, 1971 ; 岩田慶治, 「タイ族における人生とその背景」, 『石田英一

郞教授還曆記念論文集』, 角川書店, 1964). 타이에서는 연장자에 대한 존경이 가족·친족관계에서는 강하지만, 구 중국의 유교적인 엄격한 윤리규범에는 미치지 못한다. 친족 명칭의 경우 형제자매는 성별보다는 나이로 구별되고, 자신의 아이나 손자에 대해서도 성별을 무시하는 유별적類別的 명칭을 사용하였다. 일반적으로 일상생활에서 성별과 성차가 적은 것은 중부보다도 북부가 현저한데, 이는 재산상속이나 결혼, 이혼, 재산분할 시 남녀평등과 쌍계적 친족조직 등과 관련 있다. 이는 타이 족의 전통문화가 너그러운 남녀관계를 기반으로 하고 있기 때문인 듯하다. 단 불교(소승불교)에 관한 한 남녀차별은 엄격하다. 그러나 인도의 바라몬=힌두 사상에서는 카스트 체계를 통해 세속적인 측면에서도 남성우위가 꽤 철저히 견지되었던 데 비해, 타이의 경우 불교가 남녀평등의 전통문화를 기본적으로 변혁시키지는 못했다.

그런데 아야베는 세대관념으로서 중부 타이의 5구분된 세대 칭호를, 이와타는 북부 타이에서 7구분된 것을 지적했으나, 큰 차이가 없으므로 전자에 근거해 보면 다음과 같다.

① 아기(덴deng)-남자아기에게는 '아이', 여자에게는 '이'라는 접두어가 붙는다. 생후 3일까지 루쿠피(정령의 아들)고, 이후 차남이 태어날 때까지 덴이다.

② 유소년기-개인 이름을 가지고 있지만, 어린이의 영혼이 아직 충분히 성장하지 않았으므로 악령인 '피'에게 끌려가지 않도록 별명이 붙여진다.

③ 15세 정도부터 남자는 '푸챠이phou chai', 여자는 '푸진phou jin'이라 불리고, 성인으로서 어른 무리에 들어가 결혼 준비기에 들게 된다. 결혼하면 남자는 푸아phua夫, 여자는 미아mia妻가 되는데, 결혼에 의한 세대구분은 이루어지지 않는다.

④ 부부에게 아기가 태어나면 남편은 포pho, 엄마는 메me라 불리며, ○○의 포, ○○의 메라는 식으로 맏아이의 이름을 붙여서 불린다(친종자명제親從子名

制 : 자녀 본위의 호칭법=테크노니미teknonymy). 포와 메는 중년 남녀에 일반적으로 사용되므로 확실히 세대를 구분해주는 명칭이다.

⑤ 약 45세부터 남녀 모두 서서히 노인 무리에 들어가고, 냐na:라든가 케kae:로 불린다. 손자가 생기면 조부·조모를 의미하는 푸pu:나 이야ja:로 불려 노인이라는 사실이 명시된다. 북부 타이에서는 남녀 모두 차이 없이 우이ɰj라 불린다.

연령단계제 사회에서는 엄격하게 남녀를 구별하고sexual dichotomy 뚜렷하게 남성을 우위에 두고 미혼과 기혼을 세대구분의 중요 지표로 삼는다. 따라서 위와 같은 타이 족의 특색은 상당히 이질적이다. 아이를 가져야 비로소 안정된 지위를 획득하는 것은, 일본의 시험결혼足入れ婚29) 등의 풍속에도 명백히 존재하므로 타이만의 고유한 것이 아니겠지만, 45세부터 노인으로 인식된다는 것은 다른 사회와 비교하면 다소 빠르다고 생각된다. 그러나 이런 문제들은 결혼과 연령 이외의 여러 요소를 충분히 염두에 두고 비교 고찰되어야 할 것이다.

4. 앞으로의 과제

(1) 주변 여러 민족과의 비교 문제

앞의 절에서 살펴보았듯이 주변 여러 민족에게서 연령집단, 특히 연령단계제가 두드러지게 나타나는 경우는 드물다. 혹시 존재한다 하더라도 대만의 고사족이나 미크로네시아의 파라오 섬처럼 일본과는 문화적 격차가 커서, 아프리카의 경우와 똑같이 직접 비교하기는 무리다. 과거의 역사적 사실에 근거한 비교연구라면 신라의 화랑과 사쓰마의 헤코니세 정도가 비교대상으로는 적당한데, 그것이 현대 일본과 한국의 민속·사회에 대한 비교연구에

---

29) 약혼만 한 상태에서 남자가 여자 집에 드나들다가 자녀가 생기면 정식으로 결혼해서 신랑 집으로 들어가는 풍습.

얼마나 공헌할지는 의문이다. 관심을 연령단계제로 한정시키지 않고 좀더 넓게 연령집단으로 확대해 본다면, 한국의 노인계·청년계와 일본 동북지방의 노인 게이야쿠隱居契約나 젊은이 게이야쿠에 대한 유효한 비교연구를 기대해 볼 수 있을 것이다. 또 고사족에 관한 최근의 구라타 이사무의 연구나 타이 족에 대한 아야베·이와타의 연구처럼, 주 내용이 연령·세대·성과 같은 연령집단 일반과 관련된 기본 문제라면, 일본도 포함시킨 비교연구가 상당히 기대된다는 점은 두말할 필요도 없다. 이렇게 본다면 일본의 연령단계제는 현재의 주변 민족과의 직접적인 비교연구를 별로 기대할 수 없는 상황인 것 같은데, 아무리 그렇다고는 해도 우리가 입수한 해외정보는 정말 빈약하다. 따라서 우리가 가장 먼저 착수해야 할 것은 주변 여러 민족의 정확한 사실들을 가능한 많이 수집하는 일이다. 물론 이는 연령단계제를 중심으로 이루어져야 하겠지만, 너무 이 부분으로만 제한하지 말고 널리 연령집단 일반으로까지 범위를 넓혀야 할 것이다. 우리 스스로 해외로 필드작업을 실행하여 이러한 수집을 해야 하며, 동시에 외국의 문헌자료와 조사기록을 탐색하는 일도 게을리해서는 안 될 것이다.

(2) 현대사회와 연령집단

이 글의 시점은 서두에서 밝혔듯이 오로지 일본 민속사회의 연령집단, 특히 연령단계제를 문제 삼았다. 그러나 시각을 좀더 넓혀 현대사회에 다양한 형태로 이루어지고 있는 연령집단 혹은 연령단계적인 것에도 눈을 돌려 그것이 일본의 문화전통 혹은 문화 특성과 어떠한 관계를 가지고 있는가 하는 문제까지 포괄해서 살펴볼 필요가 있을 것이다. 예를 들면 공직이나 급료의 연공서열제, 직장이나 학교에서의 선후배 관계, '동기의 사쿠라' 같은 동기의 연대 혹은 경쟁의식 등, 단순히 수직사회라고 한 마디로 단정지을 수 없는 무엇인가가 있을 것이다. 제2차 세계대전 전에 일본 사회교육제도의 강력한 주체였던 청년단 조직은 그 이전의 젊은이 조와 아가씨 조를 모체로 삼아 메이지 정부가 제도화시킨 것이다(大日本聯合靑年團 編, 『若者制度の硏究』, 1936 참조). 이렇게 의도적으로 제도화된 것이 아닌, 인간관계에서의 생활 관행 내에 연령집단이나 연령단계제적인 여러 원리로 연관된 것들은 실제로 많지 않은 실정이다. 이러한 관행과 지금도 민속사회에서 살아 숨쉬고 있는 전통적인 여러 사실과의 관련을 고찰하고, 이것을 해외와 비교·고찰해 보는 것도 앞으로 상당히 개척해야 할 과제일 것이다.

[참고문헌] 본문의 서술 순서에 대응

S. N. Eisenstadt, *From Generation to Generation—Age groups and Social structure*, The Free Press, 1956/『世代から世代へ—年齡集団と社會構造』.
　미개에서 고대, 현대 문명사회까지 세계 각지의 다양한 연령집단을 개괄하고 이것들을 유형화시키면서 동시에 각각의 구조기능적 의미를 고찰하여 일반이론화를 시도한 정력적인 저작이다. 그러나 각각의 문화적 기반이나 다른 사회구조의 여러 요소들과의 관련이 불충분하여 이 시도는 반드시 성공을 거두었다고는 할 수 없다.

岡正雄·石田英一郎·江上波夫·八幡一郎, 『日本民族の起源』, 平凡社, 1958.
　오카岡 교수의 「고대일본의 문화층」(古代日本の文下層)이라는 논문을 주축으로 하여 민족학(문화인류학)·선사고고학·동양사학 등의 성과를 학제적으로 비교 고찰한 토론 형식의 연구이기 때문에, 내용이 매우 여러 갈래로 갈려 있는데, 연령단계제는 오카 학설의 기본구상 중 일부를 담당하며 상당히 중요한 위치를 차지하고 있다.

高橋統一, 「年齡集団」, 『現代文化人類學 3 人間社會』, 中山書店, 1960.
　동아프리카의 연령집단 특히 연령단계제의 많은 사례를 들면서 그 대표적인 유형에 대해 구조기능적으로 고찰하였다.

鈴木二郎 編, 『都市と村落の社會學的硏究』, 世界書院, 1956.
　후반부의 촌락은 니시이즈西伊豆·이하마伊浜 부락으로, 이에 대한 조사보고서다. 일본 연령단계제를 최초로 사회인류학적으로 고찰하였다.

高橋統一, 『宮座の構造と変化—祭司長制の社會人類學的硏究』, 未來社.

히고 가즈오肥後和男의 『미야자 연구』(『宮座の硏究』, 弘文堂, 1941) 등 여러 선학의 업적
을 검토한 후, 미야자를 제사장로제(일종의 연령단계제)로 파악하는 새로운
시각에 의해 조사연구하였는데, 특히 그 구조기능의 원리를 분석하여 전반적인
경향을 파악해 내고 그 변화 양상들을 유형적으로 고찰하였다.

三品彰英, 『新羅花郎の硏究』, 平凡社, 1974.
　　논문 「신라의 기이한 풍속 화랑제도에 대하여-신라사회사 연구」(『新羅の奇俗花郞制
度に就いて-新羅社會史硏究』, 1929)를 주체로 하여 사쓰마의 헤코니세, 쓰시마의 본오
도리 조직, 대만 고사족의 연령계급(연령단계제) 등에 관한 논고를 첨부하여
한 권으로 묶어낸 것이다.

杉浦健一, 「南洋群島の土地制度」, 『民族硏究所紀要』 1, 1944.
　　제2차 세계대전 전, 구 남양군도의 파라오와 포나페 두 섬의 토지제도를 중심으
로 사회구조를 인류학적으로 상세히 조사 연구한 것으로, 특히 파라오 섬에
대해서는 연령집단과 씨족조직과의 관계를 분석하였다.

부기

이 글을 탈고한 후 다음과 같은 중요한 책 두 권이 발표되었다. 하나는 하라다
도시아키原田敏明의 『마을 제사와 자』(『村祭と座』, 中央公論社, 1976)로, 오랫동안
축적된 연구성과이기 때문에 시사하는 바가 크며 풍부한 견해가 수록된 귀중한
문헌이다. 또 다른 하나는 에모리 이쓰오江守五夫의 『일본 촌락사회의 구조』(『日
本村落社會の構造』, 弘文堂, 1976)로, 연령단계제를 주축으로 한 체계화된 촌락구조
론이란 점에서는 최초이며 질과 양에서 모두 탁월하다. 나는 촌락구조론까지
포함시켜 논의하는 것은 지금으로서는 자제하고 있지만, 언젠가는 해야 할
일이라고 생각하기 때문에, 우선 에모리의 이론에 대한 졸견을 서평 형태로
서술해 두었다(『民族學硏究』 42-1, 1977 참조).

1) 슐츠의 이러한 견해에 대해 H. 웹스터는, 주로 미국 인디언의 여러 사실에 근거하여 성년식과 씨족 토테미즘을 결부시켜 비밀결사(남자결사)의 발생을 설명했다. 즉 씨족성년식이 부족적 규모로 확대되어 연령단계제가 생기고, 그것이 비밀의식을 강조함으로써 비밀결사가 이루어졌다고 하였다(『미개사회의 비밀결사』, 1908). 또한 W. 슈미드는 연령단계와 비밀결사는 각각 발생기반이 다른 문화권에 있다고 보고 양자의 분포와 의의의 차이를 설명했다(『민족과 문화』, 1924). 그러나 이들의 견해 역시 슐츠와 마찬가지로 충분한 설득력을 갖는다고 할 수 없는 난점을 안고 있다.

2) 민족인구지학자 V. R. 돌잔에 의하면, 검은 아프리카에서는 성인남자의 35%가 중혼을 하여 중혼자 1명당 2.5명의 부인을 둔 것으로 계산되었다. 이것을 동아프리카의 경우로 한정시키면, 전체 기혼남 가운데 중혼자 비율은 24.7%고, 100명의 기혼남에 대한 부인의 수는 124명이 된다. 이 숫자가 일단 타당하다고 치면, 보통 어떤 사회에서나 인구성비는 반반이므로 이처럼 일부다처제가 널리 보급된 데에는 그 나름대로 배우자 관계에서 인구 왜곡을 초래시킬 만한 어떤 사회구조가 제도적으로 존재해야만 할 것이다. 동아프리카의 경우는 그것이 연령단계제와 고액의 신부값이라고 나는 생각한다. 사회인류학자 S. 스펜서는 동일한 시각에서 40세 이상 남자의 중혼율을 문제 삼아 '장로제 지수'를 계산하자고 제창했다.

3) 또 동아프리카의 연령단계제에는 직선형과 둥근고리형의 두 가지 형식이 있다. 전자는 단계나 조직의 명칭이 직선적으로 나이를 먹어가면서 함께 올라가고, 후자는 이런 것들이 수십 년 주기로 돌아 다시 반복되는 체계다. 양자 간에 구조와 이념상의 차이는 있지만, 기능에서는 큰 차이가 없으므로 여기에서는 문제 삼지 않겠다.

4) 자세한 것은 졸저, 『宮座の構造と變化―祭祀長老制の社會人類學的研究』(未來社, 근간) 참조.

5) 三品彰英, 『新羅花郎の研究』(平凡社, 1974) 참조. 그는 헤코니세와 화랑의 유사점을 일찍부터 지적했다. 스파르타의 소년·청년 전사 조합과도 비교하여 후자 중 특정 젊은이(Irens)는 이 지고와는 다르고, 오히려 헤코 우두머리·헤코야마 우두머리에 해당한다고 했다. 특히 쓰시마 섬의 여름축제 때의 준비조에 대한 기술도 三品 박사의 이 책에 의거했다.

제4장 어민집단

이토 아비토 伊藤亞人

1. 첫머리

사방이 바다로 둘러싸인 일본이 선사시대부터 대부분의 생활자원을 바다에 의존해 왔다는 것은 각지의 조개무덤에서 출토되는 어패류를 통해 알려진 사실이다. 특히 조몬 시대의 해안가 주민들에게 어로는 사냥·채취 활동과 더불어 가장 보편적인 생활수단이었고, 그 중에는 어업에 특히 의존하는 주민도 있어 내륙주민과의 교역으로 상호의존적인 관계가 성립되었을 것이다. 그러나 이 글에서 다룰 어민집단은, 이런 채취수렵기의 해안가 주민이나 지리적 정황으로 인해 전통적으로 어로를 해온 집단이 아니라, 농민사회가 성립된 다음 점차적으로 생업적·사회적인 집단으로서의 특수성을 현저하게 띠게 된 어민들이다. 이런 어민은, 농업이 발달하면서 농본경제적 지역사회가 연해·내륙지방에 성립되는 과정에서 비농업적 특수화를 이룩한 점에서, 산 사람(나무를 재료로 용기를 만드는 사람과 사냥꾼)이나 장인집단과 기본적으로 공통된 사회경제적 기반을 두고 있는 소수집단minority group의 성격을 띠고 있다. 물론 이렇게 해서 성립된 어민집단의 경우, 해산물이 풍부한 지리적 정황이나 어로기술의 전통을 중요 기반으로 하였음은 두말할 나위가 없다. 또 그 배경에 일본민족의 형성에 관여했을 종족 전통이 존재했을 가능성도 부정할 수 없다. 그러나 어민집단으로 특수화시키고 그 집단만의 성격을 갖게 한 요인이 농민사회에 있었다는 점에 주목해야 할 것이다.

2. 역사적 배경

　이러한 어민 군상은, 고대에는 '아마海女'(어부) '아마/하쿠스이로白水郎(뱃사람)'라고 총칭되어 『만요슈 万葉集』를 비롯한 고전에 등장하기 시작했고, 그 당시 이미 세토나이카이瀨戶內海[1])나 와카사若狹,[2] 규슈의 농민과는 다른 모습으로 묘사되고 있었다. 반면 고대의 어민집단이 일찍부터 일종의 사회집단으로서 인정을 받아 일정한 지역사회로 조직 편입되었다는 것은, 어민집단을 통솔한 아즈미노 무라지安曇の連[3])의 존재나 어촌의 성립 등을 보아 쉽게 추측할 수 있다. 9세기에 편찬된 『와묘쇼 和名抄』[4])에 수록된 어촌의 지명은 다음과 같이 십여 곳이나 된다.

규슈 북부	지쿠젠筑前(현 후쿠오카 현 북서부지역)	이토怡土 군　아마 마을 나카那珂 군 아마 마을 무나카타宗像 군 아마 마을
세토 나이카이	분고豊後(현 오이타 현 중남부지역)	아마 군
	아키安藝(현 히로시마 현 서부지역)	사이키佐伯 군 아마 마을 아키安藝군 아마 마을
	아와阿波(현 도쿠시마 현 전역)	나카那賀 군 우미 마을
	아와지淡路(현 효고 아와지시마淡路島 전역)	미하라三原 군 아마 마을
	기이紀伊(현 와카야마 현 전역과 미에 현 남부지역)	아마 군
태평양 근처	오와리尾張(현 아이치 현 서반부)	아마 군
	무사시武藏(현 도쿄 도, 사이타마 현의 대부분과 가나가와 현 북동부지역)	다마多摩 군 가이타 마을

---

1) 혼슈·시코쿠·규슈를 둘러싸고 있는 일본 최대의 내해.
2) 교토 부와 효고 현 중 동해를 면하고 있는 바다.
3) 어민들의 우두머리직을 대대로 이어온 일족.
4) 와묘루이주쇼(倭名類聚鈔)의 약자. 10권짜리와 20권짜리로 된 사전으로 10권짜리는 2500자의 한자를, 20권짜리는 약명이나 관직명 지명 등을 수록하였다.

태평양 근처	가즈사上統(현 지바 현 중앙부)	이치하라市原 군 아마 마을
일본해(동 해) 근처	아키隠岐(현 아키 제도)	아마 마을
	단고丹後(현 교토 부 북부)	구마노熊野 군 아마 마을
		가사加佐 군 오시아마 마을
	에치젠越前(현 후쿠이 현 중북부)	사카이노坂井 군 아마 마을

이들 어촌에서 어민집단이 어떤 사회경제적 정황에 놓여 있었는지는 추측의 범위를 벗어날 수는 없지만, 당시 이미 이런 지역에서는 특수 해산물을 황실에 공급하거나 항해술이나 기동성을 살려 해상교통의 담당자로서 어민집단이 중요한 역할을 하였다는 것은 이미 알려져 있다.

> 큰 배에 이어 작은 배도 가라앉으니,
> 시카志珂의 아라오荒雄도
> 물속에 가라앉을 수밖에

『만요슈』 잡가 16

이것은, 진키神龜 시기(724~729)에 지쿠젠 무나카타宗像 군 무나카타 부의 쓰마로津麿에게 쓰시마로 식량을 수송할 배의 선두 역할을 명했을 때, 그를 대신해서 지쿠젠의 가스야糟屋 군 시카 마을의 어부 아라오가 나갔다가 항해중에 난파되어 죽은 것을 한탄한 글이다. 이것으로도 알 수 있듯이 지쿠젠의 어민들은 일찍부터 쓰시마와의 해상교통 임무를 맡았으며, 후세에는 가키쓰의 난嘉吉の亂[5]이나 도요토미 히데요시의 조선침략 때 노 젓는 선원을 징용한 사실은 이미 알려진 일이다.

또한 세토나이카이에서의 수군의 활약으로 상징되는 어민집단의 군사적

---

[5] 1441년 아카마쓰 미쓰스케(赤松滿祐)가 쇼군인 아시카가 요시노리(足利義敎)를 자택에서 암살한 사건.

성격도, 지역사회 내에 통합되어 육지의 권력기구로 편입된 어민집단의 특수한 양상으로 해석되어야 할 것이다. 그러기 위해서는 일정한 영해=어업 교역권을 기반으로 한 순수 어민으로서 그들의 생활양식에 우선 주목해야 한다.

어민집단은, 번藩6) 행정시대로 들어가면서, 각 번의 내정·외정의 필요에 따라 더욱더 지역사회에 편입되어 가는 경향을 띠었다. 그러나 다른 한편으로, 이 시기 동안 상품작물 재배 등으로 농업의 집약화가 진행된 지방일 경우, 전통적인 어민집단과 달리 연해안의 농촌에서는 농한기 비료를 얻기 위한 어업이 점차 많아지고, 계절마다 돌아오는 회유성 물고기를 잡는 어망 등 대규모 어망이 보급됨으로써 연해안 주민의 반농반어민화를 촉진하는 결과를 낳았다. 이러한 경향은 메이지 유신 후 더욱 촉진되었고, 이로 인한 유통기구의 발달은 연해안 지방의 지역경제구조를 크게 변화시켰다. 반농반 어촌의 형태가 일반화되면서 오히려 전통적인 순수한 의미의 어민집단은 붕괴되는 사례가 각지에서 나타났다. 그러나 개중에는 아직까지 순수한 어민의 전통을 잇는 어촌이 존재하여 어민집단의 성격을 잘 보여주고 있다.

3. 어민집단의 특질

(1) 입지조건

어민집단에게는 취락형태와 입지조건에서 농촌과는 다른 두드러진 특색이 있다. 즉 취락은 어업을 위해 어장과 가까워야 하고 배를 대기에 편리한 부두가 있어야 한다는 조건이 전제되어야 형성된다. 어장은 전통적인 어획법과 밀접하게 관련되어 있어, 어민집단은 각 지역집단마다 어획 방법에서 현저하게 특수화되어 있다. 특히 여울이나 바위가 있는 물가를 어장으로 삼는 잠수·미즈키교見突き漁7)·잡어망6) 등의 어법은, 물살이 적당하고 물이

---

6) 에도 시대의 지배영역 및 지배기구의 총칭으로 후에 부나 현으로 개정됨.

7) 배에서 원통의 물안경을 이용하여 바다 속을 들여다보면서 작살로 고기를 잡는 법.

맑고 투명하며 암초가 적은 해역을 어장으로 하며, 그 중에서도 좁은 해협은 예로부터 중요한 어장이었다. 따라서 잠수 어부들의 취락은 대부분 이런 좁은 해협과 접한 갑岬의 끝 부분이나 섬 주변 등에 위치한다. 이 지역은 또한 해로상의 요충지이기도 해서 해상교통이나 군사적인 측면에서 중요한 임무를 수행하는 데도 유리하였다.

다음으로 교역적 측면에서 보면, 농촌을 직접적인 교역대상으로 할 경우에는 어민집단의 전제조건으로서 배후에 풍부한 농촌지대가 있어야 한다. 이들 지역에서는 어민집단과 농민집단 간에 교역에 의한 상호의존적인 관계가 성립된다. 또한 연안의 도시 부근에는 예전부터 도시를 교역대상으로 하는 어민집단이 존재하며, 각지의 서민 주거지역 일곽에는 반드시 어업을 전업으로 하는 어민집단이 존재한다.

또 취락 형성에서 음료수는 가장 중요한 조건이 되므로, 좋은 우물의 존재 여부가 전제조건이 된다는 것은 농민취락과 다를 바 없다. 그러나 어민취락에서의 가옥과 부지는 농촌에 비해 조건이 불리하다. 가옥은 좁은 부지 내에 들어서므로 상대적으로 작아 보인다. 전통적인 어민집단은 대부분 농가와 섞이지 않은 순수 어촌을 형성하며, 어민의 집은 가옥 안에 정원이나 부속건물을 따로 둘 필요가 없다. 따라서 어민취락은 좁은 땅에 극히 밀집되어 있는 경우가 많아서 경관상으로도 눈에 띄는 특색을 보인다.

생업상의 특수성은 거주 공간만이 아니라 생활리듬에도 강하게 반영된다. 즉 순수 어민들은 조수의 간만을 매일 매일의 일과 생활의 기반으로 삼고 있고 또 천연기후 즉 풍향과 계절감의 측면에서도 농민과는 다른 생활상을 갖고 있다.

(2) 어획법과 어장

전통적인 어민은 각자 조상대대로 내려오는 고기잡이법과 어획물에 의해

---

8) 손으로 치는 소형 어망.

특색을 띠는데, 이 점에서 근세에 이르기까지 연해농민이나 신흥어업자와는 이질적인, 일종의 기술집단의 성격을 띠었다. 각지 어민집단의 전통적 어법으로는 잠수법·낚시법(낚시줄 하나로 한 마리만 잡는 낚시법인 외줄낚시, 한 줄에 여러 개의 낚시바늘을 달아서 여러 마리를 한꺼번에 잡는 하에나와)·어망법(손으로 어망을 치는 경우와 어선을 이용해서 치는 경우)이 주를 이룬다. 그 중에서 잠수법은 가장 특수한 훈련과 기술을 필요로 하는 것으로 해녀집단의 독점적인 어획법이다. 이들 어획법과 더불어 어획용도구의 제조, 바다나 조석에 관한 지식, 날씨에 대한 예측이나 배 만들기 등의 기술도 어느 어민집단에게든 나타나는 특징이다. 바다와 어업에 관한 한 그들은 절대적인 자신감과 긍지를 가지고 있어 농민은 물론이고 신흥어업자조차 그 추종을 불허하였다. 게다가 어민들이 갖고 있는 기술은 같은 종류의 어획법을 사용한다 해도 지역집단 즉 마을마다 미묘하게 차이를 보이고, 이러한 기술은 각 집단 내에서 아버지에서 아들에게로 계승되어 왔다. 이러한 어업기술의 보존과 전승은 다음에서 서술할 독점적 어민권의 확보 및 계승과 더불어 어민집단의 존속을 위한 하나의 전제조건이기도 하다. 이 점에서 연령단계제나 집단 내에서 이루어지기 쉬운 결혼 성향이 중요한 의미를 갖는다.

어민집단은 어업을 전업으로 하기 때문에 1년 내내 어느 정도 안정된 어업을 행할 수 있어야 한다. 그러기 위해서는 1년 내내 조업이 가능한 어획법이나 혹은 계절에 따른 몇 가지 어획법을 겸용해야 한다. 신흥 반농반어민의 어획법이 주로 농한기를 이용한 노동집약적인 대규모 어망법으로 대부분 계절 따라 되돌아오는 회유성 물고기떼를 대상으로 한 데 반하여, 어민집단의 어획법은 1년 내내 획득 가능한, 바위나 암초 또는 해초가 무성한 곳에서 서식하며 이동하지 않는 어패류를 주 대상으로 삼거나 혹은 넓은 바다를 건너 집단적으로 출어를 하는 낚시법이었다. 그 중에도 해녀의 잠수법을 비롯하여 잡어망과 타뢰망9)은 모두 수심이 얕은 바다를 어장으로 하며, 잠수하거나 물 위에서 들여다보면서 잡기 때문에 모두 시력에 의지하여 포획물을 확인해서 잡는 어법이다. 이 경우 바위나 암초 또는 해초가 무성한 곳에서 서식하며 이동하지 않는 어패류는 일정한 곳에서만 살기 때문에 한 번 고기를 잡고 나면 다시 잡을 수 있을 때까지 다소 시간이 걸린다. 이 점에서도 전통적으로 이동하지 않는 어패류의 획득을 주업으로 하는 어민집단이 1년 내내 작업을 하기 위해서는 일정한 넓이의 해역을 어장으로 확보해야 한다. 그러기 위해 집단 전체가 어장의 안도와 질서 있는 자원 이용을 위해 노력했다. 이와 같이 어장의 측면에서 본다면 전통적인 어민집단 은 영역적 집단territorial group이라는 성격을 강하게 띠었다고 할 수 있겠다.

(3) 우라카타浦方와 지카타地方

연안어업권이 확립되기까지 연해지방에는 각지의 자연환경과 다양한 사회경제사적 정황에 입각하여 어장용 이권을 둘러싼 다양한 관행이 나타난 다. 특히 번에 의거하여 행정이 이루어지던 시대에는 어업선진화를 이룩한 지방과 그렇지 못한 지방의 경우 그 지역의 전통적 관행에 의거하여 어업정책 도 큰 차이를 보인다. 즉 어업 후진지역에서는 어업이 일반적으로 낚시나 그물을 사용하는 농한기의 비료 채취를 위한 채비採肥어업으로 한정되는 경우가 많았다. 그리고 토지에 붙어 있는 대부분의 어장은 그곳의 연해촌락이 공동으로 이용하거나 허가제를 취해, 어떤 경우에도 어업 때문에 본업인 농업을 소홀히 하는 일이 없도록 감독을 강화하고 규제하는 정책을 택하였다. 이에 비해 일본 서쪽지역에 많이 남아 있는 어업 선진지대에는 농ㆍ어민 간의 분업과 사회적 구분이 더욱 명확하고 그에 어울리는 특수한 농어민정책 을 취하는 곳이 많다. 즉 이런 지방에서는 어업을 전업으로 하는 어민집단은 일반적으로 우라카타浦方10)라는 특별한 지위를 부여받고 농민인 지카타地

---

9) 망을 사용해서 고기를 잡음.
10) 선진어업지대의 어민집단.

方[11])가 행하는 농한기 어업에 대해서는 엄격한 규제를 가하였다. 또한 우라카타인 어민의 농지 소유나 경작을 인정하지 않고 어업을 보호·권장하는 정책을 택하여 영내의 일정 지역의 광활한 해역에 대해 특권적인 어업권을 부여하는 경우가 많았다.

그 주요 예를 들면 다음과 같다.

이치기壹岐(현 나가사키 현 이키노시마)	우라浦-아리在(농촌에 해당)
히라도平戸(현 나가사키 현 북부의 히라도 섬을 중심으로 한 지역)	우라-농촌
아마쿠사天草(현 구마모토 현 남서부 아마쿠사 제도)	우라카타-오카카타陸方
오무라 번大村藩(현 나가사키 현 오무라 만 동해안 지역의 봉건영지)	우라카타-지카타
고토 번五島藩(현 나가사키 현 고토 열도의 봉건영지)	하마카타浜方-가마카타竈方-지카타
부젠豊前(현 후쿠오카 현 동부와 오이타 현 북부)	우라분浦分/하마분浜分-오카분岡分
조슈長州(현 야마구치 현 북부와 서부)	우라카타-지카타
하마다 번浜田藩(현 시마네 현 동서부지역으로 일본해에 면한 봉건영지)	우라카타-지카타
기슈紀州(현 와카야마 현 전역과 미에 현 남부)	우라카타-지카타
가가加賀(현 이시카와 현 남부)	우라카타-야도카타宿方(어장·사냥꾼-지카타·농군)
엣추越中(현 도야마 현 전역)	우라카타-야도카타·지카타

이 밖에 도사 번土佐藩[12])·아와지淡路 섬·다카마쓰高松·우와지마 번宇和島藩[13])과 요시다 번吉田藩[14])에서도 어민취락은 각각 우라카타·하마카타浜方·우라테浦手 등으로 불리며 농촌과 명확히 구별되었고, 우라카타 어민들 사이

---

11) 농민집단.
12) 현 고치 현 전역에 해당되는 봉건영지.
13) 현 에히메 현 남서부지역에 해당되는 봉건영지.
14) 우와지마 번에서 분리된 봉건영지로 우와지마 번과 근접.

에서도 어업권을 둘러싸고 다시 계층이 구분되는 지방도 있었다.

이렇게 우라카타-지카타 식으로 주민을 분할해서 통치하는 정책은, 번의 사정에 따라 동일하지는 않지만, 이를 필요로 하고 또 가능케 한 배경으로서 몇 가지 공통점을 찾아볼 수 있겠다.

우선 첫 번째로 꼽을 수 있는 것이 농업 행정상의 배경이다. 번정藩政시대 특히 중기 때 각 번은 농업입국론에 입각하여 영지 내 자급자족체제의 유지를 제 정책의 대전제로 삼아, 농업생산을 유지하기 위해 원칙적으로 농민의 어업진출을 제한하여 상품경제의 침투를 억제하는 방침을 채택하였다. 이로 인하여 농민과 어민의 거주지까지 구분하고 각각 개별 관리자의 관할을 받게 하는 지방도 있었다.

두 번째로, 이들 번 가운데에는 해상에서 수군·수병·선원 등으로 부역시 시킬 우수 어민을 조직적으로 징용할 필요가 있는 지역이 많아서, 특정 어민집단을 긴밀하게 관할 통제하는 정책을 취하였다. 이런 해상교통이나 군사상의 요청은 일반적으로 시대를 거슬러 올라갈수록 그 중요성이 커지고 또 어민집단의 특수한 기술도 높게 평가받았을 것이다. 어민집단은 해상에서 부역의 의무를 지는 대신 영토 내의 특권적 어업권을 부여받아 생활을 보장받았다. 따라서 정치적인 변동 특히 전란은 어민집단에게도 번에서의 생활 기반과 직결되는 문제였기 때문에 영주와 운명을 함께하는 예도 많다. 전란이 터지면 영주를 위해 용감히 싸우기도 하고, 영주의 진퇴에 따라 어민집단이 이주를 하거나 한 것도 이 때문이다. 한편 군사·교통상의 계기로 인해 양자 간 호혜적 관계가 특수하게 전개된 것은 영주에 의한 해적 경영 때문이었다고도 볼 수 있는 것이다.

세 번째로, 수출무역에 의해 번의 재정을 보충하거나, 제의용·선물용으로 특정 해산물을 중시하게 되어 이를 확보하고 동시에 통제해야 할 필요성이 있었다는 점을 들 수 있겠다.

이 같은 목적을 위해서라도 특정 우라카타에게 의무적으로 일정량의

해산물을 납입케 하고 대신 영토 내의 어업특권을 부여해주는 정책이 각 지역에 나타난다. 이러한 특정 해산물의 보급으로 영주와 어민집단 간의 상호관계는 일찍이 나라奈良 시대에 시작된 미쿠리야御廚 제도15)나 후세의 오사이우라御菜浦16)로 나타났다. 또한 나가사키에서 다와라모노俵物17) 무역으로 벌어들이는 수입이 큰 매력으로 등장했다.

이런 어민집단의 성격은 번정시대 중기경부터 연해농촌이 어업에 진출하기 시작하면서 점점 그 사회경제적 기반이 붕괴되기 시작한다. 이는 목화를 비롯한 상품작물의 재배가 일찍부터 시작된 세토나이카이 지방에서 가장 전형적으로 나타난다. 또 어민집단은 상업의 발달과 함께 해협 내의 수운업으로 일을 바꾸기 시작하였고, 종래의 관행에 따라 어업권을 독점하고 있던 지방에서는 어업권을 갖지 못한 신흥 어민과 심각한 분쟁을 초래하기도 하였다. 농민-어민집단 간의 전통적인 분업-상호의존체제는 붕괴되어 가고, 양자는 점점 경쟁관계로 들어갔다. 특히 메이지 유신 이후의 커다란 사회적 변화는 이 같은 경향에 더욱 박차를 가해 어민집단 중에는 완전히 붕괴되어 버린 예도 많다.

다음 절에서는 어민집단 중에서도 특이한 생태로 알려진 떠돌이 어민=에부네를 소개하면서 메이지 이후의 붕괴 과정을 추적해 보겠다.

4. 에부네의 붕괴 과정

에부네家船는 문자 그대로 배를 집 삼아 떠돌이 생활을 하는 어민집단으로, 각지의 어민집단들 가운데에서도 집단으로서의 특질을 가장 잘 보존하고 있다. 에부네는 일찍이 세토우치 해협을 기준으로 서쪽 지역에 상당히 넓게 분포하였지만 현재는 극소수를 제외하면 대부분이 붕괴되었거나 크게 변모

---

15) 영주직할제도.
16) 막부 최고 책임자인 쇼군에게 신선한 어패류를 상납하도록 지정된 해역.
17) 수출용 해산물 가운데 특히 해삼, 전복, 상어 지느러미를 지칭.

했다. 이하에서는 나가사키 현의 에부네를 살펴보겠다.

나가사키 현에는 크게 구 마쓰우라 번松浦藩 내의 히라도平戶 시18) 지역과, 구 오무라 번大村藩 내의 니시소노기西彼杵 군 지역으로 나뉘어 각각 개별적인 에부네 집단이 형성되어 있었다. 오무라 번 내의 에부네는 다시 세 지역으로 나뉘었는데, 각 지역의 배의 수는 막부 말기부터 메이지 초까지 각각 63, 38, 29척이었다. 각 집단은 관행에 따라 오무라 번으로부터 일정한 해역 내에서 특권적인 어업권을 허가받는 대신, 일정한 노역 및 수산물을 의무적으로 납입해야 했다. 각 집단은 어디든 자기 해역 내의 한 곳을 본거지로 정해 놓고, 일반적으로 집단마다 그 지명을 따서 '○○에부네'라는 식으로 불렸다. 본거지는 모두 풍해를 입지 않는 좁은 해협에 면한 섬 가장자리나 산기슭에 위치했으며, 돌을 쌓아올려 만든 좋은 배 보관소를 갖추고 있었다. 본거지에는 배 보관소 배후에 공동우물을 갖추고 있었고 예전에는 지상에 토지나 주거를 전혀 가지지 않았다고들 한다. 본거지는 정월·추석·용신제 등을 지낼 때 집단의 집결지가 되어 넓은 해역 내에 흩어져 있던 배들이 일제히 돌아온다. 예전에는 이때 영지에서 내려오는 모든 전달 사항이 시달되기도 하고 집단 회합 등이 열렸으며, 결혼식도 이 기회를 이용하는 경우가 많았던 것 같다.

오무라 번 내의 에부네 연혁에 관해서는 문헌사료가 매우 적어, 에부네 내에서 전래된 문서('오스미쓰키お墨付') 외에는 구비전승에 의존하는 수밖에 없다. 에부네 내에서 전해지는 문서 중 『에부네의 유래』, 『에부네 유래서』나, 그 외의 두세 문서를 총합해 보면 다음과 같다.

① 분메이文明 기간(1469~1487) 중에 스미코레純伊 공19)이 아리마有馬의 난을 피해서 히젠肥前20)의 가카라加良島21)에 숨어들었을 때, 에부네가 충성으

---

18) 현 나가사키 현 북서부 지역으로 히라도 섬에 위치하며 많은 섬을 관할한다.
19) 16대 오무라 영주인 오무라 스미코레.
20) 구 국가명으로 현재의 사가(佐賀) 현과, 이키(壹岐)와 쓰시마를 제외한 나가사키 현에 해당.

로 보은함으로써, 오무라 영내에서의 생활을 허락받는 인장을 받고 그 후 오무라 번에서 살게 되었다는 이야기가 옛날부터 전해온다.

② 정사에 기록되지 않은 이러한 전승을 기록해 두라는 영주의 명령에 따라 몇 차례에 걸쳐 영주의 도장이 찍힌 공문서가 발포되어 영내에서의 자유로운 생업을 보증받았다.

③ 쇼호正保 기간(1644~1648) 중 포르투갈이나 스페인 등의 선박에 대한 영주의 경고 명령에 따라 나가사키 만을 봉쇄할 때 공을 세웠다.

④ 호레키寶曆(1751~1764)와 덴메이天明(1781~1789) 때 두 번에 걸쳐 해군에 부역하고 기타 임무를 종래대로 수행할 것을 재확인하였다.

⑤ 덴포天保 기간(1830~1844) 중에 이 같은 부역에 대한 보상으로 산림을 하사받았다.

⑥ 분카文化 기간(1804~1818) 중에는 에부네를 정주시키는 정책의 일환으로 가옥 부지를 하사한 적이 있었다.

이것으로도 알 수 있듯이 오무라 번의 에부네에 대한 기본 정책은, 번 내의 군사·교통상 중요한 선원이나 그 밖에 임시 부역으로 징용하기 위하여 에부네 집단을 총괄하는 데 중점을 두고, 그 보상으로 영내의 자유로운 관행어업권을 보장해주는 것이었다.

또 메이지 초기 오무라 번 내에 이루어진 역사 편찬 당시 원고에는 그들의 집단적 성격을 상당히 과장하여 다음과 같이 기록해 두었다.

……예로부터 배를 집 삼아 1년 내내 바다에 사는 자들이 있는데 그들을 에부네라고 부른다. 배의 수는 대략 120척, 사람은 약 800여 명으로 고집이 매우 세고, 말씨는 거칠며, 용모 또한 보통 사람들과 다르다. 옛날부터 다른 부류와는 결혼을 하지 않는다. 그러나 우두머리를 공경하며 규율을

---

21) 현재의 사가(佐賀) 현 가카라(加唐) 섬에 해당.

잘 지키고 재물을 아껴서 모아, 기아를 면하는 데서는 보통 사람들보다
탁월하다.

에부네는 몇 척씩 세대가 모여 하나의 이동선단을 구성하고, 바다에서
잡은 어패류를 농민들과 교역하면서 영해 내를 이동했다. 그리고 출어중에는
가까운 해안지방에 어업과 교역활동의 기반이 되는 배보관소를 정해 두었다.
이런 기지는 어장에 가까울 뿐 아니라 배를 대기에도 안전해야 하며 동시에
배후에 농촌지대가 있어 교역에 유리해야 했다. 오무라 번 내의 에부네에는
그 영해 내의 반도지역이나 오무라 만大村湾·고토五島[22] 방면에 다음 그림에
나타나듯이, 총 약 50개 소의 기지가 산재되어 있었다.

에부네는 가족단위로 이루어지는 잠수=창을 이용한 고기잡이와 잡어망을
가장 전통적인 어법으로 하고, 바위나 암초 또는 해초가 무성한 곳에서
서식하며 이동하지 않는 어패류를 잡았다. 교역은 기지에 배를 대고 있는
사이 주부가 농가를 방문하여 농작물과 물물교환을 하는 형식이었다. 주부들
은 누구나 기지 근처의 농촌에 친숙한 단골집을 몇 채씩 두었는데, 그
관계는 며느리대로 전수되어 서로 침범하지 않는 것이 불문율이었다. 이들
연해지역의 농촌지방은 예전에는 어업을 아예 하지 않는 순수 농촌이 많았고,
게다가 육상교통이 발달하지 않아 농가 사람들은 에부네 사람들과 교류를
하지 않으면 생선을 먹을 수 없는 실정이었다. 따라서 농가 쪽에서는 다소
여유가 있으면 에부네 주부와 친해지기 위해 에부네에 여러 가지 편의를
제공해 주었다. 즉 물물교환뿐 아니라 목욕탕과 우물을 제공하기도 하고,
의류나 그 밖의 물건을 맡아두기도 하면서 점점 가족 대 가족으로 친밀한
관계를 유지하게 되었다. 에부네 쪽에서는 이 농가를 '사촌'이라고 불렀다.
이런 단골 농가를 각 기지 전역에 골고루 많이 갖고 있는 것이 에부네의
생활 안정을 위한 전제조건이었고, 이는 농가 쪽에서도 마찬가지였다. '사촌'

---

22) 현 나가사키 현의 서부에 있는 고토 열도.

구 오무라 번의 에부네 근거지(메이지~쇼와 초기)

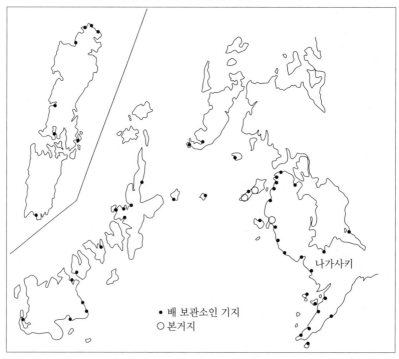

나가사키

• 배 보관소인 기지
○ 본거지

관계가 형성되면, 배를 대고 가장 먼저 바다의 진미인 수산물을 들고 그곳으로 인사를 가고, 농가에서도 오랜만의 재회에 술을 돌리기도 했다고 한다.

이런 전통적인 교역관계는 메이지 시대 이후 일반 어민이 급속히 성장하면서 붕괴되기 시작했다. 특히 육상교통이 발달하고, 상설시장과 도매상 등에 의해 새로운 유통기구가 정비되면서 에부네 주부에 의한 물물교환은 점점 없어지고, 동시에 에부네는 어업에만 전념하는 경향을 보이게 된다. 도매상과 중매인은 일반 어민뿐만 아니라 에부네도 상대하였다. 도매상은 에부네 선단에게 고기잡이 도구와 식료·일상품 일절을 보급하여 집단어업에 종사하게 하고 그 대신 어획물을 모두 가져가 가공·판매했다. 이런 집단어업방식이 번성하게 되자 점점 남자 어부만 고용하는 경우가 많아져 우선 노인과 어린이, 그 다음에는 주부가 선상 생활에서 점차 해방되는 하나의 요인이 되었다. 그러나 무엇보다 선상생활을 정착생활로 바꿔놓는 직접적인 계기가 된 것은 의무교육이었다. 각 그룹마다 시기와 경위는 다소 다르지만 처음에는 극히 소수의 사람들만이 아이들을 배에서 통학시켰는데, 점차 배 관리소 근처에 작은 집을 짓기 시작하면서 아이들을 돌보기 위해 노인들도 육상생활로 옮겨갔다. 또 메이지 시대 말기에는 오무라 집안에서 사재를 털어 학생들을 위해 기숙사를 세우기도 하였다. 이런 정착화 과정 중에 나타난 집단의 분열도 각지에서 눈에 띄는 현상이었다. 분열화의 조짐은 관행에 의거한 어업권을 신흥 어민들이 위협함으로써 나타나게 되었다. 즉 이동선단 그룹마다 출어하러 나갈 수 있는 바다가 점점 제한을 받게 되자, 한정된 기지를 장기간 이용하는 경향이 나타나게 된 것이다. 그 중에는 설이나 추석에도 본거지로 돌아가지 않고, 그대로 고기잡이 나온 곳의 배 보관소에서 지내는 그룹이 생겨 결국 그 지역을 새로운 본거지로 삼는 예도 있다.

　이러한 에부네의 분파와 정착생활은 에부네 쪽에서 보면 어업과 교역의 안정을 희망하여 더욱 유리한 지역으로 본거지를 옮긴 셈이지만, 분파와 정착생활을 촉진시킨 요인은 정착하게 된 해안지역의 주민들 쪽에도 있었다. 즉 농민 스스로가 직접 연안어업에 진출하는 시기가 무척 늦어진 변경지방에서는 에부네 집단과 상호의존관계를 그대로 유지하는 것이 바람직했기 때문에, 그들이 들어오는 것을 환영하는 지역이 많았던 것이다. 고토 열도지방으로 분파되어 정착한 것이 그 좋은 예다. 따라서 나가사키 현에 있던 에부네 집단은 쇼와 중기까지는 대부분 그들의 본거지나 출어지에 정착하여 어민집단을 형성하게 된다. 게다가 연안의 농민이 어업에 진출하기 시작하면서 에부네 어민들도 전통적인 어법 외에 외줄낚시—本釣り[23] · 다코쓰보[24] · 그물법 같은 어법을 받아들이게 되고, 더불어 배와 배 보관소도 개량되어

---

23) 낚시줄 하나를 이용한 어법.
24) 항아리를 이용하여 문어를 잡는 법.

오늘날에는 일반 어민과 별 차이가 없게 되었다. 또한 에부네 집단은 예전에는 관행에 의해 특권적 어업권을 차지했지만, 오늘날에는 지선권地先權[25])을 바탕으로 한 어업권에 의해 연안지역 주민의 일원으로서 어업협동조합을 구성하고 있다.

세토나이카이 지방의 에부네 어민은 가장 저명한 본거지인 히로시마 현 노치能地의 이름을 따서 일반적으로는 '노치'로 알려져 있다. 또 그 생활양식의 특징에 의거하여 배세대·부부배·가족배 등으로도 불리며 일반 어민과 구별되었다.

오무라 번과 히라도 번에서 에부네가 비교적 좁은 해역을 영해로 삼았던 것에 비해, 노치 어민은 일찍부터 비교적 넓은 해역에 걸쳐 계절 따라 고기잡이를 나간 것으로 보인다. 고기를 잡으러 나간 곳은 산인山陰 지방[26])이나 쓰시마, 한반도 방면에까지 이르렀으며, 이들의 이주에 의해 생겨난 어촌도 적지 않다. 또한 노치 어민으로 총칭되더라도 각 지역집단마다 어법상 두드러진 특색을 보이는데, 크게 타뢰망打瀨網과 하에나와延繩[27])의 두 계통이 유명하다.

세토나이카이 지방에서는 규슈에 비해 에부네 어민의 정착화 현상이 일찍부터 시작되었지만, 그 반면 정착하여 취락을 이룬 후에도 고기를 잡으러 나가는 방식을 계속 유지한 예도 많았다. 또 규슈의 에부네와 마찬가지로 정착생활로 바뀌는 과정에서 집단의 분파 현상이 여러 곳에서 나타났다는 점은 이미 잘 알려진 사실이다. 다음 그림은 노치에서 가지를 쳐서 갈라져 나온 지부 마을로 보이는 어촌이 세토나이카이 일원에 널리 분포되어 있다. 또한 오이타 현의 우스키臼杵 지역에도 속칭 '샤아'라고 불리는 집단의 본거지가 존재했다고 한다.

---

25) 어떤 일정한 해역은 그 지역에 인접한 취락이 그 해역의 수산물을 이용할 수 있는 권리.
26) 돗토리 현, 시마네 현과 야마구치 현 북부를 지칭.
27) 긴 줄에 적당한 간격으로 낚시바늘을 많이 매달아 바다에 늘여뜨려 고기를 잡는 방법.

노치에서 분리된 지부 마을의 분포 상황

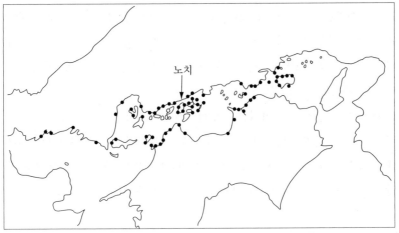

노치

가와오카 다케하루河岡武春에 의거. 단 이주촌과 임시촌도 합쳐서 표기하였다.

이들 세토나이카이의 에부네 어민도 규슈와 마찬가지로 농민과의 교역은 주로 물물교환에 의해 이뤄졌고, 일부 육상교통이 불편한 지역에서는 최근까지도 아주 가끔 물물교환이 행해졌다.

세토나이카이에서는 상업활동이 규슈 서북부지역에 비해 일찍부터 번성했기 때문에, 에부네 어민 중에는 전통적인 조선 기술과 떠돌이 생활의 특성을 살려 행상용 배를 이용하여 농촌과 직접교역을 행한 예도 적지 않다.

그러나 다른 한편으로는 오늘날에도 선단을 조직하여 원양어업을 활발히 행하는 어민집단을 볼 수 있다. 이는 어민집단으로서의 전통이 현저히 사라져가는 규슈의 에부네와 좋은 대조를 이룬다.

히로시마 현 도요타豊田 군의 한 어촌을 예로 들자면, 현재 어촌에 소속된 어선 약 600척 중 하룻만에 돌아올 수 있는 근거리 해역을 전문으로 하는 어선은 200척에 불과하며 그나마 대부분은 노인층이 차지하고 있다. 나머지 약 400척은 대부분 어떤 형태로든 히로시마 현 내외로 출어하고 있다.

이들 출어선은 3톤 미만에서 6 내지 7톤 정도가 대부분이고, 주부나 어린애를 포함한 가족단위로 출어하는 것이 보통이다. 출어 기간은 먼 곳으로 출어할 경우 반년 정도 걸리기도 하므로, 그동안 마을의 집에는 노인이나 학생이 남아 있게 된다. 노인이 없을 경우에는 아이들을 친척이나 학교기숙사에 맡기는 가정도 적지 않다.

출어 시기와 장소는 고기잡는 법에 따라 다르지만, 설날·4월 3일 명절28)·추석·곤피라(바다의 신) 축제 때는 대부분의 배가 귀향하므로 촌이 매우 북적거린다. 그 중에서도 4월 3일 명절은 고기잡이 법의 교체 시기와 맞물려 중요한 전환점이기도 하기 때문에 그 날을 기준으로 해서 1년간의 어업 일정이 결정된다.

고기잡는 법은 조상대대로 전해 내려오는 외줄낚시·하에나와로, 규슈의 에부네와는 다르게 어망을 전혀 사용하지 않는다는 특색이 있다.

출어지역을 살펴보면, 제2차 세계대전 전에는 세토나이카이의 동부에도 자주 출어했고, 가가와香川 현29)의 쇼도시마小豆島·나오시마直島·다카마쓰高松·마루가메丸龜 방면에서 오사카 만다지였으며, 일부는 오사카에 그대로 정착해 있다가 제사가 있으면 귀향한다. 또한 산인 지방의 오키隱岐나 한반도의 제주도·거문도·목포 부근·부산·강원도 방면까지 이전에는 활발히 출어했다고 한다. 쇼와 초기에는 농림성의 후원을 받아 실적을 올리고자 중국 주산열도로까지 출어한 적도 있고, 제2차 대전중에는 해군부대를 동반한 선단으로 중국대륙의 중부지방으로 원정을 간 적도 있다.

현재 출어 지역은 주로 다음과 같다.

세토나이카이 : 아와지시마·에히메 현의 대부분 지역·고치 현 서부·히로시마 만 안쪽·야마구치 현 무로쓰 부근~스오오시마·오이타 현 아마베 군~사이키 방면·미야자키 현 북부

---

28) 『일본서기』에 의하면 4대 천황인 덴무 천황제.
29) 시코쿠(四國) 지방의 북동부 지역.

규슈 북부 : 쓰시마 · 이키 · 히라도~기타마쓰 해역 · 고토 전역
규슈 남부 : 가고시마 현 다네가시마~오스미 반도~미야자키 현 남부

일부는 규슈 남부에서 하에나와를 이용하여 다랑어를 잡은 다음 동쪽으로 이동하여 이즈시모다를 기지로 하여 이즈시치토 특히 하치조지마 부근에서 다랑어 잡이를 계속하는 배도 10척정도 볼 수 있다.

멀리 출어할 경우에는 친척이나 친한 사람들끼리 몇 척으로 작은 선단을 이루어 함께 출어하고, 출어한 곳에서는 조건 좋은 항구를 기지로 골라 배 보관소에 정박한다.

중요한 어업기지 항구에는 이런 작은 선단들이 몇 개씩 모여 50, 60척에 달할 때도 있다. 출어기간 중에는 항상 출어한 지역의 어민조합과 긴밀하게 연락을 취해야 하므로 전원이 모여 집회를 열고, 선단장을 뽑아 그 총사의 지휘에 따라 행동하는 것이 원칙이다. 선단장인 총사와 팀원 간의 연락은 모두 배에 설치되어 있는 무전기를 통해 신속하게 이뤄진다. 또한 선단 안에서만이 아니라 긴급상황 때 각지에 흩어져 있는 동료들이 중계점이 되어 무선 네트워크가 형성되는데, 본거지 마을에서 세토나이카이 전역과 미야자키 방면으로까지 연락이 가능했다.

기지가 되는 항구에는 선단을 뒷바라지해 주는 야도宿라 불리는 집이 정해져 있다. 야도는 본거지 마을과의 연락중계소 역할을 할 뿐만 아니라, 체재중에 일시적으로 필요 없는 짐이나 고기잡이 도구를 맡길 수 있는 창고를 구비하고, 날씨가 좋지 않을 때는 휴식도 취할 수 있는 방과 목욕탕도 설치해 두었다.

이런 기지의 분포를 지도에 표시하면 다음과 같다. 본거지 마을과 이들 기지 사이에도 항상 긴밀한 연락이 취해진다. 예를 들면 끊임없이 각지의 물고기에 관한 정보를 교환하기도 하고, 유리한 어장을 찾아 잡을 어종을 바꾸기도 하고 이동하기도 한다. 기지 이름은 아래와 같다.

도요타 군 어민의 출어지역의 어업기지 분포(1969년 당시)

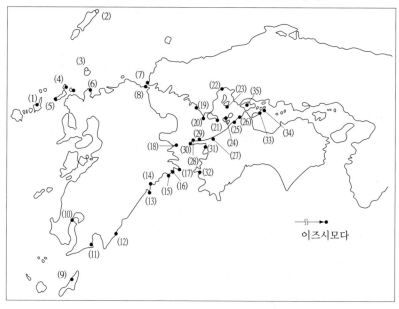

이즈시모다

(1) 아오카타靑方, (2) 히타카쓰比田勝, (3) 가쓰모토勝本, (4) 이키쓰키타테우라生月館浦, (5) 미야노우라宮の浦, (6) 요부코呼子(일시적 기지), (7) 시모노세키下關, (8) 와카마쓰若松, (9) 니시노오모테西之表, (10) 가고시마鹿兒島, (11) 우치노우라內の浦, (12) 아부라쓰油津, (13) 쓰나시마網島, (14) 노베오카延岡, (15) 시마노우라島野浦, (16) 하스에蓮江, (17) 요노즈米水津, (18) 사가노세키佐賀關, (19) 무로즈미室積, (20) 무로쓰室津, (21) 오키카무로지마沖家室島, (22) 구사쓰草津, (23) 구라하시倉橋, (24) 후타가미二神, (25) 미쓰하마三津浜, (26) 호조北條, (27) 나가하마長浜, (28) 묘진明神, (29) 미쓰쿠에三机, (30) 미사키三崎, (31) 야와타하마八幡浜, (32) 미소御莊, (33) 기노우라木の浦, (34) 이와키岩城, (35) 본거지

배에는 무전기 외에도 발전기·조리용 프로판가스·전기밥솥·음료수 탱크·싱크대·TV를 갖추고 있으며, 또 나가사키 쪽의 외해로 나가는

배에는 모두 물고기 탐지기를 갖추고 있다. 이런 수준의 소형 어선으로 이만한 근대적 장비를 갖춘 어민은 아마도 전 세계 어느 곳에도 없을 것이다.

5. 맺음말

어민집단은, 어업기술의 보급, 반농반어촌화의 진전, 어민의 겸업화와 어부의 고용으로 샐러리맨화 됨으로써, 점점 집단으로서의 응집력을 잃어가는 경우가 많아져, 외면적으로나 내면적으로나 사회집단으로서의 전통적 성격이 엷어지는 경향을 보이고 있다. 그리고 국제적인 어업규제나 공해문제에 대처하는 태도에서도 알 수 있듯이, 어업협동조합조직을 단위로 하여 조직된 지역적·직업적 이해단체로서의 어민의 성격이 뚜렷해지고, 국민적 차원에서 어업종사자들 간의 연대가 강조되는 시점에 이르렀다. 그러나 다른 한편으로 전통적인 어민집단의 성격을 유지하면서 이것을 모체로 조합을 결성하고, 소규모 경영법으로 근대적 어업에 임하려는 어민집단 역시 존재한다는 사실을 잊어서는 안 될 것이다.

[참고문헌]

羽原又吉,『日本漁業経濟史』, 岩波書店, 1952 ;『漂海民』, 岩波書店, 1963.
原暉三,『日本漁業權制度史論』, 北隆館, 1948.
山口和雄,『日本漁業經濟史研究』, 北隆館, 1948.
木島甚久,『日本漁業史論考』, 誠美書閣, 1944.
農林省水産局,『舊藩時代の漁業制度調査資料』, 農業と水産社, 1934.
櫻田勝德,『漁人』, 六人社, 1942.
宮本常一,『海に生きる人々』, 未來社, 1964.
河岡武春,「海の人－能地漁民のはなし」,『日本文化風土記』6, 河出書房, 1955.
野口武德,「海上漂泊漁民の陸上定着過程」,『成城學園創立五十周年記念論文集』, 1967.
伊藤亞人,「漂泊漁民－その生態をめぐって」,『東京大學敎養學部敎養學科紀要』4, 1972.

또한 나가사키 현 에부네 및 히로시마 현 도요타 군의 어민에 대해서는 위의 참고문헌 외에 1968~69년 당시 필자가 행한 조사결과에 기초했다.

제5장 리더십과 의사결정Decision-Making

에즈라 F. 보겔 씀 | 이케다 고이치池田孝一 옮김

1. 첫머리

학문에서의 진보란 점차적으로 진실에 다가가는 것이라고 할 수 있겠다. 제2차 세계대전 이후 주목할 만한 개념이 많이 등장하여 일본사회에 대한 이해를 도왔는데, 이 또한 학문의 진보와 함께 수정되기도 하고 그 적용범위가 더 명확히 정해지게 되었다. 예를 들면 제2차 세계대전 직후 '의리'와 '인정'이라는 개념에 의거하여 일본인의 태도에 보이는 기본적 갈등에 관심을 갖기도 하였고, '부모 역할-자식 역할'은 가정 밖에서의 여러 경제적 · 사회적 관계를 이해하는 데 중요한 개념이었다. 이후 이러한 개념이 수정되고 적용범위가 더 명확해짐에 따라 일본사회의 다른 면을 설명하기 위한 새로운 개념이 도입되었다.

이 글은 각종 분야에서 현대 일본의 조직—정치, 경제, 문화, 교육 조직을 개괄하는 논문을 집필해 달라는 의뢰를 받고, 다수의 일본인 및 미국인 학자의 업적을 활용하였다.[1] 이 업적들을 기초로 해서 서구인이 일본인의 조직을 분석할 때 지배적으로 사용해 온 일반적인 개념 몇 가지를 재검토할 수 있었다. 일본의 변화가 너무나도 급속했기 때문에, 서구적 개념을 개량하려는 노력이 서구인의 이해력 수준을 진보시키기보다는, 오히려 단순히 변화하는 일본을 반영한 것에 그치지 않았는가 하는 문제가 대두된 것도 당연한 일이다.

이 글은, 서구인의 개념이 진정으로 진보되었음을 밝혀보고자 하는 논자들의 생각에 초점을 맞춘 것이다. 다만 현대 일본의 조직 중 가장 영속적인 특성 몇 가지를 이해하기 위해 이러한 새 개념을 논하기에 앞서, 우선 어떤 특성이 제2차 세계대전 후의 두드러진 발전단계와 관련이 있는지를 염두에 두어야 한다.

2. 조직과 조직 풍토의 변화

메이지 유신 후 일본의 경제는 끊임없이 성장했는데 특히 제2차 세계대전 이후의 성장률은 대단히 급속했다. 제2차 세계대전이 끝난 후 사반세기 동안 일본 기업은 물적 설비를 근대화하여 선진 서구제국과의 과학기술 차이를 근본적으로 좁혔다. 이 과정에는 외국과학기술의 도입, 새로운 설비에의 대량투자, 생산력의 급성장, 게다가 일본인구의 거의 절반이 농업에서 공업 및 서비스업으로 전환한 것이 포함된다. 이런 급속한 근대화 과정에서 근대화 및 국제무역 경쟁에서 살아남은 공장은 대단히 놀랄 만한 성공을 거두었지만, 근대화에 성공하지 못하고 변화의 속도를 따라가지 못한 많은 기업은 파산해 버렸다. 이 시기에는 상당히 높은 금리의 저축과 재투자와 성장자금융자를 위한 광범위한 은행 대출이 실시되었다. 임금, 복지, 공익사업은 경제발전에 약간 뒤처지는 경향도 있었지만, 1950년대 중반 이후 경제가 제2차 세계대전에서 완전히 회복된 후 임금과 생활수준은 사실상 경제성장수준과 동등하게 향상되었다.

제2차 세계대전 후 초기에는 상당한 노동력 과잉이 나타나고, 더 좋은 교육기관이나 더 번창한 기업에 들어갈 기회를 얻기 위해 치열한 경쟁이 벌어졌다. 1960년대 말까지는 노동력 특히 젊은 노동자가 매우 부족하였다. 많은 기업이 젊은 종업원을 채용하여 낮은 임금을 지불하며 기업 내에서 양성시키려 했기 때문이다. 경영전략은 근대화나 시설의 급속한 확장, 급성장 등에 집중되었다. 정부정책은 세계시장에서 경쟁력을 갖는 근대적 산업능력을 확립하는 한편, 원료를 충분히 공급할 수 있도록 기획되었다.

일본의 기업은 아직도 급성장을 목표로 하고 있지만, 1960년대 말까지는 다른 나라들과의 경쟁에서 이점이 있던 저임금의 노동집약적 산업에서 고도의 과학기술 분야로 옮겨가기 시작했다. 이들 분야에서 일본기업이 경쟁을 할 때의 이점은 탁월한 기술력, 효율성 높은 경영, 고도로 발전한 다른 나라들보다 아직은 낮은 임금으로 일하는 의욕적인 노동자가 있었다는 점이다. 일본과 다른 선진 제국 간의 과학기술 격차가 좁혀지고 과학기술을 차입하는 비용이 많아지자, 일본정부와 일본기업은 연구와 발전에 대대적인 투자를 하기 시작했다.

제2차 세계대전 후 정부관료는 어느 정도 고압적인 권력과 권위적 분위기를 잃기는 했지만, 국가를 이끄는 권력은 유지시켜 경제성장을 최우선으로 삼았다. 제2차 세계대전 후 얼마간은 산업발전에서 중요한 역할을 수행한 통산성이 외환 결정권을 쥐고 있었으므로, 기업이 '행정지도'를 받아들이게 하는 데 상당한 영향력을 발휘하였다. 통산성과 은행은 기업들이 자기자본과 외환을 축적하게 되면서 그 영향력이 다소 약화되었지만, 정부관료는 영향력을 유지할 새로운 방법을 찾아냈다. 예를 들면 기업이 공해방지나 소비자 보호의 허용수준을 지키고 있는지에 대한 결정권을 쥐고 있었기 때문에 행정지도력을 유지할 수 있었을 것이다. 앞으로도 통산성이 강력히 지지하고 있는 산업재배치를 장려하려는 새로운 조례는 기업이 계속 통산성의 지도를 따르게 하는 확고한 근거가 될 것 같다. 또 통화관리와 탄력적인 세제상의 우대조치를 통해 대장성은 일본의 경제생활에 상당한 영향력을 유지할 수 있을 것이다.

이 세계대전 전후 기간에는 정치적 의견 차이나 기업간 및 기업과 정부 간에 정치적 갈등이 많았지만, 경제성장 및 국제무역에서 일본이 유리한 자리를 점하는 것이 갖는 중요성에 관한 한, 기본적인 국민적 합의는 이루어졌다. 이처럼 목적의식이 강했으므로 여러 분야의 관료, 기업 지도자 들은 자진하여 국민적 목표를 위해 희생했다. 그런데 1970년대 들면서 사회복지나 생활의 질과 관련된 다른 목적 역시 중요하다는 사실을 서서히 인식하게 되었다. 그렇게 되자 예전만큼 확실한 목적의식이나 원하는 목표에 대한 높은 수준의 합의, 경제적 목표를 위해 기꺼이 희생하려는 마음은 더 이상 존재하지 않게 되었다.

3. 종래 개념의 수정

일본의 조직에서 나타나는 다양한 특색을 표현하기 위해 쓰이는 많은 개념들은 서구 학술문헌에서 지나치게 중시되어 왔다. 이러한 과대평가는, 첫째로 특정 시기나 장소에서 관찰한 것을 장기간에 걸쳐 일어난 일반적인 현상으로 판단하여 광범하게 발생하는 현상으로 끼워맞춘 데서 온 것이다. 또 다른 원인은 어떤 일본어의 우회적 표현은 잘 조사해 보면 미국이나 다른 서구 제국의 관습과 그다지 다를 바 없음에도 불구하고, 뭔가 독특한 관습을 나타낸다고 여겼기 때문이다. 이는 특히 서구의 일본 분석을 미국인이 주로 지배해 온 데 그 원인이 있는데, 정말 독특한 것은 일본적 패턴이 아니라 미국적 패턴일지도 모르겠다. 현재 일본의 조직을 다룬 서구 문헌들에서 자주 사용되는 개념으로 수정되어야 할 것들에는 아래와 같은 것이 있다.

1) '**주식회사 일본**' : 일본정부와 기업은 매우 일체화되어 있기 때문에 일본은 하나의 거대한 주식회사와 같다는 견해로, 여러 논자들에 의해 각인 각색으로 쓰이는 개념이다. 이는 때로는 대기업이 정부의 의사결정Decision-Making 과정을 지배하려는 것을 칭하기도 하고, 때로는 정부 지시에 기업이 순종하는 것을 의미하기도 한다. 또한 어느 때는 양자의 화합을 가리킨다. 최근에는 일본기업과 경쟁관계에 놓이게 된 경우, 정부와 기업의 밀접한 협력은 불법이라는 식의 유해한 의미로도 해석된다.

대체적으로 일본의 경우, 미국보다는 정부와 기업과의 관계가 더욱 밀접하다는 것은 의심할 여지가 없다. 경제활동을 감독하는 주요 부처는 미국에 비해 국제시장에서 경쟁하는 일본의 경제능력을 증진시키는 데 더 깊이 관여하면서도, 거래 규제나 부정한 독점계략 방지에는 별로 관여하지 않는다. 예를 들면 일본은행이 뒤를 받쳐주고 있는 시중은행은 대기업에 융자를 하고, 일본은행은 이 대기업의 파산을 방지하는 데 노력을 기울이는 식의 구조다.

　그러나 제럴드 커티즈²⁾가 자신의 논문에서 이야기했듯이, 일본이 하나의 대기업처럼 행동한다고 보는 견해는 정·재계 지도자들이 결탁되어 있다는 것과 일본정부와 특정 기업이 동일한 목표를 갖고 있다는 것을 지나치게 과대평가한 것이다. 이 견해는 몇 개의 기업과 각 정부관청 간, 특히 정부 결정이 기업 이익과 일치하지 않을 경우 생기는 긴장을 지나치게 과소평가한 것으로서, 정부가 대기업에 이익이 되는 결정만 내린다는 식의 잘못된 의미를 전달하고 있다. 실제로 자유민주당은 정권을 지키기 위해서 여러 가지 요구―쌀값 원조, 공해방지, 사회보장개선, 무역 및 자본의 자유화 등에 응하지 않으면 안 된다.

　일본의 실업가는 어떤 특정 기업에 이익이 되는 특정 계획이나 방침만이 아니라, 국가 전체의 경제정책을 논의하기 위해서도 미국의 실업가와 빈번하게 회합을 갖는 경우가 많다. 따라서 그들은 같은 업종의 미국 기업에 비해 자신들의 이익을 결집시켜 일본정부에 주장할 수 있는 더 유리한 입장에 있다.

　그러나 커티즈가 지적하듯이 '재계'(문자 그대로는 금융계지만 일반적으로 실업계의 중추지도부를 가리킨다)라는 긴밀한 조직은 좀처럼 인정할 수 없다. 기업 전체의 이익을 대표하는 입장에서 실업계의 효과적인 조정을 이룩하는 데에는 이 금융계 장로들의 지도력이 작용했다. 장로정치지도자였던 메이지 시대의 '원로'가 나이를 먹고 정치권력이 분산됨에 따라 권력과 영향력을 상실하였듯이, 금융계의 장로지도자인 '재계 원로'들도 이제 나이를 먹어가면서 그 힘 역시 서서히 분산되고 있다. 장로경제지도자들의 이런 권력 상실은 사토 에이사쿠佐藤榮作[1]의 수상 재임중에 급속히 이루어졌다. 이 기간 중에 정치지도자들은 경제문제를 소위 '재계'의 소수 장로대표만이 아니라 그 이익이 '재계원로'의 이익과 일치하지 않는 다수의 실업지도자들과도 협의를 하게 되었던 것이다. 즉 이제는 소수의 실업지도자만으로는 효과적으로 실업계 전체를 대변할 수 없게 되었고, 경제성장 우선이라는 국민적 합의가 무너짐에 따라 자민당은 정권 유지를 위해 서서히 대기업의 이익을 희생시켜야 했던 것이다.

2) '품의제稟議制' : 문서를 조직 하부에서 기초한 후 승인을 얻기 위해 각 부로 회람을 시키는 시스템으로, 때때로 일본의 독특한 의사결정법으로 알려져 있다. 품의제는 때론 실제 결정권은 하부에 있다든가, 어느 누구도 확실한 권한을 가진 자가 없는 뒤떨어진 졸렬한 방법이라는 의미로 해석되었다. 품의제 관습이 확실히 일본 기업이나 관청에 널리 퍼져 있기는 하지만, 서구 문헌에서는 그 개념을 지나치게 해석하기도 하고 오해를 하기도 했다.

우선 오지미 요시히사大慈彌嘉久[3]가 지적했듯이, 이 개념은 조직지도자의 권한과 주도권을 과소평가한 것이다. 특히 유능하고 단도직입적인 지도부를 가진 조직에서는 지도자가 주도권을 잡을 뿐만 아니라, 하부에서 만들어진 문서 초안도 엄격하게 검토한다. 통솔력이 별로 강하지 않고 상하간 협의가 잘 이루어지지 않은 경우에도 초안을 기안한 각 부서의 담당자는 조직의 목표와 상사의 의향을 잘 파악하고 있어서 그 테두리 안에서 문서를 기안한다. 자신의 권한에 대해 확신이 없는 지도자라면 아마 조직의 하부사람들이 믿는 대로 따라 움직이는 경우가 있겠지만, 조직의 하부사람은 상사의 신임을

---

1) 1901~1975년. 1964년부터 1972년까지 자유민주당 총재·수상이 되어 고도경제성장정책, 미일안보조약 자동연장, 오키나와 반환 등의 정책을 추진했으며, 1974년 노벨평화상을 수상하였다.

얻을 때만 문서를 기초할 여지가 생기는 것이 일반적이다. 그들은 상사로부터 부여받은 명백한 혹은 암묵적인 신뢰의 범위 내에서 행동하는 것이다.

지도자 중에는 권한이 침범 당할 것을 우려하여 확실히 승인을 하지 않으면 문서를 기안하지 못하게 하는 사람도 있다. '품의제'는 종종 지도자가 주요 결정을 내린 후 그 결정에 따라 하부에서 문서를 기안하는 '후·품의제'가 된다. 물론 요시노吉野가 지적했듯이, 품의제는 동질성과 합의에 입각하고 있어서 조직 각 층에서 광범위한 합의가 이루어졌다면 문서는 확실한 승인 없이도 기안될 수 있다. 그러나 문서 기안 중 하부에서 의견 차이가 발생하면 그 의견 차이는 보통 상부로 돌려져서 해결된다.

'품의제'는 모든 종류의 문제에 사용되는 것이 아니라 비교적 복잡하고 고도의 조절을 필요로 할 경우에만 쓰인다는 점에도 주목해야 한다. 인사문제처럼 미묘한 문제는 결코 '품의제'로 처리할 수가 없다. 일반적인 전술戰術 문제는 보통 회의에서 논의되고 문서는 특정 조치가 필요할 때만 기안되었다.

'품의'는 어느 정도 조직 각 부문의 협의권을 유지하기 위한 제도다. 부문에 따라서는 자세히 조사도 하지 않고 문서에 도장을 찍어버릴 수도 있지만, 이 제도가 반드시 책임이 따르지 않는 제도라고만은 할 수 없다. 오히려 어느 부문이 어떤 문서를 승인한다는 것은 그 문서가 별로 중요하지 않다거나, 혹은 그 부문의 영역을 침해하는 것이 아님을 의미하든가 둘 중 하나다. 따라서 '품의제'는, 문서를 조직의 관련 부서로부터 승인 받기 위해 보내고, 그 문서가 외부에 공포되기에 앞서 특별히 반대하지 않는다는 의미로 담당책임자의 서명을 첨부하는 미국정부의 비밀문서 사용허가제와 질적으로 크게 다르지 않다. 이와 같이 품의제는 강력한 지도자를 가진 젊고 역동적인 조직보다는 성숙한 관료조직에서 나타나는 특색이다. 요컨대 품의는, 종종 논의의 대상이 될 만큼 독특한 것도 아니며 일본 조직의 지도자에게 권위와 주도권이 적다는 사실을 의미하는 것도 아니다.

3) '연공서열 및 종신고용제도' : 대기업이나 정부의 관료사회에서는 정규사

원이나 정규직원은 정년까지 그 조직에 머물고, 급료와 직함은 근무기간이 늘어남에 따라 오른다는 것이다. 정규사원이 동일한 업무에서 연하의 사원 밑에서 일하는 경우도 드물다. 그렇다고는 하지만 종신고용과 연공서열의 개념은 때로 서구인들이 지나치게 여러 가지 의미로 설명하는 바람에 아무렇게나 마구 사용되어져 왔다.

우선 종신고용과 연공서열제는 일본에서도 소수의 노동자에게만 해당되는 사항이다. 농민이나, 작은 상점, 공장에 고용된 자들과는 상관이 없다. 이 개념들은 또 고정급을 받고 있지만, 정규사원과 동일한 종신고용 보증이나 승진속도를 보장받지 못하는 소위 임시직에도 해당되지 않는다. 예를 들면 조직의 대부분을 차지하는 젊은 여성들은 종신고용이 아니라 결혼하거나 첫아이가 생겼을 때 퇴직을 강요당한다. 아이가 학교에 다니게 된 후 직장에 복귀한 많은 주부는 오랫동안 같은 조직에 있었으면서도 임시직으로 대우받는다. 세일즈맨이나 특수기술자, 미숙련노동자 같은 큰 조직의 하청 노동자들도 반드시 연공서열 하의 정규 종신고용사원으로 대우받는다고만은 할 수 없다.

종신고용이나 연공서열에만 주의를 기울이는 것 역시 전직轉職의 유동성 비율을 과소평가하게 만든다. 도산한 작은 기업들이 상당수에 이르고, 대기업에서도 직접경쟁관계에 놓이지 않은 다른 회사로 이직하는 것도 드문 일이 아니다. 어느 정도 관련이 있는 다른 회사로 옮기는 것도 보통이다. 따라서 대기업 내의 자회사에서 다른 자회사로, 혹은 모기업에서 새로 설립한 자회사로 옮기는 경우도 있다.

종신고용이나 연공서열 개념은 때때로 경제적 합리성에 맞지 않는 인습적인 유물로 간주되기도 한다. 기업은 정년까지 사원을 해고할 수 없으므로, 더 이상 도움도 안 되는 나이많은 사원들을 포용하면서 비싼 급료를 지불할 수밖에 없다고 논하는 사람도 있다. 여기에는 몇 가지 수정을 가할 필요가 있다. 첫째로, 대기업의 정년은 50세나 55세까지로 정해져 있어서 소위 종신고용은 실제로 30년간의 고용에 불과하다. 50세를 넘긴 사람은 원래 회사의 자회사에서 자리를 얻는 경우도 있지만, 필요하다고 간주되지 않는 한 보증을 받을 수 없다. 아무튼 급료는 내려가게 될 것이다. 둘째로, 연공에 따라 급료가 오르는 제도는, 기능과 회사에서의 유용성이 경험 축적과 관계 있는 분야로 집중되는 경향이 있다. 셋째로, 나이 많은 사원에게 높은 임금을 지불하는 기업은 또한 연공 수혜를 기대하는 젊은 사원의 급료를 억제시킬 수 있다. 마지막으로, 급료 상승과 기업에 대한 유용도의 증가 사이에 직접적인 관계는 없다 하더라도, 이 제도에 대해 사원이 강한 연대감을 갖는다는 것은 기업 전체로 보아 유익하다. 조기정년을 실시하고 임시고용을 늘리고 고용보증이 없는 하청기업을 이용한다면, 연공서열 및 종신고용제를 실시하는 기업이 경기쇠퇴기에 경험하게 될 재정위기를 감소시킬 수 있다.

급료와 직함이 연령과 함께 오르더라도 실제로 기업에서 하는 업무는 반드시 급료나 직함과는 상관이 없으며 오히려 실제의 기능에 의해 결정된다. 노다 가즈오野田一夫[4]가 지적했듯이, 실제로 부하에게 중한 책임을 맡길 때는 급료나 직함과는 관계없이 능력에 따르는 경우도 있다.

종신고용과 연공서열제도는 일본의 전통적인 관습에서 생겨난 것이 아니라 노동시장의 조건과, 경영자 측의 결단, 노동조합의 압력이 일치해서 생긴 것이다. 제1차 세계대전 후 숙련노동자가 부족하자 많은 일본 기업은 전문교육을 실시하고 숙련노동자가 기업에 오랫동안 머물 수 있게 하는 제도를 확립하고자 했다. 제2차 세계대전 후 대다수의 기업도 마찬가지였다. 노동조합의 압력이 같은 방향으로 움직이게 된 것은 제2차 세계대전 직후 좋은 직장을 구하기가 좀처럼 어려웠을 때 조합이 직장을 보장받을 수 있는 제도를 요구하며 투쟁했기 때문이다.

4) '이윤 없는 성장' : 많은 서구의 분석자들은 1950년대와 1960년대 일본 기업의 행동을 관찰한 결과, 기업의 관심은 이윤이 아니라 성장에 있다는 결론을 내렸다. 사실 1950~60년대의 매우 급속한 근대화와 발전은 기업이

규모 면에서 경제성을 얻어 국제시장에서 낙오되지 않기 위해 필요한 것이었다. 휴 패터릭[5]이 지적했듯이, 이윤에 관심을 갖지 않는다는 착각은 산재된 수많은 문제들을 무시하게 만들었다. 우선 첫째로, 성장과 근대화에 대한 비정상적인 관심은 어느 특정 시기에만 나타나는 특색이다. 둘째로, 일본 기업은 대체적으로 미국 기업보다 장기계획을 갖고 있다. 미국인 경영자들 중에는 자신이 재임하는 중에 높은 수익을 올리겠다는 압박감을 느끼는 자도 있다. 대조적으로 일본의 기업은 더욱 더 장기간의 성장과 이윤에 관심을 갖는다. 셋째로, 문화적인 가치체계 때문에 일본의 실업가는 이윤에 대한 관심을 좀처럼 공공연하게 인정하려 하지 않는다. 개인의 이윤 추구와 사회 전체의 개선 사이에서 조화를 꾀하는 미국의 기업윤리와는 달리, 일반적인 일본의 윤리법칙에 의거하자면 개인의 윤리추구는 사회이익에 위반되는 것으로 간주된다. 따라서 일본의 경영자는 이윤에 관여하면서도 우선 그런 것을 표명하여 밝히거나 하지는 않는다.

  5) '학벌' : 일본을 연구하는 많은 관찰자들은 조직 내 및 조직 간의 학벌의 중요성을 강조해 왔다. 예상대로 일본의 상급관료는 대부분 도쿄 대학 출신이고, 정·재계의 상층부 몇 명은 고등학교나 대학에서 이미 안면이 있던 사이다. 그러나 그러한 유대의 중요성은 종종 과대평가되고 있어서 수정할 필요가 있다.

  조직 내 특히 기업조직 내의 인간이 오로지 학연으로 친해진다는 것은 있을 수 없다. 좋은 학교를 나온 것은 기업에 입사할 때 유리한 요소로 작용하지만, 토머스 로런[6]이 말했듯이, 일단 기업이나 관청에 들어가면 옛 학교의 연줄보다는 매일매일의 업무관계에 의해 친밀한 관계가 형성된다.

  어느 기업에 다니는 사람이 학교친구를 통해 정부나 다른 기업의 연줄을 찾을 때에도 그것은 자신이 속한 조직의 이익을 주장하기 위한 것이다. 다른 조직의 친구를 위해 자기 조직에 불리하게 힘을 쓴다는 것은 대단히 드문 일이다. 요컨대 과거의 학교관계나 개인적인 관계란 조직의 방침과 일치할 때 연대감을 돈독히 하는 데 도움이 될 수 있는 것이다.

4. 보충-확장된 여러 개념들

1) **집단주의** : 서구와 일본의 여러 평론가들은 오래 전부터 일본인과 그 조직 특히 업무조직과의 일체화에 주목해 왔다. 일본인 피고용자는 직업이나 업무의 전문성보다는 자신이 일하는 조직과 일체화되는 것이 일반적이다. 이전의 웨버, 뒤르켕, 파슨즈 같은 서구의 사회학자는, 직업이나 업무로 인한 분업화에 의거하여 산업사회의 집단귀속의식이 생긴다고 보았다. 그러나 탈공업화 사회에서 사회변화가 매우 급속히 이루어지면서 어떤 시기에는 적절했던 직업적인 전문성에 대한 정의가 이후에도 반드시 적절한 것만은 아니게 되었다. 따라서 급속한 사회변화의 와중에는 일본인적인 기업과의 일체화가 아마도 업무와의 일체화보다 더 적절했다고 평가될 수 있을 것이다. 기업은, 사원이 그 직종에 머물러 있을 가능성이 높다는 확신이 있기 때문에 최신 기술을 습득시키는 재훈련에 안심하고 투자할 수 있으며, 사양길에 들어선 일을 전문적으로 하는 자도 과잉고용을 요구하는 파업을 통해 스스로를 지킬 필요가 없는 것이다.

많은 평론가들은 이미 일본에서의 이러한 집단과의 일체화가 갖는 중요성에 대해 주의를 환기시켜 왔지만, 이제 때때로 경시되었던 몇 가지 유념사항을 덧붙이고자 한다. 우선 조직 내에서의 귀속감을 유지하기 위해 경영자 측이 지불한 의도적인 노력을 인정할 필요가 있다. 로런이 지적한 바에 의하면, 생활이 풍요로워지면서 기업 사원이 개인으로나 가정적으로 레크레이션 활동에 참여할 수 있게 되고, 이에 기업 측에서는 레크레이션 그룹을 끌어들이기 위해 노력하는 것을 볼 수 있다. 기업 자체에서 대개는 대학의 클럽활동을 모방한, 사원을 위한 각종 동아리나 스포츠 그룹을 만든다. 또한 집단의 단결을 강화시키기 위한 의례적 기회로 휴가여행, 사원의 생일, 입·퇴사 기념식, 망년회 같은 행사를 의식적으로 이용하고 있다. 또 노다野田

가 제시했듯이, 기업이나 관청 내의 부와 국을 구성할 때 지도자는 서로 원만히 잘 꾸려갈 수 있는 팀을 편성하는 데 주력한다.

둘째로, 집단주의 현상은 가족이나 직장에 적용될 뿐만 아니라, 정치적인 당파나 미국의 유사 그룹보다 확실히 강력한 단결력을 보여주는 광범위한 집단에도 적용된다. 따라서 예를 들면 기업이나 정부 부처에 동년배로 들어간 사람들이나 같은 부문에서 일하는 사람들 간의 단결은, 미국의 경우보다 훨씬 강하다. 조직의 경계를 넘어 특별한 목적 하에 만들어진 신규 특별편성그룹도 급속한 단결을 이룰 수 있는 구조를 갖추고 있다. 레크레이션을 하든 음주를 하든 혹은 다른 의례적인 활동을 하든 일본인들은 밀접한 상호작용을 하기 쉬운 풍토를 금방 만들어 낸다. 광범위한 영역에 걸친 학습그룹, 여행그룹, 특별위원회나 기타 특별편성그룹이 여러 조직을 결속시키는 역할을 하는 것이다.

셋째로, 그렇지만 집단지향성이 있다고 해서 치열한 대립이 없다거나, 방침이나 인사의 기본적인 논점과 관계되는 여러 문제에 관해 조직 내의 교섭이나 조작이 필요해지는 여지가 별로 없다든가 하는 것은 결코 아니다. 사실 이러한 대립이 심하다는 것은 어느 정도 그 조직에 개개인이 깊숙이 관여되어 있음을 반영하는 것이기도 하다. 이 점은 이러한 문제를 좀더 초연하게 혹은 감정을 드러내지 않고 처리할 수 있는, 좀더 복잡한 조직과는 현저하게 대조적이다.

지금까지 비교적 주목을 끌지는 못했지만, 공공公共의 사태에 대한 대중들의 이해에 근본적으로 영향을 미치는, 집단주의의 특수한 한 예가 나다니엘 세어가 서술한 프레스 클럽이다. 기자는 자신의 신문사에 충실하지만, 같은 부처나 관청을 담당하는 모든 신문사의 기자들로 구성되는 프레스 클럽의 기자들과도 강한 연대감을 형성한다. 이 연대감은 매우 강해서, 그 그룹의 지배적 견해에 의거하여 해당 부처에 관해 사실상 동일한 기사를 쓰게 마련이다. 개인이 집단의 다수 의견에 얽매이는 현상은 어떤 조직에서나 두드러지게 나타나지만, 이러한 프레스 클럽의 상황은 다수의 의견이 진실이나 공공의 최선의 이익에 일치되지 않을 경우, 반대의견을 표명하는 데 대해 좋지 않은 영향력을 행사하게 된다.

2) 장기목표의 설정 : 일본의 집단은 대단히 업무제일주의고, 경제적·정치적 조직 내의 집단의 단결은 그 집단의 목표와 직결된다. 집단에 의해 정해진 업무 규정은 보통 장기간에 걸쳐 이뤄지며, 집단의 멤버는 대개 개인의 이익이든 조직의 이익이든 눈앞의 이익을 장기간의 목표를 위해 희생한다. 조지 드 보스[4]는, 최종적으로 더 큰 성공을 거두기 위해 개개인이 저임금과 중노동 등 장기간의 역경을 얼마나 기꺼이 인내하는가를 심리적인 측면에서 지적했다.

피터 드러커[9]가 지적했듯이, 조직의 장기목표 설정은 전통 같은 것보다 훨씬 중요하다. 제2차 세계대전 후의 변화는 비정상적으로 급속히 이루어졌는데, 먼 미래의 목표를 위해 일할 수 있는 능력을 모두가 갖고 있었다는 것은 세계대전 전 일본의 특색이기도 하였다.

조직의 통합은 규제와 규정보다 장기목표에 대한 견고한 결속으로 결정되기 때문에, 이러한 목표를 달성하기 위한 수단을 고안하는 데는 상당한 융통성을 보인다. 로버트 워드가 토론회에서 지적했듯이, 예를 들면 관료기구 내에서도 매우 융통성이 있어서 어떤 부처의 관리가 필요시 다른 부처의 일을 담당하게 되는 경우도 있다.

분명, 장기계획은 때로는 막연하기도 하고 종종 기분의 변화 때문에 변경되는 경우도 있다. 그러나 매우 유동적이고 불안정해 보일지라도 간부는 장기적인 비전을 가지고 관망하는 하나의 특정 단계일지도 모른다. 종종 간부는 행동을 개시하기 전에 상당히 오랜 기간 연구나, 실험, 혼란, 논의 등을 거치는 것을 꺼리지 않는다. 그러나 장기간에 걸친 목표를 위한 행동방침이 명확해지면, 조직은 그 구성원을 조직의 기본목표 달성을 위해 동원할 수 있는 강력한 능력을 갖추게 되는 것이다.

3) 사전교섭 : 아마도 일본 조직에서 '품의제'보다 더 특징적인 것은 자주 상담을 한다는 점이다. 조직의 동료 간이나 각 층, 각 부部와 각 국局 사이에서는 거의 끊임없이 상담이 계속된다. 상담의 대상은 세속적인 시시콜콜한 것으로부터 넓은 일반적인 문제에 이르기까지 여러 가지인데, 대개는 돈독한 상호신뢰와 원조가 기본적으로 깔려 있는 풍토 속에서 이루어진다. 결론에 이르기기까지 상당한 시간이 걸리는 경우도 있다. 대개 조직의 간부는 모두의 의견이 일치되기 전에 행동하는 것을 꺼리지만, 문제가 확실히 양분되어 있어서 간부가 선택을 해야 할 때는 결정을 내리기 전에 광범위한 지지를 얻으려 한다. 최종적으로 합의에 도달하면 조직 구성원으로부터 그 결정에 대한 강력한 지지를 얻을 수 있으며, 그것을 자진해서 수행하려는 의지를 표명하는 구성원들도 많이 나타나게 된다.

미국기업의 고위층 경영진으로 구성된 소그룹 회의에서 행해지는, 실행 가능한 선택에 관한 훌륭한 분석적 논의와, 미국인 중역이 그런 회의에서 몇 개의 선택항목 중에서 결단을 내리는 식의 합리적이며 분석적인 방식에 대해 몇몇 일본인 중역은 경탄을 금치 못하였다. 대조적으로 일본의 기업은, 많은 사람들이 서로 문제를 충분히 논의하는 경향이 있고, 그렇게 함으로써 결정이 내려지기 전에 조직 내의 많은 사람들을 끌어들여 자연스레 결속력을 갖추게 되는 것이다.

일반적으로 일본의 조직은 권리나 의무, 역할의 법률적 해석, 정확한 주장 제기 등에 그다지 연연해하지 않는다. 그때 그때의 지배적 분위기에 따르는 융통성이 다소 많은 편이다. 일단 어떤 행동에 대해 바람직하다는 합의가 이루어지면, 대체로 그 행동을 금지하는 법률적 규정이나 규제는 찾아볼 수가 없다.

4) 적정배분 : 집단경쟁은 일본의 모든 레벨에서 치열하지만, 명확하게 한정된 분야에서는 집단은 사실상 무엇이 '페어플레이'인지 명확히 정의해

둔 규칙이 존재하는 비공식 연맹을 구성한다. 집단 간의 갈등을 상층부에서 해결해야 할 때, 각 집단은 마땅히 '적정배분'을 얻을 권리가 있다는 확고한 관념(태도)을 보인다.

여러 분야에서 급속히 변화하고 있는 다수의 기업이 있지만, 시장에서 경쟁하고 있는 대기업 간에는 유한한 경쟁자끼리 만든 연맹이 항상 존재한다. 대기업 간 경쟁 상대끼리는 시장 점유율을 증대시키기 위해 맹렬히 경쟁하지만, 서로 상대를 파산으로 내몰 생각은 없다. 통산성 같은 정부관청이 어떤 시장에서 기업의 사활을 좌우하는 문제에 대해 판정을 내려야 할 경우, 공평하게 다뤄야 한다는 것이 원칙이다. 어떤 기업이 어떤 시기의 판정에 의해 더 불리해졌다면, 관계부처는 나중에 그 기업을 원조하기 위해 노력하는 것을 당연시한다.

존 캠벨[10]은 일본의 예산에 대한 연구에서 예산배분에서의 '적정배분' 개념의 중요성을 명시했다. 미국의 예산국이 전체 예산에 작용할, 합리적이며 총합적인 판정에 도달하려는 것과는 대조적으로, 일본의 예산은 대개 각 부처의 요구에 기반한다. 예산조직 과정을 감독하는 대장성 관리는 자신들을 국가적 우선권을 창출해 내는 인간이라기보다는 숙련된 조정자로 보고 있다. 따라서 미국에 비해 각종 분야에 할당된 국가예산의 비율이 완전히 바뀌는 경우란 별로 없다. 각 부처는 자신들의 국가예산 취득분을 늘리기 위해 여러 가지 계획을 수립하지만, 실제로 한 부처에 대한 예산배분은 매년 별로 변하지 않기 때문에, 각 부처는 그 배당분을 여러 기획에 어떻게 배분할지 성가신 판결을 내려야만 한다.

마찬가지로 이 적정배분 개념은 국가의 각 지역에 대한 지출에도 적용되어, 자치성自治省[2]은 각 지방의 요구에 맞추어 재원을 재분배하려고 한다. 또 국내 각 지방 간의 불균형을 감소시키고자 낙후지역에 대해 재원을 지출하려는 노력도 한다.

---

2) 일본 중앙행정기관 중 하나로 지방자치, 선거, 소방 등의 행정을 담당.

자민당 안에서도 적정배분의 개념은 각 파벌 사이에 매우 강하게 존재한다. 예를 들면 이 개념은 당의 재원 할당뿐만 아니라 조각組閣 결정의 주요 요인이기도 하다. 요컨대 경쟁자 연맹이 정해지면 각 경쟁자의 행동을 규제하는 비공식 규칙이 등장하는 것이다.

5) 관료엘리트주의 : 에드윈 라이샤워가 회의에서 지적했듯이, 일본 정부의 각 부처 멤버는 미국과는 달리 유럽형처럼 매우 높은 지위를 누리고 있다. 각 부처에 들어가는 데는 경쟁률이 매우 높고, 주로 객관적인 시험을 거친다. 따라서 각 부처는 관료를 평생 직업으로 여기는 매우 유능한 젊은이를 모집할 수 있다. 또한 부처의 고급관료는 그 부처에 매우 헌신적이다. 관료가 천황을 섬기는 분위기가 어느 정도 사라지고, 고급교육의 확대와 맞물려 모집 부문도 확대됨에 따라, 제2차 세계대전 후의 관료기구에 대한 비판이 있었기는 해도 그래도 관료는 여전히 대중들로부터 광범위한 존경을 받고 있다.

관료기구는 각종 문제에 심혈을 기울여 전문적인 조언 업무를 담당하는 유능한 인재를 갖추고 있으므로, 정치와 기업조차 그들의 판단에 의지할 수밖에 없다. 철강기업이 통산성 관리의 충고를 무시하고 확장했다가 이후 그 확장이 무모했음을 알았을 때, 몇 명의 통산성 관리는, 기업이 이 경험을 교훈으로 삼게 될 것이고, 중요 문제에 관한 행정지도를 따르지 않은 좀처럼 보기 드문 이 경험이 얼마나 어리석은 일이었는지 판명된 사실에 만족하였다.

경단련(경제단체연합회)이나 자민당 등 몇몇 정·재계 단체는 소규모 연구스탭을 두고 있지만, 각 부처의 연구스탭과는 규모나 범위에서 비교가 안 되므로 어떤 문제든 세밀한 업무는 각 부처에 의지해야 한다. 따라서 국회에서 심의된 법안은 그 상당수가 국회의원 개인에 의해 제출된 것이 아니라 내각을 통해 각 부처에서 제출되었다는 사실은 놀라운 일이 아니다.

라이샤워가 회의에서 지적했듯이, 명백하게 엘리트 관료들은 매우 자신만만하며 솔직하게 의견을 피력할 수 있다. 각 부처는 차관의 지휘 하에 상당한 수준까지 독립되어 있다. 외부의 정계지도자들은, 장관으로 임명된 사람조차 미국 각료가 각 부처에 대해 갖고 있는 정도의 정치력도 각 부처에서 가질 수 없다. 미국의 각료는 부처에 다수의 측근을 데리고 들어가 그 부처의 사무를 통괄하고 중요 역할을 맡김으로써 많은 새로운 정책을 시작할 수 있다. 그런데 거기에 상당하는 일본의 장관은 부처에 대해 이만한 지배력을 발휘할 수 없고, 차관을 통해서만 활동해야 한다. 부처 내의 지위를 쭉 거쳐서 올라온 고급관료가 반드시 그 부처의 사무차관으로서 일을 통괄할 수 있도록 외무부에서는 외부 인사를 정치적으로 대사로 임명하는 일은 없다. 따라서 외무부의 상급관료는 미국에 비해 상급 대사직을 맡을 가능성에 대해 강한 자신감을 가지고 있다.

관료가 우수하고 논리정연하며 일본국민의 존경을 받고 각 부처가 비교적 독립된 성격을 띠고 있으므로, 관료는 정치적 압력에서 비교적 자유로워 조국과 신념을 위해 일할 수가 있다. 따라서 일본정부는 정계지도자가 빈번히 바뀌었음에도 불구하고, 상당한 지속성과 장기적 전망을 갖춘 강력한 리더십을 유지해 올 수 있었다.

6) 기업 리더십의 중핵 : 지도자는 조직 내의 의견 일치에 구속을 받지만, 많은 기업의 지도자들은 각 부처의 경우와 마찬가지로 오랫동안 일해 왔기 때문에 기업의 장래 이익에 비춰 숙고한 대담한 결정을 내릴 수가 있다. 기업 간부의 중핵은 기업을 위해 심사숙고한 장기방침을 계획할 수 있다. 일본의 경영간부는 크든 작든 더 좋은 아이디어를 얻기 위해 전 세계에 계속 대표를 보내는 대단한 의욕을 보였다. 강한 조직적 단결력이 있으므로, 그들은 장기적인 문제를 '사전교섭'하여 자신들에게 이익이 되는 결정을 내리고, 나아가 그 목표를 달성하기 위해 인원을 동원할 수 있다. 급속한 성장률과 일본 미래에 대한 낙관론에 힘입어, 은행 나아가 정부의 뒷받침을 받아 일본 대기업의 지도자는 세계의 지도자들과 마찬가지로 스스로 매우 대담하고 야심적인 이니셔티브를 주장해 온 것이다.

1) 1973년 1월 5일부터 10일까지 하와이 마우이 섬에서 개최된 American Council of Learned Societies of Social Science Council의 일본연구회동위원회(JCJS) 주최의 미일학자회의를 말한다. 그 결과는 Ezra F. Vogel (ed.), *Modern Japanese Organization and Decision-Making* (University of California Press, 1975)로 출간되었다. 이 논문은 그 서론으로 집필된 것에 약간의 수정을 가한 것이다.

2) Gerald L. Curtis, "Big Business and Political Influence", in Vogel, op. cit., 31~70쪽.

3) Yoshihisa Ojimi, "A Government Ministry: The Case of the Ministry of International Trade and Industry," in Vogel, op. cit., 101~112쪽.

4) Kazuo Noda, "Big Business Organization," in Vogel, op. cit, 115~145쪽.

5) Hugh Patrick, "Economic Realities and Enterprise Strategy: A Comment," in Vogel, op. cit., 244~248쪽.

6) Thomas P. Rohlen, "The Company Work Group," in Vogel, op. cit., 185~209쪽.

7) Nathaniel B. Thayer, "Competition and Conformity: An Inquiry into the Structure of Japanese Newspapers," in Vogel, op. cit., 210~227쪽.

8) George A. De Vos, "Apprenticeship and Paternalism," in Vogel, op. cit., 210~227쪽.

9) Peter F. Drucker, "Economic Realities and Enterprise Strategy," in Vogel, op. cit., 228~244쪽.

10) John C. Campbell, "Japanese Budget *Baransu*," in Vogel, op. cit., 71~100쪽.

제6장 어디에 귀속해 살아갈까?

마스다 요시오 增田義郞

1. 집단의 중요성

사회 안에는 여러 가지 집단이 있으며 그들은 각각의 기능과 역할을 수행하고 있기 때문에, 사회학자들은 그 분석을 중시하여 여러 형태로 논의를 하고 있다. 여기에서는 사회집단이란 무엇인가라는 문제를 어렵게 의논하려는 것이 아니다. 고찰해 보고 싶은 것은 좀더 구체적이며, 일본인에게는 절실한 문제다. 즉 일본인에 대해 이야기할 때 무리를 짓고 집단을 이루어 행동하는 것을 좋아한다고들 하는데, 정말 맞는 말인지, 만일 그렇다면 그것은 왜일까 하는 문제다.

인간인 이상 혼자서 산다는 것은 불가능하다. 일본인만이 아니라 어느 누구든 무언가에 의지하지 않고서는 살아갈 수 없을 것이다. 리니지lineage,[1] 씨족, 농촌공동체, 카스트 등에 준거한 삶을 매우 중시하는 사회는 과거에도 현재에도 많았다. 인간의 역사에 도시가 출현하자, 그것이 또 공동체를 만들어 내고, 그 안에서 길드나 클럽, 정당 같은 여러 집단이 생겨나 각각 중요한 기능을 담당했다는 사실도 잘 알려져 있다. 따라서 어떤 사회건 인간이 무리를 이루고 집단을 이루어 살아가는 것이 당연하지 않냐는 반문도 나올 수 있겠다.

그러나 곰곰이 생각해 보면, 일본인이 특이한 집단적 행동을 보여주는

---

1) 단일계보로 구성원 간의 계보관계가 구체적으로 파악 가능한 단일족.

예는 무수히 지적되었으며, 본래 일본인이 집단행동을 좋아하고, 극단적으로 말해 혼자서는 자신감이 없어 아무것도 못하는 주제에 무리만 지으면 갑자기 힘을 얻어 자신감이 넘치고 오만해져 세계를 활보하며 큰소리 친다는 이야기가 끊임없이 들려온다. 이 책에서도 몇몇 글은 이런 문제들을 다루고 있다. 확실히 전 세계적으로도 유명한 농협모임 여행이라든가 최근까지 매년 증가를 보인 전우회라든가 학교 동창회, 관청 동기회, 일본적인 학부모 모임, 수학여행, 집단취직, 종신고용의 회사집단, 일본적 기업별 노동조합, 이에모토家元[2] 집단, 학생운동집단 등은 특이하다고 한다면, 그런 것 같기도 하다. 그러나 그런 것들이 다른 나라에 전혀 존재하지 않는가라고 묻는다면, 확신을 갖고 없다고 단정하기는 어렵다. 에즈라 보겔이, 일본에서 "개인의 안정과 자기 확신 의식은 특정 사회 혹은 관청에 소속됨으로써 발생한다"라고 하고, 또 "개인의 사회에 대한 관계방식(대처법)은 직업적인 전문성에 의해 이루어지기보다는 기본적이며 영속적이다"(Vogel, Ezra, F., *Japan's New Middle Class*, 1968, XIII)라고 하면서 동시에 현대 미국사회와 대비시켜 일본 샐러리맨의 사회적 특성을 지적한 것은 이해가 된다. 그러나 유럽이나 중동지역 일대 어디엔가 혹시 일본과 비슷한 사회가 존재하지 않을까 하는 의문이 생기지 않는 것은 아니다.

결국, 일본인의 집단행동이나 개인과 집단과의 관계에서 나타나는 특수성 등을 논증하기 위해서는 많은 나라와 많은 사회와 구체적인 비교를 해볼 필요가 있다. 여기에서는 그런 철저한 문화적 고찰을 하는 것은 불가능하다. 그러므로 많은 다른 문화의 예를 들고, 일본이 특이하다고 단정하기보다는 비교적 일본과 비슷한 사회발전 과정을 거친 사회를 선택하여, 그 사회와 일본 사회 사이에 나타나는 대조점을 역사적으로 밝혀 일본인에게 집단이 갖는 의미를 고찰해 보고자 한다.

---

2) 무예의 정통적 권위를 가지고 계승하고 있는 집안.

2. 봉건사회

어느 사회가 일본과 비슷한가라는 물음도 그 대처방식에 따라서는 골치 아파질 가능성이 있다. 여기에서는 세계사적인 역사과정을 비교하여 일본과 비슷한 발전을 이룬 사회라는 관점을 취하고자 하는데, 그렇게 될 경우 언급되는 곳은 서구사회고 또 그곳밖에 없다는 결론이 날 것임에 뻔하다. 메이지 유신에 대해 절대주의의 확립이니 불완전한 부르주아 혁명이니 하는 식의 논의가 아무리 반복되고, 또 일본사회는 가부장주의가 횡행하고 개인의 확립이 서구에 비해 뒤처졌다는 지적이 아무리 되풀이된다 하더라도, 아무튼 일본이 미국이나 독일(당시의 서독)과 더불어 대산업국가가 되었다는 것은 어쩔 수 없는 사실이다. 실은 좀 전까지 이야기한 일본사회의 특수성, 일본인 행동의 특이성에 대한 지적도, 제2차 세계대전 후의 고도성장기에 열심히 서구사회를 따라잡기 시작한 일본사회의 급격한 발전을 해명하고 설명하기 위해 활발하게 대두되었던 것 같다. 그리고 종래에는 극히 일부 학자들만이 언급하였던 일본과 서구의 유사점 비교론이, 누구의 눈에나 명백해진 일본의 선진적 발전 덕택에 오히려 만인으로부터 인정을 받을 수밖에 없게 된 현실에 입각하여 이러한 지적이 등장했다고도 할 수 있을 것이다.

따라서 일본과 서구가 현대에는 매우 유사한 대규모 사회를 이룩했다는 전제 하에, 다음으로 비교해 보고자 하는 것이 그 전단계의 역사과정이다. 일본이든 서구든 근대사회 전에는 봉건제라는 정치체제가 존재하였다. 이와 관련해서도 양자 간의 유사점 비교는 성립될 것이다.

이에 대해서는 대략 두 가지 태도가 있다. 첫째는, 봉건제라는 사회체제는 서구와 유럽에서만 나타난 역사현상이므로 그런 측면에서 비교할 수 있을 것이다. 아울러 서구와 유럽이 근대사회로 발달하는 데 중요한 전제조건을 조성했다고 생각하는 견해다. 이것은 주로 미국의 일본연구가들이 제창하였다. 다음은, 봉건제는 특정 지역에 한정된 사회체제가 아니라 널리 세계

역사에 공통으로 보이는 역사발전의 한 단계라고 보는 것이다. 게다가 이보다 앞서는 또는 그 뒤에 오는 발전단계와는 확실히 하나의 획을 그어야 할 정도로 확연하게 다르다고 보는 견해다. 이것은 일본의 역사학자들 사이의 유력한 설이다. 전자는 봉건제를 총체적인 문화로 파악하고, 봉건사회와 근대사회의 연속성을 강조한다. 후자는 봉건제를 봉건적 토지소유형태에 기초한 사회구성체로 판단하고, 그 생산자의 생존방식을 농노라고 규정하며, 봉건제 사회 이전의 노예와 봉건사회 후 근대사회의 임금노동자를 구별하면서 봉건사회와 근대사회 간의 단절을 강조한다. 전자는 근대사회가 봉건사회에 의해 이미 준비되어 있었다고 생각하지만, 후자는 근대사회가 봉건사회의 모순을 지양한 후에 성립된다고 생각한다.

봉건제 근대사회 연속론 및 그것과 관련된 봉건제 특정지역 발생론은, 일본연구가인 에드윈 라이샤워가 주일대사로 취임한 즈음부터, 소위 '라이샤워 공세'라고 하면서 매우 정치성을 띤 학설인 양 일본에서 선전되었다. 이는 비연속론의 입장에 선 일본 역사가들의 반발을 반영한 것이다. 그러나 라이샤워 등 미국인 학자의 사고방식은 의도된 정치적 발언이 아니라 봉건사회에 대한 서구학자의 상당히 유력한 견해를 대변한 것이었다고 할 수 있다. 봉건사회를 좁게 서구로만 한정시켜 생각하는 설은 유럽학자들 사이에 만연되어 있다. 그리고 서구 봉건제와 매우 비슷한 제도가 나타난 지역으로 일본을 드는 학자는, 일찍이 오스칼 힌체를 비롯하여 간스호프, 브로크, 아사카와 간이치朝河貫一,[3] 마크닐 등으로 소수다. 봉건제와 근대사회의 연속성은 브로크나 울만 등에 의해 논의되었고, 중세 특히 10세기부터 13세기경까지의 시기를 서구 근대문화 형성기로 보는 역사가들, 예를 들면 도슨이나 트레버 로퍼, 사잔 등에 의해서도 강조되었다.

일본과 서구라는 두 개의 다른 문화를 비교연구하기 위한 기준으로 봉건제라는 개념이 어떻게 사용되는지는 이 책에 실린 존 홀 교수의 논문에 자세하므

---

3) 1873~1948년. 역사학자로 예일 대학에서 일본과 구미의 비교봉건제사 강의.

로 여기에서는 다루지 않겠다. 이하에서 고찰해 보고자 하는 것은, 서구와 일본에서 봉건사회가 각각의 근대사회에 무엇을 남겼는가 하는 문제다. 따라서 서구의 경우는 메로빙거 왕조, 카롤링거 왕조보다도 더 고전적인 봉건제가, 일본의 경우는 가마쿠라 시대나 남북조시대, 무로마치 시대보다도 에도 시대가 주요 논의 대상이 될 것이다. 또 봉건사회와 근대사회와의 연결관계를 고찰한다 하더라도, 상업자본의 축적이라든가 제조업의 발달 등과 같은 경제적 문제는 피하고, 집단과 그 내부의 인간관계라는 사회적 측면을 주로 고찰해 보겠다.

3. 인격의 종속

"다른 인간(오무)homme[4])의 '신하(오무)'라는 것. 봉건적 어휘 가운데 이만큼 많이 유포되고 또 다양한 의미를 내포하는 모순적 어법도 없었다"라고 마르크 블로크는 말했다(Marc Bloch, *La société féodale*, 1939, Tome Première, II-2-i-II). 주군과 신하 사이의 개인적인 충성관계는 봉건적 인간관계의 기본이고 그런 관계를 맺는 의식을 오마주hommage라고 불렀다. 그리고 동시에 가신은 군역으로 봉사하고 주군은 보호와 함께 영지를 하사하는 식의 호혜적인 관계도 성립되었다. 이는 일본의 경우 충성서약 및 성은과 봉공이라는, 이미 가마쿠라 시대에 이루어진 무사 간의 행위에 대응된다. 1906년에 「왕조시대의 장원에 관한 연구」를 쓴 나카다 가오루中田薫는 서양법 제사의 지식을 기초로 하여 주로 이 같은 견지에서 서구와 일본사회의 봉건시대를 비교한 최초의 인물이다.

그러나 자세히 살펴보면 일본과 서구의 봉건적 인간관계에는 상당한 차이가 보인다.

도대체 "다른 인간(오무)의 '신하(오무)'다"란 어떤 것인가? 그리고 왜

---

4) 인간, 남자, 신하 등을 의미하는 프랑스어.

그런 모순적인 인간관계가 발생한 것일까? 마르크 블로크는 재미있는 지적을 했다. 유럽에서도 강력한 부계집단이 지속되었던 지역은 북해연안의 독일지방, 영국 제도의 켈트 지역 즉 스코틀랜드와 아일랜드 등인데, 여기에서는 가신제도나 영지나 농토영주지(장원)가 전혀 성립되지 않았다. 특히 스코틀랜드의 부계씨족집단 등은 너무나 유명하다. 뒤집어서 말하면 봉건적 인간관계가 성립한 서구의 지방에서는 리니지(혈통)나 씨족이 이미 사회를 응집시키는 원리로서의 힘을 잃었던 것이다(Bloch, Tome Première, II-1-i-II). 그렇다고는 하지만 중세유럽에서 리니지나 친족관계가 전혀 존재하지 않았다는 의미는 아니다. 오히려 혈연집단에 의해 결속된 유대감은 매우 강력하였다. 그리고 혈연집단의 풍속과 윤리는 오마주에 의해 결속된 주군과 신하들의 인간관계까지도 초월했다. 예를 들면 복수의 의무 등이 그 예다. 그러나 "역사상 다양한 인격적 종속관계의 등장은 충분한 효력을 발휘하지 못하게 된 친족적인 유대를 대신하거나 보충하기 위한 하나의 방편이었다"(Bloch, Tome Première, II-2-vi-II). 즉 로마제국 멸망 후 갈리아 사회는 무질서에 빠져 그 와중에 사람을 보호해 줄 국가도 없고 리니지도 인간을 지켜줄 힘을 잃었다. 서약에 기초한 주군과 신하의 인간관계 외에는 안전을 확보할 방법이 없었다. 이렇게 해서 생겨난 봉건적인 인간관계는 카롤링거 왕국이 붕괴된 후 닥친 더 큰 혼란으로 더더욱 명확해지게 되었다.

카롤링거 왕국의 분열은 칼 대제 몰락 후 상속절차로 인해 시작된 것이겠지만, 이를 더욱 세분화시켜 고전적 봉건제시대를 발생시킨 것은 바이킹의 침투일 것이다. 혈관처럼 퍼져 있는 크고 작은 강을 건너 사방에서 비교적 소수의 인원으로 공격해 들어오는 이 이교도 집단을 방어하기 위해서는, 각 지역에서 전투체제를 만들어 힘 있는 자가 사람들을 모아 싸우는 수밖에 없었다. "그때 이후 유럽이 처한 계속적인 전쟁 상태—외적의 침입과 내전—로 인해 예전에 그 예를 찾아볼 수 없을 만큼 사람은 주인을 찾고, 주인은 사람을 찾는다. ……스칸디나비아인 혹은 헝가리인이 침입했을 때부터 특히 농촌에서 점점 수가 늘어난 성 주위에서 이를 다스리는 영주들은 자신들의 이름 혹은 자기보다 더 강한 자의 이름을 내걸고 확실한 보호를 책임져줄 가신을 모으고자 노력하였다"(Bloch, Tome Première, II-2-i-VI).

이는 실로 생존을 위한 노력이었다. 따라서 주인과 신하 사이에 교환되는 개인적 충성서약은 일방적인 복종이 아니라 완전히 쌍방이 의무를 지는 계약이었다. 신하인 전사는 군역의 약속을 지키지 않으면 영주와의 관계가 끊어지고 영지나 급료를 몰수 당해도 어쩔 수 없었다. 또 영주 혹은 주군 역시 유효한 군사조직자나 지휘관의 재능을 발휘하여 신하를 보호하지 못할 경우 계약불이행으로 비난받고 전사들은 그를 떠나 더 유능한 주인을 찾아간다 해도 뭐라고 할 수 없었다. 신하가 실은 계약관계에 불과했다는 것은 서구봉건사회의 큰 특징 중 하나였다. 따라서 군주나 영주 밑에 있는 가신 그룹은 그들과 호혜적 관계를 맺기로 합의한 개별적인 계약자의 집합체였고, 모시는 사람에 대한 약속이 동일하므로 공통행동을 취하는 개인집단이었다. 게다가 사적인 오마주가 만연됨에 따라서 이는 전사나 귀족 사이에서만이 아니라 위에서 아래까지 사회 전체에 영향을 미치게 되었다. 생산자인 농민조차 영주와 맺은 관계는 호혜적인 것이었다. 그들이 주인에게 바치는 연공은 계약에 기초한 것이고, 그것은 영주의 보호라는 호혜적 행위와 바꾸기로 약속된 것이었다. 영주가 외적과 전쟁으로부터 자신들을 지켜주지 못하면 농민들은 더 유능한 보호자를 찾을 수밖에 없었다. 서구 중세의 농민이 노예보다 더 자유로운 신분이었던 것은 본질적으로 계약에 기초한 주종관계에 놓여 있었기 때문이다.

오마주는 계약이다. 거기에서부터 서구 봉건사회 특유의 현상이 몇 가지 나타난다. 그 하나가 복수複數의 주인을 갖는다는 것이다. 전사계층은 동시에 둘 이상의 주인의 신하가 되는 것이 습관이었다. 블로크에 따르면 그 가장 오래된 예는 기원 895년 톨5) 지방에서 볼 수 있다. 프랑크족의 가신제는,

---

5) 로와르(Loire) 강과 쉐르(Cher) 강으로 둘러싸인 지역으로 로마시대부터 번영한 오래된

처음에는 두 번째 주인을 섬기는 것이 금지되었던 것 같다. 그러나 특히 카롤링거 왕조가 분열한 후의 혼란기에 "사람이 주인을, 주인이 사람을 원하는" 절박한 상황 하에서는 전사에게 계약 수행 능력만 있다면 복수의 주인을 섬기는 일은 이상할 것도 비윤리적인 것도 아니게 되었다. 복수의 오마주가 성립된 경우, 옛 오마주가 새 오마주보다 우선된다는 관행도 성립되었던 것 같다. 아무튼 두 주인을 섬기는 일은 불충도 불성실도 아니었다.

계약에 기초한 인격의 종속은 다소 이념화시켜 계약을 맺었는데, 물론 그 성립 범위는 한정되어 있어 대개 로와르 강과 라인 강 사이의 좁은 지역에서 '고전적 봉건제'가 성립되었다고 알려져 있다. 그러나 그 지역에서 조차도 현실은 상당히 다양하였던 것 같다. 그럼에도 불구하고 오마주라는 사적이며 개인적 관계가 계약 관념에 기초했다는 것은, 후술하듯이 정치적 언어로 번역될 경우 유럽사의 진로에 결정적인 의미를 갖는 중대한 영향력을 발휘하게 되었다. 따라서 블로크는 바로 이 계약 관념의 성립에서 서구봉건제가 후세에 갖는 적극적인 의미를 추출하고자 한 것이다.

이상의 개념을 전제로 해서 이번에는 일본 봉건사회에서 보이는 인격의 종속상태를 살펴보면, 거의 대조적이라고 보아도 될 정도로 여러 가지 특색이 발견된다.

우선 첫째로, 일본에서도 율령제 고대국가의 붕괴와 함께 일어난 혼돈 속에서 서구세계의 오마주와 비슷한 개인적 인간관계가 성립되었지만, 거기에는 혈연관계 원리가 서구보다 꽤 강하게 기능했던 것으로 보인다. 율령제라는 하나의 국가체제가 붕괴하면서도 서구 중세와 같은 치열한 외교나 외적의 침입이 없었다는 일본의 평화적인 국제환경은 더욱더 혈연 원리에 의존하는 부드러운 인간관계를 만들어 낼 수 있었을 것이다. 가마쿠라 시대의 영주란 큰 영지를 소유하고 다수의 이에노코家子[6]와 함께 로토郎党[7]를 거느린 유력자

역사 도시. 현재 프랑스의 토레느(Touraine) 지방의 중심지.
6) 혈연관계가 있는 신하.
7) 혈연관계가 없는 신하.

인 무사를 가리켰다. 단 그 휘하에 있던 무사단은 본가를 중심으로 한 혈연집단으로, 이에노코로 불리는 분가나 그 분가에 소속된 부자지간과 형제 등 모든 일족을 포함하고 있어서 친족의식에 의한 결합이 강했다고 할 수 있겠다. 무사단 가운데에는 그런 친족집단에 복종하는 게닌家人, 로토라 불리는 비혈연적 신하가 포함되어 있었지만, 그들도 주로 친족관계와 유사한 관계를 맺고 있어서 의식적으로는 무사단에 귀속되어 있었다. 블로크가 "봉건적이라는 이름에 어울리는 관계는 혈연적 관계만으로는 충분하지 않았기 때문에 그 이름이 존재할 이유가 있는 것이다"(Tome II, 3-i-II)라고 했듯이, 혈연관계보다 고차원적인 사회통합의 원리로서 봉건적인 인간관계가 있었기 때문에, 혈연집단이 알파고 오메가인 사회라면 그 사회는 봉건적이라는 이름에 부합하지 못한다. 12세기 이후의 일본사회에서, 무사들이 혈연적인 결합에 의해 행동하였다 하더라도, 사람과 사람을 맺어주는 관계의 원리는 개인적인 주종관계를 성립시킨 서약이었고, 친족적 결합과 유사한 결합의식이 이것을 보강하는 기능을 했다고 할 수 있겠다.

이 가신단, 무사단의 친족적 내지 친족적인 것과 유사한 연대는 일본 봉건사회의 전개에 따라 그 범위가 확대되고 성격도 명확해진다. 주종관계는 친자관계, 동년배 관계는 형제관계에 비유되고, 주군에 대한 일방적인 복종이 강요되어 쌍방적인 이득이나 합의에 기초한 계약관념 등은 파고들 여지가 없었다. 가마쿠라 시대 초기부터 나타난 순사殉死라는 행위도 이러한 특징과 무관하지 않다. 무사단 내부에서는 주군과 신하의 쌍방적 의무의 수행보다는, 주군의 은혜에 보답하는 멸사봉공과 친족적 연대 쪽에 더 중점이 두어져 소속집단에 대한 충성이 강조되었다. 따라서 신하가 주군에 대한 관계를 자신의 의지에 따라 자른다거나 주군을 갑자기 바꾼다거나 하는 것은 윤리적으로 이해받지 못했고 더군다나 복수의 주군을 모시는 것은 용서받지 못할 불륜이었다.

엄밀하게 말해 주군과 계약적인 관계를 맺는 무사가 없었던 것은 아니다.

예를 들면 다이라平 씨를 모시는 무사들이나 또 미나모토노 요리토모源賴朝를 섬기는 무사들 중에도 "보다 자유로운, 즉 진퇴 및 충성과 배신의 권리를 유보한" 사람들도 확실히 존재하였다. 이러한 자유인은 게라이家禮라 불리며 게닌家人과는 구별되었다. 또한 남북조시대의 혼란 이후 "다소 자유로운 계약적 성격을 띠고 두 군주를 모시는 신하 등"도 생기지만, 도쿠가와 봉건체제가 확립되면서 "다시 절대 순종의 도덕으로까지 고정되어 버렸다"(豊田武, 『武士団と村落』, 1963).

요컨대 서구적인 호혜적 계약관계를 기초로 한 주종관계가 일본의 역사 속에 존재하지 않았던 것은 아니지만, 그것이 봉건적 인간관계의 주류를 차지한 적은 결국 없었다.

가신이라는 친족집단과 유사한 집단에 귀속되어 살던 무사에게 개인의 주장이 허용될 여지는 없었다. 그는 부모에게 효를 다하듯이 군주에게 충성을 다하고 은혜에 보답해야 했다. 마치 아무리 부모가 포악하다 해도 자식이 혈연을 부정할 수 없었던 것과 마찬가지로, 아무리 포악하고 도리에 어긋난 군주일지라도 주군관계의 단절을 선언하는 것은 원리적으로 불가능했고, 기껏해야 죽음을 무릅쓰고 주군에게 간언하는 것이 최대한의 저항이었다. 또한 형제 같은 동년배에 대해서는 일체감과 연대를 잃지 않고 공적으로도 사적으로도 생활을 함께해야 했다. 그는 자유의지에 의한 선택으로 집단에 가담한 것이 아니었다. 그는 숙명에 의해 집단에 귀속되어 살아가야 했던 것이다.

서구식 계약이라는 관념에서 보면 상당히 거리가 있는 인간관계 원리다. 은혜나 혈연적 의무에 기초하여 만들어진 일본의 봉건적 주종관계를 가장 상징적으로 보여주는 것은 '겐잔見參'(알현)이나 '오메미에'(찾아뵘)다. 이는 신하가 주인을 배알하고 신하 서약을 행하는 간단한 예법으로, 찾아뵙는 것이 즉 성은과 충성의 확인이며 토지를 윤허받는 조건이었다. 서구 봉건사회의 오마주에도 신하가 성서에 손을 올리고 행하는 '성실서약'이 있었다.

그러나 기독교적인 요소가 나타나기 훨씬 오래 전에 성립된 오마주 의식에서는 신하가 되려는 자가 주인으로 섬기려는 자의 손을 양 손으로 잡아 복종을 표명함과 동시에 양자는 껴안고 키스했다. 이것은 동의와 우정accord et amitiè을 상징하는 행위였다. 신하가 되려는 자는 짧은 서약의 말을 했는데 그 내용은 다양했다. 매우 온당한 신하로서의 약속을 했겠지만 때로는 매우 오만한 선언도 행해졌다. 중세 후기 스페인 아라곤의 귀족들이 새 왕을 모시는 오마주에서 행했다고 전해지는 서약의 말은 다음과 같다.

> "우리 귀하만큼 고귀한 사람들은, 결코 우리보다 뛰어나게 고귀한 점이 없는 귀하를, 만일 귀하가 우리의 규율과 법 모두를 지켜준다면, 우리의 왕이며 주군으로 승인할 것을 서약합니다"(William Atkinson, *A History of Spain and Portugal*, 1960, 80쪽).

과연 에도 성의 알현 자리에서 영주가 쇼군에게 감히 이런 말을 할 수 있을지는, 생각도 못할 일이다.

4. 저항할 권리와 복종의 질서

서구 봉건사회와 일본 봉건사회에 나타나는 그 밖의 많은 차이점은 이상과 같이 인간관계의 결합원리가 다르기 때문에 발생하였다. 오마주는 복종에 대한 승인임과 동시에 동의의 표현이었다. 영주와 신하 사이에 교환된 오마주가 더 넓은 정치사회로 확대될 때, 국가나 국왕과 국민의 관계가 이와 똑같은 원리로 편성되어 통치자와 통치받는 자들 사이에 권리와 의무의 체계가 형성되었다. 쌍방적인 의무계약에는 이미 계약 위반에 대한 저항권이 포함되어 있었다. 나쁜 영주가 버림을 받는 것과 마찬가지로 나쁜 국왕은 폐위시켜도 상관없다. "국왕 혹은 재판관이 법을 위반해서 행동했을 때, 그들에게 반항하고 또 그들을 퇴치하는 전쟁을 도울 수 있었다. …… 이런 경우 성실의 의무를 범한 것은 아니다"라고 『젝센 법전』은 말하고 있다(Bloch, Tome II, 3-ii-II). 이렇게 해서 서구세계에서는 봉건제도가 숙성됨에 따라 저항권이라는 관념이 점차 선명해지기 시작하여, 13, 14세기에는 하나의 큰 소리가 되었다. 1215년 마그나 카르타Magna Carta는 대단히 유명하지만, 블로크는 헝가리의 『황금문서』(1222), 예루살렘의 『관례법』을 비롯하여 많은 예를 들었다(Tome II, 3-ii-II). 물론 중세 후기 신분제의회의 성립도 이것과 무관하지 않다.

게다가 쌍방적인 의무계약 관념은 소위 말하는 봉건법의 탄생을 촉진시켰다. 원래 오마주는 두 사람의 합의에 기초하여 성립되지만, 계약에 포함된 권리와 의무가 법제화되었을 때 사적 차원이었던 여러 문제들은 공적인 성격을 획득하게 된다. 그리고 법에 의해 다스린다는 개념이 사회 속에 정착된다(Water Ullmann, *Medieval Political Thought*, 1965). 신분제의회를 가능케 한 요인 중 하나가 이 봉건법의 확립이었다. 법에 의해 개인의 권리와 저항권이 일반화되고, 같은 이해관계를 갖는 사람들이 횡적으로 집결할 수 있게 된 것이다. 이처럼 법에 탁월성을 부여하여 법에 의해 다스린다는 사고방식은, 서구 근대사회의 형성에 이루 헤아릴 수 없을 정도로 큰 영향을 미쳤다고 해도 과언이 아니다. 법은 권리를 정당화시키고 저항이나 주장에 이념적 근거를 부여한다. 신분제의회에 마침내 부르주아 계층이 참가하게 된 것도 법에 기초하여 권리를 주장했기 때문이고, 근대에 이르러 결국 부르주아가 정치적 패권을 잡게 된 것도 법이 그들의 정치행동을 정당화시킨 다는 전제조건이 있었기 때문이다. 월터 울먼은 다음과 같이 지적하였다. 유럽의 중세는 법이나 정부가 인간 이외의 권위에 의해 부여된다고 생각하는 점에서는 근대와 달랐지만, 법에 의해 다스린다는 관념이 확립되었다는 점에서는 현대와 통하는 것이 있었다. 법에 기초한 정치는 집단보다도 개인에 역점을 두어서, 결국 법지배의 개념으로부터 자연권에 기초한 자연법 관념이 매우 자연스럽게 표출된다. "소위 봉건문명이라고 하는 것이, 자연권이론을 따르는 관습법의 풍습과 맞물려서 1776년의 독립선언을 낳았을 뿐만 아니라, 민주주의의 발전을 이끌어낸 착실한 헌법으로 발달할 수 있게 하였다. …… 로크John Locke로부터 과거로 거슬러 올라가 봉건시대의 계약과 동의, 그리고 다시 거슬러 내려가 미국의 독립선언까지 확실히 직접적으로 연관되어 있을 것이다"(Water Ullmann, *The Individual and Society in the Middle Ages*, 1966, 150쪽). 요컨대 봉건제가 가장 성숙된 나라에서야말로 근대법에 기초한 근대사회가 가장 자연스럽게 발달하였다고 할 수 있다.

이쯤에서 다시 일본으로 눈을 돌려보자. 계약과 합의에 기초한 주종관계가 아닌 일방적인 주군에 대한 충성·복종과, 주군의 통솔을 받는 친족과 유사한 집단으로의 귀속을 특징으로 하는 봉건사회에서는, 서구와 같은 봉건법이나 법에 의한 통치관념, 신분제의회가 생겨날 가능성이 거의 없었다는 점은 충분히 수긍이 간다. 이러한 상황에서는 개인의 권리나, 권력을 구속하는 협약, 저항권 등이 문제시되는 경우는 거의 없다. 사람들은 자기 주장을 정당화시킬 이론적 근거를 갖지 못하고, 혈연사회적인 생각으로 부모의 은혜에 대한 보답이라는 관념을 영주나 막부 정치에 확대 투영하여 변함없이 행동윤리로 삼았다. 서구사회에서도 중세 상인은 처음에는 신분이 낮았다. 그러나 중세후기 들어 그들이 부를 쌓아 괄시할 수 없는 힘을 갖게 되면서 자신들의 대표를 신분제의회에 보낼 수 있었다. 그런데 에도 시대 상인의 경우, 경제적 실력자가 되고 봉급으로 받는 쌀에 의존하여 사는 무사들이 인플레이션 때문에 경제적으로 심각한 곤경에 처한 상황을 눈으로 보면서도, 자신들을 정치집단으로 조직화하고 권리를 주장하는 경우는 전혀 없었다. 그 큰 원인은 그들이 그러한 정치행동을 하는 데 필요한 법적인 정당권을 부여받지 못했기 때문이다.

법은 동일한 이해관계에 처해 있거나 동일한 권리를 부르짖는 사람들을 결속시킨다. 아마도 근대 서구사회에 특유의 사회경제계급이 형성된 것도 법문화의 확립과 관련 깊을 것이며, 또 서로 밀접한 평행관계 하에 있었을

것이다. 『정영식목貞永式目』8) 같은 소위 무가의 법은 서구적인 의미의 법이
아니라 주군이 신하를 복종시키기 위한 정적인 명령이고, 도덕적 훈계를
담은 명령서라고 해석해야 할 것이다. 에도 시대에도 막부에서 공문서가
많이 내려왔지만, 그럼에도 불구하고 "행정의 기준이 되는 법규는 초기의
법도 이외에는 제정되지 못하고 무슨 일이든 선례인 옛 방식에 따라 집행되었
다"(伊東多三郎, 『幕潘體制』, 1969). 결국 법도에 의하든, 교호亨保 개혁9) 때 제정된
공사만정서公事万定書10)에 의하든, 쇼군의 권력이 전제적 행정을 펼치는 데
필요하여 신하에게 내린 명령과 훈칙에 불과하다.

　개인의 권리를 지키는 법이 없는 이상, 사람들은 사회적으로나 계급적으로
결속을 도모할 수 없을뿐더러 공적으로 의견과 주장을 펼 방법도 갖지
못했다. 개인의 생활 안전과 안정을 얻기 위해서는 사람들은 어찌되었든
주인을 찾아 그 주인 아래 예속된 집단 속에서 은신처를 구해야 했다.
우선 무사에게는 주군인 영주와 그가 통솔하는 가신단, 영지 내의 사회가
있었다. 농촌에서는 공동체로서의 무라(마을)가 있어 폐쇄적인 협동체적
집단을 형성하고 있었다. 소위 촌청제村請制11)는 거기에 자족성과 독립성을
더욱 증가시켰다. 또한 영주 혹은 막부의 영지행정을 담당하는 말단기구로서
촌방삼역村方三役12)에 의한 지배체제도 내부에 형성되었다. 무라 외에 마치
町13)와 도시가 있었다. 영주의 성 주변에 발달한 조카마치城下町,14) 상업을

---

8) 1232년 가마쿠라 막부의 법으로, 미나모토노 요리토모(源賴朝) 이후의 관습법과 선례 등을
　 성문화시킨 것이다.
9) 교호 1년(1716)부터 도쿠가와 요시무네(德川吉宗)에 의해 실시된 개혁으로 쇼군의 권력강화
　 및 법 정비, 경제사회적 안정의 도모 등을 주요 목표로 삼았다.
10) 1742년에 완성된 상하 2권의 법전. 상권에는 지금까지 발표된 사법관계 중요 법령 81조가
　 수록되었고, 하권에는 형법과 소송법관계 법률 103조가 수록되었으나, 열람은 매우 제한적이었
　 다.
11) 세금을 개인이 아닌 마을단위로 과세하여 주민에게 연대책임을 지우는 세금징수제도.
12) 마을 대표 3인을 주민 중에서 선출.
13) 동네, 시, 무라의 중간에 위치하는 행정구역으로 '조'라고도 불린다.
14) 영주의 성을 중심으로 그 주변에 발달한 동네로, 현대의 주요 도시는 대부분 이 조카마치에서
　 발달하였다.

위주로 발달한 쇼교마치商業町, 항구 주위에 발달한 미나토마치港町, 주로 사원 앞에 발달한 몬젠마치門前町 그리고 주로 교통의 요충에 발달한 자이고마 치在鄉町 등 그 종류도 다양하다. 또 이런 곳에도 농촌과 마찬가지로 마치도시 요리町年寄15)나 마치나누시町名主16) 등을 중심으로 한 자치행정이 이루어지고, 그 밖에 직업별 거주나 동업자 조합, 영업허가권이나 특허권을 가진 자들의 이익을 옹호하기 위한 모임 등, 배타성이 강한 집단이 내부에 출현했다.

이상 언급한 것들 중 가장 중요한 것은 역시 무사사회의 조직과 구조일 것이다. 그 이유는 이 특이한 신분 히에라르히Hierarchie 구성이 크든 작든 농촌이나 도시의 조직 편성에 모델을 제공하였고, 또 근대 일본사회에 나타나는 많은 특징을 만들어 냈기 때문이다.

5. 일본적 집단의 형성

이미 지금까지의 논의에서, 봉건시대의 일본인은 주인을 정점으로 한 친족적인 성격의 집단에 몸을 맡기고 주인에 대한 일방적인 봉공과 집단에 대한 충성 속에서 살아가는 것이 상식이었다는 점을 설명했다. 이번에 여기에서 문제 삼고자 하는 것은 그 같은 귀속집단 내의 지위나 서열식 좌석배치에 관한 것이다.

시대에 따라 상황은 상당히 달랐을 것이다. 무사들에 의한 정치제도는 가마쿠라 시대가 에도 시대보다 단순했으며, 무사집단 내의 계층분화도 마찬가지였을 것이다. 그러나 가마쿠라 시대에 이미 무사단 내부에 소속된 일족과 이에노코, 게닌, 로토 등과의 구별 및 일족 내의 혈연자와 비혈연자의 구별, 나아가 각 내부의 세분화가 이루어졌으며 회합 때 퇴석 순서를 정하는 퇴석령이라는 것도 있었다. "일족이나 촌락 등과 같은 협동생활체의 구성이

---

15) 마치의 일상 행정을 관장하는 최고위 관리인.
16) 마치도시요리 밑에서 마치의 일상 업무를 처리하는 관리.

연령층별로 조직되고" 나서야 '연령적 질서'가 존재하였다(和歌森太郎, 『中世協同體の研究』, 1950). 즉 동일집단 내의 서열이나 지위, 신분차가 상당히 심한 사회였다고 할 수 있겠다.

그러나 가마쿠라 시대와 비교하면 에도 시대의 무사집단 내 신분계층의 분화는 비교할 수 없을 정도로 복잡하고 다양하게 진행되었다. 아마도 친족집단과 유사한 성격을 띠는 집단 내부에 이미 존재하고 있던 차별의 원리가 혈연원리의 모델을 초월하여 관철되었던 것 같다. 우선 영주인 다이묘大名는 도쿠가와 쇼군의 직속 가신들 가운데 쌀 1만 석 이상을 생산하는 영지를 가진 사람이다. 이들은 도쿠가와 집안의 친족과 비친족으로 구별되며, 전자는 고산케御三家,17) 고카몬御家門,18) 고렌시御連枝19) 등으로 나뉘었고, 후자는 후다이譜代20)와 도자마外樣 21)로 구분되었다. 후다이와 도자마 다이묘는 성의 유무, 영지의 크기 등에 따라 구니모치國持=고쿠슈國主,22) 구니모치나미國持並(준 구니모치격), 시로모치城持(성주), 시로모치나미城持並(성주격), 무성無城의 5단계로 나뉘었다. 또 다이묘들은 쇼군의 추천에 의해 조정 관위를 받을 수 있었으며, 이를 기준으로 하여 시종 이상, 4품(=4위), 제대부諸大夫(=5위)로 나뉘었다. 요컨대 다이묘는 다양한 종류로 나뉜 급에 따라 구분되었는데, 이렇게 복잡하게 뒤얽힌 편성법과 그다지 명료하지 않은 결정법에 따라 집안의 격이 결정되고, 그들의 에도 성 내의 대기장소가 할당되었다. 오로카大廊下,23) 다마리노마溜の間,24) 오히로마大廣間,25) 데이

---

17) 오와리(尾張), 기이(紀伊), 미토(水戶)의 세 집안. 미토를 제외한 두 집안은 고산쿄(御三卿)라고 불리는 다야스(田安), 히토쓰바시(一橋,) 시미즈(淸水) 세 집안과 더불어 쇼군의 후사가 없을 경우 쇼군의 뒤를 이을 수 있는 자격을 갖고 있다.
18) 쇼군의 친족 가운데 고산케와 고산쿄 이외의 집안.
19) 천황이나 귀족의 형제.
20) 세키가하라 전투 이전부터 도쿠가와 집안의 가신이었던 다이묘.
21) 세키가하라 전투 이후 도쿠가와 집안의 가신이 된 다이묘.
22) 영지를 하나 이상 소유한 영주로서 가장 격이 높은 영주를 칭한다.
23) 상하로 나뉘어 윗방은 고산케나 고산쿄가 차지하였다.
24) 고카몬 일부와 이이(井伊)나 사카이(酒井) 등의 특별한 집안이 차지하였다.
25) 고산케의 서자 집안, 구니모치 영주나 4위 이상의 도자마 다이묘의 대기소.

칸노마帝鑑の間,26)   야나기노마柳の間,27)   가리노마雁の間,28)   기쿠노마菊の間,29) 무석無席의 구별은 이들 다이묘의 서열기준이기도 했다. 게다가 각 대기소마다 서열에 따라 좌석이 배치되었다고 하니, 전 일본에 걸쳐 이백수십 명에 이르는 다이묘들의 전체 서열표를 만드는 일도 그리 간단치만은 않았을 것이다. 서구에서는 국왕이나 영주 아래 서열에 따른 좌석배치가 이 정도로 엄격하지는 않았던 것 같다. 서구 귀족사회에서는 12, 13세기에는 서열에 의한 자리다툼이 빈번했지만 14, 15세기에는 자리배정을 양보하는 것이 유행하였다고 한다. 그러나 에도 시대의 다이묘 사회에서는 자리다툼을 한다거나 양보를 할 정도의 여유도 없었다.

대기소의 서열 및 격과 관련된 것으로 고쿠다카제石高制30)라는 것이 있었다. 예를 들면 오히로마 대기소는 고산케, 후다이, 도자마 중 대개 10만 석 이상의 다이묘, 데이칸노마 대기소는 고카몬 및 대다수의 후다이 다이묘로서 약간의 예외를 제외하고는 10만 석 이하의 다이묘가 많다. 야나기노마 대기소는 전부 도자마 다이묘이며 대부분 5만 석 이하다(伊東, 앞의 책). 고쿠다카가 반드시 절대적으로 영주의 격을 표시한다고는 할 수 없다. 예를 들면 고쿠다카가 낮은 후다이 다이묘 중에서도 정치적으로는 중요한 지위에 오를 수 있다. 그러나 전반적으로 고쿠다카가 봉건영주체제 하의 신분제에서 상당한 중요성을 갖는다는 점은 의심의 여지가 없다. 이 점을 매우 강조한 사람이 나카무라 기치지中村吉治로서, 에도 시대에 몇 만 석 다이묘라는 표현은 있어도 몇 만 평 다이묘라는 표현은 없었다는 사실의 의미에 대해 매우 흥미로운 논의를 전개했다(『幕藩體制論』, 1972). 그에 의하면 다이묘의 고쿠다카를 결정하는 방법에는 영지를 미리 주고 고쿠다카를 산출하는 법과, 고쿠다카

---

26) 후다이 다이묘의 상석 대기소.
27) 4위 이하의 구니모치 도자마 다이묘의 대기소.
28) 일반 후다이 다이묘의 대기소.
29) 일반 도자마 다이묘의 대기소.
30) 영지에서 생산된 쌀의 양을 근거로 세금이나 부역을 정하는 제도.

를 지정하여 영지를 주는 두 가지 방법이 있었다고 한다. 게다가 그 결정방법에는 "뭔가 이해할 수 없는 방법"이 사용되었다. 고쿠다카가 "게이초慶長(1596~1615), 겐나元和(1615~1624) 기에는 농지를 측량할 때마다 다소의 차이는 있지만 일단 정해지면 영원히 고정"되고, "수확량이 오르고 새 농토가 늘어나도 고쿠다카는 고정되었다"라는 이해할 수 없는 내용이었다. 결국 고쿠다카제는 다이묘의 격을 구분하기 위한 하나의 유력기준으로 만들어졌던 것이다.

고쿠다카제는, 다이묘에 속한 가신의 신분을 표시하는 데 다이묘의 경우 못지않게 매우 중요한 기준이 되었다. 에도 시대에 무사의 지카타치교地方知行[31]가 구라마에치교藏前知行[32]로 바뀌었는데, 바뀐 내용이 실질적으로는 "제한부 연공 수납권으로 바뀌었다"(伊東, 앞의 책)는 사실은 이미 잘 알려져 있다. 이러한 의미에서 다이묘의 가신들은 토지가 없는 백성이다. 다이묘의 가신들 직제에는 무사의 격이나 신분이 반영되었지만, 뭐니뭐니 해도 무사의 신분차와 격차를 노골적으로 표시해준 것은 고쿠다카였다. 고쿠다카에 의해 가신들의 서열은 완벽하게 정리된다. 그 사람의 '훌륭함'이 봉급에 의해 표시된다는 감각은 오늘날 우리들의 봉급표 등에도 남아 있지 않다고는 할 수 없기에 어쩐지 남의 일 같지 않게 거북스럽다. 아무튼 고쿠다카치교제[33]는 봉건영주체제의 독창적인 발명품 중 하나였다. 가마쿠라 시대에는 이러한 신분 표시법이 아직 없었다. 또 유럽에서도 귀족이나 기사가 소맥의 산출량으로 격이 구분되었다는 이야기는 들어본 적이 없다. 그들 사이에 계층분화나 호칭의 분류가 진행되지 않았다는 것은 아니다. 그러나 명예나 특권에 기초한 구분과 단계화가 그들 간의 계급의식의 통일성을 해치지는 않았다(Bloch, Tome II, 1-v-I). 원리적으로는 주인에 대한 연대적 동일성이 평등관념을 내포하고 있었기 때문이다. 귀족과 전사 계급은 횡적으로 연결되

---

31) 일정한 토지의 지배권을 받아 관리하고 그 수익으로 봉급을 받음.
32) 쌀창고를 관리하고 봉급을 받음.
33) 쌀의 생산량에 의거하여 봉급을 받는 제도.

어 있어 통혼이나 스포츠(수렵이나 토너먼트), 사교 등을 통해 공통된 의식과 문화를 키워간다. 따라서 그들의 관계는 집단이 아닌 계급의 특색을 띠게 되므로, 자기들 간의 서열이나 격보다는 다른 계급과의 차이나 이해관계의 대립에 더 민감하다.

일본의 경우는 이와 달랐다. 계층이나 계급보다 집단이 중요했다. 엄중하게 격의 차이가 정해진 가신들로 이루어지는 번藩은 주군을 우두머리로 모시는 배타적인 집단이고 그 결속을 위해 가능한 모든 수단이 동원되었다. 무사라는 신분보다는 어느 영지에 속하는 번사藩士인가가 더 중요했다. 연대감은 영지의 경계선을 기점으로 뚝 끊기고 무사는 다른 영지의 번사와 연대감을 갖기는커녕 오히려 심한 적대감, 대립심을 갖고 있어서 교류도 하지 않았다. 에도 시대의 무사에게 국國이라는 말은 영지인 번이라는 의미로 사용되었다. 영지의 집단적인 고립성을 더욱 조장한 것은 도쿠가와 막부의 분단정책이다. 다이묘 간의 통혼에는 도쿠가와 막부의 허가가 필요했고, 자유로운 사교나 교제는 거의 불가능하였다. 말하자면 번사 간의 친밀한 교환 등은 거의 불가능하였다.

이렇게 해서 성립된 것이, 동일지배계급 내의 상하관계는 말도 안 되게 까다롭고, 횡적 관계는 형편없이 빈약한 특수한 계급사회였다. 에도 무사사회의 극단적인 집단성은 무가정권 말기인 동란기에 가장 두드러지게 나타났다. 그리고 그 계급적 연대감의 빈약은 메이지 유신 후인 메이지 정부의 근대화정책 과정에서도 아주 잘 나타났다. 구 다이묘들은 1869년의 판적봉환版籍奉還,[34] 1870년의 번정개혁藩政改革,[35] 그리고 1871년의 폐번치현廢藩置縣[36]으로 눈 깜짝할 사이에 자신들의 봉건적 특권을 빼앗겨 버리지만 여기에 저항 한 번 하지 못했다. 또 무사들은 징병령, 폐도령廢刀令, 질록처분秩祿處分[37]

---

34) 다이묘들이 영지와 인민을 중앙정부에 반환.
35) 영지의 정치와 재정의 개혁.
36) 국의 영지를 폐하고 부현(府縣)을 두는 정책.
37) 봉건적 봉급제도의 폐지.

등에 의해 완전히 특권을 몰수당하지만, 그들이 보여준 저항이라고 해봤자 고작 소위 사족士族의 반란이었다. 그것도 사가佐賀의 난,[38] 신푸렌神風連의 난,[39] 아키즈키秋月의 난,[40] 하기萩의 난[41] 등 모두가 옛 영지를 단위로 한 소수의 무사가 중심이 되어 일으킨 소규모 반란에 불과했다(後藤靖,『士族反亂の研究』, 1967). 당시 전체 일본인구의 약 7%를 차지했던 옛 무사계층이 만일 횡으로 단결하여 전쟁을 일으켰다면, 에도 시대의 유일한 군사전문계층이었던 그들의 저항은 대단하였을 것이다. 그러나 이들은 자신들의 불만이나 저항을 계급적으로 표현하는 방법을 알지 못했다.

봉건시대에 대한 전면적 부정을 바탕으로 근대사회가 성립되었다고 생각하는 사고방식은 아마도 어느 나라에서도 성립되지 않을 것이다. 물론 개혁이 일어났고, 사회나 경제의 구조원리에 질적인 변화가 나타났을 것이다. 그럼에도 불구하고 구시대에서 신시대로 계승되는 것은 많았다. 에릭 울프는, 근대 시민사회의 문화를 요소별로 검토해 보면, 의외로 많은 것을 봉건시대의 귀족문화에 의존하였다는 것을 알게 된다고 지적하였다(Eric Wolf, Anthropology, 1964). 신흥 부르주아들은 귀족들의 몸치장, 언어, 예의범절, 식생활, 실내장식, 조경기법, 미적 기호 등을 모방하여 자신들의 생활에 도입하고자 하였다. 그렇게 계승된 것들 가운데 울만이 말하는 '법에 의한 통치'나, 블로크가 말하는 '계약관념', '권력을 구속하는 협약' 등도 있었다. 물론 농촌공동체나 시민생활에 계승된 것도 많았을 것이다. 그러나 특히 중요한 것은 상층계급의 문화다. 왜냐하면 신시대 계층은 구시대 상류계급의 화려하고 매력적인 문화의 소산을 동경하여, 그런 것을 독점할 수 있게 해준 부富의 점유를

---

38) 1874년 정한론을 주장하여 하야한 에토 신페이(江藤新平)와 사족들이 사가에서 봉기한 것.
39) 1876년 구마모토의 사족을 중심으로 복고주의를 내세운 정치결사단이 폐도령에 불만을 품고 봉기한 것.
40) 1876년 아키즈키에서 일어난 사족반란.
41) 1876년 야마구치 현 하기에서 일어난 사족반란.

증오하여 개혁을 원했기 때문이다. 그럼에도 불구하고 결국 그들은 지배계급의 문화 형태나 요소의 대부분을 의식적으로 그리고 무의식적으로 수용하고 계승하는 뜻밖의 결과를 낳게 된다.

　메이지 유신이 어떤 종류의 사회개혁이었는지는 여기에서 논하지 않겠다. 단지 개인적인 생각을 피력하자면, 그것은 내부개혁이라고 하기보다 다양한 국제환경에 대한 적응이었다고 보는 편이 나을 것이다. 그리고 만일 그 동란중에 내재되었던 사회개혁적 움직임 속에서 사람들이 무사의 지배시대로부터 계승한 것이 있었다고 한다면, 그것은 무엇일까? 19세기 당시 일본의 무사계급은 경제적으로 실권을 잃고 독자적인 문화도 갖지 못한 채 벌거벗은 정치권력에만 매달려 살아가는 한심한 존재였다. 메이지 시대의 시민은 서구의 귀족문화처럼 화려한 그 어떤 것도 계승할 수 없었다. 만일 그들이 구시대의 지배계급으로부터 받은 것이 있다면, 그것은 집단에 귀속되어 충성을 표하고 그 안의 서열에 준거해서 살아가는 생활양식과, 그것을 뒷받침해준 유교도덕밖에 없었던 것은 아닐까? 따라서 일본의 '봉건시대'가 끝나고 그 후 출현한 근대적인 대규모 산업사회도, 당연히 그 내부에 서구의 근대사회와는 다른 구조원리를 드러내지 않은 채 간직하고 있었을 것이다.

제2부
관 계

제7장 일본의 가족-친족관계와 조상숭배

로버트 J. 스미스 씀 | 도스 노리미쓰 唐須敎光 옮김

1. 첫머리

일본의 가문과 가족에 관하여 논할 때는 역사적 발전과 변화의 문제를 어떻게 처리할지부터 정해야 한다. 비록 도쿠가와 막부의 확립 이후로 시기를 한정시킨다 하더라도 분석해야 할 문제들은 방대하다. 다루기에 다소 까다로운 성질을 가진 가문과 가족제도이기 때문에, 종종 마치 역사적 변화가 없었다거나 일본역사의 각 시기별 계급간의 차이가 극히 적었던 것처럼 분석되어 왔던 것이다. 아울러 직업집단 간의 재산상속이나 가계상속에 대한 규정에 나타나는 결정적인 차이가 마치 아무런 의미도 없는 것처럼 분석한 경우도 종종 있었다. 그렇게 함으로써 하나의 이상형이 가정되었다. 그 이상형은 대개 도쿠가와 시대 후기에 당연시되어 온 무사가문에 대한 이미지를 기초로 한 것으로, 당시와 그 이후에 나타난 농촌이나 도시의 집단, 농민, 어민, 상인, 장인 간의 차이에 대해서는 거의 관심을 두지 않은 것이었다. 아울러 메이지 민법과 가문에 관한 규정이 갖는 중요성도 간과해서는 안 될 것이다. 왜냐하면 그 민법의 목적은 계급이나 직업 혹은 기타 상황이나 사정 여하를 불문하고 전 국민에게 관습의 균일성을 강요하는 것이었기 때문이다. 민법개정 이후 30년 동안, 가문의 관념은 꽤 붕괴되어 가장이 행사한 권위는 눈에 띄지 않게 되고, 지위나 재산 상속, 거주 패턴에도 변화가 나타나게 되었다. 이 글에서는 최근 시기만을 다루고 주요 변화로

판단되는 것에 대해서만 설명하기로 하겠다. 논의의 범위를 이렇게 한정시킨다 하더라도 지나치게 일반화되는 경향이 생길 수 있기 때문에, 독자 스스로 정정해 보거나 역점을 두는 것도 괜찮을 것이다.

나는 일본 쪽에서 본다면 외국인 관찰자이기 때문에, 미묘한 부분을 많이 놓쳐버릴 수도 있다는 점을 스스로 잘 알고 있다. 그럼에도 불구하고 외부자이다 보니 오히려 이 시스템 안에서 생활하는 사람들에게는 확실하게 보이지 않는 형태나 관계를 구별해 낼 수도 있다는 점을 아울러 밝혀두고자 한다. 지금부터는 다음 두 가지의 큰 테마를 강조할 생각이다. 즉 (1) 공동체로서의 가문이 부부중심가족으로 바뀌었다는 것, (2) 가문과 가족에게 있어서 조상숭배의 역할. 또 이 글의 마지막에 일본 가족제도의 장래에 대해서도 언급할 생각이다.

2. 일본의 가문의 계승-부계 계보의 계통유지

세계 다른 나라 사람들과 마찬가지로 일본인도 단위로서의 가족을 가지고 있는데, 대부분의 다른 나라 사람들과는 달리 일본인은 거의 언제나 '가족제도'라는 말을 쓴다. 외국인은 늘 이 표현에 신경을 쓴다. 즉 '제도'라는 언어로 표현되는 어떤 특이한 점이 일본의 가족 내부에 있는 것처럼 여겨지기 때문이다. 그러나 특이점을 보기 전에 우선 공통점을 한 번 살펴보기로 하자. 즉 친족에 관한 한 일본의 시스템은 다음과 같은 점에서 보르네오의 이반족, 자바인, 스페인이나 프랑스의 바스크인, 타이 북동부의 타이 · 라오족의 시스템과 대단히 유사하다. 즉

……이들 모든 민족은 직계가족sten family이나 확대가족extended family, 혹은 양자를 합친 형태를 하고 있고, 구조는 대부분 결혼 후의 거주규칙에 의해 정해진다. ……거주집단은 한 쌍의 부부가 부모의 가문을 잇고 나머지는 거기를 떠남으로써 분열된다. ……실제로 집단구조는 거주규칙을 반영하고

있을 수 있겠지만, 비단계적非單系的 혈연 원리에 의거한 약한 혈연집단이라 할 수 있는 어떤 집단이 존재한다. (Keyes, 1975, 296쪽)[1]

이렇게 보면 일본의 가족이 속해 있는 친족집단은 특이한 것이 아니다. 그러나 일본의 가족은 세계 어느 사회에서도 예를 찾아볼 수 없는 특징을 보인다. 가족을 일본처럼 공동체corporation로 삼고 있는 민족은 거의 없다고 해도 무방하기 때문이다. 피엘 마란다(1974, 23쪽)가 말했듯이 "······공동체의 두드러지는 특이한 특징은 그것이 '결코 죽어서 끝나는 것이 아니다'는 점이다"(Main, H. S., *Ancient law*, Boston, 1861, 179~184쪽). 그가 말한 내용은 완전히 다른 종류의 사회적 단위에 대한 것이지만, 이것은 일본의 가문에도 잘 적용될 수 있는 이야기다. 즉 그는 다음과 같이 말했다. "중세시대에는 계보가 끊어지는 것에 대한 방어적 반응으로서, 그 구성원이 절멸하는데도 불구하고 그 집단의 사회적·경제적 동일성(아이덴티티)을 유지시키기 위한 방안을 강구하였다."(Maranda, 1974, 23쪽)[2]

가문은 과거의 모든 시대와 현존해 있는 사람들, 나아가 미래의 모든 세대들로 이루어져 있다고 본다. 덧붙여 가문은 재산을 갖고 있으며, 이상적인 형태였다면 생산과 소비의 경제적 단위로서도 기능하였다. 결정적으로 중요한 관계는 가장과 그 후계자와의 관계다. 일본인은 혈연계통의 계승을 확보하기 위해 극단적인 처치를 강구해 왔다는 특징을 갖고 있다. 일반적인 예로 어린아이나 성인을 양자로 삼는 것, 사위를 양자로 삼는 것, 거기에 부부가 양자관계를 맺는 것까지 예로 들 수 있지만, 이들은 모두 공동체로서의 가문의 가장의 지위를 계승·확보하기 위해 고안된 것들이다. 이러한 예만큼 일반적이지는 않지만, 가문의 공동체적 성격을 더욱 뚜렷하게 나타내는 것으로서, 완전히 대가 끊긴 가문을 때로는 몇 년씩이나 지난 후 가장을 형식적으로 임명해서 부활시키는 예가 있다. 이런 경우 임명된 가장은 성姓, 재산, 위패를 물려받으며 조상숭배를 비롯한 가장으로서의 모든 책임도 짊어져야 한다.

그런 의미에서 가문의 구성원 자격은, 이론적으로는 현존하는 자뿐만이 아니라 과거와 미래의 모든 세대까지 포함하고 있어 그 범위는 넓다. 재산은 나누어서 상속되지 않기 때문에 현존자는 대략적으로 구분한 다음과 같은 카테고리에 속하게 된다. (1) 그 집에서 태어나 거기서 일생을 보낸 자, (2) 그 집에서 태어났지만 결혼하여 거기를 떠난 자, (3) 결혼이나 양자관계로 들어와 나머지 생애를 거기에서 보낸 자. 통상적인 경우 이 카테고리는 구체적으로는 각각 가장, 기타 모든 아들이나 딸, 가장의 처나 가장의 양자를 지칭한다. 옛날에 가족은 보통 '직계가족'이라는 형식을 취했다. 이러한 형식 아래에서는 같이 사는 세대는 몇 세대가 되든 상관이 없었지만(그러나 3대 이상인 경우는 거의 없었던 것이 명백하다), 한 세대에는 한 쌍의 부부만 있었다. 따라서 이 구조의 중심은 혈연계통을 중핵으로 하며 부계적 성격을 띠고 있다. 그러나 아마도 6~10%는 사위를 양자로 맞아들이는 제도에 의해 유지되었을 것이다. 사위를 양자로 맞아들이는 이런 방법이 있었기 때문에, 일본에서는 혈연이 이론적으로는 부계적이지만 실제로는 때때로 모계적이었다고 주장하는 연구자도 있다. 그러나 나는 이 분석은 틀렸고, 실제로 진정한 의미의 모계는 존재하지 않았다고 생각한다. 왜냐하면 양자인 남편은 예외 없이 상속인으로 지명되었고 그를 가장의 친자식처럼 꾸몄기 때문이다. 양자인 남편은 처의 성을 따랐는데, 이는 확실히 사회학적으로 부계를 확인하려는 성격이 그 배후에 있었기 때문에 요구된 사항이다. 만일 일본에서 혈연이 진정한 의미에서 모계적이었다면 양자인 남편을 맞이하는 식의 결혼이 아니라 완전히 다른 결과를 낳았을 것이다.

가문 내의 관계는 일반적으로 사회 전반에서 볼 수 있는 것과 동일한 형태를 취하지만, 가문보다 큰 사회적 관계에서는 가문 대표자의 성별은 문제가 되지 않으며, 어떤 성원이든 다른 성원을 대신할 수 있기 때문에 그 범위는 대단히 넓었다. 사람이 상호 대체 가능하다는 이것이야말로 가문을 단위로 하는 공동체의 대표적 성격이다. 하나의 극적인 예를 들어보면 그것이 어떤 기능을 하는지 충분히 알 수 있을 것이다. 수년 전 조사를 행하고 있던 어느 마을의 결혼식에 초대를 받은 적이 있었다. 신부를 특정 목적을 위해 일부러 모인 여성들의 모임에 소개를 하는 것은 그곳의 관습이었다. 당시 내가 도착했을 때는 이미 모두가 모여 있었고 상석에 앉아 있는 유일한 남자 한 명을 제외하고는 상석부터 나이순으로 자리를 차지하고 있었다. 그곳에 왜 남성이 있는가에 대한 설명은 매우 계몽적이었다. 그의 집은 그와 부인과 어린아이 두 명으로 구성되어 있었다. 그런데 그의 부인이 가벼운 정신병을 앓고 있어서 때때로 여러 사람 앞에서 상식에서 벗어난 행동을 하곤 하였다. 그의 딸은 아직 너무 어리고 집에는 다른 부부도 없었다. 이 지역사회가 새로운 성원을 맞이하는 의식에 그 집 사람이 아무도 출석하지 않는 것은 생각조차 할 수 없는 일이기 때문에 그 집을 대표해서 남편이 참석했다는 것이다. 부인이 출석했다면 받았을 대우와 그가 받은 대우 중 유일하게 다른 점이라면 그가 남성이라는 이유로 상석에 앉았다는 점이다. 그의 부인이 참석했더라면 출석한 여자들과의 상대적인 연령관계에 따라 자리가 결정되었을 것이다. 이는 극단적인 예일지 모르겠지만, 이 상호대체 가능성의 원칙은 일반적으로 표출되는 사항이다. 가족구성원은 개인보다 공동체의 성원으로서 기능해 주기를 바라기 때문이다.

물론 예상대로 상속재산의 분할 부여를 허용하지 않는 원칙은 많은 중요한 결과를 가져왔다. 장자상속이 강력히 요구되었지만, 현실적인 면에서 이 규칙이 이론뿐만이 아니라 실존하는 관습까지 포괄하려면 다음과 같이 설명되어야 할 것이다. 즉 재산 상속이나 지위 상속을 확실하게 하기 위한 수단으로서 오직 한 명의 자녀만이 선택되었다라고. 따라서 가족 내의 자녀는 전원이 잠재적인 상속인인 셈이다. 확실히 장남에게 우선권이 주어지는 경향은 있었지만, 어느 가족이든 최선의 계획이 제대로 잘 진행되지 않아 결과적으로 다른 자녀가 상속자가 될 위험은 간과될 수 없었을 것이다.

실제로 일본인은 지금 지적했듯이 상속을 확보하고자 할 경우, 무엇을 받아들여야 하는가에 관해서는 유례를 찾을 수 없는 대단한 유연성을 보였다. 이 점이 이 제도의 또 하나의 특징이다. 이러한 제도 하에서는 이상적인 결정을 내리기 어렵다고 판단되면 여러 가지 폭넓은 선택을 할 수 있기 때문에 그 중 하나를 선택해서 가계의 단절을 막는 바람직한 결과를 얻을 수 있었던 것이다. 아마도 일본만큼 부계 계보의 계통을 유지하기 위해 양자를 폭넓게 허락해 온 사회도 없을 것이다. 일본의 경우 가문계승에 대한 관심이 계보계승에 대한 관심을 완전히 능가하였던 것이다.

그러나 물론 가문이 친척관계 이외의 사람과 완전히 관계가 없었다는 뜻은 아니다. 도회지에는 "맞은편 3집과 양 옆 2집이 이웃"이란 제도가 있고, 시골에는 구미(조직組)와 고講(계) 같은 복잡한 제도가 있었다. 그것들 모두는 먼 친척보다 더 가까운 이웃이라는 속담을 정확히 확인시키는 데 도움이 되는 것들이었다. 각 가족의 사회적 관계는 (남편과 아내의 양쪽) 친척, 이웃, 친구, 직업집단, 종교상 교제관계가 상호 연관된 그물망 안에서 성립되었다. 그러나 가문에 관한 관심은 다른 어느 것보다 월등했고, 개인의 첫 번째 충성심도 가문을 향해 있었다. 가장은 자식의 결혼이나 직업 선택을 비롯한 모든 중요 사항에 관해, 집안의 연소자가 가장의 희망을 존중해줄 것을 주장할 권리를 갖고 있었다. 일본역사 중 어느 시기엔가는 가장이 그의 의지를 절대적으로 강제할 수 있는 법적 권리를 갖고 있기도 했다. 그의 권리가 그에게 부가된 막중한 책임에서 나온 것이라고 보는 견해도 있을 것이다. 왜냐하면 가문의 번영은 결국 역대 가장의 행정적 관리적 능력에 의한 것이었기 때문이다.

이런 이유로 옛날에는 지금과 비교해 양친이 결혼이나 상속인의 결정에 더 큰 권한을 가지고 있었다고 할 수 있다. 부모는 오늘날조차 자녀 한 명이 상속인으로서의 세 가지 중요한 책임을 지도록 도와주는 노력을 해야 한다. 그 세 가지 책임이란 가족의 재산이나 자산 관리, 늙은 양친과 다른 피부양자 돌보기, 거기에 조상 무덤이나 위패 지키기다. 이 글에서 초점을 둔 내용 중 하나는 이 세 가지 책임 가운데 마지막 것과 관련된다. 왜냐하면 일본은 전 세계적으로도 조상숭배로 유명한 사회의 하나고, 게다가 이 조상제사는 가족관계를 지배하는 모든 것은 아닐지라도 다양한 감정이 확실하게 나타날 가능성이 있는 영역이기 때문이다. 따라서 가문과 가족에 관해 다시 두세 가지 문제를 간단히 고찰한 후, 이 문제로 되돌아가 보고자 한다.

3. '집'의 관념 변화

이 글에서 다루기로 한정시킨 기간 중에 공동체로서 집이 갖고 있던 관념은 크게 후퇴하였다. 그때까지도 결코 그리 크다고는 할 수 없었던 일본의 거주집단단위는 서서히 축소되어 오늘날은 1세대 평균 3.5명 정도다. 게다가 제2차 세계대전 후 부부가족(=혼인가족)conjugal family의 비율이 급격히 상승하였다(현재는 전체 가족의 약 2/3를 차지한다고 한다). 이러한 상황이 일어난 이유로는 적어도 크게 세 가지를 들 수 있겠다. 첫째, 주택 공급산업이나 정부의 주택정책이 상당히 졸렬하여 구입할 수 있는 주거가 극단적으로 작았기 때문에, 예전부터 2~3세대였던 가문을 하나의 주거지 안에 수용하기가 실질적으로 불가능해졌기 때문이다. 둘째, 첫 번째와 관련되는 것으로, 장남을 포함한 젊은이들이 시골에서 도시로 대량 이동하였다는 점이다. 그 결과 양친이나 조부모는 시골에 남겨두고 독립된 주거를 갖게되었다. 셋째, 젊은이들이 열광적으로 부부가족을 이상시하는 생각을 갖게되었다는 점이다. 젊은이들은 남녀 모두 부모와 떨어져 사는 것이 좋다고 일관되게 주장한다. 그들이 독립거주를 찬성한 것은, 별거를 함으로써 상하 세대가 함께 생활할 경우 반드시 발생되는 알력이나 갈등을 피할 수 있다는 자신들의 느낌을 명백히 표현한 것이라고 할 수 있다. 주택 사정은 1960년대의 경제적 고도성장으로 인한 추문 중 하나로 그대로 남아 있지만, 앞서 언급한 다른 두 가지 경향은 최근 변화의 조짐을 보이고 있다. 도시로의 인구유출 속도는 늦춰졌을지라도, 도로개선과 자가용의 막대한 증가로 도시에 직장을 가진 사람이 시골에서 통근을 할 수 있게 된 것이다. 부부가족을 이상시하는 것도, 그것을 경험한 대부분의 젊은이들이 그 이면에는 불이익도 있다는 사실을 알게 된 것이 분명하다. 일본의 대부분의 부부는 두 명 내지 많아야 세 명의 자녀를 두고 있는데, 어쨌든 아직은 아이를 원하고 있다. 그러나 이와 동시에 밖에서 일하는 직업을 가진 기혼부인들도 급격히 증가하고 있다. 이렇게 될 경우 맞벌이하는 젊은 부부에게 가장 필요한 것은 자신들의 아이를 돌봐줄 사람이다. 그러면 그 적임자로 할머니 이상이 있겠는가? 부부가족에게 이러한 압력이 생기면서 2~3세대 가족을 이상시하는 사고가, 완전히 회복되었다고는 할 수 없지만 신중히 재고의 대상이 되었다.

1975년 여름, 1951년부터 2년에 걸쳐 조사를 행한 적이 있는 가가와 현의 마을을 다시 방문했다. 이곳은 다카마쓰高松 시에서 약 20km 떨어진 곳으로, 다카마쓰에는 현재 완전히 포장된 국도가 개통되어 있다. 1951년에는 22세대가 살고 있었는데, 현재는 23세대가 살고 있으며 새로 한 채를 짓고 있는 중이다. 원래 있던 22세대 중 7세대가 떠났다. 현재 살고 있는 23세대 중 3세대는 1951년 이후 이사해 온 사람들이고(그들 중 농업과 조금이라도 관련된 일을 생업으로 삼고 있는 집은 없다), 5세대는 시골지역에서 새로운 경향으로 생각할 수 있을지 모를 유형이다. 이들은 전통적인 의미에서는 본래의 분가가 아니며, 이 작은 마을에 25년 전에는 전혀 존재한 적이 없던 거주단위 형태다. 원래 거기에는 본래적 의미의 분가는 어차피 존재하지도 않았지만.

주지한 바와 같이 농업세대가 세대에서 세대로의 상속을 확보하기가 매우 어려워졌다. 지금 서술한 작은 마을에서조차 현재 농업수입은 전 세대 수입의 극히 일부에 불과하다. 그럼에도 불구하고 거의 모든 집이 자신들의 논을 직접 경작하고 있다. 상속인을 토지에 묶어두기 위해, 혹은 도시에서 다시 돌아오게 하기 위해, 5세대가 실제로 양친의 집 근처에 젊은 부부를 위한 독립 주거지를 지어놓고 있다. 이들 새 주거는 '농가'가 아니라, 편리한 설비를 갖추고 적어도 방 한 칸은 양식으로 지어져 있다는 점에서 도회지나 시(市)에 있는 집과 동일하다(실제로 이런 집들은 도시의 아파트 입주자 기준에서 보면 오히려 크다). 따라서 거기에 살고 있는 것은 진정한 '분가'가 아니다. 오히려 그들은 예전의 후계자와 그 처자의 현대판이라 할 수 있을 것 같다. 그들은 그들의 양친(만일 그가 처갓집 호적에 기입되지 않고 양자로 들어간 남편의 현대판이라면, 그의 처의 양친) 근처에 살고는 있지만 함께 살지는 않는다.

종종 두 가족은 부엌도 따로 사용한다. 왜냐하면 늙은이와 젊은이의 음식기호가 오늘날에는 상당히 다르기도 하고, 두 가족의 거주구역이 완전히 분리되어 있다면 기타의 알력도 막을 수 있기 때문이다. 그들이 함께하는 경우는 젊은 부부의 어린 자녀를 돌볼 경우다. 부부가 그 지역의 가까운 시나 도회지로 출근해 있는 동안 조모가 그 전통적인 역할을 수행한다. 노인들은 버려진 것은 아니지만 대부분 그들의 권위는 크게 감소되었으며, 그들은 자식들이 불만스러우면 언제든지 또 나가버릴 가능성이 있음을 인정하면서 살아간다. 내 생각으로는 이러한 새로 생겨난 가족의 형태는, 가족 성원간의 관계가 이전보다 훨씬 더 상호의 욕구와 필요에 근거한 가족이다. 가족의 애정의 뿌리는 어찌되었든 깊으며, 내가 받은 인상으로는, 그들은 1960년대 일본의 가족을 특징지어줄 새로운 거주양식에 관한 실험을 거쳐서 새롭게 얻어낸 결과를 충분히 활용하며 살아가는 방법을 배운 것이다. 그렇게 할 수밖에 없었던 것이다. 젊은 세대는 양보하는 법을 배우기 시작했다. 그렇게 함으로써 자신들의 모든 독립된 생활을 완전히 포기하지 않아도 된다는 것을 알게 되었기 때문이다.

그렇다면 위에서 서술한 변화 상황 속에서 조상숭배는 어떻게 되었을까? 현대 일본에서도 뭔가 그 역할을 수행하고 있는 것일까? 나는 수행하고 있다고 생각한다. 그래서 몇 가지 알게 된 내용을 변호하기 위해 그 현상의 본질에 관해 서술해 보고자 한다.

4. 조상숭배와 가문의 문제

가문의 구성원은 죽었다고 해서 살고 있던 집에서 완전히 떠난 것은 아니다. 살아남은 자가 죽은 자를 위해 사후 몇 년씩이나 주거가옥 내에서 그의 영혼을 제사지내야 하기 때문이다. 그의 위패를 모신 제사는 그의 영혼과 살아남은 자를 모두 위로하는 역할을 수행했으며, 위패는—이것은 애도와 숭배의 대상이기도 하지만—그곳에 모셔진 사람을 상징하는 면이 있다. 다음에서 언급할 예는 모든 독자들이 이미 알고 있을 것이라 생각된다. 현대에는 죽은 자의 위패나 사진이 모두 본인을 나타내는 것으로 인식되고 있다. 나는 1975년 8월 고시엔 야구장의 전국 고교야구 선수권 대회에 참가한 한 선수의 인터뷰를 TV에서 보았다. 그 선수의 모친은 그 해 3월에 돌아가셨다고 하는데, 그는 부적을 머리부터 끈으로 묶어서 매달고 있었다. 그가 말하기를, 그 안에는 작은 주머니가 있고 거기에는 그의 모친의 머리카락과 사진이 들어 있다는 것이다. 그가 인터뷰에서 한 말에 의하면, 위기에 몰릴 때마다 야구공을 그 부적에 대면 '침착해진다'고 한다. 이 인터뷰에 이어 또 다른 한 대의 TV카메라가 소년의 어머니 사진을 운동장을 향해 들고 있는 스탠드의 부인을 포착했다. 모친이 살아 있었을 때와 똑같이 고시엔 야구장에서 아들이 야구하는 모습을 지켜보고 격려하기 위해 와 있다는 것은 의심할 여지가 없다.

오늘날에는 예전만큼 위패 자체가 개인의 상징으로 사용되고 있지는 않지만 지금도 시대극이나 시대극풍 영화의 고전적 수법으로 등장한다. 즉 극이나 영화에서는 최근 죽은 사람이 있다는 것을 그가 살아 있다면 머물렀을 장소에 위패를 놓아두는 방식으로 표현한다. 오늘날에도 사람들은 다양한 경우에 가문의 제단 앞에서 무릎을 꿇고 위패로 상징되는 사람을 부른다. 사람들은 혼령에 대해, 특히 죽고 얼마 되지 않았을 경우 그를 위해 기원을 올리기도 하고, 죽은 후 오래 지나면 혼령을 향해 소원을 빌기도 한다.

이들 모두와 기타의 많은 행위는 일반적으로 말해 조상숭배라는 개괄적인 언어에 포함된다. 그런 이유 때문에 다른 사회, 특히 중국, 한국, 인도, 나아가 아프리카의 많은 지역에서 조상숭배라고 부르는 것과 관련하여 종종 논의가 되곤 한다. 확실히 그런 습관과 비슷하기는 하지만 일본의 것은 몇 가지 중요한 점에서 차이가 있다는 것이 내 생각이다.

이미 살펴보았듯이 일본의 가문은 역사적으로 면면히 이어지고 있다는 관념이 있는데, 이 점이 바로 세계의 거의 대부분의 나라와 다른 점이다. 각 세대는 긴 쇠사슬의 한 고리로 여겨지며, 그 구성원이 하는 일은 이상적으로는, 그들의 이전 세대에 대한 애정이나 의무감을 표현함과 동시에 그들 뒤에 오는 세대에 대한 희망도 표현하는 것이었다. 각 세대는 가문의 재산관리자로서 관리원칙에 따라 행동할 것을 요구받는다. 선조는 소위 자비심 많은 보호신과 같은 역할을 하므로 가문의 계속적인 번영을 감독하고 거기에서 기쁨을 느낀다고 여겨졌다.

다음은 위패에 대해 생각해 보자. 위패에 이름이 새겨져 있는 사람들은 일반적으로 '조상님'으로 불리고 있지만, 실제로 대부분은 직접 조상이 아니다. 물론 바로 윗세대 가장과 그 처에 해당되는 직접 조상의 위패도 있다. 그러나 동시에 가장의 미혼 형제자매나 아이들의 위패도 있고, 가장의 처의 친척들 위패까지도 있는데, 이들은 처가 시집간 그 집과는 직접적인 관계는 전혀 없을지도 모른다. 제사나 연중 특별한 날에는 위패에 적힌 사람들에게 기도와 제물을 올린다. 그들은 다양한 사람들의 모임이지만(조상이라는 말이 시사하는 것보다 더 다양한 사람들이 포함되어 있다), 결코 잡다하게 아무렇게나 모은 것은 아니다. 가정의 제단 안에 모셔진 위패의 주인공은 가족 중 누군가 애정이나 의무 혹은 그 둘다의 감정을 느끼는 사람들이거나,

또는 과거 이전 세대의 구성원이 이 같은 감정을 느끼는 사람들이다. 대부분의 경우 위패의 주인공은 모두가 어떤 가문에서 죽은 구성원−가장, 그의 처, 미혼 남녀, 자식, 그리고 사산된 아이−이지만, 그 밖에 제사를 지내줄 가문이 없는 불행한 사람들도 포함되어 있으며, 때로는 가문의 구성원이 특별한 의무감이나 애정을 느끼는 사람들일 수도 있다.

요컨대 각 가문은 각자 자기 집안을 돌보아야 하지만, 그 밖의 어떤 사람들을 선택할 것인가라는 점에서는 상당히 자유로웠다. 물론 위패가 있는 사람들도 다양한 카테고리에 의해 그 취급법이 달라서 위패 자체의 크기와 우아함에도 차이가 있다. 자녀와 가장의 위패가 같은 크기란 것은 있을 수 없는 일이며, 사후 이름도 확실히 달랐다−물론 더욱 길고 비싼 것을 연장자인 가장에게 배당하였다. 가문의 연장자인 구성원을 위한 제사는 통상적으로 비용 면에서나 제사가 이루어지는 시간 면에서나 연하 구성원의 제사를 능가한다. 살아 있는 사람들 간의 불평등은 이처럼 죽은 사람에 대한 처우에도 확실하게 반영되었다. 그러나 모든 이들은 정도 차이는 있을지라도 추모의 대상이 된다.

가문의 생존자와 죽은 자의 관계는 무엇일까? 그것은 비대칭적인 상호의 존관계라 할 수 있다. 죽은 자에 대한 추모와 공양은 살아 있는 자의 재량이지만, 이를 무시하는 극단적인 경우에는 죽은 자의 영혼이 자신을 더 잘 모시라며 살아 있는 자를 간섭하는 경우도 있다고 믿고 있다. 혹은 좀더 희박한 경우기는 하지만 자신들을 무시한 생존자에게 앙갚음을 하기도 한다고 여겨지고 있다. 생존해 있는 사람 쪽에서는 죽은 사람에게 간접적으로 밖에 의존할 수 없으면서도 자신들의 노력에 대해 그들이 지원을 해줄 것이라고 기대한다. 그 결과 일반인들은 그들의 바램을 직접 조상의 영에게 말할 필요까지는 없다고 생각한다. 조상의 영은 그 가족의 번영을 촉진시켜 주는 것이 당연하다고 생각하기 때문이다. 동시에 자손들도, 생시에 자신들을 돌보아주었고 가문의 재산이나 평판을 유지하는 책임을 지고 있던 조상을 제사지내는 것이 당연하다고 생각했다. 가족 구성원은 조상으로부터 일반적인 의미에서의 수호신 같은 보호를 받으며 생활하고 있고, 그렇기 때문에 결혼식날 신부는 새 피보호자의 자격으로 조상의 영에게 소개되는 것이다. 즉 그 가문의 아들과 결혼함으로써 그들이 그녀의 조상이 되기 때문이다.

위에서 이야기한 정황에도 불구하고 가문의 구성원은 가문의 운명과 관련되는 중요 사항의 경우, 자신들을 도와달라고 조상에게 탄원하는 경우가 종종 있다. 위에서 서술한 비대칭적 관계의 또 하나의 일면을 이러한 탄원의 결과에서도 볼 수 있다. 대학시험을 치러야 하는 청년이 할아버지의 영혼에게 도와줄 것을 간원했다고 치자. 만일 그 청년이 시험에 붙었다면 그는 당연히 할아버지의 도움에 감사할 것이고 성공 중 일부는 할아버지 덕택이라고 생각할 것이다. 그러나 그 청년이 실패했을 경우에는 어떻게 되는가? 그는 할아버지에게 면목이 없다고 사죄하고, 실패의 책임을 지원을 바랬던 할아버지의 영혼이 아닌 자기 자신에게로 돌린다. 살아 있는 자가 무거운 책임을 지는 것이다. ─성공은 결코 자신들만의 힘으로 된 것이 아니라고 보는 반면, 실패는 자신들 탓이라고 여기는 것이다. 살아 있는 자는 실패하는 일도 있다. 조상은 매우 일반적인 종류의 지원을 제공하는 것 이상은 할 수 없는 것이다.

때때로 사람들은 조상이 사회적 통제의 대리인 기능을 한다고들 이야기하지만, 설사 과거에 그러했다 하더라도(어느 정도 그랬으리라고 생각되지만), 오늘날은 가정 일에 그들이 그런 역할을 하기 위해 직접 불려나오는 경우란 극히 드물다. 그렇다고 해서 그들이 모든 힘을 잃었다는 것은 아니다. 그들은 집안에 있으며 날마다 행해지는 공양이나 정기적인 제사, 거기에 매년 추석이나 설날 같은 명절 때 받들어 모셔지는 대상이다. 그리고 해가 거듭됨에 따라 그들의 개성은 엷어지고 죽은 자의 영은 점차적으로 그 가문의 먼 조상들과 합류되어 사실상 보호신 같은 성격을 띠게 된다.

제2차 세계대전 이후 조상숭배의 운명은 어떻게 되었을까? 1960년대

초 내가 일본인 동료와 친구들에게 조상숭배에 대해 조사를 하겠다고 하자, 그들은 이미 늦었다고 단정하였다. 전후에 일어난 모든 법적·사회적 변화 때문에 가문이나 그와 관련된 조상제사는 모두 끝났다는 사실을 이해해야 한다고 설명해주었다. 특히 도시에서는 더욱 그러하다고 했다. 나는 그래도 연구를 해봤다. 그리고 내 연구결과를 모두 공표했다(Smith, 1974)[3]. 따라서 여기에서는 가문과 가족에 직접적으로 관계되는 부분은 간단하게 요약 제시하는 것으로 대신하고자 한다.

5. 조상숭배 의미의 변용

1963년 나는 가가와, 미에, 이와테 현의 몇몇 도시와 3개 마을의 총 595채를 조사했다. 조상위패를 모시고 있다고 대답한 483채 가운데 제사를 지낸 적이 없다고 한 곳은 7채뿐이었다. 나머지 476채는 적어도 연 1회(대개 그 이상이지만) 제사를 지낸다고 대답했다. 그런 경우 가정 내에 있는 제단에 공양을 바치는데, 일상적인 제물로부터 시작하여 연 1회의 기일, 추석, 한식 또는 설날까지 다양하였다. 그 결과에 비추어 보건대, 조상이 자손에게 버림을 받았다고는 감히 말할 수 없다.

그런데 가정 안에 제단도 위패도 없다고 대답한 117채는 어찌된 일일까? 이러한 집들은 거의 예외 없이 두 가지 공통점을 갖고 있었다. 첫째, 그들의 가장은 거의 반드시 피상속인(차남 이하의 자식)으로서 결혼과 동시에 독립 주거를 갖게 된 자였다. 둘째, 그들이 독립한 이후 가족들 중 어느 누구도 죽은 자가 없었다. 먼저, 독립거주neolocality가 가져온 결과에 대해 생각해 보자. 메이지 민법에 따르면, 상속인이 조상제사를 책임지게 되어 있다. 법 규정으로 본다면 그(상속인)의 형제자매가 양친의 위패를 복제하는 것을 금하지는 않았지만(그리고 내 연구조사에 의하면 실제로 많은 사람들이 복제했음을 밝히고 있지만), 재산이나 지위의 상속과 조상의 영을 숭배해야 하는 책임과 관련해서는 명확한 규정을 두었다. 그러나 세계대전 후의 민법은 재산이나 지위의 계승문제를 완전히 별도로 취급하고 있다. 민법 897조에는 다음과 같이 서술되어 있다.

계보, 제사도구 및 봉묘의 소유권은 전조前條의 규정과 상관없이 관습에 따라 조상제사를 주재해야 하는 자가 이를 계승한다.

이 "주재해야 하는 자"는 이전의 가장이 지명한 자를 가리키며, 관습에 따라 옛날이라면 당연히 법적 계승자일 수도 있다. 가족 중 자녀 1명(장남이 바람직하지만)이 조상을 받들어 모실 책임을 지는 것은 현재도 관습화되어 있고, 1963년 조사결과에 따르면 제단과 위패를 가지고 있는 483채 중 압도적 다수는 만약 메이지 민법 아래에서였어도, 가장이 당연히 책임을 져야 하는 그런 가족이었다. 위패가 없는 가족은 거의 예외 없이 제2차 세계대전 이전에도 가지고 있지 않았을 그런 유형의 가족이었다. 당연하겠지만 제단이 없는 가족은 대다수가 도시에 사는 사람들이었다. 그러나 이는 에도 시대에도 그러했을 것임에 틀림없다. 왜냐하면 도시로 이주한 자는 장남 이하의 아들이었고, 장남은 본가의 상속인으로서 조상숭배를 담당했을 것이기 때문이다. 내가 이 점을 강조하는 것은, 도쿄 같은 도시에서 제단 없는 가족의 비율이 높다는 사실을 들어 이는 조상숭배 관습이 쇠퇴했기 때문이라고 판단하는 것은 잘못이라고 생각하기 때문이다.

위패가 없는 독립거주가족의 두 번째 특징은 그들이 아직 가족 구성원의 죽음을 경험한 적이 없다는 점이다. 여기에 일본의 특이한 조상숭배를 이해할 수 있는 실마리가 있고, 조상숭배를 부정하는 연구자가 존재하게 된 이유가 있는 것이다. 일본인은 집에서 살다가 사망한 모든 가족 구성원에게 위패를 만들어 주는데, 그 유례를 찾아볼 수 없다고까지는 할 수 없겠지만, 이는 매우 특이하다. 따라서 전형적인 가정의 제단에는 (직계의 윗세대라는 의미에서의) 조상 위패가 모셔져 있기는 하지만, 앞에서 지적했듯이 제단에는 아이들, 미혼의 어른, 기타 다양한 사람들, 즉 자신들의 후예나 방계 사람 나아가 인척의 위패까지 모셔져 있다.

위패를 갖지 않는 가족을 만나면 나는 반드시 그 이유를 물어본다. 이 때 그들의 대답은 거의 "집안에 아직 돌아가신 분이 없기 때문입니다"다. 여기에 명백하게 작용되는 원리는, 가문의 모든 구성원은 생존 시 가족 내에서 차지한 지위 여하를 막론하고 죽으면 추도의 대상이 된다는 것이다. 만일 조상을 시조(각각의 윗세대의 가장과 그의 처)라고 생각한다면, 거기에 는 놀랄 만한 사실이 내포되어 있다. 내가 조사한 595채 중 483채에 3,050개 의 위패가 모셔져 있었는데, 그 중 겨우 42%만이 조상(각각 윗세대의 가장과 처)의 범주에 들어간다. 나머지는 모두—반수 이상이 되겠지만—다 양한 사람들의 위패로서, 인척도 있고 가족의 어느 구성원과도 친족관계가 아닌 사람도 있다.

어떤 감정 때문에 그런 사람들이 가족의 추도를 받게 된 것일까? 그 답은 내가 인터뷰한 많은 사람들이 대답한 말에 잘 표현되어 있다. 그들은 "이 사람은 여기에서 돌아가셨다. 그래서 이 집에서 모신다" 혹은 "그는 갈 곳이 없다. 우리들이 그의 위패를 모시는 것은 그렇게 하지 않으면 그가 불쌍하기 때문이다"라는 것이었다. 이와 같이 죽은 자에 대한 추모와 공양은 적어도 돌아가신 조상에 대한 숭배와 똑같이 중요하다. 그리고 또 그런 다양한 사람들이 가정의 제단으로 들어오게 된 것은 최근의 일이라고만 한정지을 수 없다. 나는 매우 오래 전, 가장의 처의 친족(그리고 양자인 남편의 친족의) 위패를 매우 많이 보았는데, 그들은 본래 그 집안의 조상이 아니었다. 또한 나는 77채의 집이 직계조상(각각의 세대에서의 가장과 그 반려자)의 위패를 전혀 갖고 있지 않으면서도, 인척이나 형제자매, 손자의 위패 중 하나를 갖고 있고 때로는 두 개 이상을 가지고 있는 것을 보았다. 그런 집들의 숫자는, 개인에 대한 정, 애정, 게다가 존경 등이 보통 일본에서 조상숭배로 불리는 것에 어느 정도나 유입되어 있는지를 보여주는 인상적인 증거다.

그러나 제2차 세계대전 후에도 죽은 자에 대한 변화가 전혀 없었다거나, 가정 내의 제사가 오늘날도 예전과 똑같다고 지적할 생각은 추호도 없다. 어찌 되었든 세계대전 후 30년 동안 가족 내의 인구적 변화가 의미하는 바를 부정할래야 부정할 수가 없다. 이런 변화 가운데 주된 것은 부부와 미혼 자녀들로 구성되는 부부가족의 출현이다. 이는 현재 일본의 가정의 2/3를 차지하고 있다. 이 부부가족의 발달이 조상숭배에 대해 갖는 특별한 의미는 여러 가지다. 우선 첫째, 조부모 세대가 가정에 없다는 점으로, 아이들이 조상제사를 실제로 보거나 배우거나 할 기회가 훨씬 적어졌다는 것이다. 실제로 오늘날 도시 아이들은 양친 중 어느 한쪽이 죽기 전까지는 직접 조상제사에 참가하지 않는 경우도 충분히 있을 수 있다. 둘째, 주거단위가 더 이상 조상제사의 관념적 중심점 역할을 하지 않게 되었다는 점이다. 왜냐하면 가문의 관념이 대전 후 급속하게 쇠퇴했기 때문이다. 셋째, 도시에 사는 부부와 자녀들은 남편의 친족과 동등하게 부인의 친족과도 접촉하게 되어 예전의 일반적인 일본사회에서는 별로 나타나지 않았던 쌍계적 상호왕래와 회합이 생긴 것이다. 이러한 발전의 결과 이제부터 택하게 될 방향은, 1963년 내가 조사중에 만났던 도쿄의 젊은 부부를 통해 아주 잘 표현될 것이다. 그들은 두 명의 어린 아이들과 아파트에 살고 있었다. 아파트에는 제단은 없지만 책장 한 귀퉁이를 성장하고 찍은 세 명의 사진으로 장식하고 있었다. 사진의 주인공은 남편의 모친과 부인의 양친으로서, 이 세 분은 모두 돌아가신 분들이었다. 사진에 대해 물어보았더니 그 남편의 대답은 전통적 관념에 비추어 본다면 거의 혁명적이라고도 할 수 있는 대체물 alternative이었다. "우리들이 이 사람들의 사진을 여기에 장식해 둔 것은 그들을 추억하기 위함입니다. 어찌되었든 이 사람들은 우리의 조상이니까요" 라고 했던 것이다. 확실히 그들은 그 부부의 조상이지만, 전통적인 일본적 의미에서 가문의 조상은 아니다. 만일 내 생각이 옳다면, 앞으로는 존경이라든가 숭배와 같은 죽은 자의 영혼에 대한 태도에서 갑자기 이탈하여, 추도와 공양이라는 태도를 취하게 되어 제단은 점점 불교적 색채를 잃어가게 될 것이다. 절에 소속된다는 것은 젊은 세대에게는 거의 아무런 의미도 없고, 그들은 주요 제사를 제외하고는 죽은 자를 위해 승려를 불러서 제사를 지내는 일 따위는 할 것 같지도 않기 때문이다. 대신에 자식들은 각각 나름의 방식으로 돌아가신 양친에 대한 추억을 소중하게 간직할 가능성이 훨씬 높다. 가문의 수호신이라는 조상에 대한 옛 사고방식은 사라지고 그와 더불어 공동체로서의 가문의 관념도 없어져버린 것이다.

1) Charles F. Keyes, "Kin Group in a Thai-Lao Community," in G. William Skinner and A. Thomas Kirsh (editors), *Change and Persistence in Thai Society*, Ithaca, New York: Cornell University Press, 1975, 274~297쪽.

2) Pierre Marranda, *French Kinship : Structure and History*, Mouton: The Hague, 1974.

3) Robert J. Smith, *Ancestor Worship in Contemporary Japan*, Stanford, California: Stanford University Press, 1974.

제8장 은혜의 관념과 부모자식 관계

나카바야시 노부히로 中林伸浩

1. 효도와 은혜

세계대전 이후 효행이라는 사고는 봉건적인 도덕이라고 비판당한 다음부터 효행이라는 말 자체가 다소 사용하기 거북한 것이 되어 버린 듯하다. 이에 비하면 지금도 은혜 쪽은 훨씬 저항감 없이 사용될 뿐만 아니라 실제로 "은혜를 입었다" "은혜를 갚는다"와 같은 사고방식이 상당히 일반적으로 받아들여지고 있는 것 같다.

일본의 경우 원래 효보다 은혜가 훨씬 더 기본적인 관념은 아닐까라고 생각하게 된 출발점도 이 부분이긴 하지만, 이 문제를 다루기에 앞서 이러한 일본의 효와 은혜의 관계에 대해 지금까지 어떤 논의가 전개되어 왔는지 살펴보고자 한다.

1945년에 발표된 가와시마 다케요시川島武宜의 「이데올로기로서의 효」는 세계대전 이후의 '민주화' 분위기를 잘 나타냈다는 점에서도 대표할 만한 논문이다. 이 논문에서는 은혜와 효의 관계에 대해 대략 다음과 같이 서술하였다.

효를 자녀가 부모에게 복종하고 봉사하는 것이라고 규정한다면 이는 인간사회에 상당히 광범위하게 존재하는 도덕이다. 그러나 일본의 효에는 특수성이 있다. 예컨대 효는 은혜를 전제로 하고 은혜에 근거를 두고 있다는 것이다. 즉 자식은 부모로부터 은혜를 받았으므로 그 은혜를 갚아야 한다는 식으로, 효에는 의무가 전제되어 있다.

부모에게서 받은 은혜의 구체적 내용을 보면, 어렸을 때부터 키워주신 것, 결혼시켜 주신 것, 재산을 상속해 주신 것, 나아가 부모가 자신을 낳아주신 것 등을 들 수 있다.

이러한 부모의 은혜에 보답하기 위해 자식이 행해야 하는 효로는, 첫째 부모를 존경할 것, 둘째 '입신출세'하여 부모와 가문의 이름을 빛낼 것, 셋째 부모를 보살필 것, 넷째 자식을 낳을―즉 대를 잇는―것, 이 네 가지 의무가 주요 내용이다.

가와시마川島는 이러한 일본의 은혜나 효 관념을, 에도 시대 혹은 메이지 시대 이후의 정치권력이 다양한 교리로써 일반 민중에게 주입시켜 온 '봉건적' 이데올로기로 취급했다. 은혜를 베푼 주체가 군주든 부모든 은혜를 받은 쪽에서는 충성의 의무가 발생하여, 양자 간에는 주종의 인신적 관계가 설정되기 때문이다. 그리고 이 논문은 예로부터 이데올로기를 지탱해 온 권력이 제2차 세계대전의 패배로 인해 붕괴되었다는 것을 바탕으로 하여,

'효' 이데올로기를 부활시키려는 의도는 지금까지도 없어지지 않고 있는데, 본래 민중의 것이 아니었던 교리를 오늘날 민중에게 주입시키고자 하는 것은 역사의 톱니바퀴를 거꾸로 돌리는 것을 의미한다.

라고 결론지었다. 확실히 가와시마가 정리한 효의 관념은 유교적 색채가 짙고, 예전의 가장의 지위와 가족제도를 규정하는 데 극히 잘 어울리는 '교리'적 측면이 강조되어 있다. 그러나 일반의 일본인들 안에 존재하는 효 관념이나 행위가 모두 이런 종류의 '교리'에 의한 것이냐 하면 반드시 그렇지는 않다.

'교리'로서의 효와, 그 '교리' 자체의 기조 역할을 했을 민중의 효에 대한 관념이나 규범을 어디에서 어떻게 구별할 것인가는 물론 그렇게 간단하지

않다. 게다가 우리가 갖고 있는 효나 은혜에 대한 관념에 유교나 불교가 얼마나 영향을 끼쳤는가 하는 문제조차 현재로서는 명확하게 설명할 수 없는 상태다.

나는 여기에서 '은혜'가 과거와 현재를 통틀어 일본의 부모자식 관계를 규정하는 가장 중요한 규범 혹은 관념 중 하나라는 가설을 세우고 이하에서 고찰을 진행시키고자 한다. 은혜를 베푸는 자와 은혜를 갚는 자의 관계가 부모와 자식 사이에 내재되어 있고, 그것이 어느 정도까지는 일본의 친자관계의 독자성을 만들어 내는 데 관여했다고 생각하기 때문이다.

이러한 전제를 바탕으로 해서 보면, 일본에서의 '효'는 다음과 같을 것이다. 가와시마는 효에 대해, 은혜를 전제로 하고 은혜에 근거를 두고 있다고 표현하였다. 나는 좀더 명확하게 일본의 효는 보은이라고 생각한다. 즉 일본에서의 '효도'는 본래 부모에게 은혜를 갚는 것 그 이상은 아니라고 보는 것이다. 이하 이런 관점에서 은혜라는 관념을 분석하고, 이것과 친자관계와의 결합에 대해서도 생각해 보고자 한다.

2. 은혜의 상호성 및 부채 관념

여기에서는 친자간의 은혜 관념을 분석하기 전에 우선 일반적으로 은혜가 지금까지 어떤 이론적 테두리 안에서 파악되었는지를 살펴보겠다.

은혜를 파악할 때 첫째로 '상호성'이란 개념을 사용한 사람이 있다. 일본에서의 은혜에 대해 선구적인 연구를 수행한 사쿠라이 아쓰타로櫻井壓太郞는 모스의 『증여론』을 활용하여 은혜를 베푸는 자와 은혜를 갚는 자 사이에는 선물을 하는 자와 답례를 하는 자 사이에 존재하는 상호성에 의해 서로 구속된다고 보았다. 단지 은혜의 상호성은 대등한 자끼리의 상호성reciprocity 과는 달리, 베푼 자를 주主로 하고 받는 자를 종從으로 하는 '보트러치potlatch[1]

---

1) 증여를 의미하는 치누크어.

적, 계약적'인 주종관계를 구성한다. 그는 은혜와 보은을 무사 특유의 도덕적 관념으로 보았던 것이다(『恩と義理』).

사쿠라이의 경우도 그러하지만, 은혜 관념을 상호성으로 파악하려 할 때 문제가 되는 것은, 은혜를 베푸는 자와 은혜를 갚는 자가 고정적이고 그 지위에는 상하의 차가 있어서 결코 각자의 입장이 전환되지 않는다는 점을 어떻게 설명할까 하는 문제다. 여기에서 출발하여 은혜를 논한 이가 T. S. 리브라 여사다. 그녀는 지금까지의 상호성 이론을 정리한 후, 일본에서의 은혜 관념은 '비대조적인 상호성'으로 설명할 수 있다고 보았다. 그리고 은혜를 매개로 한 사회관계 내부에 불평등성 내지는 비대조성을 유지하며 균형을 잡아주는 몇 가지 메커니즘이 존재하기 때문에, 은혜는 기본적으로 상호적 규범으로 인정된다고 하였다.

확실히 은혜 관념이나 규범은 상호성 개념에 의해 설명할 수 있을 것이다. 그러나 상호성 개념은 적용 가능한 범위가 몇 가지로 확대될 수 있는 대단히 포괄적인 개념이다. 상호성 이론의 또 한 명의 창시자인 마리노프스키가 이미 제시했듯이, 거의 모든 사회적 권리나 의무 규범은 상호성 개념으로 충분히 설명할 수 있다.[1]

만일 은혜 관념의 특이성을 좀더 명확히 하고자 한다면 루스 베네딕트가 시도한 것처럼 '부채' 혹은 '빚'debt 등의 관념으로 설명하는 방법이 있다(두 말할 필요 없이 '부채' 의식 또한 일종의 '상호성'에 기초하고 있다).

베네딕트의 『국화와 칼』에 나오는 은혜, 도리, 의무, 부채에 대한 설명 부분에 혼란스러운 점이 있다는 것은 한 번 읽어보면 알 수 있으며, 이에 대해서는 사쿠라이나 그 밖의 다른 사람들이 이미 비판을 한 바 있다. 그러나 베네딕트가 일본인의 보은 행위를 이상하게 볼 미국인을 향해, "미국인이 이러한 일본인의 덕행을 쉽게 이해할 수 있도록 도와주는 방법은, 끊임없이 잊지 말고 그것을 경제거래와 비교해 보고, 그 배후에는 미국에서 재산을 거래할 때와 똑같이 채무불이행에 대한 여러 가지 제재가 있다는 점을 고려하는 것이다"고 말한 것은 적절했다.

단지 여기에서 확실히 해두어야 할 점은, 일본의 은혜나 의리에 나타나는 부채 관념은 베네딕트가 말한 만큼 진귀한 것이 아니며 이상하게 볼 필요도 없다는 것이다. 순수하게 경제적 거래 이외의 장소에서도 부채 개념이 상당히 널리 존재한다는 것은 인류학자가 자주 지적하는 부분이다. M. 그럭맨 등도 "어떤 의무체계든 '빚을 지고 있다'owe거나 '부채가 있다'indebted 등의 사고방식을 포함시켜 모든 것을 부채debt 관념으로 서술할 수 있다"고 말했다. 그는 아프리카의 전통사회를 염두에 두었는데, 거기에는 지위관계에 도덕적 요소가 깊게 연결되어 있다. 사람들 사이에 하나의 지위status 관계가 형성되어 있다는 것은, 한쪽이 다른 쪽에 항상 노동봉사를 하거나 경제적 물질적 원조를 계속한다는 것과 동일한 의미를 갖는다. 즉 지위관계란 결국 '부채를 계속 갚는다'라는 관념을 갖게 되는 것이다.[2]

이러한 관점에서 이제부터 이야기하려고 하는 일본의 부모자식 관계에서 보이는 은혜 관념을 이해할 수 있을 것이다. 자식이 부모에게 은혜를 갚고 부채를 갚는다는 의식은, 이런 관점에서 보면 바로 일본의 부모자식 간 지위관계를 나타내주는 하나의 표현형식이라고 생각할 수 있기 때문이다.

3. 은혜 관념의 특징

부모와 자식 간에 나타나는 은혜 관념도 확실히 일반적인 은혜와 유사하게 은혜를 베푸는 자와 은혜를 입는 자 사이의 지위의 우열과 관련이 깊다. 즉 은혜 관념은 어떤 의미에서 부모의 권위와 이에 대한 자식의 수용이라는 관계로 대응된다고 할 수 있다. 그러나 그것이 전통적으로도 사쿠라이와 가와시마의 표현만큼 봉건적이고 일방적인 복종과 봉사를 강조하는 관념이 있는지는 의문이다.

현재에도 여러 가지 형태로 은혜나 효를 설명하는 사람들이나 집단이 존재한다. 그 중에는 확실히 정치적인 동기나 이데올로기를 배경으로 해서 설명한 것도 있지만, 특히 눈에 띄는 것은 일부의 기성 불교나 신흥 종교적 내지 도덕주의적 운동 내에서 설명한 것이다. 이들의 최근 시류를 검토해 보면 하나의 커다란 공통점이 있다. 그것은 모두 가문家 제도나 가장제 등과 같은 외적 강제력을 가진 틀이 실질적으로 사라져버린 현대 일본가족에게도 도덕으로도 통용되는 은혜 관념을 전개시키고 있다는 점이다. 현대적인 교리로 유교적 치장을 떨쳐버리고 일본 본래의 은혜나 보은 규범을 반영시키기 시작했다고 볼 수도 있다. 이하에서 나름대로 정리한 은혜의 특징을 몇 가지 들어보겠다. 구체적인 내용이기 때문에 내가 가지고 있는 이런 종류의 최근 효행론에서 인용하고자 한다. 그것은 선종 승려인 오제키 소엔尾關宗園의 『효도』(『親孝行』, 主婦と生活社, 1973)란 책이다.

내가 생각하기에 부모자식 간의 은혜 관념 및 규범 중에서 기본적인 첫 번째 요소는, 은혜를 베푸는 쪽 즉 부모측 행위는 어디까지나 무상 행위임이 강조된다는 점이다. 무상 행위라는 것에는 우선 자기희생을 기초로 한 행위라는 의미가 있다. "보금자리가 타버린 꿩이 새끼를 감싸듯, 추운 밤 두루미가 새끼를 그 날개 안에 감싸듯"이라는 속담을 선호하고, 자신은 죽어도 자식은 구하는 부모의 행위가 최고로 평가된다. 그러나 부모의 자기희생 속에, 부모가 당연히 자식에게 해야 할 일이나 부모의 의무사항까지 확대 해석되어 포함되어 있다는 점이 매우 특징적이다. 예를 들면,

……기저귀를 갈아 대소변을 처리해 주고 어머니는 한밤중에 잠에서 깨어 젖을 준다. 또 아버지나 어머니 모두 흘린 밥을 더럽다 여기지 않고 손으로 주워 자신의 입에 넣는다. 게다가 맛있는 것이 있으면 자신이 먹기보다 자식에게 먹이고 싶어하신다. 이것이 부모입니다. (200쪽)

이러한 매우 일상적인 부모의 양육행위까지 부모의 희생적 행위로 여기고, 그 희생이 거듭되어 부모는 고생하고 늙고 마침내 돌아가신다고 해석한다.

이 점이 자식들이 부모의 은혜를 느낄 수 있는 원천 중 하나일 것이다.

무상 행위라는 것에는 그러한 행위에 대한 보답을 기대하지 않는다는 것도 포함되어 있다. 하물며 보답하겠다는 약속을 하게 만들거나 강요하는 것, 즉 '공치사'는 본래 의미의 은혜 규범에서 벗어난 것이다. 즉,

> ……감히 말씀드리자면, 그렇다고 해서 효도하여 (부모에게) 받은 것을 갚아드리자는 식으로 이야기할 생각은 추호도 없습니다. 그런 기브 앤드 테이크give and take 관계는 부모자식 간에는 존재하지 않습니다. (28쪽)

그런데 두 번째 요소는 무상임에도 불구하고 은혜는 갚아야 한다는 점이다. 다만 여기에서 중요한 점은, 은혜를 갚는 것이 어디까지나 은혜를 입는 쪽 즉 자식 쪽의 자발성에 의거해야 한다는 것이다. 따라서 은혜를 갚기 전에 자식들이 스스로 은혜를 실감하는 단계가 필요하다. 이를 위해 은혜 관념에 덧붙여 은혜를 실감하도록 사람들을 이끌어가는 감은感恩의 길이 여러 모로 준비되어 있다.

그 중 하나가 '부모'라는 것, 특히 '부모 마음'이라는 독특한 규정이다. 우선 부모 마음은 사사로움이 없고 순수하다는 규정이 있다. 왜냐하면 부모는 자식에게 희생적이며 무상 행위를 하기 때문이다.

> ……당신을 사랑하고 귀여워하고 아름답다고 생각하는 부모의 마음에는 한 점의 그늘도 없이 맑은 거울입니다. (69쪽)

그런데 부모의 마음은 순수하지만은 않다. 그 이상의 것이 되어버린다.

> ……자식에 대한 사랑은 부모로 하여금 여러 가지를 고려하고 고민하게 만듭니다. 아이가 원하는 대로 다 해주는 부모도 그 중 하나입니다. ……우리 아이가 너무 귀여워서 이성을 초월해 버리는 것입니다. 맹인이 되는 것입니

다. 바보가 되는 것입니다. (79쪽)

즉 이성을 초월한 편애의 영역에까지 도달해 버리는 것이다. 여기에서는 소위 '팔불출 부모'도 긍정적으로 받아들여진다.

한편 자식 쪽에서는 이러한 부모의 마음을 조금도 이해하지 못한다. 혹은 부모의 애정이란 자식 모르게 전달된다는 점이 강조되기도 한다.

……부모의 애정은 항상 일방통행이다. 부모는 자식이 잘되기를 바라고 그렇게 했으나 그대로 받아들여지는 경우란 거의 없다. 슬픈 일이다. (43쪽)

즉 '부모 마음을 자식은 모른다'는 것이다. 한편으로는 부모는 순수하고 사심 없고 때로는 이성을 잃을 정도의 애정을 갖고 있음이 강조되지만, 다른 한편으로는 그것이 일방통행이라 자식들은 이해하지 못한다는 점도 주장되었다. 이런 부모 및 부모 마음에 대한 규정이 무엇을 목표로 하는지는 명료하다. 자식에게 그것을 잘 알려서 보답하도록 강요하려는 것이다 "효도하고 싶을 때는 부모는 없다" 등과 같은 꽤 강제성을 띤 충고문구도 있는데, 그러나 되풀이해서 말하지만 이런 식으로 은혜를 갚으라고 명령하는 것은 아니다. 소위 자발적인 보은으로 유도하는 것이다. 바꿔 말하면 은혜의 필연성에 따른 은혜의 보은성에 대한 근거를 제공하고자 하는 것이다.

은혜가 필연적이라는 점을 뒷받침해주는 관념 중 매우 중요한 것이 있다. 그것은 부모자식 관계는 절대적이라서 불변하다는 관념이다. 부모가 자식을 낳았다는 것은 단 한 번뿐이며 지울 수 없는 사실이라는 점, 따라서 설정된 부모자식 관계는 일생불변이라 그 사실로부터 도망칠 수 없다는 점, 그러므로 인간은 부모를 선택하거나 자식을 선택할 수가 없다는 점, 일단 정해진 부모자식 관계의 지위는 뒤집어질 수 없다는 것('부모보다 먼저 세상을 떠나는 불행'이라는 것들도 이를 가리킨다) 등 다양한 표현으로 바꾸어

설명된다. 예를 들면,

> ……묘한 인연으로 얼굴을 마주한 부모와 자식은 평생 그 이외의 관계가
> 될 수 없다. 지금이나 옛날이나 부모는 자식을 생각하고 자식은 부모를
> 짐스러워하면서도 웃고 울면서 살아가는 것이다. (35쪽)

이런 전제 하에서 설정된 은혜 관념이나 규정은 결국 처음부터 운명적인 것이라고 할 수 있겠다. 이는 계약적 관계에서 가장 멀리 떨어져 있는 관계다. 주지하는 바와 같이 부모의 은혜 중 하나로 자신을 '낳아주셨다'는 점을 가르친다. 이것이 자식에게 은혜관계에서 벗어날 수 없음을 알려주는 표현이다. 이로 인해 은혜 관념과 부모자식 관계의 절대성은 완전히 일치된다.

또 하나 덧붙이자면, 부모와 자식이 서로 벗어날 수 없는 관계임을 강조하는 것은 거꾸로 말해 부모자식 간의 단절 즉 교류가 없어지는 것을 싫어한다는 것이다. 따라서 부모와 자식이 헤어져버리기보다는 비록 충돌할지라도 연결되어 있는 편이 낫다고들 한다. "불효도 효도 중 하나"라는 말은 역설적으로 이런 사정을 잘 보여준다.

은혜의 특징 중 세 번째는 자식이 부모에게서 받은 은혜의 내용과 양에 대한 것이다. 은혜를 입는다는 관념은 확실히 부채 혹은 빚이라는 의식과 관계가 있다. 부모의 은혜라고 여겨지는 것에는 부모에게서 받은 재산과 지위는 물론, 전술한 바와 같이 세세한 일상적인 부모의 자녀 양육행위까지 포함된다. 아마도 부모가 자식에게 행하는 정신적·육체적 노동이나 물질적인 모든 도움이 자식에게는 부모에게 진 '빚'이 될 수 있다고 볼 수 있겠다. 그렇다면 이런 은혜의 특징은 은혜에 무엇이 포함되어 있는가보다는 오히려 자식에 대한 부모의 모든 행위가 왜 은혜에 포함되는가에 의해 규정될 것이다.

이유는 역시 은혜의 특징으로 든 첫 번째와 두 번째 점과 밀접한 관계가 있다. 은혜의 규범에는 부모가 무엇을 얼마만큼 제공해 주었는가를 지정해서는 안 된다는 내용이 있다. 이것은 자식이 직접 느껴야 하는 것이다. 부모의 행위 안에 있는 소위 '무언의 말'에서 읽어내야 하는 것이다. 이 점이 부채 관념의 하나로 해석되는 일본적 은혜의 내용과 양量적인 면에서의 특이성과 직결되는 점이다. 즉 부모로서의 행위가 모두 '자기희생'에 기초한 것이라고 자식 쪽에서 파악하게 되면, 불특정의 무수한 부모의 은혜가 존재한다고 느낄 것이다. 이는 말 그대로 얼마만큼 은혜를 갚으면 부채가 없어지는지 그 기준도 없다는 이야기다. 은혜라는 부채를 갚는 데에는 특정 한도가 없다는 것이다. 이렇게 해서 은혜는 갚아도 갚아도 다 갚을 수 없는 것, 은혜는 무한한 것이라는 관념이 존재하게 된다.

베네딕트가 이 점을, 일본인의 은혜라고 생각하는 부채 관념에 내재된 가장 이해하기 힘든 부분으로 여긴 것도 무리는 아니다. 그러나 앞에서 이야기한 그럭맨의 지위관계와 관련시킨 부채 개념에 대한 견해를 따르자면, 부채가 무한하다는 관념과, 부모자식 간의 지위관계가 불변하며 절대적이라는 관념과는 완벽하게 조화를 이룬다는 점이 쉽게 이해될 것이다. 부모와 자식이 각각의 라이프 사이클에 따라 변천을 하더라도, 결코 단절되는 것이 아니라 평생 부모와 자식이라는 지위에 어울리는 관계를 유지해야 한다는 것을, 부채 관념으로 표현하자면, 갚아도 갚아도 다 갚을 수 없는 부채라고 표현할 수 있을 것이다.

4. 고대 중국과 타렌시 족의 효

일본적 은혜의 특징은 '효' 관념이 발달한 다른 사회의 부모자식 관계가 어떤지를 알게 되면 좀더 명확해질 것이다. 우선 그 한 예로서 중국 고전에 등장하는 효를 간단히 살펴보기로 하자. 쓰다 소키치津田左右吉에 따르면, 유교사상에서는 부모의 자식 사랑에 도덕적 가치를 두지 않고, 오히려 그것이

덕의 기본인 효를 방해한다고 꺼리는 경향이 있다. 반면 일본인은 역사적으로 일관되게 자식을 사랑하고 자식을 성인으로 키우는 것을 인생 최대의 기쁨일 뿐만 아니라 도덕적 의무라고까지 높이 평가한다고 설명하였다. 그리고,

> 중국의 옛날 유학자가 효를 가르칠 경우 부모의 은혜를 별로 언급하지 않았음에도 불구하고, 일본의 유학자는 효의 기초를 거기에 두는 경향이 이 점과 관계가 있지 않을까? (『シナ思想と日本』)

라고 했다. 일본에서의 효행 관념은 유교에 의해 성립되었다고들 하지만 근본적인 부분에서 큰 차이가 있는 듯하다. 쓰다 소키치도, 일본에서의 효가 독자적인 은혜사상을 바탕으로 한다거나, 그가 말하는 '부모자식 간의 자연스런 애정'이─실제로는 매우 규범적인 것이라고 앞에서 이야기하였다 ─큰 역할을 한다거나 하는 것들을 특징으로 보는 것 같다.

일본의 '효도'와 비교하여, 중국 유학에서의 효는 부모 특히 아버지를 공경하고, 그 뜻을 알고, 명령을 받든다는 점이 두드러진다. 예를 들면,

> 개나 말조차 그 부모를 잘 봉양하는 법을 알고 있으니, 공양하는 마음이 없다면 개나 말과 다를 바가 무엇이겠는가? (『論語』 爲政篇)
> 아버지 생전에는 무엇을 생각하고 계신가를 보고 아버지 돌아가신 다음에는 무엇을 행하셨는지를 본다. 3년 상중에 아버지의 생각을 계승하는 것이 효행이다. (『論語』 學而篇)

아버지에 대한 복종은 주군에 대한 복종보다 절대적이다. 충성의 대상인 주군은 바꿀 수 있지만, 아버지는 그렇게 할 수 없기 때문이다. 즉 '신하의 예禮'가 "세 번 간언해서 듣지 않으면 바로 그를 떠난다"라고 정의되는 데 비해,

자식이 부모를 섬길 때 세 번 간언해도 듣지 않으면 바로 그 자리에서 울면서 부모를 따른다. (『禮記』曲禮篇)

라고 하였다.

또한 유교적인 공경은 꽤 엄격하고 형식적인 예의를 수반하는데, 굳이 표현하자면 내심內心이 기준이 된다. 일본의 부모에 대한 공경과는 상당한 차이가 있다. 이를 잘 보여주는 것이 유교경전에 나타난, 부자지간을 사회적·의례적·상징적으로 분리시키고 대립시키는 여러 규칙들이다.

군자는 손자는 안지만 자식은 안지 않는다. (『禮記』曲禮篇)
부자父子는 자리를 같이하지 않는다. (『禮記』曲禮篇)
아버지는 자식의 제사를 지내지 않는다. (『禮記』曲禮篇)
부자는 지위가 다르다. (『禮記』坊記篇)
사람의 자식이란 안쪽 상좌에 앉지 않고, 한가운데 자리에 앉지 않고, 길 한가운데로 다니지 않고, 중문中門에 서지 않고,[2] 제사 때는 시동씨尸童氏[3] 가 되지 않고[4] …… 구차하게 남을 헐뜯지 않으며, 구차한 억지웃음을 짓지 않는다. (『禮記』曲禮篇)

일반적으로 말해 이런 종류의 규칙은 인접세대 간의 대립—그리고 떨어진 세대간의 친화—을 표현한 것으로서 인류학상 전혀 이상할 것이 없지만, 효 관념에서 부모에 대한 존경이나 복종, 부자지간의 분리나 대치가 한 덩어리로 되어 있어서 일본의 경우와 대조해볼 때 주목하여 살펴볼 필요가 있다.

---

2) 주인은 중문에서 배웅을 하지만 하인은 대문 밖까지 나가서 손님을 배웅하는 예의범절을 준수.
3)´ 옛날 제사 때는 조상신을 상징하여 신주 대신 사람을 앉혀 놓고 제사를 지냈는데 그 사람을 일컬음.
4) 아버지가 제사지내는데 아들이 시동씨가 되면 마치 아버지가 그를 받들어 모시는 격이 되기 때문이다.

그런데 효에 대한 규범이 존재한다는 사실만으로 종종 '봉건제'와 연관시키곤 한다. 그러나 M. 포테스의 사회인류학적 연구에서는, 필시 어떤 의미에서도 봉건제라고는 하기 어려운 아프리카의 타렌시 족5) 사회에 거의 고대 중국에 필적하는 효filial piety 관념과 규범이 있다는 점을 명시했다.

이 서아프리카의 부계사회에서는 장남이 아버지 지위를 계승하도록 되어 있다. 단 장남이 한 가족의 장으로서 법적·의례적 권위를 획득하는 것은 아버지가 죽은 이후다. 아버지 생전에는 장남은 그저 계승예정자로서 아버지의 권위에 복종해야 한다. 그러나 자식이 나이를 먹으면서 경제적으로도 독립성이 강해지고, 결혼해서 아이가 생기게 되면 그는 점점 부모의 지위를 위협하는 존재가 된다. 사람들은 이런 이유로 "네 장남은 네 라이벌이다"라고 솔직하게 표현한다. 이것은 한 노인의 다음과 같은 말에도 언급되어 있다. "내 자식을 봐라, 그는 내가 내일 죽는다고 해도 별 걱정을 하지 않는다. 내가 죽으면 그는 내 재산을 상속하고 가장의 자리를 차지하고 느긋하게 쉴 수 있다. 장남을 둘러싼 상황은 늘 복잡하니까."

이런 관계를 맺고 있는 아버지와 장남 사이에는 어느 정도 고대 중국과 공통점이 있는, 양자兩者를 상징적으로 분리하기 위한 중요한 터부 내지 기피해야 하는 규칙들이 있다. 우선 장남은 아버지와 같은 접시를 사용하여 음식을 먹어서는 안 된다(아버지가 자신의 처에 대해 갖는 권리를—이 경우는 식사를 준비하도록 명령할 수 있는 권리—자식에게 인정해 주는 상징적인 표현), 아버지의 곡물창고를 엿봐서는 안 된다(아버지가 경제상의 주인이라는 표현), 살아계신 아버지의 활과 화살통에 손대서는 안 된다(아버지와 같은 지위에 있으면 안 된다는 것의 표현), 아버지의 의복은 돌아가셔도 입어서는 안 된다(아버지라는 인격은 자식에게 유일무이하다는 것) 등이 그것이다.

포테스에 따르면, 아버지와 장남 사이에 전형적으로 나타나는 이러한

---

5) 아프리카 가나공화국 북부에 거주하는 부족.

긴장·대항·기피 관계를 제어하는 것이 이 사회에서의 효다. 효란 아버지라는 살아 있는 권위를 자식에게 받아들이기 쉽게 해주는 도덕적 규범이라고 한다. 즉 효는, 일방적으로 자식에게 아버지의 명령에 따를 것, 아버지를 존경할 것, 아버지를 위해 일할 것, 타인으로부터의 공격에 대해 아버지 편이 될 것을 요구한다. 아버지가 이러한 봉사나 충성을 자식에게 기대할 수 있는 것은, 그가 자식을 낳았다는 사실에 기초한 것이라서 빼앗을 수 없는 그의 권리다. 한편 효라는 규범으로 인해 자식은 아버지의 권위를 인정함과 동시에 아버지로부터의 경제상·정치상의 비호를 받는다. 다시 말하자면 효는, 한편으로는 아버지와 자식이라는 인접한 세대 특유의 권위와 대항의 관계, 다른 한편으로는 부모가 자식을 사랑하고 키우고 보호한다는 혈연자가 당연히 가지고 있는 애정관계라는 두 가지 관계를 조정하는 것이다.

　이상 고대 중국 및 아프리카의 한 사회에서의 효를 인접한 세대 간의 대립과 의존이라는 맥락에서 살펴보았다. 이는 일본의 부모자식 관계와는 다소 다른 것이었음을 쉽게 예상할 수 있다. 다음 문제는 일본에서의 은혜, 보은의 규범을 이러한 사회적 맥락에서 살펴보는 것이다.

5. 보은행위의 행태

　일본의 '효도' 즉 보은행위에는 일단 어떤 내용이 포함되어 있을까? 부모를 존경하고 부모에게 순종하는 것은 확실히 보은행위에 포함될 것이다. 늙은 부모를 공양하는 것도 그 중 하나임에 틀림없다. 그러나 내가 주목하고 싶은 것은, 옛날 도덕교과서에나 나올 법한 그런 효도의 덕목만이 보은행위인 것이 아니라, 더 일상적인 작은 행위도 그 안에 포함된다고 하는 일본 효도의 넓은 범위다. 즉 부모에게 적극적으로 복종하고 도움을 주는 것만이 아니라, 부모를 기쁘게 해드리는 것 또는 단지 부모에게 걱정을 끼치지 않는 것, 고생시키지 않는 것, 게다가 자기 스스로 잘 성장해서 순조로운 생활을 하는 것까지 효도에 들어간다는 것이다.

앞에서 언급한 오제키 소엔尾關宗園의 책에 "부모를 기쁘게 하는 스무 가지"라는 것이 있다. 그 안에는 이런 것들이 있다.

하나, 몸을 건강히 하는 것.…… 넷, 그날 있었던 일을 말한다. 다섯, 부모와 술을 마신다. …… 일곱, 부모의 자랑거리를 들어드린다. …… 열셋, 싫은 일을 대신한다. 열아홉, 부모와 함께 산다. 스물, 가능한 한 빨리 손자 얼굴을 보여드린다.

그의 소위 '효도하는 행복'에는 '손자의 얼굴을 보여드리는 것'부터 자신의 '몸을 건강히 하는 것'까지가 동등하게 다뤄지고 있다는 점이 특징적이다. 그러나 부모와 술을 마시고, 그날 있었던 일을 말한다는 등의 세밀한 행위를 일종의 효도로 보는 것은, 반드시 오제키 한 개인의 견해가 아니라 많건 적건 일본인이 가지고 있는 견해라 할 수 있겠다. 이것이 은혜와 보은의 규범적인 측면에서 타렌시 족의 효와는 다른 점이다. 여기에서 하나의 구체적인 예에 의거하여 그 같은 보은행위의 기능과 행동 등을 분석해 보고자 한다.

현대는 예전의 '가문' 중심의 규범이 붕괴되고, 그 규범을 대신하여 가족관계를 규정할 도덕이 성립되지 못했다고 많은 사람들이 느낀다. 은혜의 규범이 재평가되고 현대적인 효행론이 유포된 배경에는 이러한 일반적 풍조가 있었음에 틀림 없다. 이는 기성불교의 여러 종파나 승려 개인의 노력에 의해서, 또는 신흥 여러 종교와 도덕주의적 운동의 실천적 과제로 채택됨으로써, 거의 '풀 뿌리(민중)'에게서 발생한 리바이벌리즘revivalism(재생주의)을 연상시킨다.

지금부터 예로 드는 것은 그런 조직 중 하나에 가입한 A씨의 체험담으로서, 그 조직의 기관지에 실린 내용이다. A씨는 78세의 부모와 아들을 둔 중년여성이다. 그녀는 처녀 시절부터 아버지에게 반감을 품어 아버지를 피하기도

하고 반항하기도 하고 거추장스러운 존재로 취급하기도 하였다. A씨의
부모에 대한 그런 태도를 자기 자식도 그대로 보고 배워버렸다. 그러던
어느 날, 아버지의 몸이 갑자기 눈에 띄게 쇠약해지더니 그대로 자리에
누워버렸다.

> 아버지는 매일 화장실 가는 간격이 좁아져 밤에도 5분에서 10분 간격으로
> 일어나, 본인은 물론이고 곁에 있는 나조차 뜬눈으로 밤을 새우는 날이
> 계속되었습니다. 어머니와 교대로 간호를 하던 나는 그날은 내 방으로 돌아
> 와 잠을 잤기 때문에 새벽녘까지 아무것도 모르고 있었습니다. 밤중에 목욕
> 을 끝낸 아들이 문득 할아버지 병실을 들여다보았는데 할머니가 피곤에
> 지친 기색으로 침대 머리맡에 앉아 있는 것을 보고 "할머니, 쉬세요, 이제부
> 터 제가 있겠어요"라며 상냥하게 위로하고 그날 밤 한숨도 자지 않은 채
> 할아버지의 병간호를 했습니다.…… 할아버지 머리맡에서 자지 않고 간호
> 한 아들의 모습—내 가슴이 찡하게 뜨거워지는 것을 느꼈습니다. 이 애가
> 전날까지 할아버지에게 "시끄럽다" "무슨 상관이야"라며 반발했던 그 아이
> 일까요?

이 일을 계기로 아들은 할아버지에 대한 태도를 완전히 바꾸어 배려
깊은 손자로 변했다고 한다. 그뿐만이 아니라 이 일은 A씨 자신에게도
영향을 미쳐서, "내 자신도 모르게 그렇게까지 피한 아버지임에도 불구하고,
아버지를 열심히 양 손으로 부축하면서 상냥하게 돌보고 있는 자신의 모습에
놀랄 뿐입니다"라고 말하기에 이르렀다. 그리고 그녀는 다음과 같이 반성했
다.

> 아버지를 이런 모습으로 만들어버린 것도 우리 모자가 아버지께 몹시 걱정을
> 끼쳐드렸기 때문이다. 나는 그저 죄송할 뿐, 마음속으로 "아버지 죄송해요
> 불효만 해서"라고 사죄할 수밖에 없었습니다.[3]

A씨의 체험을 정리해 보면 다음과 같다. 우선 그녀는 아버지와의 불화로 고민하고 있었고, 그것은 결국 그녀 가족의 전체 생활에 어두운 그림자를 드리웠다. 이때 기회가 왔다. 아버지의 병이다. A씨와 어머니는 간호에 지쳤다. 그런 모습을 본 아들이 자발적으로 밤을 새워 간호를 한 것이다. 생각지도 않은 아들의 헌신을 알게 된 A씨는 감동한다. 그리고 아들이 그렇게 행동하게 된 것은, A씨가 몸소 간호하는 모습을 부모에 대한 헌신으로 해석했기 때문임을 알게 된 것이다. 그래서 스스로 지금까지의 '불효'를 뉘우치고 사과할 마음이 생긴다. A씨는 아버지에게 상냥해지고 그 결과 아버지와도 화해한다.

여기에서 생각해 보고 싶은 것은 부모와 자식의 세대적인 대립과 긴장을 조절하는 것이 은혜라는 점이다. A씨의 사례도 은혜 관념을 매개로 해서 아버지와 화해하게 되었다고 생각된다. 화해 과정 즉 보은의 행동이라는 점에 주목하면, 가장 중심이 되는 것은 사람에게 부모의 은혜를 느끼게끔 만들어 주는 계기다. 왜냐하면 앞에서 서술했듯이 원칙적으로는 부모의 은혜를 자식이 자발적으로 느껴야 한다. 일단 그것을 느끼게 되면 부모자식 간의 갈등은 해결된 것이나 다름없다.

A씨의 글에 보이는 감은의 계기는 두 가지다. 첫째는 아버지의 병이다. 지금까지 건강했던 부모가 나이가 많아져 신체 이상이 왔을 때, 일본인이 은혜를 느끼는 가장 일반적인 계기가 된다. 거기에는 물론 부모에 대한 동정심이 직접적 계기가 된다. 그러나 거기에 머무르지 않고 A씨의 반성에도 나타나듯이 "부모가 약해진 것은 자신이 걱정을 끼쳤기 때문"이라는 부채 내지는 은혜의 관념이 개입된다.

두 번째 계기는 A씨가 자기 아들이 자발적으로 헌신했다는 사실을 알게 된 때다. 이에 관해서는 좀 자세히 살펴볼 필요가 있다. 속담 중에 "아이가 생기고서 알게 되는 부모님의 은혜"라는 말도 있듯이, 이는 아마도 두 가지 각도에서 생각할 수 있겠다. 하나는 자기 아이가 생기면서 고생을 하게 되고 마침내 부모 마음을 알게 된다는 이야기다. 즉 자식을 대하는 자신의 입장을 자신의 부모에게 투영시켜 이해하는 것이다. 다른 하나는 자신에 대한 아이의 마음씀씀이를 효도라고 판단함으로써 효도받는 부모의 입장을 이해하는 것이다. 이는 다시 말해 자신이 부모의 자식이라는 입장을 다시 자기 자식에게 투영시키는 것이다.

전자는 부모로서의 자신의 지위를 본인의 부모의 지위와 등치시키고, 후자는 자식으로서의 자신의 지위를 본인의 자식의 지위와 등치시킨 것이라고 정리해 본다면, A씨의 경우는 후자에 속할 것이다. 즉 A씨는 할아버지를 헌신적으로 간호하는 아들에게서 감동을 받고 그 때문에 계몽된 것인데, 곰곰이 생각해보면 A씨는 자신의 자식으로서의 지위나 입장을 아들에게 비추어 아들의 모습 속에서 그것을 발견한 것이라 할 수 있겠다.

부모자식 간에 은혜관계를 인식하는 하나의 형식 혹은 계기를 지위나 입장의 '등치'라고 표현한 것은, 이미 일본의 부모자식 관계에 존재하여 '의존'이라든가 '동화'라든가 '조응'과 같은 표현으로 지적되던 것과 여러 가지 관점에서 무관하지는 않다. 그러나 강조해 두고 싶은 것은 여기에서 말하는 등치가 단순한 감정적·정서적인 몰입과 심리적 동화가 아니라 하나의 제도로서도 존재한다는 사실이다. 예를 들면 부모가 자식에게 자기 자신을 '어머니'나 '아버지'라 칭하는 일본 특유의 고정된 호칭의식에도 반영되어 있다.[4] 혹은 "자식은 부모의 거울"이라는 속담도 깊은 의미에서 이러한 구조를 표현해주는 듯하다.

은혜 관념이라는 관점에서만 보더라도 부모자식 간에 일정한 방식으로 지위의 등치가 이루어지고 있는 점은 매우 큰 의미가 있다. 그것은 여기에서 이야기하였듯이 부모자식 간에 불화나 위기가 생겼을 때, 긴장의 조정기구로서 은혜 규범이 발동되기 쉽게 해준다. 그뿐만이 아니다. 부모에게서 받은 은혜는 부모에게 갚는 것이므로, 부모에게 갚는 대신 자기 자식에게 어떤 은혜를 베푼다는 관념은 기본적으로 없다. 은혜 관계는 두 세대 간의 완결적인 상호관계이기 때문에, 이 관념은 세대의 연속성이나 사회적인 전파라는 측면이 빈약하다. 이 점 역시 중국이나 타렌시 족의 효의 관념과 매우 다르다는 것을 보여준다. 그런데, 부모자식 간의 지위적 등치라는 제도는 본인을 중심으로 하는 3세대가 걸려 있고 이들을 서로 연결시켜 주기 때문에, 완결적인 성격을 띤 은혜 관념을 다소 해방시켜 주는 역할을 하는 듯하다. 이것이 아마도 조상을 포함시킨 더욱 넓은 사회관계와 은혜 관념의 연결점일 것이다.

6. 끝으로

지금까지 일본에서의 은혜 관념을 단지 일본인의 심리나 의식으로서가 아닌 하나의 제도로서 사회인류학적인 관점에서 살펴보았다. 은혜는 다른 사회에서 발달한 효와 마찬가지로 부모와 자식이라는 세대관계의 특유한 권위나 대립, 긴장을 조절하고 제어하는 기구라고 볼 수 있겠다. 그러나 그 구체적인 내용을 들여다보면 이 둘 사이에는 다양한 차이가 있음을 알게 된다. 이런 차이를 하나하나 파헤치는 작업은 일본의 부모자식 관계나 나아가 사회구조의 탐구에 유효한 수단이 될 수 있을 것이다. 왜냐하면 은혜나 효의 관념은 각 사회의 부모자식 간의 관계의 본질 중 가장 근본적인 부분과 깊이 관련되어 있기 때문이다.

예를 들면 이 같은 관점에서 일본의 장자를 타렌시 족의 장자와 비교해 보겠다. 앞에서 서술했듯이 타렌시 족의 장자 특히 장남에게 적용되는 기피규칙은 차남 이하에게는 적용되지 않는 특별한 것이다. 기피규칙이나 터부는 아버지와 장남을 분리하여 대치시키고자 하는 특징을 갖고 있다. 일본의 장자는 이 점에서 대조적이다. 우선 부모와의 분리를 촉진시키고 장남에게만 적용되는 특유의 기피규칙 같은 것은 찾아볼 수 없다. 오히려 반대로 차남 이하에 비해 장남이 특히 부모와 친밀하고 의존적인 관계를 보인다는 점이 눈에 띈다.

타렌시 족의 아버지와 장남 사이의 기피와 대치규범은 장남이 아버지의 지위계승자라는 데서 오는 라이벌 관계에 기인한다. 그렇다면 일본에서는 아버지와, 전통적으로 아버지의 지위·재산의 계승자인 장남과의 사이에 왜 같은 일이 발생하지 않았을까? 일본의 경우, 양자간에 원래부터 긴장이나 대립이 없었다고는 생각되지 않는다. 이를 이해하기 위해 예컨대 '은거제' 같은 존재를 생각해 볼 수도 있다. 그러나 은혜 관념이나 그와 관련된 규범이 부모자식 간의 긴장을 조정한다는 견해는 적어도 하나의 중요한 관점을 제공해 줄 것이다. 문득 떠오르는 것은 부모로부터의 독립심이 약하고 기개가 부족하고 부모에게 의존하여 놀기만 하는 소위 '유약한 장남'이란 전형적인 타입이다. 일본 장남의 이 같은 유형은 타렌시 족의 장남 유형과 상당히 대조적이다. 그 대조적인 이유가, 양측의 은혜 및 효와 관련된 관념이 부모에게 가장 중요한 자식 내지는 첫 자식인 장남으로 전형화되어 나타나기 때문이다.

또 하나 비교 시 흥미로운 예로서 소위 조상숭배 문제를 들 수 있겠다. 일본인과 타렌시 족의 경우, 제사를 지내는 조상 또는 죽은 자와 살아 있는 자손들 간에 상정되는 관계의 개념이 상당히 다르다. 이를 단적으로 나타내는 사항을 들어보겠다. 대다수의 아프리카 사회와 마찬가지로 타렌시 족 조상도, 평상시에 제사를 게을리하고, 생존해 있는 장로나 아버지의 권위에 따르지 않는 자손을 병나게 하는 등 불행에 빠뜨림으로써 벌을 준다고들 여긴다. 그러나 일본의 조상은 정식으로 제사를 지내는 이상 자손에게는 '해꼬지'를 하지 않는다. 오히려 반대로 '조상의 은혜'로서 자손의 행복에 기여한다고 여길 정도다.

이처럼 양측에 나타나는 조상에 대한 본질적 큰 차이는 양측의 부모자식 관계 특히 각각의 은혜와 효에 대한 관념 차이에 기인한다는 것을 쉽게 상상할 수 있다. 왜냐하면 조상의 권위란, 포테스가 타렌시 족의 예에서 설명했듯이, 부모의 인격이나 권위를 사후에 영구화시킨 데서 유래되기 때문이다. 자신의 부모와 마찬가지로 자손이 은혜를 입고, '무연無緣'한 상태가 되지 않는 한 자손을 괴롭히지 않는 일본의 조상, 그리고 아버지와 마찬가지로 항상 복종을 요구하고 그것을 무시한 자에게는 엄벌을 내리는 타렌시 족의 조상, 이렇게 매우 대조적인 조상의 존재는 각 사회의 상반된 부모자식 관계 때문일 것이다. 따라서 부모자식 간의 관계와 이에 관련된 관념이 배후 사회에 미치는 의미가 얼마나 큰지도 쉽게 간파할 수 있다. 그 중에서도 특히 '부모의 은혜'에서 '조상의 은혜'로, 더 나아가 그 위의 '사회의 은혜' '스승의 은혜' 기타 여러 가지 인간의 은혜에까지 영향력을 펼치는 은혜의 관념체계는 특이하며 또한 중요한 사회적 의미를 갖고 있는 것이다.

참고문헌

川島武宜, 「イデオロギ-としての孝」, 『イデオロギ-としての家族制度』, 岩波書店, 1957 (거의 같은 논문이 「孝について」라는 제목으로 『日本社會の家族的構成』, 日本評論社, 1950에도 수록되었다). 일본에서의 효의 '봉건적 성격'에 대해 자세히 논증하였다.

櫻井庄太郎, 『恩と義理』, アサヒ社, 1961.
사쿠라이櫻井에게는 이전 『日本封建社會意識論』(1949)이 있으며 일관해서 '의리'를 상인계급의 사회의식으로, '은혜'를 무사계급의 사회의식으로 논하였다.

T. S. Lebra, "Reciprocity and the Asymmetric Principle: An Analytical Reappraisal of the Japanese Concept of ON," *Psychologia*, 1969, vol.12. 상호성이론을 발전시켜 일반적인 은혜 관념을 설명한 것이다.

Ruth Benedict, *The Chrysanthemum and the Sword*, 1946 / 長谷川松治 譯, 『菊と刀』, 社會思想社, 1972. 세계대전 후 은혜와 의리에 대한 다양한 논의를 유발시켰다는 점에서 특필되었다.

津田左右吉, 「儒敎の實踐倫理」, 1932(岩波版 『全集』 18, 1965) 특히 중국 유교에서의 효에 대해 상세하다.

Meyer Fortes, *The Web of Kinship among the Tallensi*, 1949, Oxford U.P. ; "Pietas in Ancestor Worship," 1961 (*Time and Social Structure*, Athlone, 1970 수록).

전자는 타렌시 족의 혈연관계 특히 친자관계에 대한 상세한 기록이다. 후자는 그들의 효와 조상숭배를 폭넓은 시야에서 고찰한 것이다.

1) 예를 들어 다음과 같은 그의 지적을 들 수 있겠다. "평민에 대한 수장의 권리(요구), 처에 대한 남편의 권리, 자녀에 대한 부모의 권리, 혹은 이와 정반대 경우의 권리는 자의적으로 또는 일방적으로 행사되는 것이 아니라, 특정 규칙을 따르면서 균형을 잘 갖춘 상호적 봉사의 연쇄작용으로 이루어진다"(*Crime and Custom in Savage Society*, 1926, 46쪽).

2) Max Gluckman, *The Ideas in Barotse Jurisprudence*, 1965, Chap. 8.

3) 이상의 체험담은 다음에 실린 글이다. 實踐倫理宏正會, 『倫理宏正』 1975-10, 88~92쪽.

4) 이 점은 언어 면에서 또는 오히려 심리적 측면에서 鈴木孝夫의 『ことばと文化』(岩波新書, 1973)의 6장 특히 161쪽 이하에 상세히 제시되어 있다.

제9장 이에모토 집단 내의 인간관계

하마구치 에슌濱口惠俊

1. 기본 틀(패러다임)로서의 이에모토 제도 — 일본의 메타 원조직

각 사회에는 독자의 조직형태가 존재한다고들 한다. 심리인류학자 슈Hsu에 의하면, 예를 들어 옛 중국에는 크랜(족), 인도에는 카스트(서브카스트) 그리고 미국을 하나의 전형으로 삼는 서양사회에는 클럽(자유결사)이 각 사회를 대표하는 집단을 형성하고 있다.[1] 그러한 크랜·카스트·클럽은 각 사회의 전체 시스템의 통합을 구체적으로 지탱해 주는 주축임과 동시에 그 전체 사회를 디자인할 경우 가장 기초적인 도안이 되는 패턴이기도 한다. 따라서 이들 집단은 해당사회의 '원原조직'이라고도 부를 수 있는 조직이다.

'원原조직'이라는 개념은 사쿠타 게이이치作田啓一가 슈의 주장을 바탕으로 해서 독자적으로 제창한 것이다. 부연설명하자면 이하의 세 가지로 규정된다.[2] 첫째, 인간의 사회생활에서 기본적 요구가 충족되는 최소한의 범위다. 슈에 따르면 인간의 사회적 요구에는 ① 사교sociability ② 안전security ③ 지위status의 세 가지가 있다. 사교의 요구란 동료와의 교제를 유지하려는 요구를 말한다. 안전의 요구는 물질적·정신적 지원을 기대할 수 있는 유대(서클)를 갖고자 하는 욕구를 가리킨다. 자신이 동류자의 한 사람임을 확신 혹은 공언할 수 있는 집단이야말로 개인 안전의 원천이다. 또 집단 속에서의 개인의 서열은 집단에서의 평가를 의미하므로 더 좋은 지위를 얻어 동료로부터 중요시되기를 바라는 것이다. 이들 3S 중 안전과 지위에 대한 요구는 가족으로 충분히 충족된다고 볼 수 없다. 따라서 최소한으로나마 3S를 충족시키기 위해서는 가족보다 더 넓은 범위에 걸친 제2차 집단 혹은 중간집단을 찾게 된다.

둘째, '원조직'이란 하나하나의 구체적인 조직체를 칭하는 것이 아니라 각각에 공통적으로 나타나는 일반적인 형태를 가리킨다. 일본의 경우 기업, 노조, 정당 등의 조직체 안에 동족과 이에모토家元[1] 같은 조직 형태에 나타난다. '원조직'은 그런 조직 형태를 의미한다.

셋째, '원조직'은 주로 가족구성을 모방하여 만들어졌고 동시에 가족 내에서 도출된 욕구를 충족시킬 수 있는 조직이다. 슈는 일반적인 가설로서, 친족체계(가족)의 내용적 특질에 따라 그 사회의 제2차 집단의 성격이 결정된다고 언급했다. 따라서 일본의 '원조직'은 일본의 친족체계 즉 가문제도와 동족조직의 특색을 반영하고 있다. 요컨대 '원조직'은 사쿠타의 설에 따르자면, 중간집단이며 동시에 조직의 일반적 형태이기도 하며, 또한 가족구조를 모방하여 만들어진 것이고, 가족 내에서 도출된 사회적 요구를 충족시켜주는 장場이라고 할 수 있다.

그러면 일본의 '원조직'은 어떠한 것을 일컫는가? 슈는 위의 크랜·카스트·클럽과 대비시켜 일본의 원조직을 이에모토Iemoto라고 불렀다. 그것은 확실히 일본의 전통적인 이에모토 제도를 기본틀(파라다임)로 삼은 조직 형태다. 이에모토家元 제도는 관료제 기구와 비슷한 피라미드 형태 조직이면서, 글자로도 알 수 있듯이 근원적으로는 가족적 성격을 띤 가문제도에서 출발하였다. 이 이에모토 제도를 전형적인 모델로 한 조직체가 일본사회 전체에 편재되어 있다. 중소공장, 대기업, 행정관청, 정당, 노동조합, 대학,

---

1) 무도(武道)나 예도(藝道)에서 그 유파의 정통으로서의 권위를 갖고 그 기예를 유지계승하는 집안이나 인물.

학교, 종교단체, 구 군대, 기타 모든 조직에서 이에모토라는 이름의 원조직을 볼 수 있다. 이에모토는 단순히 제2차 집단으로 존재하는 데 그치지 않는다. 그것은 일종의 생활양식이며 일본인에게는 자신과 자신의 주위를 조직화하는 구조다. 더욱이 그것은 문제 해결을 위한 열쇠이며 내부의 알력과 외부로부터의 압력에 대처하기 위한 약도이기도 하다. 일본인의 내적·외적 대인관계의 특질은 이 이에모토에 반영된다.[3]

이에모토라는 원조직과 그 조직에서의 인간관계의 특징을 밝히기 위해서는 우선 그 전형적인 모델인 이에모토 제도 자체를 설명하지 않으면 안 된다. 물론 예도藝·무술 등 그 종류에 따라 제도가 다르기 때문에 그들 내부에서 공통된 특성을 발견하기란 곤란하다. 그러나 조직구조에 관해서는 역시 '일본적'이라고밖에는 표현할 수 없는 일종의 기본 속성이 존재한다. 그것은 조직체제에서는 상의하달식의 완전한 피라미드 시스템이 확립되어 있지 않고 오히려 하의상달식 히에라르히Hierarchie[2] 시스템을 갖추고 있다. 즉 이에모토 제도는 언뜻 보면 근대관료제 같지만 실질적인 구조를 보면 연결적 히에라르히라고 할 수 있는 조직 형태를 보인다.

이에모토 제도의 조직론적 해명을 시도한 가와시마 다케요시川島武宜는 그 구조상의 특징을 다음과 같이 들었다. (1) 스승과 제자라는 주종관계를 요소로 갖고 있다. (2) 주종관계의 연쇄로서 히에라르히적 파벌집단을 구성하고 있다. (3) 그 집단이 이에모토라는 가부장적 권력에 의해 통솔된다. (4) 이 집단이 가부장적 대가족집단으로 '의제擬制'되어 있다. 이 네 가지에 대해 약간의 보충설명을 덧붙였다. 즉 특별히 발탁된 스승과 한 몫을 할 만하다고 인정받은 문하생 나토리名取[3]와의 관계는 단순한 기예의 교수로만 한정된 것이 아니라 계속적·고정적인 주종관계를 형성한다. 즉 스승은

---

2) 독일어로 피라미드형으로 서열화된 질서가 있는 조직.
3) 기예가 일정한 수준에 달한 자가 스승이나 이에모토로부터 예명을 받은 것이나 받은 사람. 이에모토를 정점으로 하는 일가의 구성원으로 인정받아 해당 기예를 가르칠 수 있는 자격을 부여받는다.

비호해 줄 의무가 있고 그에 대해 제자는 '은혜'에 보답하는 충실봉사의 의무가 있다. 이에모토 제도는 이와 같이 개개인의 주종관계가 연쇄적으로 형성된 하나의 큰 신분계층적 히에라르히 제도라고 할 수 있다. 게다가 특정 이에모토 조직은 이에모토를 가부장으로 여기며 가족제도('가문')를 모방한다. 그 이에모토는 세습적 카리스마로서의 권력을 갖는다.[4]

니시야마 마쓰노스케西山松之助도 같은 시점에서 이에모토 제도의 구조를 다음과 같이 규정했다. (1) 이에모토 제도를 구성한 이에모토(종가)는 모든 전수권을 독점하여 해당 이에모토 사회에서 절대적 권력자로 군림한다. (2) 그 제자들은 이에모토의 지키데시直弟子[4]・마고데시孫弟子[5]・마타마고데시又孫弟子[6]라는 식으로 몇 층씩 되는 상하통속上下通俗의 신분관계로 조직된 소위 나토리 제도를 구성한다. (3) 제자는 이에모토의 성과 이름의 일부를 받아 소위 나토리 제자가 되어 가족 내부의 일원으로서 의제되거나, 혹은 무한정한 주종관계적 규범에 의해 결합된 유대관계를 갖게 된다.[5]

가와시마와 니시야마가 공통적으로 지적하는 점은 이에모토 제도 아래서의 조직구조가 첫째로 스승=문하생 간의 주종관계의 연쇄조직이라는 것, 둘째로 이에모토를 가부장으로 간주하는 하나의 커다란 의제가족이라는 것, 이상의 두 가지다. 즉 이에모토 조직은 나토리 제도와 의사擬似 가족제도를 근간으로 하여 성립된 일본적 조직제도라고 할 수 있겠다. 여기에서 우선 주목되는 것은 두 번째로 지적한, 이에모토 조직의 성격을 의사 친족체계라고 규정한 점이다. 가와시마는 이미 다른 유명한 논문 「일본사회의 가족적 구성(『日本社會の家族的構成』, 1948)에서, 지주・소작인 간의 오야카타親方=고카타子方, 집주인・임대인 간의 오야大家=다나코店子, 기업 일가적인 고용자와 노동자, 회사・관청・학교・정당 등의 오야분親分=고분子分 등등 일본사회 전체에 보이는 의제 가족(주로 부자)관계를 명확히 했다. 따라서 가와시마의

---

4) 이에모토가 직접 가르친 제자.
5) 지키데시의 제자.
6) 마고데시의 제자.

입장에서 보면, "이에모토 제도에 나타나는 가족관계 의제는 일본사회를 지배하는 일반 법칙 중 명확한 하나의 예증에 불과"[6]한 것이다. 가와시마는 이런 의제 가족관계를 하나의 잔재된 봉건제도로 간주하고 그 비민주적·전근대적인 성격을 비판하였다. 아마도 게젤샤프트Gesellschaft적인 근대조직을 확립하는 데 가족적 결합인 게마인샤프트Gemeinschaft 관계는 극복되어야만 할지도 모르겠다. 그러나 이에모토라는 조직체를 영속화시키는 데 그 '가문'적인 구조가 오히려 플러스 작용을 했다는 사실도 인정해야 할 것이다. 왜냐하면 비혈연자(일반 입문자)를 이에모토의 의사 친족으로 편입시키는 것은 그들이 이에모토 조직에 대해 자발적으로 충성하고 상호 화합할 것을 조장하기 때문이다. 이에모토 조직에 가입하는 것은 각자의 선택의지volition에 따른다. 그러나 그들을 다수 포섭하고 거기에다 배타적으로 조직활동을 영속해 나가기 위해서는 구성원 전부를 강력한 가부장적 권위 아래에 두고, 그 카리스마에 자발적으로 충성하기를 기대하는 것이 가장 능률적이다. 실제로 조직운영법으로서 이렇게 효율적인 것을 찾아보기는 어려울 것이다.

그러면 다음으로 이에모토 제도의 구조적 특질의 첫 번째 점, 즉 스승=문하생의 주종관계의 연결적 히에라르히 시스템으로서의 나토리 제도에 대해 검토해 보자. 나토리 제도의 성립과 그 실체를 역사적으로 해명하고자 한 니시야마 마쓰노스케西山松之助에 따르면, 나토리 제도야말로 이에모토 제도의 가장 큰 특징이다. 즉 이에모토 제도를 구성하기 위한 가장 중요한 조건은, "이에모토가 통제하는 모든 제자사회 내에 사범가·준사범가 혹은 직분이나 나토리 등으로 불리는, 정점인 이에모토에서 많은 말단 제자들의 딱 중간에, 내가 나토리 제도라고 부르는 이에모토를 대행하는 중간 교수기관이 성립되었다는 것, 즉 이에모토의 가부장적 권력이 확대재생산되는 기구가 성립되었다는 것"[7]이다.

여기에서 말하는 나토리란 '이에모토 제도에서 이에모토와 말단 제자를 연결하는 중간기구'인 셈이다. 원래 이에모토 쪽에서 보면 그것은 "이에모토가 일정 단계의 기능을 습득한 제자에게 예명을 내려주는 것으로, 대부분은 이에모토의 이름 중 몇 글자를 허락하여 제자의 이름으로 쓰게 하고, 그렇게 함으로써 마치 이에모토 가족의 일원처럼 됨과 동시에 그 가부장제적 가족집단체계에 들어가게 되는 것을 뜻하기"[8] 때문에, 전술한 이에모토 조직에서의 첫 번째 특색으로 귀착된다. 그러나 문하생 쪽에서 보면 이것은 또 다르게 규정된다. 일정 단계의 기능 수료자란 그 분야에 완전히 초보인 입문자와는 달리, 해당 유파의 이에모토에 취임한 사람과 별 차이 없는 기술이나 이론을 교수할 수 있는 기본과정을 마친 자를 말한다. 게다가 "나토리가 된다는 것은 제자 쪽에서 보면 이에모토 신분으로서 제자를 받고 그들을 가르칠 수 있다는 것을 말한다. 나토리는 이처럼 이에모토와 제자와의 연결점에서 중요한 역할을 한다"[9]라고 파악된다. 이처럼 니시야마는 나토리를 이에모토를 대신하는 교수자라고 그 특성을 지적했는데, 이 점은 이에모토 제도를 조직론적으로 파악하는 데 매우 중요한 포인트다.

나토리 제도의 역사적 예증을 니시야마의 『이에모토 연구』에 의거하여 살펴보자. '중층적 연쇄구조'를 취하는 나토리 제도의 일례를 관동지역 일원에 퍼져 있는 꽃꽂이 쇼후엔슈류正風遠州流에서 찾아보면 제자관계 조직은 〈그림 1〉과 같다(小寺玉晃의 連名錄 『華道社中連名』, 1814년판에 의거).

이 유파의 원조인 데이쇼사이 요네이치바貞松齊米一馬는 슌슈켄 이치요春秋軒一葉—혼쇼사이 잇토쿠本松齊一得—간쇼사이 잇테이岸松齊一貞—데이쇼사이 요네이치바라는 계보를 가진다. 연명록에는 막 선발된 그의 수제자인 지키데시 36명이 사범으로 추대되어 있다. 네 번째 수제자인 데이게쓰사이 도이치유貞月齊藤一臾에게는 370명의 제자가 있고 그의 첫 제자인 데이신사이 모리잇쿤貞槇齊森一訓에게는 4단계의 문하생 83명이 사사받았다. 결국 이에모토인 데이쇼사이는 총 845명의 제자를 두었다.[10] 위의 표에는 그 모든 것이 기재되어 있지 않지만 이에모토의 히에라르히적 구조는 충분히 알 수 있다. 이 표에서 알 수 있는 것은 사제관계의 세대차는 예명만 갖고는 완전히 추정될 수

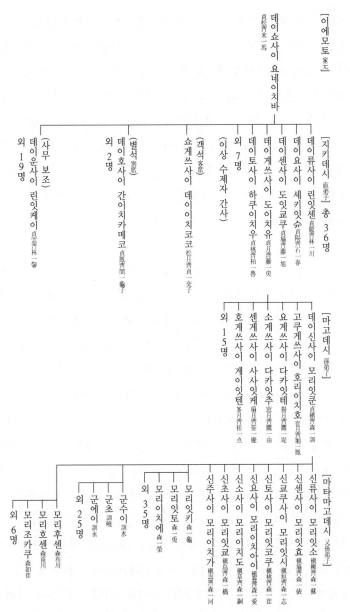

〈그림 1〉 꽃꽂이 쇼후엔슈正風遠州 류의 내부조직은 西山松之助, 『家元の硏究』, 121쪽을 근거로 작성하였다.[7]

7) 인명의 표기는 다나카 미와코(田中和子) 씨의 도움으로 교토 쇼우엔슈 종가의 아시다 이치바(芦

있는 것이 아니라는 점이다. 중국인의 명명법으로는 세 번째 글자로써 친족세대를 표시한다. 그러나 데이쇼사이貞松齋・데이게쓰사이貞月齋・데이신사이貞槇齋・신류사이槇柳齋처럼 세 번째의 '사이齋'는 그대로 전승되었다. 단, 데이신사이貞槇齋 문하에서, 스승의 4・2・1자字를 보유하는 것이 각기 계층적으로 구분되어 있을 뿐이다. 이런 사실은 이에모토 조직이 완전한 위계적 히에라르히 시스템이라기보다는 각 사제관계의 연쇄적인 조직에 불과하다는 것을 시사한다. 나토리 제자는 스승의 이름을 몇 글자 따옴으로써 각 단계에서 스승(더 나아가 이에모토)의 교수대행자의 자격을 갖고 있음을 나타내며, 이에모토 조직은 이러한 나토리의 상하적 연결체라고 이해할 수 있다.

그런데 이 쇼후엔슈 유파 같은 꼿꼿이 이에모토가 확립된 것은 18세기 후반부터 19세기 초기 무렵으로 에도를 중심지로 한 민중문화에 기반하였다. 이는 니시야마가 말하는 이에모토 제도의 제3기 발달기에 속한다. 원래 이에모토 제도는 근세도시의 발달과 더불어 창출된 문화적 중산계급 안에서 생겨났다. 제1기는 간에이寬永 시기(16240~1644)를 중심으로 한 무가문화(무예・유예遊藝)와 관련된 이에모토가 많다. 그때의 이에모토 제도는 분권적인 봉건적 지배기구와 유사한 형태를 갖추고, 예술은 완전 전수 형식(사람에게 전수할 수 있는 권리 즉 최종전수권 자체를 전수하는 타입)에 의해 계승되었다. 따라서 이에모토의 분파는 있을 수 있지만 조직적으로 체계화된 이에모토 제도는 형성되지 않았다. 그런데 겐로쿠元祿 시기(1688~1704)부터 교호享保 시기(1716~1736) 이후의 제2기, 즉 18세기 이전에는 신흥도시민이나 부유한 농민을 배경으로 한 이에모토 제도가 출현하였다. 이미 거기에는 이에모토가 비밀기술과 비밀 전수 내용을 최고의 제자에게 전하고 동시에 모든 면허를 수여할 권리를 이양하는 완전 전수 형식은 찾아볼 수 없었다. 이에모토는 문하생의 교수권은 인정하지만 면허장

田一馬) 씨가 알려준 것에 의거하였다.

을 발행하는 최종 특권과 그 밖의 권리 즉 상연권·예술 형태의 통치권이나 개정권·파문권·장신구나 칭호에 관한 권리 등은 내주지 않고 그것들을 독점하기에 이른다. 그때에는 이에모토는 자신이 직접 말단 제자를 가르치는 것이 아니라, 나토리 제자라는 중간 교수기관에게 대행을 시켰다. 이렇게 함으로써 이에모토는 가부장적 권력의 확대재생산 구조를 만들어내고 방대한 제자들을 질서 있게 조직화시켜 이에모토 제도를 확립시켰다고 한다.[11]

이 제2기는 문하생인 상인들의 본업과 관련하여 상인이나 장인의 협동조합에서 내주는 허가, 장인들을 감독하는 역할을 하는 기모이리肝煎의 지정 등 무형재산권의 공인이 이뤄진 시기였다. 각양각색의 이에모토들도 이런 일반인의 '노렌暖簾'8)적인 재산권 설정과 평행하여 입문허가권·전수권·상연권·도구사용권·유파명 사용권·유파명 호칭권·장신구 착용권 등과 같은 무형재산권을 세습적으로 독점하기에 이른다. 이러한 이익 설정은 나토리 제도와 맞물려 확대재생산 기구로서의 이에모토 제도를 확립하는 데 박차를 가했다. 이런 이에모토 제도는 근대적인 기업성이나 자본주의 사회에 적합한 성격을 갖추었다고 볼 수 있겠다.[12]

이상과 같은 니시야마의 역사적 설명을 통해 우리는 이에모토 조직의 본질을 잘 이해할 수 있다. 우선 첫째로, 제2기에 확립된 이에모토 제도 즉 나토리 제도에 의해 이에모토 그 자체가 실력있는 기예의 전수자에서 면허인증자·유파의 세습적인 대표자로 변해버렸다. 이에모토는 이제 스승이 아닌 조직의 총괄자에 불과하다. 그들이 이에모토로서 독점한 여러 권리도 문하생들을 지배하기 위한 독재적 권력을 의미하지는 않았다. 그것은 유파를 하나의 조직체로서 유지 존속시키기 위한 통제적 권한 내지는 재산권으로 생각해야 할 것이다. 니시야마가 시도하려 했던 것과 같이, 확립된 이에모토 제도를 '가부장적 권력'의 확대재생산구조라고 특색짓는 것이 반드시 타당할까? 나토리 제도가 조직을 무한대로 확충시키기 위한 시스템 기구라 하더라

---

8) 가게 앞에 걸어두는 상호를 쓴 발로, 무형의 경제적 재산을 의미한다.

도, 그 조직이 이에모토라는 절대적 권력자가 생각하는 대로 움직였다고는 볼 수 없다. 물론 기예 패턴에 대한 통제나 내용 해석에 관해서 절대적인 발언권을 가지는 경우도 있다. 예를 들면 노가쿠能樂9)의 경우 우메와카梅若 유파가 독립적인 활동을 허락받지 못해 결국 종가인 간제觀世 유파의 이에모토 밑으로 돌아가야 했던 소위 '간우메觀梅 문제'가 그러하다. 그러나 그 경우도 종가 이에모토는 자의적으로 권력을 발휘한 것이 아니라 조직 총괄자로서의 권한을 행사하는 데 그쳤을 뿐이다(간우메 문제의 상세한 내용에 대해서는 西山松之助, 『現代の家元』, 1962, 139~144쪽 참조).

간제 유파의 경우 확실히 이에모토의 권력은 대단하다. "간제 종가는 간제 유파의 예도에 관해 절대로 외부로부터 구속을 받는 경우는 없다"(觀世法師範家規範 제1장 제1조)라 되어 있다. 그러나 이에모토는 유파의 최고 의사결정기관인 간제 회의의 구속을 받는다. "종가가 동의한 간제 회의의 결의는 간제 유파의 내용이 된다. 간제 회의에서 3회에 걸쳐 동일한 결의를 한 사항은 종가가 부인할 수 없다"(觀世會議令)라고 규정되어 있다.[13] 이에모토는 오히려 유파조직의 한 기관일지도 모른다. 이런 의미에서 이에모토는 유파조직의 상징적 존재라고 볼 수 있겠다. 사실 니시야마도 "이에모토란 그 중간에 있는 사람들의 일종의 생활권을 보증하기 위해 설정된 상징의 성격을 띠고 있다."[14]라고 서술하고, 사범인 나토리 등 중간하부조직의 생활권이 이에모토를 상징화하고 있다고 결론짓고 있다. 실제로 이에모토 가운데에는 하부조직의 추대로 그 지위에 오른 경우도 있고, 아예 세습으로 지위를 물려받아 해당 기예의 실기능력도 갖추지 못한 로봇 이에모토도 있다. 에도 시대에 목수·간누시(신사의 신관)의 이에모토였던 시라카와 진기하쿠白河神祇伯 가문과 요시다吉田 가문, 호초도包丁道10)의 시조四條 가문이 이에 해당된다.

---

9) 가면을 사용하며 무용과 극의 요소를 갖춘 일본 전통예능.
10) 헤이안(平安) 시대부터 궁중 연회 등의 축일에 행해진 음식예식의 유파 중 하나로, 예복을 갖춰 입고 도마 위의 생선이나 조류에 직접 손을 대지 않은 채 식칼을 사용하여 요리하고 축하의 의미를 담은 형태로 장식해서 담아내는 의식음식의 예기.

이에모토는 유파의 세습적 카리스마라고 할 수 있지만, 그가 보유하고 있는 힘은 권력이 아니라 오히려 권위의 일종으로 보아야 타당할 것이다. 그는 절대적 권력자로 군림하는 것처럼 보이지만 실제로는 유파의 상징적 권위로서 정상에 앉혀진 존재에 불과하다고 볼 수 있다.

이에모토가 유파를 대표하는 상징이라는 사실은, 실무를 담당하는 수행자라는 역할까지 잠재화시킨다. 교수 활동이라고는 해도 연례집회에서 작품을 샘플적으로 전시하는 정도로 그치고, 유파의 저변을 지탱하는 말단 회원을 직접 가르친다든가 하는 일은 거의 불가능하다. 이런 의미에서도 이에모토의 권한은 직접적으로 말단에까지 미치지 못한다. 이에모토 제도가 외견상 관료제임에도 불구하고 단순히 사제관계의 연쇄적 히에라르히 조직에 머물러 있기 때문이다. 그러므로 사실상의 조직 운영권은 니시야마가 말했듯이, 소위 중간교수기관으로 옮겨간다. 즉 이에모토가 갖고 있는 운영이나 교수의 권한이 각 단계의 스승인 나토리에게 서서히 위임된다. 각 단계의 스승은 직속 문하생에 대한 지휘감독권을 갖는다. 즉 교수기구의 체인 하나하나는 각각 위임받은 권한 내에서 일정하게 자율성을 인정받는 것이다. 유파의 사업에 대한 사실상의 의사결정과 그 수행은 사범 등 중간 관리자에게 전면적으로 위임된다. 그래서 니시야마는 이 나토리 제도를 통해 나타나는 이에모토 기구를 다음과 같이 기술했다. "……이에모토가 이에모토 제도 하의 수많은 인구를 통제하는 집단조직에서 근본적인 유대 역할을 하는 것, 그것이 바로 나토리다. 이에모토와 말단에 위치한 신참 제자를 서로 연결시켜 주는 중간 교수기관인 나토리는, 이에모토 쪽에서 보면, 몇 만 혹은 몇 십만에 이르는 도저히 혼자서는 대처할 수 없는 수많은 수요 인구에 대한 이에모토의 기능을 재생산시켜 주는 기관이기 때문에, 소위 이에모토의 분신이라고도 할 수 있다. 또 제자 쪽에서 보면, 이에모토에게 직접 교수를 받기보다 가까이에서 저렴하게 이에모토의 기법을 배울 수 있는 편리한 스승이자 동시에 언제든 이에모토와 통할 수 있는 길이기도 하다."[15] 이와 같이 나토리 제도로서의 이에모토 조직은 중간 쿠션을 갖고 있는 히에라르히 시스템이라 할 수 있겠다.

2. 원原조직인 이에모토의 구조적 특성

앞에서 이야기한 바와 같이 일본 원조직의 기본적인 틀로서의 이에모토 제도는, 이에모토를 상징적인 대표로 추대하는 스승(나토리)＝문하생의 연쇄적 히에라르히적인 조직이라고 규정할 수 있다. 그렇다고 해서 이에모토 조직이 일본사회의 유일하며 가장 기본적인 원조직이라고 주장하려는 것은 아니다. 어떠한 구체적 집단을 기본 틀로 취하든 원조직의 특질을 잘 해명할 수만 있다면 그것을 받아들일 것이다. 예를 들면 일본의 초대 불교교단인 니시혼간지 파의 원류인 혼간지 파를 분석적인 기본 틀로 설정할 수도 있다. 그 경우에도 총주지를 조직의 통합적 상징으로 삼아 총본산－지방교구 －조합組－말사末寺－일반 신도라는 식의 계층조직이 존재한다. 전국 31개 교구, 합계 529개 조합, 10,389개의 말사, 22,922명의 승려(그 중 9,114명 이 주지), 878,800호의 일반 신도, 유럽과 미국의 8개 해외 개교본부(신도 약 20만)를 갖춘 거대한 종교단체다(수치는 1976년 4월 현재). 이 진종眞宗 교단도 예도의 이에모토 제도와 비슷한 조직구조를 가지고 있다. 일반 신도의 교화와 장례의식·제사는 나토리에 해당하는 각 사원의 승려가 집행한다. 교단 사무와 운영은 종무총장을 책임자로 하는 기구에 위임되고, 총지주의 직접적인 교화는 특별한 경우에만 이루어진다. 총주지의 수행과 종교행사도 본인이 주지를 맡고 있는 혼간지에서만 행해진다. 이런 혼간지 교단을 일본 원조직의 기본적 모델로 파악하는 것도 의미가 있을 것이다.

그러나 이 글에서 이에모토 제도를 일본의 메타 원조직이라고 생각한 것은 슈Hsu가 명명한 '이에모토' 원조직과의 명칭상의 대응이 쉽다는 이유 때문만은 아니다. 앞에서 서술했듯이 슈는 친족체계의 우성 속성에 의해 해당 사회의 제2차 집단의 성격이 결정된다는 일반 가설을 제창했다. 즉 원조직의 기본적 성질은 가족 중 우성의 인간관계 속성을 반영한 것이라고 한다. 우연하게도 이에모토 제도는 슈의 이 가설을 전형적인 형태로 입증한 제2차(중간) 집단이다. 그것은 이에라는 일본 친족체계의 원형을 원조직 차원에서 그대로 재현시킨 것이고, 오히려 한층 강화시킨 형태라고도 볼 수 있다. 이에모토 제도를 메타 원조직이라고 본 것은 슈의 주장에 따른다면, 그것이 원조직의 전형적 예이기 때문이다.

옛 중국과 마찬가지로 일본 가족에서 우성관계는 부모=자식 관계다. 그러나 일본의 '가문'에서는 부모=상속자 관계가 중시되고, 연속성과 권위의 속성이 강화됨과 더불어 포섭성보다 배타성이 더 커진다. 본가=분가 시스템을 가진 동족에서는 권위가 한층 강화됨과 동시에 선택의지가 부가된다. 그리고 이에모토 제도 아래에서는 권위의 속성이 훨씬 강화되고 포섭·배타의 두 속성이 공존하기에 이른다. 그래서 이에모토 제도는 '가문(이에)'에서 맹아적으로만 인정되었던 단체성이 고도로 발전하여 하나의 협동단체 corporate group를 결성하기에 이른 것이라고 해석된다.[16]

메타 원조직으로서의 이에모토 제도를 협동단체라고 본다면, 일반적으로 원조직인 이에모토도 동일한 집단적 성격을 띨 것이다. 즉 그것은 일종의 관료적 구조를 갖춘 히에라르히 구조로 규정된다. 단지 그 히에라르히 구조는 근대관료제와는 근본적으로 다르고, 이에모토 제도 하의 연쇄 형태와 유사하다. 근대관료제는 소위 직무 히에라르히 구조로 한정된 테두리 안에서 권한과 권위가 지위의 각 단계로 배분된다. 요컨대 그것은 통제와 감독 즉 관리의 히에라르히 구조로서, 정상에서 말단에 이르는 명확한 지휘명령체계를 갖추고 있다. 정상의 직접적 통제가 맨 아래로 하달됨과 동시에 하위자는 통솔자로부터 직무수행의 책임을 떠맡는다. 이에 비해 이에모토 조직에서는 나토리 제도에서 전형적으로 볼 수 있듯이 정상은 최고 권위authority의 보유자로 군림하지만 직무에 관한 권한competence은 하위 관리자에게 순차적으로 위임된다. 이에모토는 이런 권한의 순차적 위임을 통해 상하로 연결되는 연결적 히에라르히 구조라고 할 것이다.

이에모토의 톱(최고 권위자)의 권위는 조직 전체에 미치고 있기 때문에 외관은 근대관료제와 비슷하다. 즉 중간 관리자는 상위자의 권위에 복종하고, 하위자에게는 자신에게 맡겨진 권한을 다시 위탁함과 동시에 상위자의 대리적 권위로 권위를 행사한다. 더 밑에 위치한 하위자는 모든 윗사람의 권위에 복종하지만, 임무수행 책임은 권한을 맡겨준 직속상사에게만 진다. 이렇게 해서 이에모토는 권위·복종 관계와 관련해서는 하나의 단계적 시스템을 이룬다. 단지 권력power으로서의 권한은 자발적으로 하위의 각 단계로 위임되고 동시에 권한·책무 관계는 두 단계 사이로만 한정된다. 따라서 이에모토에서는 정상에서 내려온 지령이 가장 밑으로까지 직접 도달하는 일이 없으며, 또 그것이 바르게 이행된다고 볼 수도 없으니 완전한 상의하달형 시스템이라고 하기 어렵다. 그러므로 이에모토라는 조직체는 권한·책무에 관련된 개개의 상하관계가 권한이 순차적으로 아래로 위탁되는 피라미드 형태로 연결된 지위시스템에 불과하다. 근대관료제가 어디까지나 권위와 권한에 관련된 위계적 히에라르히 구조인 것에 비해, 이에모토는 권위성에서는 유사하다고 할 수 있겠지만 역시 권한의 연결적 히에라르히 구조로 파악해야 할 조직이다.

근대 관료제기구와 이에모토는 단순히 조직 구조에서만 다른 것이 아니다. 두 조직 형태가 채택한 조직화의 원리, 각각에 소속된 사람들의 가치관, 그리고 이들 두 히에라르히 체계의 특이한 대인관계에서도 차이가 난다. 근대적 사회의 구성원들이 갖고 있는 기본적 가치는 자기 자신이 기준이 되고자 하는 개인주의다. 또한 업적 달성에 대한 동기부여도 강하다. 개인적인 단계에서는 개인주의적인 달성 행동은 비교적 용이하지만, 관료제 같은 조직 내에서는 방해를 받기 쉽다. 즉 조직 자체의 목표달성이라는 조건과 개인의 욕구충족이라는 요건을 양립시키기가 힘든 것이다.[17] 그래서 요청되는 것이 조직·성원 간의 계약이다. 그것은 개인에게는 조직의 요청에 굴하지 않고 자기욕구를 충족시키기 위한 방어적 수단이다. 조직 측에서 보면, 계약은 구성원의 욕구를 적당히 충족시켜 주는 대가로 구성원에게 의무적으로 조직의 목표를 달성하는 데 필요한 활동을 하게 만드는 근거가 된다. 요컨대 이러한 계약은 개인과 조직이 서로 상대를 자기존립을 위한 수단적 존재라고 생각하고 맺는 한정적·계산적인 약속 형태다. 조직에 가입하고 일단 계약이 성립되면 서로 그것을 준수해야 한다는 요청을 받아들이게 된다. 구성원은 경제적·지위적 보답을 받는 대가로 권위와 권한을 가진 감독자의 통제에 이의 없이 복종할 것을 약속하는 것이다. 근대관료제는 이런 계약원리에 의거하여 조직화된다. 따라서 대인관계도 동시에 등가교환 관계가 된다. 상사=부하의 관계와 동료 간의 관계가 단지 역할 상의 한정된 관계로밖에 될 수 없는 것도 이 때문이다.

이에 비해 일본의 관청·기업체 등의 원조직인 이에모토에서는 집단주의적으로 전개되는 능동적인 영위는 존중되지만 개인주의적 지향은 약하다. 오히려 그 기본적 가치는 권위 하에서의 가족주의적 화합과 조직에 대한 헌신(공헌)이라고 할 수 있다. 이런 가치관이 지배적인 직장에서는 구성원과 조직 사이에 긴장은 발생하지 않는다. 물론 개인이 조직에 가입하는 것은 근대 조직과 마찬가지로 개인의 자발적 선택의지에 따른다. 그러나 조직 자체가 이에모토 제도처럼 의사 친족적으로 구성되어 있다면, 구성원은 조직을 강하게 동일시하거나 조직에 강한 충성심을 갖게 된다. 이러한 조직에 대해 자발적으로 행한 약속이 권위에 대한 신복信服으로 한데 뭉쳐지게 될 경우, 구성원에게 조직은 즉자卽自적인 가치를 가지게 되어 결국 조직목표의 집단적 달성이 바로 구성원 개개인의 사회적 욕구충족으로 직결될 수 있게 된다.

이에모토의 조직화 원리는 계약원리와 대비시켜 '〈연〉약緣約의 원리' kin-tract principle라 불린다. 이 용어를 제안한 슈에 따르면, 그것은 이에모토가 친족 모델에 근거하여 고정화한 히에라르히적인 제도와 계약모델에 근거한 자발적인 결사조직을 절충시킨 형태다.[18] 그러나 사회적 연대라는 시점에서 재규정해 본다면 다음과 같이 표현할 수 있을 것이다. 즉 "준비조치·약정이 조직 쪽에 의해 준수되는지의 여부와 상관없이 소속된 의사 친족조직 pseudo-kinship organization에 대해 무한적이고 자발적으로 충성을 다하는 것"[19]이다. 이 〈연緣〉약約의 원리를 따르는 한, 이에모토 구성원은 톱(최고위자)의 권위(또는 중간관리자의 대리적 권위)를 진심으로 경외하고 동시에 조직목표의 협동적 달성을 위해 헌신적으로 진력할 것임에 틀림없다. 그러나 톱(최고위자)이나 중간 관리자 역시 하위자를 결코 권력적으로 지배하지 않고 하위자의 사생활에 대해서조차 온정적으로 비호하며 동시에 직장 내에서도 인정 많은 리더십을 발휘하게 되기를 기대한다.

이런 상사=부하 간의 은혜·충성 관계는 계약적 관계에서 보는 바와 같은 동시적 등가교환 형태를 취하지는 않는다. 그것은 정량화되지 않은 상호보상적 관계 즉 호혜적 관계라 할 수 있다. 호혜는 실로 연결적 히에라르히 조직으로서의 이에모토에서 접착제 같은 역할을 한다. 이렇게 해서 〈연緣〉약約의 원리는 이에모토의 조직활동 즉 상부에 대한 복종과 위로부터 위임된 자율적 권한행사를 가능하게 만드는 원동력이라고 볼 수 있겠다.

근대관료제와 이에모토의 구조적 특질을 도식화하면 〈그림 2〉[20]와 같다. 이 그림을 대비시킬 때 유의해야 할 점은 일본의 이에모토의 경우, 중간지위자가 톱(최고위자)의 이에모토적 존재로서의 상징적 권위 및 바로 상위자의 대리적 권위의 보호막 아래에서 위임받은 각 권한의 범위 내에서는 어느 정도 자율적 결정권을 갖고 있다는 사실이다. 근대관료제에서는 그 위계에 따라 엄격하게 분배된 권위와 권한이 명확하게 정량화되어 있다. 이에 비해 이에모토에서의 중간자는 상위자(때로는 톱)의 권위를 대신하며, 게다가 순차적으로 위임된 권한(톱이 갖고 있는 권한의 일부를 포함할 수도 있다)을 상사의 이름을 대신하여 입안·실행할 수 있으므로, 그 재량권은 실제의 지위 이상으로 크고 또 불명확하다. 따라서 근대 관료제처럼

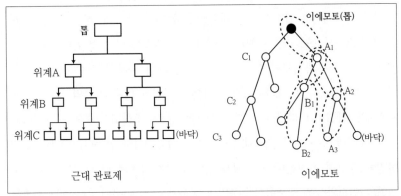

〈그림 2〉 근대 관료제와 이에모토의 구조모델

근대 관료제=톱(최고위자)의 권위와 권한이 하위의 각 위계로 단계적으로 축소되어 분배된다. 그러나 그 명령계통은 정상에서 제일 바닥을 향해 확립되어 있다. 구성원은 계약에 따라 이 지휘계통에 복종한다. 요컨대 이 조직은 히에라르히 조직이다. 이에모토=톱(최고위자)이라는 이에모토의 권위는 조직 전원에게 미치지만, 권한은 A1, C1에게 위임되며 지령은 직접 바닥에까지 닿지 않는다. A1은 이에모토에 대해 책무를 지지만 그의 권위를 대리하여 A2에게 자기 권한의 일부를 위임한다. A2는 A3에게 동일한 입장으로 대처한다. A1은 분가한 부하 B1을 거느리고 그에게도 일부 권한을 위임한다. 이에모토는 이 같은 연결적 히에라르히 조직이다. 구성원은 〈연緣〉약約에 근거하여 조직에 가담한다.

정상에서 하달되는 톱다운top down 방식의 커뮤니케이션 채널을 능가하여, 각 위치에서 위로 향하는 버팀업bottom up 방식의 채널을 갖추고 있고 동시에 하의상달식 순서절차에 의거하여 업무가 진행된다.

3. 일본 직장에서의 인간관계

근대 관료제에서는 직접적으로 사업 효율을 추구하기 위한 권력의 집중화가 나타난다. 그런 형태를 캐피털 모노폴리라고 부르고자 한다. 이것은 인적자원의 권력적 독점을 의미한다. 한편 이에모토의 경우, 앞에서 이야기한 바와 같이 권위라는 형태의 상징적 독점이 나타나지만, 권한은 단계적으로 하부로 위임되어 톱(최고위자)은 인적자원의 총괄적 상징에 불과하다. 이러한 통합 형태는 상징적 모노폴리라고 부를 수 있겠다. 그렇다면 일본의 원조직에서는 왜 상징적 모노폴리 쪽을 더 선호하는 것일까? 또 상징적 모노폴리의 경우 업무 수행에 유효한 방책은 어떤 것일까?

일본 기업에서는 일반적으로 이윤율의 극대화를 목표로 하기보다는 오히려 생산고(매상고)를 다른 곳보다 높이기 위한 경쟁을 하는 것 같다. 기업으로서 이윤을 추구하기보다도 어떻게 해서든 기업 자체를 영속시키는 쪽이 더 중요한 것이다. 이 같은 조직의 기본적 이념은 많은 기업의 운영방침과 사훈에도 확실히 나타난다. 예를 들어 데이진帝人 주식회사의 목표는 다음과 같다. "(1) 우리는 데이진을 세계적 수준의 일류회사로 만든다, (2) 데이진의 번영을 영구히 유지한다, (3) 회사 경영을 통해 강력하게 사회에 공헌하고 개인의 인간완성을 도모한다." 구미의 회사가 오직 이윤만 추구하는 것과는 대조적으로 사회에 대한 봉사와 공헌을 강조하는 회사 운영방침도 많다. "우리 회사의 기본방침은 '좋은 사업을 빨리' 완성하여 사회에 공헌하고, 적정이윤을 얻어 회사의 발전을 도모하며, 주주 및 전 사원에게 행복과 번영을 가져다주는 것이다"(미쓰이 건설주식회사). 극단적인 경우로는 "이윤 그 자체를 추구하지 않고 사람을 위하고, 세상을 위하는 것을 만든다면, 자연히 번영하게 된다"(주식회사 리코)는 경우도 있다.[21]

이러한 모토를 내세우는 경영의 경우, 캐피털 모노폴리는 부적절하며 주로 상징적 모노폴리 체제 하에서 경영체가 유지된다는 것 자체가 관심거리다. 그런 경우 집단의 화합은 불가결한 요건이 된다. "화합 정신을 발휘하여 일치협력해서 업무에 임할 것"(히타치 제작소), "화충협동和衷協同"(닛쇼이와이), "타인을 존중할 것, 상호 협력할 것, 상호 양보할 것"(가와사키 중공업), "화합과 협동의 결실을 맺어,……"(긴키 일본철도), "대화일치大和一致"(니혼빅터) 등등 사내의 협동성을 강조하는 사훈은 일일이 다 열거할 수도 없을 정도다.[22] 이에모토로서의 기업체(그 자체는 협동단체다)에게 이러한 집단친화 정신은 조직 내지 이에모토적인 톱(최고위자)에 대한 충성과 더불어 필수불가결한 요건이라 할 수 있겠다. 화합과 충성을 존중하는 방침은 바로 쓰다 마스미津田眞澂가 주장하는 집단주의 경영의 이념이기도 하지만, 그런 이념을 실현시키는 곳은 일본 기업체의 경우 현실적 직장인 '과課'일 것이다.

일본의 직장집단을 실제로 조사연구한 미국의 문화인류학자 로란은 '과'라고 불리는 사무실·공장 업무집단의 중요성에 주목하면서 다음과 같이 서술했다. "완전히 집단적인 맥락에서 떨어져 일하는 자는 단 한 명도 없다. …… 모든 종업원은 설령 남들과 동떨어진 업무를 보는 사람들조차 어찌되었든 업무집단 안에 자리하고 있다. 사무직 종업원 대다수와 육체노동자 중 많은 사람들은 가장 먼저 집단에 배속되고 다음으로 특정 업무를 배정받게 된다. 위계, 기능, 그리고 실제 업무가 그러한 배정 과정에 관련되지만, 배정이 이루어질 때의 결정적 요소는 최우선적으로 해당 집단의 조건에 부합하는지의 여부다."[23] 이런 의미에서 '과'는 종업원에게 기본적인 업무단위다. 이 점은 개인이 각 업무의 단위가 되는 구미의 직장과는 완전히 대조적이다. 회사 업무가 '과' 단위로 분담되어 있는 이상 기업조직으로서는 업무 배분, 임금 배분, 직업 평가, 능력 평정 등의 권한을 '과'로 줄 수밖에 없다. 일본 기업에서는 인사부 등이 그러한 권한을 독점하는 것이 아니라 '과'에 위임함으로써 라인 관리가 비로소 뿌리를 내리게 된다.[24] 그래서 대폭 위임된 권한을 갖게 된 '과'의 책임자인 과장은 중간관리자로서 리더십을 어떻게 잘 발휘할지가 문제시된다.

일본 회사의 조직 규정의 일반적인 형태는 다음과 같다. (1) 우선 업무를 부문별로 나누고 그것을 담당할 그룹단위를 설정하고 거기에 맞게 일을 할당한다(○○부 △△과는 ××에 관한 사항을 소관한다). (2) 각 부문의 직능수행 책임자로서 장 및 대리를 둔다(과장은 부장의 지령을 받아 과의 사항을 처리하고 그 책임을 진다).[25] 요컨대 이런 규정은 부과部課의 업무 분담과 그 책임자를 정할 뿐이고, 과장 등의 업무권한이 명기되어 있는 것은 아니다. 그러나 이는 업무의 기본단위로서 '과'의 책임자에게 자율적인 권한이 허용되어 있음을 말해준다.

오노 쓰토무大野力 등은 일본의 과장의 성격을 표명하는 세 가지 명제를 기술했다. 즉 (1) 과장은 회사조직에서 가장 기초적인 업무단위 집단의 리더이며 대표자다, (2) 과장은 관리집단과 업무집단의 조직적인 연결점에 서 있다, (3) 과장은 기업조직에서 지표적인 지위다.[26] 세 번째 명제는 차치해 두더라도 첫 번째와 두 번째 명제에서 과장의 위치는 일본의 원조직인 이에모토 히에라르히 조직의 중간지위자라는 기본성격을 그대로 보여준다.

두 번째 명제에 의거하자면 과장은 전형적인 중간관리자로서 관리기구 말단에 위치하여 밑바닥 조직을 통솔하지만 업무집단의 장으로서 행동할 수 있는 자율적인 권한도 부여받고 있다. 예를 들면 일본 조직에 적합한 의사결정법으로서 품의稟議라는 제도가 있는데, 대부분의 경우 품의서를 기안하는 것은 과장이나 그 대리자다. 품의는 이에모토에서 보텀업bottom up 방식의 채널을 통해 톱(최고위자)의 결재를 받고 그 내용을 실행에 옮긴다. 그러나 그런 조직 의사의 실질적인 결정권을 중간에 위치한 과장 등의 중간관리자들이 쥐고 있다는 사실에 주목해야 한다(품의제도에 대해서는 졸론, 「日本の組織における對人間關係と意思決定」, 『年報社會心理學』 16, 1975 참조).

과장이라는 존재에게 자율적인 권한이 부여되었다는 사실은 업무상 조직 상층부와 신뢰관계 하에 있음을 나타낸다. 그렇다면 하부와는 어떤 관계일 까? 과장이 '과'의 리더이며 대표자다(제1명제)라는 것은 단위별 업무집단을 통솔하는 역할을 한다는 것을 말한다. 과장은 업무를 수행할 때 엄격한 감독적 리더십(미스미 지후지三隅二不二가 말하는 P형 리더십)을 발휘해야겠 지만, 동시에 과 구성원에 대해 온정적 배려를 베풀어 서로 마음이 통하는 인간관계를 유지해야 한다(미스미가 말하는 M형 리더십). 일본에서 과장으 로서의 이상형은 PM형 리더(두 가지 리더십형을 모두 겸비한 리더)다.[27] 과장은 소위 '가장'과 같은 존재라고 할 수 있다. 사람들은 그가 과 구성원들의 생활 전체에 신경을 써줄 것을 기대한다. "OJT(직장훈련)의 추진자인 과장 은 말하자면 교육자이기도 하다. 어떤 때는 비즈니스 매너의 사범이 되어야 한다. HR(기업 내에서의 인간관계)에서는 결혼상담원이나 가정생활지도원이기도 하다. 스포츠, 취미 등에서 선배가 되어야 할 필요도 있고, 때로는 의료고문, 사회상식 해설자, 예능 가이드이기도 하다. 사설 카운셀러와 트레이너 역할도 해야 한다"라고 오노大野 등도 과장의 비공식적인 역할을 기술하고 있다.[28]

과장에 대한 그러한 역할 기대가 상당히 일반적이라는 것은 국립통계수리 연구소의 수치로 드러난 국민성 조사에서도 알 수 있다. "규칙을 어기면서까지 무리한 일을 시키지는 않지만, 업무 외에는 남을 보살피지 않는" 과장과, "때로는 규칙을 어기면서까지 무리한 일을 시키지만 업무 외의 부분에 대해서도 잘 보살펴주는" 과장을 대비시킨 후, 어떤 과장 아래에서 일하고 싶은가?라는 질문을 던졌다. 그 결과 조사 연차별, 성별, 연령별, 학령별, 지역별, 도시별을 통틀어 전자가 약 10%, 후자가 약 80%를 차지하여 압도적으로 후자의 인정 많은 과장 타입을 선호한다는 점이 판명되었다.[29] 일반적으로 과의 구성원들 쪽에서 보자면, 잘 보살펴주는 과장 밑에서 일할 때 업무에 열성을 다하게 된다는 것이다. 업무상 사기 문제는 집단 구성과 관련될 뿐만 아니라 집단의 리더에 대한 충성과도 관련되는 문제다.[30]

상사=부하의 관계는 선배=후배 관계와 중첩되는 경우가 많다. 선배라는 사람은 후배보다 연장자고 근무연수도 많고 비교적 발언권과 안정성 있는 지위를 갖고 있어서 후배에게 도움을 줄 수 있는 존재다. 그는 후배의 편의를 봐주려고 하고 후배 역시 그의 도움을 받아들이고 선배에게 감사의 마음을 느낀다. 양자의 관계는 부모자식과 형제간의 애정적인 히에라르히적 관계와 비슷하다.[31] 따라서 일본 직장에서의 상위자=하위자 간의 히에라르히적 관계는 상호 명확한 권리=의무를 규정하는 법규주의에 기초한 것이 아니다. 오히려 그것은 부친적 온정주의에 근거한다. 이런 관계는 기업만이 아니라 일본의 각종 이에모토에 편재되어 있다. 옛 일본군에도 내무반 즉 '과'에 해당하는 단위가 있었다. 거기에서는 하사관과 사병 사이에 계급관계를 초월한 연차적인 의미에서의 선후배 관계가 더 중시되었다(2년병, 3년병 같은 비공식 호칭이 계급의 호칭보다 우선시되었다). 먼저 들어온 병사가 신참을 괴롭히는 일도 많았지만 과장에 해당하는 내무반장이 부하에게 온정적으로 대하려 한 것 또한 사실이다(내무반의 실태는 野間宏, 『眞空時代』에 잘 묘사되어 있다).

나카네 지에中根千枝의 종적사회론(『タテ社會の人間關係』)은 선후배 사이의 강한 서열의식과 그 반反능력주의적 경향을 지적하였지만, 양자 사이에 존재하는 상호의존적 신뢰관계는 간과하였다(그러나 부자 간의 온정=충성관계에 대해서는 언급하였다). 선배=후배라는 히에라르히적 관계는 그 정의적情誼的 성격 때문에 일본인에게는 업무에 강한 동기부여를 했을지언정 결코 장해가 되지는 않았다. 따라서 상사=부하의 관계가 단순히 기능적 상하관계로 그치지 않고 서로 내면적인 깊은 관계를 가진 선배=후배관계로 설정되어 있는 것이다. "……일본인은 엄연히 구분되는 연령 차이를 포함시킨 히에라르히적 관계에 대해 비교적 긍정적인 태도를 지니고 있다. 그들은 히에라르히가 친밀해질 기회를 사전에 배제시킨다고는 생각하지도 않는다"[32]라고 로린도 서술했다.

단위적 직장인 '과'의 대표자·리더로서의 과장은, 과 구성원과의 상호적 신뢰관계라는 기반 위에서 '과'를 다스리고, 동시에 상징적 모노폴리인 기업체의 중간관리자로서 자율적인 의사결정을 허용받게 된다. 이런 과장의 위치는 캐피털 모노폴리 하에서라면 도저히 기대할 수 없는 것으로, 일본의 원조직인 이에모토에서만 있을 수 있다. 연결적 히에라르히의 중간 매니지먼트의 전형적인 예로 '과장'을 든 이유가 이 때문이다.

4. 맺음말을 대신하며

슈의 주장에 따라 일본의 '원조직'을 이에모토라고 부르고자 한다면, 그 원형이라 할 메타 원조직은 전통적 예능조직인 이에모토 제도라고 할 수 있다. 즉 스승=제자 간의 연쇄적 히에라르히로서의 나토리 제도와 의사 친족체계를 바탕으로 한 조직인 것이다. 그 구조적 특질은 관청·기업체·정당·종파 교단 등의 원조직인 이에모토에 일반화되어 편재된다. 특히 나토리 히에라르히 시스템은 근대관료제와는 대조적으로 일본의 독자적인 구조적 특성을 나타내게 되었다. 이에모토적인 톱(최고위자)의 권위는 조직 전체에 미치지만, 그의 권한은 점점 순차적으로 위임되어 중간지위자는 사실상 상당한 자율적인 권한을 허용받는다. 또 〈연緣〉약約의 원리에 의거하여 조직화된 이에모토에서는 상하관계는 은혜=충성의 관계(정의적情誼的 관계)로 이해된다. 이 같은 이에모토는 상징적 모노폴리로도 파악될 수 있다. 이에모토의 구체적인 예(실제의 조직)인 기업조직에서 이를 찾아본다면, 단위적 집단인 '과'와 그 책임자인 과장이 가장 눈에 띈다. 과장에게 허용된 권한 중 하나인 품의제 또한 직장에서의 선배=후배 관계 등, 이에모토적 조직에서의 인간관계 양상이 특히 문제시될 수 있을 것이다.

이상 이 글에서는 일본의 원조직인 이에모토의 관계적 특성을 비교문화론적 시각에서 명시해 보고자 했는데, 충분히 언급하지 못한 부분에 대해 약간의 보충을 덧붙이고자 한다. 첫째는 이에모토와 근대화의 관계다. 이에모토 제도를 메타 원조직으로 규정하는 한, 이에모토가 근대화에 역기능을 한다고 간주하기 쉽다. 그러나 이 경우 '근대화' 개념을 어떻게 규정할지가 문제가 된다. 서양사회를 대상으로 한 단일 계통의 진화모델 하에서의 '근대화'가 과연 동양사회에도 타당한가? 혹은 근대관료제만이 유일한 근대적 조직이라고 할 수 있을 것인가? 이에모토도 또한 하나의 히에라르히 조직으로서 충분한 단체성을 가지고 기능하고 있다. 이에모토의 품의제도 등은 실행 과정까지 사전에 염두에 둔 조직의 고차원적인 의사결정법이니, 톱(최고위자)의 전결專決적 의사결정에 따라 움직이는 근대관료제보다 훨씬 기능적이며 합리적인 시스템이다. 슈는 이에모토에 의해 비로소 일본 근대화가 달성되었다고 강하게 주장하였다.

둘째, 이에모토에서 인간관계 기저에 존재하는 가치관과 관련되는 점이다.

이미 서술했듯이 근대관료제를 지탱하는 가치는 개인주의다. 이것은 (1) 자아중심주의(항상적 자기 혹은 에고 아이덴티티의 확보와 그 자유), (2) 자기의존주의(자족을 중시하는 자립자존 정신), (3) 대인관계의 수단화(대인관계를 자아방어의 수단으로 여기는 것)라는 세 가지 특색을 띠고 있다. 근대사회의 능력주의 기구 안에서는 그러한 가치관이 더욱 강화되어 전투적인 목표로서 자족을 거론하고 이를 향해 전진해야 한다는 '경직되지 않는 개인주의'가 탄생하였다. 따라서 격심한 경쟁성과 진취적인 창조성이 권장되었다. 이러한 개인주의적 경향은 상징적 모노폴리인 이에모토에는 나타나지 않는다. 오히려 화합과 집단에 대한 헌신을 내용으로 하는 가치관이 지배적이다. 그런 가치를 무엇이라고 부르면 좋을까? 나는 그것을 개인주의와 대비시켜 '간인間人주의'라고 부르고 싶다. 사람의 기본적 존재형태를 '인간'(와지쓰데쓰로和辻哲郎) 혹은 '사람과 사람 사이'(기무라 도시미치木村敏道)에 위치하는 '인人, Jen'(슈)[33]으로 파악할 때, 상호관계가 보수가 아닌 은혜에 의해 형성되는 것을 목표로 삼는 인간관계가 존중받는다는 것은 오히려 당연한 귀결일 것이다. 일본인의 '간인주의'의 속성은 이하 세 가지다. (1) 상호 의존주의(혼자 힘으로는 사회생활을 할 수 없고 '사람은 정'의 정신으로 서로 대처하려 하는 것), (2) 상호 신뢰주의(자기 태도에 따라 상대도 잘 대해 줄 것이라는 신념), (3) 대인관계의 본질화(대인관계를 조작적으로 다루려는 것이 아니라 그 자체를 가치 있는 것으로서 존중하고자 하는 경향). 이에모토에서의 인간관계가 '간인주의'에 기초하고 있다는 것은 실증적 데이터에 비춰보아도 명백하지만, 여기에서는 이 점을 설명하지는 못했다. 언젠가 다른 글에서 다루고자 한다.

1) Francis L. K. Hsu, *Clan, Caste, and Club*, 1963 (作田啓一・濱口惠俊 譯,『比較文明社會論－クラン・カスト・クラブ・家元』, 培風館, 1971.

2) 作田啓一,「日本人の原組織」, 飯島宗一・鯖田豊之 編,『日本人とは何か』, 日本經濟新聞社, 1973, 295~298쪽.

3) Francis L. K. Hsu, *Iemoto: The Heart of Japan*, 1975. p.x.

4) 川島武宜,『イデオロギーとしての家族制度』, 岩波書店, 1957, 322~357쪽.

5) 西山松之助,『家元の研究』, 校倉書房, 1959, 25~26쪽.

6) 川島武宜, 앞의 책, 350쪽.

7) 西山松之助, 앞의 책, 25쪽.

8) 西山松之助, 앞의 책, 119쪽.

9) 西山松之助, 앞의 책, 119쪽.

10) 西山松之助, 앞의 책, 121~122쪽.

11) 西山松之助, 앞의 책, 586~588쪽.

12) 西山松之助, 앞의 책, 605~606쪽.

13) 島崎稔,「藝能社會と家元制度(上)-流波に於ける師弟結合の特質」,『社會學評論』 3-4, 1953, 150쪽.

14) 西山松之助,『現代の家元』, 弘文堂, 1962, 164쪽.

15) 西山松之助, 앞의 책, 1962, 167쪽.

16) F・L・K・Hsu, 앞의 번역서, 310・314쪽.

17) 佐藤慶幸,「組織比較分析のための一視點」,『現代社會學』 1-1, 1974, 36~37쪽.

18) F・L・K・Hsu, 앞의 번역서, 310・314쪽

19) 濱口惠俊,「日本社會の家族的構成再考」, *Socialogy* 54・55, 1971, 16~17쪽.

20) 濱口惠俊,「日本の組織における對人關係觀と意思決定」,『年報社會心理學』16, 1975, 61쪽.

21) 須知正和,『日本の家訓』, 日本文藝社, 1974, 249・263・265쪽

22) 須知正和, 위의 책, 241・242・254・257・258쪽.

23) Thomas P. Rohlen, "The Company Work Group", in E. F. Vogel(ed.) *Medern Japanese Organization and Decision Making*, 1975, 186쪽.

24) 津田眞澂,『集團主義經營の構想』, 産業勞動調査所, 1973, 243쪽.

25) 大野力・脇田保,『日本の課長』, ダイヤモンド社, 1966, 39쪽.

26) 大野力・脇田保, 위의 책, 137쪽.

27) 三隅二不二,『新しいリーダーシップ』, ダイヤモンド社, 1966, 137쪽.

28) 大野力・脇田保, 앞의 책, 137쪽.

29) 統計數理硏究所 國民性調査委員會, 『第三日本人の國民性』, 至誠堂, 1975, 548~549쪽.

30) T. Rohlen, 앞의 글, 188쪽.

31) T. Rohlen, 앞의 글, 196~197쪽.

32) T. Rohlen, 앞의 글, 196쪽.

33) Francis L. K. Hsu, "Psychosocial Homeostasis(PSH) and Jen: Conceptual Tools for Advancing Psychological Anthropology", *American Anthropologist*, vol.73, No.1, 1971, 23~44쪽.

제10장 일본적 사회관계 – 기성 이미지의 해석

나가시마 노부히로 長島信弘

1. 조감도의 필요성

수많은 일본론 가운데 사회관계에 대해서는 다양한 각도에서 검토가 이루어져 표현이나 강조 부분에서 차이가 있고 대립점이 보인다고는 해도 공통된 인식 또한 적지 않은 것 같다.[1] 그래서 일본적 사회관계의 특성을 어떻게 파악해 왔는지를 정리해 보고, 선인들의 족적 조감도를 만드는 것은 필요한 기초작업이 될 것이다. 이 작업을 사론적으로 시도하려는 것이 이 글의 목적이다.

인간관계를 중심주제로 삼은 중요한 저서로 다음 세 권이 있다.[2]

(1) 나카네 지에, 『종적사회의 인간관계-단일사회의 이론』(中根千枝, 『タテ 社會の人間關係-單一社會の理論』, 講談社, 現代新書, 1967)

(2) 도이 겐로, 『'응석'의 구조』(土居健郎, 『'甘え'の構造』, 弘文堂, 1971)

(3) 요네야마 도시나오, 『일본인의 동료의식』(米山俊直, 『日本人の仲間意識』, 講談社, 現代新書, 1976)

요네야마는 나카네의 내용을 보충하면서 반론을 전개하고, 도이는 양자의 논의에 공통된 인간관계의 심리적 배경을 분석하였다. 나카네의 종적사회이론에 선행하는 것으로는 (4) 마루야마 마사오의 『일본의 사상』(丸山眞男,

『日本の思想』, 岩波新書, 1961)이 있다. 이것은 인간관계보다 사상을 직접 다룬 것으로 인간관계에 대한 계통적 분석은 보이지 않지만, '다코쓰보'[1] 문화와 '사사라'[2] 문화의 대비 부분은 나카네의 '종적' 사회와 '횡적' 관계의 대비와 매우 공통된 인식을 보여준다.[3]

또 요네야마보다 앞서 종적인 사회적 견해에 이의를 제창한 것으로 (5) 「시골 예법 · 도시 예법」[좌담회, 가토 히데토시(사회) · 우메사오 다다오 · 마쓰카타 사부로 · 미야모토 쓰네이치, 『일본문화의 표정 – 논집 · 일본문화 ③』(加藤秀俊 · 梅棹忠夫 · 松方三郎 · 宮本常一, 「村の作法 · 都市の作法」, 梅棹忠夫 · 多田道太郎 編, 『日本文化の表情-論集 · 日本文化③』, 講談社 現代新書, 1972)]가 있다. 이 좌담회에서는 특히 미야모토와 우메사오의 발언 속에 중요한 지적이 보인다.

이상의 5권을 정리하는 큰 틀은 〈나카네 · 마루야마 · 도이〉 대 〈요네야마 · 미야모토〉의 대비다. 정리방법은 각 저자의 일본적 사회관계의 특성에 대한 견해를 몇 개의 언설로 요약하고 그들 간의 대응과 대립을 비교하는 것이다. 이런 방법은 필연적으로 원저의 문맥을 무시하고 미묘한 뉘앙스와 뛰어난 비유를 간과하게 된다. 그 결점을 조금이라도 보완하기 위해 가능한 한 저자가 사용한 언어에 가깝게 항목별로 요약을 하고, 필자의 언어로 일반화시킨 설명을 함께 적는 방식을 취하는 것으로 한다.

2. 다테쓰보 사회의 관계사상

일본을 강한 단일성 사회로 파악하고 인간관계와 관련된 여러 현상의 배후에 존재하는 "통일된, 놀라울 정도로 논리적인 메커니즘"(185쪽)을 제시하고자 한 나카네의 『종적사회의 인간관계』는, 일본사회 전체의 공통된 특성에 관해 일관된 모델을 구축하였다. 다음 표는 나카네가 지적한 여러 특성을 필자 나름대로 15개 항목으로 정리한 것을 왼쪽에 기록하고, 그것에

---

1) 항아리.
2) 대나무 끝을 가늘게 쪼개어 묶은 것으로 냄비나 솥을 닦을 때 사용하는 도구.

나카네가 지적한 특성	대응되는 마루야마의 견해
N 1 일본 사회집단은 공통의 '자격'보다 일정한 틀에 의거한 '장場'에 의해 구성된다. 이 집단의식은 자신이 소속된 집단을 '우리쪽'이라고 부르는 표현에서 구체적으로 상징화된다. (30~32쪽, 이하 숫자만 표시)	M 1 일본에는 공통문화로 묶인 등질적인 층이 원래 존재하지 않았고, 근대적 기능집단도 하나의 폐쇄적인 중간집단을 형성하여 다코쓰보화 되는 경향이 있다. 신문기자가 사용하는 '우리쪽에선'이라는 표현이 상징적이다. (129, 137, 140)
N 2 이 집단의식은 전통적인 '가문(이에家)' 개념으로 대표되는데, 농촌만이 아니라 현대의 대기업이나 관료조직과도 공통된다. (33~37)	M 2 어떤 종류의 집단이든 기능적 합리화—권한 계층제—라는 계기와, '무라(마을)'를 모델로 하는 가부장적인 '벌閥'적 인간관계의 계기가 복합된 것을 볼 수 있다. (47)
N 3 집단 내에 당 안의 또 다른 당이나 파벌이 생기기 쉽다. (124)	M 3 다코쓰보화는 무한대로 세분화된다. (139)
N 4 집단은 구성원을 '전적으로 수용'하려는 경향이 강하고, 성원간의 끊임없는 직접적 접촉과 정서적 연대를 장려한다. (64~67)	M 4 다코쓰보화된 조직체는 그 멤버를 전적으로 수용하고, 정서적이며 직접적인 인간관계를 기반으로 한다. (46, 138)
N 5 구성원은 철저한 동료의식과 일체감을 형성하고, 그 집단에 일방적이며 동시에 전인격적으로 소속된다. (40~48, 64~67)	M 5 집단 내부에서는 동료들끼리만 통용되는 은어, 사고방식, 감지법이 발생하여 침전되어 간다. (139, 140)
N 6 집단의 일체감으로 인해 '우리쪽 사람', '다른쪽 사람'이라는 차별의식이 정면으로 돌출된다. (48)	M 6 다코쓰보화된 결과, 내측과 외측이 엄격히 구별된다. (139)
N 7 집단으로서의 일체감은 다른 집단에 대한 고립성을 증가시켜 동족집단은 서로 적이 된다. (48)	M 7 집단간에 등질적인 커뮤니케이션이 없어서, 각 집단은 적대세력에 둘러싸여 고립감과 소수자 의식을 갖게 된다. 그 결과 전국적으로 피해자만 있고 가해자는 없는 미묘한 사태가 발생한다. (142~144)
N 8 집단 내의 인간관계는 '종'(상하)적 관계가 '횡'(대등)적 관계보다 훨씬 강력하여, 동일 자격자 사이에서조차 차이가 설정되고 치밀한 서열이 만들어진다. (71~72)	M 8 유교도덕이 요원해진 것 같은 사회에서는 군신, 부자, 부부, 형제 등의 종적인 상하관계가 중심이 되고, 횡적 관계는 친구뿐이다. (160)
N 9 종적 인간관계는 보호와 의존, 온정과 충성이라는 감정적인 요소로 지탱된다. (137)	M 9 권위와 은정恩情, 보은이 일본적 조직화의 계기고, 권력과 은정의 즉자적 통일이 인간관계의 모범이 되어 왔다. (38, 46)
N 10 횡적관계는 집단에 의해 분단되어 동일 자격자의 네트워크가 충분히 기능하지 않으므로, 모르는 사람과 교제하는 사교성을 키울 장이 없다. (53)	M 10 친구를 넘어선 생판 남들과의 횡적 관계를 규정하는 도덕규범은 별로 발달하지 않는다. (136~137, 160)

N 11	일본적 이데올로기의 저변에는 극단적으로 감정인 인간평등주의가 있어서, '능력차를 인정하거나 약자를 약자로 취급하는 것은 터부시되어 있다. (97~98)	M 11	(N11에 곧바로 대응하는 인식을 마루야마에게서 찾을 수 없지만, '애매한 휴먼스'(M), 실질적 체험에 근거한 서민의 반제도(관료) 기분(52, 54) 등에 대한 지적은 N11에서 다룬 현상을 다른 시각에서 서술한 것이라 할 수 있겠다)
N 12	이 평등주의는 횡적관계에서의 적의와 과다경쟁을 낳아, 사회 전체로서는 계층 간의 모빌리티mobility(이동성, 가동성)를 증대시킨다. (99~103)	M 12	(M7의 후반부가 여기에 다소 대응되지만 명확한 대응은 찾을 수 없다)
N 13	일본인에게는 서구적인 의미에서의 계약 정신이 결여되어, 계약적 관계를 설정하기 어렵다. (159)	M 13	유교의 자연법 사상도, 중국에서는 계약적 성격이 강하게 나타나는데, 일본에서는 은정과 보은의 계기가 표면에 나온다. (38)
N 14	'신'의 관념 또한 개인과의 직접적인 접촉관계에 의거하고 있어서 절대성이 없듯이, 일본인의 가치관 저변에는 절대의 설정이나 논리적 탐구를 어렵게 하는 상대성 원리가 강하게 존재한다. (169, 172)	M 14	일본의 전통종교는 새로운 이데올로기와 대결하지 않고 무한히 포용함으로써 잡거하는 무질서함을 정착시켰다. 거기에는 절대자가 없으므로, 세계를 논리적 규범적으로 정렬시킬 '도道'가 형성될 수 없었다.
N 15	평등주의의 미온적인 도덕화, 서열의식, 대인관계의 감정적 고려 등으로 인해 일본인 사이에는 진정한 대화도 학문적 논쟁도 존재하기 어렵다. (48, 97~99, 173~179)	M 15	논리화=추상화를 혐오하고 감각적 일상경험을 중시하는 전통적인 정신 밑에서 논리는 현실과 융합되거나 물신화物神化되어 버린다. 한편 다코쓰보화의 결과로 인해 공통의 지적 기반이 형성될 수 없다. 그 때문에 논쟁은 헛된 싸움으로 끝나거나 애매한 휴머니즘에 의해 중화되어 버린다. (21~22, 60, 64, 134~136)

대응되는 마루야마의 견해를 『일본의 사상』에서 발췌하여 오른쪽에 나열하였다. 이러다 보니 마루야마의 견해에 대해서는 문맥을 충분히 반영하지 못하였음을 밝혀둔다.

대응에 중점을 두어 정리한 탓도 있겠지만, 이 표로만 보면 일본사회의 인간관계의 특성(미주 3)에 관한 양자의 기본적 견해는 거의 공통적이다. 나카네는 "본론에서 언급된 일본사회의 현상들은 대부분 단편적으로는 많은 사람들이 이미 지적한 내용"(185쪽)이라고 언급하고 있지만, 마루야마의 저서에는 언급되지 않았다.[4] 두 사람 모두 소속은 다르다 하더라도 같은 시기에 도쿄 대학의 교수를 지냈다는 점을 고려하면 좀 이상하게 생각될 수 있겠지만, 마루야마는 이런 단절 현상이야말로 다코쓰보 사회의 특징이라며 이미

종합대학을 예로 들어 갈파하였다(138쪽).[5]

두 사람에 의해 지적된 여러 특성을 좀더 일반적인 설로 재구성해 보면 다음의 20항목이 된다.

① 공통의 자격은 집단 형성의 계기가 되지 못하고(N1), 공통문화로 묶인 동질적인 층이 원래 존재하지 않는다(M1).
② 집단은 일정한 틀에 의해 구성된다(N1).
③ 모든 집단은 폐쇄적이 된다(N1N2, M1M2).
④ 집단은 내부에서 다시 분절된다(N3, M3).
⑤ 집단은 구성원을 전적으로 수용한다(N4, M4).
⑥ 집단의 결속은 구성원 간의 직접적이며 정서적인 인간관계에 의거한다 (N4, M4).
⑦ 집단 구성원은 강한 일체감과 동료의식을 가지며 공통의 은어와 사고방식, 공감대를 형성한다(N5, M6).
⑧ 개인이 소속된 집단은 구조적으로 단일하다(N5).
⑨ 우리쪽 사람과 다른쪽 사람이 엄격히 구별된다(N6, M6).
⑩ 집단은 동종의 타 집단에 대해 고립적이며 적대적이다(N7, M7).
⑪ 집단에서는 종적관계가 횡적관계보다 우월하다(N8, M8).
⑫ 종적사회는 은정恩情과 충성이라는 정서적 요소에 의해 지배된다(N9, M8).
⑬ 종적사회에도 치밀한 서열이 설정된다(N8).
⑭ 능력차를 인정하지 않는 감정적 인간평등주의가 횡적관계의 경쟁을 격화시킨다(N12).
⑮ 능력차를 인정하는 것이 터부시되고, 애매한 휴머니즘이 지배적이 된다 (N11, 15).
⑯ 누구든지 피해자의식을 갖게 된다(M7).
⑰ 타인과의 사교성이 결여되고 타인과의 관계를 규정하는 도덕적 규범이 발달되지 않는다(N10, M10).
⑱ 계약정신이 부족하다(N13, M13).

⑲ 논리성을 싫어하고 잡거적 상대성을 좋아한다(N14, M15).
⑳ 진정한 대화나 논쟁이 성립되지 않는다(N15, M15).

이들 설은 다음 5그룹으로 정리된다.

  Ⅰ. 집단형성의 계기에 관한 것 : (①~④)
  Ⅱ. 집단과 구성원의 관계 : (⑤~⑧)
  Ⅲ. 집단 간의 관계 : (⑨~⑩)
  Ⅳ. 집단 내의 개인관계 : (⑪~⑬)
  Ⅴ. 일반적 인간관계와 가치관 : (⑭~⑳)

또 나카네와 마루야마 두 사람 사이의 강조점의 차이를 기준으로 해서 나눠보면 다음 4그룹이 된다.

  N≒M, 양자가 거의 공통된 견해
  N〉M, 공통되지만 나카네가 더 강조하는 것
  N($\overline{M}$), 나카네만 지적한 견해
  M($\overline{N}$), 마루야마만 지적한 견해

이상 두 기준에 의해 위의 20개의 내용을 분류한 것이 다음 표다.

	Ⅰ. 집단 형성의 계기와 특성	Ⅱ. 집단과 구성원의 관계	Ⅲ. 집단 간의 관계	Ⅳ. 집단 내의 개인관계	Ⅴ. 일반적 인간관계와 가치관
M($\overline{N}$)					⑯
N≒M	③ ④	⑤ ⑥ ⑦	⑨ ⑩	⑫	⑰ ⑱ ⑲ ⑳
N〉M	①	⑧		⑪	⑮
N($\overline{M}$)	②			⑬	⑭

나카네가 말하는 '종적' 사회, 마루야마가 말하는 '다코쓰보' 사회에서의

인간관계의 특성들이 ①~⑳의 여러 항목으로 요약 가능하다는 가설 하에,[6] 다른 연구자들은 어떻게 다른 보완적 인식을 제시하는지 다음 절에서 검토해보자.

3. 응석의 코뮤니타스

일본인의 심리와 인간관계의 특성을 '응석'이라는 개념으로 해명한 도이土居는, 종적관계의 중시는 "응석의 중시라고 규정할 수 있다"(23쪽)라며 나카네의 견해를 보강함과 동시에, 그 누구도 피해자 의식을 가진다는 마루야마의 지적을 전개시켜서 인간관계의 동태론動態論, 공격성 연구라고 할 만한 새로운 분야를 개척했다.

도이가 사용한 개념들과 지적한 여러 특성들을 정리하면 다음과 같다.

D1 '응석'이란 수동적 애정, 정서적인 자타 일치의 상태, 강한 일체감을 구하고자 하는 심리로서, 그것은 모친에 대한 유아의 '의존성'에 근거한다. (16, 32, 85쪽)

D2 일본인은 응석이 지배하는 세계를 진정한 인간적인 세계라고 생각한다. (64쪽)

D3 타인과의 분리는 응석을 부정하기 때문에, 개인은 집단을 초월해서 독립될 수 없고 집단에 의존하여 매몰된다. (95, 162쪽)

D4 조직은 밖에서 보면 폐쇄적이고 사적으로 보이지만, 내부 구성원에게는 개방적으로 인식된다. (84쪽)

D5 집단 내의 마찰은 최소한으로 억제된다. (164쪽)

D6 '인정人情'은 자연스런 응석관계를 지배하는 감정이다. (29~33쪽)

D7 '의리'는 인위적으로 '인정'이 투입된 관계고, '은혜'(인정을 얻은 것에 대한 부채)를 계기로 한 상호관계다. (29~31쪽)

D8 '삼가'란 응석을 자제하는 것이지만, 거기에는 상대의 호의를 얻고자 하는 응석이 작용하고 있어서 '의리'와 대응된다. (36~37쪽)

D9   일본인은 자기가 삼가는 것은 싫어하지만 타인은 삼가주기를 바라는
     경향이 있다. (37쪽)

D10 응석과 삼가의 유무를 조합함으로써 일본인의 인간관계는 다음 세
     가지 동심원을 형성하며, 각각의 대인행동도 달라진다. (38~43쪽)

     '우리 쪽' : 자연스레 응석을 부릴 수 있어 조심할 필요가 없는 혈연세계

     '동료' : 삼가가 작용하는 의리의 세계

     '다른 쪽' : 응석을 부릴 수 없고 삼가지도 않는 타인의 세계

D11 개인보다 집단이 중시되므로 다른 세계에 있는 공공정신이 결여된다.
     (42, 43쪽)

D12 응석에 대한 찬미는 관대한 무차별 평등주의와 무원칙의 포용주의를
     동반한다. (84, 85쪽)

D13 응석은 비논리적이며 직감적 사고를 조장하여 솔직한 것이 최대의
     미덕이 된다.(62, 83쪽)

D14 응석은 자신의 감정을 살펴주는 상대에 따라 다르므로, 불만으로 끝나
     는 경우가 많고 상처받기 쉬운 피해자의식을 낳는다. (85, 155쪽)

D15 가해자조차 그 입장상 응석을 받아줄 수 없기 때문에 피해자의 입장에
     서게 된다. (200~201쪽)

D16 응석을 부릴 수 없게 되면 '분하게' 생각한다. 일본인은 이 '분함'을
     중요하게 생각하여, 패자와 동일화시킴으로써 카타르시스를 느낀다.
     이것이 소위 '약자에 대한 동정'이다.[7] (145~151쪽)

D17 솔직하게 응석부릴 수 없을 때는 '토라진다'. (24쪽)

D18 응석을 예상대로 받아주지 않으면 부당한 처우를 받았다고 곡해하여
     '오해한다'. (25쪽)

D19 응석을 거절당하면 '원망한다'. (25쪽)

D20 자신이 속한 곳의 사람들의 신뢰를 배반하면 강한 죄의식을 느끼고
     '미안하다'며 어린애가 애원하는 것 같은 태도로 사죄한다. (50~51쪽)

D21 이런 종류의 사죄는 항상 상대에게 공감을 불러일으킨다. (54쪽)

이상 21개 항목 중 응석에 관한 어휘의 정의는, 거기에 따르는 인간관계의

동태—특히 응석이 좌절됨으로써 초래되는 갈등—에 대한 분석과 함께 도이의 전문영역이다. 대부분이 확실히 앞 절에서 요약한 설들과 대응된다. 그 대응관계는 반드시 일대일이 아니고 미묘한 차이나 원인에 대한 견해 차이가 있다. 유사점을 강조하여 대응 항목을 들자면 다음 표와 같다(직접 대응되지 않는 '응석의 어휘'에 관한 도이의 항목은 생략했다). ②, ⑤, ⑬은 순수한 사회학적 내용이어서인지 도이의 고찰에서 제외되어 있다.

마루야마, 나카네, 도이에게 공통된 기본의식은 다음 세 가지로 요약할 수 있다.

(가) 일본인의 인간관계는 집단에 의해 규정되고, 집단은 안과 밖의 범주를 규정한다.
(나) 인간관계에서의 이상은 정신적 일체감의 형성이고, 그것을 기대할 수 없는 외측 세계에서는 비사교성, 냉담, 적의가 지배적이 된다.
(다) 이 정서적 관계는 대등한 횡적관계보다 온정과 의존이라는 종적관계 에서 현저하게 나타난다.

(나)·(다)가 일본인의 '인간다움'에 대한 가치관의 근저를 이룬다고 세 사람은 파악하였다['애매한 휴머니즘'(마루야마, M15), '미온적인 평등주의'(나카네, N15, 도이, D2)]. 그것은 '따뜻하다'와 '차갑다'라는 표현의 대비로 요약될 수도 있다. 논리와 계약과 대결을 동반하는 관계는 '차가운' 것으로 거부시되는 경향을 세 사람 모두 강조하였다.

여기에서 나카네가 지적한 '감정적 인간평등주의'와 도이가 말하는 '무차별 평등주의'와의 차이점과 공통점에 대해 언급해 둘 필요가 있겠다. 일본인에게는 개인의 능력차를 인정하지 않으려는 강한 경향이 있다. 그것이 한편으로는 노력형 인간과 강한 계층간의 유동성을 낳고, 동시에 다른 한편으로는 치열한 경쟁과 능력차에 대한 언급을 터부시하는 도덕(배려)을 낳았다는 것이 나카네의 설명이다. 이것도 도이 식으로 말하자면 전형적인 응석 현상이 될 것이다.

이에 대하여 도이의 '평등주의'란 "타인을 응석으로 사로잡아, 그의 타자성을 없애버리려고 하는"(84쪽) 어머니의 아들에 대한 포용성을 말하고, 이것은 마루야마가 말하는 '무원칙성'에 대응되는 것이다.

	①	②	③	④	⑤	⑥	⑦	⑧	⑨	⑩	⑪	⑫	⑬	⑭	⑮	⑯	⑰	⑱	⑲	⑳
D1						*	*				*	*						*	*	*
D2	*					*	*				*	*			(*)			*	*	*
D3	*					*	*	*				*					*			
D4			*			*	*													
D5												*								
D7												*								
D10	*		*	*		*			*	*				(*)	(*)		*	*	*	*
D11																	*	*	*	*
D12	*					*								(*)	(*)			*	*	
D13																		*	*	*
D14																*				
D15																*				

즉 이 두 가지 '평등주의'의 차이는 그것이 작용하는 문맥의 차이에 불과한 셈이다. 이해가 일치되지 않아서 타인을 끌어들일 수 없는 관계에서는 경합이 벌어진다고 바꿔 말할 수도 있다. 여기에 마루야마와 도이가 강조하는 '피해자 의식' 문제를 개입시키면 더 일관된 설명이 된다. 즉 능력 차의 인정을 터부시한다는 것은, 그 터부를 깨면 피해자 의식을 낳는다는 말이 된다. 마루야마는 이 피해자 의식을 집단의 고립화(다코쓰보화)에서 찾고, 도이는 응석의 좌절로 설명한다. 여기에서의 차이는 사회학적 설명과 심리학적 설명의 차이일 뿐, 현상을 인식하는 데는 큰 차이가 없다고 보아도 좋다. 이 문제는 일본인의 공격성으로 전개되어야 할 것이다.

집단 구성원이 평등의식과 정서적 일체감으로 뭉쳐졌다고 하는 지금까지 지적된 일본적 집단의 특성은, 빅터 W·터너가 『의례의 과정』[8]에서 모델화한 '코뮤니타스'의 특성과 상당히 공통된다는 사실을 알게 될 것이다.

터너는 집단 가입 의례를 통해 일상 사회에서 떨어져나온 신규 가입자의 일체성을 전형으로 삼아, 모두가 평등한 구체적 개인으로서 전인격적으로 참여하고 인간애는 넘치지만 조직화되지 못하는 집단을 '코뮤니타스communitas'3)라고 부르고, 이를 '구조'와 대비시켰다. '구조'란 사회의 여러 제도와 개인을 신분과 지위역할로 맞춘 체계로서, 구조의 내부에는 개인의 분화와 불평등이 항상 존재하고 있다. 코뮤니타스는 구체적으로는 초기의 종교운동이나 히피집단처럼 구조의 틈새나 주변, 저변의 약자나 취약계층들 사이에서 발생한다. 이러한 '실존적 코뮤니타스'는 조금씩 조직화되어 '규범적 코뮤니타스'가 되어 구조 안에 편입되어 소멸하거나 구조 그 자체가 된다. 동시에 구조 안에는 인간이 서로 조화롭게 살아가기 위한 최적의 조건(유토피아)을 상정하는 '이데올로기적 코뮤니타스'가 있다.9)

터너의 이 코뮤니타스론에서 본다면 일본집단의 특성은 하나의 패러독스를 제시한다. 즉 집단은 구조 그 자체의 요구이며10) 내부에도 서열이 확립되어 있는 한편, 정서적 일체감으로 충만한 '실존적 코뮤니타스'를 형성하고 있는 셈이다. 게다가 또한 그러한 집단 내의 인간관계를 이상시하는 '이데올로기적 코뮤니타스'를 항상 희구하고 있다고도 할 수 있겠다.

터너의 '구조'와 '코뮤니타스'의 대비는 나카네 식으로 바꿔 말하면 종적인 것과 저변의 횡적인 것의 대비다. 그러나 나카네에 따르자면, 일본의 사회집단은 종적으로 강자와 약자의 관계를 기축으로 한 '응석의 코뮤니타스'가 된다. 간단히 말하자면 횡적인 것을 계속 배제하면서 종적인 것이 횡적인 것이 된다는 도식이다. 이것은 터너가 그 가능성을 간과한 듯한 독특한 사회모델을 일본사회가 제공하는 것은 아닐까? 확실히 세 사람은 모두 지금까지 제시한 여러 특성이 일본사회에 고유하게 나타나는 것은 아니지만,

---

3) 일상의 사회적 질서에서 벗어나 비일상적인 인간관계가 지배하는 장을 지칭하는 용어로, 주로 통과의례 장소에서 경험될 수 있다고 한다.

일본에서 특히 두드러진다고 생각하는 것 같다. 그리고 학문적으로 시각을 달리하는 세 사람이 지적한 여러 현상을 단순화시키면 상당히 공통점이 많으며, 세 사람의 저작이 높은 평가를 받는 것도 무엇보다 일상 경험에 비춰 확실히 그럴 법하다고 생각하는 독자가 많기 때문일 것이다.

이제 검증 단계에 들어가고자 한다. 검증이란 "실제 일본사회에서 나타나는 여러 현상에 대한 타당성과 유효성 여부에 의거하여 테스트하는"(나카네, 26쪽) 것이다. 이 경우 세 사람의 설명 중 어느 것에도 해당되지 않는 사태에 대해서는 어떤 태도를 취할 것인지를 우선 개관할 필요가 있겠다.

마루야마의 경우는, 항상 대립하는 요소의 긴장적 동태 특히 "새 사상에 대한 민감한 감수성과 다른 한편으로 과거의 것에 대한 집요한 지속이라는 두 가지 모순된 계기의 상호연관을 지적하며"(188쪽), 그 연관성을 근대화 과정으로 파악하려고 하였다. '다코쓰보화'로써 모든 것을 설명하려 한 것도 아니고 비 다코쓰보적인 요소를 부정한 것도 아니다.

이에 비해 나카네는 감탄스러우리 만큼 단정적이다. 지역차란 상대적인 차이에 불과하며 종적사회의 특성이야말로 일본의 '사회구조'라고 주장하면서 그 타당성과 유효성을 검증한 것이다.

도이의 경우는 일본인의 심리를 해명하는 데 응석 개념이 유효하다고는 주장하였다. 예를 들면 '원망'에 대해서는 언급하면서도 '증오'는 논하지 않았듯이 대상을 '응석'으로만 한정시키고 있어서, 이런 측면에서 선택적이라 볼 수 있겠다.

검증할 만한 사항은 여러 가지가 있지만 중요한 것은 다음 두 가지다.

a   일본인의 사회관계는 집단에 의해서만 규정되는가?
b   상하, 우열, 강약 등의 서열관계가 없는 '동료의식' '동료관계'는 존재하지 않는가? 존재한다면 어떤 형태와 특성을 갖는가?

a 문제는 '집단' '범주' '관계' 등 지금까지 정의되지 않은 채 사용되어 온 여러 개념에 대한 검토를 포함하는 것으로, 전체적인 검토가 필요하므로 앞으로의 과제로 삼고자 한다. 다음 절에서는 우선 요네야마나 미야모토, 우메사오 들이 매우 중시한 b 문제에 대해 요네야마 등의 견해를 소개하면서 검토하고자 한다.

4. 종적사회론은 도쿄인의 편견

-'완성품'을 수입해 들여오는 데 푹 빠진 "일본"의 '학계'에 대한 반동으로, 다른 한편으로는 단편적이고 즉흥적인 생각을 과도하게 존중하는 '오리지널리티'에 대한 숭배가 특히 "평론과 저널리즘" 세계에서 부단히 재생산되어 양자가 서로를 경멸하는 악순환이 되풀이되고 있다. (丸山眞男)[11]

가토 히데토시加藤秀俊(사회), 우메사오 다다오梅棹忠夫, 마쓰카타 사부로松 方三郎, 미야모토 쓰네이치宮本常一 4명의 좌담회 「시골 예법·도시 예법」(「村の 作法·都市の作法」, 앞의 『日本文化の表情-論集·日本文化』에 수록)에서는 확실히 언급하지 않았지만, 비판 대상이 나카네 등의 일본사회론이라는 것은 다음 인용을 보아도 명백하다.

가토   농업경제에 동북형과 서남형이라는 것이 있습니다. 우두머리와 부하의 관계는 그 중에서도 동북형에 관한 이야기인데, 논단 등에서는 그것이 모든 농촌에 해당하는 것처럼 되어버렸습니다. 언제부터 왜 그렇게 되었을까요?

미야모토   도쿄에 학자가 있기 때문이겠지요.

우메사오 게다가 도쿄에서 그런 사회과학을 하는 학자의 출신지가 몰려 있기 때문이 아닐까?[12]

미야모토 그런 치우친 데이터를 가지고 모두 논의를 하기 때문이겠지요…… (20~21쪽)

여기에서 문제가 되는 것은, 나카네 등이 제창한 특성이 반드시 일본사회 전체에 다 적용되지는 못하므로 나카네 이론의 타당성 범위를 수정하는 것이다. 이 좌담회에서는 일본사회를 몇 가지의 대조되는 하부그룹으로 분류하여 논하고, 다코쓰보적, 종적 사회적 특성은 일부에만 해당한다고 설명하였다. 분류된 하부그룹은 서로 중복되지만 다음 네 가지 점에서 차이가 있다.

(1) 메이지 시대 이전 즉 화폐경제가 침투하기 이전의 시골과 메이지 시대 이후 즉 화폐경제가 침투한 이후의 시골, (2) 동북 일본형 농촌과 서남 일본형 농촌, (3) 시골과 도시, (4) 도쿄와 교토, 오사카

(1)에서는, 일본사회의 전통적인 특성으로 주장되어 온 것이 사실은 메이지 시대 이후에 나타난 변화의 소산이고, 의리란 화폐경제의 침투에 의해 만들어진 '도시'적 관계라고 설명한다. (미야모토 16, 18쪽 / 우메사오 19쪽)

(2)에서는, 우두머리와 부하의 관계를 주축으로 하는 예속관계는 비교적 새로 개척된 동북 일본형 농촌에만 들어맞기에(동북 일본형 농촌사회가 종적사회의 모델이라는 암시가 있다),서남 일본형 농촌에서는 개인을 단위로 한 자발적인 임의관계인 고講가 발달하였다. 개인은 동시에 몇 개의 고講에 참가하고 그 성원들 간의 관계는 대등하여 "스마나이"(미안하다)라는 체면치레도 없다. (미야모토 20, 21, 26, 28, 29쪽 / 우메사오 27, 29쪽)

(3)의 시골과 도시의 대비에서는 (4)의 교토를 도시의 대표자로 취급한다.

(4)에서는 교토 '도시인'의 인간관계가 얼마나 비非종적인 사회적이며 시민적인지가 강조된다. 같은 도시라 하더라도 교토는 도시인=시민적인 데 비해, 에도(현 도쿄)는 무가=지배자로 파악되고 있다. (우메사오 50쪽)

마지막으로 일본사회의 전체적 특성으로, 지연과 혈연의 원리가 약하고 (이 점에서도 가족이나 지역공동체를 모델로 하는 마루야마와 나카네의 견해와 다르다), 사연社緣(요네야마 도시나오가 사용한 용어)의 원리나 기업의 원리가 우선시되는 직장주의 사회라고 결론지었다. (우메사오 49, 55~57쪽)

이 '직장주의'라는 것이 종적사회의 특성과 어떻게 다른지는 논의되지 않았다. 단순히 생각해 보면, 자기가 소속된 중심적 집단은 하나라는 나카네의 견해와 비슷하지 않을까 하는 생각도 들지만, 좌담회라는 형식상 예증은 있어도 실증이 없고, 또 논리적 정합성을 추구하는 것이 아니므로 어쩔 수 없었을 것이다.

미야모토가 메이지 시대 이후 "시골에서 올라와, …… 다른 세계의 질서를 어지럽히는 것은 문제가 아니다"(25쪽)라고 한 발언 또한, 마루야마와 나카네, 도이 등이 강조한 안팎을 명확히 구별하는 현상과 대응된다. 그러나 전체적으로 말하자면 이 좌담회에서는 일본을 '단일' 사회로 봐서는 안 된다는 것, 교토를 중심으로 한 서일본 사회에서는 비정서적이며 대등한 관계가 발달되었다는 것, 이 두 가지가 강조되었다고 요약할 수 있을 것이다.

5. 동료 예찬

요네야마 도시나오 또한 『일본인의 동료의식』에서 나카네 지에의 종적사회론을 재고하면서 이 두 가지 점을 강조했다. 그런데 요네야마의 저서는 '타협의 포석'으로서 그의 생각을 '솔직하게 제시한 에세이'(196쪽)라서인지 요약하기 어려운 부분이 있다. 즉, '동료' 개념이 꽤 다의적이고, 현상에 대한 분석보다는 '인간다운 인간'이란 무엇인가라는 그의 가치관이 종종 서술되고 있으며, 그것과 맞물려 상냥한 외할아버지처럼 독자들에게 동료관계에 대해 여러 가지 조언을 하는 일종의 수양서 양식을 취하고 있다. 그러므로 논리적 일관성이나 정합성이 결여되고 단편적이고 상호 모순되는 내용도 있지만, 도처에 예리한 지적들이 있어서 그가 후일을 기약한 '엄밀한 학문적' 원리가 빨리 실현되기를 기대한다.

요네야마의 논리는 그의 가치관과 실천적 조언을 제외하면 다음 네 항목으로 크게 나눌 수 있다.

(1) 나카네와 마루야마 비판

(2)친족, 동료, 세상, 동포라는 식의 인간관계의 네 범주

(3)동료론

(4)이상적인 사회관계의 모델로서 교토인, 특히 전 시민이 함께하는
    상호교제법

요네야마는 나카네의 견해를 전면적으로 비판하는 것은 아니다. 즉 나카네 이론이 갖는 설득력과 타당성을 충분히 인정한 다음, "이 '종적사회'의 모델이 생활에서 느껴지는 실감과 뭔가 어긋난다는 기분이 들었고"(62쪽), 그 위화감의 근거는 "의지할 수 있는 소속집단은 단 하나라서 여러 군데에 소속되기가 불가능하다"라고 주장한 나카네의 견해(N2)에 있다고 보았다. 요네야마의 생활권인 교토를 중심으로 한 서남 일본형 사회에서는, 나카네가 언급한 중국인처럼 태연하게 복수의 집단에 동시 소속된 사람이 많고, 그것은 도의적인 비난을 받지 않는다고 한다(62~66쪽).

미야모토, 우메사오와 마찬가지로 요네야마도 '종적사회'는 관동 혹은 동북 일본의 특성으로, 서남 일본에서는 대등한 소속감을 느끼게 하는 동업자 모임·동업자 조합·마을 조직·도시 조합·다양한 계 등의 권력자를 별로 인정하지 않는 횡적연대가 월등하며, 그것은 천년 이상의 전통을 가진 도시에서 특히 두드러진다고 설명했다(67쪽). 이 '횡적사회'의 성격은, 나카네가 인도사회에 대해 서술한 "카스트적, 계약적, 기능적, 능력주의적, 우리쪽=다른쪽의 비非대립적, 사교적, 반反시골적, 비非독재적이라서, '두 군주를 섬기며', 대화나 수다를 좋아한다는 항목에 딱 들어맞는 세계"(71~72쪽)야말로 요네야마가 사는 세계라고 정의한 것이다.

관동과 관서의 대립을 차치한다면 종적사회가 나타나는 곳은 무사·농민층·사쓰마 번과 조슈 번을 선두로 하는 근대일본의 건설업자들, 대기업, 중앙관청, 강좌제의 흔적이 남아 있는 대학, 의리로 뭉친 조직 및 이에모토(간사이 지역에도 있다) 조직 등이고, 횡적사회는 장인, 도시민, 계조직이 발달한 촌락, 교토의 지식인에게서 나타난다는 식으로 표현되어 있다(67~72

쪽). 따라서 나카네 이론은 종적사회에서는 타당하지만, 단일한 것은 나카네의 이론일 뿐 일본사회는 그렇지 않다는 것이 요네야마의 결론이라 할 수 있겠다.

이렇게 요약하고 나서 요네야마의 '후기'를 읽고는 크게 당황했다. 그가 책을 쓰게 된 두 번째 동기는 고노에近衛 론도(교토 대학 인류학연구회)의 300회 모임에서 초청인사로 나온 나카네가 축사에서 "일본의 집단과 조직은 대개 동년배들로 이루어지기 쉬워서 멤버들이 갑자기 노화되어 버리는 경향이 있다. 고노에 론도가 항상 젊은 에너지를 갖고 있는 것은 무엇 때문인지 연구해보고 싶다"라고 한 말에 자극받았기 때문이라고 했다(195~196쪽).

아무리 축사라고는 하지만, 나의 첫 반응은 이건 자신의 주장을 완전히 뒤집은 것이 아닌가 하는 의문이 들었고, 그것을 흘려듣고 넘기기는커녕 오히려 거꾸로 연구의욕을 불태웠다고 한 요네야마도 이해하기 어려웠다는 것이 두 번째 반응이었다. 동년=대등으로 둔다면, 나카네는 일본 집단이 모두 횡적관계로서 단명이고, 연령차가 있는 비대등 집단의 존속은 예외적이라고 간주하고 있다는 말이 되기 때문이다. 그러나 이러한 필자의 해석은 「후기」의 문맥에서 보면 너무나 이상하다. 나카네는 고노에 론도를 확실히 '비非 종적 사회'로 인식하는 것 같기 때문이다. 그래서 요네야마에게 전화를 걸어 물어보니, "나카네가 말한 '집단의 조직'이란 연구회 조직을 말하는 게 아닐까요?"라고 했다. 내친김에 나카네가 지금까지 주장해 온 것과 정반대라는 느낌을 받았는지 물어보았더니 "뭐 솔직하게 반응했을 뿐입니다."라고 대답했다.[13]

종적사회론의 줄기는 대등=동년=단명이다. 따라서 대등=연령차가 있는 구성원=영속이라는 고노에 론도의 횡적사회의 특성이 나카네의 관심을 끌었다고 재해석한다면, 나카네나 요네야마 모두 모순은 없게 된다. 바꿔 말하자면 이 「후기」는 나카네가 일본에서 '횡적사회'를 발견한 상황을 말한

것이다. 그렇다면 이는 미야모토, 우메사오, 요네야마의 세 사람의 견해를 보강해 주는 것이다.[14]

요네야마는, 마루야마의 견해에 대해서는 이미 소개했듯이 다코쓰보 사회라고 보는 쪽이 종적사회보다 훨씬 더 설득력 있다고 평가하면서도, 완전히 폐쇄적인 다코쓰보 구조는 근대와 전근대의 역설적인 결합이기 때문에, "실은 이미 상당히 과거의 것이 되어버린 것은 아닐까?"(108쪽)라고 하며, 현재는 "동료라는 결합체가 명백히 더 개방적이고 이합집산이 자유롭게 바뀌고 있다고 생각된다"(108쪽)고 서술하였다. 그러나 그가 일본사회 전체가 종적사회에서 횡적사회로 이행하고 있다고 생각하는지는 확실치 않다. 요네야마가 도이의 『응석의 구조』에 대해 전혀 언급하지 않았기 때문에, 동료와 응석의 관계에 대한 그의 견해는 알 수가 없다.

종과 횡의 논의를 떠나 요네야마는 일본의 사회관계가 전개되는 장을 평균적인 일본어의 주요 컨셉을 활용하여 '친족' '동료' '세상' '동포'의 네 카테고리로 나누고 다음과 같이 도식화하였다.

세상	동포
동료	친족

세로 축은 혈연의식의 유무를 구별하고 가로 축은 집단의 한정성과 대소를 나타낸다. 위가 큰 집단 혹은 집합이다(38쪽). 이 분류의 출발점은 '아는 사람'과 '타인'의 구별이다. '친족'과 '동료'는 '아는 사람'의 장, '세상'과 '동포'는 '타인'이라고 할 수 있다.

> Y1   '친족'이란 혈연관계에 있는 사람들의 집단(가족)과 그것을 포함하는 친류나 친척의 네트워크다. (20~22쪽)

Y2   '동료'란 비혈연적 계기에 의해 형성되고 대등한 동료의식을 가지는 집단이다. (22~24쪽)

Y3   '세상'이란 타인이 압도적으로 많은 장으로, 거기에 작용하는 도덕률은 최소한에 가깝다. 세상에는 무한한 다양성이 존재한다. (13~19, 27~30쪽)

Y4   '동포'란 혈연적 관계를 개념적으로 확대한 이미지로서의 인간의 집합으로, 일본인, 일본민족, 일본국민 같은 독특한 연대의식과 '민족의식'을 기반으로 한다. (38~39쪽)

코멘트 : 이상 네 개의 카테고리는 분류기준과 카테고리 사이의 배타성에서 커다란 의문(예를 들면 '체면'을 이야기할 때 '동료'는 제외되는가? 등)이 생기며, 또 각 카테고리 역시 저자도 인정했듯이 너무 다의적이어서 유효한 분류로 보기는 힘들다. 따라서 이하는 요네야마의 테마인 '동료'에 한해서만 그의 견해를 요약하기로 하겠다.

Y5   동료라고 할 때는 당파, 유파, 강좌, 조합이나 연합, 계, 공단과 재단 등의 '단', 부대나 조사대 등의 '대' 같은 언어로 표현되는 결사단이나 단체 혹은 그룹도 염두에 두고 있다. (26쪽)

Y6   일상생활에서 가장 중요한 것이 동료(직장을 포함)집단으로, 의리와 인정, 은혜가 서로 얽히는 전개도 주로 이 동료들 사이에서 일어나는 관계다. (40쪽)

Y7   일본의 동료집단에서는 부모와 자식, 형제 등 혈연의 원리가 작용하는 경우가 있지만(동료=친족), 이 가족주의 이데올로기가 국민문화로서 일본인 전체를 감싸안게 되었다. (24, 51~55쪽)

Y8   가족주의에 의한 동료집단은 한편으로는 '화和'를 원리로 하여 안정적이지만, 다른 한편으로는 지위의 상하, 권력의 배분 등에 의해 고정된 질서가 생긴다. 그 결과 타율적인 집단의 구속에 대해 근대적 개인이 반발하는 경우가 생겨난다. (58~60쪽)

Y9   동료관계는 대등한 평등원칙을 전제로 한다. (74쪽)

Y10   이 원칙에 의해 성립된 동료집단에도 자연적으로 리더가 생겨나고 리더-추종자의 관계가 성립된다. (75~79쪽)

Y11 이 횡적집단에서의 상하관계는 종적집단에서의 서열이나 직계제와는 다르다. (78쪽)

Y12 동료란 상호간 개체 식별이 잘 이루어져 있어서, 성이나 세대 차이를 뛰어넘어 총체적인total 인간으로 명확하게 이해하고 있는 관계다. (168쪽)

Y13 동료의 기반에는 피와 눈물이 있는 인간다운 연대가 있고, 희로애락을 함께 나누는 것은 동료끼리의 특권이다. (88~89쪽)

Y14 오늘날의 인간관계는 합리적, 능률적, 기능적이라고 하는 에누리 없이 분명한 관계 쪽으로 기울어지고 있다. (86쪽)

Y15 기능주의적 인간관계는 거칠고 껄끄러워지고, 관리강화와 인간소외를 낳는다. (94~98, 106쪽)

똑같이 동료집단이라는 말을 사용하고는 있지만, Y5, Y6, Y7, Y8과 Y9, Y10은 확실히 다른 체계, 다시 말해서 종적집단과 횡적집단의 특성을 다룬 것이다. 여기에 요네야마의 딜레머가 나타난다. 즉 '동료'라는 말의 일상적 용법은 Y9의 분석개념이거나 아니면 이상형으로서의 '동료'보다 훨씬 넓고 다의적이다. 그것은 나카네와 마루야마 둘다 다코쓰보 사회의 '동료의식'에서 언급하였고(N5·M5), 요네야마 역시 "끈끈한 가족주의적"이라는 수식어를 붙여서 논할 수밖에 없었다. 그런데 요네야마가 사용한 '동료'의 용법은 이 양극 사이를 무원칙적으로 오가고 있다. 그 원인은 일본사회를 전체적으로 파악하려고 설정한 네 가지 범주에 지나치게 얽매여 있기 때문일 것이다.

Y12, Y13은 횡과 종의 구별을 없앤 것처럼 보이지만, 요네야마는 Y9와의 복합체로 파악하고 있는 듯하다. 이는 도이와는 다른 접근법으로, 터너의 '코뮤니타스' 개념에 근접하였다고 할 수 있겠다.

Y14, Y15는 나카네와 마루야마에 대한 요네야마의 비판과 관련된 내용으로, 건조하고 차가운(179쪽) 관계가 근대화와 함께 침투했다는 견해다.

이상을 요약하면 요네야마는 다음 세 가지 타입으로 인간관계의 복합체를 상정한 것 같다.

(1) 가족주의적인 '벌거벗은 교제'와 전면적인 참가를 중심 가치로 삼는 폐쇄적 집단 내의 관계(그는 이것을 "끈끈한"으로 표현한다).
(2) 부분적 참가와 구성원의 자유를 전제로 한 대등한 중간집단에서의 관계("산뜻한" "쿨한").
(3) 동료의식과 인정이 결여된 단순 합리주의가 지배하는 관계("까칠한" "딱딱한" "냉담한" "건조한").

물론 요네야마는 (2)의 관계가 이상적이라고 독자를 설득하며, 그것은 단순히 꿈이 아니라 교토의 전 시민들 간의 교제에서 찾아볼 수 있다고 한다. 그의 가치관을 언급한 김에 다른 저자들의 가치관에 대해서도 언급해 두고자 한다. 묘하게도 서로 대치관계에 있는 마루야마, 나카네, 우메사오, 요네야마 네 사람은 이 점에서는 완전히 일치한다. 앞의 두 사람은 명백하게 자신이 속한 세로형 다코쓰보(항아리) 사회에 대해 혐오감을 보이고, 나카네는 아예 경멸에 가까운 태도를 보인다. 뒤의 두 사람은 앞의 두 사람이 속한 사회에 대해 우월감을 가지고 자신이 속한 교토(횡적) 사회를 자찬한다. 도이는 한편으로는 '응석'을 구미사회로 수출할 수도 있다고 할 정도로 평가하면서도, 동시에 일본에서 '응석'이 범람하는 데 대해서는 눈썹을 찌푸리는 두 가지 태도를 취한다.[15] 이들 5명의 공통점은 다른 사람을 구속하며 끈끈한 피해자 의식으로 넘치는 일본사회에 대한 혐오다. 이것이 지적 엘리트의 고유한 생각인지 혹은 '보통사람'의 생각인지는 검토해볼 여지가 있다.

현실사회에 유토피아가 존재하다고는 믿기 어렵지만, 요네야마의 주장을 액면 그대로 받아들인다면 아무래도 교토 시민들과 학자 사회가 거기에 가까운 것 같다. 그렇다면 나카네가 아니더라도 "연구해 보고 싶은" 마음에

사로잡힐 것이다.

6. 교토 사회는 단맛을 뺀 유토피아

요네야마가 현대사회에서 이상적이라 생각한 대인관계 형태는 "쿨하게 부분적으로 참가하는 명석함"(176쪽)이고, "타인의 생활에 아무렇지도 않게 뻔뻔스레 개입하는 방법은 이제 수용될 수 없다"(176쪽)라고 단정한다. 그리고 그는 천년 수도인 교토에 그런 교제방법이 성립되어 있음을 발견하고 "동료들과의 교제는 마땅히 전 도시민을 대상으로 하는 형태면 좋겠다"(179쪽)고 격찬한다. 그는 스스로를 기소 요시나카木曾義仲4)적 인간이라고 부른다. 시골(미에 현)에서 나와 교토의 도시풍 교제를 '차갑다'고 느꼈지만 20여 년간 생활하면서 세련되고 좋다고 느끼게 되었다는 것이다(176쪽). 훌륭한 적응력으로 치자면, 그는 오히려 '미나모토노 요시쓰네源義經5)적인 인간이라 해야할지 모르겠다. 그가 그리는 전 도시민 간의 인간관계는 다음과 같다.

Y16 집안끼리 가족끼리의 일상적인 교제는 빈도가 낮고, 가정 내부에 '뻔뻔스럽게' 개입하지 않기를 바란다.(177쪽)

Y17 "자, 오차즈케6)라도 한 그릇"이라는 인사는 하지 않으며, 그것을 진심으로 받아들여 식사대접을 받거나 하면 실례가 된다는 이야기는 픽션 같다.(177쪽) 갑자기 찾아온 손님에게 평상시 음식을 내놓는다는 식의 식사대접법은 있을 수도 없다.(178쪽)

Y18 손님 쪽에서 쫓아 들어가서 식사에 참석하는 것은 상당히 실례다. 식사에는 예약이 필요하다.(178~179쪽)

Y19 식사에 초대하여 "오차즈케"라고 하며 내놓는 것이 풀코스 식사고,

---

4) 기소의 산골에서 생활하다 입성한 헤이안 시대 말기의 무장 미나모토노 요시나카(源義仲)의 별칭.
5) 헤이안 말과 가마쿠라 초의 쇼군 미나모토노 요시나카를 물리친 미나모토노 요시쓰네(源義経)를 말한다.
6) 밥에 녹차를 부어 먹는 매우 소박한 식사법.

온갖 정성을 들여 환대한다. 정성이 들어간 초대에는 준비가 필요하고, 고로 예약이 필요하다.(178~179쪽)

Y20 이 관계는 언뜻 보면 '차가운' 형식주의처럼 보이지만, 침해하지도 침해받지도 않는다는 룰에 근거한 합리적인 것이다.(179쪽)

Y21 이 룰을 어기는 사람을 교토 사람들은 시골뜨기라고 하며 경멸한다.(179쪽)

Y22 자타의 경계를 허무는 그런 적나라한 교제를 이 문화는 좋아하지 않는다. 교제에는 절도가 있고 세련되며 쿨하지만 결코 차갑지는 않다.(179쪽)

요네야마가 말하고 싶었던 것은 결국 이 Y22의 결론인 것 같지만, 교토 시민들에 대해서는 우메사오도 좌담회에서 언급한 바 있기 때문에 그의 견해도 제시해 보고자 한다. 우메사오는 시가滋賀 현 태생으로서 어린 시절부터 니시진西陣7)에서 자랐다고 한다.

U1 교토에는 '구미組'와 구미를 세분한 '마을회'가 있고 마을회의 단결력은 상당히 견고하다.(34쪽)

U2 마을회의 회장은 대략 50채 중 5~6채가 돌아가면서 역임한다. 이 5~6채가 토지와 가옥을 가진 '마을사람'이고 다른 사람들은 같은 마을에 살더라도 마을사람이 아니다.

U3 누구든 가게를 사면 마을사람이 될 수 있는 드라이한 조직이다.(34쪽)

U4 집주인은 세입자와□ 완전히 대차관계일 뿐 개인적으로 돌보아주지는 않는다. "집주인은 부모와 마찬가지"라는 말은 도쿄에 해당되는 것이고 교토에서는 통하지 않는다. 집세를 못 내는 세입자는 쫓겨나고 인정은 통하지 않는다.(34, 35, 36쪽)

U5 도시(교토) 인간관계의 원칙의 하나는 상호불간섭이다. 마을회의 운영은 합의제고 서로의 가정에 대해 속속들이 알고 있지만 전혀 말하지

---

7) 비단을 생산하는 가내공업체가 밀집된 곳.

는 않는다.(41쪽)

U6 속사정에 관여하지 않으므로, 도저히 손 쓸 수 없게 될 때까지 체면을 차리다가 어느 날 갑자기 도산하는 경우도 있다. 그럴 때는 절대로 도움을 주지 않으며 빌려준 것이 있으면 받으러 간다.(42쪽)

U7 "옆집에 무언가를 빌리러 간다든가 하는 것은 생각지도 못 할 일이다."(42쪽)

U8 가십거리는 밖에서 말하는 법이 별로 없고 소문을 내고 다닌다든가 하는 일은 있을 수도 없다. 그러나 "누가 무슨 말을 하고 다녔다는 정보는 상세하게 잘 알고 있다."(42, 42쪽)

코멘트 : 누가 무슨 말을 하고 다니는지를 아는 과정에서 소문이 개재되지 않는다는 말은 이해하기 힘들다. 우메사오가 지적하는 소문이란 우스갯소리로 떠도는 내용으로 한정된 것이 아닐까?

U9 지연이 조직원리가 되지 않는다. 관혼상제는 의외로 혈연적으로 치러진다. 시민권(마을사람이 되는 것) 형태로 깔끔하게 조직되어 있지만, 의리를 파생시키는 그런 대차관계는 일절 만들지 않는다는 원리로, 지역공동체는 겉보기에 그럴싸하게 조직되어 있다.(46쪽)

저절로 미소를 떠올리게 할 정도로 마을사람들을 이상화시킨 요네야마에 비해 우메사오의 경험에 근거한 묘사는 쿨하기보다는 차갑다. 즉 '동료'의 개념 중 Y12는 성립되지만 Y13은 결여된 기능집단의 모습을 떠올리게 한다. 그렇다면 위 두 사람 중 누구의 견해가 진실에 더욱 가까울까? 아니면 이런 물음이 잘못된 것일까?

두 사람의 공통점은 상호불간섭을 기본 규칙으로 하며, 관혼상제에는 형식적으로 참가하고, 나카네가 주장한 종적집단과는 완전히 이질적인 '합리적인' 것이라는 데 있다. 그러나 여기에 인용한 부분에 대한 두 사람의 접근이 다르다. 요네야마의 경우는 '동료' 집단의 한 전형으로서 마을사람을 보고 있다. 반면 우메사오는 동료집단을 지역에 구애받지 않는 임의적인 가맹집단에서 찾으려 하였기 때문에, 얼핏 보면 지역공동체처럼 보이지만 실제로는 형식뿐인 겉모습만 그럴싸하게 치장한 것으로 파악하고 있다. 따라서 두 사람의 견해를 비교하려면 우메사오의 교토 '동료론'이 필요하겠지만 충분한 자료가 없다. 그래서 마을사람들 견과는 별개로 요네야마의 모델이 교토의 '동료'간 교제의 특성을 나타낸 것이라고 생각해 보자. 그렇게 생각해도 그다지 잘못된 것은 아니라고 생각하는 것은 내가 교토의 여러 학자들과 종종 이 테마에 대해 논의를 해본 경험이 있기 때문이다.

이미 서술한 것처럼 이 모델의 경우, 아무리 감정의 노골적인 표현을 삼가는 것이 규칙이라고 해도 희로애락을 서로 공유한다는 부분이 희박한 것 같다. 실제로 교토 학자들은 자신들의 관계를 "인정이 야박한 것이 마치 종잇장 같다"라고 표현한다. 내가 이 말을 액면 그대로 받아들이지 않는 것은 두 가지 이유에서다. 첫째로, 이런 불평을 할 때 그들은 즐거운 듯이 말하기 때문이다. 그리고 기소 요시나카는 이 미묘함을 이해하기 어려울 것이라는 표정이다. 둘째로, 약간 관찰해 본 바에 따르면 교토 사람들은 동료들에게 배려를 잘 한다는 점이다. 이는 굳이 " '교토학파'는 굳건하게 결속된 우두머리–부하처럼 단결된 관계가 아니다"(요네야마, 65쪽)라고 하는 점을 부정하려는 것이 아니라, 아무리 개인이 몇 개의 집단에 동시에 소속되어 있고 능력주의가 철저하다 해도, 외부에는 보이지 않는 '문화막'으로 내부를 차단하고 있는 감정집단임을 말하고자 하는 것이다. 이것은 요네야마 같은 예민한 성격의 소유자가 그 암호체계를 습득하는 데 20년(!)씩이나 걸렸다는 것만 봐도 알 수 있다. 가입 의례에 걸리는 시간이 20년이라면 이는 비밀결사단으로서도 아마 최고일 것이다. 비밀결사단의 구성원은 항상 일상적으로 동료의 얼굴을 하고 있지 않으며, 인정머리 없기로는 종잇장 같이 행동한다. 우메사오의 발언도 이런 문맥에서 본다면, 결사단의 수령급에 해당하는 한 사람의 대수롭지 않은 경험담으로, 교토인에게는 우주론적 대립집단인 도쿄인을 야유하는 것이라고 해석할 수 없는 것도 아니다. 메시지는 그저 단 하나다. "일본사회는 단일하지 않습니다. 교토는 다릅니다."[16] 긴 인용과 각자의 장점을 강조한 내용을 읽고 난 후 추출해 낼 수 있는 것이, 오직 '동서'의 상징적인 이원대립뿐이라고는 생각하고 싶지 않다. 그러나 종횡의 논의에는 그런 요소가 상당히 들어 있다는 사실도 간과할 수 없다. 또 종과 횡이라는 단순하면서도 환기력을 지닌 대립을 설정한 나카네의 표현력에도 경의를 표한다. 그의 상징적 위치는, 요네야마와 우메사오 등과는 다르게 대립항목의 한 쪽인 도쿄를 대표한다기보다(도쿄인이 도쿄를 대표하는 것은 아니다), 동족 내의 이방인으로서의 여성이 동족을 구분하는 경계선 상에서 양쪽을 대변할 수 있듯이 그러한 양의적兩義的 위치에 있다고 표현할 수 있지 않을까? 즉 응용인류학자로서, 횡적사회가 국익에 이로운 면을 설명 때의 그는 일본민족을 대표하고, 종적사회의 인간관계의 추함을 지적할 때의 그는 전혀 그런 영향을 받지 않는 이방인의 모습으로 서 있는 것처럼 보인다.

요네야마의 모델에서 추출해낼 수 있는 또 하나의 논의는, 동료집단은 독자적인 문화를 갖고 있다는 점이다. 구성원의 보충이 개방적이든 구성원의 관계가 대등하든 단기간에 소멸하는 '실존적 코뮤니타스'가 아닌 이상은 폐쇄성과 배타성을 띠지 않을 수 없다. 단지 그 경계가 명확하면 폐쇄성은 더욱 강하게 인식되고, 가입 의례가 오랜 시간이 걸리는 집단에서는 중심구성원 외에는 그 경계를 볼 수 없을 뿐이다. 이는 내부구조가 상하 서열적인 세로형 항아리든, 대등을 원칙으로 하는 가로형 항아리든 큰 차이는 없다.

7. 이질대비異質對比와 동계변이同系變異 —R·베네딕트의 교훈

일본사회의 인간관계론을 조감하는 기본작업은 일단 여기에서 매듭짓기로 하겠다. 대상으로 삼은 책이 일반론이어서 실증적 자료의 분석이라는 순서를 완전히 무시한 것이 되었다. 그러나 거꾸로 일본사회에 대한 이미지를 일본인에게 부여하고, 개인에 의해 창출된 집합을 표상화했다고도 할 수 있을 만한 여러 견해를 다룸으로써, 앞으로도 틀림없이 우리의 발상을 구속할 개념 목록을 제시하였다는 정도의 의의는 있을 것이다.

여기에서는 두 가지의 큰 불만이 남는다. 하나는 집단, 관계, 범주, 네트워크, 동료, 결사단 같은 분석개념을 충분히 음미하지 못한 점이다. 물론 엄밀한 정의를 시도한다는 것 자체가 다른 정의와 경합을 벌이게 되어 논의를 쓸데없이 다양화시키고 번잡화시킬 우려는 있겠지만, 인간관계는 바로 집단이라는 식으로 한정시키는 방식은 범주와 집단을 혼동하는 경우와 마찬가지로 난폭한 것 같다. 관련해서 말하자면 임의의 개인을 중심에 놓은 관계론과, 집단 혹은 범주를 중심에 놓은 관계론을 구별하지 않기 때문에 네트워크론을 전개할 수 없게 된다. 나카네가 사용한 네트워크 개념은 동일한 자격자의 관계만을 지적하여 지나치게 협소해지는 경향이 있다.

또 하나의 불만은 베네딕트가 이 문제로 비판을 받았듯이, 죄와 수치심, 또는 동족과 계조직 등 이질적인 항목의 대비를 선행시켜 버림으로써 같은 계열의 항목 변이에 대한 비교가 빈약하다는 점이다. 전자는 유형 설정에는 유효하지만, 비교문화를 시도할 경우 서양인의 수치심과 일본인의 수치심에 대한 비교가 우선되어야 한다. 도이의 방법은 이 점을 충분히 고려한 유일한 것이다. 이 방법을 취할 경우 '수치심'이라는 개념이 동질 보편적인가라는 문제에 부딪히게 되고, 거기에서 비교에 의한 새로운 발견도 가능할 것이다. 아울러 교토에서는 종적사회성을, 도쿄에서는 횡적사회를 찾고자 하는 크로스체크 cross check[8]도 빈약하다. 여기에 검증 결여와 설득력 미약의 원인이 있다는 생각이 든다. 그렇다고는 해도 자신의 경험을 큰 줄기로 삼아 설명이 가능할 듯한 '이론'은, 그렇게 엄밀히 증명하지 않아도 되지 않나 하는 소리가 어렴풋이 들리지 않는 것은 아니다.

---

8) 이질적인 복수의 관점, 방법, 자료 등을 비교하여 정보나 조사를 검사하는 방법.

1) 60권이나 통독했지만 직접 인용하는 것 이외의 문헌에 대해서는 언급하지 않기로 하겠다. 문헌을 섭렵할 때 市川孝一, 『〈國民性〉論の社會心理史的考察』(一橋大學社會學硏究科提出 修士論文, 1976)을 이용할 수 있었던 점에 대해 市川 씨에게 감사드리고 싶다.

2) 쇼와 20년(1945)대에 출판되어 그 후 일본론의 기조를 이룬 중요한 저서로 다음 세 권이 있는데 이 글에서는 직접 거론하지는 않겠다. R・베네딕트 저, 長谷川松治 譯, 『菊と刀』(社會思想社, 1949) ; 川島武宜, 『日本社會の家族的構成』(日本評論社, 1950) ; 南博, 『日本人の心理』(岩波新書, 1953).

3) 中根는 이들 여러 특성이 '일본인의 특질'이라기보다는 '단일사회'의 특질이라는 점을 강조하지만, 그 외의 다른 단일사회 예를 들지 않았기 때문에 개별적 '일본사회'와 이론적 '단일사회'에 대한 특성을 기술할 때 그 구분이 불가능하다.

4) 中根가 본서의 이론적 모체이며, 더 정밀한 일본사회 연구라고 할 그의 다른 저서 *Kinship Economic Organization in Rural Japan* (London: Athlone Press, 1967)에는 참고문헌 중 일본인 저작이 상당수 언급되어 있는데 거기에도 마루야마의 저서는 없다.

5) 두 사람은 이론적 틀이나 해석 등에서 많은 차이를 보이지만, 이것들은 일본 사회 그 자체에 대한 접근의 차이(예를 들면 丸山는 전통과 근대의 긴장관계에 역점을 두고, 中根는 구조적 지속성에 착안)였고 인간관계의 특성에 관해서는 큰 차이는 없다.

6) 米山는 다코쓰보 사회에 대해 "종적 사회 이상으로 설득력이 있을 수도 있다"(앞의 책, 108쪽)라고 하여 양자의 연관관계를 지적하였다.

7) 약자를 향한 동정에 대해 土居는 佐藤忠, 「男裸の日本人」(梅棹忠夫 編, 『日本人のこころ』, 現代のエウプリ, 至文堂, 1965)을 참고하였다.

8) Victor W Turner, *The Ritual Process Structure and Anti Structure*, Aldine Publishing Co, Chicago, 1969 ; 『儀禮の過程』, 富倉光雄 譯, 思索社, 1976.

9) 長島信弘, 「[書評] 儀禮の過程」, 『朝日ジャーナル』 1977. 2. 25.

10) 中根도 丸山도 대기업이나 관료조직 등 가장 사회의 중심이 되는 조직에 대해 논하였다.

11) 이 글 안의 "일본"을 "도쿄"로, "평론이나 저널리즘"을 "교토"로 바꿔놓아도 되지 않을까 라고 생각하는 사람이 있어서 인용했다. 今西錦司 식으로 말하자면, theory・follower(추종자론)와 theory・maker(창출자론)의 차이다. 문제는 theory(이론)의 무게다.

12) 中根는 東京, 丸山는 長野, 土井는 東京에서 태어났다.

13) 米山에게는 이 전화 내용을 인용해도 된다는 허락을 받았다.

14) 작년 8년 만에 호주에서 일시 귀국한 北大路弘信는 고노에 론도에서 연구보고를 행한 후, "東京硏究會보다 훨씬 개방적이라 좋군요."라고 말했다. 인상적인 자료의 일례로 기록해 둔다.

15) 각 저자의 가치관은 저서 안에 명백히 표명되어 있다.

16) 東京人의 나쁜 습관은, 무엇이든 재미있어하고 게다가 어느 정도 선에서 그만두면 될 텐데 지나치게 남을 놀린다는 것을 주로 하여 山口瞳가 어딘가에 적었었다. 필자도 이 '도가 지나친 문화'의 중독환자인 것 같다.

제3부
제 도

제11장 군주제에서 봉건제로

존 **W. 홀** 씀 | **사사키 아키오** 佐佐木昭夫 옮김

1. 첫머리

표제가 말해주듯 이 책에 실린 글들은 모두 정치, 교육, 종교 분야에서 나타나는 일본인의 관습적인 행동양식, 기본적인 여러 제도에 관한 것이다. 그러나 이 글에서는 특히 일본 최상층의 정치지배와 관련된 일련의 제도들을 다루고자 한다. 여기에서 군주제란 최고위 정치권력의 행사를 둘러싼 다양한 사상과 관행을 가리킨다. 역사상 어느 사회든 정치지배의 실제 모습은 지배자의 권능과 피지배자의 본질과 관계되거나 혹은 정치권력과 국가의 본질과 관계되는 다양한 사상이 상호작용하여 형성된다. 그러므로 예를 들면 중국에서는 최고권력을 보유한 자를 가리키는 말에 '왕' '황제' '천자'라는 세 가지 표현방식이 생긴 것이다. 맹자와 공자 나아가 한비자 등 초기의 사상가들에게 왕권이나 통치권은 토론의 주요 대상 중 하나였다. 통치권과 관련하여 유학자들은 지배자에게 필요한 윤리적 성격을 중시하여 마침내 '천제天帝의 위탁을 받아 다스리는 자'라는 관념이 거기에서 생겨나게 된다. 이와는 반대로 법률가들은 국가 위신과 지배자의 절대권을 강조하였다. 유럽에는 정치의 이러한 측면을 표현하는 어휘가 매우 풍부하다. 통치를 행하는 권위적 존재의 다양한 형태를 나타내는 말로서 rulership, monarchy, kingship, sovereignty 등이 있고, despotism(전제정치), oligarchy(과두정치), democracy(민주정치) 등은 통치 자체의 성격을 나타낸다. 이러한 다양한 개념들은, 고대의

플라톤과 아리스토텔레스 시절부터 그 이후로 마키아벨리, 루소, 홉스, 로크, 칸트, 마르크스 등의 사상가들이 개인이나 소공동체와 관련하여 국가의 본질과 정부의 기능을 규정하려는 시도에 이르기까지 실로 활발한 논의를 전개하였다. 그 결과 사회정치 형태의 이상형으로 무정부사회(아나키)부터 경찰국가, 민주제부터 공산제까지 상당히 많은 개념이 출현하였다.

일본에서는 도쿠가와 시대 이전에는 통치권이나 국가 같은 본질에 대한 철학적인 논의가 이루어진 경우가 거의 없었다. 그렇지만 역사에 대한 논술은 무수하게 많았고 또한 정성을 다한 제사도 수없이 행해졌고, 그것들이 일본의 정치적 단계에 관한 역사상의 선례와 관습적인 신념을 확정하는 데 도움을 주기도 하였다. 일본은 정치적 공동체로서 긴밀한 통합체를 계속 유지해왔고 그 성격의 변화가 매우 완만하였기 때문에, 통치권이나 국가의 본질 등에 대한 문제를 이러쿵저러쿵 논의할 필요성이 별로 없었다. 단지 '국체'라는 개념에 포함되어 있는 일본의 정치형태와, '신국' 개념에 포함되어 있는 조국의 특수성이라는 것을 직접적이고 실천적으로 그냥 통째로 받아들였다. 기록에 남은 일본 역사의 전 기간을 통해 군주권의 궁극적인 보유자는 항상 '천황'이었으므로, 이 글에서는 우선 천황을 둘러싼 여러 제도와 사상 즉 '천황제'의 분석으로부터 출발하고자 한다. 그러나 고찰대상을 천황으로 한정시킨 것은 아니다. 모든 정치권력이 조정으로만 집중된 적은 한 번도 없었기 때문이다. 추상적으로 생각하면 최고군주권의 보유자가 한 명 이상이라는 것은 불가능하겠지만, 현실의 정치적 권력(즉 지배권)은 몇 가지 형태로 분할되기도 하고 다른 곳에 위탁될 수도 있다.

역사상 일본 천황은 자신의 여러 기능을 우선 후지와라藤原[1] 가문에 의해 확립된 섭관직과, 다음으로 원청院廳[2]을 통해 영향력을 행사하는 퇴위 천황인 원院, 마지막으로 대대로 쇼군직에 취임하는 군사력의 통솔자와

---

1) 헤이안 시대 이후 황제를 도와 정무를 보필하는 섭정(攝政)과 관백(關白) 직을 독점한 집안.
2) 보위를 물려준 상왕이 집무를 보는 곳.

공유해 왔다. 일본에서는 군주가 단순히 군림하는 것이 아니라 직접 통치도 행하였던 것은 특별히 강력한 개인의 경우와 그저 짧은 기간-야마토 왕조, 나라 왕조의 제한된 시기-에 불과하다. 게다가 이 경우에도 군주가 완전한 행정권을 반드시 행사해야 한다고 여겨졌는지는 의문이다. 군주 지배 하에 관료에 의한 중앙집권적 행정기구를 확립하려는 시도가 처음 나타난 것은 중국의 정치이론과 기구-군현제도-를 채용하면서였다. 그런데 율령제의 예가 보여주듯이, 군현제도의 중앙집권 원리가 일본 조정정치의 이상적 기반으로 받아들여졌음에도 불구하고, 현실의 정황은 오히려 봉건제 개념에 맞춰져 있는 듯한 지방분권적 통치 형태를 보이는 경우가 많았다.

원래 중국어로 '봉건'은 비중앙집권적, 지방분권적이라는 의미를 가장 잘 보여주는 말이다. 몇 가지 중간단계를 사이에 두고 그 정반대쪽에 중앙집권의 성격이 가장 강한 것이 '군현'이다. 여기에서 유럽의 feudalism(봉건주의) 개념이 일본에 적용될 수 있는지를 논할 여지는 없지만, 우선 첫째로 지적할 점은 오랜 기간에 걸쳐 일본의 지방분권정치를 담당한 대다수가 무사계급이었고, 무사의 최고권력자인 쇼군이 본래 천황이 가졌어야 할 군주의 여러 기능을 그때까지 어느 누구보다도 많이 잠식하였다는 점이다(여기에 덧붙이자면, 천황이 아닌 자의 권력 행사를 어떻게 정당화시킬지의 문제에 가장 민감했던 것도 무사계급이다). 일본 '봉건제' 연구는 지방 무사계급의 발흥에 대한 고찰에서부터 출발해야 하는데, 그것은 불가피하게 쇼군과 천황의 관계라는 문제로 돌아갈 수밖에 없다.

일본 군주제에 관한 여러 개념과 제도의 역사적 발전을 연구하는 사람들이 자주 지적하는 것으로, 일본과 대응되는 중국 및 유럽 법제사의 여러 제도들과 비교해볼 때 몇 가지 두드러진 특징이 눈에 띈다. 우선 첫째로 지배왕조가 오랫동안 지속되었다는 점-사실 세계 역사상 가장 길다-, 거기에다 그 기간중에 군주가 반종교적이고 카리스마적 성격을 유지했다는 점을 들 수 있겠다. 이 사실은 다음 두 가지 특징과 연계된다. 하나는, 권위 있는 고관은 특정의 고귀한 가문 출신자에 의해 세습적으로 독점되는 경향이다. 또 하나는, 정치적 특권을 동반하는 관직이, 출신 신분이 높아서 그 지위에 어울리는 위신을 갖춘 자와, 한편으로는 그 관위가 주는 권력을 온전히 행사하려는 자에 의해 분할되는 경향이다. 게다가 군주권이 명의적名義的 차원과 현실적 차원에서 따로따로 행사될 수 있었다는 사실은, 천황의 혈통 및 후지와라 같은 특권적 집안이 오랫동안 지속될 수 있었던 이유를 설명해 준다. 이러한 경향이 가장 기이한 형태로 나타난 것이 원정院政[3]의 확립이다. 이 제도는 귀족 중 유력 집단인 황족이 조정과는 별도로 실질적인 정치력을 행사할 수 있는 기구를 설립하고자 한 것임에 분명하다.[1]

중국 및 유럽의 상황과의 차이는 너무나도 명백하다. 중국에서는 왕조교체가 지극히 정상적인 일이었고 다양한 왕조가 나타났다가 사라지곤 했다. 새 왕조는 국경을 넘어 침입한 외국군대의 우두머리에 의해서, 혹은 지방에서 일어난 반란을 승리로 이끈 우두머리에 의해서, 항상 군사력에 뒷받침되어 수립되었다. 이들 군대의 우두머리들은 일단 지배체제를 확립하고 난 후 그에 걸맞는 정당화를 필요로 하였다. 그 정당화란 새 왕조의 창설자가 '천제의 위탁'을 받은 자라는 사실을 교시하는 것이었다. 한편 유럽에서는 많은 국가의 대부분의 군주가 엎치락뒤치락 싸우고 있었기 때문에 왕조는 항상 전복당할 위험에 노출되어 있었다. 이런 상황에서 로마교황 같은 외부의 종교적 권위에 의해 부여받은 정당화는 지방 군주에게는 신에 의한 임명을 주장하는 데 상당히 귀중한 자격이 되었다. 만일 일본의 주요 지역인 규슈, 시코쿠, 혼슈의 3섬에 각각 다른 체계의 군주가 존재하면서 각각의 독립국을 형성했다면, 일본의 정치사가 어떻게 달라졌을지 생각해보면 좋을 것이다. 중국이나 유럽이나 모두 지배자의 권능은 다양한 논의를 거친 끝에 법제화되었다. 유럽에서는 우선 군주권을 법으로 제한하여 마침내 성문헌법을 제정하게 된다. 그러나 근대에 이르기까지 일본 지배계급은 이러한 방식이 별로

---

3) 상왕이나 퇴위한 천황의 실질적인 정치참여.

필요하지 않았던 것 같다. 일본 지도자들이 외국정부와 교섭을 할 수밖에 없게 되었을 때 비로소 일본 군주제에 대한 정의가 중요 문제로 대두되었다는 사실은 상당히 시사적이다. 이유는 바로 이러한 사정 때문이었다. 국주國主(천황)와 국왕 혹은 대군大君(쇼군)을 구별하려고 한 하야시 라잔林羅山[1]의 노력이나, 외교문서에서 쇼군의 직함을 무엇으로 할지에 대해 조선 사절과 실랑이를 벌인 아라이 하쿠세키新井白石[2]의 경우 등이 그 좋은 예다.[2]

도대체 왜 이렇게 되었는지에 대해 충분한 답을 찾기란 불가능하지만, 다음 세 가지 요인은 분명히 존재했을 것이다. 첫째, 근대에 이르기까지 일본이 지리적으로 단절되었던 상황. 둘째, 일본의 사회조직이 갖는 특성, 특히 의사결정과 상속에 대한 여러 관행들. 셋째, 혈연집단에 대한 과중한 의존심과 전통적으로 정해져 있는 고귀한 가문에 대한 존숭의식.

근세 이전에 일본은 지리적으로 독립되어 있었던 까닭에, 중국과 유럽의 군주들이 시달려야 했던 물리적이며 이데올로기적인 위협을 일본 왕조는 그다지 느끼지 못했다. 정치권력의 서열체계에서 발생한 변화는 완만하였고 대변동이나 전란을 동반하는 경우도 별로 없었다. 일본 국토가 좁아서 잠재적인 새왕조의 창시자가 전국 정벌을 시도할 만한 군대를 조직하기에는 지리적 기반도 중앙으로부터의 거리도 모두 불충분했다는 점은 너무나 명확한 사실이다. 물론 관동지역의 경우 무장한 무리가 교토의 위세에 반항할 정도의 기반을 제공한 것은 분명하지만, 새 지배권을 확립하기에는 아직 무리였다. 939년 새로운 천황을 칭한 다이라노 마사카도平將門[3]의 경우도 예외는 아니었다. 그가 천황 자리를 노린 것은 사실이지만 황족의 피가 흐르는 자신의 가계를 방패 삼아 그 권리를 주장한 것에 불과하기 때문이다. 미나모토

---

1) 1583~1657년. 유학자로 1607년 도쿠가와 이에야스에게 발탁되어 이후 4대 쇼군을 보필하였다.
2) 1657~1725년. 주자학자이며 정치가로 6대 쇼군인 도쿠가와 이에노부(德川家宣)와 7대 쇼군인 이에쓰기(家繼)를 보좌하였다.
3) ?~940년. 관동지역을 중심으로 독립국가를 세우른 야망을 품었지만 다이라노 사다모리(平貞盛) 등에 의해 토벌되었다.

노 요리토모源賴朝4)의 경우도 마찬가지다. 군주보다 아래 레벨에서 정치실권을 잡고 있는 자의 구성상 변화란 통상 궁중 쿠데타나 내전 수준의 동란의 결과였다. 일본의 내전은 상층 지배계급들끼리의 다툼이었으므로 적군을 모두 죽여버린다는 극단적인 조치는 별로 없었다. 승리를 거둔 지휘관은 야마토大和5)의 족장이든 도요토미 히데요시 같은 무사든 가능한 한 타협과 화목을 통해 승리하려 했다. 이런 불완전한 내전의 결과로 새로운 체제가 만들어지면, 그 안에서 이전에 적이었던 쪽이 대체로 다소 세력은 꺾이지만 그대로 존속하게 된다. 이런 관행의 가장 좋은 예로 도쿠가와 쇼군 치하의 도자마 다이묘外樣大名6)를 들 수 있다. 이런 상황에서는 승리를 거둔 쇼군이라 하더라도 그 지위는 완전한 군사적 정벌을 바탕으로 한 것이 아니기 때문에, 더욱 높은 권위 즉 천황에 의한 정당화에 의존할 수밖에 없었다. 따라서 자신이 동격인 사람들 가운데에서는 최고이며 승리한 동맹들 중 우두머리라고 주장함으로써 그 자신의 지위에 제한을 가하지 않을 수 없게 된다.

오늘날에도 일본은 정부나 각종 사업체의 의사 결정 과정을 보면, 과거 역사에 깊이 뿌리박은 하나의 전형을 볼 수 있다. 그것은 합의에 대한 신봉이다. 일본의 권력집단은 정책결정 시 외견상의 전제적 권위 지배 하에서의 협조와 합의를 항상 중시해 왔다. 이 관습이 가장 잘 나타난 예가 가족회의다. 여기에서 가부장은 이치상 절대적 권위의 소유자지만, 실제로 그는 집단 전체의 합의에 의거한 정책의 전달과 실시를 담당하는 하나의 기관에 불과하다. 단독으로 전횡하는 폭군이란 일본 상류지배층의 전형적인 모습이 아니다. 그리고 이런 풍습이 군주제의 실태에 깊은 영향을 주었다. 집단 합의의 상징으로 지위는 높지만 무력한 존재를 옹호해야 하는 정치적 필요성, 나아가 지위와 권력의 빈번한 분열도 이것으로써 설명된다. 유럽의 국왕들은

---

4) 일본 최초의 막부정권인 가마쿠라 막부를 세웠다.
5) 일반적으로 4세기경부터 6기경까지 즉 야요이 시대 이후부터 나라 시대 이전까지의 고분시대에 현재의 나라 현에 위치한 왕국.
6) 세키가하라의 마지막 전투에서 도쿠가와에게 복종한 영주.

궁극적인 책임과 절대 권력이라는 기초 위에서 행동했다. 군주의 결정은 고문과의 협의를 거친 경우라도 최종적으로는 군주 단독의 결정으로 실시되었다. 군주의 권한은 "절대적이지만 자의적이지는 않다"는 것이 관례로 간주되었다.[3] 따라서 권능과 그 한계에 대한 법적 규정이 필요했던 것이다. 일본의 경우는 나라 시대건 메이지 시대건 천황이 절대군주로서 친정을 하기를 원한 적이 없었다. 천황의 역할은 집단의 합의를 이끌어내는 것으로, 개인적인 책임을 넘어서는 일이었다.

이하의 분석에서 볼 수 있듯이 야마토 조정의 패권이 확립된 이후, 일본 지배계층은 일관해서 (진실한 혹은 작위적인) 가족관계를 중시하고 의지하는 바가 많았다. 그것은 그들 사회에 기본적인 통일을 가져오고, 그래서 권위를 부여하는 것이라고 생각했던 것이다. 『고사기古事記』의 최대 목적은, 지배자인 황실의 기원이 최고신인 아마테라스오미카미에서 출발하고 그 직계자손이라는 기록을 완성하는 것, 그리고 다른 가계와 천황가와의 관계를 규정하는 것이었다. 사회적・정치적 지위를 보증해주는 가계에 대한 관심은 815년 『신찬성씨록新撰姓氏錄』의 편찬으로부터 1812년의 『관정중수제가보寬政重修諸家譜』의 편찬에 이르기까지 근세 이전 일본의 모든 역사에 두드러지게 나타난다. 결국 고귀한 하나의 가계를 거의 종교적으로 숭배하고 정당성을 승인하는 권위를 갖춘 존재로 숭배할 수 있다는 특성이 일본의 모든 역사에 확실히 흐르고 있었다. 신도 신앙도 이 관습과 깊이 관련되어 있다. 이것에 의해 사람들은 군주를 신격화된 카리스마로 수용하고, 나아가 도쿠가와 이에야스처럼 천황가계에 속하지 않은 사람까지 도쇼다이곤겐東照大權現元[7]으로 받들어 모시게 된다.

---

7) 1617년 도쿠가와 이에야스가 조정으로부터 받은 신호(神号).

2. 일본 군주제의 역사

일본이든 어디든 군주제의 외형과 내용이 처음부터 끝까지 전혀 변하지 않는 예는 일찍이 없었다. 역사상 일본의 군주제는 다양하게 변화하는 상황과 지배의 여러 요청에 적응하면서 그 성격을 바꿔 왔다. 이러한 역사적 여러 변화들을 살펴보자.

645년 다이카 개혁 이전의 군주제 실태가 어떠하였는지는 쉽게 결정하기 어렵다. 기록이 빈약한데다가 대부분의 기록도 『고사기』나 『일본서기』처럼 정치적 목적에 따라 후세에 쓰여진 것이기 때문이다. 최근 연구에 따르면 야마토 왕조가 패권을 잡기 이전 시대로 거슬러 올라가 단일 가계를 야마토 조정으로 규정하고 그것이 이윽고 천황가가 되었다는 식으로 설명하는데, 별로 올바르지 못하다. 사실은 아마도 3계통의 왕조가 야마토 지방에 자리를 잡고 서로 패권을 다투다가 오늘날 천황가의 조상이 우세한 지위를 확립하기는 했지만, 그것도 5세기 중엽 이전의 일은 아니었던 것 같다.[4] 따라서 이 시대 이후에 대해서는, 중국의 제제帝制(=관료제) 규범이 강렬한 영향을 미치기 전까지, 일본의 국가와 군주제에 대한 개념이 어떤 것이었는지를 상당히 정확하게 재구성할 수 있다. 우선 첫째로 귀족계급인 족장들의 동맹체가 실시하는 제사의 주재자로서, 개인적 권력이 제한된 한 명의 지배자가 있다. 권력구조는 근본적으로 지방분권적이며, 사실상 도쿠가와 지배체제에서 나타나는 일종의 세력균형과 놀랄 만큼 유사하다. 야마토 왕가의 수장에게는 미얏코造라고 불리는 몇 개의 작은 부족이 직속신하로 소속되어, 주군이 지배자로서의 위신과 동맹의 장으로서의 실력을 갖출 수 있도록 도왔다. 그러나 절대적인 군사지배를 확립시키기에는 아무래도 역부족이었다. 부족은 두 종류가 있고, 군주권은 양자의 균형 (및 긴장) 위에서 유지되었다. 두 종류의 부족이란, 첫째 군주와 직접 관계 있는 자(황별皇別)와, 둘째 군주와는 관계없이 아마도 복종을 강요받은 자(신별神別)다. 오미大臣와 오무라지大連라는 관직은 이 두 부족집단을 근거로 생겨났다. 그들 위에 선 군주는 중재자 역할을 했는데, 이 역할은 그가 가진 사제로서의 권능에 힘입은 부분이 많았다.

야마토 조정은 미묘한 세력균형 위에 서 있었던 데 불과하지만 신도의 교의에 의해 이데올로기적 보증을 부여받았다. 이것은『고사기』에도 잘 나타나 있다. 이 책은 야마토 조정의 여러 권리를 종교적 용어로 합법화하기 위해 쓰여졌다. 즉 영적 세계에는 영적 권력(신)의 서열조직이 존재하고 그것이 일본 귀족계급 서열조직의 기초에 부합한다는 것이다. 오키미大君 혹은 스메라미코토8)로서의 군주 지위의 정당성은 그가 여러 신들 중 주신인 아마테라스오미카미의 직계자손이라는 주장을 근거로 한다. 그리고 종교적 의식을 통해 아마테라스오미카미의 가호를 불러일으키는 특수한 능력이야 말로 야마토 조정을 존속시키는 것이었다. 이는 일본에서는 군주에 대한 이론적·법적 정의를 부여하는 것에 대해 전혀 관심이 없었음을 말해준다. 황통의 연속성에 대한 강조 그 자체만 정당화시켰던 것뿐이다.

769년에 와케노 기요마로和氣淸麻呂9)가 우사하치만구宇佐八幡宮10)에서 받은 신탁은 '군신君臣 유별'이 이미 역사적으로 확립되어 있고 계속 영속되는 것이라는 명제를 보여주는 훌륭한 예다. 누구나 당연하다고 인정했던 야마토 왕조의 군주가 갖는 여러 권한은 그의 사제로서의 카리스마적 특성을 말해주는 '노리토祝詞'11)의 몇 구절에도 나타난다. 이것은 또한 북서아시아 여러 부족사회에서 널리 행해진 샤먼적인 제사와의 비교를 촉진시키는 것이기도 하다.

7세기에 중국을 본떠 중앙집권적 관료정부라는 통치수단을 채용하면서 군주제와 정부에 대한 개념은 많은 변화를 겪게 된다. 이러한 변화를 가져온

---

8) 천황에 대한 경칭.
9) 733~799년. 나라 시대 말기와 헤이안 시대 초기의 조정 신하. 우사하치만구의 신탁을 이용하여 천황 찬탈 모반을 막았다.
10) 규슈 오이타 현 우사 시에 위치한 신사. 나라 시대부터 조정의 신앙을 많이 받던 곳이다.
11) 신에게 바치는 기도.

기본적 요인은 군주의 위광을 더욱 높이 확장시키려 한 데 있었다. 이로써 성장해 가던 야마토 귀족계급의 지위와 특권에 더 큰 정당성을 확보해 주고자 했던 것이다. 야마토 왕조의 당주에게 부여된 새로운 역할은 물론 성문화된 것은 아니지만, 많이 신설된 군주 주재의 국가제사에 의해 암암리에 표출되었다. 중요한 것은 황제가 임명한 관리에 의해 전체 복리를 위해 올바르게 통치되는 국가라는 개념이 발달되었다는 사실이다. 쇼토쿠聖徳 태자12)의 칙령은 군주-관리-민중의 삼자간 관계에 대한 이 새로운 철학을 보여주는 가장 이른 예다.

신정부의 구성을 보면, 예전에는 야마토의 씨족연합체의 장에 불과했던 존재가, 사실상 황제가 되어 군주로서의 권위를 가지고 중앙집권적 관료조직을 통해 전국의 인민을 지배하였다. 그 이전까지 야마토 씨족의 하위에 위치하였던 다른 부족장들은 조정에 봉사하는 관료적 귀족계급이 되었다. 군주는 이제 '천자'나 '천황'이라는 칭호를 채용하고, 정당성의 근거를 하늘의 위탁에 두었는데, 그것을 보증해주는 것은 조상 씨족신인 아마테라스오미카미의 영원한 권위와 황위를 상징하는 보물(거울, 검, 곡옥曲玉)의 소유뿐이었다. 중국 정치이론의 여러 요소들이 황제의 권위를 높이는 데 이용되었다. 『고사기』 서문에, 덴무天武 천황13)이 중국의 황제黃帝나 주왕周王보다 뛰어났다고 쓰여 있는 것도 그 한 예다. 새로운 정치제도도 채용되었다. 두드러지게 공적인 건축물이 들어선 새로운 수도가 건설되어 황제 위광의 상징이 되었고 아울러 "옥좌를 보필할 신하"로서 자신의 지위를 정당화시킨 귀족층의 힘을 과시했다. 율과 영의 편찬, 통치 실행세목의 합리화 같은 것들도 '천황'의 군주로서의 지위를 구체적으로 널리 선전한 것이었다. 천황은 이젠 일본 국토와 인민이 그에게 '소속'된다는 전제 하에 지배하였다. 이는 그가 모든

---

12) 574~622년. 요메이 천황의 왕자로 12관위와 17조 헌법을 제정하였으며, 호류지, 시텐노오지 등 많은 사원을 건립하며 불교진흥에 힘썼다.
13) ?~686년. 『일본서기』에 의하면 일본의 제40대 천황으로 국사편찬과 율령제도의 확립을 추진하였다.

재화와 모든 신민을 통제할 권한을 갖는다는 뜻이다.

이렇게 해서 군주권에는 신에 의해 정해졌다는 신도적 개념에 황제 권력에 관한 유교적 개념이 덧붙여졌다. 오래된 것에 새로운 것이 가미되었음을 기억해 둘 필요가 있다. 율령제도에서는 신도 관련 업무를 담당하는 '신지관神祇官'이 세속 국정을 심의하는 '대정관大政官'보다 상위에 있었다. 8세기에 천황들이 내린 칙령에는 황실의 신성 즉 아키쓰카미現津神[14]라는 신도적 개념과, 뛰어난 덕을 갖추고 있으므로 지배할 권리가 있다는 유교에 근거한 관념, 이 두 가지가 모두 나타난다. 유교의 영향으로 통치권의 주장에 또 하나의 측면이 등장한 것이다. 결국 제왕은 신하의 복지에 대한 관심을 주장할 수 있게 된 것이다. 이후 무가정권이 스스로의 지위를 '나라를 위해서'라며 정당화시킬 수 있었던 것도 이 원리에 의거한 부분이 크다.[5]

나라奈良 시대의 일본 군주제는 불교를 보호함으로써 스스로를 정당화시키고 불교 확대를 통해 또 하나의 지지세력을 획득했다. 특히 쇼무聖武 천황[15]은 불교를 정치적 목적에 이용했다. 그는 자신이 불교의 보호자임을 과시하고자 도다이지東大寺와 대불을 건립했는데, 이것으로써 그는 불교가 준다고 믿은 영적(그리고 수호신적)인 힘을 왕조와 일본민중을 지키기 위해 불러들일 수 있는 능력자임을 온 나라에 알리고자 하였다. 이윽고 나라奈良 불교도의 세력 신장으로 세속의 승려가 군주의 권능을 침범할 가능성과, 교단이 군주에 대해 정당성을 승인하는 권한을 획득할 위험성은 더할 나위 없는 극적인 방법으로 회피할 수 있게 되었다. 수도와 궁정귀족을 물리적으로 다른 장소로 옮겨버렸기 때문이다. 이때 이후 물론 불교는 계속 보호를 받고 많은 황족 출신자들이 입적하지만, 결코 군주에 대해 제1의 정당화 원리로서 기능하지 못하였고 군주제 개념에 크게 뭔가를 부언하는 일도 없었다.

야마토 귀족층이 강력한 제왕에 의해 전제군주적 목적으로 사용될지도

---

14) 원래는 인간이지만 신이 된 경우.
15) 701~756년. 제45대 천황으로 불교를 신봉하여 전국에 많은 사찰과 도다이지 대불 등을 건립하였다.

모를 국가통치기구가 창설되기를 원했는지는 의심스럽다. 다른 나라에서는 전제적 지배자는 국력의 증진을 자신의 절대권 강화에 이용한다. 그러나 천황은 결코 그렇지 않았다. 언뜻 율령제 정부의 중앙집권적 관료조직처럼 보이지만 그 배후의 실질적인 권력구조는 이전과 똑같았다. 즉 황위의 역사적 카리스마성에 의해 통일된 호족의 세력균형이다. 그래서 헤이안쿄로 천도한 이후 곧 야마토 시대와 아주 비슷한 정치형태로 복귀한 것이다. 천황을 보좌하는 섭관제도가 후지와라 씨에 의해 설립되고, 후대에는 원청院廳이 창설됨으로써 실제 권능은 대부분 조정이 빼앗아 상층귀족계급의 단체인 '구교公卿'가 장악하였다. 천황은 다시 상징적인 존재, 귀족적 과두지배의 신성을 갖춘 승인자가 되었다.

가마쿠라 막부의 성립(더 나아가 도쿠가와 시대 말에 이르기까지 이를 계승한 체제)은 그 이상 천황이라는 최고 군주의 지위에 영향을 미치는 일은 없었다. 그렇지만 이는 조정과 연결된 여러 가문의 권세와 재력이 이후 하강곡선을 그리기 시작했다는 신호였다. 한 발자국 한 발자국 무가는 정치적 영향력이 큰 지위와, 지방으로부터의 경제수익을 확보하기 위한 수단을 손에 넣었다. 그 한 예로, 조큐의 난承久の變16)의 결과, 막부는 황위계승에 간섭할 권리 및 조정귀족을 규제할 권리를 획득했다. 이때 이후 군사정권은 '국가를 혼란에서 구하기 위해' 자신의 봉사가 불가결하다는 주장을 할 수 있었다. 그러나 잊어서는 안 되는 것은 가마쿠라가 궁극적으로 합법성에 대한 보증을 천황에게서 얻으려 하였다는 사실이다. 그리고 미나모토노 요리토모의 혈통이 끊어졌을 때, 집권가인 호조北條는 상징적으로 황족을 쇼군 직에 앉히려 했다. 그것이 실현된 것은 1252년 이후부터지만, '지배권 위임' 문제는 이후 막부가 막을 내릴 때까지 충분히 검토되지도 해결되지도 못했다. 그리고 이후 전 시대를 통해, 궁정의 위계와 칭호는 그 자체로는

---

16) 조큐 3년(1221) 고토바 상왕 등이 가마쿠라 막부를 타도하기 위해 일으킨 반란. 진압당한 후 구교(公卿)의 힘이 현저하게 약화되었다.

어떤 실체도 없었음에도 불구하고, 충분히 권위가 있었고 천황의 재가에 의해서만 부여되었다. 그래서 여러 군사세력들이 서로 경쟁하는 현실 세계에서는 행정상의 권력을 보증해주는 수단으로 이용되는 이상한 관행이 나타나게 된다. 미나모토노 요리토모는 스스로 쇼군의 지위보다는 1190년에 받은 우근위대장이란 직함에 더 큰 이용가치를 두었다. 어쨌든 두 개의 지위를 가졌다는 사실은 그의 위광을 한층 더 빛나게 만들어주는 근거가 되었다.

여기에 일본의 사회와 정치가 매우 연속성을 가졌음을 보여주는 하나의 예가 있다. 즉 17세기 대대로 내려온 도쿠가와 쇼군들이 자신이 한 단계 더 높은 지위에 있음을 공공연하게 주장하려 할 때, 조정으로부터 부여받은 칭호를 근거로 삼았다는 사실이다.

무로마치 막부가 개설되면서 보통은 당연히 군주에게 속해야 할 기능을 쇼군이 어느 정도까지 광범위하게 행사했는지가 마침내 명확해지게 된다. 천황에게 남은 것은 몇몇 직계 특히 쇼군직의 서임권, 연호 설정, 궁정위계 수여, 주요 신사 참배를 포함한 의식적 업무에 불과하였다. 이와 대조적으로 3대 쇼군 아시카가 요시미쓰 시대까지 쇼군은, 전국의 조세징수, 관리 임명, 외국정부와의 교섭, 군대 통솔, 영지 관련 분쟁 재정裁定, 토지영유의 승인과 보증 등 정치지배의 주요 부분을 모두 장악하였다. 그리고 앞에서 이야기했듯이 이러한 권위들은 대부분 쇼군이 궁중의 최고 위계와 관직을 차지함으로써 정당화되었다. 1394년 아시카가 요시미쓰가 태정대신에 임명된 것도 그 예다. 또 명나라 황제와의 교섭을 담당한 아시카가 요시미쓰가 1402년에 일말의 주저도 없어 '일본국왕'으로 임명된 것은 더 말할 필요도 없는 의미심장한 사건이었다. 일본 측으로서는 쇼군이 직접 이러한 칭호를 받을 만한 권위를 갖춘 존재로 생각한 것이 분명하며, 중국으로서는 요시미쓰를 일본의 국주國主로 간주하고 요시미쓰가 중국에 공물을 바치는 속국의 지위를 받아들이는 것으로 믿었던 것이다.

세 번째의 쇼군 지배 하에서 천황의 힘은 한층 줄어들었으나 동시에 다른 면에서는 크게 신장되었다고도 할 수 있다. 1615년 도쿠가와 이에야스가 조정을 대상으로 '금중병공가제법도禁中並公家諸法度'[17)]를 정했을 때 군주의 여러 권능은 최대한으로 축소되었다. 몇 가지 규정이 황제와 궁정을 교토에 가두고, 그들의 유일한 존재이유를 쇼군 지배에 대한 정당화와 자동적인 승인 부여로 한정시켰다. 천황은 아직까지 궁정 위계와 명예적 관직을 부여할 수는 있었지만, 그것도 쇼군의 감독을 받아야 했다. 쇼군은 위탁에 의해 국가의 수장으로서 모든 권능을 갖는다고 간주되었다. 그러나 이 체제가 실질적으로 막을 내릴 무렵, 구미의 외교관에게 조약규정의 실시를 요구받고 나서야 비로소 국정의 권한과 책임을 둘러싼 쇼군과 천황의 관계를 명확히 할 필요가 생겼다. 외국 외교관에게 보내는 안내서로서 1867년에 작성된 것으로 보이는 문서에는 이 문제가 다음과 같이 설명되어 있다. "황제께서는 대소 정무는 모두 대군에게 위임한 후 잠자코 지켜보시고, 대군은 전국의 정무에 대한 권리를 갖고 공손의 덕으로 황제를 최고의 예로써 존경한다." 그러나 주지하듯이 도쿠가와 집안은 다시 한 번 반대세력에게 공격을 당하고 외적의 압박을 받자, 이 권력 위양 사상을 유효하게 이용할 힘이 더 이상 없었다.[6)]

도쿠가와 시대에 천황은 현실의 정치적 영향력이라는 측면에서 상실한 것을 다른 면 즉 국가적 이데올로기 차원에서 어느 정도 회복하였다. 일본 사상가가 외부세계에 대한 지식에 일정하게 자극을 받아 국민적 문화적 자기 동일성 감각을 더욱 강력히 발달시키게 됨에 따라, 천황이라는 개념이 국민적 동일성의 유력한 상징으로 등장하게 된 것이다. 신도神道의 복고주의자가 발전시킨 '신국' 및 '국체' 개념, 국학자가 현양시킨 일본이 가지고 있는 비교할 수 없는 문화적 가치, 그들의 충절의 대상이자 일본 고유의 역사적 탁월성의 상징으로서 천황을 중심적 위치에 놓았다.

---

17) 전문 17조로 구성되어 있으며 1~12조는 황실 및 궁정귀족이 엄수해야 할 규정을, 13조 이하는 승려의 관위에 대한 규정을 두었다.

신도의 복고사상가와 국학자는 근본적으로 반反중국적이며 반反유교적이었다. 그러나 도쿠가와 시기 일본 전국에 걸친 유교사상의 침투는, 국가와 정치에 대한 광범한 사람들의 사고를 바꿀 수 있는 힘이 되었다는 적극적인 측면을 가지고 있었다. 전통적 유교의 가장 중요한 명제 중 하나로 '인정仁政'이라는 관념이 있다. 유교 연구를 통하여 사람들은 대담하게 정치의 본질과 사회에서의 역할에 대해 고찰하게 되었다. '좋은 정부', '좋은 통치'란 무엇인가라는 논의는 피통치자에 대한 책임을 중시하게 만들었다. 그리고 도쿠가와 지배에 대한 불만이 높아짐과 동시에, 천황은 예컨대 미토학水戸學18)의 논객 등에 의해 일본 국토 및 국민과 관련된 전통적인 존재로서 추앙받게 된다. 이렇게 해서 그저 쇼군에게 정당성을 보증해 주던 역할자로서만 도쿠가와 시대를 맞이했던 천황은, 그 시대가 막을 내리던 때에는 국가의식과 국가정치에 대한 관심의 잠재적 상징이 되었다.

도쿠가와 시대에 외국과의 접촉이 점점 단절되었는데 이는 정부와 민중과의 관계를 규정하는 여러 사상들과 그 밖의 여러 면에 근본적인 영향을 미쳤다. 특히 당시 유럽에서 무슨 일이 일어났는지를 상기해 보면 더더욱 그러하다. 유럽의 17, 18세기는 사상, 기술, 정치, 사회관계에서 근대화로의 혁명적인 움직임이 일어난 시기다. 이 두 세기는 프랑스의 루이 14세, 프로이센의 프리드리히 2세 등 절대군주의 시대였고, 미국과 프랑스에서는 근대혁명이 일어났다. 그 결과 새롭게 강력한 민족국가가 출현하고, 각 국가 구성원의 정치적 권리를 둘러싼 강력한 사상들이 창출되었다. 1688년 영국에서 소위 '명예혁명'이 일어났을 즈음, 로크 등의 철학가는 '제한된 정부' 더 나아가 모든 사람은 '생명, 자유, 재산'에 대한 불가침성을 정부에 요구할 권리를 나면서부터 갖고 있다는 견해를 고취시켰다. 입헌군주제와 일반 대의제로의 움직임이 시작된 것이다.[7]

---

18) 미토 지역을 중심으로 유학과 사학(史學)을 기반으로 하고 국학과 신도의 요소를 포괄하여 19세기 전반에 성립된 학파로서 막부 말기의 존왕양이(尊王攘夷)운동에 큰 영향을 주었다.

이에 반하여 도쿠가와 시대의 일본에서는 유교의 여러 관념이 새로이 민중 복리라는 것에 관심을 갖도록 만들었지만, 일반 대의제도라든가 개인의 권리 같은 개념은 어디에도 보이지 않았다. 중국이든 일본이든 민중의 역사적 전통 가운데 이러한 사상이 자연스레 성장할 기반이 될 만한 것은 아무것도 없었다. 그러나 서구에서는 특수한 사회적 경제적 조건과, 개인을 중시하는 기독교적 전통 속에서 이러한 사상이 생겨난 것이다. 도쿠가와 시대의 저술에 '민民'이라는 말이 종종 나타나고, 이것을 영역하면 통상 people이 되겠지만, 정치적 용어로서의 의미는 서구의 경우보다 훨씬 수동적이었다. '인정仁政'의 실시도 위에서 아래로 베푸는 은혜였지, 피지배자의 지배자에 대한 권리라는 의식은 동반되지 않았다.[8] 따라서 도쿠가와 시대 일본의 사회이론은 전제주의(인자仁慈의 정신에 의해 유연해진)를 수용하는 것이었고, 개인을 가문과 공동체에 매몰시켰던 것이다. 정부든 가정이든 저 인자함 넘치는 권력자에 대한 대가는 '보은'이었다. 사회의 모든 구성원에게 첫째 미덕은 충과 효였던 것이다. 상당히 흥미로운 것은 여기에 불교가 피지배자층에 대해 정치적 행동면에서 근원적인 영향을 끼쳤다는 점이다. 이시다 바이간石田梅岩[19] 같은 유학자의 사상에 나타나듯이 도道에 적합한 행동에 유교적 원리를 도입하고, 불교는 권위에 대한 온화한 인종忍從의 철학을 창출했다. 일본에서 계급과 개인의 권리 같은 개념이 발달하게 되는 것은 아직 먼 훗날의 이야기였다. 그런데 당시 유럽에서는 그러한 관념이 군주제의 권한을 기본적으로 바꾸어 이미 상징적인 기능만을 허락하는 추세였다.

메이지 유신 중 혹은 그 직후의 천황 역할에 대해서는 지금까지 많은 서술이 이루어졌다. 유신의 결과를 둘러싸고는 해석이 다양하게 갈리지만, 천황은 막부토벌운동의 통일에 상징적 구심점이 되었고 그 결과 도쿠가와의 지배체제가 붕괴되었다는 사실에 대해서는 이론이 없다. 일본의 경우 특히

---

19) 1685~1744년. 에도 시대의 사상가로 유교에서는 천한 직업으로 여기던 상업을 옹호하고 상인의 영리활동이나 근면과 검약을 장려했다.

주목되는 점은, 구체제에 대한 신시대의 공격이 대부분의 다른 나라처럼 군주제의 말살을 동반하지 않았다는 사실이다. 그것을 가능케 해준 것이 일본 지배권의 이중구조였다. 구질서에 대한 공격은 희생양인 도쿠가와 막부의 붕괴로 만족되었고, 그 후에는 더 고차원적이고 아직은 순수함을 그대로 유지하고 있던 국가통일의 지고한 상징이 우뚝 서게 되었다.

이에 천황의 힘은 다시 최고의 걸출한 지위를 획득하였다. 그러나 그 결과로 천황이 문자 그대로 직접적인 지배권을 회복했다고는 할 수 없었다. 개인으로서의 천황은 여전히 격리된 수동적인 존재였다. 그러나 권력의 기초를 굳힌 메이지 정부의 정치지도자들은 천황대권을 직접적으로 그리고 공공연하게 이용하였다. 그럼으로써 그들의 결정을 합법화시키고 그들의 통치권력을 정당화시켰다. 이러한 이용이 가장 먼저 나타난 것이 1868년 1월 「왕정복고」 칙령과 1868년 3월의 「5개조 서약문」이다. 모두 천황의 이름으로 나온 정치방침 선언이었다.

1871년 군주제의 근대적 변형의 첫 단계는 종료되었다. 천황은 계속 초월적인 수동적 최고군주였고 그의 권력은 이론상 절대적이었지만, 실제로는 그의 이름으로 지배를 행사하는 대신들에 의해 집행되었다. 신지성神祇省은 군주권의 제사적·종교적 측면을 담당하고, 궁내성은 독립된 황실의 시설과 세간을 담당했다. 귀족적 위계의 존속은 궁정사회를 존속시켰다. 최고통치권과 책임은 천황에게 있었지만, 정치 실권은 정부를 구성하고 있는 소수의 권력자들이 장악하였다. 이들 무리에 들어가기 위해서는 사회적 신분계층과 관위계층을 동시에 뛰어넘어야 했다. 새로운 군주제는, 선발된 소수가 천황을 규제함과 동시에 천황의 규제를 받고, 고급관료가 지배함과 동시에 천황의 의지에 의해 지배받는다는, 일본 천황제의 전통적인 특이성을 계승한 것이었다. 이 체제는 또한 오랜 역사 동안 일본 권력층에게 익숙한 바로 그 '합의'에 의거한 독특한 의사결정방법으로까지 존속되었다. 그러는 동안 일본 사회의 기타에 속했던 자, 즉 피지배자는 신민인 채로 권리보다도 의무를 더 많이

지게 되었다. 소수의 지배를 옹호하는 이런 제도가 보수적인 것임은 말할 것도 없다. 이것은 대의정치가 아니다. 입헌군주제도 아니다. 정치과정의 개방을 요구하는 여러 민중운동의 압력에도 불구하고 군주제의 이 같은 특징은 1945년까지 존속되었다.

1871년까지는 메이지 시대의 과두정치 혹은 메이지 정부의 구조에서 서구의 영향은 그다지 찾아볼 수 없다. 그러나 일반 대의제로 바꾸자는 민중의 요구가 강해지면서, 주지하듯이 프러시아를 본뜬 입헌군주제가 개시되었다. 그리고 헌법에서 처음으로 천황의 여러 권능이 공식적인 언어로 성문화되었다. 정확한 법률용어를 사용하여 1889년 헌법은 황제를 "신성하여 침범할 수 없다"라고 묘사했다. 그리고 "국가원수로서 통치권을 총괄하고 이 헌법의 규정에 의해 이를 행한다"라고 했다. 헌법의 초안 작성에 협력한 독일인들이 염두에 두었던 것은 실제로 '입법권'을 행사하는 좀더 적극적인 천황이었다고 한다. 그것이 실현되지 못한 것은 아마도 그 같은 고안이 천황이나 메이지 시대 지도자들에게는 모두 그다지 친숙하지 못했기 때문일 것이다. 천황은 여전히 신성한 정당성의 승인자라는 전통적 역할을 유지하고 있었다. 그리고 헌법은 일본의 독특한 의사결정 형태를 고정화시키고, 책임 소재를, 정치적 조언자들의 합의를 대변할 뿐 책임추궁은 받지 않는 군주의 배후에 숨겨 애매하게 만들어 버렸다.[9] 절대군주제, 책임소재의 불명확, 민중의 권리 결여라는 세 가지 요소의 결합이야말로 과두적 정치지배를 20세기 중엽까지 존속시킨 조건이었던 것이다. 특히 천황의 지위를 국가의 체현자로 보아 "신성하여 침범할 수 없다"라고 강조하고, 다른 일본인 모두를 '신민臣民'으로 규정함으로써, 정치적 영향력의 행사는 정부 고관 이외의 사람들에게는 손도 댈 수 없는 위치에 놓이게 되었다. 미노베 다쓰키치美濃部達吉[20]라든가 요시노 사쿠조吉野作造[21] 등에 의해 민중의 참가범위를 넓히려는

---

20) 1873~1948년. 헌법·행정법학자, 도쿄 대학 교수로 천황은 법인으로서 국가의 최고기관이며 통치권은 국가에 있다고 강조한 천황기관설을 주장했다.
21) 1878~1933년. 정치학자·사상가, 도쿄 대학 교수로 민본주의를 제창하고 보통선거와 정당내각

시도는 있었지만 모두 실패로 끝날 수밖에 없었다. 변화가 이루어진 것은 패전과 외국의 무력점령 등과 같은 파국이 일어나면서였다. 이 변화에 의해 주권은 국민에게 있고, 천황은 "국가의 상징이며 국민총합의 상징으로, 이 지위는 주권을 갖고 있는 국민의 총의에 의거한다"고 헌법에 규정된 군주국으로 이행할 수 있게 되었다. 현재 국민 주권을 용인하는 정부 하에서 생활하는 세계민중 가운데 대혼란과 폭력을 거치지 않고 이런 상황을 달성한 예는 별로 없다. 일본인도 폭력을 피할 수는 없었다. 그러나 그것은 국내의 혼란이 아니라 외국과의 전쟁으로 인한 폭력이었다.

이상으로 일본에서의 지배권 개념과 실태에 대한 역사적 발전을 더듬어 보았다. 최고지배자의 지위는 아주 일찍부터 국가제사를 관장하는 우두머리로서 확립되었고, 고귀한 가계를 가진 카리스마에 의해 유지되었으며, 아마테라스오미카미의 직계자손에게 부여되는 숭배에 의해 보존되었다. 시간이 흐름에 따라 신도에 기초한 천황의 권력에, 우선 중국의 전통적인 황제제도=관료제 사상과 기술이 부가되고, 이후에는 인민의 복리를 원한다는 유교적 관념이 겹쳐지고, 마지막으로는 근대적 국민국가의 강력한 통치장치가 결합되었다. 헤이안 시대까지 천황은 종교적인 권능은 유지했지만 단순한 상징적 지위에 불과하였다. 이 사정은 메이지 유신, 나아가 메이지 헌법에 의해서도 바뀌지 못했다. 국가의 지지를 받는 신도 조직이 창출되어 군주는 제사적 예배를 계속하고, 그러는 동안 소수에 의해 구성된 정부는 천황의 이름으로 결코 일반 대의제를 허락하지 않았다. 일본에서 최고지배자란 개념이 최종 발전단계에 이른 것은 태평양전쟁 이후였다. 한창 위기적인 상황들이 벌어지던 이 시기에, 점령당국의 지령에 따라 일본의 주권은 국민의 손으로 넘어갔다. 또한 칙령인 「천황의 인간선언」에 의해 정부가 신도 신사와의 공적 관계를 단절시킴으로써, 천황의 지위는 정치적으로 민중의식 내부에서 차지하였던 과거 지위의 희미한 그림자 정도로까지 떨어졌다.

제를 주장했다.

3. 봉건제

　종래 일본의 feudalism 즉 봉건제도의 개념은 전문역사가는 물론 넓게는 다른 분야의 학자들에게도 많은 영향을 끼쳐 왔다.[10] 군주제 개념이 매우 보편적이어서 절대적 권위에 의거한 모든 정치형태에 보편적으로 적용되었던 데 반해, 봉건제도feudalism는 인류역사상 일정 시기 일정 조건 하에서만 발생한 특수한 구조를 가진 정치적 · 사회적 · 경제적 운영 행위를 가리킨다. 이런 식의 인식은 18세기 프랑스 사상가의 저술에서 처음 나타나는데, 그들은 절대군주인 루이 14세의 권력집중과는 대조적으로, 중세 프랑스의 주요 특색이 지방 봉토소유자에 의한 정치권력의 분산이라고 생각했다. 이 단어는 점차 의미를 넓혀 중세유럽의 다른 지방에도 적용되었다. 그리고 19세기에 들어오면 몇몇 사회이론가가 이 단어를 유럽 이외의 사회에도 활용하기 시작하였다.

　feudalism이 일본에 처음 적용된 것이 정확히 언제였는지를 결정하기는 곤란하다. 그러나 일본이 문호를 열어 외국과 접촉을 하기 시작한 1854년 이후 일본을 방문한 최초의 유럽인 관찰자들 사이에서는 벌써 이 말이 널리 사용되고 있었다. 서방에서 온 방문자들의 눈에 비친 도쿠가와 말기의 지배체제는 실로 봉건적feudal이라는 말에서 상상해 낼 수 있는 정치체제를 떠올리게 만들었다. 즉 권력은 주군과 가신이 나누어 행사하고, 가신은 주군에게 봉지나 봉록을 받는 대신 전투원으로서의 봉사를 맹세하는 형태였다. 이 최초의 일본 관찰자들은 대부분 역사상의 봉건제도에 대해 어떤 특별한 학문적인 개념을 가지고 있었던 것도 아니다. 단지 아주 개괄적으로, 자신들이 살고 있는 시대의 서구세계를 특징지어주는 것으로 확신하는 근대적 진보의 여러 양상들과 정반대되는 것이 봉건제도라고 여기는 부정적인 견해를 가졌을 뿐이다. 재미있는 것은 1860년대까지 도쿠가와 지배하의 일본에 대한 정보는 유럽으로 상당히 흘러 들어가 있었기 때문에, 칼 마르크스는 일본을 염두에 둘 필요가 있는 대상으로 취급하면서 자기 저서에서도

"토지소유가 순수하게 봉건적feudal인 조직"을 가진 나라로 일본을 언급한 적도 있다.

이 개념을 일본인 학자들이 알게 되었을 때, 그들은 이미 자신들의 어휘에 존재하는 '봉건제'라는 말로 이 단어를 해석했다. '봉건'이라는 말은 중국의 역사편찬에 쓰이는 어휘에서 유래된 것으로, 중국의 주周왕조를 예로 하는 지방분권적인 정치형태를 가리킨다. 봉건제도는 지방행정을 담당하는 관료 기구를 황제가 중앙집권적으로 지배하는 '군현제도'와는 근본적으로 다른 것이다. 일본의 역사가들은, 서구의 feudalism이라는 개념을 알기 훨씬 이전부터 일본에서 오랫동안 지속되었던 무가시대가 지방분권적인 봉토 분할제도인 분봉제를 택하였기 때문에 '봉건제'의 예에 합당하다고 느꼈다. 예를 들어 오규 소라이荻生徂徠22)는 이 점을 확실하게 이해하여 그의 저서인 『답문서答問書』에서, 국가는 '봉건제'에 의해 제후들에게 분할되고, 그 부하는 지교쇼知行所23)를 받아 이를 세습적으로 영유하고 소유물로서 지배한다고 설명했다.11)

일본의 역사가가 서구의 feudalism 개념을 어느 정도 익히게 되었을 때 그들이 즉시 이 개념을 '봉건'이라는 단어와 동일시하게 된 것은 자연스런 일이었다. 그리고 늦어도 1880년대 말경부터 '봉건제'는 단순한 지방분권적 정치의 한 형태를 의미하는 것이 아니라, 오히려 서구처럼 구체제라는 식의 멸시적 의미를 갖게도 되었다. 또 마르크스적 의미에서 사회주의까지는 아니더라도 적어도 자본주의가 전성기에 이르기 전에 없애버려야 할 제도라는 의미로 사용하는 것이 일본 역사가들 나아가 일반 대중들에게 습관처럼 되었다.

feudalism 개념이 유럽을 넘어 다른 세계에서도 어떠한 역사적 상황을 가리키는 데 사용할 수 있는가의 문제는, 상당히 오랫동안 학자들 사이에서

---

22) 1666~1728년. 에도 중기의 유학자.
23) 제후가 가신에게 봉급으로 급여한 토지.

다양하게 논의되어 왔다. 그 해답은 다음에 제시한 두 개의 전혀 다른 종류의 추론 및 분석과 관련되어 있다.

(1) 사회조직의 보편적인 범위로서의 feudalism의 본질과 그 역사적 의미를 해명하는 것, (2) 오랫동안 계속된 일본 무가 지배시대의 실제 상황을 유럽과 비교하여 관찰하는 것. 서구 정치사가들 사이에서는 feudalism의 개념을 유럽사회로 한정시켜 적용하려는 경향이 강해, 개별적인 것을 넘어선 보편화에 대해 많은 사람들이 반대하였다. 그런 이유 때문에 북프랑스 이외의 유럽의 다른 지역에 대해서도 이 개념을 적용해서는 안 된다는 소리가 이따금 들릴 정도다. 한편 마르크 블로크Marc Bloch 같은 역사가나 칼 마르크스, 막스 웨버와 같은 사회이론가는 feudalism의 개념을 사회적=정치적 발달의 보편적인 형태 혹은 단계로 발전시키고자 하였다. 그렇게 된다면 일본을 포함한 수많은 역사적 조건에 이 개념이 적용될 수 있게 된다.[12]

feudalism의 정의를 둘러싸고 사회이론가들 사이에서는 지금까지 크게 두 가지로 해석되었다. 하나는, 마르크스주의 방법으로 경제의 성격 여하를 중시하여, 특히 소작인(이것을 농노로 본다)이 그들을 소유지에 묶어 두기 위해 경제외적 강제력을 발휘하는 지주에게 어떻게 예속되는지 그 양상을 중시한다. 다른 하나는, 막스 웨버는 주로 이념형적 지배체계를 문제 삼기 때문에, 소수 지배층 내부의 주종관계, 나아가 사회의 다른 구성원이 무인지 배층에 대해 세습적으로 종속된다는 점에 중점을 둔다. 일본에서 무가가 지배한 기간과 중세 유럽을, 세밀한 부분까지 충분히 지식을 습득한 후 직접 비교·분석해 보고자 한 역사가는 비교적 적다. 그 중 가장 주목할 만한 인물이 아사카와 간이치朝河貫—[24]다. 여기에서 feudalism의 다른 정의 즉 마르크스주의의 정의와, 아사카와 간이치의 비마르크스주의 정의를 나열하여 고찰해 본다면 시사적일 것이다.

전자의 예로는 레닌의 「러시아에서의 자본주의의 발달」에 언급된 다음

---

24) 1873~1948년. 역사학자로 미국 예일 대학에서 일본과 유럽의 비교봉건제도사를 강의하였다.

설명이 가장 유명하며 완전할 것이다.

> 그것은 첫째로 현물경제가 지배한다. …… 둘째로 이러한 경제에서는 직접
> 생산자가 일반적으로 생산수단, 특히 토지를 분배받아야만 한다. 그뿐 아니
> 라 직접생산자가 토지에 속박되어 있어야만 한다. 왜냐하면 그렇지 않으면
> 지주는 일손을 보장받지 못하기 때문이다. …… 셋째로 이와 같은 경제제도
> 의 조건은 지주에 대한 농민의 인격적 예속이다. …… 그러므로 마르크스가
> 말했듯이 '경제외적인 강제'가 필요한 것이다. …… 마지막 넷째로, 앞에서
> 서술한 경제제도의 조건이기도 하고 결과이기도 한 것은 기술력이 상당히
> 낮은 정체적인 상태다. 왜냐하면 빈궁 때문에 기가 죽고, 인격적으로 예속되
> 고 지적으로 우매하여 비굴하게 여겨졌던 소농민의 손으로 경영이 이뤄졌기
> 때문이다. (大月書店 刊行『全集』)

이러한 정의와 계급투쟁을 중시하는 경향이 합쳐져, 마르크스주의 역사가
들의 분석도구가 되었던 것이다. 레닌이 열거한 여러 조건들은 확실히 많은
사회에서 쉽게 발견될 수 있으므로, 일본에 적용하는 데 그리 어려운 핑계가
필요치 않다.

아사카와 간이치의 feudalism 정의는 정치적=법제사적 관점에서 보면
확실히 상세하고 명확하다. 학문연구자로서 평생에 걸쳐 그는 유럽과 일본
양쪽 역사가의 요청에 응할 수 있을 만한 feudalism 개념을 만들어 내고자
계속 노력하여, 결국 하나의 정의에 도달하였다. 그것은 대략 다음과 같이
설명할 수 있을 것이다.

> (1) 사회정치체제로서의 feudalism은 몇 가지 필요조건이 전제되어야
> 한다. 그것은, 경제가 무엇보다도 농업을 기본으로 할 것, 그 이전에 중앙집
> 권적 정치체제가 있어야 하고 또 그것이 이미 붕괴되어야 할 것, 특권적
> 지배층과 사회의 다른 구성원 간에 이용할 수 있는 전투수단에 커다란
> 기술적 차이가 있어야 할 것 등이다.

(2) 봉건적인 사회에서는 지배계급이 귀족인 중장비를 갖춘 전사집단으로 조직되는데, 이 집단은 주군과 가신 간의 개인적 충성 맹세에 의해 유지된다. 가신은 주군에게 충성서약을 해야 한다.

(3) 주종관계에서 가신은 군사적 봉사를 제공해야 하고, 그 보답으로 주군은 그들을 보호해주고 봉록을 하사하거나 확인해야 한다. 봉록은 봉지 또는 토지수입의 취득 권리 중 하나를 택한다.

(4) 봉지 소유자는 국지적으로 군사적이며 행정적인 지배를 행사하는데, 모든 단계별로 사적 권력과 공적 권력이 혼동된다. 그로 인해 상위 권력은 최대한으로 소멸되어 버리고 만다.

(5) 봉건적인 사회 내부에서 사회적 지위 및 공적 권리를 행사하고 의무를 수행하는 능력은 사적 토지소유와 비례한다. 다시 말해서 봉지로서 소유한 토지의 크기나 생산량이 지배계급 내에서의 지위를 결정하고, 토지사유의 여러 조건들이 농민의 지위를 결정한다.

아사카와 간이치가 규정한 봉건제도의 개념은, 사회=정치제도로서의 유럽의 feudalism과 관련하여 지금까지 확립시킨 견해의 주된 기본요소를 그 안에 포함시킨 것이다. 게다가 원래 '봉건적'인 사회의 특징 중 몇 개 혹은 전부가, 무가 지배 하의 일본에서도 여러 시대에 나타난다는 점을 증명할 수 있게 되었다. 일본의 주군(께서)은 그들의 가신(집안사람)에게 자신에게 경의를 표할 것(알현), 충성을 맹세할 것(기청起請), 항상 몸 바쳐 봉사할 준비를 할 것(봉공奉公)을 요구하였다. 그 대신 주군은 봉지(지교치)를 확인하기도 하고(안도), 새로 주기도(은급) 한다. 농민은 직접 봉지 소유자에게 해마다 부과금(연공)을 바치고 노동봉사(부역)를 해야 했다. 중세유럽의 정치제도와 일본의 정치제도가 일치하여 비교 가능하다고들 하는 것은 이러한 행동적·구조적 유사성 때문이다.

정의에 대해 운운하는 것은 이 정도에서 그만두겠다. 다음에는 인류사회 역사에서 봉건제가 갖는 의미에 대해 살펴보겠다. 여기에도 크게 두 가지 해석이 있다. 마르크스는 봉건제를 명확히 사회의 경제적 생성 과정의 한 단계라고 보고 자신의 중심되는 관념의 하나로 파악했다. 그가 인류사회의 궁극의 도달점이라 생각한 사회주의 사회에 이르기까지 순서대로 나열된 진보의 각 단계는, 원시공산주의(혹은 아시아적 생산양식), 고대노예제, 중세봉건제, 자본주의(근대 시민사회) 그리고 사회주의다. 이들 단계가 모두 사회에 적용될 수 있다고 믿고, 이 순서대로 사회를 움직여가는 힘은 경제적 변동과 계급투쟁이라고 보았다. 그렇기 때문에 마르크스주의 역사가에게 봉건제란, 노예제를 기반으로 고대에 발생하여 자본주의사회와 접해 있고, 역사적·사회적 체제 증명을 이미 마친 한 단계다.

이에 반해 막스 웨버나 아사카와 간이치 같은 역사가는 역사적 발전 단계설을 노골적으로 주장하지는 않는다. 그들에게 봉건제란 근대 자본주의 사회에 반드시 선행되어야 할 필수조건은 아니다. 그러나 이 양자의 사고방식에도 뭔가 봉건적 상태에서 근대적 상태로의 이행이라는 감각 같은 것이 엿보인다. 웨버 저술은 대부분 관료제적 중앙집권 근대국가의 본질을 해석하고 그 이외의 사회조직이 얼마나 그것과 다른지 혹은 어느 정도 그것에 가까운지를 논하고 있기 때문이다. 그리고 아사카와의 저술에서는 봉건제가 일본의 근대적 발전을 어떻게 방해했는지 혹은 촉진시켰는지의 문제에 많은 관심을 두고 있다.

역사적 변화에 대한 정의와 개념이 다르므로 일본중세사 연구에도 당연히 다른 연구태도가 등장한다. 정치사와 법제사 역사가가 연구과제로 삼는 것은 예를 들면 주종관계, 봉록, 봉지, 나아가 국가권력구조(즉 천황과 군사적 패자와의 상호관계)의 본질은 무엇인가 등이다. 그것과는 대조적으로 마르크스주의적 관점에서 논하는 역사가의 관심은, 토지경작과 토지소유기구의 성격은 어떤가, 어떤 조건 아래에서 소작농이 토지를 경작하고 납세와 부역 의무를 다하는가, 계급투쟁의 확실한 징후는 무엇인가 등이다. 전자 그룹이 단일적이고 강력한 봉토의 출현을 고도의 봉건제 사회에 도달한 기본 지표로 삼아 중시하는 데 반해, 후자 그룹은 진정 봉건제도가 완성되었는지의 본질적인 시금석으로서 농노의 존재 여부를 확인할 것을 요구한다.

feudalism이라는 개념을 필요에 따라 언제든 마음대로 사용할 수 있게 하는 것은 역사가에게 어떤 이점이 있을까? 우선 첫째로 강조해야 할 것은 이 개념이 하나의 지적구조물로서, 역사가에 의해 분석도구로 제안된 일반적 개념이라는 점이다. 역사가는 그것을 사용하여 역사를 왜곡해서는 안 된다. 이 개념이 갖는 최대의 이점은 그것이 이문화異文化 간의 정당한 비교연구를 수월하게 해준다는 점이다. 즉 비교는 자의적으로가 아니라 질서있는 문맥 내에서 이루어지는 연구다. 가장 위험한 것은, 역사가가 이 개념을 역사상의 사건이나 상황을 자동적으로 설명해주는 도구로 사용하는 경우, 또 유럽 중세사회의 부차적인 여러 특징들을 사용해서 일본에서의 역사적 변동과정을 설명하려는 경우일 것이다. 진정한 비교연구야말로 가장 효과적이며, 중세 유럽인과 무가시대 일본인에 대해 풍성한 결과를 맺는 고찰로 이끌어줄 수 있을 것이다.

이상의 의견과 주의점을 염두에 두고 무가가 지배한 시대의 일본사 흐름을 비교문화론적 견지에서 검토하면 많은 것을 얻어낼 수 있을 것이다.

우선, 가마쿠라 시대의 쇼군 정치의 개시는 일본과 서구의 역사가가 비교봉건제도사의 입장에서 분석할 때 그들에게 일련의 사실을 제공한다.[13] 법제사 연구자들은 자신들의 해석의 많은 중요한 점들이 그 시대에 있다고 지적했다. 미나모토의 총사령부(막부) 설립은 일본에서 봉건시대의 개막을 알리는 것인가? 그 시점에서 당시 봉건적이라고 인정할 만한 것은 일본 전체의 통치활동 중 극히 일부분에 불과하기 때문에, 의외로 긍정적인 답을 할 수 없을 것이다. 둘째로 미나모토노 요리토모의 국정상의 지위는 찬탈자인 봉건적 패자라고 할 수 있을까? 이 또한 상당히 문제가 된다. 왜냐하면 요리토모의 처음 행동이 비록 비합법적이었나 하더라도, 나중에 그가 조정을 향해 자신의 정치적 권력을 재가해달라고 요청했을 때, 무력을 배경으로 했다면 당연히 얻어낼 수 있었을 지위보다 훨씬 낮은 지위를 받았기 때문이다.

요리토모와 그의 '부하'와의 관계는 봉건제적 의미에서의 주군과 신하의 관계인가? 이 물음에 대해서는 긍정적으로 답할 수 있다. 사실 요리토모는 사적으로 양자가 대등한 의무를 질 것을 약속하는 맹약을 맺어, 충절을 다하겠다는 맹세를 받는 대신 보호를 보장했다. 그러나 가신은 유럽과 비교하면 확실히 지위가 낮았다. 유럽에서는 신하와 주군이 모두 귀족계층으로서 양자의 관계는 쌍방계약에 의한 것이었다. 요리토모가 받은 봉록은 봉지였는가? 사실 요리토모가 자유롭게 사용할 수 있었던 것은 봉지로 분배할 토지가 아니라, 각지 장원의 관리와 지방행정 공직과 관련되는 수입원인 '시키職'25) 였다. 이것은 다음에서 서술하겠지만 일본 특유의 현상이다. 요컨대 엄밀히 말하자면 가마쿠라 시대 초기에는 봉건제도의 구조가 아직 완전하게 모습을 드러내지 못했던 것이다.

마르크스주의 시점에서 일본의 봉건제 기원이 무엇인가라는 과제에 주목한 역사가는 농노제 문제를 중시한다. 그들의 분석은 우선 조정의 관리(율령제) 아래에 있던 토지경작민의 지위가 어떤 것이었는가를 이해하려는 데에서 출발한다. 그들을 국유노예, 국유농노, 공적 경작인 중 어떤 존재로 보아야 할 것인가? 만일 그들을 농노로 변질시키려고 한다면, 그들의 지위에 어떤 변화가 생겨야 되는가? 이런 연구에서 얻어진 중요한 성과는 '묘名'26)의 확인이고 '장원제'의 규명이었다. 그런 주장에 의하자면, 헤이안 시대 후기 토지경작의 기본단위는 '묘의 주인'(집안의 주인으로 공적으로 경작권을 부여받은 자)과, 그의 가부장적 권력 아래에 있는 광범한 일족 및 그들에게 종속된 자다. 이런 제도를 이시모타 쇼石母田正27)는 '가부장적 노예제도'라고 불렀다. 이시모타에 의하면, 일본 농민은 이 무렵까지는 아직 농노 단계에 이르지 않았다고 한다. 이에 대해서는 아사카와 간이치를 필두로 한 반론이

---

25) 장원제에서 직무에 수반되는 권익 또는 토지 용익권.
26) 묘덴(名田)의 약자. 구분전의 사유화나 황무지 개발 등을 계기로 특정 개인에게 부여되어 소유주의 이름을 딴 농지다. 장원제가 붕괴될 때까지 연공의 부가단위였다.
27) 1912~1986년. 역사학자로 유물사관과 실증에 의한 연구로 제2차 세계대전 이후 역사학계의 한 시기를 풍미했다.

있다. 그러한 반론은 대부분 일본 농경사회의 공동체적 성격을 강조하면서도 이는 도작 관개농업이라는 일본의 특수성 때문에 필연적으로 생겨난 것이라고 보았다. 아사카와 간이치의 주장에 의하면, 서유럽에 전형적으로 나타나는 농노제를 농업기술과 친족구조를 달리하는 일본에서 찾으려는 것은 무리다. 중세일본의 농민은 개인으로서가 아니라 공동체의 구성원으로 봐야 한다. 그 공동체가 전체로서 토지소유의 권리나 각종 의무를 갖는다고 해석하였다.

아사카와 간이치가 지적한 유럽의 영지와 일본 '장원' 간의 차이는 항상 염두에 두어야 한다. 유럽에는 일본의 '시키' 제도에 해당하는 것이 없다. 소유권과 영주권이 영지에 살지 않는 궁정귀족이나 유력한 신사나 사찰 등의 손에 있는 한, 신하가 주군에게서 받는 봉록은 봉건제적인 의미에서의 봉지 형태를 취할 수가 없다. 그것은 오히려 관리상의 직책을 근거로 한 토지수익의 권리인 '시키'다. 무사가 자신의 영지에 대해 완전한 소유자로서의 권리(행정권, 사법권, 징세권)를 획득하기까지는 실로 오랜 기간을 필요로 하여, 무로마치 시대(1336~1573)에 들어서고도 한참 후부터였다. 그들이, 일본 역사가의 용어로 말하자면 장원에서 함께 생활하는 '재지영주'가 되었을 때, 비로소 그들의 소유지는 유럽의 봉지에 필적할 만한 것이 된다.

나가하라 게이지永原慶二 같은 역사가가 시사하는 바에 의하면, 무로마치 막부 붕괴 후 반세기에 걸친 내란 기간(소위 남북조시대 1336~1392)에 생긴 여러 조건에 의해 지방영주의 수가 증가되었는데, 그것은 주군과 경작자 사이의 농노제적 관계에 기초를 두었다. 이러한 결론은 당시 확실히 '장원'과 '묘名'의 붕괴가 증가하고 '묘의 주인'격인 농민 '토호'가 점차 발흥하여 지방 군사유력자의 휘하로 들어가기 시작했다는 사실에 의거한다. 그렇기 때문에 아마도 경작자는 무사인 영주나 봉지소유자의 직접 관리 하에 들어갔을 것이라고 한다. 그러나 한편 단일의 강력한 봉지가 출현했다는 증거는 오닌의 난応仁の亂28)이 발발하기 이전에는 찾아보기 어렵다. 일본이 정치적으로

최대한 지방분권적 상태에 도달하게 되는 것은, 전화가 전국으로 확대된 다음 세기인 전국시대[29)에 들어와 독립된 다이묘大名의 영지가 등장하게 되었을 때다. 다이묘의 이념적인 형태는, 거대 성을 중심으로 한 하나의 영토로, 거기에서는 다이묘가 토지에 대한 모든 일차적 권리를 장악하고 자신의 가신들을 영내의 토지에 봉하는 것이었다. 그렇게 해서 다이묘와 봉토를 받은 가신 양측은 농민으로부터 직접 연공을 거두고 부역을 부과한다. 그러나 그렇다 하더라도 아직 농노제 건은 애매하다. 왜냐하면 개개 농민은 촌락공동체 안에 조직되어 있었기 때문이다.

1550년부터 1600년까지 반세기 동안 앞서 이야기한 것과 같은 지방분권화 방향은 점차로 역전되어, 다이묘는 일정한 중앙집권화를 강요 받게 된다. 유럽의 패턴과는 대조적으로 일본에서는 군사력의 총합이란, 결코 군주지배 즉 천황이나 쇼군에 의해서가 아니라 실은 다이묘 연합체에 의해 달성되었다. 이 연합체가 대략 250여 가에 이르는 그 밖의 다른 다이묘들에 대해 어떻게든 계속 우세를 유지하였다. 도쿠가와 집안이 부하 다이묘들의 힘을 통해 지방분권화를 꾀함으로써 그 지배를 지속시켰던 것이다. 이렇게 해서 성립된 막부체제는 봉건적·관료적이라는 두 가지 통치방법을 결부시켜 세계 역사상 가장 특이한 정치조직과 사회질서 중 하나가 되었다. 유럽의 경험을 봐도 이것과 견줄 만한 것은 전혀 없다.

막번체제의 몇 가지 측면은 유럽과 비교해보면 특히 매우 흥미롭다. 일본은 유럽처럼 군주지배 하의 중앙집권국가를 발달시키지 않았음에도 불구하고, 일본사회는 16세기 말까지 대체로 중앙집권화를 이룩하고 상당히 안정되었다. 게다가 군사력의 통합 과정은 중대하고 거의 혁명적이라고 할 만한 사회적·경제적 변화를 초래했다.

첫째 특히 화기火器가 도입되면서 전쟁 규모가 점점 커지고 기술적으로도

---

28) 1467년부터 11년간에 걸친 내란으로 지방으로까지 확산되어 전국시대로 이어졌고 교토는 황폐해지고 막부의 권위는 실추되었다.
29) 오닌의 난(1467~1477)부터 1568년 오다 노부나가가 교토에 들어올 때까지의 혼란기.

고도화되어 다이묘가 사령부인 자신의 성에서 가신 전원을 집중시킬 수 있게 되었다. 도요토미 히데요시는 이러한 경향을 전국으로 확대시켰다. 그래서 이후 무사계급은 전체로서 그들의 봉지 및 농민층과 직접 접촉할 수 없게 되어버린다. 도쿠가와 시대에는 거의 모든 무사가 조카마치에 거주하며 다이묘나 쇼군의 군인 혹은 행정관으로 근무하는 샐러리맨이 되었다. 이것만으로도 이상한데, 더 놀랄 만한 것은 그 결과 무사계급이 증대했다는 사실이다(총인구의 5~6%로 추정되며 이는 유럽보다 훨씬 비율이 높다). 그뿐만이 아니다. 무사계급은 동네나 마을의 공동체보다 더 높은 차원의 정치권력을 완전히 독점하였다. 유럽 역사상 어떤 시대에도 귀족계급이 그 같은 독점을 보인 적은 없었다. 그러나 이 정도의 권력을 가지면서도 이 계급에서 보인 두드러진 특징은, 토지와 분리되어 있어서 '토지소유귀족'이 아니었다는 점이다. 유럽 특히 프러시아의 융커와의 비교는 많은 점을 시사해준다.[14]

사회 상층에서 일어난 이 같은 변화는 하층에서의 근본적 변화를 불러일으켰다. 히데요시의 전국적인 토지조사는 연공 징수를 목적으로 국토의 전 경지를 경작자 이름과 대조시켜 빠짐없이 기록한 것이다. 이는 유럽적 기준에서 보면 놀랄 만한 대사업이었고, 나아가 무사를 제외한 계층을 강제 무장해제(칼사냥)까지 시키는 상상도 못할 일이었다. 이들 정책에 의한 제도상의 결과는 새로운 형태의 무라村의 탄생이고, 햐쿠쇼百姓라는 이름으로 알려진 농민의 새로운 지위다. 도쿠가와 가문의 지배체제 하에서 무라는 행정과 징세의 자급적 단위고, 햐쿠쇼는 무라의 「검지장檢地帳」에 등록된 덕택에 토지를 부당하게 약탈당하지 않을 권리를 보장받게 되었다. 유럽에서 이에 해당하는 것은 농노가 아니라, 영국의 등본보유농일 것이다.

마지막으로 상인계급에 관해 언급하겠다. 모든 종류의 활동 중심을 다이묘나 쇼군의 본거지인 조카마치에 집중시킴으로써 도쿠가와 시대의 일본에서는 유럽에서는 유례를 볼 수 없는 도시발달이 촉진되었다. 조카마치에서 상인계급은 무사의 봉사자로서 중요한 구성요소였지만, 정부의 관리라든가 봉건적 토지소유자가 되어 정치적 권력을 획득하는 길은 완전히 막혀 있었다.

16세기의 이러한 정치적·사회적 발전은 역사가에게 해석하기 난해한 문제를 던진다. 나카무라 요시하루中村吉治[30] 등 비교사학자들은, 전국시대 말기에 일본도 어쩌면 유럽처럼 봉건제에서 벗어나 초기 근대군주제 국가의 길을 걸었을지도 모를 징후가 보인다고 주장하였다. 그런데 현실적으로 그렇게 되지 못한 이유는, 이들 사학자들에 의하면, 도요토미 히데요시와 도쿠가와 이에야스의 정책이 반동적이어서 새삼 사회에 대해 봉건제를 강요했기 때문이라고 한다. 그 근거로서, 히데요시 자신이 농민신분에서 출세하여 국가를 통일한 인물이 되었다는 사실이 보여주듯이 계급간의 경계가 애매해진 점을 들고, 또 빈번한 농민봉기나 종교공동체와 상업공동체가 다이묘의 통제에서 벗어나 독립하고자 했던 움직임 등을 지적하였다. 그러나 이러한 현상이 당시 일본의 가장 유력한 동향을 나타내는 것이 아님은 명백하다. 그 동향이란 오히려 다이묘의 발흥과 쇼군 권력의 증대며, 무사계급이 획득한 사회 전체의 지도자로서의 지위였다. 도쿠가와 정부는 유럽의 군주국과 동일한 의미에서 중앙집권적인 것은 아니었지만, 근본적인 봉건제라 하기에도 약간 동떨어져 있었다.

이 마지막 부분은 모든 역사가가 반드시 인정하는 것은 아니다. 마르크스주의를 신봉하는 예를 들면 아라키 모리아키安良城盛昭 같은 역사가가 특히 그러하다. 아라키는, 장원경제가 일종의 가내노예제에 의존했다는 명제를 강하게 밀어붙여, 히데요시의 경지 조사가 완성되고 '무라'가 설정됨으로써 비로소 일본 농민은 농노가 되었다고 결론내렸다. 여기에서 한 걸음 더 나아가 일본의 봉건제도는 도쿠가와 지배체제의 확립으로 마침내 성숙되었다는 두 번째 결론을 끌어냈다. 이렇게 해서 아라키는 히데요시가 추진한 정책의 결과로서 봉건제로의 혁명이 일어났다고까지 논하였다. 이 같은

---

30) 1905~1986년. 일본 경제사와 사회사학자, 도호쿠(東北) 대학 교수 역임.

결론에 대해서는, 마르크스주의 이론을 지나치게 기계적으로 적용한 결과 이상의 것이라고 보기는 곤란할 것이다.

　사람들이 이 독특한 도쿠가와 막부체제를 고전적인 봉건제로 간주할지, 아니면 전혀 봉건제라는 이름에 걸맞지 않다고 생각할지는, 그가 메이지 유신의 의미를 어떻게 해석하느냐에 따라 크게 좌우된다. 이 문제에 대한 해석은 지금까지 크게 세 계통이 있었다. 첫째는 강좌파인 하니 고로羽仁五郎의 설로, 메이지 유신이 봉건제를 완전히 타파하는 데 실패하였고 그 때문에 메이지 전제정치가 등장했다고 파악한다. 둘째, 쓰치야 다카오土屋喬雄를 대표로 하는 노농파의 견해로, 메이지 유신을 불완전한 시민혁명으로 간주한다. 셋째는 일괄해서 '근대화론'으로 불리는 것으로, 실로 다양하게 해석되는데 일률적으로 도쿠가와 시대 후기에서 근대화의 맹아를 찾으려는 경우다. 이 세 가지 가운데 앞의 두 개는 봉건제, 적어도 그 잔재가 태평양전쟁 때까지 존속하였음을 강조하고, 세 번째 해석은 도쿠가와 시대 후기에는 봉건제적 요소가 희박하였다고 역설한다. 이와 같이 역사가는 일본 봉건제의 기원 문제에서도 그것이 언제 끝났느냐의 문제에서도 의견이 크게 나뉜다. 그리고 매우 흥미롭게도 그들은 봉건제 유산이 일본에 은혜를 입혔는지(그 예로서 아사카와를 들 수 있다. 그는 봉건적 제도들이 국가의식의 수용을 수월하게 해주었다고 보았다), 아니면 손해를 입혔는지(세계대전 전의 민주주의가 파산함으로써 전시 시절을 악으로 보는 대부분의 일본인 학자는 이렇게 생각한다)에 대해서도 의견이 갈린다. 이 같은 차이는 역사의 해석문제에 속하는 것으로, 해석은 역사가가 사실을 재단할 때 사용하는 기본적 개념 여하에 따라 달라진다.

1) Cornelius J. Kiley, "Estate and Property in the Late Heian Period", in John W. Hall and Jeffrey P. Mass, eds., *Medieval Japan, Essays in Institutional History* (New Haven, 1974), 109~124쪽 참조. Kiley는 여기에서 섭관인 藤原 씨와 천황과의 관계에 대해 정교하게 관찰하였다. "藤原 씨는 모계가 왕조 지배자와 연결되어 있지만, 양자의 지위는 확실히 다르다. 그들의 섭정 형태는 스스로 왕위에 오를 수 있는 경우와는 완전히 달랐다. 지위의 차이가 상보적 역할을 가능하게 한 것이다." 게다가 이는 양자 간의 경쟁도 있을 수 없게 만들었다.

2) 伊東多三郎, 「殊號問題と將軍の權威」, 『日本歷史』 67, 1953, 2~18쪽.

3) John Whitney Hall, "A Monarch for Modern Japan", in Robert E. Ward ed., *Political Development in Modern Japan*, Princeton, 1968, 27쪽.

4) 이 점에 관한 일본인 학자들에 의한 새로운 연구가 다수, Cornelius J. Kiley ed., "State and Dynasty in Archaic Yamato", *Journal of Asian Studies*, XXXIII. 1. (November, 1973), 25~49쪽에 수록되어 있다.

5) 筧泰彦, 『中世武家家訓の硏究』, 風間書房, 1967.

6) 『德川慶喜公傳 7』, 116~122쪽에 수록된 공문서. 朝河貫一의 *The Documents of Iriki* (Second edition, Tokyo, 1959), 374쪽에서 인용했다.

7) F. H. Hinsley, *Sovereignty*, New York, 1966, 146~159쪽 ; William Huse Dunham Jr. and Charles T. Wood, "The Right to Rule in England: Deposition and the Kingdom's Authority, 1327-145", *The American Historical Review*, vol. 81, no. 4 (October, 1979), 738~776쪽.

8) John Whitney Hall, "The Confucian teacher in Tokugawa Japan", in David S. Nivison and Arthur F. Wright, eds., *Confucianism in Action*, Stanford, 1959, 275쪽.

9) Maruyama Masao, *Thought and Behavior in Modern Japanese Politics*, edited by Ivan Morris, London, 1963, 124쪽.

10) 비교의 관점에서 본 봉건주의 문제는 서구와 일본 양쪽 학자들에게 큰 관심을 끌어왔다. 서구에서의 표준적인 연구로는 다음과 같은 것이 있다. Marc Bloch, *Feudal Society*, U. Chicago Press, 1961/English translation by L. A. Manyon ; Rushton Coulborn ed., *Feudalism in History*, Princeton, 1956 ; François Ganshof, *Feudalism in History* (2nd. ed.), New York, 1961/trans. by Philip Grierson ; F. J. des Longrais, *L'est et d'ouest : institution du Japon et de l'ouest comparès*, Paris, Tokyo, 1958 ; Asakawa Kan'ichi, *The Documents of Iriki*, Tokyo, 1955/*Land and Society in Medieval Japan*, Tokyo, 1965 ; Archibald Lewis, *Knights ana Samurai: Feudalism in Northern France and Japan*, London, 1974. 일본인 학자의 업적은 무수히 많으므로 여기에서는 세 가지 종합적이고 대표적인 책 이름만 들기로 하겠다. 모두 각 저자가 흡흡한 특수한 학문적 분위기를 반영하고 있다. 牧健二, 『日本封建制度成立史』, 弘文堂, 1936 ; 伊東多三郎, 『日本封建制度史』, 大八州出版會社, 1952 ; 永原慶二, 『日本封建社會論』, 東京大學出版會, 1955. 또 書誌로서 연구사 해설로 매우 유용한 책은 다음과 같다. 木村礎 編, 『日本封建社會硏究史』, 文雅堂書店, 1957.

11) J. R. McEwan, *The Political Writing of Ogyū Sorai*, Cambridge, 1967, 21~22쪽 참조.

12) 이하의 논의는 졸론 "Feudalism in Japan-A Reassessment"(in *Comparative Studies in Society and History*, vol. V. no. 1, October, 1962)에 근거한다. 일본어 번역본은 J. W. ホール, M. B. ジャンセン 編, 『德川社會と近代化』, ミネルバ書房, 1953.

13) 이 문제에 대해서는 미국 인류학자에 의한 최근의 다음 두 저서가 주목할 만하다. Jeffrey P. Mass, *Warrior Government in Early Medieval Japan*, New Haven, 1974 ; John W. Hall and Jeffrey P. Mass, eds., *Medieval Japan : Essay in Institutional History*, New Haven, 1974.

14) 다음의 라인하르트 베네딕트가 발표한 무사계급과 융커 계급에 대한 훌륭한 비교연구 참조. "Preconditions of Development: A Comparison of Japan and Germany", in R. P. Dore, ed., *Aspects of Social Change in Modern Japan*, Princeton, 1967, 27~68쪽.

제12장 정부 관료제의 기능적 · 기능장해적 성격

A. M. 크레이그 씀 | 이케다 고이치 池田孝一 옮김

1. 첫머리

전 세계적으로 '관료'란 말은 뭔가 좋은 의미가 아니다. 일본어에서도 '관료'라는 말에는 매우 불쾌한 뜻이 포함되어 있다. 도량이 좁고 건방지고 편협하며 형식주의적 즉 유교에서 말하는 '소인'의 속성을 절로 떠올리게 한다. 일본 역사가들은, 근대일본의 관료를, 메이지 시대 초기의 전제주의 지도자로부터 다이쇼 시대 비민주적인 정당지도자, 1930년대의 군국주의자 는 물론 오늘날의 보수당 정치가에 이르기까지 모든 역사상 악역들의 수하로 보는 경향이 있다. 역사문헌에서 관료만큼이나 험담의 표적이 되었던 존재로 는 '기생하는 지주' 정도를 꼽을 수 있다. 비평가 중에는 관료가 국민에 의해 선발된 명목상의 정책담당자인 정치계 지도자를 잡아끌어 정책입안을 지배해 왔다고 하는 사람조차 있다.

'관료'든 '야쿠닌役人'[1]이든 둘다 경멸의 뜻이 담긴 호칭이라는 이견도 있을 수도 있다. 역시 '야쿠닌'이라는 의미의 '관리' 쪽이 훨씬 듣기 좋다. 더 위엄 있게 들리고 수완 좋고 의지가 굳어 보이며 믿음직스럽게 느껴진다. 그것은 '천황의 일을 하는 나으리'를 일컫기 위해 메이지 헌법에서 사용된

---

1) 이하 '관리'로 번역한다.

말이다. 그러나 보편적인 일본인이 일본의 관계官界를 생각할 때 떠올리는 말은 아니다.

제2차 세계대전 후 관료제에 대해 더 비판적이었던 것은, 역사가의 저술보다 전직 관료나 신문기자들의 저술이었다. 일본 관료생활의 단점, 결점, 형식주의, 좌절을 폭로하였던 것이다. 이런 장르의 책들은 일본 관료제의 잘못된 점을 밝히고 있어, 정부 행정에 나타나는 기능장해를 현장에서 직접 체험한 실례를 접할 수 있다. 일본 관료제가 제대로 기능하지 못하고 있다면 이러한 종류의 문헌들을 통해 그 이유를 알 수 있을 것이다.[1]

필자는 요즘 수년 동안 메이지 시대 초기의 정부와 관료에 대해 연구를 하고 있다. 이 연구와 관련하여 현재 시점에서 어느 정도 삼각측량이 가능하지 않을까 하여, 이런 폭로적 성격의 문헌을 대부분 읽고, 몇 개월 동안 일본의 각 시·구·동과 현縣[2] 차원은 물론 국가 차원의 관청을 방문하여 관리들과 이야기를 나누기도 하였다. 이 글은 필자가 읽은 것과 들은 것을 조화시켜 보려 한 시도다.

다시 강조해 두지만 필자는 일본 관료제를 겉핥기식으로 살펴보려는 것이 아니다. 기능장해는 확실히 존재하며, 일본의 관리들이라면 모두 그 장해를 인정한다. 서구인이 일본의 '경제기적'을 설명하려고 때론 공통의 목표를 향해 사이좋게 협력하며 일하는 일본인의 능력을 과도하게 낙천적으로 본다고 한 일본학자의 지적도 일리가 있다. 그렇다고 하더라도 세계의 많은 관료제와 비교하면 일본의 관료제는 업무를 정확하게 잘 처리한다. 그래서 문제로 제기해야 할 것은—기능장해가 있으면서도 왜 이렇게까지 잘 되는가다.

---

2) 한국의 도에 해당하는 행정구역.

2. 엘리트 관료제

웨버는 관료제에는 법적 성격이 있다고 논했다. 그 성격은 일본의 경우 더욱 두드러진다. 노동성이든 대장성이든 상층부의 고시 출신 관료는 법학부 출신인 경우가 많다. 그들의 관리로서의 생활은 규제나 법령의 지배를 받는데, 그들은 이를 준수하고 따른다. 업무는 법률 초안의 작성, 장래 법안이 될 기획안의 제출, 이미 통과된 법률의 시행이다.

그러나 이 밖에도 관료제의 기능 행사에 영향을 끼치는 것은 많다. 하나는, 관리가 사회에서 얻을 수 있는 위신과 그것이 인원모집에 미치는 공죄功罪의 문제다. 도쿠가와 시대에 관리는 상급 무사로서 군사적 특권계급 중 엘리트였다. 메이지 유신 이후 정부관리는 아마도 군대 이상으로 무사의 적자들로 채워졌다. 유신 이후에는 잠깐 동안 지방 우체국원들까지 칼을 차고 다녔다. 1877년 어떤 정부 간부는 이렇게 썼다. "오늘날의 세태를 보면 농부든 상인이든 무사든 만천하 모두가 불공평하게 취급받고 있고 …… 오직 의기양양한 것은 관리뿐이니,"[2] 그들이 만족하는 것도 지극히 당연한 일이었다. 그들은 천황의 관리고 그 영광을 입고 있었다. 좀더 시대가 흐르자 상급 관리는 공식석상에서 번쩍거리는 단추와 금은색 수술이 달린 섬세한 디자인의 제복과 칼을 착용하였다. 봉급도 높은 편이었다. 우카이 노부시게鵜飼信成[3]에 의하면, 하급관리인 판임관조차 기생놀이를 할 수 있었다고 한다.[3] 1920년대에 들어서야 겨우 기업경영자의 급료가 같은 학력의 정부관리를 따라잡을 수 있었다.

제2차 세계대전 후 관료의 봉급은 사회 다른 분야에 비해 상대적으로 하락한다. 그들에 대한 규정은 1947년 헌법에서 '국민의 공복'으로 개정되었고, 상징적인 특권을 빼앗겼다. 예를 들면 훈장이 일시 폐지되었다. 또 관료의 생계와 사기의 저하를 반영하듯 세계대전 전에는 매우 드물었던 오직汚職과 뇌물 사건도 보도되었다. 그러나 도쿄 대학 법학부의 우수한

---

3) 1906~1987년. 법학박사, 헌법학자, 행정법학자.

졸업생들은 여전히 대부분 관계_{官界}로 진출한다. 아마도 관리가 이렇게까지 아카데믹한 엘리트인 나라는 프랑스와 독일 정도일 것이다.

전 대장성 국장을 지낸 이마이 가즈오_{今井一男}가, 취직을 위해 소개장을 준비한 한 학생이 모처의 모 국장을 방문했을 때의 일화를 소개하였다. 그 학생이 대학성적에 대해 대답하자, 이렇게 면박을 당했다. "A⁺가 이것뿐이면 안 되겠군. 나 같은 사람도 17개나 받았지. 지금 대학에 몸담고 있는 유명한 ○○ 교수도 15개였으니까 나보다도 훨씬 아래였지"라고. 그 학생은 분한 눈물을 삼키며 돌아갔다. 이마이는 이 이야기를 처음에 들었을 때 충분히 있을 수 있는 일이라고 느꼈다고 서술하였다.⁴⁾ 이러한 의식은 최근 10년차 대장성 관료의 다음과 같은 주장에도 반영되어 있다. "우리 법학부 인간들은 가장 일본인다운 일본인이다." 왜냐하면 일본은 본질적으로 '수험_{受験}사회'기 때문이다.⁵⁾

관료사회 내에는 이전이나 지금이나 특별 상급고시에 합격한 엘리트인 고시 출신 관리와 하급 관리 사이가 뚜렷하게 단절되어 있다. 이 둘을 구별해보면 일본 관료들의 다양한 대립관계와 관련된 여러 설을 설명할 수 있을 것이다. 필자는 다음과 같은 두 개의 분포양식을 보여주는 견해를 찾을 수 있었다. 본부 업무를 지도하는 매우 유능한 사람과 지방관청의 아주 무능한 사람. 두세 손가락에 드는 가장 우수한 대학의 졸업생과 이에 대비되는 2~3류 대학 출신자나 더 낮은 고졸자. 다방면에 능력을 가진 만능선수와 이에 대비되는 특수한 전문가, 기술자, 사무원. 창조적인 업무에 주어지는 상대적인 자유와 그에 대비되는 기계적인 업무. 능력의 발휘와 이에 대립되는 좁은 틀에 얽매인 업무로 인한 욕구불만. 물론 이러한 두 가지 분포양식은 단순히 본부와 지방관청 사이에서만 나타나는 것이 아니다. 본부의 최고 임명관 자리에 앉은 자도 잠깐 지방의 도 수준의 관청에서 일한 적도 있을 것이다. 상당한 능력을 요하는 지방의 기획직과 행정직도 있을 것이고, 본부에도 대부분의 과에 거의 기계적 업무를 담당하는 사무원,

조수, 조사원, 임시직이 많을 것이다.

엘리트 관료는 자주 배치가 바뀌고 가장 유망한 고시 출신 관리로 준비된, 소위 특별코스에 속하여 결국 정해진 지위에 오르는 경우가 많다. 메이지 시대 후기에 도쿄 제국대학 졸업생은 내무성에 들어가 거기에서 소도시 경찰서의 부서장이 되고, 본부의 다른 국으로 되돌아오거나 현청 간부로 가는 경우가 있었다. 오늘날에도 대장성 관리가 이러한 패턴을 취하는 경우도 있다. 본부에서 단기간 지방세무서로 전출되었다가 본부로 돌아오거나, 지방 각 관공서로 나갔다가 다시 본부로 돌아오는 것이다. 점령군에 의한 미국방침에 의거하여 국정과 현정縣政이 분리된 후에도 이 같은 중앙에서 지방으로의 관리이동은 계속되었다.

엘리트 행정관에게서 여전히 풍겨나오는 특별한 권력적 분위기의 한 단면은 그들이 퇴직한 후의 처신으로도 설명될 수 있다. 관료사회에는 어느 해에 들어온 대학졸업생은 같은 시기 혹은 그보다 늦게 들어온 자의 부하가 될 수 없다는 불문율이 있다. 관료사회는 피라미드형 즉 위로 갈수록 자리 수가 줄어들므로 그 불문율에 따르면 동기들 가운데 승진할 수 없는 무리는 퇴직해야 된다. 이것은 미합중국의 군대 시스템과 비슷하다. 이렇게 탈락한 자들 중 몇 명은 현청의 높은 자리에서 잠시 근무할 수 있다. 그러나 이 시스템 내의 최고 자리인 국장과 차관직에 오른 소수도 보통 50대 전반 혹은 중반이면 퇴직 당한다. 엘리트 중의 엘리트인 이들은 퇴직 후 충실한 봉직에 대해 보답을 받는 경우가 많다. 이전 봉급보다 훨씬 많은 월급을 받으며 단체의 이사가 되는 자도 있고 국가 관련 심의회의 멤버로 임명되는 자도 있다. 그 중 소수는 정계에 입문해서 잘되면 국회의원이 되고 극히 일부는 공을 세워 각료에 오른다. 일본에서는 퇴직 후 이러한 경력을 거치는 것이 원칙으로 되어 있기 때문에(몇몇 부는 다른 곳보다 유리한 입장이다), 상급고시를 패스한 젊은 관료들조차 일본의 국가적 목표를 결정하는 장래의 엘리트 일원으로 여겨지는 것이다.[6] 그러다보니 젊은 관료는 미쓰비시 같은 대기업의 동일 지위에 있는 사람들보다 비록 급료는 낮더라도 존중을 받는 것이다.

상급관리들 사이에서도 커리어의 패턴은 다양하므로 관료생활의 장점에 관한 의견은 일치되지 않는다. 세계대전 전 내무성의 한 관리는 내밀하게 관리생활을 "미적지근한 물에 담그고 있는" 상태에 비유했다. 뜨거운 탕에서 느껴지는 만족감은 없지만, "안에 들어가 있는 한 감기는 안 걸릴 것이다. 그런데 참지 못하고 뛰쳐나가면 오히려 감기에 걸려버린다."[7] 대칭적으로 극단적인 예를 들자면, 논설위원 아키모토 히데오秋元秀雄[4]가 예전에 대장성의 아주 힘있는 관리 중 한 명인 주계관主計官[5]과 함께 신칸센을 탄 적이 있었다. 이 관리가 갑자기 창 밖을 내다보며 말했다. "보이죠? 저기에 다리가 보이지요? 저게 내가 만든 것입니다." 그리고 또 다른 곳을 가리키며 "저 봐요. 저기 도로, 저 넓은 도로 말입니다. 저것도 내가 만들었지요." 또 잠시 후 "저 건너편 방풍림이 보이지요? 저것은 저의 고심작이었지요.……" 아키모토는 그의 얼굴에서 정말로 만족스러워하는 표정을 보았다.[8] 이런 양 극단의 중간에 외무성의 한 젊은 고시 출신 관리의 다음과 같은 의견이 있다.

우리는 똑같은 스피드로 계급조직을 올라갑니다. 문제는 어느 지위에 이르게 되는가입니다. 이것은 절대적인 척도는 아닙니다. 외무성에서는 고시 출신 관리를 좋은 자리(유럽과 미국)와 별로 원치 않는 자리(아프리카, 몇 개의 아시아나라 및 남아메리카)에 번갈아 임명하도록 되어 있기 때문입니다. 우리는 같은 속도로 올라가므로 진정한 경쟁은 없습니다. 원래 우리는 대부분 매우 경쟁적인 교육시스템을 거쳐 왔기 때문에 좋은 의미에서는 경쟁적입니다. 즉 모두가 정말 근면하여 편안한 자리를 싫어합니다. 대개 우리는 두뇌가 명석하지만 놀랍게도 그 중에는 별로 머리가 좋지 않은

---

4) 1926~2002년. 요미우리 신문 기자를 거친 평론가.
5) 과장급으로 대장성의 주요 행정을 담당.

사람도 있습니다. 말단직에 있을 때 상당히 책임이 무겁고 중요한 임무가 맡겨지므로 머리 나쁜 녀석들은 곧 눈에 띕니다. 그러나 그런 녀석들도 적어도 급료나 지위 면에서는 처벌을 받는 경우는 없습니다. 고문직에 오를 때까지 이런 식으로 승진은 계속됩니다. 그 이후는 운입니다.

우리는 사적인 일이든 업무든 공통된 관심을 가집니다. 우리가 이렇게 말했다는 둥 다른 사람에게 말을 옮기는 인간은 예외겠습니다만, 우리는 식사를 하거나 한 잔씩 마시면서 외교문제도 논하고 정부비판도 합니다. 직장 분위기는 도쿄든 외국이든 그곳에서 일하는 사람들의 성격, 특히 그 장長의 성격에 좌우되는 바가 많습니다. 대체적으로 논의는 자유입니다. 반대의견도 얘기하라고 권장합니다. 논의 수준은 상당히 높습니다. 예를 들어 내가 어떤 사건을 맡게 되면 당연히 그와 관계된 사실을 숙지하고 있을 것이라고 여깁니다. 사실이 중요합니다. 조약의 조항, 전략적 사고의 전문적인 상세한 내용, 날짜, 숫자 등은 단순한 추측보다도 중요시됩니다. 추측을 해보는 것도 괜찮다고들 하지만, 관리가 자기에게 할당된 업무 내용에 대해 반년 안에 전문가가 되어 있지 않다면 상대할 필요가 없다고들 합니다. 관리들은 대부분 이러한 목표를 쉽게 달성합니다.[9]

다른 부의 상급관리들의 이야기를 들어보더라도 업무 내용은 다르겠지만 그들이 보여주는 실력과 자신감은 완전히 똑같다. 이 점은 일본의 기업지도자와 다르지 않다.

이러한 엘리트 의식이 민주주의체제에 어울릴까? 대부분의 일본인은 관료가 높은 곳에서 민간인을 내려다보는 경향이 강하다고 생각하며 그게 옳은 일이 아니라고들 한다. 이는 '관존민비'라는 예전의 격언으로 요약된다. 좌익들 가운데는 그리 생각하는 사람도 있겠지만, 서민들은 관료를 신뢰하지 않는 것은 아니다. 많은 사람들은 관료의 능력을 인정하고 일단 경의를 표한다. 실제로 야당 측의 다수는 관료가 유능해서 그들을 싫어한다고 해도 과언이 아니다. 그러나 모든 사람들은 공무원의 거만함에 대해 불평을 한다.

이 거만함에 대한 분개가 관료제의 전 체계 중 가장 중대한 기능장해일런지 모르겠다.

예전에 노동성 관리를 역임한 마스다 요네지增田米治는 자신이 과장이 된 후 찾아오는 사람들이 고개를 깊이 숙여 인사하고는 마치 그가 "인종이 다른 인간이나 되는 것처럼" 지나치게 공손한 언어로 말을 걸었다고 썼다. 그리고 아이치 현의 방직공장에 시찰을 나갔을 때는 그때까지 느껴본 적 없는 우월감과 만족감을 만끽했다고 한다. 역 플랫폼에는 공무원 생활 10년째인 과장과 그 부하인 현청 직원 두 명이 마중나왔다. 그들은 자신을 정중히 대우하며 인사를 하고 대기시켜놓은 차로 가방을 옮긴 후 그곳 호텔로 안내했다. 목욕을 하고 나니 시찰하기로 되어 있던 방직공장 공장장과 노무계장이 찾아왔다. 그들은 기생을 부르고 술을 권하며 대단히 정중하게 대접했으므로(영어로는 도저히 이 장면을 표현하기 힘들다), 그는 태어나서 처음으로 '국가권력'을 직접 행사하는 "형언할 수 없는 쾌감"을 맛보았던 것이다.[10] 이마이는 이러한 종류의 추종적 태도의 예를 더욱 자세하게 묘사하였다.

> 그리고 이런 일들이 반복되면서, 마치 담배를 처음 피울 때라든가 저녁반주를 처음 시작할 때처럼, 마주보고 앉은 그 자리가 어쩐지 머쓱하게 느껴지지만, 어느새 기분이 좋아져 그런 대접을 받지 않으면 뭔가 부족하게 여기고 마침내는 내심 불쾌감을 느끼게 된다. 그리고 그 다음 단계는 분개라는 증상으로 진행될 것이다. 이것은 마약이나 전혀 다를 바 없다. …… 소심하고 선한 타입일수록 이 '관료 현상'이라는 정신병에 걸리기 쉽고 증상도 악화되기 쉽다. …… 이것에 완전한 면역성을 가진 인간은 거의 찾을 수 없을 것이다.[11]

이 병에 걸리기를 기대하는 자가 있다고 해도 과언은 아니다. 1972년 도쿄 대학 입시에 합격한 학생이 TV 인터뷰에서 장래에 대한 질문을 받았다. 그는 다음과 같이 답하면서 눈을 반짝이고 있었다. "법학부에 합격했습니다.

언젠가 사법시험을 쳐서 판사가 되겠습니다. 판사가 되면 신神이 됩니다. 인간을 죽이는 것도 가능합니다. 사회를 내가 생각하는 방향으로 움직일 수도 있습니다.”[12] 이 답변에는 상당히 극단적인 낙관적 기대와 동시에 뻔뻔함, 블랙유머적 요소가 엿보인다. 그러나 완전히 엇나간 답을 한 것은 아니었다. 도쿄 대학 법학부 신입생은 우선 노력하면 판사가 될 가능성이 충분하다. 일본의 판사는 일종의 공무원이다. 판사가 되는 길은 법무성에 들어가는 것과 별도지만 다른 것은 아니다. 판사가 권한을 휘두르고 그 지위에 불가침성이 있다는 것은 다른 공무원과 마찬가지로 일정한 권력을 합법적으로 독점하고 있기 때문이다. 건방진 태도를 취하는 “관료 현상이라는 정신병”의 희생자가 될 관리가 나올 가능성은 어디에나 잠재되어 있고, 최근까지도 이런 종류의 권력 행사를 정치적으로 억제할 수 없었던 그 체제에 원인이 있었던 것이다.

일본의 관료사회는 둘로 나뉘는 성격을 띠고 있기 때문에, 업무상 상대하는 대상과의 관계도 두 종류가 있다. 상급관리는 주로 다른 관리나 정치가, 혹은 법조인이나 다른 거대 조직을 상대한다. 일반 시민과 접촉하는 일은 별로 없다. 상급관리가 예를 들어 법조인을 상대할 때의 자세는 법률, 관습, 정치가 서로 어우러져서 결정된다. 다른 여러 나라와 마찬가지로 대부분의 법률은 대체로 엄밀하게는 시행되지 않고, 목표치나 최소한계를 제시하는 역할을 한다. 관료가 자기가 관할하는 법률을 모두 이행하게 되면 경제는 혼란 상태에 빠질 것이다. 경찰이 형법의 모든 법을 시행하면 범죄에 일대 파란을 불러오는 것과 같다. 물론 그런 일은 일어나지 않는다. 그러나 관료에게는 세 치 정도의 작은 가슴에 언제든 휘두를 수 있는 대대로 전해지는 보검이 있기 때문에, 대기업이든 중소기업이든 모두 관료의 심기를 불편하게 만들지 않기 위해 상당한 수고를 아끼지 않는다.

기업 측은 관리를 상대할 때 조심스럽고 정중한 태도를 취한다. 이것이 더 내려와 말단 관리에게조차 마치 각료급 인사를 대하듯 계속 굽실거린다.

이러한 풍조는 고급기술 영역에까지 미친다. 그것이 안전한 관리 조종법이다. 기업으로서는 대체로 공정하고 지지해 주는 관료와 잘 지내기 위해 굽신거리는 일이야 오히려 손쉬운 것이라고 생각한다. 그러나 그런 굽신거림에 대해 분개하는 사람도 있을 것이다. 실업가들은 오늘날 일본을 만든 추진력이 자신들이며, 관료가 아니라고 생각하기 때문이다.

지방 관료가 민간 이용자를 대하는 태도는 아마도 더 심각할 것이다. 일본인은 관청에 호적등본만 한 통 떼러 가거나 혹은 세무서에 갈 때에도 우선 탄원자의 얼굴을 한다. 그렇지 않으면 상황에 따라 기다려야 하기도 하고 다른 날 다시 오라는 말을 들어야 하기 때문이다. 관리는 뭔가를 베풀어주는 쪽이 되는 것이다. 관리는 관청의 권한을 개인의 권력으로 보는 경향이 있다. 이런 식의 대우를 받고 분개한 경험이 널리 퍼져나가 일본인의 정부관에 영향을 끼친다. 그런데 이런 일은 일본인이 생각하는 만큼 그렇게 일본적인 것만은 결코 아니다. 하급관리의 행동이란 어디에서든 대개 비슷하다.[13] 민주주의 역사가 짧고 관료의 전통이 그보다 앞선 나라들에 나타나는 특징적인 현상이라고 할 수 있겠다. 아마 일본에서는 정중함의 정도가 머리를 숙이는 자세나 경어의 과잉사용에 의해 정확히 측정되기 때문에 더욱 확연히 드러나는 것이 아닐까 한다.

오늘날 일본사회에서는 관료가 오만하다는 전통에 반대되는 몇 가지 경향이 나타난다. 세계대전 후 초기 지방자치에서는, 모두 공식적으로는 정당과 결탁하지 않고 모든 유권자에게 호소하는 보수적인 정치가가 장악을 했었다. 그러나 최근 지방선거, 특히 대도시에서는 정당화되는 추세를 보이고 있다. 보수세력은 그 진가를 시험받고 있다. 교토 시장 같은 '진보적' 정치가는 망가진 도로, 쓰레기 등의 고충을 처리하는 '시민상담실'을 두었다. 보수계열의 시장도 유사한 과를 설치하여 대응하고 있다. 지바 현의 마쓰도松戶 시장은 그것에 '곧바로 일하는 과'라는 이름을 붙였다. 이런 작은 변화를 통해 관리의 태도도 서서히 민주화되고 있다. 1970년대 초기 오염에 항의하는 '주민운동'이 갑작스럽게 출현한 것은 이 같은 진전의 소산이다. 이런 운동이 선거절차를 밟게 된다면 지방자치체의 관리도 더 열심히 공익을 도모하게 될 것이다.

3. 종적인 관계와 파벌

일본인 관리는 일본인이므로 그 사회의 독특한 행동양식을 관료사회로 가지고 들어가게 된다. 법률이나 법령, 규칙이 관료제의 형식체계를 구성하는 것이라고 한다면, 관리의 행동에 영향을 미치는 이 같은 사회적 관계로 인한 양식은 비공식적인 체계라 할 수 있다. 이 비공식적인 체계의 두 가지 측면이 일본정부의 기능에서 상당히 중요하므로 여기에서 특별히 언급하고 넘어갈 가치가 있다. 하나는 세로로 이어진 개인적 고리인데, 이로 인한 기능장해가 파벌이다. 또 다른 하나는 관청 내의 동료의식인데 관청 간의 질투와 세력권 다툼의 원인이 된다.

일본의 전근대사회는 세로로 이어지는 개인적 고리로 형성되어 있었다. 이 '봉건적' 고리는 영주와 가신의 관계를 규정함과 동시에 다른 관계도 포함시켰다. 사부와 제자, 점포 주인과 고용인 등의 관계다. 각 영지 내에서의 개인적인 유대는 상급과 하급 사이에도 형성되었다. 이런 것이 당시 정치에서 부동의 역할을 했고 정치적 파벌의 기초가 되었다.

전근대 일본정부에 관한 한 견해에 따르면, 표면상으로 아무리 법률이나 관료적 관례를 갖추고 있다고 하더라도 본질적으로는 봉건적이었다고 할 수 있다. 이 해석에 의거하자면 메이지 시대의, 더욱 관리적 성향이 강한 관료제로의 변화는 일종의 양자변화 같은 급격한 것이었다고 할 수 있다. 또 다른 시각에서 본다면 과거 도쿠가와 정부는 각종 다양한 봉건적 유산의 잔재를 남겼지만 그럼에도 불구하고 본질적으로는 관료적이었다. 이 시각에 의거하면, 현대 일본의 국가 형성을 더 진화론적으로 해석할 수도 있다. 다만 후자의 시각에서 보더라도 현대가 개막된 이후에도 개인적 유대는 변함없이 그 중요성을 유지하고 있다는 점을 인정해야 한다. 메이지 시대 초기의 지도자들은 자리를 옮기면 많은 '부하'들을 데리고 갔다. 메이지 시대 중기가 되자, 이러한 관습은 각 부내의 질서를 무너뜨린다는 이유로 비난을 받게 되었다. 그러나 로저 하켓이 '야마가타6) 기관'을 분석하면서 제시했듯이, 개인적 유대의 중요성이 감소된 것은 한참 후다. 파벌은 1930년대 혼란기의 군대와 그 밖의 많은 부서에서도 발견되며, 오늘날까지도 대부분의 부서에 다소 존재한다.

대졸 신임관리가 입관해서 바로 파벌에 가담하는 것은 아니다. 대개는 한두 자리에서 10년 정도 일을 익히면서 그 사이에 상관과의 사이에 업무관계가 형성된다. 상관은 유능한 부하를 원한다. 부하가 과장이 될 무렵에는 한두 명의 고급관리와 특별히 친밀한 관계가 형성될 것이다. 이 고급관리가 국장이나 차관이 되면 자기와 가까운 부하를 주요한 지위에 추천할 것이다. 고급관리가 퇴직하여 국회의원이나 각료가 되기도 하고 정부위원회의 멤버가 되기라도 하면 이 관계는 더욱 중요해진다. 아마도 개인적인 파벌의 진수는 관료사회와 정계 사이에 비공식으로 형성된 유대관계라 할 수 있을 것이다.

질적인 관계에서 본다면 이 개인적인 유대관계에서 상당히 눈에 띄는 점은 상관과 부하와의 관계가 자유롭다는 것이다. 이 자유로움 덕택에 별방해 없이 의사소통이 이루어진다. 이것은 일본 관료제의 중요한 점이며, 다른 몇몇 나라와는 대조를 이룬다. 예를 들면 미셸 크로저의 프랑스 관료제 연구에 의하면, 프랑스에서는 평등 감각이 매우 강해서 '계급분리'가 생기고, 관료 계급조직의 각 단계 간에 의사소통이 제대로 이뤄지지 않는 경우도 있다고 한다.14) 인도에서는 상급관리가 오만하고 무뚝뚝하여 종종 부하의 의견에 귀를 기울이지 않아, 인도 관료사회 내에서는 중대한 일에 피드백이

---

6) 메이지 시대를 주도한 군인이자 전형적인 파벌정치가인 야마가타 아리토모(山形有朋, 1838~1922)를 가리킨다.

안 되는 사태가 일어나곤 한다. 그러나 일본에서는 자기와 동등하지 않은 자를 경원하는 평등 감각이 약해서 종적인 의사소통이 그렇게 곤란하지만은 않다. 말투에 그런 장애가 없다는 것이 반영된다. 일단 관계가 정착되면 상관은 부하를 친근하게 부른다(누구누구 군이라 부른다). 이로써 온정주의적인 배려와, 부하의 장래나 훈련이나 전반적으로 행복에 이르기까지 챙겨주는 친절한 사려심이 느껴지게 된다. 부하도 이를 받아들여 상관을 존경하고 열심히 일한다. 때론 부하는 상관에게 일종의 '응석'을 부리기도 한다. 물론 그런 감정들이 속속들이 반드시 눈에 보이는 것은 아니다. 겉으로 드러나는 경우도 있지만, 대개는 사무적인 견고함과 냉정함으로 커버되기 마련이다.

일본에서 종적인 개인 관계를 원만하게 해주는 또 하나의 관련 요소는 신분의 상하를 비교적 용이하게 받아들인다는 점이다. 필자가 이런 해석을 일본인 벗에게 제시했더니 대체로 찬성을 하지 않았다. 일본인 역시 신분의 상하를 불만스럽게 여기고 있다는 것이다. 그러나 필자가 생각건대 일본인이 받아들이기 어렵다고 생각하는 것은 신분 그 자체가 아니라 높은 지위에 있는 자의 어떤 태도다. 지금 이것을 상대적 상황으로 상정해 보겠다. 어느 사회학자가 영국 선박과 미국 선박에서의 인간관계를 비교한 유명한 연구가 있다. 그 연구에 따르면, 승무원의 행동을 규정할 때 미국 선박 쪽의 규칙이 더 세심하다고 한다. 미국인의 경우 평등주의 감각이 매우 강하기 때문에, 영국인이라면 몸에 배인 계급감각 때문에 그리 힘들이지 않고도 만들어 낼 수 있는 질서를 창출하는 데 더 많은 규칙을 필요로 하기 때문이라고 설명되어 있다. 이 비교를 적용해본다면, 일본인은 영국인에 가깝다. 원래 일본에서 인정되고 존중되는 것은 계급보다는 신분의 상하다. 요컨대 일본 선박이라면 영국 선박보다 더 윗사람에 대한 바른 행동규칙을 조금 덜 만들어도 되지 않을까? 동시에 일본 선박의 경우 신분순위의 일정 체계를 갖추는 데에는 미국이나 영국의 선박을 능가할 것이다. 1860년대 말부터 모든 메이지 시기의 관리들은 통일된 신분계층 안에서 궁정위계를 활용한 확고한 지위를 부여받았다. 궁정위계가 폐지되자 규격화된 지위 호칭을 대신 사용하였다. 세계대전 후 미국 점령기에 이것이 폐지되자 관리들은 종종 상대 관리의 명찰에 기재된 관직명의 의미를 이해할 수 없다는 불만을 토로하곤 했다.[15]

일본 관료사회 내의 이런 개인적 파벌과 어깨를 나란히 하며 그것과 중복되고 때론 혼동되는 것으로 일본어로 역시 파벌이라고 불리는 또 하나의 집단구성이 있다. 필자는 이것을 관리 파벌이라고 부르겠다. 메이지, 다이쇼 시대에는 사쓰마薩摩[7]와 조슈長州[8]의 영주 파벌이 있었고, 메이지 중기부터 오늘날에 이르기까지 학벌 특히 도쿄 대학 법학부 파벌이 있다.

필자가 보기에 관리 파벌과 개인적 파벌 간의 기본적인 차이는, 관리 파벌에는 개인적 유대의 망이 퍼져 있는 경우도 있지만 관료사회와는 별개의 객관적인 기반을 갖고 있다는 점이다. 개인적 파벌은 그렇지 않다. 사쓰마와 조슈에서 균형을 맞추어 공무원을 뽑은 것은 관리 간의 균형만이 아니라 새로운 국가의 기반이 될 더욱 큰 균형을 이루는 한 부분이 되기도 하였다. 이는 사쓰마와 조슈의 두 영주가 일본 내의 군사력과 천황과의 거리에서 서로 균형을 유지하였음을 반영한다. 일단 관직에 오르면 조슈의 관리는 대개 같은 지역 출신의 관리가 지배하는 개인적 파벌에 들어갔다. 그러나 다른 지역 출신의 유능한 인물을 자신이 속한 영주의 개인적 파벌로 끌어들이는 경우도 있었다. 예를 들면 오쿠마 시게노부大隈重信는 처음에는 조슈의 기도 다카요시木戸孝允의 개인적 파벌에 가담했지만, 훗날 사쓰마의 오쿠보 도시미치大久保利通 파에 들어갔다. 오쿠마는 오쿠보를 따랐지만 조슈 사람들을 수하에 두었다. 메이지 초기에도 개인적 파벌은 관리 파벌과 일치하지는 않았던 것이다.

이 차이는 학벌에서 더욱더 명확하게 드러난다. 도쿄 대학은 관료의

---

7) 옛 명칭으로 현 가고시마 현의 서부지역에 해당.
8) 옛 명칭으로 현 야마구치 현의 북부와 서부 지역에 해당.

양성장으로 창설되었다. '도쿄대 파벌'은 항상 기능적인 관료 파벌이라기보다 우선징용제도를 의미하였다. 1930년대에 국책을 둘러싸고 대립한 외무성의 여러 파벌은 모두 기본적으로 도쿄대 파벌이었다. 오늘날에도 역시 개인적 파벌과 관리 파벌의 차이는 존속되고 있다. 물론 동창이라는 유대가 해가 되지 않는다는 것은 두말할 것이 없다. 도쿄대 법학부 졸업생이 관직에 들어가면 선임인 '선배'들에게는 '후배'가 된다. 양자에게는 관계를 맺는 공통 기반이 있다. '다른 출신'이라면 자신의 재능을 증명해야 하지만, 후배에게는 재능이 있다고 미리 인정해 버리는 것이다. 나쁘게 말하면 도쿄대 출신이 아닌 자는 10년이 넘어도 여전히 타관 사람이라는 의식이 없어지지 않는 경우도 있다.

사쓰마 파벌에 대한 역사적 분개감, 혹은 도쿄대에 대한 분한 마음, 또 어쩌면 개인적 파벌이 공익에 해를 끼친다는 이유로, 파벌은 일본의 악이라며 사람들 입에 오르내리는 경우가 많다. 비평가는 파벌 때문에 재능을 인정받지 못한다고 주장한다. 그런 비평가들에게 물어보면 관료제란 우선징용이 우선 승진으로 이어지고, 다시 차별보상으로 이어지는 제도라는 것이다. 개인적 충성심의 도덕적 원리 안에서 과거 일본의 봉건적 부정적 유산을 끄집어내려는 사람도 있다. 사회주의자며 장기간에 걸쳐 일본 관료제에 대한 비판자였던 마쓰모토 세이초松本清張[9]는 과장보좌가 상관이 저지른 잘못을 은폐하기 위해 그 죄를 덮어쓰게 된, 관청을 소재로 한 그럴듯한 탐정소설을 쓸 수가 있었다.

그러나 관료 파벌은 단순히 봉건적인 유물은 아니다. 거기에는 플러스 기능도 있기 때문에 너그럽게 봐주는 것이다. 그 중 하나가 수로 외에 의사소통의 도관을 만들어 때로 조직의 상하가 차단되는 문제를 막아준다는 점이다. 요즈음 중요한 기능 중 하나는 고도의 신뢰감을 가진 횡적 연락이다. 일본 관료사회에서는 종적 연결이 매우 중요하므로 언제나 그쪽이 우선시되

---

9) 1920~2002년. 소설가.

고, 그 때문에 수평축으로의 업무조절이 상당히 어렵다. 그러나 어느 국의 국장이 이전에 다른 국의 과장을 지냈다면, 그곳의 현 과장을 잘 알고 있는 경우도 있을 것이고, 그곳의 만년 말단관리 몇 명과는 예전부터 잘 알고 지내는 사이일 것이다. 그렇다면 다른 국장을 경유할 것 없이 직접 그들과 접촉할 수 있다. 현 과장과 친하지 않다면 더더욱 그럴 것이다. 관료로서의 유능함은 그런 개인적 유대를 얼마나 잘 살릴 수 있는가에 달려 있다(일본 조직 내에서 늘 듣게 되는 얘기가 있는데, 갓 대학 졸업자가 아닌 사람을 채용하는 것에 반대하는 이유 중 하나는 그런 부류는 조직 내에서 타관 사람이어서 효율적으로 기능할 수 없다는 것이다).

관리는 다른 부서로 전출되는 경우가 없기 때문에 개인적 파벌은 한 부서에 한정된다. 따라서 개인적 파벌은 부서와 부서 간의 협동작업에 아무런 도움도 되지 못한다. 그러나 개인적 교류나 관리 파벌은 때로 유용하다. 도쿄 대학 동창 중에 아는 사람이 다른 부서에 있으면, 여러 경로를 통해 상하좌우로 연락을 취해 며칠 내지 몇 주씩 걸릴 일도 단지 전화 한 통으로 끝낼 수 있다. 물론 전화는 개인적 친분이 없더라도 언제든 걸 수 있지만, 서로의 영역을 보호하려는 의식이 강해서 대개는 효과가 없다. 따라서 예를 들면 농산부의 어느 국이 재무부의 어느 국에 용건이 있을 경우, 국장은 부하에게 그 쪽 국에 누구 아는 사람이 없는지를 물을 것이다. 또는 학교에서 는 전혀 모르고 지냈던 다른 부처의 관리가 같은 학교 출신이라는 이유로 함께 일하게 되는 관계를 맺을 수도 있다. 다양한 면에서 관료사회 내의 비공식 시스템은 공식적 시스템을 보조하며 필요한 요소가 되었다.[16]

4. 동료의식과 영역에 대한 시샘

다음으로 일본인의 사회관계의 커다란 특색은 업무 그룹의 동료의식, 즉 과장이든 국장이든 부서든 하나로 뭉치게 만드는 역할을 하고, 자신들은 공통 목표를 가지고 하나로 뭉친 같은 소속이라고 생각하는 점이다. 이에 관련된 기능장해는 종종 협력을 곤란하게 만드는 다른 관청이나 부서에 대한 우리편 대 남의편이라는 태도다. 이 현상을 표현하기 위해 문헌에서는 다양한 용어를 사용하고 있다. 어느 용어든 조금씩 다른 배경과 견해를 내포하고 있다. 관청의 기능과 그 힘을 발휘하는 범위에 초점을 맞출 경우에는 '영역'이나 '권한'이라는 말이 사용된다. 두 개의 관청이 관할권 다툼으로 대립할 경우에는 '권한 다툼'이란 용어가 사용된다. 각 부처의 자치가 문제될 경우 예전 각 영지의 자치능력을 가리키는 단어인 '할거성'이라는 말이 적용된다.

강한 영역의식은 일본에서 새삼스러운 것이 아니며 또한 물론 일본 특유의 것도 아니다. 단지 관청이 하나로 결속되어 있어서 그 같은 의식이 일본이 다른 나라보다 강하기는 하겠지만, 에도 시대 때조차 간조부교勘定奉行10)의 여러 법규 안에 각 지역 출장소의 명확한 직분과 권한의 범위를 자세히 규정해 두었던 것처럼 매우 세심한 주의를 기울였다. 메이지 시대 초기 공부성工部省11)에 고용된 영국인 기술자는 관할 영역에 대해서도 이처럼 세심히 배려하는 것, 마치 영지의 경계처럼 대하는 태도를 다음과 같이 서술하였다.

"공공사업성公共事業省 차관은, 일본에서 끊임없이 언급되는 부나 국 간의 미묘한 시샘과 그로 인해 늘 행정조치가 중복되기 때문에, 이 계획과는 아무런 관련이 없었다……"17)

관료제가 근대화되더라도 이러한 각 부처간의 시샘은 사라지지 않았다. 세계대전 전에 대장성의 한 관리가 같은 부처의 다른 과에 통계자료를 빌리러 간 적이 있었다. 그 자료는 그 과가 각 지역에서 수집한 것이었는데

---

10) 에도 시대의 직명으로, 중앙 직할령의 세금징수, 금전출납 및 영내 농민들의 소송을 담당하였다.
11) 1870년 군사공업과 관영공업을 중심으로 구미의 생산기술이나 제도를 도입하여 급속한 공업발전을 꾀하기 위해 설립한 정부기관으로 1885년에 폐지하였다.

이미 다 사용한 것이었다. 그러나 다른 과의 주임은 그의 의뢰를 거절하며 마지막에 이렇게 말했다. "그렇게 필요한 자료라면 자네 과에서 각 지역에 통보해서 따로 수집하면 되지 않는가?" 이 관리는 조금 과장되었기는 하지만 일본 관청의 영역은 천황처럼 "신성해서 침범할 수 없는 것"이라고 결론 내렸다.[18]

각 부처간에는 경쟁이나 시샘이 훨씬 빈번하게 발생한다. 부처마다 세력상의 격이 존재한다. 대장성은 다른 부처의 전체 예산뿐 아니라 각 사업계획 예산에 대한 인가권도 쥐고 있기 때문에 가장 강력하고 세력이 있는 부처다. 다른 부처는 대장성에 의존하는 것을 유쾌하게 생각하지 않는다. 각각 다른 부의 관리가 서로 만나야 할 경우, 어느 부가 먼저 만나러 갈 것인지는 매우 까다로운 문제가 된다. 게다가 또 어느 곳의 허가를 먼저 얻을까도 귀찮은 문제다. 어느 관청이 무시를 당했다든가 홀대를 받았는가 하게 되면 큰 사건으로 발전할 수 있다. 제2차 세계대전 중 아이카와 요시스케鮎川義介[12]는 만주중공업을 모두 인수하여 "하늘을 나는 새도 떨어뜨릴 기세"였다. 그런데도 연도계획과 관련하여 상경해서는 관계 부처를 일일이 찾아다니며 똑같은 설명을 수십 번씩 반복해야 했다. 올바른 순서에 따라 절차를 밟고,[19] 각 국의 국장 스케줄 사정도 물어야 했다. 국장들은 바쁠 때에는 원하는 날에 만날 약속을 잡아주지 않았다. 그래서 수속하는 데에만 총 1개월 이상이 걸렸다. 어떤 사람이 쓴 얘기처럼, 아이카와 만큼이나 유력하고 정력적인 사람이 전쟁중에 이런 대우를 받을 수밖에 없었던 것은 '영역을 반드시 엄수'하는 그 훌륭하기 짝이 없는 관료의 전통이 얼마나 흔들림 없이 지켜졌는가를 보여주는 것이다.[20]

폭로문서에는 위에서 언급했듯이 영역에 대한 시샘에 내재된 기능장해의 예가 많이 언급되어 있다. 그렇지만 자신이 속하지 않은 조직에 대한 성가신 적의감은 있다 하더라도, 자신이 속한 조직과 그 목표를 향한 강력하고도

---

12) 1880~1967년. 실업가.

분명한 일체감이라는 밝은 측면도 있다. 반드시 해야 할 업무가 있으면 일본 관리들은 늦은 시간까지 일한다. 필자는 저녁 6시나 7시에 몇 군데 관청 복도를 걷다가 상당히 많은 관리들이 여전히 일하고 있는 것을 보고 놀란 적이 있다. 그들은 자기 업무가 중요하다는 것을 알고 있으며 그것을 자랑스럽게 생각한다. 그들은 스스로를 사업의 중핵이라고 생각한다. 나카네 지에中根千枝가 서술하였듯이, 업무 후 함께 한잔 하거나 마작을 하거나 혹은 1년에 한두 번 함께 해수욕이나 온천에 가기도 하면서 관청이라는 작은 사회에 대한 귀속의식은 더욱더 강해진다.

그렇다면 이 관청의 동료의식이란 파벌과 어떻게 양립되는 것일까? 그 대답은, 무엇보다 우선 하급관리나 서기, 타이피스트나 조사관이 함께 일하는 관청, 또는 몇 개의 방이 붙어 있고 사람들의 출입이 잦은 과에서조차 파벌이라고 부를 만한 수준의 것은 없다는 데서 찾을 수 있다. 과장이 한두 명의 상관과 특히 친밀할 수는 있지만, 개인적 파벌은 그 단계에서 멈춰버린다(과장보좌도 자신의 상관에게 특별한 충성을 다하지만 그의 커리어가 유동적이라는 한계 때문에 늘 파벌의 일원으로 취급된다고 할 수는 없다). 부처의 상층부 사람들 사이에는 일종의 동료의식이나 단결심도 존재한다. 상급관리의 밀접한 접촉이나 사명감과 엘리트 의식으로 인해 생기는 그런 동료의식이 부처를 결속시킨다. 부처의 동료의식은 항상 개인적인 종적 연대와 미묘한 평형관계에 놓여 있다. 상급관리는 지위가 계속 변하므로 업무상의 동료도 항상 변한다. 특별한 종적 연대가 강해 업무에 지장을 초래하는 일이 없도록 이루어져 있다. 그런 연대가 관리 파벌과 관련 있다고 보이면 비판을 받는다. 업적 본위여야 할 곳에 파벌의식이 들어가 있기 때문이다. 개인적 파벌로 여겨지면, 부처의 업무 달성에 도움이 되는 상관과 부하의 좋은 업무관계라고 긍정적으로 해석되는 경우가 많다.

5. 의사결정

일본에서 의사결정을 다룬 대부분의 저서는, 서류에 필요한 만큼의 인허가 도장을 받을 때까지 과에서 과로, 국에서 국으로 여기저기 회람되는 품의제의 단점에 초점을 맞춰 왔다. 필자는 그런 것에 중점을 둔다는 것이 우리의 이해에 도움이 되기는커녕 오히려 장해가 된다는 것을 지적해두고 싶다. 그런 시각에서 보면 일본 관청의 절차는 구미와 비교해 보면 신기하게 여겨질 정도로 전혀 다른 것이 되어버린다. 그러나 관료제의 내재적인 움직임을 언급하기 전에 일본 관료제의 정치적 배경에 대해 잠깐 다룰 필요가 있겠다.

웨버는 모든 관료제에는 목표를 정해주는 정치체계가 존재한다고 말했다. 이 지적은 일본이나 미국에 모두 확실하게 해당된다. 국회와 의회가 법안을 통과시키고 각 행정부가 법률을 시행하는 것이다. 그러나 중요한 절차상의 차이가 존재한다. 미국에서는 법안을 연방정부의 각 부처만이 아니라 의원이나(태프트하트리 법,[13] 버크하트키 법) 대통령의 백악관 스탭들도 기초할 수 있다. 일본에서는 대다수 법안을 각 부처 관료들이 기초한다. 웨버식으로 설명하자면, 법안의 기초를 정치적 기능이라 한다면, 일본 정치체계 일부는 상급관료사회 내부에 있게 된다. 정치적 기능이 아니라고 한다면, 미국 관료사회의 일부는 정부 각 부처를 초월하여 정치체계 내부에 있게 된다. 일본 관료는 정계 지도자에 대하여 미국 관료가 행하지 않는 그런 보좌 기능을 한다고 하면, 양쪽 모두가 설명될 수 있다. 그러나 '보좌 기능'이란 게 애매한 단어다. 실제로 법안의 기초를 의미한다면 목표설정에서 적어도 부분적인 역할은 수행한다고 할 수 있지 않겠는가? 아무튼 일본의 중심 부서는 동등한 위치의 미국 부서보다 훨씬 강력하다.

둘째로 중요한 차이는 정치에 대해 얼마나 거리를 두고 있는가 하는 점이다. 미국의 부서는 말단부터 들어갈 수도 있으며 중간관리로서 유경험자

---

13) 1947년 제정된 미국의 전국노사관계조정법의 통칭으로 상하의원의 노동위원회위원장 이름을 딴 것이다.

를 받아들이기도 하고, 상층부도 차관 수준(일본의 국장급에 해당)에까지 정치적으로 임명된 자가 침투되어 있다. 이에 비하면 일본의 부서는 폐쇄적이다. 말단 수준에서만 사람을 뽑기 때문에 학교를 갓 졸업하고 아직 어떤 틀에도 박히지 않은 미경험자만을 채용한다. 각 부서의 정점에는 세 개의 비관료적인 포스트가 있다. 각료와 2명의 국회의원인 '정무차관'이다. 이들은 모두 유능하지만 대개는 관료인 사무차관을 통해 업무를 행한다. 그들은 부서에 침투하지 않으며, 부서는 그 밑에서 분리된 공동체를 유지한다. 정치에 물들지 않는 것이다.

관료가 지나치게 정치색을 띠지 않는 하나의 이유는 세계대전 전의 중립적 전통 때문이다. 그 같은 이념을 담은 법률이 관료를 정치에서 분리시키도록 기획되었다. 그러나 아마 가장 중요한 것은, 세계대전 후 관료는 계속 오직 한 명의 주인만 섬기며, 보기 드문 근면함으로 성실히 업무를 수행해 왔다는 점이다. 서로 다른 정강을 가진 정당 간에 권력교체가 이루졌다면, 관료제 내부에 정책 전환에 대처하기 위한 기구를 만들어 냈어야 했을 것이다. 그것이 어떤 형태를 취하든, 결과적으로는 필연적으로 각 부서 상층부가 정치화되었을 것이다. 그러나 이런 일이 필요 없었기 때문에 그 결과, 관료는 보수적이고 정치와는 무관해져 일련의 보수적 행정과 보조를 맞춰 왔던 것이다.[21]

일본 관료는 관료가 정치와 무관하다는 의견에 찬성할 것이다. 그들은 일본 관료는 정당간의 투쟁으로 인한 불화 때문에 괴로워하는 일은 없다고 역설한다. 그들은 자신들이 나라를 위해 정치를 초월해서 일한다고 스스로 인정하고 있다. 때로 자민당 내부 파벌이 다른 나라의 정당과 맞먹는다고 보는 관료도 있을 것이다. 각료 이동 후 신임 장관이 '부하'를 차관이나 주요한 국의 국장으로 임명하는 경우도 있다. 그러나 이 부하는 장관이 알고 있던 고시 출신 관리로, 이전부터 부서에 있던 사람과 함께 일할 수 있으며 그 지위에 필요한 선임순위와 경험을 갖춘 사람일 것이다. 이러한 임명은 보통 정책과는 일단 관계가 없다. 종종 내각과 국가의 방침이 극적으로 변화하더라도, 부서 내에서는 그에 따른 인사이동이 이루어지지 않기도 한다. 예를 들면 다나카가 수상이 되었을 때 일본의 대중국정책은 180도로 바뀌었다. 그러나 후쿠다 파와 연결되어 있던 외무성의 강경파 관리들은 지위를 보존하였다. 그들은 그대로 대중국 정책을 처리하였다. 그러나 그들이 세운 정책과 그것을 변호하기 위한 담론은 취지를 완전히 달리한 것이었다.

그러나 관료는 자신들에게도 자치 영역이 있어서 자민당에게 의지만 하는 것이 아니라며, '보수'라는 꼬리표에 항의한다. 예를 들면 법안을 기초할 때 자민당뿐 아니라 사회주의자와도 자주 상담을 한다고 한다. 관리는 그 법안에 대해 사회주의자의 지지까지 얻을 수 있을 것이다. 사회주의자가 관료의 공정함을 인정한다(인정하고 있다고 말했다)는 것은, 자민당 정부의 지배 하에서 기대할 수 있는 선에서 관료가 애국적이고 공평하다는 점을 인정한다는 것이다. 관료가 자민당 정책에 반대한다는 것도 사실 그리 대단한 일은 아니다. 어느 관리가 증거로 제시한 것인데, 농림성이 자민당 정무조사회 농림부회에서 제시한 농산물 가격인상 요구에 반대하는 경우를 생각해 보자. 올린 가격은 보수당에 표를 던진 농민에 대한 보조금이다. 농림성의 반대가 지지를 받았다고 해서 단순히 관료가 자민당에게서 독립해 있다고 해석할 수는 없다. 증대되는 자민당 도시파와의 균형을 유지하기 위해 자민당 농촌파가 잠시 승리를 양보했다고 봐야 한다. 수가 줄어들고 있는 농민에게 너무 환심을 사려 하면 도시파 자민당이 약화될 것이다.

대략 이상과 같이 생각해 보면 상급관료에게 보수라는 꼬리표를 붙여도 부당하다고는 할 수 없을 것이다. 전부라고까지야 할 수 없겠지만 대부분의 상급관료는 자민당 지지를 사적으로 표시하지는 않는다. 그들은 자민당을 국익에 가장 접근해 있는 정당으로 판단하고 솔선수범하여 유능하게 그 정책을 실행한다.

다음으로 한 걸음 더 나아가, 관료는 솔선수범하여 자민당을 위해 일하기 때문에, 실질적인 자주성과 권력 유지가 이루어졌다고 할 수 있지 않을까? 그 답은, 법안 기초 때 발상이 어디에서 나왔는가 하는 관점에서 검토해 볼 수 있겠다. 관료에게서 나오는 것일까, 정무조사부의 회의를 경유하여 정당에서 나오는 것일까, 그것도 아니면 실업가, 대학교수, 국회의원, 퇴임 관료로 구성된 위원회에서 나오는 것일까? 해답은 다양하다. 법률의 이행을 보조하기 위한 다른 법들처럼, 정치적으로 중립적인 사안은 그 발상이 전면적으로 관료 내부에서 나오는 경우가 있다. 1960년대 말 대학분쟁 같은 정치적으로 민감한 사안에 대해서는 자민당이 대응책의 줄기를 잡고 중앙교육심의회가 확실한 정책지침을 정했을 것이다. 자민당이나 중앙교육심의회 모두 인원이 충분하지 않았기 때문에 실제 법안을 기초한 것은 문부성이었을 것이다. 이 경우, 정치가는 스스로 지배권을 장악하고 있으면서 상세한 기술력을 필요로 하는 문제를 처리할 때는 관료를 이용하였던 것 같다. 관료는 정당 정책에 대한 자신들의 제안이, 법안 기초에 대한 정당의 영향력보다 더 강하다고 생각하고 있다. 양쪽 모두가 결과는 자신들이 바라는 대로 될 것이라고 확신하고 있는 것이다. 오해가 있다고 하면, 자신들의 자주성과 권력이 정당하게 자기 자신들의 것이며 자신들의 능력의 결과라고 생각하는 관료 쪽이다.

관료제 내부의 의사결정 과정을 논할 때는 몇 가지 전제가 필요하다. 우선 첫째로, 관료제 내에서 결정되는 사항은 대부분 이미 통과된 법률의 수행과 관련된 것들이다. 조항의 실질적인 시행이나 이행은 지방자치체가 담당하는 경우가 많다. 예를 들면 미국의 경우라면 연방정부 출장소가 담당할 농업확장행정이, 농림성에서 각 지방으로 '위임'된다. 이런 것이 세계대전 전 일본의 관행이었고, 미 주둔군의 개혁 이후에도 계속되었다. 중앙정부가 지방자치체의 여러 경비를 관리하고 있기 때문에 위탁임무의 수행방법에 대해 강력하게 단속할 수가 있는 것이다. 예를 들면 법률 해석과 관련된 결정은 해당 부처로 돌려보내진다.

둘째로, 일본 조직의 안건은 대부분 대동소이하게 담당 관리나 관청의 '전결專決'에 의해 처리된다. 결국 관료의 역할이란 이런 것이다. 잡다한 직무를 단순한 부분으로 나누어 특정 관청에게 특정 임무나 업무를 할당하는 것이다. 대부분의 결정은 이미 제시되어 있는 매개변수 범위 안에서 이뤄진다. 그 일은 명확하게 한 관청의 관할에 속하며 다른 관청의 권한을 침범하거나 감정을 다치는 일이 없다. 그런 결정을 복잡한 절차를 거치게 하는 것은 어리석은 일이다. 기껏해야 안건은 제대로 보지도 않고 도장을 받으러 상관에게 올라가는 것이 고작일 것이다.

셋째로, 일본에서는 기업이든 정부든 의사결정 과정이 상당히 형식화되어 있다. 조직일람표가 있고, 어느 부나 국에서 어떤 안건을 다룰 것인지 규정한 지시가 있다. 각종 안건이 최종 인가를 얻기 위해 조직의 어느 단계까지 올라가야 하는지를 보여주는 도표나 일람표도 있다. 때로는 서류 위쪽의 적당한 곳에 조합란照合欄이 있어서 그 단계를 나타내는 경우도 있다. 어떤 안건을 어떤 의사결정으로 처리할지 상술한 규정이 있는 경우까지 있다.[22]

그러나 복잡한 결정 즉 정치적 문제를 포함하고 있어 다른 부의 업무에 영향을 미칠 수 있는 새로운 법률을 기초할 경우를 생각해 보자. 일단 상부에서 시작된다면 다음과 같은 단계를 밟을 것이다.

1. 법안 기초 : 안건에 책임을 지고 있는 과에서 이뤄진다. 과 내부에서 비공식적으로 의논을 하기도 하고 다른 부나 국에 허용 범위를 묻는 등의 일도 함께 이루어질 것이다.
2. 협의와 회의 : 초안 작성에 착수하고 그에 대한 지지와 승인을 얻기 위한 비공식적인 협의나 공식적인 모임을 갖는다.
3. 회람 : 완성된 서류가 차관에게 전달될 때까지 관련 부나 국 사이를 하부장과 국장의 승인도장을 받고 회람된다. 이 일은 전 단계와 중복되는 경우도 있다.
4. 제출 : 서류를 장관에게 넘겨 내각에서 논의하기도 하고 국회에 제출하기

도 한다.

법안 기초와 관련한 미국과 일본의 주요 차이에 대해서는 이미 이야기했다. 즉 일본에서는 보통 관료가 하지만 미국에서는 상원위원회이나 백악관이 한다. 그런데 미국 법안이 부처에서 기초될 경우에도 차이점이 나타난다. 즉 미국의 법안은 우선 상급관리의 보좌를 받는 백악관 스탭이 기초하지만, 일본에서는 차관이 업무를 관련 국장에게 주면 담당과에 돌려줘 젊은 고시 출신 관리가 기초를 담당한다. 이 두 절차 간의 차이는 조직구조의 차이를 반영한다. 일본 관료제는 주로 선으로 이어진 조직이다. 종적으로 이어진 부나 국의 수직적 통제조직이다. 보좌관은 매우 적다. 결국 높은 관직 옆에 부속되어 있지만, 자신에게 부하가 딸려 있지 않은 그런 관리는 적다.

초안이 준비될 때 다른 부나 국과의 협조가 이뤄지는 경우도 있다. 입법 조치에 두 개의 과나 두 개의 국이 관련되어 있을 경우, 초안 준비를 담당하는 하급관리는 다른 관련 부나 국의 동급의 사람을 만날 것이다. 그러나 다른 부나 국과의 협의는 대부분 초안이 완성되고 과장의 승인을 얻은 이후부터 이루어진다. 협의 순서는 처음부터 정해져 있는 것이 아니고 입법 조치에 의해 바뀐다. 또 어느 것이 공식 협의고 어느 것이 비공식인가 등도 절대적으로 정해져 있는 것이 아니다. 비공식 협의는 때로 '네마와시'(사전교섭)라고 불린다. 네마와시란 원래 큰 나무를 이식하기 전의 준비작업을 가리킨다. 즉 나무 주변에 골을 파서 사방에 촘촘히 자란 뿌리를 자르고 이식할 땅 주위에 작은 뿌리들을 원형으로 말아주는 작업이다. 관료 사무에 적용될 경우, 이 단어는 법안에 대한 지지를 모으는 예비공작을 가리킨다. 또 하나의 협의 방식은 '회의'다. 입법조치를 준비할 때 서류는 우선 주 1회 열리는 해당 부처의 과장회의로 넘어갈 것이다. 그 다음에 자민당 정무조사회의 담당부 회의에서 승인을 얻게 될 것이다. 모든 법률의 초안은 다시 내각 법제국의 승인을 얻어야 하고 거기에서 제출된 법안과 기존의 법률이 적합한

지 체크하게 된다. 이 법제국에는 각 부처에서 1명씩의 관리가 출장 나와 있는데, 관리들 사이에서는 이런 출장명령을 좋아하는 것처럼 보인다. 법안에 돈이 얽혀 있을 경우에는 대장성의 인가가 필요하므로 또 회의를 열어야 한다. 언젠가 한 시점에서는 관계 부처 차관과 국장회의 혹은 전全 부처 차관회의에서 법안이 검토되는 경우도 있다.

일본의 협의과정과 미국의 협의과정에 차이가 있다고 한다면 그것은 어디에 역점을 두느냐의 차이다. 미국에서는 관련 부서나 국이 회의를 소집하고 의견에 차이가 생기면 공개적으로 철저하게 논의를 진행하는 경향이 있다. 얼굴을 마주보고 논쟁하는 것도 피하지 않는다. 공개적으로 대결하는 것은 예외적인 일이 아니라 오히려 통례다. 그렇다고 해서 회의에 앞서 충분하게 일종의 사전작업이 이루어지지 않는 것은 아니다. 한편 일본의 경우, 비공식적 회합을 통해 미리 의견 차이를 조정해 두는 경향이 있다. 그렇게 함으로써 공개적인 대결을 피할 수 있다. 한쪽은 승자가 되고, 다른 한쪽은 자신의 입장을 명백히 하여 결정이 불리하게 끝났을 때 확연하게 패자가 되는 상황을 피할 수 있다. 조직 내에 동료의식이 있기 때문에 승자와 패자를 만드는 그런 절차를 참을 수 없는 것이다. 때로는 의견 일치를 이루기 위해서 이미 결론단계에 도달한 결정을 실제로 좌우할 만한 타협이 필요한 경우도 있다. 또한 때로는 타협이, 타협하지 않으면 패자가 되어버릴 사람을 회유하여 그 사람이 명목상 총의에 관여할 수 있게 만드는 단지 명목상의 제스처일 경우도 있다. 일본에서는 다른 어느 곳이든 마찬가지겠지만 양자택일의 상황이 많다. 의견 일치를 빌미로 어렵게 결정한 사항을 기적적으로 없애버리기란 불가능하다. 자기의 정책을 인정받아 새 정책을 이행할 권한을 획득한 자는 누구든 유력자의 입장에 서게 된다. 이 점에서 일본은 몇 사람이 서술했던 것 만큼 다른 여러 나라와 다르지는 않다.

비공식적 논의가 중요하고 회의에서는 언제나 공식적인 대결을 피하므로, 회의의 기능이라 해도 기껏해야 비공식적인 회합에서 이미 결정난 사항을

공식적으로 인정하는 정도다. 이와 관련하여 이마이 가즈오는 도쿄의 어느 중학교 야구팀에 대한 이야기를 했다. 이 팀은 매번 수비를 하기 전에 투수가 서 있는 마운드에 모여 둥그렇게 서서 어깨동무를 하고 주장이 하는 말을 듣는다. 시골에서 온 상대팀은 이 세련된 관습에 완전히 감동받아 흉내를 내보기로 했다. 마지막 회에 들어서기 전에 모두 마운드 주변에 원을 만들었다. 그러나 이 팀의 주장은 전할 작전이 아무것도 없어 그냥 이렇게 말했다. "시합이 끝나면 수박을 먹자!" 이마이는 덧붙여 말하기를, "관청 회의를 이 수박회의에 비교한다면 물론 야단맞겠지만 그래도 이것과 비슷한 경우가 전혀 없지는 않을 것이다."[23]

국장회의나 과장회의는 아무튼 자주 열리므로, 의제가 없거나 주로 영역다툼 문제만 다루는 경우도 있지 않을까 하는 생각이 들 정도다. 어떤 정해진 절차라 해도 어느새 형식주의로 흘러버릴 가능성은 항상 존재한다. 그러나 이마이의 비판도 "전혀 없지는 않을 것이다"라고 하는 정도에서 그치고 있다. 필자는 관리들과 나누었던 이야기를 근거로 하여 의사결정 과정에서 회의가 갖는 중심적 역할을 강조하고자 한다. 회의에서 이뤄지는 의논은 종종 실질적인 것이기도 하다. 초안에는 철저하게 개정이 행해진다. 법안에 반대하는 부나 국이 다른 부나 국에게 타협을 강요하는 술책으로 회의 서두에 공공연하게 이의를 주장하는 경우도 있다. 제3자의 입장에서 보면 그런 반대를 일축해 버리면 상대를 패자의 입장으로 몰아세우는 것이 되므로 오히려 곤란해지기 때문이다(물론 그런 방법은 특별한 경우가 아니면 그리 사용하지 않는다. 충돌을 일으킬 만한 상황이 있다면 대개 사전에 해결한다).

나카네 지에는 일본은 민주주의라는 이름 하에(일본에서 이 말은 사실 화합을 의미한다) 느릿하게 계속되는 끝도 없는 회의의 나라라고 썼다.[24] 이것은 이데올로기의 차이 때문에 비공식적인 합의에 도달하기 어려운 일본의 대학교수회의에 딱 들어맞을 것이다. 또 정면 대결이 제도화되어 있고, 야당이 '다수파의 횡포'에 대해 화합의 가치라는 것을 들어 협상할 수 있는 국회의 회의에도 해당될 것이다. 그러나 이는 의견의 차이가 수단의 문제이고 목적과 연관되지 않는 관료사회의 회의의 특징을 설명할 수는 없다.

일본과 미국은 제3단계 즉 서류 회람에도 차이가 있다. 미국의 경우, 회의에서 혹은 일련의 상담과 회의가 끝난 후 내려지는 결정은 최종적인 것이다. 나머지는 다른 관계자에게 결과를 전할 뿐이다. 그러나 일본에서는 회의에서 합의가 이루어졌다 해도 최종의 정식 승인은 서류가 부나 국에 회람되어 책임자가 도장을 찍었을 때 이루어진다고 본다. 서류를 보내는 과정(품의제)이야말로 일본에서의 의사결정 과정이라고까지 논한 문헌도 몇 개 있다. 이처럼 전 과정 중 한 과정만이 부당하게 중시되는 이유는, 비공식적 상담은 좀처럼 눈에 띄지 않고 회의는 너무 흔해서 일부러 언급할 필요가 없지만, 품의 과정은 매우 눈에 띄며 동시에 대단히 일본적이기 때문이다. 또 중요치 않은 안건일 경우에는 초안을 미리 상담하거나 회의를 열거나 하지 않고 승인을 얻기 위해 바로 회람되는 경우도 있기 때문이다. 그러나 중요 안건에 관한 품의제의 주요 기능은 이미 정해진 결정에 관한 정보를 돌리는 일이다. 이런 기능으로서의 품의제는 H. A. 사이몬이 말하는 '조회照會, 인가방식'과 아주 유사하다.

의사결정의 전 과정을 인지하고 현실이 앞에서 말한 범례보다 더 유동적이라는 점에 유의한다면, 미국에서 '회의'가 수행하는 기능을 일본에서는 비공식적 상담, 정식 회의, 거기에 품의제 일부가 담당하고 있다고 할 수 있다. 이것은 관료조직과 사회행동이 다르기 때문에 생겨난 것으로, 중점을 어디에 둘 것인지의 방법상의 차이일 뿐, 전체적으로 그 과정은 통상 생각되는 만큼 그렇게 다르지 않을 것이다.

6. 의사결정 과정의 장점과 단점

일본의 전선前線 조직 방식은 미국식 활동부문－조언助言 부문 방식에 대해 한 가지 명백한 이점을 가지고 있다. 일본의 경우, 젊은 관리는 들어오면 바로 중요한 임무를 맡기 때문에 소중한 경험을 쌓을 수 있다. 이와는 대조적으로 막 들어온 미국의 대졸 관리는 승진해서 중요 임무를 맡기까지는 10년이나 15년을 기다려야 한다. 일본의 관리는 일본 방식이 당연히 옳다고 생각한다. 왜냐고 물으면 고위관리는, 젊은 관리가 정력적이고 혁신적인 데 비해 고참 관리는 최종 결과를 원만하게 만드는 지혜가 있기 때문이라고 대답한다. 이런 태도가 일본에서는 생소하지 않다. 1730년대에 저술된 『사군제강事君提網』에서 가니 요사이蟹養齊는, 상급과 하급 관리의 업무 구분을 논하면서 "하급관리에게 새로운 초안을 맡기고 상급관리는 그것을 잘 다듬는다"고 하고 있다. 이시이 시로石井紫郎는 이것이 오늘날 젊은 관리에게 "보람을 주는" 것이라고 설명하였다.[25]

일본 관료에 대한 폭로 문헌에서는 종종 이러한 현상을 그다지 호의적으로 평가하지 않는다. 젊거나 혹은 하급 관리가 정책결정에 미치는 과도한 영향력은 이 조직의 주요 기능장해 중 하나라고 지적하였다. 그런 영향력은 '속료屬僚 정치'나 '속관屬官 정치' 등으로 불린다. 극단적인 예로 봉건시대에 주인이 가신에게 타도당하는 하극상이 일어나는 경우도 있었다. 이 현상의 증거로서 두 종류의 예를 제시하겠다.

첫 번째는, 태평양전쟁을 불러온 결정에 일조한 하급 장교들의 영향력이다. 이 문제에 접근할 때 유의할 점은 관련 부나 국－육군참모본부 작전사령부, 육군성 군사국, 해군국 제1과 등－이 군의 주요한 부와 국이었다는 사실이다. 거기에는 군의 엘리트 중 엘리트가 있었고 그들은 모든 점에서(앞일을 내다보는 통찰력의 폭은 뺀다) 군 이외의 각 부처 고위 관료에 뒤지지 않았다. 군에 대한 정책이나 전략을 기초하는 것이 그들의 업무였다. 그들이 이 기능을 억지로 강탈한 것은 아니었다. 다음으로 주의할 점은 '하급 장교'가 그다지 젊지 않았다는 사실이다. 해당 부나 국의 소위, 중위, 대위는 젊었지만 부장이나 국장인 소좌, 대좌는 30대 중반이나 후반이었다. 또 다른 주의점은 그들이 대부분 독일에 무관으로 간 적이 있고 강력한 친독일 정책의 지지자들이었다는 점이다. 이것은 어느 정도 그들을 상급 장교과 구별시켜주는 이데올로기적 요소로 작용했다. 이데올로기에서 이 정도의 차이가 생기는 것은 일본 관료사회 내에서 보기 드문 일이다. 이런 특이한 현상 하에서도, 장군이나 제독들 역시 정책 논점에서 의견이 갈렸기 때문에, 또 장군이나 제독이 입각해서 정계의 지도자로 바뀌었듯이 전략적 결정이 정치적 결정으로 대체되는 정치적 상황이 있었기 때문에, 중급 장교는 영향력을 발휘했던 것이다.

1939년부터 1945년까지 대본영의 젊은 장교(부장이나 국장이 아닌)를 지낸 인물이 최근 미국을 방문했는데, 그에게 '하극상' 현상을 본 적이 있는지 물어보았다. 그는 이런 질문을 이해할 수 없다는 표정이었다. 다음 날 참모본부의 계획을 누가 기초했는지 물어보니, 젊은 장교가 했다고 답했다. 그럼 장교들은 늘 그 계획에 동의했는가를 물었다. 이에 대해 그는 의견이 일치하지 않기도 했다고 하면서도 '하극상'이라는 용어는 사용하고 싶어하지 않았다. 부하인 참모의 제안에 대해 전부라고는 할 수 없지만, 어떤 문제에서 자신의 의견을 관철시킬 수 없게 된 상관과 음미하고 의논하고 타협하는 과정에 대해 설명을 해주었다. 그리고 그는 의견의 불일치는 예외고 통상적인 일이 아니었다고 말했다.

요컨대 1930년대 후반에 '신참'이 가졌던 이런 식의 영향력은, 정책이 그 부나 국에서 기초되는 전선조직(참모본부에조차 일종의 전선조직이 있었다)에서 나온 것이었다. 그러나 이런 종류의 조직은 오직 예외적인 상황이 결합되어야만 파괴적인 결과를 불러왔다. 그런 예외적인 때조차도 신참의 영향력을 과대평가해서는 안 된다.

하급 관리의 힘을 설명하기 위해 거론되는 또 하나의 예는 자주 포커스가

집중되는 과장보좌다. 이 관리는 출세가도를 달리는 고시 출신 관료일 경우도 있지만, 상급시험에 패스하지 못한 사무관일 경우가 많다. 고시 출신 과장이 몇 차례 바뀌는 동안에도 그는 같은 자리에 상당히 오랫동안 머무는 경우가 있다. 마스다 요네지는 그가 노동성에 있었을 때 일어난 사건에 대해 이렇게 적었다.

2, 3년이 지나 내가 관리 생활에 점점 익숙해지면서 어느 정도 관청의 여러 관례를 알게 되었을 때의 일이다. 그 전에는 모든 문서에 무심코 그냥 도장을 찍었는데 나름대로 생각을 하면서 조금씩 수정을 하게 되었다. 그러자 갑자기 보좌가 나에게 초안문서철이랑 초과근무철 등 일체를 들고 찾아왔다.

"과장님, 지금부터는 과장님께서 모두 해주십시오. 저는 더 이상 과의 문서 처리에 책임을 질 수 없습니다"라며 내 책상 위에 산더미 같은 문서철을 올려놓았다. 지금까지 충실 그 자체로 신뢰해 온 그가 갑자기 이런 쿠데타를 일으키자 너무나 깜짝 놀랐다.

"자, 자, 그러지 말고 해 주게나."

나는 완전히 무조건 항복했다. 이렇게 해서 또다시 그가 제출하는 서류에 묵묵히 그냥 도장만 찍게 되었는데, 그 후 그는 나에게 더욱 충직하였다.[26]

마스다는 그 전에 다른 사람과 늦게까지 점심을 하느라 자리를 비웠다가 그 보좌관의 도움으로 국장의 질책을 피한 적이 있다고 썼다. 또 마스다는 자기보다 훨씬 연상으로 2차 세계대전 전의 전형적인 관리였던 이 보좌관이 "똑바로 등을 펴고 정좌하고 앉아" "과의 전반을 담당하는 집사의 위엄을 보이고" 있다고 서술했다.[27] 마스다는 다음과 같이 덧붙였다.

원래 당시의 나는 사소한 관청 문서를 모두 꼼꼼히 살펴보고 일일이 신경 쓰다 보면, 본래의 내 주요 임무인 통계조사쪽 일을 할 수 없게 되리라는 점도 한편으로 고려하였다. 그러나 나는 그 후의 경험을 통해, 이러한 행동양

식은 역시 속관으로 불리는 관리들이 가지고 있는 좋기도 하고 나쁘기도 한 하나의 특징임을 깨달았다.[28]

동일한 현상을 보여주는 또 하나의 예로, 비록 장관이 지지한 요구일지라도 훼방놓을 힘을 갖고 있다고들 말하는 통산성의 만년 말단관리인 '○○천황' 이야기도 있다.

필자는 이상과 같은 예에서 나타나듯, 하부의 힘이 존재한다는 사실을 부정하는 것은 아니다. 그러나 그것은 직무의 힘이지 정책을 입안하는 힘은 아니라고 주장하고 싶다. 미국의 경우라면, 군 기지의 일종의 조장이나 정부관청의 관리, 오랫동안 대학사무를 봐온 비서들이 가지고 있을 법한 힘이다. 그러한 힘은, 그가 조직 내에서 전략상 중요한 지위에 있으며 상관이 성가셔하는 공식 형식이나 행정상 절차의 세세한 부분에 대해 노련한 전문 지식을 가졌기 때문에 생긴 것이다. 그런 인물이 은퇴하면 상관은 자기 조직의 하부 지배력을 되찾을 것 같아 한순간 기뻐할지 모르지만, 곧 빈자리를 메우기 위해 같은 종류의 사람을 찾게 된다.

따라서 필자의 결론은 다음과 같다. 우선 첫째로, 관청이 갖고 있는 힘 가운데 특별히 일본적인 것이란 없으며 그것을 지나치게 중시하는 것은 무리다. 다음으로, 일본의 젊은 고시 출신 관리는 특수한 영향력을 가지고 있다. 매년 각 부처에 채용되는 이런 인재는 극히 소수다.[29] 부처 내의 주요 부분은 그 숫자가 적다. 들어오면서부터 그들은 견습 정책입안자가 된다. 그들이 그런 행위를 하는 기구가 구성되어 있는 것이다. 그들은 입안을 기초한다. 일본 관리가 자주 입에 올리는 "원안이 70% 이상을 차지한다"는 말이 있다.[30] 이것은 그들이 가진 영향력의 지표가 되는 말이다.

그렇다고 해서 일본 관료제가 하급 관리에게 지배 당한다는 뜻은 결코 아니다. 신참 관리를 향해 당신들이 정책을 지시하느냐고 묻는다면 아마 웃을 것이다. 그 반대의 주장, 즉 상사가 때로 난폭하게 굴고, 부하가 상사에게

'사대주의 근성'을 보인다는 이야기를 들은 적도 있다. 제2차 세계대전 전에 근무했던 퇴임 관리가, 마치 그런 풍조가 소멸된 것을 한탄이라도 하듯 아주 기꺼이 관청의 호랑이같이 무서운 상관에 대한 이야기를 한다. 부하가 자기 마음에 드는 초안을 작성해 낼 때까지 어디가 나쁜지는 한 마디도 하지 않은 채 문서를 내던지는 과장이라든가, 앞에다 불러세워 놓고 호통을 쳐서 오줌을 지리게 할 정도로 부하의 혼을 쏙 빼놓는 무서운 국장이라든지,[31] 그냥 도장만 찍는 것을 싫어하기로 유명한 국장의 심기를 불편하게 하지 않으려고 초안에 아주 조금 무의미한 수정을 했다는 과장 등의 이야기다.[32]

폭로문서 가운데 일본적인 의사결정에 관하여 두 번째로 주요한 비판은, 품의제에는 몇 가지 고유한 결점이 있다는 것이다. 우선 부나 국 사이에 서류를 가지고 왔다갔다하는 것이 힘들기 때문에, 각 부장이나 국장은 읽지도 않고 내용도 모르는 서류에 그냥 도장을 찍어야 한다는 것. 다음은 서류가 관계 부장이나 국장의 책상을 도는 데 상당한 시간이 걸려서 누군가 늑장을 부리거나 서류를 자기 책상 위에 그대로 내버려둘 경우 결정이 늦어질 수 있어 이 제도는 느리고 체재가 없으며 비능률적이다. 게다가 법안은 어느 단계에서 기초되고, 또 다른 단계에서 승인을 받고, 그 모든 단계마다 도장을 받기 때문에 책임 소재가 분명하지 않다.

부나 국 사이를 오가는 서류의 분량이 너무 많다는 비난에 대해서는 이견이 없다. 이마이는 지방 작은 관청의 장으로서 어떤 때는 하루에 8천 번이나 도장을 찍은 적이 있는데, 기록을 세울 생각은 없었지만 이것이 그 해 최고 기록이었으며, 제자리에서 계속 잘 찍기 위해 모든 힘을 다 쏟아부었다고 썼다.[33] 퇴임 관리가 쓴 내용에 비추어 보건대, 도장에는 일종의 신비감마저 감도는 것 같다. 어떤 공무원은 "도장 하나에도 인격이 보인다"며 자만했다.[34] 이틀씩이나 계속 도장을 깜빡하고 온 공무원은 상사에게 이런 질책을 당했다. "관리에게 도장은 병사의 총과 같은 것이다. 이틀씩이나 계속 총을 깜빡하고 직장에 오는 병사가 어디 있나?"[35] 한편

필자와 이야기를 나눈 관리들은 대부분 "생각 없이 그냥 찍는 도장" 이야기는 과장된 것이라고 하였다. 어느 책상에나 방대한 서류가 올라오기 때문에 대부분은 생각없이 그냥 도장을 찍게 된다. 때로는 실제로 조수가 도장을 찍는 경우도 있다. 실수를 하기도 하지만, 그래도 중요한 서류는 골라내서 훑어본다는 것이다.

결정이 지체되는 문제에 대해 일본인이 쓴 문서에서는, 초안을 인가받기 위한 회의에 참석하라는 연락을 못 받았거나, 자기 부나 국의 권한을 우습게 여긴다고 생각한 관리가 품의 과정에서 서류를 빼돌려 치워버리는 경우가 있다고 강조하였다. 그런 관리는 "조금 더 연구해 보겠다"든가 "생각해 보겠다"며 원안을 '움켜쥐고' 있을 수도 있고, 재촉을 받으면 "지금 바빠서"라든가 "조금만 더"라는 식으로 대처할 것이다. 이마이는 도장 찍는 일을 관문소, 즉 비자를 발행하는 부처에 비유하였다. 단속하는 관문이 많을수록 "심술 부릴 기관이 그만큼 늘어난다."[36] 그러나 필자의 인상으로는, 일본인의 의사결정이 지체되는 것은(다른 나라보다 늦다는 이야기다), 서류를 회람할 때의 수동적인 저항 때문이 아니라, 상담과 회의 과정에서 의견을 일치시킬 수단이 필요하기 때문에 생긴 것이라고 생각한다. 중요 안건이 결정되고 각 단계별로 일치가 이루어지면, 그것을 방해하기는 매우 어렵다. 필요한 도장은 개인적인 파벌을 움직여 위로부터의 명령에 의해 도장을 받을 수도 있고, 책임자가 서류를 들고 각 책상을 돌며 일일이 인사를 하면서 상대가 도장을 찍어주기를 기다릴 수도 있다. 이러한 압력을 견딜 수 있는 사람은 얼마 없다. 이마이조차 때로는 완고한 관리에게 "계속 머리를 조아리며 부탁을 하는 바람에 허락할 수밖에 없었던" 것을 토로했다.[37]

일본 관료제에서의 책임, 혹은 책임 결여 문제는 더욱더 복잡하다. 이 책임 문제의 극히 일부만이 품의제와 관련이 있다. 이마이는 관료들만큼 책임이라는 단어를 자주 쓰는 인종도 없다고 하였다. 이는 스스로 입버릇처럼 하는 말인데, 관료가 그 말을 할 때의 진정한 의미는 직무의 권한에 대해서지

의무에 대해서가 아니다.[38] 일본에서는 분명 업무의 가치가 모두 업무 자체에만 있는 것이 아니다. 그보다는 그 업무로 인해, 그 사람이 업무를 담당하는 그룹의 일원임을 인정받고, 부나 국의 동료의식이 정당화되는 것이다. 어느 관료사회나 계급성이 강하기 때문에 책임은 꼭대기에 있는 사람에게 제일 무겁다. 그렇지만 일본의 경우, 모든 책임을 조직의 장에게 너무 극단적으로 떠맡기는 경향이 있어서, 서구인의 눈으로 보면(그리고 몇몇 일본인의 눈으로 보아도) 어리석어 보이기까지 하다. 열차 충돌사고로 사망자가 생기면 그 원인이 파업이든 운전수의 과실이든 상관없이 국철 총재가 사임을 표한다. 라이샤워 대사가 피살 당했을 때, 국가공안위원장은 일본어로 말하자면 계획성 없는 암살미수라 서구적 기준에서는 장관에게 전혀 책임이 없음에도 불구하고 사임을 표했다. 이러한 책임 관념은 첫째 메이지 시대에 채용된 독일식 법관념에서 영향받은 것으로, 그것을 추종하여 모든 책임을 각 장관에게 지웠다. 그러나 거기에는 한편으로 일본에서의 조직내 동료의식은 그 장에 대한 충성심에 의해 상징된다는 사실이 반영되기도 한 것 같다. 이 충성심을 정당화시키고 동료의식을 지키기 위해 윗자리에 있는 자는 외부에 확실하게 드러나는 사건에 대해 책임을 지는 것이다.

다나카 가쿠에이田中角栄는 대장성 장관에 임명되었을 때 이 같은 철저한 책임감을 그대로 답습했다. 모임에 소집된 성省의 관료들에게 그는 이렇게 말했다. "여러분은 엘리트 중의 엘리트다. 그 뛰어난 두뇌를 이길 자는 없다. 따라서 생각하는 것은 모두 제군에게 맡긴다. 그리고 불초 다나카 가쿠에이는 제군이 생각한 결과에 대해 모든 책임을 질 각오다."[39] 메이지 시대의 지도자 중 한 명도 1870년대에 장관이 되었을 때 거의 똑같은 말을 하였다. 다나카의 발언은 충성심과 근면을 촉진시키기 위한 계산된 말이었다. 퇴임 관리는 종종 일본 관료사회의 '무사안일주의'에 대해 비판하곤 한다. 다나카는 부임한 대장성에 대고 새로운 독창력과 창조성을 발휘하더라도 어떤 처벌도 받지 않을 것이라고 말한 것이다. 아마도 그 자신은 대졸 출신 관료는 아니지만 관료 다루는 법은 잘 알고 있다는 뜻으로 한 말일 것이다.

성省 내부의 이 같은 동료의식은, 책임이 널리 확산되고 그 책임을 공통으로 진다는 방식으로 표출되게 된다. 폭로문서에서는 이 문제를 업무와 권한이 따로따로 분리되어 생긴 결과라고 보고 있다. 하급관리는 단순히 초안만 제출하기 때문에 한정된 책임만 느끼고, 상급관리는 이미 많은 '승인' 도장이 찍힌 완성된 서류를 받아보기 때문에 명목상의 책임만 느낀다는 것이다.

필자는 이 설명에 이견을 주장하지는 않지만 몇 가지 수정이 필요하다고 생각한다. 우선 이 문제는 다른 나라에 없는 문제가 아니다. 미국에서도 누구나 알고 있는 일이다. 자기가 작성한 서류에 서명을 하지 않는 관리가 있고, 자기가 작성한 것도 아닌데 서명을 하는 관리가 있다. 일본의 경우는 전선조직이기 때문에 규모가 커진 것에 불과하다. 다음으로, 책임이 불명확하고 공동책임은 무책임으로 이어진다고 주장하는 관리도 있지만, 반대로 책임이 그렇게 불명확한 것만은 아니라고 주장하는 이도 있다. 누가 초안을 준비하든 최고책임자는 과장이고, 국장은 그 책임을 분담한다는 주장도 있다. 안건과 별로 관계없는 부나 국의 도장은 그 서류를 대충 훑어보고 별다른 이견이 없음을 뜻한다. 게다가 공동책임을 진다는 것은 상담이나 회의를 하는 동안 그만큼 의견일치가 이루어졌음을 의미하게 된다. 많은 도장을 모은 최종 정식 서류는 의견일치를 상징한다고 말할 수 있지만, 의견일치가 있었기 때문에 그것이 가능했던 것이다. 의견일치를 필요로 하는 한, 비록 서류의 회람을 폐지한다 하더라도 다른 종류의 의사결정 방식은 나오지 않을 것이다.

7. 결론

관료의 업무를 평가하기란 쉽지 않다. 사기업의 경우는 제품의 판매이익이 각 부서의 효율을 측정하는 기준이 된다. 그러나 정부 관료기구에는 생산계획, 매상, 이익이라는 것이 전혀 없고 제품이 무엇인지 밝히기도 어렵다. 제2차 세계대전 후 일본의 목표는 경제성장이었다. 관료는 그 목표를 효율적으로, 기업에 든든한 버팀이 되어주는 정책으로 전환했다. 아마도 이와 똑같이 성장하는 데 중요했던 것은, 사기업이 국가와 분리된 의사결정을 내리는 데 관리가 거의 간섭을 하지 않았다는 점일 것이다. 이마이는 관리가 세상물정 모르는 사람이라 "치수도 재지 않고 양복을 만드는" 재봉사처럼 법률을 기초한다고 썼다.[40] 버팀이 될 정책을 세우고 동시에 간섭은 하지 않았기 때문에, 성장을 위한 최고 환경이 형성될 수 있었다. 그러나 이 정책의 부산물로 세계에서 유례를 찾아볼 수 없는 화학오염 사태가 발생하였다.[41]

관료제를 비교하는 것도 각 나라마다 조직이나 기능, 위치가 다르기 때문에 어렵다. 외무성의 정책입안 기능을 박탈하려는 일본판 헨리 키신저를 떠올리려면 아마도 대단한 상상력을 발동시켜야 할 것이다. 일본 외교관은 그러한 가능성을 일소에 부칠 것이다. 그러나 일본 공무원이 당연한 것으로 여기는 일본 관청의 힘과 그 고립된 자기 충족적 성질은, 관료의 법적 지위나 고유한 성격이라기보다 일당 통치라는 일본적 양식과 관계 있을지 모르겠다. 일본의 의회제도가 건전성을 유지하고 정당이나 정당연합이 만일 정권교체라도 한다면, 현재의 관료제는 갑자기 완전히 바뀌게 될 것이다. 두 개의 협력 시스템이 중앙관청의 상층부 안에서 발달하거나, 정당이 조직 내에 관청의 기술에 대응하는 저항력으로서 백악관 보좌관에 해당하는 것을 발달시킬 가능성도 있다. 이러한 보좌관의 배아는 이미 존재하고 있다. 그러한 변화가 일어난다면, 관료는 초안 작성에 관계하였던 정책을 실시하는 데 이제 더 이상 관여하지 못하게 될 터이므로 확실히 능력을 잃어버리게 될 것이다. 어찌되었든 기존의 관료제에 나타나는 대다수의 자치적 요소들을 현대의 일본 관리는 영원한 진리라고 생각하겠지만, 실제로 관료제 외부에 존재하는 정치적 요소에 불안정하게 의존하고 있다는 것만은 확실하다.

외적 상황에서 관료제의 내적 작용 쪽으로 눈을 돌려, 사회 전반에서 볼 수 있는 공식적인 제도와 비공식적인 양식을 복합적으로 분석해 보았으면 한다. 예를 들면 관청의 동료의식은, 따스하게 서로 의지할 수 있는 사회집단에 소속되기를 원하는 심리적 욕구에 부응하여 거의 자연발생적으로 생겨난 것이다. 그것은 관료제보다 훨씬 먼저 존재하는 욕구다. 관청 집단은 일본의 비관료적 집단의 결속과 비슷하다. 그것은 관청 조직의 직무적 목적과는 완전히 별도로 생긴 것이다. 일본 관료들 사이에 나타나는 독특한 종적 유대도 역시 관리가 되기 이전에 습득한 인간관계라는 시점에서 설명될 수 있다. 그러나 일단 관청 내에 유입되면 당연히 다양한 형태를 취하게 되는바, 이 일반적인 사회적 경향은 형식적인 구조를 근거로 하여 형태를 갖추고, 다시 조직의 직무상 목적에 도움이 되도록 적합하게 만들어지기 마련이다. 개인적 파벌은 종적인 행동집단이 되고 관청사회는 업무적 팀이 된다. 이렇게 해서 비공식적 조직에서 발생된 힘은 공식적인 제도에 도움을 주도록 이용된다.

그러나 그러한 힘을 이용한다 해도 그것이 건설적인 힘으로 전면적으로 전환되는 것은 아니다. 개인적 파벌과 관련된 편애나 차별은 역시 기능장해다. 관청사회는 공식적인 제도에 의해 부여받은 관할권을 예전부터 다른 집단에 대해 갖고 있던 악의를 더욱 강화시키는 데 사용하여, 조직의 전체 활동을 방해하는 알력을 일으키고 만다.

이상으로 모든 관료제는 필연적으로 불완전하다는 사실을 알게 되었을 것이다. 모든 점에서 완벽하기를 바라다 보면 서로 모순되기 마련이다. 종적 연락이 용이하면 횡적 연락이 곤란해진다. 일본에서 종적 관계가 용이하다는 점은 프랑스나 인도와 달리 플러스적 요인이다. 그러나 이 용이함이야말로 파벌 형식으로 이어지는 개인적 유대를 성장시키는 것이다. 파벌 해소를 위해서는 개인적 유대의 성격 변화가 우선되어야 한다. 그렇게 되면 확실히 또 다른 기능장해가 생기게 될 것이다. 동료의식은 좋지만 관청 간의 허술한 협력은 옳지 않다. 관청의 활동이 합리적이고 예측할 수 있기 위해서는 규칙이 필요하지만, 관청이 규칙에 얽매이게 되면 반대로 형식주의의 위험이 생긴다. 유능한 인재는 좋은 정부에 필요하지만, 대단한 재능의 소유자들이 모이게 되면 엘리트주의를 피하기 어렵다.

기능장해가 환영받아야 한다고 말할 생각은 없다. 오직汚職 같은 기능장해에 대해서는 전적으로 부정적이다. 많은 나라에서 기능장해가 매우 심각해지고, 정치지도자는 부여받은 업무를 달성하지 못하고 있다. 그러나 필자는 각 기능장해는 관료제에 의해 생기는 최종 성과라는, 더욱 넓은 상황 속에서 판단해야 한다고 말하고 싶다. 만일 관료제가 업무를 수행해 낸다면 그 제도 안의 동질성도 너그럽게 보일 것이다. 일본 관료제는 일본을 주식회사일본이라고 말하는 사람들의 주장처럼 능률의 표본도 아니며, 관료 자신이 말하는 것처럼 국익을 추구하는 중립적 집단도 아니다. 그렇다고 해서 관료제의 비판자들이 쓴 책에 묘사된 것처럼 기능장해의 오합지졸도 아니다. 일본 관리는, 필요하면 늦게까지 일하고, 상대적인 기준에서 볼 때 정직하며, 부과된 업무는 대부분 그런대로 완수해 낸다.

1) 일본 관료제에 관한 가장 좋은 학술서는 辻淸明의『日本官僚制の硏究』(東京, 1969)다. 폭로적 이야기의 대표작은 今井一男의『官僚-その生態と內幕』(東京, 1953), 增田米治의『お役人-風にゆらべ課長の告白』(東京, 1956), 每日新聞社 編, 『官僚日本』(東京, 1956), 東京新聞社 編의『官廳物語』(東京, 1962), 堀誠의『汚職』(東京, 1957)이다. 후자 부류의 작품 중에는 今井의 저서가 가장 뛰어나다. 잘 팔리게 하려는 과장은 있지만 통찰과 유머와 위트가 느껴지는 문투를 쓰고 있다.

2) 『木戶孝允日記 3』, 東京, 1933, 433쪽.

3) 鵜飼信成의 개인적 발언. 今井도 같은 취지의 글을 서술했다. 앞의 책, 25쪽.

4) 今井, 앞의 책, 47~48쪽.

5) 川本太郎, 「それでも東京大法學部は日本を動かす」, 『文藝春秋』 1972. 9, 179쪽.

6) 『官廳物語』에서는 심의회나 기타 외곽단체를, 이미 사회생활에 쓸모가 없어진 노인을 내다버리는 민간설화에 등장하는 姥捨山에 비유하였다(『官廳物語』, 45쪽 참조). 기관의 재정력을 자신들의 퇴직자를 유리하게 받아주는 데 쓰는 경우도 있다. 예를 들면 어느 국립대학의 교육학부에 교육부 내부 승진에서 탈락한 어느 정도 지위가 있는 관리를 교수로 채용해 달라는 요청이 들어왔다. 이 요청은 교수회의의 심의를 거쳐 받아들여져 관리는 교수로 임명되었다. 그리고 그 보답으로 크고 깨끗한 건물이 신축되었다. 今井도 어느 도의 과장 자리가 비었던 예를 들었다. 도청 내에서 유능하고 경험도 있고 서열로도 가장 위인 어떤 남자가 선발되었다. 그러나 소관 부처의 승낙을 받고자 했으나 거절 당했다(중앙본부의 도정을 담당하는 관리는 소관 부처의 승낙이 있어야 비로소 임명된다). 도지사는 이례적으로 상경하여 자신이 고른 이 남자를 임명해 달라고 부탁했다. 그러나 거절을 당하고 본부에서 파견된 남자가 임명되었다. 본부 출신의 남자는 나이도 많고 능력도 경험도 뒤처졌다. 今井이 쓴 내용에 의거하면, 본부 입장에서 보면 나이도 먹고 무능하지만 경력에 특별한 하자가 없는 이 관리를 시골의 명예직에 앉히는 것은 본부 내의 '적체타개'책의 일환이었다. 그 남자가 도청 과장으로 부임하자 환영을 제대로 받지 못했다. 그러나 이 신임은 과장이 되었기 때문에 매우 기뻐하며 곧바로 부하에게 과장전용 자동차를 준비하라고 명령했다. 그러나 예산에는 자동차 구입비가 잡혀 있지 않아서 부하는 이는 무리한 요구라고 보고하기에 이르렀다. 신임과장은 부하를 무능하다며 야단치고 직접 본부에서 허가를 받아오겠다고 했다. 부하는 예산삭감 시기여서 짜디짠 본부가 이런 말단 과장을 위해 낭비를 할 리 없다고 생각했다. 그런데 놀랍게도 과장은 예산을 배정받아 왔고 그것으로 자동차를 샀다. 이로써 도청 내에서 이 과장은 대단한 인물이라는 평을 얻게 되었다. 완전한 낭비였음에도 불구하고 도청에 이 남자를 억지로 집어넣었기 때문에 본부는 어떻게 해서든 그의 지위를 치켜세우기 위해 희생을 치를 수밖에 없었던 것이다(今井, 앞의 책, 188~190쪽).

7) 今井, 앞의 책, 36~37쪽.

8) 川本, 앞의 논문, 171쪽.

9) 개인적 발언. 필자는 이 인터뷰의 대상으로부터 이름을 쓰지 말라는 의뢰를 받았다.

10) 增田, 앞의 책, 35~36쪽.

11) 今井, 앞의 책, 52쪽.

12) 川本, 앞의 논문, 171쪽.

13) 말단 관리도 대중과 함께 고생하는 경우도 있다. 今井는 30년 걸려 작은 관청의 장이 된 공무원 이야기를 적었다. 그 남자는 새해 벽두부터 부하를 모두 정렬시키고 업무에 대해 훈시한 후 이렇게 말했다. "최근 예의 없는 관리가 늘어 대단히 유감이다. 작년 말 내 집에 백화점 세일품을 연말 선물로 가지고 온 자조차 있더군"(今井, 앞의 책, 61쪽).

14) Michel Crozier, *The Bureaucratic Phenomenon*, Chicago: University of Chicago Press, 1964, 220~224쪽.

15) 今井, 앞의 책, 65쪽. 종적 관계는 언제나 필자가 언급했듯이 훌륭하다(혹은 '고풍이다')고만은

할 수 없다. 상관이 오만하거나 냉혹한 경우도 있다. 부하에게 두려움의 대상이지 충성의 대상이 될 수 없는, 권력을 무기로 한 거만한 인간일 수도 있다. 몇 가지 예에 관해서는 增田, 앞의 책, 38~44쪽 참조. 상관이 출신학교가 좋지 않거나 능력이 떨어지는 부하와 잘 지내는 것을 거부하는 경우도 있다. 반대로 현대의 부하는 특히 온정주의에 의해 이용당하는 것이 훤히 보일 경우, 상관이 온정주의적 태도를 취하는 것 자체를 거부할 것이다. 이런 부하의 정중한 말투는 완전히 인간다운 감정이 결여되어 있거나 지나치게 정중한 표현을 일부러 사용하여 무례한 느낌이 들게 할런지도 모르겠다. 또한 增田는 사람에게 호감은 주지만 업무가 엉망인 관리(같은 책, 45~61쪽)나 머리가 너무 좋아 도움이 되지 않는 관리(같은 책, 61쪽)에 대해서도 논하였다. 후자에 관해 野田一夫는 일본의 리더십에는 예민함보다 온정이 더 필요하다고 평하였다.

16) 반드시 관료적 사회만이라고 하기는 뭐하지만 관료들 사회의 또 다른 측면은 결혼이다. 관료의 부인은 사업가처럼 부인이 함께 업무에 나서서 설쳐서는 안 되고 또 사실 일반적으로 그런 경우는 찾아볼 수 없다. 그러나 누구나 閨閥을 의식하고 있다. 일본에 거주하는 외국인은 언제나 일본체제의 협소함과 상호 긴밀한 연결에 놀라움을 표시한다. 사업가도 은행가도 고급관리와 모두 같은 대학 출신이다. 이런 대학생의 대부분은 권력의 마법범위 밖에서 태어나기는 하지만, 졸업해서 취직하면 이전 세대의 엘리트의 딸과 결혼하는 경향이 강하다. 체제가 결혼에 의해 영속되는 것처럼 보일 정도다.

17) E. Q. Holtham, *Eight Years in Japan*, London, 1883, 271쪽.

18) 今井, 앞의 책, 142~143쪽.

19) 각 부처는 1886년에 등급이 매겨지고 그 이후 설치된 곳은 설치 순으로 등급이 매겨졌다.

20) 今井, 앞의 책, 161~162쪽.

21) 브라우가 제기한 이데올로기가 관료의 행동에 미치는 영향 문제는, 일본의 경우 해명이 어렵다. 그 동질성을 증명하는 쪽이 보수성을 증명하는 것보다 쉽다. 특히 보수성이라는 말이 일본에서는 미국과 다른 의미를 갖고 있기 때문이다. 今井가 썼듯이(앞의 책, 93쪽), 초안은 무수한 회의를 통해 검토되고 몇 번씩 수정되지만 회의에 출석한 모두가 유사한 학력과 경력을 가지고 있어서 논의는 일정 테두리 이상을 벗어나지 못한다. 川本는 이 주장을 구보타 아키라의 숫자를 사용하여 지지하였다(앞의 논문, 170쪽). 세계대전 후 일본 고급관료의 79%가 東京大學 출신이고 영국은 47.3%가 옥스퍼드와 캠브리지 출신이며, 미국에서는 11.2%가 하버드 출신이다. 한편 增田는 세계대전 후 초기 노동부에 과격한 졸업생이 채용되었다는 내용, 반동정부의 과장으로서의 자신의 입장, 과격파들이 들어온 후 얼마 안 있어 완전히 조용해져 버린 모습 등을 언급했다(앞의 책, 153~154, 162~167쪽).

22) 적어도 정식 절차에 관해서는 정부관료제와 기업관료제 사이에 현저한 유사성이 있다. 예를 들면 日本經營政策學會 編의 『經營資料集大成』(東京, 1968) 제4권에 수록된 회사규정과 품의규정, *Political Development in Modern Japan* (Robert Ward ed., Princeton University Press, 1968)에 수록되어 있는 "Decision-Making in the Japanese Government: A Study of Ringise"에서 辻淸明가 제시한 정부관청의 그것과 비교해 보기 바란다. 또 일본기업의 의사결정 종류의 흥미로운 논의에 관해서는 Chap. 9 in M.Y.Yoshino, *Japan's Managerial System* (Cambridge, Mass: MIT Press, 1968) 참조.

23) 今井, 앞의 책, 105~106쪽.

24) Chie Nakane, *Japanese Society*, Berkeley and Los Angeles: University of California Press, 1970, 145쪽.

25) 石井 교수의 코멘트로 인용 부분을 논의하던 중 덧붙였다. 蟹養齊,「事君提網」,『日本經濟大典 16』, 東京, 1928, 189쪽.

26) 今井, 앞의 책, 29~30쪽. 今井(앞의 책, 220~221쪽)도, 자기의 관할 관청을 복종시킨 재기 넘치며 산전수전 다 겪은 장관과, 똑같이 술책을 이용하여 그 장관을 앞지른 머리 좋은 국장과의 대결을 둘러싼 유사한 이야기를 했다.

27) 今井, 앞의 책, 26쪽

28) 같은 책, 30쪽.

29) 세계대전 전에는 매년 약 2천 명이 사법고시에 응시하여 약 250명만 패스했다. 이 제도는 미국 점령기에 개혁되었다. 관리가 되기 위해서는 현재는 국가공무원 채용시험에 패스해야 한다. 고졸, 전문대졸, 대학졸의 3단계가 있다. 그 일은 人事院이 하고 있다. 관리로부터 들은 이야기에 의하면 대학 레벨의 시험인 상급시험 수험자는 세계대전 전보다 늘었지만 합격자 수는 조금밖에 늘지 않았다. 새로운 시험제도에 관해서는 『官廳物語』, 126쪽 참조. 세계대전 전의 제도에 대한 자세한 분석은 Robert M. Spaulding, *Imperial Japan's Higher Civil Service Examinations* (Princeton : Princeton University Press, 1967) 참조.

30) 이것은 川崎 의원이 今井, 住本, 鵜飼의 논의(『人事行政』 4-10, 1953. 10.에 게재)에서 인용했다.

31) 增田, 앞의 책, 27쪽.

32) 今井, 앞의 책, 100~101쪽.

33) 같은 책, 127~128쪽. 차를 마실 새도 없이 3.6초마다 도장을 찍는다면 믿을 수 있을까?

34) 開高健,「ある都廳職員の一日」,『週刊朝日』 1964. 9. 16., 32쪽.

35) 今井, 앞의 책, 126쪽.

36) 같은 책, 125~126쪽

37) 같은 책, 150쪽.

38) 같은 책, 111~113쪽.

39) 川本, 앞의 논문, 180쪽.

40) 今井, 앞의 책, 111쪽.

41) 이 오염의 책임은 누구에게 있을까? 관료? 정치가? 필자는 정치가에게 있다고 말하고 싶다. 관료에게 그의 주인이 의도하지 않은 업무를 수행할 의지와 자치권이 있는 것일까? 관료에게 성장을 추구하면서 오염방지에도 대처하라는 지시가 명확하게 떨어졌다면, 그들은 그에 상응하는 행동을 하지 않았겠는가? 그러나 이 문제는 쉽지 않다. 1960년대에는 오염에 대한 의식이 낮았다. "어떠한 희생을 치르더라도 성장"이라는 활력이 정부정책에 넘쳐났기 때문에 정책 수행에서 정치가와 관료는 완전히 2인3각이었고 대다수의 일본인도 그것을 전적으로 수용하였다. 따라서 정치가가 책임자라는 이유만으로 그들에게 잘못이 있다고 하는 것은 옳지 못하다. 되돌아보면 모든 시스템이 고삐 풀린 망아지가 되어 있었던 것이다.

제13장 중국 선종제도와 일본인 사회

마틴 콜커트

1. 첫머리

외래 종교제도는 어떻게 해서 일본인 사회에 뿌리를 내렸을까? 여기에서 나는 외래 종교제도이며 중국불교의 한 유파인 선종禪宗을 예로 들고자 한다. 이유는 선종의 경우 제도의 윤곽이 확실하고 제도에 대한 의식을 강조하기 때문이다. 또 일본에 선종이 수용되는 단계에서 외래의 중국적 색채를 확연히 남겨두었다는 점도 이 비교연구 테마에 적합하다고 생각하기 때문이다.

일본 역사상 선이 도입된 시기는 비교적 늦지만, 12세기 말에 소개된 이후 14세기까지 짧은 시간 내에 급속하게 발전하였다. 선은 종교적으로는 물론 경제적으로나 정치적으로, 나아가 문화적으로도 일본 사회에서 주요한 지위를 차지하게 된다. 이처럼 선의 종교제도가 각 방면에 영향과 감화를 주었기 때문에, 예를 들면 예수회 선교사 등은 선이 이렇게 굳건하게 일본사회에 뿌리를 내렸다는 사실에 감탄하여 이 제도를 기초로 하여 일본 포교에 도움을 받으려 할 정도였다.

에이사이榮西,[1] 도겐道元,[2] 성일국사聖一國師로 불리는 엔니圓爾,[3] 란케이

---

1) 1141~1215년. 일본 임제종(臨濟宗)의 시조로 1191년 50세의 나이에 중국으로 유학을 갔다가 귀국하여 규슈 하카타에 일본 최초의 선종사원을 건립하였다.
2) 1200~1253년. 일본 조동종(曹洞宗)의 시조.
3) 1202~1280년. 벤엔(弁円)으로도 불리는 임제종 승려.

도류蘭溪道隆[4] 등에 의해 가마쿠라 시대 때 일본에 도입된 송대의 선종은, 중국 송문화 속에서 발달하고 변화해 온 중국의 선禪사원 제도다. 그리고 또 일정하게 한정된 지역에서 발전단계상의 특성을 지닌 종교제도이기도 했다. 이 선 제도는 이전의 나라 시대나 헤이안 시대의 불교제도 혹은 가마쿠라 시대의 불교 즉 호넨法然,[5] 신란親鸞,[6] 니치렌日蓮,[7] 잇펜一遍[8] 등이 주장한 신불교와는 근본적으로 성질을 달리하였다. 문화수준이 높은 중국에서 들어온 최신 불교로서 선은 당시 일본인에게 상당히 흥미로웠을 것임에 틀림없지만, 기존 불교와는 다르게 난해하였기 때문에 송나라의 선이 이식되는 과정이 원활했다고는 할 수 없을 것이다. 예로부터 내려온 불교제도인 히에이 천태比叡天台[9]는 특히 선의 일본 이식을 종교권력의 방해로 생각하였으며, 가마쿠라 시대의 서민불교 지도자 등은 선의 종교제도와 규범을 이유로 들어 엘리트 종교라고 배척했다. 선의 가르침 그 자체는 간단한 것으로 '직지인심直指人心' '견성성불見性成佛'이라고 한다. 그런데 이 가르침이 복잡하고 지적인 중국 불교사상 개념에 편입되어 있었기 때문에, 당시 일본인에게는 파악하기 어려운 것이었다. 선 지도자 등은 다른 불교유파나 기독교 지도자들이 했던 것처럼 일본 내의 저항과 싸워 이겨서 일본인 선 지지자들에게 외래제도를 이해시키고자 했으며, 동시에 어떻게 해야 이 제도를 순수하게 유지시킬 수 있는가라는 딜레마에 항상 직면해야 했다.

여기에서 두 가지 문제를 거론해 보고자 한다. 하나는 외래제도인 선종이 어떻게 완전하게 전파될 수 있었을까 하는 문제고, 또 하나는 일본의 선 사원이나 선 제도는 겉으로 나타나는 그대로 중국적이었는가, 아니면 선이

---

4) 1213~1278년. 임제종 승려.
5) 1133~1212년. 정토종(淨土宗)의 시조.
6) 1173~1262년. 정토진종(淨土眞宗)의 시조.
7) 1222~1282년. 니치렌 종의 시조.
8) 1239~1289년. 시종(時宗)의 시조.
9) 대승불교의 한 종파인 천태종이 나라 시대에 당나라 승려 감진에 의해 전해져, 교토의 히에이잔 (比叡山)에 사이초(最澄)가 사원을 건립한 이후 활발히 전파되었기 때문에 그 이름을 따서 히에이 천태라고 부른다.

중세일본에 도입된 순간부터 수용을 위한 적응이 이루어졌는가 하는 문제다.

2. 일본에서의 송나라 선의 재생

일본의 선 지도자나 영향력 있는 속세의 신자 등은 중국의 선 제도를 가능한 한 충실하게 소개하려고 애썼다. 중국 사원에서 수행하면서 에이사이, 도겐, 엔니 등은 좌선과 문답에만 주의를 기울인 것이 아니라 사원제도와 조직, 일상생활 같은 규범 등에도 상당한 관심을 보였다. 예를 들면 에이사이는 사탑(특히 경덕사의 천불각)의 보수와 재건에 힘을 쏟았다. 에이사이가 차를 장려한 것은 중국사원에서 다례의 중요성을 관찰했기 때문이며, 벤엔이라고도 불리는 엔니는 중국 경산의 무준사범無準師範10) 밑에서 수행하고, 일본으로 돌아온 후에도 소실된 경산의 불당을 재건하기 위해 하카타에서 건축자재를 보내기도 했다.

일본의 승려들은 정통한 선 사상을 가장 잘 전해주는 중국의 청규清規11)에 특히 깊은 관심을 가졌다. 또 중국 선 사원제도의 모든 면을 상세하게 보여주는『선원청규禪苑清規』와 그 밖의 청규를 종종 인용하곤 했다. 예를 들면『흥선호국론興禪護國論』에서 에이사이는『선원청규』를 인용 참조하여 계율을 받드는 것의 중요성(「법령구주문令法久住門」 제1조에 선종의『선원청규』에서 말하길, 참선문답은 계율보다 우선한다)과, 진정한 선 사상의 기초가 되는 사원 생활을 강조하곤 했다(「건립지목문建立支目門」 제8조에 선의 이상 개념은『선원청규』에 기초한 사원 생활이다).

도겐과 엔니 모두 대부분은『선원청규』를 기초로 해서 각각 청규를 편찬했다. 예를 들면 도겐은 청규에서 요구하는 규범은 '지관타좌只管打坐'라고 하는 끊임없는 좌선으로 불도를 행해야 한다고 확신했다. 도겐에게 선사의 의례예법은『선원청규』와 기타 청규로 전해 내려온 석가모니의 종교적 헌신을

---

10) 1177~1249년. 중국 남송시대의 선종 승려.
11) 청결한 규칙이란 뜻으로 선종에서 정한 사원에서의 생활규칙.

표현한 것이고, 인도나 중국의 위대한 스승들, 특히 백장百丈[12])의 '좌작진퇴坐作進退'를 표현한 것이기도 했다. 이 '행불위의行佛威儀'의 전통을 당시 일본인에게 그대로 전파하려고 한 도겐은, 『정법안장正法眼藏』에도 『영평청규永平淸規』에도 모두 자세한 규칙들을 많이 도입했다. 그 때문에 도겐을 이해하기 위해서는 단순히 종교사상사의 관점에서만이 아니라 종교제도의 전달, 전통대 혁신의 균형이란 관점에서도 볼 필요가 있다.

중국의 선 제도를 그대로 일본에 전파시킬 결심을 한 도겐은 제자들의 수행생활에 관한 빈틈없는 규칙을 만든다.

－규율을 받드는 예법에 관해 도겐은 「출가략작법出家略作法」, 「조정법보살계작법佛祖正法菩薩戒作法」, 「교수계문敎授戒文」 그리고 『정법안장』의 「수계受戒」 등을 편찬했다.

－좌선의 의례와 규칙에 관해 「보권좌선의普勸坐禪儀」, 『정법안장』의 「좌선의坐禪儀」를 적었다.

－승당僧堂에서의 바른 마음가짐과 예법 그리고 집단생활의 기초를 구축하기 위해 「변도법弁道法」, 「중운당계重雲堂戒」, 「대대기오하도리법對大己五夏闍梨法」, 「부죽반법赴粥飯法」 등을 저술했다.

－선사의 본당이나 승당에서 경전을 바르게 읽는 예법을 가르치기 위해, 또는 중료衆寮[13])에서의 학습에 관한 규칙으로 『정법안장』의 「간경看經」, 「중료잠규衆寮箴規」를 저술했다.

－수행의 순수한 표현으로 후가後架,[14]) 동사東司[15])가 있고, 욕실 예의에 관해서는 「세면洗面」, 「세정洗淨」에서 매우 상세하고 친절하게 설명했다.

도겐 사후 몇 년이 지나 「전좌교훈典座敎訓」, 「대대기법對大己法」, 「변도법弁道法」, 「지사청규知事淸規」, 「부죽반법赴粥飯法」, 「중료잠규衆寮箴規」가 『영평청규』

---

12) 720?~814년. 중국 당나라 시대의 선승인 백장회해(百丈懷海).
13) 수행승의 공부방.
14) 세면소.
15) 변소.

난젠지 동사의 내부와 외부 모습

에 수록되었다.

「전좌교훈」은 전좌典座16)로서의 행동에 대한 지침이나 선禪에 대한 바른 태도 등을 적은 것인데, 『선원청규』 제3권의 「전좌」 항목과 중국에서 도겐이 늙은 전좌와 만났던 체험 등을 바탕으로 하여 작성되었다. 「지사청규知事清規」는 사무를 담당하는 승려의 실질적인 면과 정신적인 면에서의 지침서다. 『선원청규』에는 4 지사知事,17) 6 두수頭首18)라고 적혀 있지만, 도겐은 6 지사 즉 도사都寺, 감사監寺, 부사副寺, 유나維那, 전좌典座, 직세直歲와 6 두수 즉 수좌首座, 서기書記, 지장地藏, 지객知客, 지욕知浴, 지전知殿으로 했다. 지사에 추가된 도사와 부사는 재무담당자인 감원監院이 둘로 나뉘면서 창설된 것으로 모두 관리직이다. 이것은 『선원청규』가 작성될 무렵부터 도겐이 중국으로 건너간 무렵까지 1세기 동안 선 사원제도와 경제가 더욱 복잡해졌음을 말해준다. 도겐이 「지사청규」 안에 유나, 전좌, 직세라는 관리직 항목을 중국의 『선원청규』 제3권에 적혀 있는 대로 인용하고 부연 설명을 덧붙인 것을 보더라도, 중국 청규의 전통적인 사원제도와 가능한 한 비슷하게 만들고

---

16) 식사 담당 승려.
17) 잡무와 서무를 담당하는 승려.
18) 사원의 운영을 담당하는 승려.

자 했던 도겐의 의도를 확실히 알 수 있다. 도겐 이후 조동종의 보급에 힘쓴 게이잔 조킨螢山紹瑾19)도『형산청규螢山淸規』를 편찬할 때 『선원청규』를 직접 인용했다.

외국의 많은 승려가 몽골 습격의 압박을 피해 일본으로 건너오지 않았다고 한다면, 또 호조北條 싯켄執權20)과 조정이 선을 보호하지 않았더라면, 과연 에이사이나 엔니가 교토와 가마쿠라에 소개한 임제선이 절충적인 색조를 띠지 않은 독립된 종파로서 뿌리를 내릴 수 있었을지 의심스럽다. 란케이 도류蘭溪道隆, 곳탄 후네이兀菴普寧, 다이큐 쇼넨大休正念, 무가쿠 소겐無學祖元, 잇산 이치네이一山一寧 등의 중국 승려는 중국 사원에서 이미 충분히 수행을 하고 온 고승들이었다. 무가쿠 소겐처럼 일본에 오기 전에 주지 같은 중요한 자리에 있던 승려도 있었다. 일본의 선 발전에서 이런 승려들이 선을 보급하기 위해 머나먼 일본을 찾아왔다는 건 매우 행운인 역사적 사건이었다. 만일 중국이 몽골의 습격을 받지 않았다면 이처럼 위대한 선사禪師들이 일본을 방문했을 리 없기 때문이다.

당연한 일이겠지만 일본을 찾은 승려들은 가마쿠라의 겐초지建長寺와 엔가쿠지圓覺寺 같은 새로운 선 사원과, 교토의 겐닌지建仁寺와 도후쿠지東福寺처럼 좀더 오래된 사원에 중국 선 사원의 수행 형태를 그대로 이식하고자 했다. 공안公案21)과 좌선 방법을 소개하는 것은 물론이고, 청규의 실천을 강조한 『선원청규』 등의 중국 청규를 강의하기도 했다. 란케이 도류는 조라쿠지常樂寺에 일본 최초의 좌선 수행처인 순수한 송나라식 선당禪堂을 여는 한편, 호조 도키요리北條時賴22)로부터 겐초지의 건립을 명 받기도 했다. 겐초지는 대규모의 순수한 송나라식 선 사원으로, 관동지방 전역에서 송나라의 선을 보급하는

---

19) 1268~1325년. 일본 조동종 중흥에 힘썼다.
20) 가마쿠라 막부의 창업공신으로 실권을 장악한 가문으로 막부정치를 총괄하는 최고 직책인 싯켄을 대대로 세습하였다.
21) 수행자가 깨달음을 얻을 수 있도록 부여하는 문제나 연구과제.
22) 1227~1263년. 가마쿠라 막부의 5대 집권자.

중심지로 활약하였다. 조라쿠지와 겐초지에서 란케이 도류는 좌선을 강조하고 엄격한 선당의 규범을 만들었다. 저녁 종소리가 울리고부터 11시까지 좌선을 하고 새벽 종소리가 울리면서부터 다시 좌선을 한다. 수행규칙을 지키지 않는 승려는 승당에서 쫓겨난다. 수행시간에 불을 쬐며 잡담을 하는 자는 1근(약 600그램) 혹은 2근의 기름이 다 탈 때까지 좌선을 한다……. 이렇게 해서 란케이 도류와 그 밖에 중국에서 건너온 승려들 밑에서 중국 남송풍의 본격적인 사원 생활과 좌선예법이 보급되었다.

잇산 이치네이一山一寧 같은 승려는 참선문답 외에도 중국의 문학, 회화, 문화 등에 관한 연구서적을 일본의 선승들에게 소개했다. 예를 들면 무소 소세키夢窓疎石는 평판 높은 잇산 이치네이에게 선을 배우고자 청했는데, 이때 한시漢詩 작문 시험을 치렀다고 전해진다. 남북조시대까지 시는 승려들 사이에서 이류 문화활동으로 여겨졌고, 그것도 주로 한시나 법어法語23)로 한정되었다. 그런데 무로마치 시대에 접어들면서 "시를 아는 것은 선禪을 아는 것과 같다"라는 주창 하에, 속세의 시문 제작에 몰두하게 된다. 이것이 오산문학五山文學24)으로 알려진 시문의 부흥으로 이어졌다. 선승들은 두보나 이백과 같은 당나라 시인과 소동파, 황산곡(황정견)과 같은 송나라 시인, 그리고 중국문화의 해석이나 감상 외에, 송학宋學 형식으로 된 중국학문의 연구에 몰두하여 일본 한문학의 역사에 새로운 국면을 열었다. 송나라 사원에 유포되었던 삼교일치三敎一致 사상25)도 일본 사원에 보급되었다.

호조 가문의 싯켄과 아시카가 쇼군 등은 일본으로 건너온 승려들을 보호하고 일본 승려를 중국으로 유학 보냈다. 뿐만 아니라, 중국 선원禪院의 정확한 사원건물 배치를 연구하도록 목수를 파견하기도 하고, 일본에서도 선승은 중국 승복을 입게 하는 등 일본에 송나라식 선을 그대로 이식하는 데 큰

---

23) 불교의 교양적인 내용을 알기 쉽게 쓴 작품.
24) 가마쿠라 시대 말부터 무로마치 시대까지 교토의 오산(五山) 선승들이 지은 한문시. 선승의 한문시를 통칭하기도 한다.
25) 불교·유교·도교는 근본적으로는 동일하다는 사상.

힘이 되어 주었다. 게다가 막부가 지원하는 절에 송나라 식의 오산五山26)제도의 도입을 확장하고 장려했다. 가마쿠라 시대 말기에는 우선 겐초지, 엔가쿠지, 주후쿠지壽福寺, 조치지常智寺 등이 막부에 의해 오산으로 지정되었다. 오산과 나란히 십찰十刹27)과 제산諸山28)도 지정되어, 고다이고 천황後醍醐天皇29)의 중흥기에는 난젠지南禪寺, 겐닌지와 도후쿠지 등 교토의 사원이 오산에 추가되었다. 무로마치 막부가 성립한 후 덴류지天龍寺도 오산에 추가되어 제도 전반이 급속도로 확장되었다. 일본의 오산, 십찰, 제산 승려들의 생활양식과 경력은 중국 국가에서 지원하는 관사官寺의 것을 그대로 모방했다(今枝愛眞, 「中世禪林の官寺機構」, 『中世禪宗史硏究』).

중국 승려들의 일본 도래의 물결이 지나간 후에도 일본의 선사禪寺는 중국의 청규에 계속 의존한다. 남북조시대에는 오산사원의 조직 기초를 만들기 위해 막 편찬된 『칙집백장청규勅集百丈淸規』(1336)가 곧바로 일본에 소개되었고, 『칙집청규』의 의례적·국가적 색조는 무가 통제하의 일본 선사에 적용되었다. 수행을 중심으로 하는 북송의 『선원청규』와 형식화된 원나라 풍의 『칙집백장청규』 간의 차이는 일본 선사의 발전에도 반영되었다(今枝愛眞, 「淸規の傳來と流布」, 『中世禪宗史硏究』).

일본의 선승과 속세의 신도 등은 중국의 청규를 들여오고 관사제도를 발전시키는 것만이 아니라, 사원건축과 건물배치에서도 송나라 선제도의 완전한 모방을 염원했다. 「겐초지 지도建長寺指圖」라든가 「엔가쿠지 경내회도境內繪圖」에 보이는 겐초지와 엔가쿠지 같은 초기 일본 사원건축의 평면도를, 일본사원이 모델로 삼았던 중국사원의 건축이나 장비, 배치도 등과 비교해 보면, 일본이 얼마나 정확하게 중국을 모방했는지 짐작할 수 있다.

호조 싯켄은 겐초지나 엔가쿠지를 건립할 생각으로 목수를 중국으로

---

26) 중국 남송시대에 선종을 보호하고 통제하기 위해 지정된 가장 격식 높은 5개의 절을 가리킨다.
27) 오산의 다음 순위에 해당되는 10개 절.
28) 십찰 다음 순위의 절.
29) 1288~1339년. 제96대 천황(재위 1318~1339년).

파견했다고 전해지는데 유감스럽게도 당시 중국사원의 도면은 하나도 보존되어 있지 않다. 도겐의 제자 뎃쓰 기카이徹通義介는 1259년경 송나라로 건너가 4년간 좌선은 물론 선사의 건축이나 청규 등을 공부하고, 「오산십찰도五山十刹圖」에 중국 선사원의 건축양식을 그렸는데, 「오산십찰도」 중 몇 개가 일본의 여러 선사에 보존되어 있다. 가장 오래된 것은 가나자와 근처의 뎃쓰가 설립한 다이조지大乘寺에 남아 있다. 교토의 도후쿠지에는 「대송제산도大宋諸山圖」, 에이헤이지永平寺에는 「지나제찰도支那諸刹圖」가 남아 있다. 「오산십찰도」의 원본은 그 건물구조도가 도겐이 중국의 천룡산 경덕사에서 수행했을 당시와 똑같다는 사실로 보건대, 1256년 천룡산 대화재 이전에 편찬되었을 것이다.

다이조지의 「오산십찰도」는 70여 개의 가람과 장비품을 그린 그림으로 2권으로 되어 있다. 그림이 모두 상세하고 대부분 실측촌법實測寸法에 따른 것으로 보아 선사 건축에 능한 사람이 그린 것으로 보인다. 이러한 그림은 청규에 적혀 있던 내용과 더불어 송나라 모델을 일본에 이식시키려 했던 승려나 목수들에게 상당히 많은 도움이 되었을 것이다. 대부분의 도면은 중국 오산에 해당하는 사원 그림으로, 엔니의 스승인 무준사범이 거처한 경산 만수사의 것이다. 경산에는 법당, 법좌, 승당평면도, 승당의자, 승당좌상, 운판雲板[30] 등이 있는데 불행히도 건물배치도는 없다. 천룡산 경덕사, 북산 영은사, 천태산 만년사 등 중국의 중요 사원과, 일본의 임제종과 조동종 양파의 모태가 되는 절에는 매우 상세한 건물배치도가 남아 있다. 겐초지와 엔가쿠지, 에이헤이지 등의 초기 일본 선 사원의 건물배치도를 이들 중국 사원의 평면도와 비교해 보면, 소위 일본의 「칠당가람七堂伽藍」이 중국 모델을 배경으로 해서 어떻게 완성되었는지 정확하게 알 수 있다. 중국의 선 사원과 마찬가지로 일본 선 사원의 배치를 보면 중앙에 산문山門, 불당, 법당, 방장方丈이 있고, 좌우 양측에 승려들의 방과 부엌이 있다. 중국식 건축처럼 일본의

---

30) 시각 등을 알릴 때 두드리는 철이나 청동으로 만들어진 구름모양의 판.

임제종 쇼코쿠지 배치도

선 사원은 돌을 쌓은 기단 위에 지어졌고, 45도로 기울어진 지붕은 '시한四半'이라 불리는 평평한 기와와 각석으로 만들어졌다. 이러한 건축양식과 내장은 중국 사원에 사용된 것을 그대로 모방한 것이다(横山秀哉, 『禪の建築』).

　이상은 일본의 선 수행자 및 신도들이 가장 전통적인 중국 선 사원 생활과 종교제도 일반을 일본에 소개하려고 한 강한 희망의 표현이다. 중국과 일본 승려들 사이의 빈번한 왕래, 일본 사원에서 중국 청규의 사용, 「오산십찰도」의 편찬, 속세 신도들의 선에 대한 활발한 지지 등의 요소가 맞물려 가마쿠라 시대 말기까지 일본에는 거의 완전한 송나라식 선 양식이 확립된 것이다. 무로마치 시기까지는 일본의 오산 선사는 일본사회 안의 중국문화지구가 되어 참선문답 및 중국문화, 미술, 사상 보급의 안내자 역할을 하였다. '중국 물건' '중국 양식' '한문학' 붐은 미술품의 수입과 오산에서 출판된 경전을 통해 일본에 전파되었다. 선승뿐 아니라 무가나 귀족들도 이렇게 해서 중국문화의 주류 중 하나와 직접적이고 친밀한 접촉을 가졌다(村井康彦, 「變動する東アジア」, 『講座・比較文化 1－日本列島文化史』).

3. 일본사회의 선 종교제도 변용

일본은 결국 중국이 아니었다. 종교적 환경, 역사적 발전, 사회적 조직, 문화적 수준, 국가의 특징 등 모두가 달랐다. 이들 조건이 중국 선 제도와 일본문화 사이의 변용을 일으켰다. 표면상 모든 면에서 중국적이었던 선 사원제도의 배후에서 일본화로의 타협이 시작되었다. 이 변용은 도겐 사후 조동종파의 발전과 함께 두드러지지만, 이는 중국 전통의 유지를 주장하는 임제종파에게도 나타난다.

에이사이나 엔니가 중국의 순수한 선 사원을 방문하여 일본에도 같은 사원을 설립하고 싶어했음에도 불구하고, 겐닌지, 도후쿠지에는 선 양식의 건물배치 안에 천태밀교31)의 건축이 혼합되었다. 선이 일본에 뿌리내리기 위해서는 적어도 처음에는 특히 히에이잔에 대해 타협적으로 저자세를 취해야 했기 때문이다. 이것이 절의 설립 시조가 죽은 사후에도 절이나 탑두塔頭32)의 성격에도 영향을 미쳤다. 이후 란케이 도류 외의 도래 승려에 의해 고쳐졌다고는 해도 천대밀교적 색채는 계속 남았다.

가마쿠라 시대 말기 겐초지나 엔가쿠지 같은 순수한 송나라식 사원에서조차도 초기의 건물배치도를 보면 건물배치나 건축양식, 자연이용법, 정원 설계 등에서 일본적인 특성을 엿볼 수 있다. 「겐초지 지도」와 「천룡산가람도」를 비교해 보면, 초기의 일본 선 사원은 같은 시기의 중국 사원보다 규칙적이고 대칭적이다. 송나라 선 사원의 경우, 욕실이나 변소는 편의상 승당 뒤쪽 가까이에 배치되었으나 일본의 선 사원은 가운데를 중심으로 대칭을 이루는 형식적 배치여서 기능이 결여되어 있다. 승려들의 방과 부엌은 모두 사람으로 치면 손발에 해당되는 위치에 배치되었다.

건축기술도, 일본의 선종 양식은 노고야野小屋,33) 다루기垂木,34) 구미모노

---

31) 804년 당나라에 들어간 사이초(最澄)가 일본으로 돌아와 도입한 종파. 교토 히에이잔이 중심지다.
32) 특히 선종의 경우 시조가 죽은 후 제자들이 그를 기리기 위해 세운 탑 근처나 경내에 세운 작은 사원.

組物35) 등을 짓는 데 일본적인 취향이나 정돈된 느낌을 반영하여 송나라 건축보다 세밀한 점에서 세련된 것 같다. 무로마치 시대까지 중국 선 사원의 여러 특징을 채용하면서도 일본 건축기술의 전통이나 일본적 감각을 기본으로 하여 일본식 선종 건축을 고정화시켜 나갔다. 중국 선종과 똑같은 불당, 법당, 승당 등 일본 선 사원의 주요 건축물이 기단 위에 세워지고, 시한지키도 마四半敷土間,36) 가토마도花頭窓,37) 예각을 이룬 지붕 등이 모습을 보이는가 싶더니 점점 지붕이나 창문 형태가 부드러워지며 일본 양식으로 변화되는 징조를 보이기 시작했다. 선명한 채색의 중국 사원은 중세 일본의 선사에도 소개되었던 것으로 보이지만, 점점 흰 나무에 대한 일본적인 취향이 싹텄다. 일본화된 것 가운데 눈에 띄는 하나는 주지의 방인 방장의 양식이다. 송나라 선 사원의 주지의 방은 거의 확실히 모두 나무판을 깔지 않은 흙바닥이었는데, 「겐초지 지도」와 「엔가쿠지 경내회도」를 보면 중국식과 일본의 고유양식이 혼합되어 있음을 쉽게 엿볼 수 있다. 주지가 일상 생활을 하는 사적인 장소인 내실에는 일본의 주택양식이 채용되었다. 「겐초지 지도」를 보면, 대객전大客殿38)에는 중국식 누각 외에 일본 신덴즈쿠리寢殿作リ39)의 특징인 시토미도蔀戶40)나 쓰리도노釣殿41)처럼 보이는 것까지 있음을 알 수 있다.

주지의 방인 방장의 건축을 통해 대륙의 선 양식은 일본의 신덴즈쿠리와 혼합되어 쇼인즈쿠리書院作リ42)를 만들어냈고, 이는 무가의 저택양식으로

---

33) 들판의 작은 오두막.
34) 지붕을 지탱하기 위해 기둥에서부터 처마 끝까지 걸쳐두는 긴 나무.
35) 사원건축 양식에 주로 사용되는 기둥과 지붕을 묶어주는 장치.
36) 돌이나 기와, 타일 등을 45도 각도로 비스듬하게 깐 바닥.
37) 창문틀의 윗부분이 꽃잎 모양으로 된 창문.
38) 신도를 위한 장소로서 대법회나 연회, 행사 등에 사용되었다.
39) 헤이안 시대 귀족의 저택양식으로 남쪽을 향해 침실을 두고 그 동서북 3 방향으로 각 방향마다 두 쌍의 방을 붙여 복도로 연결시키는 방식.
40) 햇빛, 비, 바람을 피하기 위해 격자 사이사이를 나무판으로 댄 문.
41) 남쪽 끝 연못에 면하여 사방 풍경을 감상할 수 있게 만든 방.
42) 주지의 방 또는 서재에 해당되는 쇼인(書院)을 중심으로 한 주거양식. 변소와 현관을 분리하고, 개개의 건물은 단일한 기능을 갖도록 만든 건축양식.

널리 보급되어 그 후 근대일본 건축의 기초가 되었다. 이러한 대륙의 선 건축양식과 기존의 일본 건축양식과의 혼합은 기타야마 문화北山文化43)의 축도라고도 할 수 있는 긴카쿠지金閣寺가 상징적으로 나타내준다. 긴카쿠지는 3층의 누각으로, 아래 2층은 시토미도 등을 사용했고, 신덴즈쿠리 양식의 아미타당, 불간관음당佛間觀音堂이 있고, 최상층은 선종 불당양식이다.

선 사상에는 깨우침을 여는 하나의 가르침으로서 자연존중이라는 것이 있는데, 송나라의 사원 평면도를 보면 사원이 나무, 강, 산에 둘러싸여 있음을 알 수 있다. 송나라 사원에서는 차경借景44)을 하기도 하고, 사원 주변의 산, 강, 다리 등의 뛰어난 자연미를 십경十景으로 지정하는 것이 관습이었다. 「겐초지 지도」나 기타 평면도를 보아도 알 수 있듯이, 차경의 이용은 일본의 선 사원에도 계승되어, 항상 풍광이 아름다운 자연을 배경으로 한 나무들로 둘러싸인 산기슭에 세워졌다. 아시카가 다카우지足利尊氏45)가 무소 소세키의 권유로 고다이고 천황의 영혼을 기리기 위해 세운 덴류지는, 사가嵯峨46)와 아라시야마嵐山의 전경을 십경十景으로 지정했다.

덴류지 외에도 기후 현47)의 에이호지永芳寺라든가 교토 사이호지西芳寺의 정원을 설계한 무소와 같은 승려 등의 영향을 받아 일본의 선 사원식 정원은 일본의 새로운 미적 정신을 표현하는 특징을 드러내게 되었다. 자연의 차경借景을 사용하는 선 양식인 '가라산스이唐山水'로부터, 다이토쿠지大德寺의 다이센인大仙院이나 류안지龍安寺의 석조만을 사용하여 산수를 표현한 '가레산스이枯山水'로의 변천은, 일본 선승들이 하늘과 땅의 모든 자연의 무심無心을 나름대로 정의하고 송나라 선종의 선례를 응용한 것이다.

그런데 관조계발觀照啓發의 가르침에 도움이 되고자 선 사원에서 발전한

---

43) 무로마치 시대 초기 아시카가 요시미치(足利義滿)의 산장이 교토 기타야마(北山)에 있었기 때문에 붙여진 명칭으로, 선종을 배경으로 무가문화와 귀족문화가 융합된 문화다.
44) 정원 외에 자연경관을 정원의 한 요소로 활용하는 것.
45) 1305~1358년. 무로마치 시대의 초대 쇼군(재직 1338~1358).
46) 교토 오이가와(大堰川) 동쪽지역. 반대쪽의 아라시야마와 더불어 명승지로 유명하다.
47) 주부(中部) 내륙지역.

산수화나 기타 수묵화에서는, 세세히 중국의 전통을 유지하고자 한 움직임과 자연이나 깨달음에 대한 일본인의 감각과 견해를 표현하고자 하는 흐름과의 미묘한 균형을 찾아볼 수 있다. 셋슈 도요雪舟東楊[48])에 의해 당나라 그림을 모방하던 데서 일본적 산수화로의 이행이 완료된 것이다.

일본적 취향이나 환경에 대한 순응을 표현한 것은 건축과 정원만이 아니었다. 청규의 사용에서도, 임제종과 조동종 두 파의 모든 선 지도자들은 외래제도를 도입하면서 일본의 사회적·종교적 조건을 고려해야 했다. 이미 살펴보았듯이 도겐은 중국의 청규 특히『선원청규』를 크게 활용했다. 도겐은 중국 선승들의 수행 정신이나 송나라 사원제도의 가장 엄격한 면에 강렬한 인상을 받는 한편, 남송 사원의 형식화나 귀족화, 세속화의 징후로 여겨지는 것들에 대해서는 비판적이어서, '교선일치教禪一致[49])나 '삼교일치'의 견해를 부정했다. 이후 도겐은 특히 당시 중국에서 지배적이었던 대혜파大慧派의 간화임제선看話臨濟禪 교리에 대해 비판적이 되었다. 도겐은 당시의 선 수행에 대해 비판하면서 다른 파의 교리를 열악한 수행이라고 엄격히 비판한 스승인 뇨죠如淨의 가르침을 반영하여 정법正法을 구하는 공명정대한 일본의 선 수행승으로서의 독립을 주장했다. 뇨죠와 마찬가지로 도겐은 복고풍 선, 즉 육조六祖라 불리는 혜능慧能, 백장회해百丈懷海 등과 같은 당나라 선사禪師의 엄격한 수행에 주목했다.『백장청규百丈淸規』는 도겐이 중국으로 건너가기 전에 이미 유실되었던 것임에도(만일 실존했더라도 도겐은 읽을 기회가 없었을 것이지만),『정법안장』이나『영평청규』안의 대부분의 청규가 백장을 근거로 하였다고 주장했다.『선원청규』를 사용할 때 도겐은 종종 독자적인 주해를 달았다. 도겐은 단순히 당나라 선사의 규칙을 복구하려고만 한 것이 아니라, 선 사원의 생활이나 수행의 기반이 되는 규칙의 역할을 고쇼지興聖寺나 에이헤이지永平寺의 젊은 일본 제자들에게 자세히 소개함으로써, 이 규칙이

---

48) 1420~1506년. 무로마치 시대의 화승.
49) 다양한 불교사상과 선을 통일하고자 함.

얼마나 의미 있는 것인가를 알리고자 했다.

도겐은 복고적 선과 일본에서의 순응이라는 두 가지 우선 문제를 충족시키고자 규칙의 핵심이 되는『선원청규』를 이용하고, 필요에 따라 그것을 확장하거나 수정하였다. 예를 들면「전좌교훈典座敎訓」은『선원청규』의 '전좌' 항목을 철저하게 확장한 것이다. 도겐은 그 안에서 자세하고 친절하게 전좌의 의무와 바른 마음가짐을 설명하고, 단순하면서도 엄격한 선 사원 수행의 원형으로서 전좌를 다뤘다.「지사청규」나「부죽반법赴粥飯法」도『선원청규』와 상당히 비슷하지만, 역시 일본의 조건에 맞도록 쓰여졌다. 소사쿠宗頤가 쓴「좌선의坐禪儀」는『선원청규』에 포함되어 있는데, 도겐은「보권좌선의普勸坐禪儀」의 기반으로 그 일부를 사용했다. 그러나 또 한편으로 도겐은 소사쿠의「좌선의」가 백장의 원 의미와 달리 달마의 선을 왜곡했기 때문에 수정할 필요가 있다고 주장하기도 했다.

도겐이 죽은 후 그 제자인 뎃쓰 기카이와 게이잔 조킨 등이 일본의 밀교나 정토에 강하게 영향을 받게 되어, 조동종파의 선은 서서히 도겐 당시의 중국적 색채를 잃어 간다. 이러한 일본화는, 임제종파의 선이 쇼군의 비호를 받았던 것과는 대조적으로 선을 일반 민중에게 널리 보급시키기 위해 채택한 고의적인 과정이었다. 이 일본화된 조동종파의 선은 근세기에 급속히 확장되어 오늘날에는 15,000개 이상의 절이 있으며 일본에서는 두 번째로 큰 교단이 되었다. 조동종파 선의 일본화 과정은 게이잔 조킨의「청규」,「가나법어假名法語」,「전광록傳光錄」등에서 엿볼 수 있다. 즉 순수한 선 정신을 유지하면서도, 일반 일본인들에게 받아들여질 수 있도록 형식과 제도를 바꾸어 실행하려는 태도가 나타나 있다.

임제종에서도 선의 수행 방식에 일본사회에의 순응과 일본화 징후가 나타난다. 일본의 임제종 선이 발전하게 되는 초기단계에 에이사이나 엔니의 제자들은 대밀선臺密禪을 제창했다. 다시 에이사이의『흥선호국론興禪護國論』의 제2부문인「진호국가鎭護國家」는 다른 파로부터 선이 독립해야 한다고 주장하는 한편, 선을 국책으로 돌려 선종을 부흥시키는 것이 국가를 지키는 것이라고 결론지었다. 앞에서 이야기했듯이 란케이 도류와 같은 중국 선사 밑에서 가마쿠라와 교토의 임제종 선은 순수한 송나라식 선을 목표로 삼았지만, 중국 선사 등의 밑에 있을 때도 일본적 조건과 일정하게 타협하는 것은 피할 수 없었다. 예를 들면 도래 승려들은 몽골 습격에 대비한 막부의 근심을 덜기 위한 기도를 거부하지 않았을 뿐 아니라, 막부를 지지하였다. 기도가 모든 선종의 불가결한 요소가 된 후에는 좌선이나 문답, 잡무 등 선종의 모든 중심적인 활동시간까지 그 기도시간에 할애하기에 이르렀다.

임제종파에서는 일본이나 중국의 선승들이 『선원청규』 등의 중국 청규를 모든 종파에 소개하기는 했지만, 미숙한 일본의 사원조직에서는 그런 고도의 규칙을 바르고 완벽하게 적용시킬 수 없었다. 이 점에서 도겐이 직면한 것과 똑같은 문제에 직면하였다. 중국 승려인 곳탄 후네이는 가마쿠라 승려와 신도들의 선에 대한 이해수준이 낮은 데 염증을 느끼고 중국으로 되돌아갔다고들 한다. 이 문제를 해결하기 위해 중국 승려 세이세쓰 쇼초清拙正澄는 송나라의 『선림비용청규禪林備用清規』를 강조하기도 하고, 일본 사원의 현실적인 환경에 더 잘 맞도록 단순화시킨 『대감청규大監清規』를 편찬했다.

남북조시대 무렵부터 임제종의 많은 승려들은 중국 모델에 기초한 청규와 일본 실정에 맞는 것을 따로따로 만들었다. 곧 가마쿠라와 교토의 거의 대부분의 주요 사원에서 많은 규범이 만들어지게 되었다. 대표적인 소규모 청규로는, 1239년 교토 린센지臨川寺의 작은 서원에서 사원 생활을 규율하기 위해 무소 소세키가 편찬한 『임천가훈臨川家訓』이 있다. 린센지는 무소 파의 중심사원 중 하나로 중요한 십찰에 속하는 절이기도 했다. 『임천가훈』은 중봉명본中峰明本50)이 쓴 『유주가훈幼住家訓』에서 인용한 것으로, 당시 일본사회의 특유한 현실문제에 주의를 기울였음을 시사해 준다. 무소는 『임천가훈』에서 세속 신도들과의 빈번한 교류가 수행을 방해할까 염려하여 엄격한

---

50) 1236~1323년. 중국 원나라 선승.

참선의 도를 만들었다. 무소는 조정이나 막부를 위한 기도를 제외하고는 신도들을 위한 임시 기도도 금했다. 또한 송나라식 수행 형태로 에이사이와 도겐에 의해서 일본에 소개되었다가 일본의 많은 선사에서 이미 사라진 '4시 좌선'을 강조했다. 주지승이나 노승들이 사적으로 은둔처를 만드는 것을 금하고 승당 생활에 참가할 것을 명했다. 행사비용을 삭감하기 위해 법당 건립이나 상당上堂,[51] 법회 의식을 금했다. 시대의 혼란을 반영하여 막부가 선사원에 발동한 규칙대로, 무소도 또한 사원 안으로 무기를 가지고 들어오는 것을 강력히 금지했다. 또한 무소는 사원을 효과적으로 관리하기 위해 장주莊主에게 멀리 떨어진 장원을 맡게 하고, 도사都寺[52]에게 절 주변의 전답을 감독하도록 했다.

무소 소세키의 선이 다른 분야에서도 일본적 조건에 호응하는 징후를 볼 수 있다. 선을 전파하기 이전 무소는 진언밀교 특히 화엄교와 관음신앙의 가르침을 받았고 그 영향에서 완전히 벗어나지 못했다. 무소의 선은, 유입된 송·원의 선 사상과, 일본사회에 맞춘 새로운 형태인 일본 임제종 선을 탄생시킨 전래 일본 불교사상과의 혼합이었다. 잇산 이치네이의 송나라식 선을 추구하다가 한계를 느낀 무소는 무가쿠 소겐無學祖元의 제자 중 한 명인 고호 겐니치高峰顯日 밑에서 깨우침을 얻게 된다. 고호 겐니치는 고사가後嵯峨 천황[53]의 아들로서 천태종을 배운 후 '선교일치' 사상을 제창한 인물이다.

무소는 이 밀교적 경향을 자신이나 제자 모두에게 금지시키려 한 듯하지만, 『몽중문답夢中問答』에서, 또는 새로 건립된 덴류지 본존으로 무소가 고른 것이 비로자나불이었다는 점, 덴류지를 화엄법계의 현시로 건립하였다는 점 등에서 무소의 밀교적 경향을 엿볼 수 있다. 『몽중문답』은 전문 선승을 대상으로 한 난해한 한문체 글이 아닌 일본어로 쓰여 있어 아시카가 다다요시 足利直義[54] 같은 속세 무사들의 관심을 불러일으켰다. 이 책은 무소의 선을

---

51) 주지가 설법하거나 승려들과 문답하는 것.
52) 주지 바로 아래 있으며 절의 모든 사무관계를 총괄하는 최고직.
53) 1220~1272년. 제88대 천황(재위 1242~1246).

친절하고 간명하게 설명하였다. 그러나 그의 선은 직접적이면서 간명하지만 약간 교리적이고 지나치게 에둘러서 이야기하는 부분도 있다. 예를 들면 『몽중문답』에서 그는 다음과 같이 말했다.

> 만일 사람이 선禪을 물을 때, 공자나 맹자, 노자, 장자의 말로 답하는 경우도 있고 또는 교가소담教家所談의 법문을 가지고 답하는 경우도 있고 혹은 세속의 속담을 가지고 답하는 경우도 있는 등……

무소는 선을 설명하기 위해 중국과 일본의 불교적 혹은 세속적 소재를 사용했다.

남북조와 무로마치 시대에 오산의 중심이 가마쿠라에서 밀교 전통이 강한 교토로 옮겨지고 오산의 선이 조정이나 귀족사회와 접촉하여 귀족화되면서, 자연이나 세속적인 중국문학 및 문화에 대한 관심이 높아지고 오산의 선은 밀교적 색채가 강해졌다. 히가시야마 시대東山時代55)에 이르기까지 오산의 선은 토착적인 민간신앙 및 정토신앙과 혼합되었다. 염불을 하는 선승까지 있었다. 중국 오산문학의 전통은 주간 엔게쓰中巖圓月, 기도 슈신義堂周信, 젯카이 주신絶海中津, 스이케이 슈호瑞溪周鳳 등에 의해 일본 선 사원에서 최고조에 달했지만, 동시에 이미 스이케이 시대에 밀교나 정토교가 선 사상에 침투하여, 일본화시키는 요소 중 하나인 민간신앙이 오산문학에서 더욱 눈에 띄게 되었다. 일본어와 한문이 혼합된 시문구가 번성하면서 오산 승려가 쓴 시문에는 일본적 향기가 더욱 진해졌다. 오산 승려는 접촉이 많아진 귀족의 교양과 습관을 배우게 되고 『헤이케모노가타리平家物語』 같은 책을 읽는 등 중국적 교육뿐만 아니라 일본적 교양도 몸에 익혔다.

무로마치 시대 오산의 선 사상과 오산문학에서 중국과 일본의 종교적

---

54) 1306~1352년. 남북조시대의 무장.
55) 문화사적으로 미술사상의 시대구분 중 하나로, 무로마치 중기의 아시카가 요시마사(足利義政)의 치세기. 히가시야마 산장으로 피신한 아시카가 요시마사를 중심으로 발달한 문화를 일컫는다.

혹은 세속적 요소의 혼입을 가장 상징적으로 잘 보여주는 예의 하나가 선승 화가가 즐겨 그린 송나라 천신天神 그림이다. 가마쿠라 시대의 스가와라노 미치자네菅原道眞는 기타 천신北野天神으로 불리며 거의 문신文神으로서 널리 존경을 받았다. 그는 문인취미의 선승들로부터도 존경을 받아, 선승들 사이에서는 그가 벚꽃을 가지고 당나라로 날아가 무준사범 밑에서 선을 배운 후 올바른 선의 가르침을 일본에 소개했다는 전설까지 퍼졌다. 이렇게 해서 일본 시의 전통은 중국문학의 전통 위에서 계승되게 되었다.

선승 가운데는 전통적인 선 수행이 빈약해지고, 관료화·세속화·형식화 되는 데 대해 혐오감을 느껴, 송나라식 선의 전통을 엄격히 유지하는 다이토쿠지大德寺나 묘신지妙心寺의 산밑 작은 사원으로 달아나기도 하고 은둔 수행 생활을 하기도 하였다.

4. 선 종교제도와 일본중세의 정치·사회

일본사회에서 선 종교제도가 수용되는 과정을 이해하기 위해서는, 선 사원의 생활과 선승의 사상·문화적 활동에 일어난 변화를 살펴보는 것뿐 아니라, 선 사원제도가 일본의 정치적·경제적 생활에 어떻게 수용되었는지, 또 정치권력자에 의해 어떻게 이용되고 제도화되었는지를 아울러 살펴보아야 한다. 이를 명백히 알기 위해서는, 가장 영향력 있던 중국적인 선 사원제도와 일본 중세사회의 세력가인 정치권력이 상호 작용했음을 가장 잘 보여주는 전형적인 예인 아시카가 막부와 오산과의 관계를 조사해 보아야 한다. 다이토쿠지나 묘신지 그리고 조동종파 모두가 전국시대의 대영주와, 사카이堺56)와 교토 부호상인의 보호 아래 지방 하층무사와 시민들에게 확산되는 동안, 한편으로 오산에는 무슨 변화가 일어났던 것일까?

이미 살펴보았듯이 호조 가문은 중국의 선종제도를 모델로 삼아 오산을

---

56) 오사카 부 중남부에 위치하며 오사카 만에 접한 곳으로 남북조시대 이후 항만도시로 발전하였다.

막부에서 지원하는 관사로 지정하는 오산관사제도五山官寺制度를 구축하고자
하였다. 그리고 고다이고 천황과 아시카가 쇼군 등의 보호 아래 이 제도는
다시 갈고 닦여져 분명하게 일본적 특징을 띠게 되었다.

가마쿠라에 오산제도를 구축하겠다는 호조 가의 관심은, 다른 한편으로는
조정 및 교토의 귀족과 친밀한 관계를 맺고 있던 엔랴쿠지延曆寺57)나 고후쿠
지興福寺58) 같은 오래된 불교사원의 정치적·경제적 영향력에 대항할 힘으로
서, 새로운 선사를 이용하고자 하였다. 이러한 이유 때문에 일본 선종의
발전은 초기부터 정치와 중요한 관계를 가지고 있었다. 겐무 중흥建武中興59)
시기에 고다이고 천황은 오산의 관심을 가마쿠라에서 교토로 옮기고 난젠지
와 다이토쿠지 등의 교토 사원을 교토를 중심으로 한 오산 계급조직의
상부에 둠으로써 아시카가 가문에 대항하는 데 이용하려 했다. 아시카가
다카우지, 특히 동생인 아시카가 다다요시는 오산제도를 구축하려 한 호조-
고다이고 천황의 정책을 계승하여 자신들의 정치적 목적에도 이용하였다.

오산제도의 기초는 1386년 아시카가 요시미치足利義滿 하에서 거의 완성되
었다. 즉 상위 11개의 오산 격에 해당하는 사원을 만들었다. 오산 상上에
난젠지, 오산 제1에 덴류지와 겐초지, 오산 제2에 쇼코쿠지相國寺와 엔가쿠지
圓覺寺, 오산 제3에 겐닌지와 주후쿠지壽福寺, 오산 제4에 도후쿠지와 조치지淨
智寺, 오산 제5에 만주지萬壽寺와 조묘지淨妙寺를 두어, 5개의 오산사원밖에
없던 중국 오산제도와는 차이가 있었다. 일본 오산제도가 5개 사원이라기보
다 사원의 5단계인 격으로 확장된 것은, 교토와 관동지역 선 사원들 간의
균형을 유지하기 위해 정치적으로 필요했기 때문이기도 하고, 덴류지와
쇼코쿠지 같은 무소 파에 속하는 새로운 사원을 교토의 오산의 상위로
승격시키려 한 아시카가 쇼군의 결정 때문이기도 하였다. 그리고 쇼코쿠지에

---

57) 시가(滋賀) 현 오쓰(大津) 시에 있는 천태종의 본산.
58) 나라 시에 있는 법상종(法相宗)의 본산.
59) 고다이고 천황이 1333년 6월 가마쿠라 막부를 치고 천황의 직접통치를 실시한 것으로,
   아시카가 다카우지에 의해 남북조로 갈리기 전 약 2년 동안을 말한다.

오산의 지위를 부여하기 위해 난젠지는 오산의 상上으로 승격되었다.

십찰이 전국에 세워졌고, 십찰 단계도 오산과 마찬가지로 확장이 이루어졌다. 1342년 막부는 10개 선 사원을 십찰로 지정했다. 1387년에는 아시카가 요시미치 지배 하에서 교토와 관동지역에 따로 따로 십찰이 지정되고, 십찰의 범위는 계속 확대되었다. 오닌의 난応仁の亂[60])까지는 46개의 십찰이 생기고, 중세 말기까지 60여 개 정도로 늘어났으며 그 중에서도 무소 파가 우위를 차지했다.

십찰의 다음 단계인 제산諸山은 가마쿠라 시기 말기까지 생겼지만 그 수는 한정되지 않았고(중국의 오산제도에는 35개의 제산이 있었다), 막부의 인가를 쉽게 받을 수 있어서 더욱 급속하게 뿌리를 내렸다. 중세 말기까지 230개 이상의 제산이 생겼다(今枝愛眞, 「中世禪林の官寺機構」, 『中世禪宗史研究』).

아시카가 가문 일족이 왜 이렇게까지 선을 조성하려고 했는가, 혹은 오산제도를 확장하는 데 열심이었는지를 생각해 보기 전에, 일본의 오산사원 내부에는, 중국의 선 관사제도에 거의 존재하지도 않았고 또 거의 발달되지도 않았던 일본 고유의 경향이 진행되었다는 점에 주목할 필요가 있다. 다마무라 다케지玉村竹二가 지적했듯이 그 주된 차이점은 다음과 같다.

(1) 십방주지十方住持 문제 중국의 관사나 호조 정권 하의 초기 일본의 오산제도에서는 종파나 전통에 상관없이 관사 주지는 선에 대한 식견과 관리능력에 입각하여 사방에서 인재를 구해야 했으며, 주지는 사원을 떠날 때 자신의 제자를 후계자로 임명하는 일이 금지되었다. 이것이 십방주지제도로 알려져 있다. 그러나 남북조, 무로마치 시대가 되면 고다이고 천황과 아시카가 쇼군에 의해 개인적인 관계가 우선시되기도 하고, 오산제도 내부에서 주지 선택을 하나의 유파로만 제한하는 도제원徒弟院 제도가 만들어지기도 하여,

---

60) 1467년부터 11년 동안 계속된 내란. 이로부터 전국시대가 시작되고 이후 막부의 권위는 추락되었다.

중국식 관료의 원칙에 비추어보면 예외가 허용되었다. 도제원은 대부분 막부와 밀접한 관계를 갖고 있으면서 오산제도 내부에서 지도적 위치에 앉으려고 한 무소 파의 덴류지, 쇼코쿠지, 린센지 같은 사원이었다. 또 도후쿠지의 주지도 세이이치 국사聖一國師(엔니)의 후계자로 제한되었다. 이것이 의미하는 바는, 사원이 특정한 오산파 특히 무소 파와 세이이치 파의 본거지가 되고, 거기에서의 선 수행은 자극을 잃어버리게 되었다는 점이다.

(2) 사제관계 문제 중국 선종교단에서는 횡적유대 즉 '동포의식'이 매우 강했다. 교단은 한 명의 스승 밑에서 배운 형제와 같은 제자들의 유대로 형성되었다. 또 중국에서 제자는 많은 스승들 밑에서 가르침을 받고 그 중 몇 명의 스승으로부터 인가를 받고, 그 스승들 중에 다시 선택하여 스승의 법을 계승하는 것이 보통이었다. 그런데 일본의 선 교단에서는 사제관계, 즉 종적유대가 매우 중요하였다. '사자상승師資相承' 제도가 그것으로, 스승이 가장 뛰어난 제자를 골라 법을 전수하였다. 이는 선 종교제도의 구조에 영향을 끼친 중국과 일본의 인간관계 및 가족관계의 차이점을 보여준다 하겠다.

(3) 탑두 문제 선 사원의 문 안에는 수많은 탑두가 출현하였는데 이 또한 일본적 현상이었다. 막부는 선사에 대한 규칙 중 하나로 탑두의 건립을 제한하려 했지만 무로마치 시기에 가마쿠라나 교토의 주요 대 선사원의 경내 주변에는 40여 개의 탑두가 있었다. 어떤 동일한 법통이나 종파의 승려들은 같은 파의 시조에 대한 존경의 마음을 시조를 위한 탑 즉 탑두에 응집시키려 했다. 이러한 현상은 일본사회에서 조상숭배사상이 강했기 때문일 것이다. 탑두의 건립은 승당에서의 수행 생활이나 엄격한 규칙이 쇠퇴하는 것과 관련되었다. 승려들은 승당에서 탑두로 옮겨갔고, 근세까지 대부분의 선 승당은 무너져 방기되었다. 선사보다 탑두가 더 부유하고 영향력이 강한

경우도 있었다. 탑두 중에도 물론 엄격한 선의 정신을 유지하는 곳도 있었다. 그러나 대부분의 경우 탑두의 친밀한 가족적 인간관계가 규칙을 완화시켰고, 많은 탑두의 승려들은 끝없는 참선의 길보다는 문화적 경영에 전심하였다. 오산문학운동의 여러 분야에서 중심적인 활동이 이루어진 곳이 바로 이 주요 오산사원의 탑두였다. 중국 청규에도 '단뇨單寮'라든가 '독료獨寮'가 언급 되어 있기는 하지만, 일본의 탑두처럼 발달하지는 못했다(玉村竹二, 「禪」, 『中國文 化叢書 第10卷 日本文化と中國』).

그런데 외래의 선 사상은 왜 중세 무사와 천황, 귀족들의 관심을 불러일으 켰을까? 왜 아시카가 일족은 오산 선종제도의 전국적인 발달을 장려한 것일까? 중세 일본에서 선이 눈부신 성장을 이룩하고 전국적으로 보급된 것은, 선과 일본 무사정신 사이에서 자연발생적으로 발생된 관계 때문이라는 설명만으로는 그 답이 충분치 못하다. 송나라의 선사상은 일본 대다수의 무사들에게 한정된 의미에서의 관심만을 불러일으켰을 뿐이다. '직지인심直 指人心'이라든가 '불립문자不立文字' 등의 선사상이 무사들에게 강한 관심을 불러일으켰다는 것은 사실이고 대다수의 신도들은 확실히 무사였지만, 대부 분의 무사가 선의 지지자였다는 말은 아마 사실이 아닐 것이다. 임제종파의 선은 비교적 소수 엘리트 무사들의 지지만 받았다. 조동종파의 선은 분명 지방 하층무사 사회에 상당히 널리 보급되었지만, 이는 그나마 본연의 강한 중국적 색채가 일본 밀교와 정토적 요소 속에서 희박해진 다음에야 가능해졌 다. 14, 15세기까지도 대부분의 일반 무사는 선의 깨우침을 추구하기 위해 엄격하고 지적이며 묵사적默思的인 수행을 하기보다, 염불을 통해 구제를 약속해주는 친근하고 만족감을 주는 아미타나 『법화경』에 전심하였다.

임제종파의 엘리트 신도들, 즉 쇼군이나 천황, 슈고守護[61]들 가운데에서도 호조 도키요리北條時賴,[62] 하나조노 천황花園天皇, 아시카가 다다요시 같은

61) 막부의 지방경비나 치안담당관이었으나 그 후 거대해져 영주가 된다.

소수의 사람들만이 선을 진정한 의미에서 깊게 이해한 독실한 좌선수행자였다고 할 수 있다. 오산제도의 정비를 지휘한 사람은 아시카가 다카우지라기보다 아시카가 다다요시라고 하는 편이 옳을 것이다. 아시카가 다카우지는 확실히 무소 소세키와 오산에 대해 관대한 신도였지만, 종교문화에 대한 관심은 선이나 중국 전통보다 오히려 정토불교나 일본문화 쪽에 있었다. 아시카가 요시미치足利義滿,63) 아시카가 요시모치足利義持,64) 아시카가 요시마사足利義政65)는 모두 선승과 선사의 열렬한 지지자였다. 때로는 좌선도 하고 선 의식과 예술도 즐겼다. 그럼에도 불구하고 죽을 때는 정토종에 위안을 구하는 경우가 많았다.

이처럼 일본 무사계급을 매료시킨 중국불교의 새로운 형식을 설명하기 위해, 나아가 선종이 어떻게 하여 일본에 깊게 뿌리내렸는지를 이해하기 위해서라도, 단순히 종교적인 측면보다 다른 요소를 고려하지 않으면 안 된다. 어떤 의미에서 보면 그것은 중세 일본사회의 특수한 환경과 관련되어 있다. 이입된 선종제도를 잘 살펴보면 사회적으로도 경제적으로도 그리고 또 종교적으로도 중세사회에 중요한 기능을 하였고 사회의 불가결한 요소가 되었음을 알 수 있을 것이다. 특히 오산과 아시카가 막부는 상호의존관계를 구축하면서 한 쪽이 성공하면 다른 한 쪽도 성공하고, 동시에 또 한 쪽이 약체화되면 다른 쪽도 약체화되었다.

선, 특히 오산의 선은 송나라 문화와 학문 전파의 통로 역할을 했다. 선승들에 의해 일본에 전해진 중국 사대부의 문화적 가치관은, 새로 얻은 정치권력을 유지하기 위해, 교토 귀족들의 문화적 권위와 동등한 권위가 필요하다는 것을 절감하고 있던 무사계급에게 매력적이었다. 선승에 의해 소개된 조정권력과 사회적 질서에 관한 송나라의 유교사상은 고다이고

---

62) 1227~1263년. 가마쿠라 막부의 5대 집권자.
63) 1358~1408년. 무로마치 막부의 3대 쇼군(재직 1368~1394).
64) 1386~1428년. 무로마치 막부의 4대 쇼군(재직 1394~1423).
65) 1435~1490년. 무로마치 막부의 8대 쇼군(재직 1449~1473).

천황이나 초기 아시카가 쇼군 사이에 큰 관심을 불러일으켰다(佐藤信一, 『南北朝の動亂』).

개인 혹은 사원에서의 규율을 강조하는 선은 정치권력자들에게도 매력적이었다. 선의 도입은 적어도 초기단계에는 쇠퇴해 가던 일본의 불교사원생활을 회복하려는 보수적 개혁의 일부로 해석될 수도 있다. 일본의 선 지도자들은 위대한 송나라의 선 사원에 있는 사원규칙에 깊은 인상을 받고, 일본불교를 활성화하기 위해 중국의 선 규칙, 사원의 청규, 선묵사禪默思 기술을 이용하고자 했다. 마침 당시는 활발한 일본의 신 종교운동 지도자들이 '출가'나 '독신생활' 같은 전체적으로 엘리트적인 사원제도의 타당성에 의문을 갖던 시기였다. 호조 일가나 아시카가 일가의 시각에서 개개 선승의 수행정신과 고도로 조직화된 엄격한 선 사원제도는 모두 인상 깊은 것이었다. 또 대중 사이의 신 종교운동은 사회적으로나 정치적으로나 불안정하고 통제가 곤란한데, 안정된 선 사원생활은 그들 눈에 정치적으로 제어하기 쉽게 보였을 것이다.

선은 아무튼 신선한 것이었다. 호조 일가나 아시카가 일가로서는 교토의 귀족이나 조정 등과의 오랜 관습이나 간접적 지배로부터 불이익을 당할 염려는 없었다. 오산은 막부가 정치적으로 만들어낸 것이다. 막부는 주지를 임명할 수 있었으며 업무를 담당할 승려의 임명을 거부할 수도 있었다. 선사원을 승격시키거나 강등시키는 일은 원하는 대로 할 수 있었다. 호조 일가가 오래된 사원의 자부심에 대항하기 위해 선을 이용했듯이, 아시카가 일가도 역시 엔랴쿠지의 정치력과 경제력을 누르고, 엔랴쿠지가 교토 사원에 행사하는 권력을 약화시키기 위한 노력의 일부로서 선을 보호했다. 남북조시대에 덴류지나 쇼코쿠지를 건립한 것도 이 같은 정책의 일환이었다. 막부의 보호 아래서 오산이 (엔랴쿠지가 아니라) 이제 교토의 지배적인 최고 종교세력임을 확실히 천명하려 했던 것이다. 교토에서 선을 활발하게 장려한 것은 당연히 1360년 난젠지 누각문 철거사건을 계기로 엔랴쿠지, 온조지園城寺 등과 마찰을 불러왔다. 이러한 분쟁 속에서도 막부는 오산을 계속 번성시키기 위해 가능한 한 모든 노력을 다했다.

심혈을 기울여 조직된 전국적 오산제도는 아시카가 다다요시와 그 이후의 쇼군들에게는 명백히 정치·경제상으로 의미 깊은 것이었다. 오산제도를 통해 막부는 슈고인 영주나 관사의 신도인 지방호족들을 묶어 중앙집권적인 관료체제로 활용했다. 선승이 왕래함으로써 무가는 교토의 정치적·문화적 생활과 긴밀해지고, 지방문제와 관련된 정보를 얻기도 했다. 막부는 중국무역과 외교에만이 아니라 일본 내의 정치교섭에도 선승을 이용했다. 이마에다 아이신今枝愛眞은, 아시카가 다카우지와 아시카가 다다요시의 명령에 의해 전국에 세워진 관사인 안코쿠지安國寺는 무소 파 승려들이 차지한, 중앙권력의 종교적인 전초로 기획된 것이라고 기술했다. 같은 시기에 전국적으로 선사원 이외의 종파 소속 사원에 세워진 사리탑은, 남북조 전쟁 때 죽은 무사들의 영혼을 위로하기 위한 것이었을 뿐 아니라, 역시나 구종파와 신도들을 감시하거나 또는 군사위기 시 요새로 기능하기도 했다(今枝愛眞,「安國寺·利生塔の建立」,『中世禪宗史硏究』).

아시카가 일가는 드디어 오산의 경제적 부를 이용하게 된다. 『다이헤이키太平記』 등의 문헌으로도 남북조 시기 즈음부터 오산이 대단한 부를 축적하게 되었음을 알 수 있다. 그 부의 원류는 토지였다. 주로 호조 가문과 아시카가 가문 등의 신도들로부터 받은 여러 장원의 지토地頭66)라는 직책 덕분이었다. 오산사원의 토지소유는 엔랴쿠지, 고야산高野山,67) 도지東寺, 고후쿠지興福寺 등의 막대한 토지소유와는 비교가 되지 않겠지만, 삼백 개나 되는 오산사원을 모두 합치면 중세 일본의 최대 토지소유자 중 하나였다. 사원이나 탑두는 대부분 개별적으로도 상당히 견실한 토지수익을 갖고 있었던 것 같다(今谷明,『戰國期の室町幕府』).

이 재원은 신중하게 관리되었다. 중국이나 일본의 선사원은 상당히 능률적

66) 가마쿠라 막부의 직명. 장원의 토지를 관리하는 관리권 및 징수권, 경찰권, 재판권 등을 갖고 장원 내의 주민을 지배하였다.
67) 와카야마 현 북부에 위치한 산으로 진언종의 총본산이 있다.

인 영지관리로 유명하다. 사원 관료인 서반西班(두수頭首)은 종교적·의례적인 사항을 감독했고, 동반東班(지사知事)은 사원이나 사원의 토지관련 서무와 경리를 담당했다. 중국이나 일본의 오산의 선 지도자들은 선사원이 번성하는 이유가 정성들여 재원을 관리하고 사원토지를 직접 통제하고 유지하기 때문이라고 강조했다. 따라서 예전의 불교종파와 다르게 선사원은 장원의 주인을 대신하는 관리인 장주莊主(대관代官)로서의 권위를 갖고 지방무사의 압력 행사를 단호히 거부했다. 오닌의 난 때까지 오산사원은 동반東班인 도사都寺68)나 도문都聞69) 업무를 담당한 승려를 장주莊主로 임명했다. 사원 토지의 관리와 보수를 위해 이들 승려들에게는 연공의 일부, 통상 1할 혹은 2할이 주어졌다. 이 선승인 장주는 대부분 부를 축적하고, 선 이외의 사원의 개축계획 관리자로 또는 막부의 대관으로도 그 수요가 많았다(藤岡大拙,「禪院內に於ける東班衆について」,『日本歷史』).

토지가 선사원 번성의 기초이긴 했지만 그것만이 유일한 재원은 아니었다. 교토 사원의 동반중東班衆이 사원을 위해, 쇼군을 위해, 혹은 자신을 위해 명나라와 무역을 한 것은 이미 알려져 있다. 그러나 옛 불교종파의 사원들처럼 교토의 오산도 사채업에서 활약하였다는 사실은 아마도 별로 알려져 있지 않다. 이 사업은 두 가지 형태를 취했다. 하나는 사당전祠堂錢으로 알려진 것으로, 원래는 죽은자의 명복을 빌기 위한 사당을 보수한다는 명목으로 바쳤던 돈을 사원이 소규모 대출로 사용하였다. 또 하나는 고리대금이었다. 이것은 주로 장주라는 직책을 배경으로 하여 개인적 자산을 축적할 수 있었던 승려인 도문들에 의해 무사나 관리들에게 대부되었다.

15세기가 되어 막부의 경제상태가 악화되면서 막부는 드디어 부유한 오산, 특히 동반중을 경제적으로 이용하게 된다. 그것은 다양한 형태를 취했다. 새 주지가 관사에 들어갈 때 막부의 창고에 관전官錢을 납부해야

---

68) 주지 바로 밑에 있는 직책으로 사무관계를 담당하는 최고위직.
69) 사원에 따라서는 도사 바로 위에 두는 직책.

되는데, 액수는 주요 오산의 구몬公文[70]일 경우는 50관문, 제산일 경우는 10관문 등 다양하였다. 주지의 임기는 2년인데 막부의 경제상태가 악화되면서 그 시기가 단축되었으므로, 주지 취임비용(관전)이 막부에게는 주요 고정수입이 되었다(今枝愛眞, 「公文と官錢」, 『中世禪宗史研究』). 게다가 무로마치 시기 중반부터 막부는 명예지주의 칭호인 자쿠몬坐公文을 많이 팔고, 자쿠몬을 산 주지는 실제로는 관사에 들어가지는 않았다. 막부가 오산으로부터 얻는 다른 수입원은 주로 교토 오산의 동반중, 특히 장주나 고리대금으로 부를 얻은 도문과 도사에게 부과하는 세금이었다. 오산에 대한 막부의 경제적 착취는 오닌의 난 후에도 계속된다. 그러나 그 무렵이 되면 오산이 가진 대부분의 사원토지는 쇠퇴하고 사원경제는 빈곤해져 가장 번성하였던 도문조차 사적인 부를 축적할 기회가 적어진다. 1486년에는 교토 오산의 도문이 막부로부터 경제적 기부를 요청받았지만, 그 명령에 응할 수 없는 자 또는 오히려 가난을 호소하는 자도 많았다.

이상에서 서술한 요점을 정리하자면, 선 종교제도 특히 오산제도는 일본 중세사회에 수용되면서 급속히 발전하게 되었다. 선이 단순히 종교사상이나 철학으로만 일본에 소개되었다면 어느 의미에서는 나라·헤이안 시대처럼 옛 불교에 매몰되어 결코 독립된 뿌리를 내리지는 못했을 것이다. 사상적인 면에서도 물질적인 면에서도 하나의 완전한 종교제도로 소개되었고 이 제도가 중세일본의 사회적·문화적·정치적 필요에 부응했기 때문에, 선은 일본에 깊게 뿌리내릴 수 있었으며 가장 중요하고 활발한 불교종파로서 받아들여질 수 있었던 것이다.

5. 결론

'비교문화', '일본인의 사회'라는 관점에서 중세의 선 종교제도를 살펴보았

---

70) 주지로 취임할 때 보내는 공문서.

다. 그 결과 외래의 중국적 색채를 띤 매력을 갖고 있으면서, 동시에 당시 일본사회의 실정에 맞도록 일본인 자신에 의해 치밀하게 수정이 이뤄졌기 때문에, 선은 일본사회에 깊숙이 침투할 수 있었음을 알게 되었다. 표면적으로만 보면 중세일본의 선종 특히 오산은 사원생활의 세부사항에서까지 송나라식 선을 완벽하게 모방하였으며, 또 그것이 선 지도자들의 본래 목적이기도 했다. 그러나 다시 엄밀하게 살펴보면 그 제도는 거의 모든 면에서 일본 사회와 타협한 것이었다. 사원배치, 건축, 내부기구(관료), 종파구조, 사제관계 그리고 수행 형태 자체에서조차 즉 선종제도 전면에서 완전한 이식을 시도했음에도 불구하고, 일본화되었거나 혹은 문화적으로 선택되었다는 흐름을 볼 수 있다. 사상, 문학, 미술 즉 소위 오산문화에서도 야누스적인 이면 양상을 띤다. 다시 말해서 중국적 외래적 면도 있으며 동시에 놀랄 만큼 일본적인 면도 있다.

선은 도입 초기단계에 옛 불교종파로부터 심한 저항을 받았음에도 불구하고 왜 그렇게 깊숙이 일본에 침투하였고, 반면 놀랄 만한 족적을 남긴 기독교는 완전히 소멸해 버렸는가 하는 문제를 거론해 보는 것도 재미있을 것 같다. 물론 선은 초기부터 유리한 조건을 갖추고 있었다. 일본사회에 이미 친숙한 불교의 한 유파였다는 점, 그리고 선이 출현한 중국으로부터는 일본이 전통적으로 그 당시까지도 문화를 받아들이고 있었다는 이점이 그것이다. 이에 비해 기독교는 종교로서는 완전히 신기하고 미지의 문화권에서 왔다는 사실에도 불구하고, 불교가 아스카·나라 시대의 일본을 회오리처럼 휩쓸었듯이, 16세기에 한때 일본을 휩쓸 '가능성'은 적어도 있었다. 기독교 순교자의 열정은 이러한 가능성의 징후였다(增田義郎,「ヨーロッパと日本の出會い」, 『講座·比較文化 第1卷 日本列島文化史』). 확실히 선종과 기독교의 성립 과정에는 어떤 유사점을 볼 수 있다. 양쪽 다 단순히 '종교'라든가 '가르침'이라든가 '사상' 등으로 소개된 것이 아니라, '제도'나 '문화'로 받아들여졌다는 사실이 그것이다. 양쪽 다 '정신적' '물질적'이라는 양면을 갖고 있다는 것이 일본

지지자에게는 매력적이었다. 기독교의 경우 '포교' '남만南蠻 무역' '남만 문화'가 상호 깊이 관련되어 있다. 오산 선의 경우도 '포교'와 '중국 물건'이라든가 '중국 문화'가 똑같이 뒤얽혀 있었다. 또 오다 노부나가나 도요토미 히데요시의 기독교 보호정책과 호조, 고다이고 천황, 아시카가 쇼군 등의 선에 대한 지지에서, 정신적 측면은 물론 물질적 측면 즉 정치적·경제적·문화적 요소에 대한 공통된 관심사를 엿볼 수 있다. 즉 국민에 대해 혹은 엔랴쿠지나 잇코종一向宗에 대항해 자신들의 문화양식이나 정치권력을 옹호하려는 하나의 수단으로서 새로운 종교를 이용했던 것이다. 마찬가지로 기독교 다이묘大名와 오산 선의 보호자인 슈고와 슈고다이묘守護大名를 비교해 보면, 중앙권력과 조화를 꾀하고자 하는 비슷한 태도를 볼 수 있다. 조직화의 방법이나 포교방법 등에 대해 많은 가르침을 받은 선승이 했던 것과 똑같이, 예수회 선교사들도 사회 엘리트층의 개종(개심)에서부터 시작하여 하층의 개종을 촉진시키려고 했다. 또 선승들처럼 권력자의 상과 칭찬을 얻을 수 있었던 것은 대개 선교사의 강하고 엄격한 인격 때문이었다.

그렇다면 왜 기독교와 기독교 종교제도는 이식에 실패하고 선은 성공한 것일까? 여기에서는 다만 선종과 이베리아의 기독교를 일본이 수용할 때 태도가 어떻게 달랐는지 그 차이점을 한두 가지 제시해 보고자 한다.

선종제도는 정치적으로 사용하기 쉽고, 선승들에 의해 소개된 유교적 가르침은 봉건사회질서의 사상적인 유대에 도움을 주었다. 오산과 기타 선종은 모두 결코 정치권력에 대항하는 군사적 위협이 될 리 없었다. 기독교의 경우, 처음에는 제어할 수 있었고 도움도 되었지만, 선교사들이 점점 민중을 움직이게 되자, 도요토미 히데요시, 도쿠가와 이에야스는 기독교가 잇코종一向宗처럼 정치적 위협이 될 가능성을 내재하고 있으며, 일본 봉건사회의 질서를 시인하면서도 모든 지상 권력을 능가하는 신 앞에서의 인격 평등을 부르짖는 사상은 받아들이기 어렵다는 사실을 깨닫게 되었다.

송나라, 원나라, 명나라의 선사원과 어느 정도 접촉을 유지하면서도 얼마

안 있어 일본의 오산 교단은 일본 정치권력의 지배를 받는 일본 종교제도가 되었다. 그러나 일본의 예수회나 기독교 종교제도는 포르투갈이나 스페인 국왕 및 로마교황의 지배를 받고 있었다. 그것은 '일본에서의 종교제도'지 결코 '일본의 종교제도'는 아니었다. 이것이 결국 영국왕 헨리 8세의 경우와 마찬가지로 도쿠가와 이에야스의 심기를 건드렸다. 게다가 기독교 선교사들은 일본 관습에 어느 정도 타협하기도 하고 학대에 대해서는 무시하기도 했던 것 같으나, 기독교 도덕에 관해서는 엄격하여 남색과 일부다처 등에 대해 대단히 비판적이었다. 대체로 선승들은 주로 개인적인 선 수행에 관심을 가지고 공적·사적인 도덕지표를 만드는 일에는 별반 관심을 보이지 않았다. 이처럼 선종과 기독교는 일본 사회와의 타협 수준에서 근본적으로 차이가 났다.

마스다 요시오增田義郎가 지적했듯이 선은 일본인이 주체적으로 도입하였고 그 이식 과정에서 선을 창시한 중국인과 중국사회로부터 독립하였다. 외국에서 건너온 승려들의 역할도 물론 컸지만 결국 선종제도의 도입과 수용 과정에서는 이차적인 역할밖에 할 수 없었다. 그러나 기독교의 경우는 예수회 자체가 일본에서 기독교를 포교하기 위해 조직되었다. 이 같은 문화보급양식은 일본인이 주체가 되어 수행했던 수용 방식에 비해 소화하기 곤란했을 것이다.

참고문헌

(1) 비교문화에 대해서

村井康彦, 「變動する東アジア」, 『講座·比較文化 第1卷 日本列島の文化史』, 硏究社, 1976.

增田義郎, 「ヨーロッパと日本の出會い」, 『講座·比較文化第1卷 日本列島の文化史』, 硏究社, 1976.

(2) 중세 선종의 사상·청규에 대해서

市川白玹·入矢義高·柳田聖山, 『中世禪家の思想』(日本思想大系16), 岩波書店, 1972.

柳田聖山, 『臨濟の家風』, 築摩書房, 1969.

大久保道丹 編, 『道元禪師全集』 上下 2卷, 築摩書房, 1969~1970.

寺田透・水野弥穂子, 『道元』 上下2卷(日本思想大系12・13), 岩波書店, 1970, 1972.

鏡島元隆・佐藤達玄・小坂機融, 『譯註 禪苑清規』, 曹洞宗宗務廳, 1972.

安藤文英・伊藤俊光, 『永平大淸規通解』(增補再版), 鴻盟社, 1969.

(3) 중세의 선종제도, 사원생활과 선종의 정치적・경제적 위치 및 역할에 대해서

今枝愛眞, 『中世禪宗史研究』, 東京大學出版會, 1970.

今枝愛眞, 『禪宗の歷史』(日本の歷史新書), 至文堂, 1972.

玉村竹二・井上禪定, 『円閣寺史』, 春秋社, 1969.

玉村竹二・井上禪定, 『夢窓國師』, 平樂社書店, 1958.

玉村竹二・井上禪定, 「禪宗の發展」, 『岩波講座・日本歷史 中世3』, 岩波書店, 1963.

玉村竹二・井上禪定, 「禪」, 『日本文化と中國』(中國文化叢書10), 大修館書店, 1968.

藤岡大拙, 「禪院內における東班衆について」, 『日本歷史』 145, 吉川弘文館, 1960.

竹內道雄, 『曹洞宗敎團史』, 敎育新潮社, 1971.

今谷明, 『戰國期の室町幕府』, 角川書店, 1975.

(4) 오산문학・선문화에 대해서

芳賀幸四郎, 『中世림禪林の學問及び文學に關する研究』, 日本學術振興會, 1956.

芳賀幸四郎, 『東山文化』, 塙書房, 1962.

玉村竹二, 『五山文學』, 至文堂, 1966.

太田博太郎, 『中世建築』, 彰國社, 1958.

橫山秀哉. 『禪の建築』, 彰國社, 1967.

太田博太郎・松下隆章・田中正大, 『禪寺と石庭』(原色原色 日本美術 10), 小學館, 1967.

제14장 교육제도

에부치 가즈히로 江淵一公 · 오노자와 마사키 小野澤正喜

1. 첫머리

주지한 바와 같이 일본의 근대교육제도는 메이지 정부에 의해서 일본 근대화정책의 중요한 일익을 담당하도록 만들어진 것이었다. 그 모델은 문화적 배경을 달리하는 구미의 교육제도였다. 이질적인 문화와의 접촉을 통해 토착문화체계에 야기된 문화의 정리−재체제화再體制化 과정을 일반적으로 문화변용이라 부르는데, 일본 근대화의 역사는 주체적이고 계획적으로 도입된 문화변용 과정이라 할 수 있다. 그런데 서양에서 '수입'된 교육제도가 아무리 훌륭하다 해도 그대로 일본문화에 뿌리를 내리지는 못한다. 일본의 기존 혹은 전통적인 교육제도·관행과의 조절이 필요할 뿐만 아니라, 사회의 다른 제도들− 정치·경제·종교·가족 등−과의 조정도 불가결하며, 전체적으로 일본문화와 맞추는 작업도 해야 했다. '메이지 시기 100년'은 이문화 도입에 따른 일본문화의 재체제화를 위한 100년이었다. 그 과정 중 제도 간의 부조화로 인한 문화적 갈등도 빈번히 발생했고, 사회 안팎에서 초래된 객관적인 정세변화에 대응하기 위한 끊임없는 수정도 필요하였다. 아직 그 수정이 부적당하여 오늘날까지 이어져온 모순이나 문제가 없는 것도 아니다. 그러나 전체적으로 교육제도는 일본문화 안에서 그 적합성을 획득했다고 할 수 있겠다. 단, 어떤 제도가 문화적 적합성을 가졌다고 해서 반드시 그것이 이상적이라는 의미는 아니며, 그 제도가 다른 제도들과 구조적·기능적으로 긴밀하게 결합되었다는 것을 의미한다.

그렇다면 서양으로부터 이식된 근대 일본의 교육제도는 도대체 어떤 형태로 일본사회에서 적합성을 획득한 것일까? 단적으로 말하자면 그것은 '입신출세주의 행복관' '학력신앙' '학교만능주의' 등 서로 관련성 깊은 교육관 및 개인의 전인격적인 귀속을 요구하는 일본사회의 독특한 집단구조에 의해 지탱되었다. 또한 일본 고유의 '입학시험제도'의 확립이라는 형태로 적합성을 획득했다고 할 수 있겠다. 일반적으로 어떤 제도가 문화적으로 적합성을 획득한 경우, 그 전제조건으로 "존재하는 것은 기능한다"라는 인식이 있다. 그러나 이 '입시제도'를 축으로 하여 전개되는 일본의 교육제도는 '입시지옥'이라는 말이 암시하듯이, 확실히 '역기능'의 요소를 내포하고 있다. 이제 와서는 입시제도는 사회문제화 되었다. 그럼에도 불구하고 오늘날까지 사태의 근본적인 변화를 찾아볼 수 없는 것은 왜일까? 이는 교육제도를 그렇게 움직이게 만든 조건이 따로 존재하기 때문이며, 그러한 제한된 상황 하에서는 '기능적'이라고밖에 달리 표현할 말이 없다. 동시에 이는 다른 조건이 변하면 이 교육제도의 기능적 적합성도 소멸된다는 것을 의미한다. 이 글에서는 이러한 시각에서 일본 교육제도의 특색에 대해 고찰해 보고자 한다.

2. 교육군教育群의 분열

구미에서 근대 학교교육제도는, 역사적으로 보면 인간형성이라는 과정 중의 제한된 부분 즉 문자·수학 등과 같은 심벌을 조작하여 지식과 기능을 획득할 능력을 육성시켜 주는 일을 주로 담당하는 기관으로 등장했다. 이후 지식의 육성 이외에 체육과 예술 활동 등도 덧붙여지고, 또 산업화가 진행됨에 따라 직업교육도 커리큘럼 안에 도입되었다. 그러나 기초적인 습관을 형성한다든가 도덕성이나 종교적 심정과 같은 가치관을 형성하는 것은 가족 및 교회를 중심으로 하는 지역사회의 손에 맡겨져 있었다. 즉 구미에서는 학교교육이 교육의 전부가 아니라는 견해가 지배적이었다. 그런데 일본에서는 근대교육제도 하에서 학교가 만들어지자, 학교교육을 교육의 전부인 것처럼 생각하는 경향이 나타나게 되었다. 그 이유 중 하나는, 학교제도가 일본문화의 일부로 정착된 과정으로 거슬러 올라가야 알 수 있을 것이다. 정부주도의 이 정착 과정 중에 학교교육의 역할을 인간형성의 어떤 한 국면으로 한정시킨 후 기존의 교육관행과 기능을 분담하는 등의 조정을 하지 않고, 오히려 기존의 습속적習俗的 교육을 일방적으로 흡수하거나 몰아내버리는 식으로 진행되어 일본적 '학교 교육관'이 형성되었던 것이다.

근대 이전의 일반 서민은 대부분 문자라는 상징을 조작할 능력은 비록 갖추지 못했지만, 생활에 필요한 기술·태도 등에서의 능력은 충분히 가지고 있었다. 그리고 당연히 그런 것들을 육성시킬 수 있는 기회와 장소도 가지고 있었다. 가족과 마을공동체 생활이 바로 그것이었다. 농민의 아들은 가족과 함께 농사를 지으면서 농경에 필요한 지식과 기술을 습득하고, 또 젊은이 단체에 가입하고 마을의 공동노동과 제사에 참가하는 것 등을 통해 사회(마을공동체)의 일원으로서 살아가는 법을 배웠다. 상인의 자식들은 일을 배우러 남의 집에 들어가 실무에 종사하면서 장사에 관한 지식과 기술을 몸에 익혔다. 기능인도 마찬가지로 특정 스승의 제자로 들어가 일을 거들면서 기술을 익혔다. 그들은 단순히 직업적 능력만 획득하는 것이 아니었다. 사람으로서 살아가는 방법도 그 일을 통해 배웠다.

도쿠가와 시대 말기가 되면 상인을 비롯하여 기능인·농민계층의 자제도 데라코야寺子屋[1]나 사숙私塾[2]에서 문자 학습에 참가할 수 있게 되었다. 그러나 그런 학습은 대부분의 사람들에게 제 몫을 해내는 인간이 되기 위한 교육 가운데 아주 작은 부분을 차지할 뿐이었다. 그러던 것이 '학제學制'로 인하여 갑자기 변해 버렸다. 1872년에 나온 「학제피앙출서學制被仰出書」에 나타나

---

1) 서민을 위한 초등교육기관.
2) 사설교육기관.

있듯이, 메이지 정부는 "지금 이후 일반 서민은 반드시 읍내에서 배우지 않는 집이 없고, 집안에는 배우지 않는 자가 없을 것을 기약"하여, 전국 53,610개의 8년제 초등학교를 짓고, 그 중 우수한 자를 256개의 중학교에 진학시키며, 그 중에서 선발된 자를 전국 8개 대학에서 지도자로 육성한다는 장대한 계획을 추진했다. 이 계획은 이후 상당한 수정이 이루어지지만, 아무튼 이 '학제'에 의거하여 일반 서민에게 제공된 학교에서는, 지금까지 그들에게 아주 사소한 부분에 지나지 않았던 문자라는 상징을 조작하는 것에 중점을 두는 학습이 주요 부분을 차지하게 되었다. 이렇게 해서 제 몫을 하는 인간이 되기 위한 생활기술의 학습이나 가족과 마을의 습속적 활동에 참가함으로써 얻게 되는 가치관, 삶의 방식은 상징을 조작하는 학습에 종속되는 형태를 취하게 되었다.

예전에 야나기타 구니오柳田國男는 근대일본교육에 대해 "교육군教育群의 분열"이란 말로 그 문제점을 다음과 같이 지적한 바 있다.

……최근 백년 혹은 장장 150년 동안 상당히 현저한 어떤 전환기가 있었는데 그 여파가 아직까지 미치고 있다. 그것은 어떤 식의 변혁인가 하면, 본인이 직접 만든 용어로 하자면 '교육군'의 분열이라는 것이 일어났다. 즉 동시에 두 가지 청년훈육법이 나란하게 이루어지게 되는 대사건이었다. 이 두 가지 중 하나는 물론 전부터 있던 것이고, 두 번째의 새로운 것은 책읽기를 특색으로 하는 것으로, 오래 전부터 내려온 다른 하나를 평범하다며 경멸하도록 가르치는 것이었다.
이 두 종류 교육군의 대립은 물론 충돌이라고 부를 정도는 아니었다. 오히려 한쪽이 지나치게 겸손하게 양보하여 경계의 혼돈이나 흐트러뜨림 정도로 표현해도 될 것 같다.……
이 두 가지의 가장 큰 교육법상의 차이를 구체적으로 말하자면 평범과 비범이었다.[1]

야나기타가 말하는 '비범' 교육은 물론 학교에서의 책 중심 교육을 가리키며, '평범' 교육은 연장자와 함께 일하고 또 그들의 이야기를 옆에서 들으면서 눈으로 익히는, 보고 배우고 익히는 식의 생활을 통한 교육을 의미한다. 이 '평범' 교육은 "이상은 어디까지나 보통사람과 평범함에 두어, 처음부터 아주 특출나게 비범한 자가 나오는 것을 원치 않는다"는 것이 특색이었다. 야나기타는 이런 '동아리 교육'이 "개인의 독립된 판단을 억제하고 잠자코 다수 쪽으로 따라가는……부화뇌동의 품성"을 키워온 점은 "가장 한심한 약점이었다"라고 하는 한편, "책 읽는 자만이 영달을 누리는 예"를 알고 나서부터는 "부모도 본인도 또 선생님들도 공부하는 것을 비범해지는 수단이라고 생각하여, 공부를 잘해서 빨리 높은 사람이 되라고 입버릇처럼 말"해 결국 학교교육은 "평범에 대한 경멸"을 가르쳤다라고 지적했다. 야나기타가 한 말의 진의는, 학교에서 행해지는 교육만이 교육이 아니라는 것, 그리고 "이 땅에 뿌리내린 역사를 가진 평범"이 갖고 있는 총체적 인간으로 만드는 힘, 그 힘과의 조정을 포기한 학교교육의 보급과 확대에는 문제가 있음을 지적한 것이라고 생각한다.

야나기타가 지적했듯이, 남보다 월등해지는 것을 목표로 삼는 '비범' 교육에 대한 관심은, 입신출세주의의 행복관이 보급되면서 '보통사람'을 목표로 하는 '평범' 교육에 대한 관심을 능가하여, 학교교육만이 참된 교육이라고 생각하는 풍조를 만들어냈다. 그러나 그 한편에서는 '평범' 교육의 성립기반이었던 마을공동체의 논리가 다양한 형태를 취하면서 '비범' 교육 안으로 침투하여, 다음에서 서술할 일본 교육제도의 구조적·기능적 특질을 창출하였다.

3. 가족·학교·사회—공동체 논리의 연결

(1) 가족과 학교의 연속—기능의 쟁취

일본의 학교는 아마도 세계에 그 유례를 찾아볼 수 없을 만큼 강력한 흡수력을 가지고 있어 무엇이든 집어 삼켜버리는 특징이 있다. 예를 들어 구미의 학교와 비교하면, 일본 학교의 특색을 '잡식성'(다종다양한 교과 내용, 행사, 활동 포함)이라고 표현하는 사람도 있다.[2] 이러한 사실의 바탕에는 '학교만능론'이라고 이름 붙일 만큼 학교 기능을 맹신하는 경향이 있다.

교육사가인 크레민이 지적했듯이,[3] 사회문제의 해결을 학교에서 찾으려는 경향은 미국에서도 받아들여져, 자동차의 보급에 따라 고등학교에 운전기술 과정이 마련되는 등 실제주의가 농후해졌다. 그러나 미국의 경우 그렇게 하는 것은 가정에서 할 수 없는 것들로만 한정된다. 그에 비해 일본 학교는 확실히 '포용력'이 넓다. 예를 들면 세계대전 후 미국 원조를 바탕으로 영양상태가 불량한 아동을 구제하기 위해 시작된 학교급식이, 오늘날에는 당초 목적을 뛰어넘어 본래 가정이 책임져야 할 식사법 지도의 장이 되어 '급식지도'라는 이름 하에 교육활동의 정규 부분으로 정착되었다. 그 밖에 양치질이나 옷차림 같은 기초적인 생활습관에 대한 지도나 도덕적 심성의 발달 등, 실제 생활 속에서 실시해야 효과를 볼 수 있는 것까지 학교가 취급하게 되었다.

그런데 이와 같이 일본 학교는 가족의 교육기능을 스스로 흡수하는 반면, 학교의 주된 역할인 문자 상징을 매개로 한 학습의 상당 부분을 '가정학습'이라는 이름으로 가족이 보충케 하는 형태로 가정 안으로 밀어넣었다. 오늘날의 입시제도 하에서 치열해진 '입시전쟁'은 이 패턴을 점점 더 조장하고, 도시화에 따른 지역사회의 변모 및 핵가족화의 진행과 맞물려, 가족의 독자적인 교육기능을 소실 직전 사태로까지 내몰고 있다.

일반적으로 복잡한 산업사회에서는 가치지향과 형성원리를 달리하는 이질적인 집단이 많이 병존하는데, 그들 중에는 서로 대립하는 것도 많다. 그 점에서 본다면 학교와 가족은 기능적으로 상호 대립하는 점을 갖고 있다. 그런데 일본처럼 학교와 가족이 동일한 기능을 서로 차지하려고 다투는 구도―혹은 상호 동승이란 표현이 적당할지 모르겠다―는, 본래 이질적이어야 할 두 가지 제도가 구조적으로 동화되고 있음을 암시한다. 이 가족-학교 간의 '문화적 연속'이야말로 일본 교육제도가 만들어낸 특색 중 하나다. 그리고 이 둘을 연결시켜 주는 것은, 개인을 완전히 버리고 집단에 의존하도록 만드는 것이 아니라, 어디까지나 개인을 비호해주는 '공동체 논리'로 불리는 특질이다.

(2) 학교·학급공동체

일본인 가족은 내부의 긴밀한 연대와 상호협력, 가족구성원의 행위나 가족 내의 사건을 늘 가족 전체의 위신과 명예에 비추어 판단하는 경향이 특색이다. 그리고 가족은 일본인에게 평생 떨어질 수 없는, 말하자면 영원한 충성심이 요구되는 집단이다. 학교에서의 인간관계도 이 가족공동체의 논리를 이상적으로 보고 있다. 즉 부모 대신 교사, 부모와 자식 같은 관계인 사제관계 그리고 형제와 같은 급우관계야말로 학급집단 인간관계의 이상적인 패턴으로 여기고, 이 패턴은 학교 전체 그리고 직원간의 관계로도 확대된다. 물론 학교는 가족이나 마을처럼 자연적으로 생겨난 것이 아니라 인위적인 집단이므로, 공동체라 하더라도 그것은 의사 공동체다. 그러나 집단에 대한 동조, 화합과 연대의식, 집단의 명예, 다른 집단에 대한 강한 대항과 경쟁의식 (우리 편 의식) 등의 가치를 중시한다는 점에서는 가족이나 마을공동체와 공통점을 가진다.

학교·학급이 갖고 있는 공동체적 성격은 일상생활에서도 나타난다. 예를 들면 학교급식은 식사예법의 장이며 교사와 아동의 감정교류의 장으로 정착되었는데, 흥미롭게도 같은 학급에 속한 자(교사 포함)는 소위 "한 솥밥을 먹는다"는 전통적인 공동음식 관념[4]을 지지하는 측면이 매우 눈에 띈다.

학급·학교가 갖고 있는 공동체적 성격이 더 상징적이고 뚜렷하게 나타나는 것은 졸업식이다. 구미에서는 졸업식이 'commencement'라고 하여 출발을 축하하는 의식인데, 이와 대조적으로 일본의 졸업식에서는 졸업식 노래인 「형설의 빛」 멜로디가 전해주는 '이별'의 비애에 초점이 맞춰져 있다. 그런 정서가 참석자들의 가슴을 뒤흔들어 우는 소리가 들려야 비로소 "훌륭한 졸업식이었다"라고 할 수 있다.

미개사회의 성년식에 관한 연구에서 명확히 제시되었듯이, 의식이 지니는 기능은, 실질적인 정보의 전달보다는 일상에서 축적해 온 구성원 간의 경험 공유를 전제로 한 구성원끼리의 일체감 확인이다. 즉 감정에 호소하여 그 일체감을 성원들의 마음속 깊이 각인시키는 데 의식의 의의가 있는 것이다. 일반적으로 입학식 같은 것도 없고 고등학교 졸업식만이 12년간의 학교생활 중 유일하게 의식다운 의식이라 할 수 있는 미국 학교와 비교할 때, 초등학교 입학 이후 고등학교 졸업 때까지 총 70회 이상에 달하는 개학식·종업식에 참가하고 3회의 졸업식을 경험하는 평균 일본인에게, 학교란 지성의 장이라 기보다는 감정의 장으로서 강하게 인상에 남을 것이다.

졸업식에서 가장 드라마틱하게 묘사됨과 동시에 한층 강화되는 일체감이란 그 장소에서 갑자기 생겨난 것이 아니다. 학교는 졸업 후에도 평생 동안 잊을 수 없는 곳이라는 점 역시 가족과 똑같다. 이 강한 정서적 연대가 '동창회'라는 일종의 귀속적 집단을 존속시키는 기반이 된다. 동창회에서 자주 얘기되는 '추억'은 졸업 후의 진로가 아무리 다양하고 현재 살아가는 방식이나 견해가 이질적이라 하더라도, 그 모두를 덮고 동질화시켜 버리는 힘을 갖는다. 초등학교나 중학교 동창회가 사회의 거친 파도에 휩쓸리며 쓴맛을 다 본 후 간신히 자기의 지위를 구축한 중년이 지나 문득 생각난 듯 개최된다 해도 의외로 많은 사람이 모이는 것도, 동창회가 지니고 있는 '마음의 고향'이란 성격을 잘 보여준다. 동창회는 '근대'라는 가혹한 이익집단 사회 안에 만들어진 '일종의 정신공동체'[9]로 불린다. 그러나 그것은 학교 그 자체가 지니는 공동체적 성격과, 학력에 의해 사람의 진로와 지위가 결정된다는 사회적 조건의 산물이다. 직업과 직결되는 고등교육기관의 동창회는 보다 실리성이 높은 '이익공동체'란 측면을 동시에 가지고 있어서, 그것이 '학벌' 형성의 기반이 되곤 한다.

(3) 관료제 조직체의 공동체적 성격

이상에서 이야기한 가족과 학교를 통한 공동체 논리는 거기에 그치지 않고 사회로까지 이어진다. 관청과 기업을 불문하고 일본사회를 구성하고 있는 조직체의 현저한 특색은 직장 내 인간관계에 단적으로 나타나는 가족주의다. 원래 메이지 시대 이후 근대국가의 건설은 신분제 철폐로 인한 평민층 인구의 유동화와 대가족의 붕괴를 기반으로 해서 추진되었다. 한편으로는 지주제를 온전히 보호하고 가족주의 도덕을 고취함으로써 천황제 국가의 질서강화를 도모하였으며, 다른 한편으로는 대가족제도의 붕괴로 가업 잇기에서 방출된 차남이나 3남, 여성을 중심으로 신 산업국가의 노동력을 확보하였다. 관청과 기업은 이 유출인구를 종래의 대가족 대신 가족주의적 인간관계를 유지한 조직으로 끌어들였다. 이렇게 해서 관청이나 개별 기업이 'OO일가'라 불리듯이, 종업원을 전인격적으로 끌어안는 일본의 독특한 패턴을 만들어내게 되었다. 학교교육이 보급되면서 개인은 학교에서 자신이 속한 집단에 대한 충성심이 얼마나 중요한지 교육받는다. 기업은 그것을 이용하여 가족을 모범사례로 한 행동원리를 조직 내에 만들고 그것을 한층 강화시킨다. 종업원을 평생 동안 일에 전념시키는 '종신고용제', 직장에 오래 있으면 있을수록 충성심이 증명된다고 판단하여 승진의 길을 보장하는 '연공서열제', 온정주의적 태도로 종업원뿐 아니라 그의 가족도 환영하여 각종 복리후생시설이나 모임까지 제공해주는 '가족까지 책임지는 주의' 등, 오늘날 일본기업의 가장 두드러진 특색은 이러한 과정을 거쳐 형성된 것이다. 그리고 기업집단에 전면적으로 의존하는 것과 내부 구성원이 서로 화합하고 협조하는 것은 다른 기업집단과의 경쟁관계에 의해 더욱 강화되었다.

기업의 이러한 공동체적 성격은 개인이 가정을 나와 학교교육의 몇몇 관문을 통과한 후 기업에 가입할 때, 무리 없이 적응할 수 있도록 만들어 준다. 다시 말해 교육제도는 가족과 사회조직체를 단절시키지 않고 연계시켜 주는 가교 역할을 하고 있는 셈이다.

4. 학교공동체의 형성

앞에서 이야기했듯이 오늘날 학교에 나타나는 일본 특유의 학교관이나 가족·마을공동체와의 문화적 연계는 어떻게 해서 형성된 것일까?

메이지 시대의 학교는 마을공동체적 성격을 상당히 많이 반영하였다. 그 이유는 학교가 원래 천황의 학교로 전국에 일률적으로 발족되었지만, 학교의 실질적인 담당자는 마을공동체의 지도자로서 대대로 그 지방에서 명망 높은 가문이었기 때문이다. 1890년의 「지방학사통칙地方學事通則」은 새로 시행된 시정촌제市町村制3) 및 현군제縣郡制4)를 근거로 학교 설치와 관리에 대한 책임을 시정촌 자치체가 지도록 했는데, 지방자치체의 지도자란 실질적으로 마을공동체의 지도자였다. 이렇게 학교가 만들어졌기 때문에, 학교는 처음부터 '국가기관'임과 동시에 '지역기관'이라는 성격을 제도적으로도 보장받았다고 할 수 있겠다.

그러나 학교와 집·마을공동체가 일체화된 것은 일본 근대화정책의 일환인 학교제도의 정비과정 중에 의도적으로 그렇게 만들어졌다는 측면이 있었다는 점을 간과해서는 안 된다. 학교는 '지역'과 '국가' 양쪽 측면에서 부여하는 힘을 결합·조정하는 장소였다.

(1) '학제'에서 '교육칙어'로

'학제' 시행에서 정부는 국민의 관심을 끌기 위해 학문·교육과 개인 행복과의 관계를 열심히 설득했다. 「학제피앙출서學制被仰出書」(1872)는 다음

---

3) 일본의 기초적 지방공공단체.
4) 일본의 광역적 지방공공단체.

과 같이 서술했다.

사람들은 입신하여 재산을 축적하고 본업을 번창시킴으로써 일생을 살아가기 때문에 무엇보다도 몸을 수련하고 지식을 넓히고 재능을 오래 유지해야한다. 따라서 몸을 수련하고 지식을 넓히고 재능을 오래 유지하기 위해서는 배우지 않으면 안 되기 때문에 학교를 설립한 것이며…… 학문은 입신을위한 재산이라 할 수 있기 때문에 사람은 누구나 배우지 않으면 안 되며……

동시에 배포된 지방용 학사장려에 관한 포고 중 하나에는, 더 확실하게 "천하의 ……만인이 ……성인인 이상 입신해서 부모를 편하게 모시고 자신도 부유한 생활을 설계할 수 있도록 하고자 하는 뜻이다"라고 학교교육=입신출세=행복이라는 논리를 강조했다.

그러나 '학제' 하의 새로운 초등학교는 예전의 상층계급과 하층계급 모두로 부터 반발을 샀다. 귀족계층은 초등학교 교육을 "시시한 교육법이군. 복숭아, 밤, 감 따위의 영리교육 나부랭이가 무슨 필요가 있냐"라며 비웃고, 평민계층 은 "우리는 농사 지으면 되고, 밥을 지어먹으면 되고, 널빤지를 깎으면 되고, 주판알을 튕길 줄만 알면 되지, 어려운 한자 따위 볼 필요 없다"[6]라며, 그 필요성을 인정하려 하지 않았다고 한다. 초등학교 교육 정도로는 '학력'의 효능도 분명하지 않고, 또 일반 평민은 매우 가난해서 아이들을 언제까지나 학교에서 놀도록 내버려둘 여유가 없었던 것이다. 이러한 상황 중에 초등학교 에 방화를 하는 예측 못한 사태까지 발생하여, 정부는 취학연한을 단축하는 등의 방향으로 교육계획을 수정하라는 압박을 받았다.

한편, 메이지 10년(1877)대에는 자유민권운동이 확산되어, 새 정부 하에 서 생활고에 시달리던 농민들 사이로까지 파급되면서 농민의 단결을 촉구하 는 움직임이 계속되었다. 그러한 움직임이 체제를 위협할 수도 있다고 우려한 정부는, 1879년에 발표한 자유교육령을 그 다음 해에 개정하여 정부의 교육감독권을 강화하고자 했다. 이런 교육정책이 두세 번 바뀐 후 도달한 결론이 1890년에 발표된 교육칙어였다.

이 교육칙어로 정부는 '학제' 선포 때부터 계속되어 온 '전 국민에게 열려 있는 입신출세=행복추구'라는 교육관과 군주 및 부모에 대한 절대복종의 도덕을 교묘하게 결합시킨 교육체제를 확립하고자 했던 것이다.

(2) 천황제 국가와 학교공동체

국민에게 보통 수준의 지식·기능을 습득케 하는 것이 메이지 정부가 의도한 부국강병적인 근대화 정책의 중요 일환이었다면, 초등학교 교육의 추진은 단순한 교육정책이 아니라 산업정책의 측면도 갖고 있었다. 동시에 이 제도는 국민에게 도덕교육을 실시하여 천황제 국가 안으로 끌어들임으로써 국민적 총합을 달성하려는 제도였다. 그런 의미에서 그것은 확실히 이데올로기적 정책이기도 했다. 즉 관습적으로 자치의 성격을 띠는 마을공동체 구성원에게 천황제 국가에 대해 귀속의식을 갖게 하는 것은 아이덴티티를 전환시키려는 의도를 가지고 있었다. 그러나 이런 천황제 이데올로기 고취작업이 언제나 위로부터의 교화라는 형태를 취한 것은 아니다. 최근 야마모토 노부요시山本信良와 곤노 도시히코今野敏彦의 풍부한 자료를 바탕으로 한 연구로 입증되었듯이,[7] 마을공동체를 기반으로 하여 학교를 설치하고, 마을의 전통적인 사회화 제도나 관행, 마을신 제사 같은 요소를 학교행사에 포함시킴으로써, 교묘하게 그것들과 천황제 논리가 결합되도록 유도하였다. 이 과정에서 학교 그 자체가 마을공동체적 성격, 더 정확히 말하자면 의사적 종교공동체라는 성격으로 발전되었다고 할 수 있겠다.

전통적인 마을 생활에서 사람들은 가족과 마을공동체에 대해 충성하라는 요구를 받으며, 마을신 신앙 아래 통합되었다. 당시 일본이 근대국가로의 통합발전을 이룩하기 위해서는 그러한 소공동체에 대한 충성을, 국가라는 대공동체에 대한 충성으로 바꿀 필요가 있었다. 그 교체는 상징적으로 마을신 신앙에서 천황제 국가신앙으로의 '개종'이란 형태로 추진되었다. 야나기타 구니오는, 일본의 토착신앙체계는 "국가단결을 강화해야 할 필요에 발맞춰, 점차 그 관용의 도를 늘려서 안팎의 많은 신들이 병립하고 양존할 수 있도록 상당히 협조적인 소질을 처음부터 갖추고 있었다"[8]고 지적했다. 그러나 천황제 국가는 한편으로는 그러한 특질을 교묘하게 이용하고, 다른 한편으로는 일본의 신화체계를 재편함으로써 천황제의 정당성을 강조하면서 동시에 가족·마을공동체와 국가공동체와의 대립을 교묘하게 회피했던 것이다. 따라서 '개종'이라고는 하지만, 그것은 마을공동체 신앙을 전면적으로 부인하고 '국가종교'로서의 천황제 신앙에 귀의케 하는 것이 아니라, 오히려 반대로 전자를 후자의 한 요소가 되도록 집어삼킨 후 더욱 강화시키는 형태로 실질적인 '개종'이 이루어지도록 하였다고 볼 수 있겠다. 이 '개종'의 중개 역할을 한 것이 다름아닌 학교였다. 이에 관해 좀더 구체적으로 이야기해 보겠다.

마을공동체 내의 인간형성(사회화) 제도·관행(예컨대 젊은이 모임이나 성년식 등)에 수반되는 의례·의식은 대부분 종교적인 것과 연관되어 있는데, 마을 씨족신이나 마을신이 그 중심이다. 그것을 모방한 형태로 새롭게 만들어진 초등학교와 중학교에서는, 천황의 사진이 본존으로 여겨지고 교육칙어가 신기神器[5]로 상징되었다. 그 신을 안치한 장소로 봉안전[6]이 건립되고, 거기에 제물이 봉헌되고 참배방법까지 정해졌다. 봉안전을 지키는 일은 교육의 중요 직무 중 하나가 되었고, 이것이 교원숙직제를 발족시켰다. 교육칙어는 기도문처럼 신성시되어 주요 학교행사 때마다 반복 '봉독'되었다. 그리고 「기미가요」, 「원시제」, 「천장절」, 「칙어봉답」 등의 창가와 연주가 사람들의 정서에 호소하여 행사 효과를 높였다. 국기도 천황제 국가의 상징으로서 각종 행사와 조례 때 게양되었다. 이와 같이 시각·청각 양면에 호소하는 형태로 천황=국가라는 이미지를 주입하고 충군애국의 사기를 고양시켰다.

---

5) 천황의 증표로 전해지는 세 가지 보물인 거울, 검, 구슬.
6) 제2차대전 전이나 전쟁중에 학교에 천황의 사진이나 교육칙어들을 보관하기 위해 별도로 마련한 작은 특별한 건물.

이렇게 해서 천황신앙이 고취됨과 동시에 한편에서는 그것을 핵으로 하는 학교·학급 공동체가 육성되었다. 그 공동체의 중핵은 천황의 자식이라는 공동감정이었다.

각종 축하식을 거행할 때 개최되는 운동회나 입학식, 졸업식 때의 이벤트는 그런 학교·학급 공동체 의식 강화의 장이 되었다. 축하식에서 학들에게 나눠주는 차와 과자, 교직원에게 베풀어지는 음주 향응은 마을 씨족신을 모시는 제사 때의 공동음식과 비슷한 효과를 냈다. '행군여행行軍旅行'7)을 흉내낸 수학여행도 교사와 학생이 '한솥밥'을 먹으며 동고동락할 기회를 만들어, 옛 사람들의 '이세 신궁 참배' 때 동행했던 것처럼 공동감정을 강화시키는 데 도움이 되었다. 학교를 중심으로 한 공동체 의식의 강화는 교사-학생 사이로 그치지 않고 주변 지역사회에까지 퍼져나갔다.

입학식, 졸업식 등 학교의 '축하' 날에는 부모와 지역대표(내빈)에게도 참가기회가 주어지고, 운동회는 마치町와 무라村 단위의 축제로 신사마다 모시는 신의 제삿날 때처럼 성시를 이루었다. 경기 종목에는 농민들이 풍흉을 점치는 '줄다리기' 행사도 첨가되어 '깃발 뺏기' '기마전' 등과 함께 집단대항전의 꽃이 되었고, 학급이나 촌락 등 집단의 단결심 강화에 도움이 되었다. 이런 집단간의 경쟁은 학교행사의 전통으로 오늘날까지 계승되고 있다.

예전에는 스포츠뿐 아니라 학업 면에서도 집단간 경쟁을 볼 수 있었다. 메이지 시대에는 시험조차 학교간 대항전의 경기 종목으로 이용되었다. 1887년 전후에 행해진 '비교시험'에서는 각 학교에서 선발된 성적우수생이 교기를 들고 열을 지어 시험장에 입장하여 실력을 다퉜다고 한다. 이 시험에는 나머지 학생과 지역대표나 학부형들도 '응원단'으로 참가하였다. 그야말로 '학력대항시합'이었다. 시험에서 좋은 성적을 거두는 것은 학생 개인의 명예일 뿐만 아니라, 학급이나 학교 나아가 마을공동체의 명예이기도 했다.

---

7) 1886년 도쿄 고등사범학교가 지바 현의 조시(銚子)까지 걸으면서 자연을 관찰하고 표본채집 등을 할 때 사용한 명칭.

이후 교육칙어의 등장을 경계로 하여 지육智育에서 덕육德育으로 학교교육의 중심이 이행됨으로써, 비교시험처럼 집단간의 경쟁을 부추기는 방식은 피하고 그 대신 천황의 자식으로서 전 국민적 연대의식을 강화하도록 하였다. 그러나 이 '집단간 경쟁'의 전통은 늘 학교의 여러 활동 속에 계속 내재되어 왔다. 오늘날 유명 중학·고교·대학의 합격률을 가지고 경쟁을 벌이는 학교의 모습은 메이지기의 비교시험을 방불케 하는 면이 있다.

5. 세계대전 전 고등교육의 특질

앞에서 살펴보았듯이 학교는 마을공동체의 질서에 편입되어 있으면서 또 한편으로는 천황의 학교로서 국가에 유용한 인재를 공급하는 기관으로 국가와 연결되어 있었다. 따라서 지방의 입장에서는 학교는 그런 인재를 가능한 한 많이 키워 중앙으로 올려보내 고장의 이름을 알리게 해줄 주요 수단이었다.

바꿔 말하자면 학교는 국가와 지역공동체의 양쪽으로부터 요청을 받으면서 양자를 이어주는 파이프 역할을 했던 것이다.

근대교육제도가 발족되었을 때부터, 입신출세야말로 행복으로 가는 길이었으며 이는 학문·교육으로만 가능하다는 소위 입신출세주의 교육을 강조해 왔다는 것은 이미 살펴보았다. '입신출세'란, 국가라는 큰 공동체 안에 조직되어 있던 지방 사람들에게는 정계, 관계, 재계 혹은 학계 그 어디든 중앙에서 이름을 얻는다는 것을 의미했다. 따라서 지방학교의 역할은 직접 지역을 위해 무엇을 할 인물보다는 오히려 지역에는 등을 돌리고 중앙에서 이름을 날릴 인물을 가능한 한 많이 육성하는 데 있었다고 해도 과언이 아니었다. 개인의 출세는 본인과 가족만이 아니라 출신 마을과 출신 학교·학급(동창회) 등 거의 그가 귀속해 있거나 혹은 귀속한 적이 있는 집단(공동체) 모두에게 영예로 여겨졌다. '금의환향'이라는 말이 이것을 가장 잘 표현한 말이다.

일본인의 '입신출세' 관념의 배후에는 이와 같이 중앙을 향하는 것이 지역을 위하는 것이라는 독특한 구조가 있다. 중앙으로 가는 것은 사실상 지방 탈출이고 지역공동체로부터 인재가 유출됨을 의미한다. 또 객관적인 계층질서 내에서 출세한 자는 중앙에서 엘리트 '신분'을 획득하지만, 지역의 일반 주민은 계층질서의 밑바닥에 그대로 있기 때문에, '중앙지향'과 '지방지향'은 본래 모순되는 대립적인 면을 갖고 있다. 그럼에도 불구하고 사람들의 의식에서는 양자가 통일된 것으로 여겨졌던 것이다. 그리고 마을과 학교 양쪽을 연결시키는 공동체 의식이야말로 그렇게 의식하게 만드는 지지기반 이었다. 이런 공동체 의식 혹은 향당鄕黨 의식은, 특히 정치·경제 영역의 중앙에서 이름을 얻어 권력·실력을 쥔 인물이 출신지역에 뭔가 명백하게 눈에 띄는 '실리'를 줄 때 점점 강화되었다. 이 향당주의 메커니즘은 오늘날까지 뿌리깊게 계승되었다.

교육의 분단적 중층구조

그런데 메이지 정부는 유신과 개국 후의 근대화를 급속히 진행시키기 위해, 봉건체제 하에서는 배제되었던 인재를 등용하며 동시에 국민대중 속에서 훌륭한 인재를 추출하여 근대국가관료제를 구축하고, 근대적 지식이나 과학·기술을 발전시키는 데 박차를 가해야 했다. 그러기 위해 정부는 서양학문에 의거한 새로운 지도양성기관으로 대학을 만들었다. 가이세이開成 학교의 전통을 계승한 도쿄 대학을 시작으로 메이지 시대 후반에 교토, 도호쿠, 규슈 대학 등의 제국대학을 설립하고 대학의 전 단계인 고등학교체제를 정리했다. 이렇게 해서 초등학교—중학교—고등학교—대학교라는 일관된 학교교육체제를 바탕으로 하여 사회 밑바닥과 정점을 연결하는 방식으로 '국가에 유용한 인재'를 끌어올리는 거대한 파이프가 구축되었다.

이런 제도를 바탕으로 중앙에서 명성을 얻어 고향의 이름을 빛내기 위해 지방학교에서 올려보내진 엘리트 후보생들이 상급학교에서 받은 교육은,

지역의 초등학교에서 받은 교육과는 목표나 내용·방법 모두에서 매우 달랐다. 대학이나 고등학교에서는 외국어 문헌 강독이 학습의 주류를 차지했는데, 이는 세계를 앞서가는 서양의 과학·기술을 직접 교육 내용에 끌어들이려는 생각 때문이었다. 또한 일본사 같은 과목의 경우, 정치적인 이유로 초등학교 등에서는 가르치는 것이 금지되었던 극비에 속하는 역사 사실 등이 대학에서는 공공연히 학생들에게 강의되었다. 예를 들면 초등학교에서는 '만세일계萬世一系'라고 배웠던 황실 계통이 진구 황후 때 단절되었다든가, 3개의 신기 중 하나가 안토쿠安德 천황8)과 함께 세토나이카이9)에서 사라졌다는 내용 등이 대학교에서는 상세한 고증을 근거로 강의되었다고 한다.9)

이와 같이 엘리트 후보생들은 초등, 중등 교육에서는 생각할 수도 없었던 천황제 국가의 종교적 주술로부터 해방된 분위기 속에서 지적호기심을 채울 수 있는 자유로운 학습의 기회를 향유할 수 있었다. 이는 초등교육에서 철저히 교육받은 내용과는 실로 180도의 가치관 전환을 요하는 것이었다.

그러나 이런 과학적 지식은 엘리트 후보생에게만 제한되었기 때문에 과학은 오히려 비밀스런 종교 같은 색채를 띠기에 이른다. 구 제국대학 총장 중에는 졸업식 석상에서 대학에서 배운 것은 대학졸업생들끼리는 이야기해도 되지만, 대중을 향해 공언해서는 안 된다고 일부러 설명을 덧붙이는 경우도 있었다고 한다. 이는 그야말로 '비밀종교 같은 지식·기술'을 독점적으로 소유하는 '비밀결사'다. 이러한 정황이 '비밀결사'의 성원인 대학 졸업 엘리트들 사이에 독특한 공동체 의식을 발달시켰다 해도 과언은 아니다.

초등, 중등 교육 단계에서는 유교적 논리를 이용하여 천황제 국가신앙을 강화시키며 '일본 혼'을 주입시키려고 노력해 왔기 때문에, 이러한 일반 정황을 근거로 보면, 고등교육에 한해서 '서양 지식'을 존경한다는 것은 매우 특수한 교육의 이중구조였다고 해야 할 것이다. 말할 것도 없이 교육의

---

8) 1178~1185년. 제81대 천황(재위 1180~1185).
9) 혼슈(本州)와 시코쿠(四國), 규슈로 둘러싸인 일본 최대 내해.

이러한 중층구조는 대중과 엘리트를 분열시키는 것이었다. 그럼에도 불구하고 앞에서 이야기했듯이 중앙지향의 마을공동체 논리로 지탱되어 온 입신출세주의 사상이 이런 분단적인 중층구조를 은폐시켜, 내부에서는 모순을 안고 있으면서도 전체적으로는 훌륭한 국민적 통합을 이룩하였다.

이런 교육의 중층구조에 의해 형성된 질서는 새로운 '신분제도'라고 부를 만한 것이었다. 국민 대중에게 열려진 엘리트 코스로의 길은 교육의 각 단계마다 설치되어 있는 입학시험이라는 관문을 통과함으로써 얻을 수 있었다. 특히 중학에서 고등학교에 입학하기 위한 시험과 고교생활은 엘리트 비밀결사에 들어가는 입회의례라고 부르는 것이 적절할 것이다. 전원 기숙사제를 실시하는 고등학교에서는 '가치관의 전도'를 상징하는 독특한 생활스타일을 채용하였다. 손수건을 허리에 늘어뜨리고 굽 높은 나막신을 신고 망토를 두르고 대로를 활보하는 '반카라 스타일'10) 로,10) 그들은 자신을 "영화榮華의 항구"에 있는 일반인과 구별하는 아이덴티티를 획득했던 것이다.

이 관문을 통과한 자들은 '비밀종교 같은 지식'을 전수해줄 대학이라는 이름의 특별한 제사당에서 특훈을 받고, 그 공통체험을 바탕으로 점점 공동의식을 주입받았다. 이러한 그들이 졸업 후 서로 연락을 취하며 정·관계, 실업계, 학계 등 모든 분야에서 서로 편의를 도모하는 강력한 인맥을 만들어가는 것은 자연스러운 흐름이라 할 수 있겠다. '학벌'이라 불리는 의사 공동체는 그런 구조적 특질 속에서 태어났다. 이러한 주로 고급관료의 양성을 목표로 한 제국대학 계열 외에, 이 같은 구조를 보완하기 위해 건립된 사학私學 계열, 구 사범 계열, 사관학교 계열 등도 각각 유사한 구조적 패턴을 반복하며, 일본사회 전체에 걸쳐 거대한 학벌인맥이 종횡무진 포진하는 체제가 확립되었다. 이런 체제가 확립되자 교육제도는 새로운 지식의 습득과 능력을 발달시키기 위한 제도라기보다는 사람들을 사회 각 분야에 배분하기 위한 선별제도라는 성격이 더욱더 뚜렷해졌다.

---

10) 세련된 스타일인 하이카라(ハイカラ)와 반대되는 개념.

6. 세계대전 후의 '학력신앙'과 '입시지옥'

(1) 고등교육의 대중화와 학력주의

제2차 세계대전 이전 고등교육기관에 입학하는 것은 형태상으로는 모든 국민에게 문호가 개방되어 있어 누구나 가능한 획득적인 것이었다. 그러나 입시라는 통과의례를 돌파하여 그 의사 공동체의 구성원이라는 권리를 획득하고 나면, 그 지위는 개인이 평생 유용하게 사용할 수 있는 귀속적인 것으로 전환된다. 그것은 일본사회의 직장집단에 공통적으로 나타나는 학벌, 연공서열제, 종신고용제 등 능력주의 이론과는 양립할 수 없는 견고한 제도와 결합하여 그 제도를 더욱 강화시켰다. 즉 고등교육기관에 들어가려고 시험을 볼 때는 능력주의, 자유경쟁주의 원리가 인정되지만, 그 이후 단계에 들어서면 교육제도는 반￠신분제의 원리가 지배하는 일본만의 독특한 구조를 정치, 경제, 기타 제도의 도움을 받으며 창출해낸 것이다.

이 구조는 제2차 세계대전 이후 민주화나 경제고도성장 등의 조건하에서 어떻게 변화되었을까?

세계대전 후 세계에서 가장 훌륭한 형태로 일컬어지는 633제[11])의 시행을 통해 제도상으로는 대중과 엘리트의 수평분단적인 교육구조는 자취를 감추었다. 그리고 국민 일반의 경제력 향상, 교육요구 증대, 일반적인 제도의 민주화, 고도경제성장에 동반된 산업계로부터의 인재수요 등을 배경으로, 고등교육은 사실상 전 국민적인 것이 되고 대학진학률 역시 폭발적으로 신장된다. 이미 '특권보증서'로서의 학사호는 먼 옛날이야기가 되었다.

그러나 대학교육제도가 크게 변했음에도 불구하고 일반 사회의 인간관계 구조는 놀랄 만큼 보수성을 그대로 지켰다. '능력주의'를 부르짖는 한편, 기업에서의 공동체 의식, 직장집단이 종업원의 가족주의적 충성에 의지하려는 구조, 온정주의적인 포용 시스템은 여전히 변하지 않았다. 오히려 세계대전 후 일본은 그런 기업의 집단구조에 의존하여 산업경제의 발전을 이끌어

---

11) 초등학교 6년, 중학교 3년, 고등학교 3년.

냈다. 엘리트 집단에서의 학벌은 독자적인 생명력을 가지고 있어서 세계대전 후 우후죽순처럼 생겨난 신설대학의 졸업생이 늘어나면 늘어날수록 학벌주의는 오히려 더욱 팽배해져 갔다. '구舊대학 졸업'에 대한 신앙은 도쿄 대학을 비롯한 '일부 유명대학 졸업'에 대한 신앙으로 이어지고, 일반 국민들 사이에는 대학을 상세히 등급화시켜 격차를 두는 의식이 정착되었다. 이에 발맞추어 관계官界와 산업계는 등급이 매겨진 대학의 '입시에 의한 능력 판가름-선발기능'에 의존하여 인사를 처리하는 시스템을 채택한다. 최근 대학졸업자의 취직난에 의해 표면화된 취직시험 수험자격의 '지정학교 제도' 등은 이러한 학력신앙과 그것을 기초로 한 인사처리 시스템의 상징적인 표출이라 할 수 있겠다.

세계대전 전 고등교육기관이 가지고 있던 기능 중 국가사회의 엘리트 집단에 들어가는 통과의례라고 불리는 기능은, 오늘날에는 주로 유명대학 졸업자를 채용하는 일류 대기업의 신입사원 연수, 기타 사내교육이나 상급공무원 시험과 연수 등으로 흡수되었다. 그러나 그런 엘리트 등용문이 학업성적 중심의 '입시' 하나만으로 압축된다는 사실은 기본적으로 세계대전 전과 다를 바 없다. 그곳에 들어가고자 하는 지원자 수가 비교할 수 없을 만큼 증가되었기 때문에 '입시전쟁'은 유례없이 격렬해졌다. 동일 세대 과반수를 넘는 대학수험생에게 진학은 바로 목적 그 자체가 되었고 그 준비에 많은 에너지를 소비하는 사태가 발생하였다. 그들에게 입시란 모든 것이다. 그리고 그 반동으로서 대학생활은 없는 것이나 다름없다. 거기에는 세계대전 전의 대학이 가지고 있던 가치관의 대전환을 촉구하는 '비밀종교 같은 지식'도 지적 흥미도 없다. 그렇다고 하지만 유명대학 입시에 성공하면 사회적으로는 엘리트의 길이 열린다. 따라서 대학의 인재선별기관으로서의 구조는 기본적으로 변함 없을 뿐 아니라 오히려 그 기능은 더욱 더 강화되었다고 해야 할 것이다.

(2) 입시경쟁과 초등교육

이와 같은 인재선별기관으로서의 고등교육으로 젊은이를 내보내는 초등·중등 교육은 제2차 세계대전 후 어떻게 변했을까? 초등·중등 학교는 세계대전 후 민주화되는 과정에서 천황제 신앙의 주입기관으로서의 기능을 박탈 당하고 다시 태어났다. 그리고 의사 종교적 도덕보다 과학적 지식을 중시하는 학교, 정신주의적 교육보다 아이들의 자발성과 창의성을 존중하는 학교로 전환되었다. 완전하게 그렇게 전환되었다고 말하는 것이 어폐가 있다면 적어도 이론상으로는 그런 방향을 추구하게 되었다고 해두겠다.

그러나 세계대전 후 학교·학급은 전쟁 전에 가지고 있던 가족주의적·평등주의적인 의제擬制 공동체로서의 성격이 지속되었고, 오늘날의 시험체제 하에서 그것은 다른 의미를 띠며 강화되었다고 할 수 있겠다.

세계대전 후 공업화·도시화가 진전됨에 따라 예전에 어느 정도 자치능력을 보유하고 있던 마을공동체는 오직 형태만 남았을 뿐 거의 붕괴 직전에 이르렀다. 그리고 지역의 어린이 집단이나 젊은이 조 혹은 그것을 대신하는 관제官製 청년단 등이 담당하였던 습속으로서의 교육 기능은 대부분의 지방에서 사라져 갔다. 일반 청년을 국가와 직접 연결시켜 주는 통과의례 같은 역할을 담당한 징병제도 없어졌다. 이런 사태에서 사람들 생활의 근본·마음의 안식처는 '핵가족화'의 추세 속의 가족공동체밖에 없었다. 그리고 그런 가정에서 자란 아이들을 사회와 연결시켜 주는 사회화 기능을 담당하는 곳으로는 오직 학교만 남게 되었다. 지역공동체의 영향력이 줄어든 현재는 가족과 학교가 직접 연결되어 각 가족의 가치지향이 곧바로 학교로 투영될 정도도 강해졌다고 할 수 있다.

(3) PTA와 학교

이와 같은 세계대전 후 학교공동체의 성질을 고찰할 때 결코 무시할 수 없는 것이 바로 PTA다. PTA는 일본 학교가 가지고 있는 특질의 한

면을 아주 잘 보여주고 있기 때문이다.

PTA는 세계대전 후 지방교육위원회제도와 더불어 교육의 민중통제 이념을 구현하기 위해 만들어진 부모와 교사의 협력단체다. 모델이 되는 미국의 PTA와 비교해 보면 상당히 일본적이라고밖에 할 수 없는 특색이 눈에 띈다. 미국 PTA는 뜻 있는 사람이 가입하는 임의단체지만, 일본 PTA의 압도적 다수는 아동이나 생도의 부모가 반강제적으로 가입해야 하는 전원가입제이며, 명실공히 학교의 외곽단체다. 일본 PTA는 가입률에서 미국을 훨씬 능가할 뿐 아니라 활동에서도 일부 회원에 편중되어 있기는 하지만 매우 활발하다. 매월 정기적으로 열리는 임원회, 각종 위원회, 빈번한 회보 발행, 강연회 개최 등 그 놀랄 만한 행사는 수적으로 보아도 미국 PTA가 도저히 따라가지 못할 정도다.

이 높은 관심은 도대체 어디에서 오는 것일까? 이 문제를 생각할 때 떠오르는 것은 역시 학교의 공동체적 성격이다. 역사적으로 일본 학교는 마을공동체로부터 물심양면으로 지지를 받으며 발전해 왔다. 세계대전 전 일본의 교육보급에서 학교후원회가 행한 역할은 크다. 그리고 세계대전 후에도 그것은 마찬가지였다. 오늘날 PTA에 의한 학교 재정 원조가 매우 비난을 받고 있음에도 불구하고 좀처럼 불식되지 않는 것은, 부모를 대표자로 하는 지역사회와 학교 사이에 1세기에 걸쳐 지속되어 온 유착(공동체적 상호의존)의 역사가 있기 때문이다. 최근 도시화와 함께 지역사회가 변모됨으로써 학교와 지역과의 유착에도 변화가 나타나기 시작했지만, 양자의 일체화된 관계를 이상적이라고 생각하는 태도는 여전히 견고하다.

(4) 학교공동체에서의 경쟁논리

오늘날에는 아이들의 장래가 걸려 있는 입시준비는 단순히 본인뿐 아니라 가족 구성원의 중대 관심사다. 어렸을 때부터 항상 개인의 행위는 가족 전체의 이해와 명예라는 관점에서 평가받았으며, 귀속의식을 강요받아 온

아이들은 일가의 영예를 위해 입시에 임하고, 다른 가족 구성원은 전원이 그의 성공을 위해 최대한 협력한다. 다시 말해 입시에 초점을 맞춘 여러 행위를 통해서 가족공동체 의식을 다시 강화하는 것이다. 그리고 가족구성원은 자녀들의 학교성적에 민감해지게 된다. 소위 사설교육기관인 학원에 해당하는 주쿠塾가 난립하는 현상의 한 원인은 여기에 있다고 할 수 있겠다.

이러한 가족공동체에서의 연대·협력·집단에 대한 충성 등의 가치가 학교에서는 학급공동체의 급우들에게 부분적이지만 확대 이전되는데, 요즘처럼 격화되어 가는 입시경쟁은 이러한 급우간의 연대를 파괴시킬 요소를 다분히 포함하고 있다. 그러나 이 위험은 적어도 학급공동체 내부에서는 경쟁심을 표면화시키지 않고, 입시 때의 '보이지 않는 적' 또는 다른 학교 학생을 타겟으로 삼는 형태로 처리된다.

이와 같은 우리 집단이라는 심리는 전통적인 마을공동체 구성원들의 심리에 내재되어 있었다. 마을공동체의 규제는 구성원들 간의 경쟁을 달가워하지 않고 전원이 '상식적인 평범한 사람'으로 머물러줄 것과 전체적으로 화합하고 협조할 것을 요구한다. 한편 '옆집이 안되는 것을 좋아하는' 심리나 이웃 밭의 경계를 살며시 지워 자기 땅을 넓히려는 경쟁심이 평등주의와 이율배반적으로 사람들 심리에 잠재되어 있다. 그러나 이런 심리는 다른 집단과 경쟁할 기회가 주어졌을 때 상대집단을 타겟으로 삼는 형태로만 표면화될 수 있었다.

오늘날 입시경쟁은 '타인 밀어내기'를 의미하므로 '급우가 병이 나면 좋아하는' 심리가 작용한다는 것은 공공연한 비밀이다. 그러나 비록 공공연하더라도 어디까지나 비밀이라는 것이 일본인의 경쟁심리 특색이다. 이런 심리는 일본인의 사회관계 구석구석에까지 침투되어 있어서 결코 학교만의 특유한 점은 아니다.

아무튼 이런 구조 속에서 경쟁하여 살아남아 인재선발기관을 무사히 통과할 수 있다면 그 후에 기다리는 것은, 이러한 가족공동체의 논리·가치지향을 거의 통째로 받아들여주는 의제 공동체적인 직장집단이다. 이상에서 살펴보았듯이 세계대전 이전의 학교제도가 가지고 있던 구조적·기능적 특질은, 고등교육과 초등·중등 교육 그 어떤 경우든 기본적으로는 변하지 않은 채 세계대전 이후 그대로 계승되었으며, 새로운 사회적·경제적 조건 하에서 형태를 바꿔 재생산되었다고 할 수 있겠다.

7. 맺음말

일본인의 일생은 입시라는 통과의례를 마친 다음에는 거의 바꿔탈 수 없는 에스컬레이터를 탄 것과 같다. 사회 전체가 무수한 그런 에스컬레이터 조직으로 구성되어 있다고도 할 수 있다. 일단 타면 우선은 인생을 보장받았다고 할 수 있겠지만, 대신에 도중에 바꿔타기가 허락되지 않으며 인생의 종착역까지 싫더라도 타고 가야 된다. 따라서 에스컬레이터를 선택하는 쪽은 적어도 좋은 에스컬레이터를 타기 위해 혈안이 된다. 다른 한편 받아들이는 쪽에서도 평생 돌봐야 할 사람을 고르는 일이므로 당연히 신중을 기하게 된다. 새로 타는 사람의 '순결성'이 존중받고 적어도 '흠집이 있'거나 다른 에스컬레이터를 탄 경험이 있는 사람은 멀리하려 한다. 이것은 기업과 관청이 갖고 있는 공동체적 체질에서 필연적으로 대두되는 요구사항이라 할 수 있다. 공동체는 구성원의 동질성을 기초로 해서 성립되는 집단이므로, 그 집단 구성원의 행동 형태에 이질적인 요소가 끼어드는 것을 좋아하지 않는 것이다. '신규 채용 연령 제한'은 이런 요구사항을 바탕으로 해서 만들어진 제도라 할 수 있다. 또 고의로 졸업을 연기해서라도 유리한 취직 기회를 기다리는 대학생들의 행동 형태는 기업이 추구하는 그런 '순결성'에 대한 반응이라 봐도 좋을 것이다. 이렇게 해서 세상에서 가장 중요한 것은 인생의 출발점에서의 에스컬레이터 선택이라는 식으로 일본인 전체가 착각하고 있는 것이다. '입시지옥'이란 이런 일본인의 생활방식을 규정하는 사회의 구조적 산물이라 할 수 있다.

이러한 현상이 의미하는 바는 이 글에서 언급했듯이, 일본 교육제도에 일관되게 내재되어 있는 '공동체 원리'와, 반半신분제를 만들어내는 '선별의 원리'가 뗄래야 뗄 수 없게 밀접하게 결합되어 있다는 사실이다. 이들 원리는 단적으로는 '평등이라는 가면을 쓴 불평등'의 논리 형태로 통일되어 있으며 일본사회 구석구석을 관통하고 있다. 교육제도는 이 논리에 의해 규정되며 이 논리의 증폭을 돕고 있다. 이런 형태로 일본 교육제도는 현재 일본사회 속에서 구조적·기능적 적합성을 부여받고 있는 것이다.

참고자료

麻生誠,『エリートと敎育』, 福村出版, 1970.

勝田守一·中內敏夫,『日本の學校』, 岩波書店, 1964.

唐澤富太郎,『學生の歷史』, 創文社, 1955.

J·キーツ, 仁科弥生 譯,『學歷病患者たち』, 東京大學出版會, 1970.

新堀通也 編,『學閥』, 福村出版. 1974.

橋瓜貞雄 編著,『學歷偏重とその功罪』, 第一法規, 1976.

山本信良·今野敏彦,『近代日本の天皇制イデオロギー』, 新泉社, 1973.

1) 柳田國男,「平凡と非凡」,『定本·柳田國男著作集 24』, 築摩書房, 1972, 437~439쪽.

2) 沖原豊,「比較敎育學から見た日本人の特質」, 飯島宗一·鯖田豊之 編,『日本人とは何か』, 日本經濟新聞社, 1973, 145~148쪽.

3) L.A. Cremin, *The Genius of American Education* (New York: Vintage Books, 1966), 11쪽.

4) 일본에서는 공동음식은 원래 제사 요소를 강하게 띠고 있다. 마을 사람들은 마을신에게 바치는 제물을 나눠먹고, 그것을 통해 혈연과 비슷한 공동감정·연대의식을 동료들 마음속에서 만들어 냈다.

5) 勝田守一·中內敏夫,『日本の學校』, 岩波書店, 1964, 170쪽.

6) 町田則文,『明治國民敎育史』, 昭和出版社, 1928, 41~49쪽.

7) 山本信郞·今野敏彦,『近代敎育の天皇制イデオロギー』, 新泉社, 1973.

8) 柳田國男,「日本の祭り」,『定本·柳田國男著作集 10』, 築摩書房, 1969, 301쪽.

9) 勝田守一・中內敏夫, 앞의 책, 98~99쪽.

10) 唐澤富太郞,『學生の歷史』, 創文社, 1955, 82쪽.

제4부
가치(윤리와 사상)

제15장 외래문화와 토착문화

나가시마 노부히로長島信弘

1. 첫머리

야요이 시대부터 현재까지 외국의 여러 문화가 끊임없이 일본에 유입되어
왔다. 이미 야요이 시대에 논농사와 금속기 제작 기본기술이 한반도와 중국으
로부터 도입되어 일본 중심부에 정착하였다.[1] 야마토 조정에 의해 정치적
통일이 이루어진 것은 그보다 훨씬 뒤의 일이다. 전 일본사를 통해 단일하고
통일된 전체 문화가 존재한 적은 한 번도 없었다고 할 수 있겠다. 어느
시대에나 이질적인 문화와 가치관 혹은 세계관이 항상 공존했기 때문이다.
그러나 비교문화의 시점에서 보면 확실히 '일본적'이라 할 수 있는 특성도
몇 가지 있는 것 같다.

편집자[2]가 제시한 연구테마는 일본 근대화를 전통적 문화와 가치관을
배경으로 해서 논하는 것이었지만, 필자는 직접 그 테마를 거론하는 대신
그것과 관련된 얼핏 보면 다르게 보이는 일본사회의 두 그룹의 문화가
어떻게 복합되었는지에 대해 역사적으로 고찰해 보고자 한다.[3] 첫째 그룹은
필자가 '최소 메시지 복합'이라고 이름 붙인 것으로, 서구와 일본의 사고양식
차이와 직접 관계가 있다. 두 번째 그룹의 문화복합은 외래문화나 기술에
대해 보이는 일본인의 태도의 특성이다.

2. 일본적 특성의 소재

(1) 뒤바뀐 세계

구미	일본
객관적	주관적
분석적	총합적
논리적	비논리적
시종일관	일관되지 않는다
명확히 결정한다	애매하다
비개인적	개인적
원시적	근시적
공공 중시	파벌적
계약 중시	명확하지 않은 동의를 좋아한다.
프라이버시 존중	프라이버시 경시
목축민	농경민
육식	곡물식
일신교	다신교
절대주의	상대주의
이원론적	구분 불명료
지적	정서적
차다	따뜻하다
토론 선호	조화 중시
둔감	배려가 있다
엄밀	유연
기계적	인간적
원한을 잊지 않는다	물에 흘려보낸다
거리를 둔다	가깝다
무자비	관대하게 본다
자기중심적	대세 순응적
정복지향	평화지향
잔혹	동정심이 깊다
불관용	관용
경합적	협동적
배타적	포함적

대개 일본인은 서양인의 사고양식이 자신들과는 근본적으로 다르다고 생각하는 것 같다. 다음 표는 어떤 식으로 다르다고 생각하는지를 대비시켜 본 것이다.[4] 이 표는 무턱대고 일본인을 추켜세우려는 자아도취적인 분위기와 그 정반대로 서구숭배의 요소가 뒤섞인 넌센스한 통속문화론을 집성한 것처럼 보일 수도 있겠지만, 분석해 보면 흥미로운 점이 몇 가지 나타난다.

첫째로, 타 민족의 가치체계가 자신들과 정반대라고 생각하는 것은 어느 민족에게나 공통적으로 나타나는 경향인데, 이런 경향을 일본에 그대로 적용시켰음이 여실히 드러났다는 점이다. 일본인이 구미에 대해 가지고 있는 이미지는, 한편으로는 지상의 유토피아지만 다른 한편으로는 과도한 합리성을 휘두르는 괴물이 사는 세계라는 상반된 것이다. 이에 대응하는 서구인의 동양관은 일종의 "꼬리 없는 원숭이"와 "고귀한 야만인"의 혼합물이다. 일본과 서구라는 대비는 구미 대신 중국을 대입시켜도 성립되는 것 같고, 네그리튜드ngritude[1]) 운동이 한창 고양되던 시기에 아프리카 지식인들

---

1) 프랑스어. 아프리카의 흑인문화와 전통의 독자성을 주장하면서 그 가치를 적극적으로 평가하려

이 주장한 서구와 아프리카의 차이를 인정한다면 일본을 아프리카로 대체시켜도 이 표는 성립될 것 같다.

둘째로, 이 표의 대조적 가치는 대부분 과학적·논리적 커뮤니케이션과 직각적直覺的·주관적 커뮤니케이션이라는 커뮤니케이션 양식의 차이로 요약될 수 있다는 점이다. 이하 전자를 '최대 메시지형' 커뮤니케이션, 후자를 '최소 메시지형' 커뮤니케이션이라 부르고, 아래와 같이 정의한다. 이 커뮤니케이션의 양극 형태를 정의하는 데 사용할 네 개의 단어를 우선 제시해 두겠다.

> 송신자=메시지를 보내는 자
> 수신자=메시지를 받는 자
> 메시지=구두 또는 문서에 의해 전달되는 정보
> 정　보=보내는 자가 전달하려는 내용

(a) 최대 메시지형 커뮤니케이션　송신자는 우선 자기 정보를 분석하고 질서를 세워 메시지를 조립한다. 이 메시지는 가능한 한 정확·명료하고 동시에 논리적으로 일관되어야 한다. 그 길이는 정보를 완전히 표현하는 한 아무리 길더라도 문제가 되지 않는다.

이런 형태의 커뮤니케이션의 성공 여부는 논리적으로 일관된 메시지를 작성하는 송신자의 능력에 한적으로 의존하며, 수신자에게 요구되는 것은 사용된 언어에 대한 이해력뿐이라고 해도 무방하다. 그래서 송신자와 수신자의 관계는 멀리 떨어져 있거나 개인적이지 않더라도 문제가 되지 않는다. 이런 형태의 커뮤니케이션에는 객관적인 유형의 정보가 적절하지만, 상당히 주관적인 성질의 정보라도 수신자가 추측해야 하는 부분이 적기 때문에 객관성을 띠게 된다.

는 입장.

(b) 최소 메시지형 커뮤니케이션 송신자는 정보의 본질적 특성을 우선 파악하고 그것을 선택된 소수의 언어로 표현한다. 메시지는 수신자의 마음 속에서 정보 전체가 마치 폭발할 것 같은 고도의 환기력을 갖추고 있어야만 한다.

커뮤니케이션의 성공은 메시지의 질뿐만 아니라 수신자의 직각적 이해에도 크게 의존한다. 송신자와 수신자 사이에 공통된 경험이 많을수록 커뮤니케이션은 쉬워진다. 따라서 양자의 관계는 긴밀하고 인간적이어야 한다. 이 형태에는 주관적인 정보가 적합한데, 메시지가 애매하기 때문에 객관적인 정보도 주관성을 띠게 된다.

어떤 사회든 이 두 형태의 커뮤니케이션은 예를 들면 산문과 시라는 형태로 존재하며, 일상 생활에서의 커뮤니케이션은 어느 쪽으로 치우치든 이 두 형태의 중간 형태를 취한다고 할 수 있다. 그러나 거시적으로 말하면 최대 메시지 형태는 서구에서는 아마도 과학의 진보와 평행하여 현저히 발전을 이룬 것 같고, 일본에서는 최소 메시지형 커뮤니케이션이 특수하게 발달하여 일본인의 비합리적이며 직감적인 세계를 표현하는 데 깊숙이 관련되어 있는 것 같다.

(2) 최소 메시지 복합의 사회적 특성

최소 메시지형 커뮤니케이션은 최대형과 비교해 메시지 자체가 애매하므로 실패할 확률이 구조적으로 훨씬 높다. 짧은 메시지를 좋아하는 일본사회에서는 커뮤니케이션의 성공률을 높이려는 노력으로 해석되는 행위나, 되풀이되는 커뮤니케이션의 실패가 만들어낸 결과라고 해석될 수 있는 가치관이 몇 개쯤 있다.

커뮤니케이션의 효율을 증대시키는 일반적인 방법은, 어느 사회에서든 서로 가능한 한 잘 파악하는 것이다. 커뮤니케이션의 성패가 수신자의 능력에 크게 의존하기 때문에, 일본사회는 서로를 잘 알아야 할 필요성 때문에 극단적인 형식을 취하기까지 한다. 예를 들면 공통이익에 기초한 집단 내에서 함께 술을 마시는 것은 유희라기보다는 의무에 가깝다. 그러한 경향은 대등한 사이에서보다 상하관계에서 더 강하다. 교제라는 말은 일반적으로는 교류를 의미하기도 하지만, 좁은 의미로는 함께 술을 마시는 것이고 개인의 의지를 초월한 강제력을 동반하기도 한다. 특히 기업계에서는 교제가 근무시간 후의 직무로, 중요한 상담에 필수까지는 아니겠지만 효과 있는 준비행위로 간주되고 있는 듯하다.

최소 메시지형 커뮤니케이션의 가장 극단적인 형식은 '이심전심'이란 말로 표현된다. 이것은 불교 선종에서 처음 사용한 표현으로, 말없이 마음에서 마음으로 직접 전하는 소위 메시지 없는 커뮤니케이션이다(본론에서는 메시지를 말에 의한 것이라고 좁은 의미로 정의하였으므로 몸짓, 표정, 마음 같은 비언어적 메시지는 고찰대상에서 제외한다). 이것이 성립되기 위해서는 송신자와 수신자가 서로 잘 알고 있어야 한다. 실제로 가능한지의 여부는 차치하더라도, 일본인이 이심전심에 의존하는 신앙은 오스트레일리아 원주민의 텔레파시 신앙과 기독교도의 신의 계시와 필적할 만한 집합표상 集合表象의 영역에 속한다고 할 수 있겠다.

이와 비교할 수 있는 또 하나의 단적인 형식은 커뮤니케이션을 단념해 버리는 것이다. 더 정확히 말하면 한 명의 개인이 송신자와 수신자를 일체화시켜 버리는 것이다. 이것은 완전한 커뮤니케이션이 성립할 수 있는 유일한 형식이라 해도 좋을지 모른다. 일본인의 행동 가운데 이것에 상당하는 현상을 찾아본다면, 일기를 쓰는 전 국민적 습관, 속세를 떠나 은둔하는 것(일본 역사에는 많은 은둔자가 등장한다),[5] 가출(현대 젊은이들 사이에 적지 않다), "이해해 주지 않는다"는 이유로 인한 자살 등은 디스커뮤니케이션 dis-communication,[2] 즉 완전한 커뮤니케이션의 갈망이 표출된 것이라고 볼 수도 있겠다.

---

2) 커뮤니케이션 실패.

커뮤니케이션이 실패할 경우, 송신자가 아닌 수신자가 직관력의 부족을 이유로 비난받기 쉽다. 반대로 송신자가 너무 확실한 메시지를 보내도 오히려 비난받는 경우가 있다. 수신자의 감수성을 믿지 않고 배려심을 발휘하지 않았다는 의미가 될 수 있기 때문이다. 그래서 논리적으로 일관된 논의는 별로 장려하지 않으며, 타고나길 논리적인 논의를 좋아하는 인물은 원성을 살 뿐 아니라 인간이 덜된 풋내기라는 평판을 듣기 쉽다. 일본 역사에서 논리학이 거의 발달하지 못한 것, 아니 발달하지 못했다기보다 결여되었던 것은 이 같은 태도 때문이다. 또 애매한 메시지라도 알아차리는 수신자의 직관에 지나치게 의존하는 성향은, 자신의 생각을 충분히 설명하지 않고도 이해받기를 바라는 일본인의 응석의 한 원인이 되었다고도 하겠다.

이 최소 메시지형 커뮤니케이션은 송신자와 수신자 모두가 상당 정도 경험과 감정을 공유할 필요가 있다. 또한 이 유형은 커뮤니케이션에 실패했다는 경험을 공유하게 만드는 아이러니를 낳는다. 상대가 이해해주지 않았다는 공통된 경험이야말로 일본인의 센티멘털리즘의 기반을 이룬다. 운명이 결정적인 역할을 하는 그리스 비극에 비하면, 일본의 문학, 연극, 가요곡 등에 나타나는 비극의 근원은, "이해해 주지 않는" 것이나 "잠자코 전하지 않는" 것에 있다고 할 수 있지 않을까?

최소 메시지형 커뮤니케이션의 이러한 사회적 특성은 현대 일본사회에서도 확연히 눈에 띄는 특성이지만 문화적 양상에 대해서는 역사적으로 검토해 볼 필요가 있다.

(3) 단시短詩형의 진화

일본문화에서 최소 메시지 복합이 쉽게 형성될 수 있게 만드는 것으로 단시短詩형의 발달과 불교 교의의 전개를 들 수 있다. 우선 단시형부터 살펴보자.

글자 수를 일정하게 하는 운문 형식은 한시의 영향을 받아 7세기 후반에 확립된 것 같다. 777년경 완성된『만요슈萬葉集』는 4,505개의 와카和歌를 담고 있다. 스타일은 대개 사실적·직설적·남성적이고, 내용도 자연이나 연애에 대한 찬미로부터 세금에 대한 하소연까지 실로 다양하지만, 한시의 영향은 거의 보이지 않는다.[6] 작자의 사회적 배경도 천황으로부터 이름없는 농부까지 다양하다.『만요슈』의 시 형태로는 5·7의 리듬이 연속되는 장가와 575·77의 단가가 있는데, 후자는 장가의 마지막 구절이 독립된 것이라 한다. 특이하게도『만요슈』후기의 단가는 초기 것보다 수도 많은데 스타일상 으로도 섬세하고 정서적으로 변화되었다.

시대가 지나 헤이안 시대 중기의 와카를『만요슈』와 비교해 볼 때 스타일과 사회적 위치 상 중요한 변화가 생긴다. 첫째로, 장가는 거의 완전히 자취를 감추고 와카는 31자의 단가를 의미하게 된다. 둘째로, 와카는 지식계급의 교양으로서 다양한 문예 분야에서 최고의 자리를 차지하기에 이른다. 셋째로, 와카가 가장 중요한 사교 수단이 되었다. 와카를 교환하지 않고 연애가 발전하는 일은 있을 수도 없었으며, 일상 회화나 서신 왕래도 와카로 채색되거나 혹은 대체되었다. 와카의 교환은 이렇게 해서 연인들 사이에서뿐만 아니라 친구나 가족, 원수 사이에서까지 빈번하게 이루어지게 되었다. 예를 들면 어느 늙은 무사는 너무 오랫동안 승진이 지연되는 것을 와카를 빌려 한탄했는데, 이 시적 항의가 바로 효과를 봐서 승진할 수 있었다고 한다. 또 와카를 겨루는 모임이 종종 개최되고 동시에 와카를 바탕으로 한 다양한 게임이 고안되었다.[7] 이와 같이 와카는 귀족사회의 커뮤니케이션의 수단으로 확립되었고 그들의 생활양식의 중심이 되었던 것이다.

이와 같은 풍조를 배경으로『고킨와카슈古今和歌集』가 황제 칙령을 받은 최소의 칙선집으로 편찬되었다. 이때까지 칙선집은 한시로 제한되어 있었다.『고킨슈』[3]의 미학은 '아와레'라는 말로 응축해서 표현될 수 있다. 그것은 인생의 비애뿐 아니라 자연이나 의례, 연애 등의 감각적 아름다움에 깊이

---

3)『고킨와카슈』의 약칭.

감동한 마음가짐을 표현한 말이다. 이 아름다움은 조화와 도회적인 세련을 기조로 하여, 다양한 아름다움을 표현하는 몇 개의 새로운 형용사로 표현되었다. 『고킨슈』는 정지된 감각적 아름다움을 스타일로 택했던 것이다.[8]

『고킨슈』의 편자가 서문에서 설명한 와카의 이상형은 아름다움에 감동한 마음을 넘치지도 모자라지도 않게 표현하는 것이었다. 이 견해를 마음과 작품, 혹은 정보와 메시지의 '일치' 이론이라고 부른다면, 300년 후 후지와라노 슌제이藤原俊成[4]가 제창한 유현이론幽玄理論은 구조적으로 다른 것이었다. 와카가 창출하는 아름다움의 세계가 감상자의 마음에 깊은 감동과 여운을 불러일으키기 위해서는, 작자는 마음의 모든 것을 글로 나타내서는 안 되고 글을 억제해야 한다고 후지와라노 슌제이는 주장했다. 유현이란 "멀고 희미하고 어렴풋하다"라는 의미의 한자어다. 유현론을 기반으로 한 『신고킨와카슈』에 '해질녘'이라는 표현이 자주 사용되었듯이, 희미하고 멀며 윤곽이 또렷하지 않은 명상적인 시경詩境을 목표로 한 것이다.

일본의 고전시를 대표하는 『만요슈』, 『고킨슈』, 『신고킨와카슈』의 3개 가집의 흐름은 최대 메시지형 커뮤니케이션에서 최소 메시지형 커뮤니케이션으로의 이행 과정이었다고 해도 과언이 아닐 것이다. 장가에서 단가로, 사실적·객관적 세계에서 섬세하고 정서적인 세계로, 아침 해에서 해질녘으로의 여러 변화는 이러한 이행을 표상한다. 또한 유현이론에서 시사되었듯이 수신자의 참가가 이 이행과 함께 서서히 증대되었다는 점도 특이할 만한 일이다.

이 견해는 렌가連歌에서 하이쿠俳句로 전개되는 후세의 단시형 전개 방식으로도 뒷받침된다. 렌가는 복수의 참가자가 미리 정한 주제나 처음 시작하는 작자의 첫 구절에 나타나는 테마를 기반으로 하여, 각자 순서대로 그 테마를 단시형으로 이어서 전개해 나가는 형식이다. 이 렌가에는 본론과 관련되는

---

4) 1114~1204년. 도시나리라고도 불렸던 헤이안 시기 말부터 가마쿠라 시기 초기의 가인(歌人), 가학자(歌學者).

두 가지 흥미로운 요소가 있다. 첫째는, 렌가 이전의 와카에서는 수신자는 주어진 와카를 자기 나름대로 감상하는 수동적 존재였지만, 렌가에서는 직접 시적 세계를 창조하는 데 적극 참가하여 수신자와 송신자의 양쪽 역할을 하게 되었다는 점이다. 둘째는, 다른 작자의 시구를 받아 직접 시구를 지을 때는 내용은 연관되면서도 가능한 비약시켜 전개해야 높은 평가를 받는다. 이런 호흡법은 '니오이즈케'[5]라고 하는데, 니오이(향기)야말로 실로 가장 무형의 메시지다. 렌가는 무로마치 시대부터 에도 시대 초기까지 최고 전성기를 구가했는데, 그 첫 구절이 마침내 가장 짧은 17문자인 하이쿠로 독립되기에 이른다.

이런 단시를 짓는 작자들은 엄밀한 의미에서 직업작가는 아니었고 사회적 배경도 다양했다. 예를 들면 하이쿠의 창시자들과 그 제자 중에는 상인계층이 많았다. 와카의 경우, 처음에는 귀족계급으로 제한되었지만 중세에는 무사계급 사이에 정착하였고, 이후에는 사회적으로 명성을 얻은 자라면 누구든 죽을 때 일생을 뒤돌아본다는 의미에서 요약하여 세상과의 이별 시구를 남기게 되었다. 이는 사후 재산처분법을 명확하게 지시하는 유언서를 항상 준비하는 서구의 관습과 실로 대조적이라 할 수 있겠다. 현재도 와카와 하이쿠 모임은 무수히 많으며 매년 공표되는 작품은 천문학적 숫자에 이르지만, 와카를 주고받는 풍습은 아주 희박해졌다.

(4) 비정秘情의 사고

일본 전통의 기반이 된 신도, 유교, 불교의 세 종교 중에서 최소 메시지 문화복합형을 형성하는 데 가장 크게 기여한 것은 불교다. 불교의 여러 종파의 교리에 대해 서술하는 것은 필자의 지식을 뛰어넘는 일이지만, 아주 개괄적으로 말하자면 부처와 인간과의 관계를 둘러싸고 서로 다른 세 개의 이론이 있었다고 할 수 있다. 그러나 어떤 이론이든 부처와 인간과의 관계는

---

5) 지적인 연상을 사용하기보다 전구와 후구를 기분이나 정취(향기)가 통하도록 짓는 작법.

창조자와 피창조자와의 관계는 아니다. 불교에는 창세신화도 없다는 점을 덧붙여 둔다.

첫째로, 초기 불교에서는 인간은 부처의 더럽혀진 일부분으로 취급되었다. 교리를 배우고 계율을 지키고 엄격한 수행을 거치는 것을 더러움을 깨끗이 하는 방법이라고 여겨, 계통적 학습의 중요성을 강조하였다.[9] 이 초기 불교는 지식계층의 종교로서 최대 메시지형 커뮤니케이션의 특성을 갖췄다고 할 수 있겠다.

둘째로, 정토종에 의하면 인간은 부처의 부분이 아니라, 더럽혀진 세계로 떨려져 나와 사는 비참한 존재였다. 깨끗한 정토로 들어갈 수 있는 유일한 방법은 나무아미타불의 7자를 끊임없이 외쳐 마음을 깨끗이 해야 한다고 설법한다. 정토종에서는 부처와 인간의 커뮤니케이션을 최소 메시지형의 특성으로 파악하기 시작했던 것이다.

염불을 최초로 받아들인 승려 구야空也[6]도 그를 이은 료닌良忍[7]도 염불과 춤을 결부시켜 불교를 문맹인 서민층에 보급하는 데 성공했다. 가마쿠라 시대에 이르면 호넨法然, 신란親鸞, 잇펜一遍 들은 각각의 가르침에는 차이가 있지만 염불을 한층 확대시켰다.[10]

셋째로, 가마쿠라 시대 때 송나라로부터 전해져 무로마치 시대에 전성기를 맞은 선종의 경우, 부처는 인간의 마음 속에만 존재하며 그 부처와 인간과의 궁극의 일원성을 깨우치는 것이 성불이라고 설법했다. 이 견해에 따르자면 이 세상의 모든 물체와 존재는 객관적 기반을 잃게 된다. 모든 것은 마음 속에만 존재하기 때문이다. 또한 주관이라는 개념도 근거를 잃는다. 부처와 동화되는 것은 주관성의 주체인 자아조차 없어지게 만드는 것이며, 부처에게는 주객의 구별도 없어지기 때문이다.[11]

선禪의 경우 세계는 무한하고 무정형이므로 객관적인 세계를 분류하기

---

6) 903~972년. 헤이안 중기의 승려.
7) 1072~1132년. 헤이안 후기의 승려.

위한 범주나 그런 범주를 만드는 것, 세계를 설명하기 위한 질서나 규칙성을 찾는 것 등은 필연적으로 배제되어 버린다. 이 점에서 선 철학은 세계에 대한 가장 비합리적이고 반과학적인 접근이라 해도 될 것이다. 선종은 또한 깨달음을 얻은 심경을 전하는 수단으로서 문자의 사용을 금한다. 원래 무로마치 시대에는 상징적인 한시를 이 목적으로 사용하기는 했다.[12] 선을 배우는 자는 좌선과 명상을 통해 스스로 이 일체감을 체험해야 했다. 스승으로부터의 교시가 있었다면, 그 교시는 일부러 비논리적으로 조립시킨 명제이거나 간단한 사물이거나 몸짓으로 표현된 것이었다. 이처럼 선 불교에서의 커뮤니케이션은 짧고 상징적인 메시지로 집약되었다.

선 철학과 그 특유의 커뮤니케이션 양식은 일본문화 전체와 일본인의 가치관에 깊은 영향을 끼쳤다. 개별적으로 보면 노가쿠能樂,[8] 꽃꽂이, 다도, 수묵화, 렌가 등이 선을 근저로 해서 형성되거나 발전하였다. 이와 같이 선은 지식계층과 서민 모두를 포함한 당시 일본사회 안에 이미 존재하고 있던 비합리적 요소와, 앞서 언급한 새로운 문화요소를 결합시켜 '최소 메시지 문화 복합'으로 통합시켰다. 예를 들면 노가쿠에서의 제아미世何彌[9]의 이론은 가론歌論에서의 유현 개념과 선 사상을 결합시킨 것으로,[13] 『풍자화전風姿花傳』(1403년경)의 "비밀스러우면 꽃이 되고 비밀스럽지 못하면 꽃이 되지 못한다"라는 말로도 요약된다.[14] 이 제아미의 숙명을 나중에 응용한 사람이 『하가쿠레葉隱』(1716년)의 야마모토 쓰네토모山本常朝[10]였다. "무사도란 죽는 것임을 깨달았다"란 말은, 죽음에 직면한 심적 갈등을 표현하지 않는 것이야말로 최상의 아름다움이라는 뜻일 것이며, 참는 사랑이야말로 진정한 사랑이라는 주장도 이 같은 미학일 것이다.

제아미든 야마모토 쓰네토모든 그들의 말을 글자 그대로 받아들이면 완전한 디스커뮤니케이션을 표방하는 것 같지만, 그들의 궁극의 관심사는

---

8) 일본 중세의 예능으로 무용과 극적 요소가 결합된 형식.
9) 1363?~1443?. 노(能)의 연기자이자 작가.
10) 1659~1719년. 42세에 출가한 후에는 조초로 불렸다.

완전한 커뮤니케이션이 불가능하다는 것과, 커뮤니케이션을 원하는 인간의 뜨거운 욕구 사이의 영원한 딜레마를 어떻게 해결할 것인가였던 것 같다. 해결은 간단하다. 세련된 노(能)의 무대와 연기자의 억제된 몸짓에 나타나 있듯이, 메시지를 극도로 응축시켜 관중의 지성보다는 직각적인 감성에 호소하거나, 아니면 『하가쿠레』에 해설되어 있듯이 어떠한 메시지도 보내지 않음으로써 정보의 순수성을 유지하거나 둘 중 하나다.

스승의 예능을 주의 깊게 관찰하여 직접적인 가르침 없이도 스스로 예능을 습득해 나가는 방법 역시 이 문화복합의 하나의 특성이다. 이 교육법은 무예, 예도, 공예 등의 세계에서 가장 두드러지게 나타나지만, 일본의 전통적 교육은 어느 분야에서든 이러한 경향이 나타난다.[15]

3. 외래문화의 수용 과정

무로마치 시대가 최소 메시지 문화복합의 전개·개화기였다고 한다면, 서구와의 첫 접촉이 시작된 것도 이 시대의 말 30년간이었다. 그러나 외래문화에 대한 이후의 역사를 보다 잘 이해하기 위해서는 우선 고대 일본인이 중국과 한반도로부터의 문화 영향에 대해 취한 태도를 검토하는 데서부터 시작해야 할 것이다.

동아시아 동단에 위치하며 인도와 중국의 고대문명과 직간접적으로 접촉해온 일본은, 오랫동안 '제2 문명'의 입장에 처해 있었다. 또한 다른 민족에게 군사적으로 정복을 당한 경험이 한 번도 없었다는 것도 중요한 사실이다. 해외에서 건너온 새 문물을 개방적이며 때로는 숭배할 정도의 열의로 받아들여 온 일본인의 태도는 이 두 가지 요소로 어느 정도 설명될 수 있을 것 같다.

좀더 자세히 고찰해 보면 외래요소에 대한 개방적 태도에는 두 종류의 다른 기준이 있으며, 그 두 기준은 다시 각각 두 가지로 구분될 수 있다. 하나는 외래문물을 입수할 때 '능동적'인가 '수동적'인가 하는 기준이고,

또 하나는 입수한 것을 자신의 손으로 재생하는 일에 '적극적'인가 '소극적'인가 하는 기준이다. 이 두 개를 조합하면 외래문물에 대한 개방성의 정도를 편의상 '능동적·적극적', '능동적·소극적', '수동적·적극적', '수동적·소극적'이란 네 개의 범주로 구분할 수 있을 것이다. 결론을 먼저 내리자면, 일본인의 태도는 역사를 통해서 늘 '능동적·적극적'이고, 더욱 고도의 문명을 가진 나라에서 일어나고 있는 일들을 늘 주의 깊게 지켜보았다고 결론지을 수 있겠다.

4세기 중반부터 663년 백촌강 패배까지, 일본은 정치적·군사적으로 한반도와 깊이 관여되어 있었다. 이 기간에 문관이나 기술자, 학자 등이 주로 한반도에서 건너오고, 소수지만 중국으로부터도 일본으로 건너온 사람들이 있었다. 이들을 통해 한자, 유교, 불교, 태음력, 점성술, 베틀, 물레를 사용한 도기의 제조, 제염 같은 기술이 도입되었다.[16]

7세기에 들어서 야마토 조정은 더욱 능동적이 된다. 쇼토쿠聖德 태자가 중국문화를 직접 섭취하기 위해 네 차례에 걸쳐 수나라로 사신을 파견한 것이다. 이 정책은 수나라가 멸망한 후에도 당나라 때까지 계속되어 836년까지 거의 260년간 15회나 사신이 파견된다.

당나라 문화는 넓은 분야에 영향을 미쳤다. 정치에서는 중국을 모방한 중앙집권적 관료제가 확립되었고, 관료의 교육 과정에는 중국사와 유교가 중심이 되기에 이른다. 경제분야에서는 화폐주조가 시도되지만 결국 보급되지 못하고 끝났다. 귀족들은 교양으로 한서漢書, 한시漢詩를 애독하고 직접 한시를 창작했다. 불교는 국교로 보호되고 많은 사원이 건립되었다.[17]

이런 외국문화의 수용 과정은 세 개의 계속되는 단계로 구별될 수 있다. 모방 또는 단순재생산 단계, 조절 또는 수정 단계, 그리고 세련 또는 최종적 일본화 단계다. 최종단계에서는 말기의 작품은 외국의 것과는 전혀 다른 것이 되어버리는 경우도 있다. 한 예로 문자를 들어보자. 표의문자인 한자는 처음 귀화인들이 사용하던 것을 일본인 관리가 배웠다(모방단계). 그러다가 일본어를 문자화할 필요성을 느끼고 몇 가지 한자를 의미보다 음을 표시하기 위해 사용하게 되었다(수정단계). 『고사기』나 『만요슈』가 모두 이러한 양식을 사용하여 기록되었다. 9세기가 되면 표음을 위해 사용하던 한자를 간략화한 문자가 발달하였다(최종적 일본화 단계). 이 가나의 완성을 기다렸던 10세기의 일본문학은 일기, 모노가타리,[11] 와카 등의 분야에서 다채롭게 발전하게 된다. 모방에서 수정을 거쳐 세련된 일본화에 이르는 이 과정은 미술, 공예, 건축 등의 분야에서도 마찬가지였다.

이러한 대규모의 외국문화 수용 섭취가 반드시 토착문화 요소를 말살시킨 것은 아니었다. 오히려 어떤 외래요소를 일본화시킴으로써 종종 그것과 대응되는 토착문화도 평행적으로 발달하였다. 『만요슈』로 대표되는 일본 시의 발달이나 조상제사를 기반으로 한 전통종교가 7, 8세기 불교의 흥륭과 때를 같이하여 신도로 조직화된 것도 그 한 예다. 불교와 신도의 대비는 건축물에서도 확실히 드러난다. 중국풍의 호화로운 불교사원에 비해 신사는 오로지 전통적인 건축양식을 고수해 왔다. 조정이 불교와 신도 쌍방을 보호한 배후에는 당연히 정치적 배려도 작용하였다. 불교가 계층 차이를 뛰어넘어 국민통합의 원리를 제공한 데 비해, 신도는 천황가의 지배를 정당화하는 이데올로기였기 때문이다. 조정이 신도에 힘을 쏟은 것은 중국과 일본의 군주제에 근본적으로 차이가 있음을 인식했기 때문이다. 군림하는 권위를 천명天命에서 구하는 중국과 황족계보의 일계성一系性을 권위로 하는 일본의 차이가 그것이다.[18]

『고사기』와 『일본서기』의 편집은 이러한 차이를 밝히려는 동기를 가지고 있었는데 완성까지 약 반세기가 걸렸다. 기기記紀[12]는 현존하는 가장 오래된 일본 서적으로, 「제기帝紀」와 「구사舊辭」라는 지금은 소실된 두 권의 책을 기본으로 해서 만든 것이다.[19] 『고사기』와 『일본서기』에 나타나는 차이점은

---

11) 문학형태의 하나. 작자가 인물이나 사건 등에 대해 다른 사람에게 이야기를 해주는 형태로 기술한 산문문학작품.
12) 『고사기』와 『일본서기』의 통칭.

이 시기 일본인이 갖고 있던 외래문화와 토착문화에 대한 태도가 어떻게 달랐는지를 시사해 주는 부분이다.

『고사기』는 한 명의 편자가 기초로 삼은 두 권을 주 내용으로 하여 구두전승 방식으로 기록한 것이다. 문장은 한문이라고는 하나 상당히 일본어적인 표현이 포함되어 있고, 문학작품으로서의 가치도 높다. 모토오리 노리나가本居宣長13)는,『고사기』야말로 유교나 불교 같은 외래이론의 독이 퍼지기 이전 자연스럽고 인간적인 고대일본인의 정신이 그려져 있어서, 이것이야말로 이상적인 삶의 방식이라고 주장했다.20)『일본서기』는『고사기』와 대조적으로 특별히 설치된 일종의 역사편찬국에서 많은 문관들이 편집한 것으로, 「제기」 외의 다양한 문서기록도 참조하고 중국의 역사서를 모범으로 삼아 완벽하게 한문으로 서술한 것이다.

이 기기의 문체적 차이가 보여주듯이, 이 시대에 한문은 공용문의 위치를 차지하고 일본어보다 높은 평가를 받았다. 외래문자에 높은 지위 혹은 가치를 부여했다는 것은 가나에 부여한 명칭과 그 사용법에서도 확실히 드러난다. 가나는 글자 그대로 '임시'고, 한자야말로 '진짜'인 마나眞名다. 히라가나는 헤이안 시대에 들어서 주로 귀족계급의 여성들에 의해 사용되고 일기, 모노가타리, 수필, 와카 등을 산출하는 원동력이 되었지만, 공문서나 불교 교리 등은 남성들에 의해 한문으로 기록되었다. 이 마나와 가나에 부수된 일련의 대비를 나타내 보면 다음과 같다.

> 마나 — 외래 남성 공용公用 경조硬調 우위
> 가나 — 국산 여성 사용私用 연조軟調 열위

주로 가나로 적혀 있으며, 와카에 의한 고대일본 정신의 부활을 주장한 『고킨슈』의 서문조차 일본어문 외에 한문으로 쓰인 것도 게재되었는데,

---

13) 1730~1801년. 에도 중기의 국학자.

아마도 이 노래집에 권위를 부여하기 위한 배려였을 것이다. 『고킨슈』의 편집자 중 한 명인 기노 쓰라유키紀貫之가 『도사土佐 일기』를 가나로 쓰기 위해 자신을 여성화한 것도 이 같은 대비관계를 뒷받침해 준다.

중국문화의 영향에 대한 고대 일본인의 반응은 다음과 같이 요약할 수 있겠다. 첫째로, 국가 차원에서든 개인 차원에서든 중국문물을 받아들이는 데서는 매우 능동적이었다. 둘째로, 일단 수용된 외래요소를 적극적으로 재생산하는 데 노력을 기울인 결과 많은 일본화 현상이 일어났다. 셋째로, 새로운 아이디어에 자극 받아 토착문화의 몇 가지 요소가 놀라운 발달을 이룩했다. 넷째로, 그럼에도 불구하고 외래문물에 대해 국산보다 높은 가치를 부여하였다. 다섯째로, 외래문화에 대한 과도한 숭배에의 반작용과 중국과 일본의 사고·감정 양식의 차이에 대한 인식이 맞물려 문화내셔널리즘 운동이 간헐적으로 발생하였고 예외 없이 신도로의 복귀를 이념으로 내세웠다.

외래의 문화와 기술에 대한 고대일본인의 이런 태도는 중세 이후 현대에 이르기까지 거의 바뀌지 않았다고 할 수 있다.[21] 당나라가 멸망한 후에도 송, 원, 명, 청의 4대 왕조를 통하여 중국으로부터 새로운 지식이 일본으로 계속 유입되었다.

4. 근대화의 조건

1543년 난파된 포르투갈선 승무원의 다네가시마 상륙이 서구와 일본의 첫 접촉이었고, 이때 일본에 처음으로 총이 도입되었다. 이어 1549년에는 예수회 선교사 프란시스코 자비에르가 규슈를 방문하고, 이후 기독교는 일본의 서쪽지역을 중심으로 급속히 보급되기 시작하여 도쿠가와 막부가 기독교를 금지한 1613년까지 계속 전파되었다. 그 와중에 포르투갈의 뒤를 이어 스페인, 네덜란드, 영국 등의 서구 여러 나라와 교역관계를 계속 맺게 되지만, 이 또한 막부의 쇄국정책 때문에 오래 유지되지는 못했다.

이 짧은 접촉 기간에 서구의 발전된 과학지식과 기술이 도입되었고, 체계적인 학교제도도 형성되기 시작하였다.[22] 일본인은 농민이나 상인까지 포함해 이런 신지식을 적극 받아들이고 열심히 배우려고 노력했다. 일본인이 기술 분야에서 보인 적극적 태도를 예증하는 한 예로 총의 제조를 들 수 있다. 총이 처음 전해진 지 20년도 안 되는 기간 동안 계속된 전란으로 수요가 증대되었다고는 하지만, 문자도 제대로 알지 못하는 시골의 대장장이들이 10만 개 이상이나 되는 총을 직접 생산하였다. 내가 아는 한, 일본과 마찬가지로 총에 대한 수요가 컸던 다른 동양권 지역에서는 이러한 현상이 일어나지 않았다. 이들 지역에서의 수요는 교역, 즉 외국기술에 대해 능동적이기는 하지만 소극적인 방법으로 충족되었던 것이다.

도쿠가와 막부는 쇄국정책을 취하였지만, 서양학문을 그저 탄압만 한 것이 아니라 과학과 기독교를 구별하였다. 또 실질적인 필요도 있었기 때문에, 나가사키에 공인한 네덜란드 세력을 통해서 서구의 과학지식이 이후에도 일본으로 계속 들어왔다. 그 결과 에도 시대 후기에는 의학, 식물학, 천문학, 수학, 지질학, 화학, 물리학, 군사학 등의 학문분야가 거의 확립되는데, 이런 자연과학의 발달은 막부의 정책보다 개인의 노력에 의지하는 바가 컸다.[23] 그러나 막부도 체제가 붕괴되기 겨우 6년 전의 일이긴 하지만, 고대 일본 야마토 조정의 전통을 되살려 1862년 네덜란드로 유학생을 파견한다.

정치학 영역에서는, 명·청 시대에 중국에서 국학으로서 확고한 자리를 차지하고 있던 유교가 일본에서도 중심적 지위를 차지하기에 이른다.[24] 문학 연구에서는 서구풍의 자연과학이 확립된 것과 거의 같은 시기에 중요한 내셔널리즘 운동이 일어났다. 모토오리 노리나가를 선봉으로 한 이 운동의 목표는 유교와 불교를 건전한 인간정신을 오염시키는 비관론적인 인생관으로 보아 배척하고 자연적이고 청정한 신神의 길을 일본인의 마음에서 다시 회복시키는 것이었다. 이 운동은 고전의 실증적 연구를 중시했으므로 많은 고전이 복간되고 국학의 기초가 다져졌다.[25] 모토오리 노리나가는 당나라와 고대일본의 마음가짐의 차이를 자연에 대한 비인격적 접근과 인간적인 접근으로 파악하였는데, 이러한 대비가 이윽고 화혼양재和魂洋才[14]라는 서구와 일본의 차이를 표현하는 문화론으로까지 번지게 된다. 이런 표현을 보더라도 일본인의 민족적 우월감이, 중국인이나 빅토리아 시대의 영국인처럼 모든 분야에서 자민족의 우월감을 확신하였던 경우와는 차원이 다르다는 것을 알 수 있다.

일본 근대 여명기에는 이처럼 이미 다양한 학문과, 소규모라고는 하지만 산업화를 동반한 과학기술, 정착된 화폐경제, 서구와 일본의 차이에 대한 인식, 문자와 교육의 보급,[26] 다양한 출판물, 그리고 무엇보다도 국가적 위기감과 외국문물에 대한 전통적인 열의와 호기심에 자극 받아, 새로운 지식과 기술을 열심히 배우고자 결의한 많은 개인들이 존재했던 것이다.

선진적으로 보이는 외국의 문화와 기술을 흡수하고 싶은 욕망을, 일본인은 오랫동안 매우 당연시해 왔다. 그 결과 외국숭배를 자조하는 풍조까지 일반화되기에 이른다. 그러나 근래 비서구사회의 근대화가 심각한 세계문제로 대두됨에 따라, 외국문물에 대한 자신들의 능동적이고 적극적인 태도가 반드시 전 세계적으로 보편적인 것은 아니라는 사실을 일본인은 조금씩이나마 알게 되었다. 실제로 "너희들은 어떻게 해서 (근대화에) 성공했는가?"라는 질문에는 종종 "그런 짧은 시간 동안에"라는 뉘앙스가 때로 담겨 있기 때문에, 1000년도 이전에 '이륙'을 경험한 일본인에게는 답하기 궁색한 질문이다. 일본에 대한 자랑처럼 들릴지 모르겠지만, 근대 초기에 일본이 획득한 유리한 여러 조건들을 염두에 둔다면 메이지 이후의 일본 발전을 그러한 여러 조건들이 많이 결여된 비서구 제국의 모델로 삼는 것은 적당하지 않다고 본다.

---

14) 일본인의 정신을 굳게 지키며 서양 학문이나 지식을 받아들이는 것.

앞의 질문과 짝을 이루어 외국인이 자주 하는 질문으로, 일본인은 근대화 과정에서 어떻게 전통 문화와 가치를 양립시킬 수 있었는가라는 질문이 있다. 이에 대한 답은 여러 가지겠지만, 가장 짧은 대답은 "why not?"(그 밖에 다른 방도가 있겠습니까?)이다. 정치체제야 하루아침에 바뀌는 것이 불가능하지는 않지만, 하나의 문화를 아무리 원한다 해도 100여 년 만에 파괴시키기란 쉽지 않다. 사회에 비합리적인 요소가 존재하면 사회제도의 합리화를 저해하므로 근대화(중국화, 서구화, 미국화 등 뭐든 좋다)를 실현하기 위해서는 우선 그러한 요소를 배제해야 한다든가, 전근대적인 토착문화를 부정하는 데서부터 시작해야 한다는 식의 논의는 종종 '합리적'인 지식인에 의해 주장되었다. 그러나 지금까지 예로 든 일본의 여러 사례들이나 서구에서의 과학과 종교의 양립을 보아도 알 수 있듯이, 이는 완전히 타당성이 결여된 비합리적인 가설이라고 할 수 있겠다. 야마구치 마사오山口昌男는 사회의 건전성은 합리성과 비합리성의 상보적 대립에 의해 얻어질 수 있으며, 현대사회의 긴급한 문제는 비합리적 요소를 복권시키는 것이라고 논하였다.[27]

일본에서의 근대화와 전통문화의 대조적 공존은 확실히 지나치게 과장되어 있다. 이는 일본의 전통적 요소가 서구인에게는 대단히 이국적이어서 너무 눈에 띈 탓도 있고, 최근 일본경제와 어긋나는 느낌을 준 탓도 있을 것이다. 그러나 일본인 한 개인의 입장에서 보면 이 현상은, 물질주의에 의해 제한받지 않고 진정한 의미에서의 생활수준을 조금이나마 향상시키기 위해, 좀처럼 섞일 것 같지 않은 토착 요소와 외래 요소를 어떻게든 결합시키고 재편성해 보려는 노력의 과정에 불과하다는 생각이 든다.

5. 맺음말 – 일방적 커뮤니케이션에 대해서

외래문화에 대해서는 능동적·적극적이고 개인적 커뮤니케이션에서는 메시지를 최소화한다고 설명했던 일본사회의 두 가지 상이한 문화복합

사이에 뭔가 공통성이 있다면, 그것은 좋은 수신자가 될 것을 강조한다는 점일 것이다. 이것을 뒤집어 얘기하자면 일본인은 개인간이든 국제관계든 정보 송신자로서는 매우 서툴고 소극적이라는 얘기가 된다. 실제로 동아시아의 긴 역사 속에서 일본이 이웃 문명에 끼친 영향은 거의 최근까지 전무에 가까웠다. 현재 일본의 전통문화라 하여 서구에서 평가받고 있는 요소들은 대부분 서양인에 의해 소위 '발견'된 것들이다. 서구 서적을 일본어로 번역한 것은 무수하게 많지만 서구 언어로 번역된 일본 서적은 백 개 정도도 안 된다. 중국어로 번역된 것이 있는지 어떤지는 필자는 모른다.

커뮤니케이션 형태의 차이가 구미와 일본의 사고양식 차이의 근원이라고 지금까지 논의되어 왔지만, 이 차이는 약간 과장된 감도 있다. 그러나 두 세계 사이에는 적어도 하나의 차이는 있는 것 같다. 사고양식과 감정구조, 합리성과 비합리성, 로고스와 파토스 등의 대립을 엄밀하게 구별하는 것이야말로 실로 서구적인 것이다. '생각한다'라는 일본어는 단순히 인간 정신활동의 양태를 칭하기 때문에 이들 여러 가지 대립 항목들을 통합한다거나 식별하지 않는다. 최소 메시지형 커뮤니케이션, 다시 말해서 비합리적 사고양식은 일본 고대부터 중세에 걸쳐 지식층 사이에서 발달하였지만 그것은 문자가 없던 민속적 사회에서도 깊게 뿌리박혀 있었던 것이다. 종종 문자를 아는 것이 과학적 사고를 이끈다고 하지만, 일본의 예는 이 설이 반드시 타당하지는 않다는 것을 말해준다.

부기附記

이 글은 "A Reversed World: Or Is It? - The Japanese way of communication and their attitudes towards alien cultures"라는 제목으로 Robin Horton and Ruth Finnegan (eds.), *Modes of Thought: Essays on Thinking in Western and Non Western Societies*(Faber, London 1973)에 기고한 글을 번역한 것이다. 위의 책은 옥스퍼드 대학 E. E 에반스 프리차드 교수(사회인류학)의 퇴임기념 논집 중 하나로, 기고자가 사회인류학자 외에 언어학자, 철학자, 자연과학자,

심리학자 등을 포함하는 학제적인 기획이었다. 편집자가 설정한 테마는 "서구사회와 비서구사회의 사고양식(내용과 논리, 형식에서)에 근본적인 차이가 있는지(혹은 전통적 사회와 현대사회, 선先과학적 사회와 과학적 사회, 문자가 있는 사회와 없는 사회, 산업사회와 비산업사회 등 간의 차이라도 좋다), 아니면 이와 같은 문제 자체가 단일한 설문이 될 수 있는가?" 등이다. 본문에서도 언급했듯이, 그러한 각도에서 일본의 근대화와 전통문화와의 관계를 논했으면 좋겠다는 의뢰를 받았다.

미주 2)에서 서술했듯이 의뢰를 받았을 당시(1969년 4월) 필자는 우간다의 테소 사회에서 인류학조사를 진행하고 있어서 그 와중에 어떻게든 집필한 것인데, 당연히 참조할 만한 책이 없어 급히 일본 친구에게 대강 참고가 될 만한 책을 보내달라고 하였다. 그렇게 해서 받아본 것이 이시다 이치로石田一良 편의 『일본문화사개론』, 『일본사상사개론』, 이노우에 미쓰사다井上光貞의 『신화에서 역사로』라는 세 권의 책이었다. 따라서 이 글은 위의 세 편의 글에 의존하는 부분이 많아, 나의 작업은 실증적인 검토라기보다 뭔가 거시적인 패턴을 추출하는 것이었다. 이때 출발점이 된 것은 작고한 이시다 에이이치타로石田英一郎의 문화인류학으로, 특히 도쿄 대학에서의 마지막 강의(1965년) 테마였다. 네그리추드(산고오루 등 흑인지식인에 의한 문화론)와 일본문화론과의 공통성을 지적한 것도 이시다 에이이치타로다. 1968년 가을 아프리카에서 이시다 에이이치타로의 부고를 접한 것이 원고의 청탁을 받아들인 계기가 되었다는 점도 적어두고자 한다.

뒤엉킨 기억을 바탕으로 서술한 부분도 많기 때문에, 아이디어를 얻을 수 있었던 선인들의 업적에 대해서는 집필자를 정확하게 할 수 없지만, 이시다 에이이치타로의 저서나 강의 외에서도 몇 가지 영향을 받은 것만은 확실하다. 도이 다케오土居健郎의 『'응석'의 구조』는 아직 출판되지 않았지만, 도이의 생각에 대해서는 간접적으로 들은 바 있으며, 와쓰지 데쓰로和辻哲郎의 풍토론을 비롯한 소위 동서문화론도 몇 가지 살펴보았다.

서구인이나 아프리카인과의 개인적인 교제 경험도 약간 반영했다. 예를 들면 일본에 다녀온 프랑스인 학생이 "왜 너희 일본인은 그렇게도 비논리적이냐?"라며 파티 석상에서 소리친 것을 떠올리며 글을 작성하였다. 당시에는 "당신이 단세포라 그렇게 보이는 거야"라고 응수했지만, 논거를 합리적으로 설명해낼 수는 없었다. 테소인들의 회화를 관찰하는 데 열성을 쏟았던 것도 이 글이 자극제가 되었다. 유럽과 일본의 커뮤니케이션이 모두 특수한 역사적 발달의 소산이 아닐까라고 생각하게 된 것도, 너무 짧지도 그렇다고 길지도 않고 그다지 논리적이지도 비약적이지도 않은 목축민인 테소인들의 커뮤니케이션을 실감한 데서 받은 영향이었다. 다시 말해서 육식이나 유목 같은 이유로 동서 문화의 차이를 설명하는 논의에 대해서는 이시다 에이이치타로의 이론도 포함 해서 전면적으로는 찬성하기 어렵다.

독자층이 일본에 대해서는 거의 무지한 영어사용자이기 때문에 일본인에게는 아주 초보적인 지식일지라도 자세히 적어야 했다. 집필 후 7년째에 직접 번역을 해야 하는 상황이 되고 보니 여러 가지 신경 쓰이는 부분이 눈에 띄었지만, 수정·삭제·보정은 하지 않는다는 원칙으로 번역했기 때문에 실제로 삭제하 거나 보정한 부분은 극히 일부분이다.

1) 石田英一郞, 「民族文化の形成」, 石田一良 編, 『日本文化史槪論』, 吉川弘文館, 1968, 65쪽.

2) 부기에서 언급하겠지만, 이 편집자는 본 강좌의 편자가 아니라 R. Horton과 R. Finnegan이다.

3) 본고는 내가 우간다에서 현지조사를 하면서 집필한 것으로 다행인지 불행인지 아주 적은 양의 참고문헌에 의지할 수밖에 없었다. 문헌이 부족한 것은 차치하더라도 일본사를 학문으로 배운 적이 없는 인류학자가 일본사에 대해 평하는 것은 경솔하다고밖에 할 수 없지만, 굳이 이를 시도하려 한 이유를 변명한다면, 서구와 일본의 차이를 지적이든 아니든 간에 논한다는 것은 일본의 범국가적 사업이기 때문에 일개 시민으로서 나 역시 참가자격이 있다고 생각했기 때문이다. 초고(영문)를 읽고 수정해준 테소 카레지의 L.V. 베네트 부인과 본고 집필을 위해 생활상 편의를 제공해준 소로치 주재의 若林守喜(해외기술협력단)에게 감사의 뜻을 표한다.

4) 이 표는 예전에 듣거나 읽었던 것을 기억하여 작성한 것이다. 본고를 집필하던 중에 가끔 훑어본 『옵저버·레뷰』지(1969년 1월 6일호)에 니젤 고스린이 다빈치와 프란더스인의 화가들(팬·아이크와 메므링 등)의 화풍을 비교하여 이 표와 비슷한 대조를 지적한 것을 우연히 보았다.

5) 西行, 長明, 兼好, 心敬, 宗祇, 芭蕉, 良寬 등 뛰어난 문학작품을 남긴 사람이 적지 않다. 平安, 鎌倉 시대를 통해 여성이 쓴 일기도 문학상 중요한데, 남성 은둔자가 육체적으로 커뮤니티에서 벗어났던 것에 비해 여성 일기 작자들은 정신적으로 은둔했다고 표현할 수도 있겠다.

6) 家永三郞, 「古代國家の宗敎·思想·文藝」, 『日本文化史槪論』, 118쪽.

7) 辻村明, 『日本文化とコミュニケーイション』, NHKブックス, 1968, 42~55쪽.

8) 西尾陽太郞, 「宮廷生活の思想と文藝」, 『日本文化史槪論』.

9) 家永三郞, 앞의 논문, 110~114쪽.

10) 古田紹欽, 「新佛敎の成立」; 石田一良, 「禪思想と文藝・美術」, 『日本文化史槪論』.

11) 芳賀幸四郎, 「禪思想と室町文化の精神」, 石田一良 編, 『日本思想史槪論』, 吉川弘文館, 1963 ; 石田一良, 「禪思想と文藝・美術」, 『日本文化史槪論』.

12) 芳賀幸四郎, 앞의 논문, 141쪽.

13) 芳賀幸四郎, 앞의 논문, 134쪽.

14) '꽃'은 '궁극의 실재' 또는 본론의 문맥에서 보자면 '정보'로 바꿔 말할 수도 있겠다.

15) 辻村明, 앞의 책, 76쪽.

16) 井上光貞, 『神話から歴史へ』, 中央公論社, 1965, 411~427쪽.

17) 家永三郎, 「國家形成と大陸文化」, 『日本文化史槪論』, 104~106쪽.

18) 家永三郎, 앞의 논문에 의한다.

19) 井上光貞, 앞의 책, 14쪽.

20) 伊東多三郎, 「日本硏究と西洋學術の内容」, 『日本文化史槪論』, 393~394쪽.

21) 增田義郎, 『純粹文化の條件』(講談社新書), 1967.

22) 海老澤有道, 「キリスタン宗の信仰と思想」, 『日本思想史槪論』, 168쪽. 1580년에는 초등학교 약 200개 교, 중학교 2개 교, 고등학교 1개 교가 일본 서쪽지역에 설립되었다고 한다.

23) 伊東多三郎, 앞의 논문, 396~400쪽.

24) 尾藤正英, 「封建社會と儒學」, 『日本文化史槪論』.

25) 伊東多三郎, 앞의 논문, 393~400쪽.

26) R. P. 도어에 의하면, 이때 이미 성인남자의 50%, 성인여자의 15%가 어떤 식으로든 교육을 받았다고 한다(Dore, R. P., *Education in Tokugawa, Japan,* Routledge & Kegan Paul, London 1965.) 구디와 와트는 표의문자는 학습이 어려우므로 널리 보급되지 않았다고 했는데 (Goody, J. and I. Watt, "The consequence of literacy" in Goody J.(ed.), *Literacy in traditional societies*, Cambridge University Press, 1968) 이것은 약간 서구중심의 견해로서 일본에서도 중국에서도 문자의 보급은 표음문자권과 큰 차이가 없다. 물론 국제적인 전달에서는 불리한 점이 많다는 점을 부정할 수 없지만.

27) 山口昌男, 「文化と狂氣」, 『中央公論』 1969. 1, 354쪽.

제16장 유토피아 사상

미야타 노보루宮田登

1. 일본의 유토피아 이미지

유토피아는 원래 존재하지 않지만 인간의 상상력이 미치는 한에서 가장 이상적인 세계를 이미지화한 것이다. 유토피아는 묘사하는 방식에 통시적인 성격이 있다고는 하지만 시대적 사조와 관련되기 마련이다. 한 시대의 민중이 일상에서 벗어나고자 유토피아를 이미지화한다고 치면, 일본인은 어떠한 세계상을 그렸는지 민속적 측면에서 검토해 보고자 한다.

일본의 설화 가운데 다른 세계에 대한 생각을 언급한 대표적인 사례는 일반적으로 지장 정토地藏淨土나 쥐의 정토鼠淨土 같은 이야기일 것이다. 이 이야기의 구체적인 내용은 이렇다.

(1) 옛날에 한 정직한 할아버지와 할머니가 살고 있었다. 어느날 할아버지가 경단을 토방에 떨어뜨렸는데, 이 경단이 굴러 토방 구석의 구멍으로 들어가 버렸다. 할아버지도 경단의 뒤를 따라 구멍으로 들어갔다. 구멍 안은 밝았는데 그 안에 지장보살[1]이 서 있었다. 할아버지는 지장에게 경단이 어디 있냐고 물었고, 지장은 경단이 맛있어 보여 먹어버렸다고 한다. 그는 할아버지에게 자기 머리 위에 올라가 있으라고 하고는, 사실 도깨비들이

---

1) 석가 열반 후 미륵불로 출현할 때까지 부처가 없는 동안 고통받는 중생을 교화하고 구제하는 보살.

여기로 와서 도박을 하니 때를 보아 닭 우는 소리를 내라고 했다. 드디어 도깨비들이 와서 돈을 놓고 도박을 시작했다. 할아버지는 지장이 지시한 대로 닭 우는 소리를 냈다. 도깨비들은 아침이 온 것이라고 착각하고 돈은 그대로 놔둔 채 서둘러 도망쳐 버렸다. 지장은 그 돈을 할아버지에게 주어 지상으로 돌려보냈고, 정직한 할아버지와 할머니는 갑자기 부자가 되었다. 한편 이웃에 정직하지 못한 할아버지와 할머니가 그 이야기를 듣고 흉내를 내려 했다. 경단을 일부러 토방에 떨어뜨리고는 그 뒤를 따라 구멍 속으로 들어갔다. 구멍 속 밝은 곳에 지장이 서 있자 허락도 없이 머리 위로 올라가 도깨비를 기다렸다. 이윽고 도깨비들이 나타나 도박을 시작하자 할아버지가 닭 우는 소리를 냈다. 이에 놀란 도깨비들이 서둘러 달아나려 했다. 그런데 도망치는 도깨비들의 허둥대는 동작을 보고는 할아버지가 도중에 그만 웃어버리는 바람에 거짓임이 탄로나 버렸다. 도깨비는 "이거 일본에서 온 우리들의 술안주군"이라고 하며 지장의 머리 위에 있던 할아버지를 끌어내려 먹어치웠다.

(2) 옛날에 할아버지와 할머니가 살고 있었다. 아이는 없고 오이나 강낭콩 같은 야채를 재배하며 그것을 팔아서 생계를 꾸려가고 있었다. 어느날 탐스런 오이가 열려서 마을로 팔러 갔는데 하나도 팔지 못했다. 피곤하여 돌로 만든 지장보살상이 서 있는 곳에서 한숨 자고 일어나 보니 생쥐가 나와서 가장 큰 오이를 갉아 먹고 있었다. 할아버지는 이 오이를 아예 생쥐에게 주었고, 생쥐는 이것을 어미쥐에게 가져가 맛있게 먹었다. 할아버지가 마을로 돌아오는데 한 아름다운 여인이 나타나 좀 전에 오이를 잘 대접받은 데 대한 보답으로 자기 집으로 초대를 하겠다고 했다. 할아버지가 그 뒤를 따라가 보니 여인이 소나무 밑의 작은 구멍으로 들어갔다. 할아버지가 그런 작은 구멍으로는 들어갈 수 없다고 하자 여인은 할아버지에게 옷소매로 가리고 눈을 감으라고 했다. 그렇게 하자 눈 깜짝할 새에 구멍 속으로 들어왔다. 구멍 속은 넓었고 거기에서 생쥐가 떡을 치고 있었다. 할아버지는

우선 목욕탕으로 안내되었는데, 탕은 술로 된 욕탕으로 이 술을 마시자 곧 기분이 좋아졌다. 탕에서 나와서는 떡을 대접받았고 많은 돈도 받아 다시 지상으로 나왔다. 이 이야기를 들은 이웃집 할아버지와 할머니도 서둘러 밭으로 나가 품질 나쁜 오이를 모아 마을로 팔러 가는 시늉을 했다. 가는 도중에 돌로 만들어진 지장보살상 부근에서 쥐가 나오자 억지로 오이를 쥐어주었다. 그러자 돌아오는 길에 한 여인이 나타나 역시 나무 아래 구멍을 통해 쥐의 나라로 안내하였다. 여기에서 풍성하게 대접을 잘 받았지만 욕심쟁이 할아버지는 고양이 우는 소리를 내어 쥐에게 겁을 주려고 했다. 쥐들이 그 소리에 놀라 도망쳐 버렸고 할아버지는 혼자 지하에 갇혀 버렸다 (두 이야기 모두 野村純一・野村敬子 編, 『雀の仇討』, 東北出版企劃刊, 1976에 실려 있다).

이 두 이야기는 일본 각지에 거의 동일한 모티프로 구전되었는데, 공통점은 (a) 현실세계와는 다른 세계가 지하에 있으며 그것은 지면의 구멍을 통해 연결된다. (b) 지하세계와의 경계에 지장보살이 모셔져 있고 그 지장보살이 곧 경계의 신이다. (c) 지하세계는 어둡지 않고 밝으며 (1) 에서는 도깨비(이방인), (2)에서는 쥐(동물)가 살고 있다. (d) 지하세계는 모두 부富가 있으며 게다가 그것은 현실 세계로 환원될 수 있다는 점 등이다.

이 정토와 관련된 두 가지 이야기는 땅속을 방문하는 형식을 취하고 있다. (2)의 땅속 별나라 정토는 훌륭한 집구조를 갖추고 있어 방도 있고 대접도 융숭했으며 황금으로 가득차 있었다.

특히 땅속 나라는 네노쿠니根の國2)며 풍요롭고 깨끗한 곳으로 여겨져 왔다. 특별히 쥐를 등장시켜 다른 세계와의 왕래를 사람들에게 알아차릴 수 있게 만든 것은 아닐까라는 식으로 해석되기도 한다. 또 네노쿠니와 쥐(=아들)의 나라가 일치하는 부분도 있지만, 사람들이 이 둘 중 어느 쪽을 먼저 인식하였는지에 대해서는 아직 명확하게 알 수 없다.

---

2) 고대인이 지하나 바다 멀리 있을 것으로 상상한 모든 재앙이나 죄, 더러움이 정화된 곳.

야나기타 구니오는 쥐의 정토에 대해 다음과 같이 지적했다. "지금은 아이들까지 웃어버릴 것 같은 보잘것없는 옛날이야기지만, 쥐의 정토 이야기가 만들어지기까지 간단하게 설명할 수 없을 만큼의 역사가 있었을 것이다. 우리들의 네노쿠니는 바다 동쪽, 매일 아침 태양의 그림자가 꽃처럼 하늘을 색칠하는 수평선 저 멀리에 있다. 처음에는 생사의 구별도 없고 인간의 혼이 자유롭게 다닐 수 있는 섬나라였지만, 점점 이쪽 인간이 사는 쪽으로 옮겨왔다. 게다가 해가 떠오르는 각도는 변하지 않기 때문에 언제부터인가 환영 같은 악사로 변해서 사라져버린 것은 아닌지," "지금도 제2의 세계는 우리들의 바람과는 다르게 어디에도 없다는 이야기를 듣고 슬퍼하고 맥빠져하는 사람 또한 많다.…… 쥐의 정토에 대한 옛날이야기 등 특별히 그런 엉뚱한 이야기를 일부러 지어낸 사람이 있었을 리가 없다. 말하자면 한 시대의 실망감을 기념하여 만든 이야기로, 예전에 이 작은 짐승 무리에게 이끌려 지하에서 네노쿠니로 통하게 될 수도 있을 거라고 믿었던 사람들이 많았음을 의미"(『海上の道』 수록)했다.

지하를 방문한다는 것은 실제로는 지평선 저편의 낙원의 섬 즉 네노쿠니로 가는 것인데, 그것이 환영이 되어 언제부터인가 작은 짐승의 나라로 간다는 형식으로 변화했다고들 한다. 어쨌든 쥐는 신성시되었던 흔적이 있다. 남쪽 섬에서는 이 해로운 짐승을 태양신 아들의 후예로 여기고, 바다 건너 이 세상에 와서 해를 끼쳤기 때문에 작은 배에 실려 바다 저편 니라이카나이[3]로 돌려보내졌다고 믿는 신앙이 있었다고도 한다.

중세 문예세계에서 '쥐의 정토'가 가쿠레자토隱れ里[4]로 불렸다는 것은 이미 잘 알려져 있다. 오토기조지お伽草子[5] 「가쿠레자토」나 요쿄쿠謠曲[6] 「가

---

3) 먼 동쪽 바다 저편에 있는 신이 사는 곳으로, 아이들이 오고 죽은 자가 되돌아가는 곳이라고 여겨진 이상향.
4) 신선계, 외딴 곳.
5) 무로마치 시대에 유행한 동화풍 소설.
6) 노가쿠(能樂)의 노래 부분만 따로 구분해서 부르는 명칭.

쿠레자토」 등이 있는데 주로 옛날이야기의 모티프가 주축을 이루었다. 또 거기에서 묘사된 외딴 곳의 정경은 "사람들이 모르는 곳으로 금은보석이 널려 있고 아무것도 부족함이 없는 곳"(요쿄쿠「가쿠레자토」)이거나 "여자만 사는 마을"(오토기조지「鏡男繪卷」)이라든가, "듣자하니, 마시는 술은 불로장수 약이며 얼굴도 늙지 않고 목숨이 끊어지는 일도 없는"(「鶴の草紙」) 세계였다(佐竹 昭廣, 『民話の思想』, 平凡社, 1973, 89쪽).

가쿠레자토는 보이지는 않지만 어딘가에 존재하는 장소로서 조건만 맞으면 도달할 수 있는 장소라고 사타케(佐竹)는 지적했다. 이 경우 작은 짐승이 늘 선도자로 등장하는데, 어느샌가 가쿠레자토의 주민처럼 그려지며 작은 짐승의 이미지가 더 강해지게 되었다. 이것이 사람들의 입에 회자된 옛날이야기의 본모습이라 할 수 있겠다.

가쿠레자토의 존재는 확실히 일종의 유토피아였다. 한 가지 특징은 가쿠레자토의 전승 배후에 기지야(木地屋[7])가 개입되었다는 점이다. 이들은 산사람의 계보를 잇는 유랑민으로, 오미[8]의 오구라노고를 본관으로 하며 방랑여행을 떠나서 이윽고 촌락의 한 구석에 정착하였다. 그들은 생계를 꾸리기 위해 마을사람들과 교역을 했는데, 그들의 기술로 만든 일용품이 상품이었다. 이것을 마을사람들에게 팔기 위해 기지야는 일반 마을사람들로부터 존경심이나 친밀감을 얻어야 했는데, 그 점을 야나기타 구니오는 능숙하게 설명했다. 즉 기지야들은 마을 산속 깊은 곳에 있는 바위구멍이나 흙 오두막 안에서 일부러 선명한 색깔의 밥상이나 밥그릇 등을 꺼내 보여주며 마을사람들을 즐겁게 해주었다. 특히 이런 밥상을 사용하면 저절로 복을 받게 된다는 식의 이야기를 들려주었을 것이라고 한다. 특별히 붉은색 밥그릇 등은 목기가 일용품이었던 시대에는 더욱 신선하게 보였을 것이다(柳田國男, 「隱れ里」). 이런 사실이 바탕이 되어 그릇을 빌리는 전설이 생겨났다. 예를 들면 산속 동굴

---

7) 목각 등을 만드는데 필요한 나무를 손질하는 사람.
8) 구 명칭으로 현 시가(滋賀) 현에 해당.

또는 깊은 늪이나 연못 근처의 바위구멍 입구에서 밥상과 밥그릇이 간절히 필요하여 이를 기원하면, 입구에는 반드시 예쁜 밥상과 밥그릇이 놓여 있다. 그리고 이 밥상과 밥그릇을 모두 사용하면 행운이 오고 장수를 한다고 한다. 빌린 밥상과 밥그릇은 반드시 돌려줘야 한다. 이 대차관계는 기지야와 마을사람들 사이의 교섭관계를 반영하는 것으로 판단된다. 또 밥상과 밥그릇이 나오는 동굴 입구는 가쿠레자토로 통하는 통로로도 해석된다. 기지야가 만든 예쁜 밥상과 밥그릇 일체에 의해 지상과 지하 그 어딘가의 지역에 존재하는 가쿠레자토에 대해 마을사람들이 비밀스레 간직하는 상념이 유지되었을 것이라고 추측해 볼 수 있다. 가쿠레자토에 대해 이러쿵저러쿵 상상하는 것은 유토피아에 대한 동경 때문일 것이다.

2. '가쿠레자토'에 대해서

그런 마음은 한층 적극적인 표현을 취하게 된다. 예를 들어 용궁이라든가 쥐의 정토처럼 물속이나 땅속 낙원으로 데려다준다는 줄거리가 거의 현실 불가능한 것이라고 여겨진다면, 이야기는 비현실성을 띤 채 단순 공상으로 끝나 버린다. 그러나 그릇을 빌리는 이야기는, 밥상이나 밥그릇 같은 생활용품이 기지야를 매개로 해서 상당히 구체성을 띠며 이야기가 전개된다. 하지만 역시 가쿠레자토의 존재는 뭔가 막연해서 역시 도달하기 어려운 네노쿠니 부근으로 여겨져 실망해 버린다. 그러나 근세에 이르러 의식적으로 기록되었고 또 소재도 명확해진 가쿠레자토가 몇 군데 있다. 예를 들면 마을 한가운데를 흐르는 강 상류 쪽에서 젓가락이나 밥그릇이 떠내려온다. 그걸 보고 우연히 지나던 마을사람들이 상류 쪽에 사람이 산다는 사실을 알게 되고, 그 강을 따라 상당히 먼 산등성이를 밟아 결국 산속의 가쿠레자토를 발견한다는 식의 이야기가 사람들 사이에 퍼져나갔다. 이는 평야지대에 정착하여 살던 사람들이 공통으로 갖고 있던 유토피아관이기도 하다. 땅속이나 물속에 있는 상식 밖의 세상이 아니라 동일한 지평선 수준에 게다가 시야 안에 들어오는 세계의 한 구석에 숨겨진 장소가 있다는 확고한 신념 같은 것을 근거로 한 것이기도 하다.

이것을 아주 잘 설명해주는 것이 유명한 야나기타 구니오의 『도노모노가타리遠野物語』에 실린 가쿠레자토다. 줄거리를 요약해서 기록하면 다음과 같다. 작은 마을의 미우라 아무개는 마을에서 최고 부자인데, 2~3세대 전에는 매우 가난하였고 그 처도 우둔했다. 그 처가 어느날 집의 문 앞을 흐르는 작은 강을 따라 머위를 따러 산속으로 들어갔는데, 좀처럼 좋은 머위를 따지 못해 점점 더 깊이 들어갔다. 그러다 문득 주위를 돌아보니 멋진 검은색 나무문이 보였다. 이상하게 생각하면서 안으로 들어가 보니 큰 정원이 나오고, 거기에는 빨간 꽃과 흰 꽃이 가득 피어 있었으며 닭이 많이 놀고 있었다. 뒷문 쪽으로 돌아가 보니 소외양간이 있고 소가 많이 있었다. 마구간도 있고 말도 있었다. 그러나 인기척은 전혀 없었다. 현관에서 방으로 올라가 보니 쪽방에 붉은색과 검은색 칠을 한 밥상과 밥그릇이 놓여 있었다. 안방으로 들어가니 화로가 있고 철 냄비에서는 물이 끓고 있었다. 그러나 사람 그림자는 없었다. 혹시 괴물의 집이 아닐까 하는 두려운 마음에 서둘러 달려 집으로 돌아왔다. 그리고 사람들에게 이 이야기를 들려주었지만 아무도 사실이라고 믿는 사람이 없었다. 어느날 처가 또 문 앞의 작은 강에서 빨래를 하고 있는데 강 위로 붉은색 밥그릇 하나가 떠내려 왔다. 너무나 예뻐서 건졌지만, 식기로 사용하면 불결하다며 사람들에게 혼날까 봐 쌀독 안에 두고 쌀을 푸는 용도로 사용했다. 그런데 이 그릇을 사용하고 나서부터는 아무리 시간이 지나도 쌀이 떨어지지 않았다. 집안 사람들도 이상하게 여겨 그 처에게 물어보니 처는 솔직하게 강에서 떠내려 온 것을 주운 것이라고 이야기했다. 이후 이 집에는 행운이 깃들어 결국 지금 같은 부자가 되었다. 산속의 이상한 집을 이 근처에서는 마요히가라고 한다. 마요히가에 당도한 자는 반드시 그 집에서 밥상, 밥그릇, 가축 등 뭐든 좋으니 가지고 나와야 한다고 한다. 마요히가는 그 사람이 갖도록 눈에 띈 것이라고 한다. 이 여자는 욕심이 없어서 밥그릇이 스스로 흘러와 행운을 준 것이라 설명하였다.

마요히가는 환상의 집이고 그 집은 산속 깊은 곳에 지어진 가쿠레자토다. 화려한 문에 아름다운 꽃이 핀 화원, 소·말·닭 등 풍부한 가축들, 방에는 붉고 검은 칠을 한 아름다운 밥상과 밥그릇 등등 이 세상의 행운이란 행운은 모두 이 마요히가에 갖춰져 있는 것 같다. 그곳을 발견할 기회는 아마도 누구에게나 있고, 그래서 사람들은 예전에 가난했던 집을 이처럼 부자로 만들어주었다고 수군거리면서 자신들에게도 뜻하지 않게 그런 기회가 찾아올 것이라고 믿고 있는 것이다. 매우 소박한 유토피아관이다.

쓰무라 마사야스津村正恭의『단카이譚海』권1에는 히다飛驒[9] 근처의 산속에 기카노소라 불리는 가쿠레자토가 있다고 적혀 있다. 그곳은 마에다前田 가문의 영지로 1,000채의 집이 있다. 이 마을에는 심산유곡에 걸려 있는 다리를 무수하게 건너야 겨우 도착할 수 있으므로 왕래는 거의 불가능하다. 산을 하나 넘고 또 산에 들어가면 구산팔해九山八海라 불리는 산과 산 사이의 평지가 있다. 바깥으로 8개의 산이 있고 각각의 분지에는 50만 석의 땅이 경작되고 있다고 한다. 산에서 산으로 건너는 계곡 양쪽에 등나무 넝쿨 밧줄을 매달고, 그 밧줄에 바구니를 달고 그 안에 사람이 들어앉아서 건너간다. 밧줄이 끊어지면 계곡 아래로 떨어지므로 매우 위험한데, 이런 계곡을 16개나 넘어야 도달할 수 있다. 마을사람들은 장수하여 백 살 이상인 사람이 많다. 80세를 넘기지 못하고 죽으면 젊어서 죽었다고 할 정도다. 마을에서는 연기가 나는 화약을 생산해서 그것을 가가加賀에 있는 성으로 운반하여 1년에 2,000금의 수입을 올린다. 벌어들인 수입은 상하 구별 없이 평등하게 나눠 가지므로 마을에는 빈부귀천의 차이가 없다. 모든 집이 동등하면 다른 집안의 일에 신경 써주는 정이 적기 마련이니, 쓸데없는 걱정은 하지 않아도 되어 인정은 박하지만 그로 인해 장수하는 사람이 많다고 한다. 또 빈부차가 없으므로 고용제도 등도 생기지 않았다. 다른 곳으로 돈을 벌러 가는

---

9) 옛 지명으로 현 기후(岐阜) 현 북부지역.

자는 물론 없고 하인을 부리지도 않으며 부모형제가 열심히 일한다. 이 땅에는 진구 황후의 황실이라 불리는 곳이 있다고 한다. 마을사람들의 집은 아름답고 훌륭해서 별천지 같다. 한 번도 전쟁을 치른 적이 없다. 사람들의 말도 고대 그대로며 어투에 부드러운 느낌이 있다고 한다. 중앙에 마노산이 있고, 황금으로 만든 용의 입에서는 물이 흘러나온다고 한다. 마을사람들은 흰 저고리에 흰 바지를 입고 천은 비단으로 정말 가볍고 아름답다. 여자는 바지 차림에 머리는 중국풍으로 보석이나 구슬을 꿴 장식물을 늘어뜨렸으며 성욕은 강하다고 한다. 남자는 바지를 입고 머리를 묶은 스타일이라고 한다. 이 마을의 종교는 정토진종으로 절이 많다고 쓰여 있다.

가슈伽州의 기카노소는 실존한 가가加賀 영지의 마을이었는데, 산속 깊이 떨어진 데 위치하여 평지 사람들로부터 다른 세계 취급을 받았다. 가쿠레자토는 평지 사람들의 유토피아에 대한 동경을 바탕으로 해서 위와 같은 이미지로 현실화되어 나타났던 것이다. 현실성과 비현실성이 뒤섞여 있는데, 특히 이 가쿠레자토 이미지의 주축을 계급성의 부정에 둔 점이 주목된다. 빈부의 차가 없고 장수한다. 구체적으로 말하자면 마을 사람 모두가 평등하고 부자이기를 원한다. 한채 한채가 『도노모노가타리』의 마요히가와 같은 집이었으면 싶다는 바람이 이 가쿠레자토를 통해 표출되었다.

실존하는 가쿠레자토로 알려진 곳은 도토우미遠江[10]의 교마루노사토京丸の里[11]였다. 엔슈遠州의 아키하 산 기슭에 있는 이누이 마을을 흐르는 이누이가와 혹은 미야가와 강 상류의 깊은 산속에 교마루라는 마을이 있다. 거기에는 보탄야마牡丹山가 있고 커다란 꽃잎을 가진 모란은 교마루 모란이라 하여 명성이 대단하다. 매우 로맨틱한 감정을 자아내는 가쿠레자토인데, 이곳이 현실세계에 등장한 것은 교호享保 때(1716~1736)의 대홍수 무렵이었다고 한다. 이누이가와의 물이 불어났을 때 상류에서 밥상이나 밥그릇이 떠내려

---

10) 엔슈(遠州)로도 불리는 옛 지명으로, 현 시즈오카 현의 서부지역.
11) 예로부터 선경으로 불리던 곳.

왔기 때문에 마을사람들은 상류의 산속에 인가가 있다는 사실을 알게 되었다고 한다. 『원산기담遠山奇談』 1권의 기사에 따르면, 산속의 가쿠레자토를 찾아가 보니 가옥 5~6채에 남녀 50여 명이 살고 있었는데 남자는 머리를 묶고 수염을 기르고, 여자는 이빨을 검게 칠하지 않고 손으로 짠 진귀한 의상을 입고 있었다. 모두가 글자를 읽을 줄 알고 교양도 높았다. 생계는 어떻게 하느냐고 물으니 깊은 산에서 나는 석이버섯, 표고버섯, 감, 밤 등을 그곳 주민들과 교환해서 살아간다고 했다. 지금까지 아무도 이 마을의 존재를 몰랐던 것은, 가쿠레자토 주민이 평지 사람들과 만나더라도 절대 사는 곳을 알리지 않고 행방도 알리지 않은 채 가버렸기 때문이다. 따라서 이 마을을 방문한 사람도 없었던 것이다. 이 마을을 교마루노사토라 부른 것은 조상이 교토 귀족이고 그의 16대 후손들이 살고 있었기 때문이라고 한다. 마을 대표자는 가자하야사우에몬사風早佐右ェ門佐로 그의 집에는 큰 칼, 긴 칼, 둥근 거울, 신란 대사의 책 2폭과 그 밖에 『가슈에이소家集詠草』라는 시가집 10권이 소장되어 있었다. 이 마을에는 씨족신은 없고 소위 신에게 올리는 제사도 없었으며, 다만 신란이 쓴 나무아미타불 6글자와 아미타상을 추앙하였다. 마을사람들은 죽으면 염불을 하고 매장을 하였다. 지금까지 물론 연공을 납부한 적도 없었는데, 가쿠레자토라는 사실이 밝혀진 시점에서 빻은 조 2말을 공납해야 하고 평지와의 통로도 열리게 되었다. 마을에는 대단히 큰 모란나무가 많아, 마을 한가운데에 둘레 20척에 높이 120척의 거대한 모란나무가 서 있는데 멀리서 보면 그 꽃이 마치 삿갓 같았다고 한다. 이것을 특히 교마루 모란이라고 불렀는데 사람들이 쉽게 다가갈 수 없는 험한 곳에서 그 자태를 뽐내었다. 사람들은 교마루 모란이 핀 상태를 보고 세상사 길흉을 점쳤는데, 선명한 색으로 활짝 피면 당연히 길하다고 한다. 마을사람들은 오랫동안 이 꽃을 세상의 지침으로 삼았다는데, 교마루 모란은 지금도 노인들 사이에서 이야깃거리가 되고 있다. 교마루노사토는 평지 세속인과의 교섭을 점차로 넓혀 소위 세속화되었다. 그러나 가쿠레자토가 발견된 근세 중기단계에 이들은 아직 평범한 사람들이 신비스럽게 간직하고 있던 기대감을 저버리지 않은 악사였다. 연공도 내지 않고 자급자족하며 세속인이 살고 있는 마을과는 교섭을 하지 않는 세계, 따라서 의식주 모습도 일반인들과 달라야 했다. 흰옷에 바지 차림을 하고, 훌륭한 집에서 살며 검붉은 빛의 아름다운 생활용품을 사용하는, 아무 부족함 없는 생활이 거기에 있다고 속세인들이 제멋대로 생각함으로써 가쿠레자토가 현실화되기를 기대했던 것이다.

지바 현 나리타후도成田不動[12] 근처에 류코지龍光寺라는 이름의 가쿠레자토가 있었다. 역시 좋은 일상 생활용품을 많이 소유하고 있어 가끔 방문객에게 밥상이나 밥그릇을 빌려준다. 주변 마을에서는 그것을 돌려주지 않고 자기 집에서 대대로 전해 내려가는 집들이 많다고 한다. 이 가쿠레자토에서 훌륭해 보이는 것은 4개의 우물과 3개의 동굴이다. 이 4개의 우물 덕택에 다른 마을은 물이 말라도 이곳에서는 물 때문에 고생을 하지 않는다. 또 3개의 동굴은 거대한 인공건축물로서 돌문이 달려 있다고 한다. 그런데 이 가쿠레자토의 존재를 알릴 때는 다른 일반 마을과는 아무래도 다른 요소가 있음을 보여야 한다. 예전에 가쿠레자토였다고 전해지는 마을은 아무리 세속화되어 평범한 마을로 바뀌더라도 가쿠레자토의 상징을 잃어서는 안 되는 것이었다. 일반인의 잠재의식에 가쿠레자토는 끊임없이 재생산되어야만 하는 것이다.

일본 각지에서 언급되는 가쿠레자토에 대한 자료를 모아 비교연구를 시도한 야나기타 구니오는 흥미로운 사실을 지적하였다. 즉 일본 서쪽지역의 가쿠레자토에는 몽유적인 것이 많고 동북 쪽으로 가면 구체화된다는 것이다. 예를 들면 사쓰마의 가쿠레자토 이야기 가운데, 사쓰마의 아리마라고 하는 무사가 가고의 산속에 들어가 사방이 병풍처럼 둘린 장소를 발견하고 혼자서 그곳에서 살았다. 한겨울임에도 불구하고 눈도 쌓이지 않고 한밤중에도 희미한 불빛이 있어서 주변을 살펴보니 사방의 돌이 황금이었다고 한다.

---

12) 신쇼지(新勝寺)의 속칭.

같은 규슈의 기리시마에서는 토착민이 산으로 들어가 때로 가쿠레자토를 보았다고 한다. 대지는 깨끗하고 귤은 잘 익었으며 주민들이 오가고 음악이 들려왔다. 한 번 더 그곳에 가보았지만 찾을 수 없었다고 한다. 확실히 규슈의 가쿠레자토는 몽환적 세계로 묘사되고 있다. 그러나 일본의 동부, 중부에서 동북지방으로 가면 이상하게도 가쿠레자토의 구체적인 지명이 제시된다. 모두 근세 들어 발견되었다고 전해지는 것들이다(柳田國男, 「隱れ里」). 앞에서 예로 든 기카노소나 교마루노사토 등이 그 전형적인 예다. 거기에는 실존하지 않을 수도 있다는 뉘앙스를 띤 설명은 들어 있지 않다. 그러고 보면 쥐의 정토라는 옛날이야기 등이 비교적 일본 동쪽지방에서 많이 채집된 점도 눈에 띈다. 쥐의 정토 같은 지하세계의 가쿠레자토는 아마도 실존 가능성 운운이 어리석어 보일 것이다. 그러나 그런 이야기에 점차적으로 절실한 현실성이 덧붙여져 현실 세계에 일반인이 동경하는 유토피아가 실존한다 해도 반드시 이상한 일은 아니라고 생각하게끔 만들어졌던 것 같다. 다만 왜 일본의 동쪽지역에 그런 사상이 있었고 특별히 강조되었는지 그 이유가 충분하게 설명되지 못한 점은 아쉽다.

다케우치 도시미竹内利美는 가쿠레자토에 대해 예리한 견해를 내놓았다 (「ユートピアとしてのかくれ里」, 『傳統と現代』 1969. 12). 일본 전국에는 가쿠레자토가 많이 있지만 그것들은 신들의 통일왕국도 아니고 전능한 신의 세계도 아니다. 서민적 발상에서 나온, 훌륭한 궁전이나 저택에서 아무런 부족함 없이 사는 잘사는 마을일 뿐이라는 것이다. 게다가 설화세계로 공상의 나래를 펼칠 뿐 웅대한 대서사시로 성장하지 못했다. 신화 세계에서 가장 근본적 의미를 갖는 네노쿠니나 도코요노쿠니常世の國[13]와 근세의 변화와 함께 탄생한 가쿠레자토는 맥은 같이하고 있지만 도코요노쿠니 등 예전에 존재했던 장대한 관념은 사라져버리고 개별적으로 조각난 작은 낙원으로 분산되어 버렸다. 이는 근세의 쇄국정책 아래 막부통치와 봉건체제 내에서 각 영지별로 나뉘어

---

13) 불로불사의 선경.

진 사회체제가, 사람들의 염원을 억제시키고 지족안분知足安分이라는 윤리의 테두리 속에 가두어버린 역사적 조건을 반영한 것이라고 설명하였다. 이러한 지적은 확실히 일본 가쿠레자토의 일면을 언급한 것이라 할 수 있겠다.

결국 가쿠레자토란 지금까지 서술한 것처럼 일반 사람들의 세상과는 단절되어 매우 잘사는 장수마을이었다. 그곳은 대부분 강 건너 산속 깊은 곳을 지나야 도달할 수 있다. 산속에 다른 세계가 있다고 생각하는 관념 위에 성립된 세계일 것이다. 특징은 각 가쿠레자토마다 매우 구체적으로 묘사되어 있다. 가쿠레자토는 폐쇄적인 공동체로, 그 세계에서는 영원히 편안한 생활을 영위할 수 있는 장소로 상상되고 있다. 일본의 가쿠레자토가 왜소화된 작은 유토피아라는 것은 그것이 단순한 재생산구조를 기초로 성립되었으며 그 이상의 전개는 보이려 하지 않는 성격을 통해서도 알 수 있다.

3. 에도 주민의 유토피아 지향

가쿠레자토란 명칭이 근세 에도라는 도시사회에서 여자들만 사는 사창가를 가리켰다는 사실은 흥미롭다. 국학자인 이시바시 사네쿠니石橋眞國의 저서 『가쿠레사토』14)는 1839년에 발간된 것으로, 에도의 사창가를 상세하게 고증한 책으로 알려졌다. 사창가는 바로 가쿠레자토라는 생각이 에도 주민들에게는 보편적이었던 것이다.

에도 사람들이 별천지에 대한 정보를 끊임없이 원했다는 것은 히노 다쓰오 日野龍夫의 연구를 통해서도 알 수 있다(日野龍夫, 『江戸人とユートピア』, 朝日新聞社, 1977). 이는 잡담물이 유포되는 현상에 단적으로 나타난다. 잡담물은 특이하여 들어보지도 못한, 현실세계에서는 매우 이질적인 이야기들을 모은 것으로, 에도에는 이런 종류의 출판물이 매우 많았고 애독되었다. 미지의 세계에

---

14) 원문에 가쿠레사토로 되어 있다.

대한 관심은 『제국백물어諸國百物語』와 같은 형식의 민담집이 대량 출판된 사실로도 알 수 있다. 에도 주민의 마음속 깊은 곳에는 이렇듯 다른 지역에 대한 동경이 가득차 있었다는 것만은 분명하다.

히노는 18391년 반샤의 옥15)으로 와타나베 가잔渡邊華山 이하 6명이 체포되었을 때 그 죄상이 오가사와라 제도로의 밀항 도모라는 점에 주목하였다. 이는 단순한 누명이라는 것이 밝혀졌지만, 그들이 오가사와라 제도로 도항할 것을 논의한 것은 사실이었다. "만사 무사안일주의가 팽배한 태평한 에도, 상상력마저 완전히 위축되어 버린 듯한 세상 일각의 잡담물 가운데 아마도 광맥을 찾아 떠도는 산사람인 야마시山師적 발상에서 바다 저편을 향한 로망이 부활했다는 점은 흥미롭다"(日野龍夫, 앞의 책, 44쪽)라고 했다. 이는 일상에서의 탈출을 도모하고 유토피아를 지향하는 행동이었다고 한다.

해외도항이 용납되지 않던 시대였지만 바다 저편의 유토피아로 실제로 건너가려고 했던 발상은 예를 들어 뇨고가시마16) 전설에도 등장한다. 이는 그 유명한 이하라 사이카쿠井原西鶴의 『고쇼쿠이치다이오토코好色一代男』에서 희화화된 형태로 표현되어 이미 잘 알려져 있다.

내용을 보면, 일본 여성에게 완전히 질려버린 남자가 여자만 사는 섬을 찾아 이즈伊豆에서 여행을 떠난다. 실제로 이즈의 7개 섬 중 하치조지마를 모델로 삼았다고 한다. 하치조지마에 여자만 살고 남자가 살지 않는다는 이야기는, 남자만 살고 여자는 없다는 아오가시마의 전설과 대조를 이룬다. 하치조지마와 아오가시마는 서로 이웃해 있다. 1년에 한 번 남풍이 부는 날에 아오가시마의 남자들이 여자만 사는 하치조오지마로 건너간다. 하치조지마의 여자들은 각자의 신발을 늘어놓고 자기 신발을 신은 남자와 성교를 한다. 만일 남자가 태어나면 아오가시마로 보내고 여자가 태어나면 하치조지마에 남는다고 한다. 하치조지마의 여자들은 1년에 한 번 남자가 방문하는

---

15) 반샤란 당시 서양학문인 남만학(南蠻學)을 연구하던 반가쿠샤(蠻學社)의 약자. 반샤의 옥은 서양을 배척하는 정책에 반대하는 학자들을 체포한 사건을 말한다.
16) 여자만 산다고 전해지는 상상의 섬.

것을 학수고대하며 그들을 기다려 정중하게 모신다고 하였다. 이러한 내용은 에도 주민에게는 들어보지 못한 희한한 정보여서 세상에 유포되었고, 『고쇼쿠이치다이오토코』의 주인공인 요노스케가 행동으로 보여준 것이다.

실제로 뇨고가시마가 존재하였던 것은 아니지만 이상향의 하나로서 여자만 사는 섬이 있고 그 섬이 바다 저편에 있다고 믿는 신앙이 저변에 깔려 있었음은 부정할 수 없다. 여인들만 사는 섬에 대한 이야기는 세계적으로 널리 퍼져 있어서, 에도에서 단적으로 표현된 뇨고가시마=하치조지마는 그 한 예에 불과할 것이다. 뇨고가시마에는 우키요에 풍으로 묘사된 작품이 있으며 '뇨고가시마'를 그린 그림들이 다수 있다. 그런데 에도의 작품들을 보면 '뇨고가시마'에 등장하는 여성들의 풍속이 공인된 매춘거리인 요시와라나 사창가인 오쿠바쇼의 여성을 연상시킨다. 사창가를 가쿠레자토라고 부른 것은 이런 뇨고가시마의 이미지를 심화시킨 것이라 볼 수 있다. 거기에는 성의 기쁨을 만끽하게 해주는 현실적인 유토피아가 전개되어 있다고 해도 무방할 것이다.

뇨고가시마는 성性 신앙과 결합된 유토피아를 표현한 것이며, 일본의 경우 특히 에도의 도시사회에서 농후하게 표현되었던 것이다.

4. 도코요노쿠니에 대해

지장보살 정토, 쥐의 정토, 가쿠레자토 등의 유토피아는 주로 근세 이후 민중의 의식 속에서 전승되어 온 것이다. 민간전승이나 민간설화에 이러한 유토피아관이 형성되는 경우, 그 중추가 무엇인지가 문제가 된다. 그것은 당연히 고대인의 사고와 불가분의 관계를 갖고 있다. 고대의 경우 현실과는 이질적인 세계로 여겨진 것이 도코요노쿠니다. 도코요노쿠니는 『일본서기』 제1권의 스쿠나히코노미코토에 관한 기사 가운데 "그 이후 스쿠나히코노미코토가 가서 구마노에 도달하고 마침내 도코요 마을에 도착하였다. 혹자는 아와지마에 도착하여 밤나무 가지를 올라탔더니 튕겨져서 곧바로 도코요

마을에 도착했다고 한다"라든가 "신풍神風이 있는 이세는 도코요노쿠니로 오갈 수 있는 나라다"(『日本書紀』 6권)라고 되어 있듯이 구체적인 공간을 상정했음을 알 수 있다. 예를 들면 구마노에 돌출한 곳이거나 혹은 아와지마나 이세처럼 바다와 접한 지점으로부터 도달할 수 있었던 장소다.

『일본서기』의 「스이닌키垂仁紀」에 나타난 다지마모리田道間守의 도코요노쿠니 방문은, 거의 같은 시기에 도쿄요노쿠니에 대한 지향이 있었음을 명백하게 보여준다. 즉 "목숨을 하늘에 맡기고 멀리 외따로 떨어져 있는 지역으로 간다. 만 리나 되는 파도를 넘고 마침내 우나하라를 건넌다. 이 도쿄요노쿠니가 바로 신선이 사는 신비의 구역이다. 세속과는 다르다. 왕래하는 데에 10년이 걸렸다"라고 한다. 여기에서 주의할 점은 "우나하라를 건넌다"라는 구절에 대한 해석이다. 우나하라는 넓은 바다 저편을 넘어가는 해로를 표현하는 단어로 생각하면 이해하기 쉬울 것이다(下出積與, 『神仙思想』, 吉川弘文館, 1966, 133쪽). 또 신선이 사는 신비의 구역을 왕래하는 데 10년이 걸린다는 말도 나오는데, 확실히 중국대륙의 신선사상으로부터 영향을 받았을 것이다.

요컨대 바다 저편의 유토피아인 것이다. 실제로 이 땅을 방문한 다지마모리는 귀중한 보물을 얻어 이쪽 세상으로 귀환하는데 이쪽 세상에서 기다리고 있던 천황은 벌써 죽어버렸다고 한다. 여기에서 두 세계의 시간상 척도가 다르다는 것이 드러나게 된다.

그리고 『만요슈萬葉集』 4권에

당신은 도코요노쿠니에서 살았나 보오. 예전에 보았을 때보다 더 젊어진 것 같소.

라는 구절이 나온다. 재회 상대가 옛날 만났을 때보다 젊어 보여서 도코요노쿠니에 살았던 것은 아닐까라고 추측한 것이다. 이를 보면 요컨대 도코요노쿠니는 단지 별세계가 아닌, 재생을 약속해주는 세계라고 할 수 있다. 생명력의 근원이 그곳에 있었던 것이다. 도코요노쿠니와 왕래하는 내용의 신화가 있었고, 도코요노쿠니에서 건너오는 존재를 오리구치 노부오折口信夫가 마레비토로 총괄한 것은 이미 잘 알려진 대로다. 마레비토에는 이 세상에 왔다가 다시 돌아가 거기에서 환생한다는 논리가 설정되어 있다.

그리고 현세의 이 나라는 스사노오노미코토가 추방되어 온 나라이기도 했다. 현실적으로는 이즈모였다고 생각된다. 스사노오노미코토는 이 나라를 비妣의 나라, 즉 죽은 어머니의 나라라고 부르며 어머니가 조상신으로 계시는 나라라고 상정하였다.

이것을 명확하게 지적한 것은 오리구치 노부오다. 그의 「죽은 어머니의 나라로, 도코요로 妣國へ・常世へ」라는 논문은, 일본의 유토피아에 대해 훌륭한 구상을 제시한 최초의 논문이라 할 수 있다.

고대인은 타향 의식을 갖고 있었는데 "그곳은 자신들과 조금도 다르지 않은 조건을 가진 사람들이 사는" 나라라고 한다(『古代硏究』民俗學篇1). 그리고 그것을 '죽은 어머니의 나라'라고 부르고, 아버지의 나라라고는 부르지 않았다. 그 이유는 다음과 같이 설명되어 있다.

> 그 땅을 아버지의 나라라고 부르지 않은 것은 이유가 있을 것이다. 첫 번째로 상상해 볼 수 있는 것은 모권시대의 잔영이라고 보는 것이다. 즉 어머니의 집을 떠나온 젊은이들이 이 섬나라 일본을 북으로 북으로 옮겨감에 따라서 더욱 더 강해진 고향에 대한 향수 때문이었을 것이다. 그러나 지금은 두 번째 추측이 더 유력하고 생각한다. 즉 다른 종족과의 결혼으로 인해 발생한 비극적 결말이 아직 여린 마음에 강하게 각인되었기 때문에, 자신의 어머니가 소속되었던 다른 종족 마을을 배려하고자 하는 마음에서 생겨난 것이라 보는 것이다. (「妣國へ・常世へ」)

이상과 같이 오리구치가 모권사회의 반영을 다른 종족과의 결혼의 흔적이라고 본 것이 타당한지는 아직 충분히 논의되지 않았다.

어쨌든 '죽은 어머니의 나라'를 기초로 하여 도코요노쿠니에 대한 동경이 생겨났다, 즉 이향관異鄕觀이 확립되었다는 것이 오리구치의 견해로서, 이는 하나의 의견 제시라고 할 수 있다. 도코요노쿠니는 기후가 좋고 물질이 풍부해서 살기 좋은 유토피아다. 그 나라로 옮겨가고자 하는 마음이 사람들의 생활에 활기를 주는 힘의 원천이 되었다. 그리고 그 나라는 동쪽에 있어서 민족은 도코요노쿠니를 찾아 서쪽에서 동쪽으로 이동하는 운동을 일으켰던 것이다.

이런 동쪽 지향에 의해 도달한 구체적인 장소가 히타치常陸다. 히타치는 당시 이향으로 여겨진 무쓰陸奧와 경계를 이루고 있다. 히타치에는 가시마鹿島 신앙이 번성했으며 후세에는 가시마 참배로 번창하게 된다. 이는 "고인故人의 도코요노쿠니란 틀림없이 이 지역일 것이다"(『常陸國風土記』)라고 하는 기술 내용과 대응된다.

현실 세계의 연장선상에서 도코요노쿠니를 찾으려 했다. 이는 현실을 극락화하려 한 일본인의 사고방식을 단적으로 표현한 것이기도 하다.

도코요노쿠니를 도쿄요常夜[17]라고도 표현하는 것으로 보아 이곳을 암흑 세계로 생각하는 사고방식이 있었다는 점에 대해서는 이미 지적된 바 있다. 그러나 그러한 용례는 매우 적었고, 암흑=죽음으로 맺어진 세계는 따로 황천국으로 불렸다는 것도 주지의 사실이다. 황천국은 확실히 지하와 땅속 끝을 지향했다. 현실세계와의 경계는 요모쓰히라사카泉津比良坂로서 그곳을 넘으면 죽음의 나라에 이른다. 그러나 오리구치가 지적했듯이, 암흑의 죽음의 세계가 일본인에게는 결코 격리된 세계가 아니라 마레비토라는 손님과의 교류에 의하여 현실과 연결될 가능성이 있는 곳이었다. 여기에서 선조의 영혼이 가고자 한 나라가 황천국에서 도코요노쿠니로 전치될 수 있는 사고방식이 성립한다. 오하라이[18] 등에 내재된 네노쿠니가 갖고 있는 이미지도

---

17) 낮이 없고 항상 밤인 것.
18) 사람들의 죄나 더러움을 깨끗이 씻어주는 행위.

이와 유사하다. 지하나라에는 악령과 사악한 영혼들이 모여 있다고 생각하지만, 네노쿠니의 이미지는 서서히 밝은 극락으로 비춰지게 된다. 이로써 죽음의 나라를 재생의 나라로 보고, 자유롭게 왕래할 수 있는 세계로 인식하는 일본인의 원초적 사고가 생기게 되었다. 그리고 결국 도코요노쿠니라는 유토피아로 그 결실을 맺게 된 것이다.

제17장 시쓰케

노구치 다케노리 野口武德

1. 첫머리

일본인을 '무리의 민족'이라고 하고 '시쓰케躾'[1]를 '무리의 교육'이라고
한 것은 야나기타 구니오 이후 일본 민속하계의 견해였다.[1] 일본인 사회의
가치관과 '시쓰케'를 언급할 때 우선 이러한 용어를 떠올리는 것에는 나름대로
이유가 있다. 즉 현대사회에서 항상 문제시되던 것인데, 예를 들어 기업에
속해 있는 사람에게 요구되는 것은 협조성 문제고, 외국으로 단체여행을
할 때도 늘 금붕어 똥처럼 줄줄이 걸어다니는 일본인의 태도 문제다. 말하자면
이는 바로 무리의 민족의 실태다.[2] 무리를 이루고 있을 때에는 무리 이외의
인간의 존재를 무시하듯 행동하는 일본인이, 혼자가 되면 갑자기 안정감을
잃고 불안한 모습을 보인다. 이런 특징을 만들어 낸 것은 결과적으로 이
시쓰케 때문이라 할 수 있겠다. 그래서 시쓰케라는 것을 협조성의 측면에서
살펴보고자 한다. 일본인의 가치관에 대해서는 많은 역사적 문헌을 통해
알 수 있겠지만, 일본인 대부분이 갖고 있는 서민의식에 대해서는 민속자료에
의거하여 고찰하는 편이 더 타당할 것 같다.

2. '시쓰케'의 어원

---

1) 예법.

오늘날 '시쓰케'는 '躾'라는 문자를 사용하지만, 이 문자는 한자의 종주국인 중국에서 온 문자가 아니라 한다. 즉 '미(躾)'라는 이 글자는 일본에서 만들어진 문자 즉 일본글자로서, 서당에서 무사에게 어울리는 기품 있는 행동을 배워 몸가짐을 아름답게 유지한다는 뜻에서 身변에 아름다울 美라는 글자를 조합시킨 것이다. 그렇다면 일상어로 '시쓰케'라는 말을 일본인은 어떻게 사용해 온 것일까?

나가노 현 가미이나 지방에서 시쓰케는 모내기를 가리킨다. 못자리에서 키운 모를 미리 기초준비를 끝낸 논에 가지런히 심는 것이다. 옷을 바느질할 때도 '시쓰케 실'2)이라는 말을 사용하는데, 이는 실제로 재봉하는 실이 아니다. 마름질을 하여 형태가 흐트러지지 않도록 이음새를 고정시키는 것이다. 뭔가 이상에 가깝게 일정한 형태를 만들어 내는 것, 이것이 '시쓰케'였다. "세살 버릇 여든까지 간다"는 속담이 있듯이, 어렸을 때 교육을 시켜 놓으면 그 효과가 영원히 사라지지 않는다고 생각했던 것이다. "철은 뜨거울 때 두드려라"라는 말도 마찬가지로 유연성이 풍부한 젊었을 때 제련해서 형태를 잡아두라는 뜻이다. 우연하게도 이들 속담은 인간성 형성에 관한 현대 심리학의 견해와도 일치하는 고대 일본인의 지혜였다.

즉 '시쓰케'는 '제몫을 하는 사람'을 만들기 위한 교육 또는 한 인간이 가져야 하는 사회인으로서의 태도를 가리키는 말이라고 생각하면 될 것이다. 따라서 '시쓰케'는 '제몫을 하는 사람'이 된 다음까지 이어지는 것이 아니다. 제몫을 하는 사람이 되고도 아직 시쓰케를 받아야 할 사람은 세상으로부터 비웃음의 대상이 된다. 웃음 그것은 바로 일본사회에서의 제재이기도 했다.[3] 새로 지은 옷을 입고 처음 밖에 나올 때는 그 옷에 시침실인 '시쓰케 실'이 남아 있지 않은지 세심하게 살피는 것은 왜일까? 완성된 것(제몫을 하는 사람)을 입었을 때, 아직 교육중임을 보여주는 '시쓰케 실'을 남기는 것은 바로 자신이 아직 덜 된 인간임을 세상 사람들에게 보여주는 것이 되기

---

2) 시침실.

때문에 주의해서 살피는 것이다. 아키타 현의 센보쿠 지방에서는 시쓰케 실을 '오시이토ぉし糸'3)라고 부르는데, 이는 솜을 넣는 작업 등에 반드시 필요한 것이었다고 한다. 그러나 완성된 후에도 이 실을 뽑지 않고 입으면 강에서 익사한다고 가르치는데, 이 역시 비웃음 당하기 전의 일종의 경고로 전승된 것 같다.

'시쓰케'라는 단어까지 사용하지 않더라도 "제몫을 하는 사람이 되게 한다" "형태를 갖춘다" "전통을 몸에 익혀라"는 의미를 띠는 방언은 전국 어디나 있다. 이들 단어와 그것이 의미하는 내용에서 알 수 있는 것은 시쓰케가 "제몫을 하는 사람이 되기 위해 주변 사람 특히 부모가 형태를 잡아주는 것"으로서, 그 경우 제몫을 하는 사람이란 마을마다 환경이나 풍토 등에 따라 그 기준이 다양하겠지만 아무튼 "소속된 사회의 전통(관습)에서 벗어나지 않는 인간으로 형태를 잡는 것" 즉 '무리의 인간'으로서 적응할 수 있는 인간이 되는 것이다. 전통적인 것을 지키고 그 사회의 테두리에서 벗어나지 않는 것이 근대 이전의 사회적 도덕이었다고 한다면, 그 안에서 잘 적응하는 것이 선善이었다. 이와 같은 사회적 도덕이 존재하면 거기에 대응하도록 시쓰케에 반영되었다. 즉 테두리(관습, 습관)에서 벗어나지 않고 전통을 제대로 지키는 인간을 만드는 것이 시쓰케의 핵심이었다. 제몫을 하는 사람을 '지나치게 튀지 않는 인간'으로 형태를 잡는 것이 부모와 공동체(마을)의 임무였으며, 그런 식으로 시쓰케를 훈련받은 인간을 촌락사회가 요구하였던 것이다.

3. '제몫을 하는 사람'이란

촌락사회에서 '제몫을 하는 사람'이란 무엇인가? 『민속학사전』4)에서는 "협동적 색채가 매우 농후한 촌락 사회생활에서는 제몫을 하는 사람에게

---

3) 누르는 실.

힘쓰는 일을 하게 하는 것은 마을사람들 서로를 위해 또 마을 전체의 생활을 유지하기 위해 불가결한 일이었다." 특히 촌락생활에서의 노동력 교환인 유이[4]를 갚는 것이 불균등해지면, 마을 사람들로부터 의리가 없다고 하여 제재를 받으므로 이를 균등하게 하기 위해서 마을에서 제몫을 하는 사람의 표준을 중시하였던 것이다. 제몫을 하는 사람이란 노동에도 제례에도 마을의 한 사람으로 봉공함으로써 제몫을 해내는 사람으로 마을사람들로부터 인정을 받아야 비로소 혼인할 기회가 주어지는 것은 예나 지금이나 변함이 없다. 오늘날 각지의 관행을 보면 젊은이 그룹에 가입한 후 50~60세까지가 '제몫을 하는 사람'으로 인정받는 시기다. 그동안은 제몫을 하는 사람으로서 마을 일에도 참석해야 하고 집집마다의 유이에도 나갈 수 있었다. 다네가시마에서는 이렇게 제몫을 하는 남자를 '혼닌本人'이라고 하고 공동어로작업에 나가서도 "분담된 업무를 맡을 수 있었다"고 한다. 여기에서의 유이란 부락 내 혹은 근린조직 내의 각 가구 간의 노동교환을 말한다. 일본의 농촌생활에는 일시적으로 다량의 노동력을 필요로 할 때가 있다. 예를 들면 모내기와 추수가 그렇다. 그때는 한숨을 돌릴 틈이 없다. 지붕을 교체할 때 등도 그러하여 많은 짚이나 끈이 필요하다. 유이는 아마도 대가족 경영에서 소가족이 분리되는 과정 속에서 생겨난 조직인 듯하며, '결結'이라는 글자를 쓰기도 한다. 이 유이의 원칙은 하루 나가서 일한 노동력은 반드시 하루의 노동력으로 돌려받는 것으로, 금전이나 물품으로는 대신할 수 없다는 것이 특징이다. '일손 되돌리기'라고도 한다. 이러한 협동과 상부상조에 의해 오늘날까지 농촌생활이 유지되었다고 해도 과언이 아니다. 다양한 마을행사 예를 들면 초봄의 수로 정비, 도로 수선, 신궁 수리와 개축 같은 경우인데, 각 가구마다 적어도 1명씩은 참가하는 것이 관례였다. 이 경우 노동력의 차이가 너무 나면 균형이 맞지 않으므로, 제몫을 하는 사람의 기준이 엄격하였던 것이다. 또한 시로와케[5]란 어촌에서 어획물을 분배하는 방법 중 하나다. 오늘날에는

---

4) 품앗이.

돈을 분배하는 임금제가 많이 사용되지만, 예전에는 대개 생선을 분배했고 공동어업에서의 어획물 분배단위를 시로라고 칭했다. 이런 계산을 시로와케, 제몫을 하는 사람을 히토시로라 불렀는데 이는 전국적으로 거의 동일하다.

제몫을 하는 사람의 노동 목표는 예를 들어 남자라면 4말(1말=18리터)짜리 가마니와 16관(1관=3.75kg)을 짊어질 수 있다든가, 밭의 김매기는 하루에 1단보(=300평), 추수라면 얼마라는 식이다. 여자는 남자의 70~80% 정도로 정해져 있다. 이렇게 해서 제몫을 하는 사람이 되면, 담배통을 휴대하거나 붉은색 허리띠에 가스리絣6)로 만든 옷을 입고 모내기를 하는 것이 허락되었다. 즉 제몫을 해내는 사람을 외형이나 행동으로 표시함으로써 그 전단계와는 확실히 구별했던 것이다. 또한 마을사람의 평가나 대우법도 자연히 달랐다. 그래서 빨리 '제몫을 하는 사람'이 되는 것이 어린이들의 꿈이었고, 이런 귀여운 꿈이나 희망이 소년들의 노동 원동력이 되기도 했던 것이다. 세가와 기요코瀬川淸子는 "제몫을 하는 사람으로서 성인 남녀의 노동력 기준이 각지마다 정해져 있었던 것은 그 땅의 지리적·역사적 조건을 기반으로 노동능률의 표준이 설정되어 있었던 것으로 해석된다. 개괄적으로 보면 지역적인 차이는 선진적·후진적이라는 시대적 차이라고 할 수 있겠지만, 각각 독립되어 있던 예전의 마을이 그 환경에 적응하여 개성 있는 생명체처럼 다양성을 나타냈다"라고 서술하고5) 각지의 사례를 든 후,

> 노동력을 서로 제공하거나 협력하고 교환할 기회가 많으면 많을수록 개개인의 노동의 양과 질을 비교하고 음미할 수 있기 때문에, 마을의 청년이나 처자들은 15세나 17세 무렵부터 제몫을 하는 사람으로서 일을 할 때 혹은 그 이전부터 일하는 모습을 주목받고 평가받게 된다. 20세 정도 되면 여러 사람이 보고 평가한 결과 저절로 누구는 힘이 세고 누구는 허약하며 아무개는 일 잘하는 사람이라는 평가가 나와서 칭찬을 받기도 하고 비난을 받기도

---

5) 분배.
6) 희끗희끗하게 염색된 천.

하며, 처자들의 동경의 대상이 되기도 해서 자연적으로 동료들 사이에 인물의 대소가 결정되었다. 이런 체력이나 능력에 대한 판정은 마을의 장로가 판결을 내리기 전에 마을 어머니들, 처자들, 아이들까지 누구나 일 잘하는 사람을 알아보는 안목을 갖고 있기에, 그 평가는 마을사람 전체가 채점한 총합점수였다.

그래서 가나가와 현 사가미 평야의 농촌 등에서는 16세가 되면 쌀가마니를 지지 않으면 안 되었기 때문에, 연말부터 정월에 걸쳐 어느 집 창고든 반드시 연습용 쌀가마니가 굴러다녔다. 말에게 가마니를 지게 하거나 물수레로 왕복할 때의 기술이 좋거나, 가마니 바꿔지기 등을 할 때 힘이 세면 영웅으로 대접받았다. 기계를 이용하는 시대인 오늘날의 입장에서 보면 먼 옛날 일처럼 생각되겠지만 그 후로 반세기도 지나지 않았을 뿐이다. 이상과 같은 생산노동력만이 아니다. 관혼상제는 물론이고 집짓기, 지붕이기, 질병, 재해 모두를 마을사람들의 손으로 처리해야 했으므로, 노동의 질과 양만이 아니라 한명 한명의 기량, 지식, 특기까지 잘 숙지하여 운용되었던 것이 당시 마을의 구조였다.

고 했다.

제몫을 하는 사람의 기준은 주로 '노동량의 기준'으로 언급되는 것이 일반적이지만 당연히 그것은 노동량만은 아니다. 모든 생활 면에서 제몫을 해내는 사람의 능력이 시험되었는데, 그것은 사회성 즉 사람을 대하는 방법 전반에까지 이르렀다. 집단 내에서 다른 사람과 협력하고 집단의 움직임에 적응할 수 있는 인간인지, 의리나 예의범절을 분별하고 있는지, 마을 관습을 알고 있는지 그 여부로까지 확대되었다.

제몫을 하는 사람으로 평가받지 못하면 가장 곤란한 것은 무엇이었을까? 그것은 결혼상대를 찾을 수 없다는 것이었다. 제몫을 하는 사람으로 청년기에 성장하여 일정 연령에 도달하면 좋은 배우자를 찾아 결혼하고 아이들을 낳고 상속이나 분가라는 방법으로 일가를 이루는 것이 최종적인 의미의 촌락사회에서 제몫을 하는 사람의 모습이었기 때문에, 결혼 상대를 찾을 수 없다는 것은 바로 미숙한 인간이라는 평가를 의미했다. 특히 직업의 종류도 적고 통혼의 범위도 거의 마을 내부로 제한되어 있던 에도 시대 초기까지 일본 농촌에서는 마을 내에서의 평가가 매우 중요했다.

인간 평가는 어렸을 때부터 하루 종일 모든 마을 사람들이 관찰해서 내리는, 봐주는 것 없는 총합평가다. 이성으로부터 혹은 어린이를 포함한 마을 전체 사람들로부터 미숙한 인간으로 취급받는 것은 무엇보다도 분하고 애석한 일이었기 때문에, 젊은이나 처자들은 열심히 자신의 일에 매진했다. 오늘날과는 달리 근대 이전, 장소에 따라서는 세계대전 전까지도 본인의 직업은 대부분 가업이었다. 거꾸로 말하자면 사농공상이라는 제약에서 볼 수 있듯이, 엄격한 신분제도의 제약은 그 틀을 깨고 다른 직업으로 바꾸는 것을 강하게 저지시켰다고도 할 수 있다. 따라서 개인의 생가가 그 사람의 향방이나 모습을 대부분 결정하고 본인의 장래 생활행동도 결정하므로 선택의 여지가 없었다. 그렇기 때문에 개인의 성장 과정은 오늘날과 비교하면 비교적 안정적이었다고 할 수 있겠다.[6]

4. 유년기의 시쓰케

유년기 · 소년기 · 청년기의 시쓰케 내용을 일단 분류해 보았지만 그 경계 영역을 엄밀하게 그을 수 없다. 시쓰케는 연속적이며 일상적으로 반복되고, 지역이나 가정마다 차이도 있다. 그러나 일반적으로 보아 일본사회에서의 시쓰케는, 유년기의 경우 자립하기 위한 기본적인 관습을 익히게 하고 다음으로 언어의 이해와 함께 각종 생활양식을 체득하게 한다. 심리학적 용어를 빌리자면 '학습'의 기초 다지기 단계다.

마을사람들의 시쓰케는 근대 교육학처럼 과학적인 데이터에 의거하여 의도적으로 작성된 교육 과정으로 이루어지는 것이 아니다. 어디까지나 전통에 의해 길러진 경험에 따른 것이다. 그러나 한 마디 추가하자면 현대 특히 도시에서의 교육 현상에 비해 육체적·정신적인 발육이나 성장 과정에 맞춘 교육이 실시된 점이다. 현대 교육학의 합리적인 사고나 방법을 활용해서 분석해 보더라도, 우연의 일치라고만 단언할 수 없을 정도로 인간과 교육의 관계 메커니즘이 현대 이상으로 순조롭게 이루어진 것도 사실이다.

유아의 특징은 소년기·청년기와 비교하여 자기 혼자서는 움직일 수 없는 시기가 있다는 점이다. 그래서 어린이 시쓰케에서 우선 고려되어야 할 점은 어떻게 살아갈 것인가를, 이론적인 설명 없이 몸으로 익히게 하는 것이다. 방법으로는 신이나 부처의 노여움 따위를 거론하며 각종 금지행위를 가르친다.

식사 예절에서는 먹는 방법이 예법의 중심이 된다. 식사는 정확히 정좌를 해야 하고 화장실을 간다거나 왔다갔다 돌아다녀서는 안 된다. 지바 현 인바印旛 군에서는 식사중에 장소를 바꾸면 커서도 주거를 전전한다는 이야기가 있다. 거기에는 농경사회의 전통을 가진 일본문화가 반영되어 있음을 알 수 있다. 일본에서는 주거를 전전하는 사람은 특수한 경우로서 평범한 사람이 아니라는 견해가 있다. 떠돌이로 돌아다니는 직업을 가진 사람들을 특수하게 간주하였던 것과 관련 있는 것 같다.[7] 화로 주위의 좌석도 정해져 있어서 그 자리에 제대로 앉아야 하고, 요코자橫坐[7)에 앉는 일은 절대 금지되었다. 요코자란 한 집안의 호주가 앉는 곳이어서 거기에 앉는다는 것은 호주권을 침범하거나 부정하는 것으로 여겨졌기 때문이다. 여기에도 가부장제 가족사회가 반영되어 있음을 알 수 있다. "요코자에 앉는 것은 고양이이거나 말, 사슴"이라는 속담도 이를 뒷받침한다. 또한 밥은 깨끗이 먹고, 흘리거나 하면 야단을 맞는다. 이것은 단순히 절약이나 청결 때문만이 아니라 쌀알을 영혼시한 옛날 사람들의 사고를 표현한 것이라 생각된다. "밥을 흘리면 장님이 된다"라든가 "천벌을 받아 눈이 짓무른다"라며 야단을 쳤다. 식사는 조용히 묵묵히 하는 것을 바람직하게 여겼고 밥공기를 젓가락으로

---

7) 가장 상석인 집주인 자리로, 토방에서 보았을 때 정면 안쪽자리.

두드리는 것은 금지되었다. "밥공기를 두드리면 구신 나온다"란 말은 염불하는 종을 연상시켜 불길하다고 여겼기 때문이겠지만, 마찬가지로 식사중에 부정한 행동을 하거나 부정한 일을 말하는 것은 금지되었다. 식사 후 바로 드러눕는 것, 기지개를 켜는 것 등도 옳지 못한 태도로서 대부분의 지역에서 금지되었다.

배설 습관도 식사 습관과 함께 중요시했다. 화로에서 불장난을 하면 밤에 자다가 오줌을 싼다며 금지하기도 하고, 여자가 밤중에 화장실에 가려고 잠자리에서 일어나면 후쿠야마 현의 고스기에서는 할머니 등이 "또 여자가 변소를 가다니 이제부터는 낮에 가도록 변소 신께 빌어야 하겠군"이라며 야단을 치기도 했다. "물에다 오줌을 싸지 마라, 물이 3홉 있으면 물의 신이 계시기 마련이니 벌 받는다"라는 말은, 청결 유지만이 아니라 아무 데나 배설하지 않는 습관을 들이도록 하려는 마음씀씀이를 보여준다. 여자는 밤에 함부로 소변을 보지 말라는 이야기는 옛날 농가의 구조와도 관련이 있다. 변소가 멀리 집 밖에 있었기 때문에 소변을 보고 돌아오면 몸만이 아니라 이부자리까지 식어버린다. 이런 것은 혼기가 찬 여자에게는 삼가야 할 행위라는 생각이 작용한 것 같다. 또한 물이나 변소의 신 같은 신을 거론하며 그 신이 벌을 준다면서 겁을 주는 것 등도 아직 사물의 도리를 분간하지 못하는 유아의 시쓰케 방법으로서 식습관 시쓰케와 공통된다.

밤에 잠을 잘 못자는 아이도 곤란하다. 후쿠야마 현에서는 어린이들이 저녁에 졸립다고 칭얼거리면 "어머나, 네이婦負 군[8])에서 마중 나왔네"라고 하고, 밤늦게까지 떠들고 있으면 "원숭이가 올지 모르겠네"라고 했다. 원숭이 같은 무서운 동물을 들어 겁을 주는 것인데, 밤늦게 우는 것 또한 난처한 일이었다. 부모도 힘들겠지만 그보다는 심하게 우는 것을 정상이 아닌 상태로 여기고 울음을 그치게 하기 위한 주술 행위도 나타난다. 이바라키 현의 쓰치우라土浦 지방에서는 아이들이 밤늦게 울면 밖으로 나와서 주문을 외웠

8) 야요이 시대부터의 유적 특히 묘지가 많이 발굴된 곳.

다. 사람들이 알아채지 못하도록 부인이 아이를 안고 남편은 절구공이를 진 후, 부인이 우선 "아이가 운다"라고 하면 남편은 "절구공이가 운다"라고 되풀이하면서 집을 세 바퀴 돈다. 대부분은 다른 사람들 눈에 띄게 되어서 사흘이나 나흘 밤씩 걸리는 경우도 있었다고 한다.

옷 입는 법에서는 일반적으로 유아기 때는 아무렇게나 입는 경우가 많지만, 조금이라도 철이 들면 제대로 옷을 입으라는 말을 듣게 된다. 마을에서 평판 좋고 제대로 교육을 받은 사람이란 옷차림이 바른 사람이라는 식으로 교훈적으로 언급된다. 의복 착용이나 띠 매는 법 등이 칠칠치 못하면 야단을 맞기도 한다. 물건들을 꺼내둔 채 어지럽혀 놓거나 물건을 제자리에 두지 않는 것을 금했고, 특히 여자에게는 정리·정돈에 대해 시끄러울 정도로 강조했다. 또 돗토리 현 이나바因幡 지방과 같이 "남들이 더럽다고 느껴지게 만든 사람은 더러운 병에 걸린다"라고 하여 아이들을 훈계하며 청결 습관을 익히게 했다. 청결에 반대되는 관념은 부정인데, 부정을 금지하고자 하는 사고방식에서 기인한 시쓰케 방식은, 화롯가 주위에서의 태도와 신이나 부처에 대한 태도에서 가장 잘 나타난다. 화롯가는 식사를 하는 장소이기도 하지만, 화로의 신이 있어서 안전을 지켜준다고 믿어 왔다. 그래서 화롯가를 야단스럽게 자주 청소하고, 화로 가장자리에 발을 뻗거나 차를 엎지르거나 하는 것을 금지했다. 또한 여러 가지 경우에 '손 씻는' 것을 가르쳤다. 이것은 오늘날과 같은 위생 관념에 기초한 것이 아니라, 신이나 부처에게 제물 바치는 역할을 아이들에게 맡겼던 것과 관련이 있다. 부처에게 제물을 바칠 때는 반드시 손을 씻게 했다. 나막신을 들었을 때, 변소에 갔을 때 등에도 "더럽다"며 손을 씻게 했고, 나막신과 변소 등에서 사용하는 물품 등을 화로와 가마에서 태우는 일 따위는 절대 못하게 했다. 여기에는 신이나 부처에게 제물을 바치는 아이들의 존재나, 불의 신과 가마의 신 등에 대한 숭상의 태도, 어렸을 때부터 신이나 부처를 존경하도록 하는 시쓰케의 의도가 엿보인다.

4세에서 5세가 되면 언어도 어느 정도 이해할 수 있게 되므로 시쓰케의 내용도 밀도가 더 짙어진다. 노인들은 아이들을 돌보면서 쉬운 속담이나 수수께끼를 가르치기 시작하는데, 이는 속담이 갖는 교육적 기능을 기대한 것이다. 오토 유키大藤ゆき는 "말의 위력이라는 것은 현재 우리가 상상하는 이상으로 강했다. 속담은 작은 사회의 집단생활 속에서 부락 전체가 친척처럼 서로 잘 아는 사이에서 생겨난 것으로 집단무리의 소리다"라고 했다.[8] 속담이란 글자 그대로 말의 테크닉으로,[9] 생활지식에 관한 것이 많다. 그러나 그 말 한 마디로 상대를 위협하는 힘이 있으며, 한편으로는 비판적 · 교육적인 효과를 갖는 것도 있다. 언어는 성장 과정의 다양한 단계에서 생활 전반에 걸친 학습의 기초적 조건이 되기 때문에 매우 중요하다. 이들 언어 활동 중 유년기에서 가장 중요하게 요구된 것은 "바르고 똑바르게 대답하기"였다. 야마구치 현의 스오오시마周防大島에서는 유아의 가르침의 첫 번째 조건으로 "대답을 잘하는 아이"를 들었다.[9]

언어 이해가 진전되면서 가르침의 내용도 점점 고도화된다. 울거나 응석을 부리거나 떼를 쓰는 등 부모의 말을 듣지 않는 아이에게 '위협'과 '격려'가 급격히 증가한다. 아키타 현 오가 반도의 나마하게가 그렇다. 고토 마타베後藤又兵衛[10]가 온다며 아이들이 알고 있는 무서운 호걸의 이름을 들먹이는 경우도 있다. 내가 어렸을 때는 "순경 온다"든가 "서커스단에 잡혀간다"와 같은 말들이 유행하였다. 얌전하고 별로 울지 않는 아이가 바르고 착한 아이로서 환영 받았기 때문에, 잘 우는 울보아이를 놀리는 동요도 각지에 많았다. 조상숭배 관념과 청결관을 결합시킨 시쓰케에 대해서는 앞에서도 서술했지만, 구마모토 현 오후네御船 지방에서는 부처를 빙자하여 아이들을 달래는 경우가 있다. 추석에는 모두가 부처 중심이기 때문에, 아이들이 시끄럽게 굴면 모처럼 만에 부처님이 오시니 조용히 하라고 시키고, 싸움

---

9) 일본어로 속담은 고토와자라고 하는데 고토바=말, 와자=기술로 해석할 수 있다.
10) 1560~1615년. 아즈치모모야마(安土桃山) 시대의 무장.

따위를 하면 "부처님께 혼난다"며 야단을 쳤다.

　응석을 부리거나 떼를 쓰며 말을 듣지 않는 아이들도 곤란하지만, 특히 음식물을 소중히 하지 않는 아이는 "비천한 애"라며 나가사키 현 등에서는 꾸중을 했다. 응석과 관련하여 아이들 사이에 훈계조의 동요도 있다. 아이즈會_津에서는 어머니에게 돈을 달라고 조르는 아이를 향해 친구들이,

　　어머니 어머니 돈 주세요
　　돈 받아서 뭐 하니
　　끈끈이 사고 막대기 사서
　　어머니 엉덩이 매단다

라며 장단을 맞춰 놀려댄다. 떼를 쓰는 아이에게는 겁을 줌과 동시에 대부분의 지역에서는 그런 성질을 부리는 아이를 깔보는 표현이 있고 또 바보 취급을 했던 것이다.

　유년기도 끝나는 시기, 현재의 학교제도를 기준으로 말하면 초등학교에 입학할 정도의 나이가 되면 놀이에도 성차가 생겨 남녀가 구별되고 동시에 놀이는 장래의 생산기술 습득과 연결된다. 놀이는 단순한 놀이가 아니라 생산의 기초를 형성하는 것이 되어, 집안일 돕기도 역시 즐거운 놀이의 하나로서 아이들이 기다리게 된다. 어촌 등에서는 특히 아이들의 놀이가 부모의 직업과 관련되는 경우가 매우 많아, 놀이에 열중하면서 직업으로서의 기술을 서서히 몸에 익히게 된다. 남자아이들은 뱃놀이, 여자아이들은 소꿉놀이나 인형놀이에 열중한다. 남자다움과 여자다움이 점점 형태를 잡아 표면화되는 것이다. 그리고 유아기의 특징은 아니지만, 놀이에 개인적인 놀이가 없고 거의 여러 사람이 있어야 가능한 집단적 유희가 전통적 촌락사회의 유아 놀이였다. 아이들은 놀이그룹에 참가하면서 단체행동의 규칙을 알게 되고 사회성을 몸에 익힌다. 또 바쁜 농촌의 가정생활에서 아이가

돕지도 않고 빈둥빈둥 놀도록 내버려두는 것은 매우 나쁜 교육이라고 생각하였기 때문에 그 부모가 질책을 받았다. 그래서 어린아이들에게도 각각 그 나이와 성장 정도에 맞는 일이 맡겨졌다. 미야모토 쓰네이치宮本常一의 고향인 스오오시마에서는 유아기 때 덧문열기, 이불정리, 닭 돌보기, 여자아이일 경우 엄마의 부엌일 거들기를 하였다.[10]

아이들이 엄마 품에 안겨 있던 유아기를 지나 혼자 걸을 수 있는 시기가 되면 행동범위도 확대되는데 이때 걱정되는 것은 안전문제다. 양친은 논밭이나 바다에 나가 있는 경우가 많고 게다가 연못·늪·강·우물·해안 같은 위험한 장소가 많다. 아이들은 혼자 노는 경우가 적고 누군가의 눈에 띄는 경우가 많았지만, 이런 위험한 장소에 못 가게 하는 것도 부모가 해야할 시쓰케 중 하나였다.

위험을 피하기 위해 거기에는 괴물이 산다는 식으로 겁을 주는 시쓰케가이 시기에 가장 많다. 지바 현에서는 데나가바바아라는 손이 이상하게 긴 요괴가 있는데, 물속에 살면서 물가에서 놀고 있는 아이들을 물속으로 끌고 가버린다고 한다. 이 요괴 이야기는 우물가와 연못가 등 위험한 장소에서 놀고 있는 아이들에게 겁을 주기 위해서 자주 이용되었고 효과도 있었다. 규슈 등에는 이 이야기 대신 갓파[11]가 엉덩이에서 내장을 빼내간다는 식의 이야기가 많다.

유년기의 시쓰케를 양친이나 가족 구성원이 맡는 것은 당연하지만 소년기와 비교할 때 가장 큰 특징은 교육 담당자로서 조부모 등의 노인들이 시쓰케에 상당히 관여한다는 점이다. 그런데 한편으로는 육체적으로도 미숙한 유아와 쇠약해서 힘든 일을 할 수 없는 조부모의 관계이기 때문에, 결과적으로 양자는 비교적 부드러운 관계를 형성했다는 특성도 있다.

시쓰케의 장소는 주로 집 주변이나 집안인데, 이 점 역시 은거하여 집안일을 돌보는 노인들과의 관계를 형성하는 데 더없이 좋은 조건이었다. 6,

---

11) 물속에 사는 어린아이 모습을 한 상상의 동물.

7세경까지는 양친과 함께 야산이나 바다에 가는 일이 없으므로 조부모나 때로는 어머니와 함께 낮시간을 보내는 경우가 많다. 이때 일정한 관습을 익히고 집 주위나 가까운 곳의 쉬운 일을 다소 몸에 익히게 된다. 노인들로부터 옛날이야기와 속담을 들으면서 마을의 생활관습을 계승하고 공동체의 일원으로서 개인의 본분을 몸에 익히며 성장해 간다.

5. 소년기의 시쓰케

소년기는 유년기의 연속이기는 하지만, 촌락사회에서는 청년기에 들어가는 것 즉 '젊은이 그룹에 들어가는 것'으로써 '제몫을 하는 사람'으로 인정받을 수 있기 때문에, 제몫을 하는 사람이 되기 위한 준비기였다. 현재의 학교제도로 보자면 초등학교에서 중학교, 세계대전 전에는 고등소학교에 입학할 때까지 즉 의무교육 기간이 거의 이 시기에 해당한다고 보면 된다.

유년기의 생활환경이 가정과 그 주변을 중심으로 하였던 데 비해, 소년기는 가정과 강한 연계를 가지면서도 사회생활의 여러 측면에서 촌락사회와의 관계가 두드러지게 증가하며, 부모의 비호 밖에서 이루어지는 행동이 증가한다. 이렇게 해서 제몫을 하는 청년으로 성장할 수 있는 준비가 이뤄지기 때문에, 이에 대응하는 교육 내용도 저절로 달라진다.

가부장제적 가족제도를 축으로 하는 일본에서는 가족은 단순한 가족이 아니며 집이라는 말도 그저 건물만 의미하는 것이 아니다. 그것은 본가와 분가라는 계보적 인식과 역사적으로 축적된 의식을 가진 독특한 제도를 탄생시켜, 전통적인 일본 사회조직의 중핵으로서 사회관계 유지에 큰 힘을 발휘했다. 그런 의미에서 '가문(이에家)제도'라는 말이 사용된다. 이런 사회에서는 조상숭배가 '가문제도'를 지탱하는 중심이 되기 때문에 매우 중요하다. 따라서 똑같이 조상제사에 참가한다 하더라도 제물을 바치는 유년기와는 달리 가족의 일원으로서의 자각이 요구된다. 불단을 향해 발을 뻗지 마라, 이렇게나마 사는 것은 조상님들 덕분이다, 조상님을 소중히 여기지 않는 집은 번영하지 못한다 등의 말을 조부모나 양친에게서 끊임없이 듣는다.

행동이 바르지 못한 것은 시쓰케가 나쁘기 때문이라고들 하는데, 행동이란 무엇인가? 가와치河內[12] 지방에서는 "속언俗言을 잘 깨우쳐서 이것을 지키는 것"이라고 하고, 스오오시마에서도 시쓰케의 좋고 나쁨은 속언을 지키는지의 여부에 달려 있다고 하였다. 따라서 속언이나 일반 신앙 혹은 마을 관습이라는 말로 대체될 수 있을 것 같다. 요컨대 마을의 전통적인 생활관습을 제대로 지키고 조상숭배 등을 제대로 하는 아이가 교육을 제대로 받은 아이로 주목받았다. 그것을 소년 스스로 자각하게 되고, 가족 일원으로서 행동도 적극적으로 된다. 가문에 대한 아이들의 정신적 연결을 중시하여 적극적으로 집안 제사에 참가시킴으로써 일상생활에서 가문을 계승하고 번성하게 만들고자 하는, 즉 가족이나 가문의 안정성을 확립하고자 하는 부모들의 의도가 충분히 피력되어 있다.

이것은 다시 촌락사회의 다른 마을 사람들과의 관계로도 확대되어, '조상님 덕택'이 '마을 덕택', '다른 사람 덕택'으로 변하여 마을에서의 교제나 타인과의 인간관계를 원활히 유지하지 않으면 안 된다는 요구사항과도 연관되게 된다. 마을사람들과의 교제에서 튀지 않는 인간이 되는 것, 지나친 행동이나 남들로부터 손가락질 받거나 비웃음을 사는 행동을 하지 않는 인간, 즉 속언(관습, 전통)을 잘 파악하여 그것에서 벗어나지 않는 인간이 되는 것이었다.

촌락사회에서는 부모의 본업(가업)을 계승하는 것이 보편적이었다. 생산기술에 대해 언급하자면 유년기부터 부모가 하는 것을 여러 가지로 보고 익히면서 성장한다. 유년기에 부모를 거드는 일은 다소 놀이적 요소도 있지만 소년기가 되면 그저 단순한 놀이로만 그치지 않는다. 특히 고등소학교에 입학할 정도가 되면 체력도 생기고 업무 종류에 따라 성인 몫을 거의 할 수 있게 된다. 촌락공동체로서는 제몫을 해내는 사람을 한 명이라도 더

---

12) 옛 지명으로 현 오사카 부의 남동부.

많이 키우는 것은 그만큼 생산력을 높여 마을의 생활 유지에 중요한 공헌을 할 인간을 얻어 직접적인 이익을 낳기 때문에 대단히 환영받았다. 일을 하게 되었다고 해서 주위에서 방해를 하거나 질투를 하거나 하지는 않았다. 오히려 이 정도로 일을 잘 하는 아이가 있다는 것을 자기 마을의 자랑거리로 여겼다. 따라서 열심히 일을 배우고 일하는 것 자체를 찬미하며, 예의범절과 더불어 생산기술을 습득하며 동시에 일을 싫어하지 않는 노동정신의 소유자로 키우는 것이 소년기 시쓰케의 중요 요소였다.

전국 각지의 자료를 보면, 소년기에 어울리는 작업기술을 습득시키기 위한 시쓰케는 대개 12세 정도부터 시작되었던 것 같다. 일의 내용도 쉬운 것에서부터 서서히 어렵고 힘을 필요로 하는 것으로 진척된다. 위험을 수반하는 낫을 다루는 일이나 산길에서 운반이 어려운 분뇨의 운반 등은 15세 정도의 거의 청년기에 도달하기 직전에 익히게 하는 식으로 작업기술의 습득 과정에 무리가 안 가게 하는 것이 전통적 촌락사회 시쓰케의 특색이다.

두 번째 특색은 '일하는 모습'이라고 하여 일할 때의 당사자의 자세와 태도가 중시된다는 점이다. 흔히 열심히 일하는 사람의 모습이 아름답다든가 직장에서의 모습이 가장 멋지다고 하는 표현이 있는데, 바로 그 말 그대로다. 주위의 강제에 의해 억지로 일을 하는 것은 한눈에 보기에도 추하고 자세나 손놀림 역시 나쁘다. 아름다운 자세는 작업능률의 측면에서도 효율적이고, 이는 스포츠에서도 마찬가지다. 그래서 작업을 가르치는 부모 쪽에서도 자세에 신경을 썼다. 자세가 좋다는 것은 주의력이 집중되었음을 보여주는 것이기도 하다. 가래와 낫처럼 한순간의 부주의로 다치기 쉬운 도구는 집중력과 주의력이 중요하였다.

대부분의 농촌에서는 친족이나 근처 동료들을 중심으로 한 유이라든가 모야이라고 부르는 상호부조조직이 발달되었다. 또 도로 보수공사, 씨족신을 모시는 신사의 청소·수리 같은 마을 일도 많았다. 이와 같은 일의 작업은 다른 사람 앞에서 하는 것이 보통이므로 '일하는 모습'이 특히 문제가 되고 화제가 되는 것이다. 이런 작업에 참가하는 것은 소년기에는 관계 없다고는 하지만 얼마 안 있으면 제몫을 하는 성인이 될 나이의 소년들이 잘 성장하기를 바라는 부모들의 심정은 기도하는 기분일 것이다.

이런 상황에서는 '게으름뱅이'를 가장 혐오했다. 아키타 현 오가 반도의 유명한 정월보름 행사인 '나마하게'는 농경 개시에 앞선 예비행사라는 본질 외에도 나마하게의 어원 즉 나마미生身(맨몸뚱이)를 벗는다라는 의미 그대로 겨울 농한기 동안의 게으른 근성을 버리고 다시 긴장해서 새로운 봄에 해야 할 일을 열심히 하자는 의미도 있었다. 손발 놀리기를 게을리하는 것을 혐오하여 가능하면 뭐든 하게 만들고자 하는 시쓰케였다. 일의 단계는 다양하고 지방마다 차이도 크겠지만, 낫을 든다든가 풀베기를 할 수 있게 되었다든가 분뇨통을 어른처럼 맬 수 있게 되었다 등의 성장단계와 연령을 비교하여 아이의 체력 상태와 지식 정도를 알 수 있게 해주는 표준이 만들어져 있다. 일의 성질상 여자아이는 어머니, 남자아이는 아버지가 시쓰케를 맡는 비율이 커진다.

소년기의 일은 유년기의 '돕기'와는 상당히 다르다. 일이 전문화됨으로써 가정경영의 일원으로 자각하게 되고, 마을 일에 부분적으로 참가함으로써 공동체의 일원이라는 자각심도 더 증가하게 된다. 그런 자각과 더불어 개인의 정신적인 면을 향상시키는 것이 소년기 시쓰케의 중요 목적이다. 또한 소년기도 후기가 되면 서서히 완전한 제몫을 하는 성인 즉 청년기를 겨냥한 훈련기간으로 보았다.

작업을 익히도록 가르치는 부모의 태도에는 '주입시킨다'는 태도는 보이지 않고 우선 해보게 하는 식이다. 아이들은 눈짐작으로 흉내를 내어 어느 정도 일을 할 수 있기 때문에, 우선 아이들에게 직접 해보게 한 후 서툰 점을 교정해 가는 것이 시쓰케의 일반적 방식이다.

유년기 생활에는 대부분 누군가 보호자로서 옆에 붙어 있다. 유아가 직접 혼자서 사회와 접촉하는 일은 없으며, 있다고 하더라도 좁은 놀이집단으로 제한된다. 행동반경도 좁아서 자신의 집이나 집 주변에서 움직일 뿐 혼자서 다른 집에 가는 일도 드물다. 그러나 소년기가 되면 사정이 달라져 자기 발로 걷고 스스로 인사하지 않으면 안 된다. 인사를 잘 한다는 것은 일본인의 시쓰케 가운데 중요 요소이기도 하고 사회관계가 확대됨에 따라 어느 정도의 사회성이 요구되기 때문에 부모도 자연히 인사나 예의범절에 더 신경을 쓰게 된다.

본인은 수상한 인간이나 요괴가 아닙니다, 라는 사실을 알리는 행위가 원래 인사였다. 게다가 시골에서 밤길에 만난 사람들은 서로 얼굴을 알아볼 수 없을 경우 인사를 나누고 그 목소리로 서로를 확인하여 서로 안심을 한다. 가와치에서 시쓰케가 잘 되었다는 것은 행동거지·일·인사를 잘하는 것을 의미하며, 이는 다른 지역에서도 마찬가지였다. 집에서 한 발자국이라도 나서면 바로 마을사람들을 만나게 된다. 인사를 제대로 해야 한다. 지금까지는 보호자가 와서 해주던 일을 이제는 소년 스스로 해야 한다. 신과 부처를 받드는 일 중 하나를 소년에게 맡게 하고, 동시에 추석과 세밑 선물을 본가 등에 전달하거나 심부름하는 것도 소년에게 시키는 지역이 많다. 일정한 형식적 인삿말은 대개 모친에게서 배운다. 또한 옛날 농촌에서는 매일의 목욕물 데우기가 힘들었기 때문에 '얻어 하는 목욕' 습관이 널리 퍼져 있었다.[11] 유년기에는 양친과 함께 목욕을 하러 가지만 소년기에 접어들면 서서히 부모와 동행하는 것을 싫어하게 된다. 목욕탕이 있는 집에 드나들 때는 큰 소리로 인사를 하라는 것도 대개 주부가 철저히 교육시켰다. 예의범절도 마찬가지다. 작업기술을 익히는 경우와 마찬가지로 눈짐작으로 따라해 보는 것이 학습의 주요 기반이 되는 부분이었다. 무리한 강요가 아니라 소년기에 들어 아이들이 사회성을 자각해 나가는 과정 속에서 자연적으로 상식적인 인사나 예의를 깨우쳐 가는 것이다.

소년기는 혼자서 생활의 장이 가정에서 사회로 나아가는 시기이므로, 사회의 안정을 위해서라도 지금까지 집안에서 했던 것처럼 행동해서는 안 된다. 물건 하나라도 자기 것과 남의 것을 확실히 구별해야 한다. 예를 들면 시마志摩13)에서는 타인의 오카고芋籠12)에 손을 넣으면 손가락에 병이 생긴다고 가르치고 야마구치 현에서는 남의 집 문지방을 밟으면 그 집 주인의 머리를 밟는 것이나 같다든가, 기회 있을 때마다 자기 집과 바깥세상은 전혀 차원이 다르며 남의 소유물을 침범하지 않는 것이 무엇보다도 중요하다고 인식시켰다.

소유물을 구분하는 것과 마찬가지로 타인과의 관계에서 중요한 것은 타인에게 거짓말을 하지 않고 약속을 지키는 것이었다. 이와테 현 니노헤二戸 군 후쿠오카 정福岡町에서는 노인들이 다른 사람에게 거짓말을 하면 지옥에 가서 혀를 뽑힌다고 가르쳐 아이들 스스로 남들로부터 "거짓말이지?"라는 말을 듣는 것을 두려워했다. 그래서 "거짓말이지?"라는 말을 듣지 않기 위해 아이들끼리 "헤탓포"라는 주문을 외워 그런 말을 안 들으려 했다. 거짓말에 대해 훈계를 하는 창가나 동요도 많다. 또 친구들과 자주 싸우는 아이나, 여자아이와 약한 아이를 괴롭히는 심술꾸러기를 꾸짖거나 비웃고 조롱하는 동요도 많다.

시쓰케가 좋다는 것은 행동거지 · 일 · 인사를 잘 하는 것이라고 했듯이, 원래 시쓰케란 타인을 의식해서 만들어진 것이었다. 따라서 시쓰케의 대상이 되는 것은 항상 타인의 눈에 비춰지고 타인의 반응이 민감하게 되돌아오는 것이었다. 시쓰케의 담당자는 유소년기에는 부모와 가족들이지만, 타인의 눈에 띄게 되는 단계에서는 일을 형편없이 하게 되면 바로 비판의 눈길이나 조소가 돌아오기 때문에, 타인에 의해서도 역시 시쓰케가 이루어졌다. 행동 거지는 집에 찾아온 다른 마을사람의 눈에도 비춰지며 길에서 인사하는 것 역시 많은 마을사람들에게 감시받았다.

타인과 접하는 첫 걸음은 인사로, 모르는 사람이 한 명도 없는 마을에서 인사에 중점을 둔 것은 당연하였다. 인사 방법에는 각 지방마다 차이가

---

13) 옛 지명으로 미에(三重) 현 소재.

있고 순서를 정한 예법이 있었다. 그리고 그것을 가르친 사람은 주로 모친이었다. 이와 같이 마을사람을 대하는 태도를 학습하는 것은 스스로 이 마을의 관습을 따르는 것이며 사회생활을 함께하는 이상 준수해야 할 약속이라고 인식하였다. 동시에 같은 말이라도 다른 마을과는 조금 다른 자기 마을만의 말이나 행동 등을 공용함으로써 자신이 사는 마을에 대한 귀속의식이나 동료의식을 갖게 되고, 이윽고 자기 마을 중심주의적인 공동체 의식이 확립된다.

일본에서는 아이들 싸움에 부모가 개입하는 일을 삼가는데 이 또한 촌락사회에서의 1가구당이라 할까, 한 집의 호주들 간의 관계의 축소판이라고 보기 때문이다. 즉 아이들을 사회의 일원으로 취급하는 것을 중시하여 당사자들끼리 해결하도록 하는 사회적 태도였던 것이다.

소년기는 유년기에 비해 시쓰케 담당자와 시쓰케 장소에 변화가 생긴다. 아이들의 사회적 행동범위가 확대되어 공공장소에서의 교제가 늘어나면 당연히 각 장소 혹은 그 집단을 규제하는 규정이라고도 부를 수 있는 약속이나 도덕을 지켜야 한다. 시쓰케 담당자로서 인사, 타인과의 약속이나 의리 등에 대한 모친의 영향력은 남자아이에게도 유년기에 이어 계속 강했다. 그러나 유년기 놀이집단과는 달리 소년기에는 "아이들 동아리"[13]라는 연령계층제 하부조직의 멤버가 되어 대보름 행사 등에도 참가하게 되면 아이들 모임의 규약도 지켜야 하고 어른 세계와는 독립된 아이들끼리만의 약속도 늘어난다. 약속을 어기거나 멋대로 행동하거나 하면 '따돌림'이 기다리고 있어서 아이들끼리의 시쓰케도 추가된다. 또 작업기술을 가르쳐주는 사람도 조부모에서 양친으로 바뀌고, 장소도 집안이나 집 주변에서 멀리 떨어진 들과 산으로 옮겨진다. 옛날의 일본교육 즉 전통적인 촌락사회에서 이루어진 교육은 우선 가까운 곳에 '본보기'가 있었다는 것이 하나의 특징이었다. 그것은 생산기술에서부터 사회적인 행동거지나 예의까지 모든 면에서 그러했다. 가까운 곳에 있는 본보기를 눈짐작으로 흉내내어 몸에 익힘으로써 어느 정도 기본기가 만들어졌다. 시쓰케를 할 때 아버지는 무리하게 가르치려들지 않고 일단 아이에게 직접 행동하게 한 후 그 다음에 교정한다. 그 경우 가능한 한 아름다운 몸가짐을 갖추도록 하는 지도법을 사용하는 것이 보통이다. 농삿일은 결코 손쉬운 일이 아니기 때문에, 소년기의 정신적 측면에서의 발달과 충실이 중요하다. 그래서 때로는 체벌을 가하는 경우도 있지만, 모든 부성애를 총동원하여 괴로움을 견디고 극복해 가는 아이의 모습을 냉정하게 바라보는 경우도 많았다.

"할아버지가 키운 인간은 의존적이다"라는 말이 있는데, 이는 신체도 미숙한 유년기에 조부모에 의해 이루어지는 시쓰케 기간이 너무 길거나 또는 그것만으로 끝나버려, 양친 특히 아버지의 시쓰케가 필요한 소년기에 아버지의 시쓰케가 결핍된 사람은 의존적이라는 의미다. 앞으로 제몫을 하는 사람으로서 생계를 꾸리고 집안을 지키기 위한 농삿일은 결코 손쉬운 일이 아니다. 소년기에 가장 필요한 정신적 측면의 시쓰케, 괴로움을 극복해 가는 태도의 양성, 그것은 말로만 하는 시쓰케가 아니다. 작업 현장에서 아버지와 함께 일하면서 배우는 것을 할아버지는 해줄 수 없었다는 점이, 인간을 의존적으로 만든다는 말이 나오게 된 가장 큰 원인일 것이다.

6. 변해가는 시쓰케

제2차 세계대전 후 일본사회의 변모에 대해서는 여기에서 언급할 필요가 없을 것이다. 시쓰케는 사회구조에 대응하는 형태로 형성되기 때문에 사회구조나 가치관의 변화는 당연히 시쓰케에도 반영된다. 도시화와 근대화의 물결은 일본 전국 방방곡곡에 미쳐, 지금은 전통적인 촌락사회라고 불리는 마을은 그 수를 손가락으로 꼽을 정도가 되었다. 정보문화의 발달은 이러한 흐름에 더욱 박차를 가해 인간의 사고 혹은 가치 기준은 도시문화를 중심으로 하게 되었다. 이 단계에서 시쓰케에도 큰 변화가 일어나는데 그 한두 가지를 거론해 보고자 한다. 먼저 협조성을 파괴하는 듯한 현상이 곳곳에 나타난다.

예를 들어 유아기에 중요한 역할을 하는 것 가운데 '유희집단'이라는 것이 있다. 집안에서 빈둥거리고 있으면 조부모나 부모들은 반드시 밖으로 내몰았다. 또 집안에는 TV도 장난감도 없었다. 오늘날에는 밖에서 놀이친구를 찾지 않아도 백화점 완구코너에 혼자서 가지고 놀 수 있는 장난감이 가득 진열되어 있다. 그것도 대부분 실내에서 할 수 있는 놀이다. 가족 구성에서도 형제자매의 수가 감소되었다. 또 유아기부터 배우는 것이 많아서 근처의 친구들과 마음 놓고 자유롭게 놀 수 있는 기회가 적어졌다. 적어졌다기보다는 적어질 수밖에 없었다고 하는 편이 나을지 모르겠다. 최근 잘 알려진 일이지만 어느 곳에서나 학교 가기 싫어하는 아이가 증가하고 있다. 옛날부터 공부를 싫어하는 아이는 있었다. 그러나 학교를 싫어하는 아이는 적었고 무엇보다도 집에 있으면 놀이친구가 없었기 때문에 아침 일찍 근처 친구들을 불러내어 학교에 가서 놀이장소를 확보하는 경쟁도 하였다. 그런데 지금은 근처 친구들과 놀지 않기를 바라는 치맛바람이 늘고 있다고 한다.

아이들끼리의 놀이도, 예전에는 위험한 곳에 가거나 막 파종한 밭에 들어가거나 하면 촌락사회에서 부모나 친척은 물론이고 근처 마을 사람들이나 전혀 모르는 다른 마을 할아버지까지 큰 소리로 야단을 쳐서 주의를 주었지만 요즘은 도시뿐 아니라 농촌에서도 그런 경우를 볼 수 없게 되었다. 예전에는 비록 남의 집 아이라 해도 그 아이를 결국 마을의 일원으로서 공유재산을 지키고 마을일을 제대로 해낼 수 있는 사람으로 키워야 했기 때문에 야단을 칠 수밖에 없었다. 그런 공공 사회교육이 오늘날에는 완전히 없어져 버렸다.

전통적 촌락사회에서 시쓰케의 목적은 '전통적 관습, 규칙을 분별하는 인간을 육성하는 데' 있었다. 관습에서 벗어나지 않는 인간이 시쓰케를 잘 받은 인간이었기 때문에 그런 시쓰케의 결과로 보수적인 인간이 많이 길러졌다는 것은 당연하다. 이것은 전통적 시쓰케의 마이너스적 측면으로서, 현대에는 맞지 않는 창조성이 결여된 인간을 키워내는 교육이었을지 모르겠다. 그러나 한편으로는 시쓰케가 인간의 성장과 그에 적합한 무리 없고 원활한 교육 메커니즘이라는 측면을 평가한다면, 현대 교육에 결여된 협조성과 인간애를 길러주는 촌락사회의 소박한 교육전통은 재고할 필요가 있을 것이다.

1) 井之口章次,「誕生と育兒」,『日本民俗學大系 4』, 平凡社, 1959.

2) 무라(마을)라는 말의 어원은 무레(群れ)라고 민속학에서 설명하기 때문에, 무레의 가르침은 즉 마을의 가르침이라고 생각해도 된다.

3) 柳田國男,「笑いの本願」,『定本・柳田國男著作集 7』;「なぞとことわざ」, 같은 책 21, 築摩書房 등.

4) 柳田國男 監修,『民俗學辭典』, 東京堂, 1951.

5) 瀨川淸子,『若者と娘をめぐる民俗』, 未來社, 1972.

6) 野口武德・白水繁彦,『日本人のしつけ』, 帝國地方行政學會, 1972. 마찬가지로 일본인의 시쓰케에 관한 문화인류학의 훌륭한 연구로는 原ひろ子・我妻洋,『しつけ』, 弘文堂(ふおるく叢書 1), 1974가 있다.

7) 일정한 거주지가 없이 산이나 바다로 떠도는 일을 생업으로 삼는 사람들에 대한 사회적 차별은 최근까지 지속적으로 존재했다. 마찬가지로 예전에 여행 혹은 여행객은 평범한 행위가 아니라서 마을 사람들은 이를 동정했다. 예를 들면 野口武德,「家船の社會的制約,『日本民俗學會報』4 ; 柳田國男,『郷土生活の研究法』, 刀江書院, 1935(정본 제25권 수록) 등.

8) 大藤ゆき,「諺の教育的役割について」,『日本民俗學會報』6.

9) 宮本常一,『家郷の訓』, 三國書房, 1943.

10) 宮本常一, 앞의 책.

11) 野口武德,「贈答文化論序說」, 日本電信電話公社 編,『コミュニケーイション』14卷 夏期號, 1975.

12) 베나 모시의 줄기껍질에서 만들어낸 섬유를 담아두는 그릇. 현재는 거의 사용되지 않는다.

13) 젊은이 그룹이나 청년단에 가입하기 전 촌락사회에서 자연발생적으로 생겨나는 아이들 그룹. 대보름이나 천신 제사 등의 제례에서 주역을 맡기도 하고, 혹은 마을 축제행사의 일익을 담당하는 등 주로 마을 제사와 관련된 일을 한다.

제18장 타관인·내방자에 대한 관념

요시다 데이고 吉田禎吾

1. 집안에 붙어 있는 귀신의 기원과 타관인의 특성

일본사회는 폐쇄적이라는 말을 잠시 일본에 체재한 외국 유학생들에게서 자주 듣는다. 반면에 일본인은 외국인에게 상당히 친절하다고들 한다. 또 우리들이 일본 변두리 마을을 방문하면 상당한 환대를 받는 경우도 있다. 여기에서는 일본인이 갖고 있는 이방인, 타관인, 내방자 등에 대한 지역주민들의 전통적인 관념을 살펴보도록 하겠다.

일본 시골마을에는 여우, 개귀신, 오사키기쓰네[1] 등이 있는 (혹은 키우는) 집이 있는데, 이런 동물들이 사람에게 씌였다고 믿는 경우도 있다. 예를 들면 군마 현 다노 군 등의 산촌에는 오사키라든가 오오사키라고 불리는 동물이 사람에 씌이면 광란 상태에서 유부가 먹고 싶다거나 초밥이 먹고 싶다고 중얼댄다. 이 지방에서는 오사키를 네 마리씩 키우는 집이 있는데, 이런 집 식구에게 미움을 사면 오사키가 주인 대신에 복수하여 귀신들리게 만들고, 귀신들린 자는 때로 배가 터져 죽는 경우도 있다고 한다. 이런 귀신들린 집을 여우집, 여우전령집, 개귀신집이라 부르고, 혹은 '그쪽 계통' 집, '나쁜쪽', '검정'이라고 부른다.[1]

이런 귀신들린 사람이 있는 집안들의 창설자는 일반적으로 마을의 구사와케[2]라고 불리는 아주 오래 전부터의 조상이 아니라, 예컨대 에도 시대

---

1) 상상의 동물로 꼬리가 두 갈래로 갈라져 있어서 오사키(尾裂き)라고 불린다.

중기 등 비교적 나중에 입주한 경우가 많다. 이에 대해서는 이미 이시즈카 다카토시石塚尊俊가 지적한 바 있으며,[2] 나도 1961년 이후 귀신들린 자에 대한 조사를 통해 거의 확인한 바 있다. 그 중에는 입주 시기가 분명치 않은 사례도 있지만 귀신들린 자의 계통이 당초 마을의 '이방인' '타관 사람'이었다는 사실은 귀신들린 집안 혈통이 있는 지역에서는 일반적으로 인정되는 내용이다.

시마네 현 야스기安來 시 T부락의 마쓰다村田 집안은 여우가 씌인 집안으로 여겨지고 있는데, 이 집안이 간에이寬永 기(1624~1644)부터 게이안慶安 기(1648~1652)에 이웃 마을에서 분가해 들어왔다는 사실은 이미 분명히 밝혀져 있다. 마쓰다 집안이 분가해서 이 촌에 들어오기 전부터 계속 살고 있던 집으로서 현재까지 남아 있는 것은 두 가구에 불과하지만 대가 끊긴 집, 전출한 집이 적어도 6가구는 있었고 그 당시에도 이미 T부락이 존재했다는 사실은 다른 자료를 통해서도 알 수 있다. 마쓰다 집안은 에도 시대에 촌장 일을 맡아 했고 이 부락의 손꼽히는 지주로서 마을 지주의 우두머리 역할을 하기도 했다. 또한 이 집의 2호 분가도 모두 우두머리 지주로 마쓰다 본가와 마찬가지로 여우귀신이 씌인 집으로 불렸다. 이 부락은 이전부터 4채의 우두머리 지주들 가운데 3채가 여우귀신이 씌인 집이었다고 한다.

그리고 여우귀신이 씌인 집안의 계통이라 하면 '타관 사람'이라는 특성이 더욱 강조되기 마련이다. 마쓰다 집안의 3대인가 4대째쯤 즉 교호享保 기(1716~1736)부터 안에이安永 기(1772~1781) 무렵에 '출신을 알 수 없는 여자'를 첩으로 들였는데, 이 여자에게 여우귀신이 씌었다는 사실이 뒤늦게 밝혀져 이때부터 마쓰다 집안은 여우귀신이 씌인 집이 되었다고 전해진다.

시마네 현 노기能義 군 사토里 부락의 나카오中尾 집안의 본가도 여우가 씌인 집이라고 하는데, 나카오 집안의 선조는 형제 2명으로 겐로쿠元祿 기(1688~1704)에 다른 지방에서 사토 부락으로 들어왔다. 형이 나카오

---

2) 풀이 무성한 땅을 개간하여 마을의 기초를 만들었다는 뜻으로, 마을의 창시자를 가리킨다.

가문의 본가에 해당하고 동생은 분가했다. 본가는 아마도 마을에 들어온 후 2대째에 히젠備前에서 온 '대장장이'(이 지방에서는 타관인, 이방인, 또는 여우가 씌인 집이라는 의미로 사용된다)의 부인을 가로챘다. 당시 나카오 본가는 맡고 있던 촌장의 권력을 이용해서 남의 부인이었던 미인을 후처로 맞이한 것이다. 이때 이후 나카오 본가는 여우귀신에 씌인 집이 되었고, 이로 인해 나카오 분가는 본가와는 연을 끊어 서로 왕래가 끊겼다. 이 때문에 본가는 여우귀신에 씌인 집이 되었지만 분가는 그렇지 않다.[3]

군마 현 다노多野 군 U촌 K부락의 38호에는 원래 여우귀신이 씌인 집이 한 가구 있었다. 이 지역에는 오사키기쓰네가 씌인 집과 여우귀신이 씌인 집이 있었는데, K부락에는 예로부터 오사키기쓰네가 씌인 집은 없고 대신에 여우귀신이 씌인 집이 있었다고 한다. 이 집의 여우가 같은 부락의 N노파에게 붙어 '죽여버린' 일도 있었다고 한다. 이곳에 사는 한 노인의 말에 의하면, 이 여우귀신이 씌인 집의 조상은 다른 지방에서 온 수행자인데 그 수행자가 K부락의 한 처녀와 결혼하여 이 부락에서 가정을 이루었다고 한다. 이 지방에서는 여우를 이용하여 주술을 행하는 '에즈나 부리는 사람'으로 불리는 수행자가 많았던 것 같으며, 지금으로부터 50~60년 전에도 있었던 것 같다. 이 수행자가 K부락에서 가정을 이룬 것은 세계대전 후 전출한 세대주의 4대 이전 일이라 하니 그리 오랜 일도 아니다. 초대에 아이가 없어서 양자를 들였고 이어 2, 3, 4대째에도 아이가 없이 모두 양자를 들였는데, 특히 4대째와 5대째에는 다른 부락에서 양자를 들였다. 2대째인 기치조는 다타미 만드는 일을 했는데 이 지역에는 다른 동업자가 없었기 때문에 매우 번창했다고 한다.

같은 U촌 N부락의 여우귀신 씌인 집도 그 선조가 다른 곳에서 온 수행자였다고 하는데 상세한 것은 알 수 없다.

군마 현 다노 군 Y부락에서는 집안에 붙은 귀신의 기원과 관련한 명확한 자료를 얻지는 못했지만, 이상의 예를 통해 알 수 있듯이 귀신 씌인 집안이 타관 사람에서 유래되었다는 것, 또 그런 것처럼 표현되는 경우가 자주 있다는 것은 분명하다. 산인 지방[3]의 귀신 씌인 집안은 그 부락에서 가장 오래된 집안은 아니지만 그렇다고 해서 가장 최근에 생긴 집안도 아니고, 제2기 정도에 마을에 들어와 가장 오래된 집안을 능가하려 했을 것이라고 이시즈카 다카토시도 서술하였다.[4] 또 하야미 야스타카速水保孝에 따르면, 시마네 현 오하라大原 군 가모마치加茂町 내의 18개 부락에서 여우귀신이 씌인 111 집안들 중 가장 기원이 오래된 집안이 13대고, 14대 이상 되는 집안 가운데 귀신이 씌인 집은 없다. "여우귀신이 씌였다는 집안의 혈통이라고 지목된 집은, 근세 초기 세금을 거두기 위해 실시된 토지측량 때문에 내쳐진 농민이 아니라 이렇게 새로 유입된 자로서 토착인이 아님"을 하야미도 역설하였다.[5]

일본 촌락에서는 타관 사람, 이방인에 대한 공포감과 시기, 의구심이 강하여 이를 경계하는 태도가 있었다. 니가타 현 간바라蒲原 지방에서는 자기 마을 이외의 세계는 '세켄'이라 하고, 가고시마 현의 마을과 나가사키 현의 쓰시마, 기타 규슈 각지에서는 자기 마을에 사는 사람이 아닌 자는 모두 '다비'(여행) 혹은 '다비노히토'(여행자)였다. 일본 촌락 각지에서는 타관 사람이 마을에 들어와 살 경우 완전한 마을 사람으로 대하기까지 각종 조건들을 부과하는 제도를 볼 수 있다. 이것이 소위 '마을에 들어오는 관행'이다.[6]

필자가 1970년 여름에 방문한 미야기 현 다시로지마田代島에는 타관 사람이 그곳에 정착하려면 '대리 본가'라고 해서 마을 유력자에게 '본가'가 되어달라고 부탁을 하고 그 집안의 분가 형태로 마을에 들어와 생활하는 관습이 있었다. 각 마을에 들어갈 때에는 쌀 한 가마니와 술 한 말을 들고 마을 어르신에게 인사를 올리고, 일정 기간 동안 공동노동 형태로 마을일을 하지 않으면 마을의 일원으로서 인정받지 못했다. 공유림 등 마을공유재산이

---

3) 돗토리·시마네 현과 야마구치 현 북부지역을 통칭.

있는 곳에서는 이런 '폐쇄성'이 더욱 강했다. 이런 마을에는 부락주민들 가운데 공유재산권을 아직 분배받지 못한 집이 대개 몇 채는 있었다.

자기 마을의 동료는 몇 세대 이전부터 서로 알고 지낸 반면, 다른 마을 사람이나 여행자는 정체를 알 수 없는 미지의 존재였다. 따라서 이런 타관 사람이 신비스럽게 사악한 자질을 부여받았다 하더라도 이상할 리가 없다.

'이방인'에 대한 일본의 전통적인 개념과 귀신 씌인 집안 혈통과의 결합은, 일본 마을사람들의 '안'에 대립되는 '밖' 혹은 '외지'와의 대치관계에서도 유래된 것이라 생각된다. '안'은 고정된 것이 아니다. 자신의 집이 그 이외의 사람들에게는 '안'이고 친족이 '안'이 될 때는 그 이외의 사람은 '밖'이 되듯이, '안'은 상황에 따라 다르며 상대적이다. '안'으로서 마을에 속해 있는 사람들은 어렸을 때부터 얼굴을 알고 각종 그룹으로 나뉘어져 있는 것에 비해, '외지' 사람은 미지의 세계에 속해 있기 때문에 신뢰할 수 없고 위험한 존재로 취급되어 신비스럽게 재앙을 가져올 가능성을 가진 존재로 치부되기 쉽다. '안'의 내부관계가 긴밀하면(반드시 친밀한 것만은 아니지만) 할수록 '밖'과의 접촉이 적었던 만큼 '외지인'은 '우리' 동료의 입장에서는 잠재적인 적이고 가해자도 될 수 있다. '외지'에서 온 사람을 신비롭게 생각하면서 위험시하는 것은 일본에서만 보이는 현상이 아니고, 세계 각지의 민족지 자료에서도 종종 보인다. 예를 들면 아프리카 루구바라 족도 근본을 알 수 없는 이방인이나 단독으로 마을에 들어온 타관 사람을 요술사라면서 혐오와 의심의 대상으로 보았다고 한다. 또한 유럽, 아프리카, 인도, 중동, 중미 등에 널리 나타나는 사악한 눈 evil eye(사람을 보자마자 그 사람을 재난에 떨어지게 한다는 신앙)도 종종 '이방인'에 대한 관념과 연결되어 '이방인'이나 근본을 알 수 없는 자는 '사악한 눈을 가진 자'로 의심받기 쉬웠다. 예를 들면 그리스의 촌락, 튀니지, 중동 지방, 이디오피아 등에서도 사악한 눈과 이방인에 대한 개념이 결합된 경우를 볼 수 있다.[71]

2. 행복을 가져오는 내방자

그런데 일본의 '타관 사람' '이방인' '내주자來住者'란 개념은 위와 같이 신비스러운 사악한 힘과 연결되어 있을 뿐만 아니라 선한 힘, 행복을 가져오는 자라는 관념과도 연결되어 있다. 이방인, 내방자, 거지 등 '외지' 세계에서 온 자가 사람들에게 행복을 가져다준다는 개념은 고대부터 존재하였다.

두말할 것도 없이 '이방인' 중에도 다양한 종류의 사람이 있고, 직업적 분화가 진행되지 않은 전통 촌락의 경우 내방하는 기술자, 예술가, 상인 중에는 대장장이・나무통 장사・지붕 고치는 사람・지붕 엮는 사람・목수・석공・우물 파는 사람 등 떠돌이 기술자와, 약장수・잡화상・거간꾼 같은 각종 행상인, 무녀・야마부시山伏[4]・오시御師[5] 같은 종교인, 만자이萬歲[6]・하루고마春駒[7]・가구라神樂[8] 때의 호카이비토祝言人[9]와, 창이나 연극 등을 하는 예능인 등이 있었다. 이런 종교인, 대장장이, 특수 기술자는 일종의 주술적 힘을 가지고 있다고 여겨졌기 때문에 외경시 되었던 것으로 보인다. 그러나 반드시 이런 특수 기술자가 아니더라도 내방한 타관 사람이 주술의 힘을 가진 사람으로 취급되었던 것을 보면 특수 기술이란 것 자체만이 주술의 원천이었다고 단정할 수는 없다. 우연히 풍어 때 나타난 내방자를 에비스[10]라고 하여 환대하는 관습은 어촌 등에서 볼 수 있다.[8] 또한 아주 오랜만에 방문한 사람을 특수 기술자가 아니더라도 정중하게 대접하는 것 역시 일본 마을에서는 결코 보기 드문 현상이 아니다. 소위 '이향인예대설화異鄕人隷待說話'[11]에도 외부에서 방문한 자가 때로 행복을 가져다주는 주술적

---

4) 산에서 수행하는 사람.
5) 신분이 낮은 승려나 신관.
6) 신년행사로 집집을 돌면서 북과 장구를 치며 축하의 말을 전한다.
7) 봄의 행사로 말머리 모양을 들고 집집을 돌면서 노래하고 춤춘다.
8) 신에게 제사를 지낼 때 드리는 춤과 음악.
9) 신을 대신하여 축하의 말을 전하는 사람.
10) 칠복신 중 하나로 어민들에게는 풍어의 신으로 받들어졌다.
11) 제공된 잠자리를 거부한 자는 이후 불행해지고, 여행객에게 잠자리를 제공해 준 자가 이후 행복해진다는 설화.

인 힘을 갖고 있다는 관념이 표현되어 있다.

일본 어촌에는 외부에서 방문해온 내방자뿐 아니라 바다 저편에서 흘러 들어온 표류물도 행운을 가져다준다는 관념이 있고, 그 중에는 해상에 떠도는 익사체마저 풍어를 가져다주는 주문이 걸린 것이라고 여겨 숭배하는 경우도 있다. 이는 불결을 기피하는 어민의 태도와 모순되면서도 동시에 공존하고 있는 것으로, 일종의 '체제내 모순'이라 할 수 있겠다.[9]

우리의 조사자료 가운데에서 한 예를 들어보겠다. 나가사키 현 이키지마壹 岐島 북부 가쓰모토우라勝本浦라는 어촌 사람들에게는 부정이라는 관념이 강하여 매우 신경을 쓴다. 어부는 처가 출산한 후 3일부터 7일까지는 고기를 잡으러 나가지 않으며, 처가 임신한 것을 알면 씨족신을 모신 성모聖母 신사의 신관에게 푸닥거리를 부탁한 후 고기를 잡으러 간다. 장례식에 다녀올 때는 다른 길로 돌아오고 불당에서 '부정 씻기'를 한다. 술잔을 비울 때는 왼쪽으로 돌려서 마시고 해안에 나가 바닷물을 몸에 들이붓거나 혹은 해수에 몸을 담궈 신체를 깨끗이 한다. 부모가 죽었을 때는 49일간, 어린이는 3일간, 아버지쪽 형제는 20일간, 외가쪽은 10일간 출어를 하지 않는 것이 관습이었 다. 1972년, 73년에 계속된 조난의 원인에 대해 모두들 어부 가운데 49일 탈상을 끝내지 않은 자가 있었기 때문이라고들 한다.

또 여성을 부정한 존재로 여겨 어선에 타는 것을 터부하였다. 지금처럼 노동력 부족으로 힘든 때에도 부인이 남편과 함께 출어하는 일은 거의 드물다.

가장 강하게 부정을 탄 것은 죽음인데, 그럼에도 불구하고 어부는 해상에서 표류하는 사체를 발견하면 그것을 건져올려 자기 집안 묘지에 매장하는 것이 관습이었다. 해상에서 익사자를 발견하면 만선한다고 믿기 때문이다.

지나치게 죽음이라는 부정을 꺼리는 가쓰모토우라 어민들이 해상의 표류 사체를 건져올리고 "재수가 좋다"고 말하는 게 뭔가 모순적으로 느껴졌는데, 이는 우리가 조사하는 중 내내 하나의 수수께끼였다.

어느 늙은 어부의 말에 의하면 과거 2년 연속으로 익사자를 해상에서 건져올린 적이 있는데 이 두 해 동안 고기를 많이 잡았다고 한다. 가쓰모토우라 사람들은 표류사체를 '오에벳상'(에비스님)이라고 부른다. 익사자를 건져올리면 배가 더럽혀진다. 그래서 익사자를 운반한 후 사체를 올려놓았던 곳은 소금으로 깨끗하게 하고 어부는 술을 마셔 몸을 깨끗하게 하며 신관에게는 배 혼령 푸닥거리를 해달라고 한다. 그런데 도대체 죽음이라는 부정을 타는 것을 기피하던 어부들이 익사자를 건져올리면 왜 "재수가 좋다"고 말하는 것일까? 이는 그들의 에비스 신앙에서 유래한다. 즉 표류하는 익사자를 에비스라고 믿는 신념 때문에 익사자를 건져올리는 것 같다.[10]

해상에 표류하는 사체를 에비스 님이라고 믿는 것은 결코 가쓰모토우라만이 아니다. 이 같은 신앙은 일본 어촌에 꽤 널리 분포해 있는 것 같다. 예를 들면 도쿠시마 현 히와사日和佐에서는 익사자를 건져올려 봉양하는 것을 에비스 님을 건졌다고 말하고 이렇게 하면 어획량이 많아진다고 믿는다. 나가사키 현 고토五島 열도의 어촌에서도 연고가 분명치 않은 익사자를 에비스라고 하고, 이것을 건져올리면 풍어가 된다고 이야기한다. 고토의 나라오奈良尾에는 이런 이야기도 있다. 어느 익사자가 자기 고향사람의 베갯머리 옆에 서서 자신이 지금 에비스 님으로 받들어 모셔져 너무 바빠서 힘드니 빨리 와서 데려가 달라는 부탁을 한다. 이에 고향 사람이 그의 사체를 인도받으러 오자 이미 에비스 님으로 모시고 있기 때문에 건네줄 수 없다며 사체 인도를 허락하지 않았다고 한다.[11]

가고시마 현 고시키지마甑島에서는 익사자를 '나가레비토'(표류자)라 부르며 이것을 건지면 고기가 생긴다고 전해지며, 익사자는 반드시 배 꼬리 쪽에서 배 머리를 바라볼 때 그 왼쪽 편에서 끌어올려야 한다고 한다. 후쿠오카 현의 북쪽 해안 각지에서도 익사자를 '나가레보토케'(표류 사체)라 하여, 이를 건져올리는 것을 좋아한다고 한다.[12] 또 지방에 따라서는(이와테 현의 후다이普代, 지바 현의 지쿠라千倉, 도쿄의 미야케지마三宅島, 고치 현의 오키노시마(沖の島 등) 그와 반대로 오른쪽에서 건져올리게 되어 있다.[13] 나가레보토케를 건지면 고기가 많이 잡힌다고 믿는 지역은 마키타 시게루牧田茂에 의하면, 이와테 현의 요시하마吉浜와 오모에重茂, 미야기 현 오시마大島, 이즈伊豆 반도의 미야케지마三宅島, 와카야마 현의 다이지太地, 미에 현의 스가리須賀利, 고치 현의 우구루시마鵜來島, 시마네 현의 쓰마무라都万村, 사도가시마佐渡島의 내해지역 등 전국 각지에 이른다.[14] 그 중에는 하치조지마八丈島처럼 나가레보토케를 건져올리는 것을 금하는 경우도 있다. 이런 곳에서는 용녀가 안고 있기 때문이라고들 하는데, 익사자를 건져올린 사람은 반드시 물에서 죽게 된다고 해서 근친자가 아니면 건져올리러 가지 않았다는 보고도 있다.[15] 그러나 앞에서 이야기한 것처럼 익사자를 행운을 가져다주는 에비스 님으로 여기고 이것을 건져올려 매장하는 관행은 일본의 어촌지역에서 상당히 광범하게 볼 수 있음을 부정할 수 없다.

이와 같이 외부에서 온 표류 사체가 행운을 가져다준다는 관념은 에비스 신앙, 요리가미 신앙12)에서 유래하는 것이 틀림없다. 에비스 신은 중세 이후 칠복신의 하나로 복신福神의 대표격이며 다이코쿠大黑13)와 함께 민간에서 신으로 모셔져 왔다. 초기에는 어민들 사이에서, 나중에는 상인들 사이에서 복신으로 여겨졌다. 에비스 신의 '에비스'라는 말은 다케우치 도시미竹内利美에 의하면 변경지역 사람, 이민족, 외국인 등을 의미하는 에비스라는 말과 관련 있는데, 본래는 다른 세계에서 와서 사람들에게 행복을 나눠준다고 믿어온 신령의 일종이었던 것 같다.[16] 이는 각지에 전해지는 에비스 신과 관련된 풍속에도 나타나 있다.

가고시마 현 시모코시키지마下甑島의 세세노우라瀬瀬野浦에서는 매년 고기 잡이가 시작되는 시즌이 되면 가족 모두 평판이 좋고 양친이 모두 살아 있는 젊은이가 새 수건으로 눈을 가리고 바다에 뛰어들어 바다 밑의 돌을

---

12) 바다 건너편에서 신이 온다고 믿는 신앙.
13) 다이코쿠텐(大黑天)의 약자로, 머리에 커다란 검은 두건을 쓰고, 왼쪽 어깨에 큰 자루를 지고, 오른쪽 손에는 방망이를 들고 쌀가마니 위에 앉아 있는 모습을 하고 있는 신.

주워 그것을 에비스 신에게 바친다. 같은 섬의 가타노우라片野浦에서는 출어할 때 선주가 직접 눈을 가리고 바다에 들어가 주워온 돌을 에비스 신에게 바친다. 가고시마 현 오쿠마大隅 반도의 기모쓰키肝屬 군에도 마찬가지로 바다에서 주워올린 돌을 모시는 에비스 신사가 몇 군데나 있다.[17]

시마네 현 히라타 시에서는 다쓰곤이라는 종교행사모임의 우두머리가 좋아하는 돌 네 개를 바다에서 주워올려 이것을 에비스 신사에 바친다. 가고시마 현 오스미 반도 우치노우라內之浦에서는 어망장에서 어부가 눈을 가리고 바다에 뛰어들어 주워온 돌을 가지고 에비스 님의 신체神體로 정했다고 한다.[18] 미야자키 현 후쿠시마 정에서는 바다 속에서 주워온 돌을 에비스 신으로 받드는데, 그곳에서는 고기가 잡히지 않을 경우 그 신체를 바꾸는 풍습이 있다.[19]

에비스 신의 신체는 때로 바다 속에서 주워온 조개이기도 하고, 술병 같은 표류물이기도 하고, 해변에 떠 있는 신기한 돌이기도 했다. 태풍 때 떠오른 진기한 돌이나 그물에 걸린 이상한 돌 등을 받들어 모셔 풍어를 맞았다는 이야기도 있다.[20]

또 전국 어촌에는 고래를 에비스라고 부르는 곳이 많고 돌고래와 상어를 에비스라고 부르며 존숭하는 풍속도 각지에 존재한다. 이들 생명체는 모두 풍어를 가져다주는 신으로 숭배되었던 것이다.

이방인이 행운을 가져다준다는 관념은 고대 일본의 마레비토(손님) 신앙으로 거슬러 올라갈 수 있다. 여기에서 오리구치 노부오折口信夫의 마레비토 연구의 옳고 그름을 논할 필요는 없고, 고대에도 그런 관념이 있었음을 지적하는 것으로 충분하다.[21] 오리구치 노부오에 의하면, "마레비토란 예전에는 신을 가리키는 말로서 저승에서 때를 정해 방문한다고들 생각했으며……", 마레비토는 "고대 마을에서는 바다 저편에서 때를 정하여 방문하여 마을 사람들을 행복하게 만들어 주고 돌아가는 영물을 의미하였다." 오리구치는 '저승'은 '돌아가신 어머니의 나라'이며 동시에 '죽음의 나라' '조상의 혼령이 있는 나라'라고 서술했다. 저승은 사람이 죽으면 가는 곳인데 늙지도 굵지도 않는 낙원으로 영혼의 고향이다. 이것을 오키나와에서는 니라이카나이 혹은 니루야카루야라고 부른다. 바다 저편에 있는 세계다. 마레비토의 마레란 드물다는 의미와 존경의 의미가 포함되어 있고, 히토는 '사람이면서 신인 존재'라는 의미로 신으로 꾸민 사람이기 때문에 히토라고 불렀다. 마레비토가 방문하는 것은 1년에 한 번(초봄) 때로는 두 번(봄과 가을)으로 정해져 있었고, 고대인은 실제로 마레비토가 '방문'하셨다고 하였다. 가을 추수감사를 올리는 제삿날 밤에 마을의 젊은이나 여행자가 분장한 '신'을 집집마다 모셨다. 그 후에는 호카히비토(거지)를 마레비토로 보고 그들을 신이라 하여 환대한 경우도 있었다.22) 『이와나미 고어사전岩波古語辭典』에 의하면, 호카히란 '좋은 결과가 나오도록 기도'한다는 뜻으로, 좋은 말을 해주면서 남의 집 앞에서 '점을 치는 사람'을 호카히비토라 했다.

특정한 제삿날 신으로 분장하여 집집을 돌아다니면서 축사를 해주고 음식을 제공받는 관습은 각지에 나타나는데, 정월 등에 온 마을을 돌며 축사를 곁들인 예능을 하면서 구걸을 하는 농민집단이 있었다. 미카와만자이14)나 호이토카구라15)가 그 예다. 이런 호카이비토 형태는 나라 시대부터 있었으며, 여행하며 돌아다니는 종교인 단체가 신사나 절을 관장하는 호족의 보호를 받으며 발전하였다. 나라 시대 이후 그것이 분화되어 복잡한 양상을 띠면서 일종의 천민층을 형성하게 되는데, 다케우치 도시미에 의하면, 본질적으로는 역시 "축언을 전하며 예능·창가로써 여러 사람들의 행복을 기원한 자들이었다."23)

정월 15일 대보름 행사에 마을 청소년들이 분장을 하고 떼를 지어 각 집을 방문하는 관습도 이러한 관념에 의거한 것이다. 나마하게는 아키타

---

14) 아이치 현에 전래되는 전통 예능. 원래는 정월달에 축복을 위해 행해졌지만 현재는 경축할 일이 생기면 피로된다. 1995년 12월에 중요무형민속문화재로 지정되었다.
15) 호이토는 원래 거지를 의미하는 방언으로 현재도 시마네, 돗토리 현 등에서 사용되고 있다. 가구라는 원래 신에게 바치는 가무를 의미한다.

현 오가 반도에서 사용된 명칭으로, 대보름날 젊은이가 도깨비 가면에 도롱이에 짚신을 신고 식칼과 몽둥이 등을 들고 민가를 방문하여, 주인과 새해인사를 나눈 후 어린이나 며느리의 비행을 나무라기도 한다. 그리고 주인에게 술을 대접받고는 떡을 받아 돌아간다. 이러한 관습은 명칭은 다르지만 전국적으로 분포되어 있다. 일본의 동쪽 지역에서는 도깨비 가면에 도롱이를 입고, 흉기와 소리 나는 그릇을 든 요괴 모습을 하였다. 영적 존재로 분장한 인간이 융숭하게 대접을 받는 한편, 농작물의 풍요와 자손의 번영을 기원하는 점이 이 관습의 공통점이다. 세키 게이고關敬吾에 의하면 이런 마로오도가미 (손님신) 신앙은 전설이나 옛날이야기에도 나타나는데, 구걸하는 승려를 쫓아버리는 부자는 거지가 되거나 또는 원숭이나 아기가 되어버리지만, 음식도 없는데 승려를 묵게 해준 가난한 사람은 부자가 되거나 젊어진다는 따위의 이야기가 주를 이룬다. "정월에 문 앞에 서서 다가올 봄의 행복을 예언하고 축복하고자 방문한 신으로 분장한 사람·문예인·세키조16)·거지 등은 모두 이러한 신앙에 바탕을 둔 것" 같다.24)

또한 바다 저편에서 사람들에게 행복을 주기 위해 방문하는 내방신에 대한 관념이 아마미 군도奄美群島에서 야에야마 제도八重山諸島에 이르는 류큐 섬에 현재도 존재하고 있다는 보고가 많다. 예를 들면 야에야마 제도의 아카마타·구로마타라 불리는 가면을 사용한 가장假裝 풍속에는 오곡의 풍요를 가져다주는 내방신 관념이 나타나 있고,25) 이시가키지마石垣島 북서부 부락들의 마야가미, 마윤가나시의 의례에도 바다 저편에서 오는 신에 대한 관념이 나타나 있다.26) 미야코 제도宮古諸島의 구리마지마來間島의 유노스 신은 풍작의 신이며 동시에 바다 밑에서 오는 내방신의 성격을 가지고 있다고 한다.27) 스미야 가즈히코에 의하면, 아마미의 여러 부락들에서 예전 아라우바나 제사 때 갖고 있던 신에 대한 관념은 명확히 내방신의 형태를

---

16) 연말에 두세 명이 하나의 그룹을 지어 집집을 돌면서 놀이를 펼치고 쌀이나 돈을 구걸하는 무리.

취하고 있다.[28]

아마미에서 네리야라고 하고 오키나와에서 니라이라고 부르는 것은 먼 바다 저편의 나라, 바다 밑의 나라, 땅 밑 나라로서 모두 극락이고 풍요로운 나라다.

니라이는 농작물의 종자 외에도 좋은 것을 탄생시키는 나라로서 그곳에서 오는 신은 행운을 가지고 온다. 어떤 설화에 의하면 바다 저편에서 오는 신은 병을 가지고 온다고도 한다. 인간에게 해를 주는 것을 피하기 위한 제사는 요즘에도 하테루마지마 등에서 행해지고 있다고 한다. 야나기타 구니오와 이하 후유伊波普猷 두 사람은, 니라이의 극락관이 먼저인지 아니면 니라이를 사악하다고 본 것이 먼저인지에 대해 논했는데, 오로지 단계적인 역사 변천을 억측하기보다는 오히려 동일한 신격이 상황에 따라 다른 성격을 띤다고 보는 편이 더 적절하지 않을까?[29] 같은 신이라도 표상되는 상황에 따라서 또는 대치되는 것과의 관계에 따라 완전히 다른 성격을 띠게 되는 경우를 자주 볼 수 있기 때문이다.[30]

그런데 오키나와 현 야에야마 지방의 일부 마을에 잔존해 있는 아카마타·구로마타 제사의식은 다른 세계에서 온 내방신을 명료하게 표현하고 있는데, 무라타케 세이이치村武精一는 이를 다음과 같이 요약하였다. 우선 마을의 젊은이가 남자신인 아카마타와 여자신인 구로마타로 분장하고, 각각 붉은색과 검은색 의상을 입는다. 그리고 해질 무렵 마을 변두리의 동굴에서 모습을 드러내어 마을의 모든 집을 돌며 축복을 전한 후, 날이 밝기 전에 다시 동굴로 들어가 버린다. 젊은이가 분장한 남녀 두 신은 '니이루피토'라 불리는데, 니이루는 바다 저편에 있다고 하는 영원한 낙원, 저승, 죽은자의 나라, 저세상, 다른 세상을 가리키므로, '니이루'라는 다른 세계의 사람을 의미한다. 사람들은 두 신이 돌아가는 동굴이 먼 바다의 밑바닥과 연결되어 있다고 믿었다. 이 두 신은 인간이 분장했다는 의미에서 소위 반신반인이라고도 할 수 있겠다.[31]

3. 내방자의 신성神性

이상과 같이 살펴보니 풍어 때 우연히 때맞춰 찾아온 타관 사람을 에비스 신이라며 환대하기도 하고 바다에서 흘러온 돌을 에비스로 모시기도 하고 또는 술병 모양의 표류물이나 해상을 떠다니는 시체까지 에비스라고 주워오 는 풍속은 기본적으로는 다른 세계에서 와서 사람들에게 행운을 가져다준다 는 신앙에 근거한 것이 분명하다. 그런 의미에서 에비스 신은 요리가미(오는 신), 마로오도가미(손님신), 내방신, 마레비토 등의 관념과 같은 종류라고 할 수 있다. 따라서 에비스의 신체神體가 본래 고래였다는 나카야마 다로中山太 郞의 주장은 온당하지 않다. 분명히 고래를 에비스라고 부르고 또 에비스 신으로 숭배하는 현상은 전국적으로 나타난다. 이즈 반도, 니가타 현 사도 군 료쓰, 미야기 현 오기노하마무라, 이시카와 현 우시쓰초, 이시카와 현 가나이와, 그 밖의 지역에서 고래를 에비스라고 부르고 또 에비스로 받들어 모셨다는 사실은 분명하다. 그리고 이시카와 현 이시카와 군, 고치 현 하타 군과 아키 군 무로토 등의 어촌에서 고래를 신으로 숭배한 것도 사실일 것이다. 나카야마 다로는 에비스신 신앙이 본질적으로는 고래 숭배에서 시작되었다는 설을 내세우며, 고래의 영혼을 숭배하게 된 이유로 외형의 거대함과 용맹, 일정 기간을 두고 고래가 오가는 신기함, 고래를 죽임으로써 공포스런 원령이 등장하는 것 등을 들고 있다.[32] 고래를 신 또는 특히 에비스 신으로 생각하여 숭배한 것은 사실이다. 그러나 그렇다면 왜 큰상어, 상어, 돌고래 등도 에비스라고 불렀는지, 왜 바다 속의 돌, 표류물, 익사자까지 '에비스 님'이라고 부르며 존숭했는지에 대해서는 이해가 안 간다. 고래, 상어, 돌고래 등을 에비스 신으로 여긴 것은 그것들이 익사자나 표류물처럼 바다 저편의 다른 세계에서 온 것으로 표상되었기 때문은 아닐까?

오키나와 현의 '니라이'라는 별세계가 낙원이면서 다른 한편으로는 재앙을 가져다주는 곳으로 여겨졌듯이, 이와 똑같이 에비스 신도 숭배된 적이 있었 다. 교토 야사카기온 신사의 관할 하에 기타무키에비스라는 신사가 있는데,

이 신사에는 신체가 두 개 있다. 원래는 하나였는데 어떤 자가 이것을 훔쳐가서 다시 만들어 안치했다. 그런데 훔친 자에게 재앙이 떨어지는 바람에 고민하다 밤중에 이것을 몰래 되돌려놓았다. 이 때문에 두 개의 신체를 제사지내게 되었다고 한다.[33]

도쿠야마 현 아와阿波의 와지키 정 오아자와지키에 아슈 가문이 성을 쌓느라 거기에 모셔져 있던 에비스 신사를 철거했는데, 하나의 영지에는 하나의 성만 인정한다는 제도가 정해져 있었기 때문에 성을 부수고 그대로 방치해 버렸다. 그러자 오카 사쿠베에岡作兵衛라는 자의 머슴에게 에비스 신이 씌여서, 축성 때문이라면 어쩔 수 없지만 성을 폐했는데도 왜 다시 자신을 받들지 않느냐며 대단히 화를 내면서 만약 자신을 의심한다면 3일 안에 대나무 숲을 말라 죽게 만들겠다고 했다. 결국 대나무 숲은 말라죽었다고 한다.[34] 현재도 해상의 요괴를 '에비스'라고 부르는 지방도 있다.[35] 에비스 신이 원래는 재앙을 가져다주는 신이었는데 후에 복을 주는 신이 되었다는 단계적·직선적 변화를 학계에서 인정할지는 불분명하지만, 에비스 신이 원래 양면적 성격을 모두 가지고 있었는지도 모르겠다.

여기에서 떠오르는 것은 에비스 신에 관한 기록 가운데, 가고시마 현 아이라始良 군의 어느 돌로 된 사당에 에비스 신을 모셨는데 그 신체는 나무로 만든 남녀 2개 상으로 둥근 구슬을 가지고 있었다는 기록이 있다.[36] 또 우지야마다 시 야오야 시장 내 생선가게인 에비스 사는 음양의 중간적 에비스였다는 기록이 있다.[37] 에비스 신의 양성적·양성구유적兩性具有的 성격은 민속자료에서 더 많은 조사가 이루어져야 알 수 있겠지만, 에비스 신의 양면적 특성이라는 점에서 주목할 필요가 있을 것이다.

요컨대 야나기타 구니오가 말했듯이 에비스 신은 "대부분의 지역에서 다른 세계에서 찾아온 어획물을 가져다주는 신으로 신앙되어 왔음을 알 수 있다."[38] 또 에비스 신이 애꾸눈이라든가 귀머거리라든가 왼손잡이라고 전해지는 이야기가 후쿠시마 현 이와키石城 군 우치고무라內鄉村의 다이라平

즉 현재 우치고 시에 있었다고 한다.[39] 또 이상한 에비스를 숭배했다는 기록도 있다.[40] 다른 마을, 다른 세계, 영적 세계에 속한 자가 이 세상의 보통 인간과 여러 면에서 정반대이기도 하고 부분적으로는 달랐다는 집합표상을 세계 각지에서 찾아볼 수 있다.[41] 또 에비스라는 말에는 이국인, 외국인이라는 의미 외에 이상異常, 이형異形이라는 의미도 포함되어 있다는 점이 흥미롭다. 예를 들면 '에비스 상차림'이란 보통 상차림과 놓는 법을 완전히 바꾼 것을 말하고, '에비스 종이'란 종이를 겹쳐 재단할 때 종이 모서리가 접힌 채로 재단된 것을 말하니 이것들은 모두 다르다는 것을 지칭하는 에비스라는 말에서 나왔다는 설도 있다. '에비스 붕어'는 척추뼈가 유착되어 길이가 짧아진 기형 붕어를 가리킨다.[42]

이상과 같이 멀리서 온 '타관 사람'을 위험시하는 반면 행운을 가져다주는 복신으로서 환대하는 경우도 있고 바다에서 밀려 들어온 물건이나 돌, 바다를 떠다니는 익사체 등도 행운을 가져다주는 에비스라고 하여 숭배하기도 한다. 타관 사람, 이방인, 내방자는 특정 상황에서는 마레비토, 손님신, 요리가미(오는신) 같은 관념과 연결되어 행운을 가져다주는 신비한 힘을 가진 존재로 여겨진다. 지상의 사체는 터부시하지만 해상에서 표류하는 사체는 에비스 신으로서 풍어를 가져다주는 주술력을 가진 존재로 여겼다.

멀리서 방문한 타관 사람과 바다를 건너온 자가 사실은 신으로서 때론 복을 가져다준다는 관념은 인도나 유럽 여러 민족에게서도 보인다. 고대 그리스에서도 호메로스의 『오디세이』 등에 의하면 신들은 다른 나라에서 온 떠돌이 모습으로 여러 나라를 돌아다닌다고 여겼고, 고대 인도에서도 『마누 법전』에 의하면 손님을 대접하면 부와 명성, 장수, 천상의 복을 얻게 된다고 생각하였다.

일본의 마을뿐만 아니라 세계 각지의 전통성이 강한 사회에서는 '안'과 '밖', '마을'과 '총림叢林', '마을'과 '숲'이라는 이원적 분류가 두드러져 보이는 경우가 많은데, '밖' '다른 곳' '총림' '숲'은 위험한 두려운 공간으로 여겨졌고 동시에 신비스럽고 좋은 힘으로 가득찬 공간으로 여겨지기도 했다. 이러한 두 가지 의미를 갖는 '다른' 세계에서 온 이방인은 위험시됨과 동시에 상황에 따라 행복을 가져다주는 주술적이며 종교적인 성격을 갖고 있는 존재로 여겨지기 쉬웠던 것이다.[43] 정결과 부정, 선과 악, 행복과 불행, 신성과 마성은 한편에서는 서로 대립하지만 상황에 따라서는 다른 대립물과의 관계에 의해 이것이 서로 전환되어 마성이 신성으로 바뀌는 경우가 있다. 인도네시아 발리 섬 남부 마을에서 두려움의 대상인 마신 뮤챠린은 바다 저편 작은 섬에서 매년 1년에 한 번씩 발리 섬으로 건너와 질병을 퍼트린다고 여겨지고 있는데, 내가 조사한 바에 의하면 무녀가 병을 치료할 때는 이 악신은 인간을 병에서 해방시켜 주는 선한 신으로 숭배된다.

이처럼 타관 사람, 내방자, 표착물, 표류물 등은 모두 두 가지 의미를 갖는 '저세상' '다른 세계' '다른 세상'('이 세상'에 반대되는 다른 세계)에서 유래될 뿐만 아니라 '이 세상'과 '저 세상', '안'과 '밖', '이쪽'과 '저쪽', '인간세계' 와 '신들의 세계'를 서로 건너는 '중개자' '중개물'이기도 했다. 여기에서 언급한 외국인, 이방인, 타관 사람은 '안'인 '우리들'이나 '동료'와 무관한 존재가 아니라, '이쪽'인 '우리들'과 관계·접촉을 갖고 있는 중간적 존재다. 그런 의미에서 여기에서 말하는 '타관 사람'은 '다른 세계'와의 중개자다. 풍어 때 찾아온 타관 사람, 고래, 물가에 내려온 물건, 익사자, 해안의 돌은 모두 행운을 가져다주는 에비스 신이며 '다른 세상'에서 찾아온 존재이고 '다른 세상'과 '인간세계'와의 매개체이기도 하다. 따라서 그것들은 인간이기 도 하고 물건이기도 하며 또 (에비스) 신이기도 하여 반은 인간·물건이고 반은 신이기도 하다. 두 개의 대립되는 세계(신과 인간, 인간과 동물, 문화와 자연, 이 세상과 저 세상 등)를 매개시켜 준다고 여겨지는 것에 신비성을 부여하는 것은 다른 문화에서도 자주 발견된다. 이와 같이 일본의 '이방인' '타관 사람' 개념에 나타나는 두 가지 측면을 파악하려면 마레비토, 요리가미, 손님신, 에비스 신 등이 어떤 역사적 유래를 갖고 있는 신앙인지 그 관념을 아는 것도 중요하지만, 아울러 이들 두 항목이 대립될 때 양쪽 매개체는 신비성을 띠게 된다는 가설 또한 도움이 될 것이다. 즉 '타관 사람' '이방인' '표착물'은 '안'과 '밖(다른 곳)', '이 세상'과 '저 세상'이라는 두 항목이 대립될 때 '매개자' '매개물'이라는 점을 인식하는 것이 중요할 것이다.

또 '타관 사람'의 신비적 가치는 결코 과거의 것이 아니다. 현대사회의 문학·영화·연극 등의 세계에서 계속 이어져 내려오고 있는 것 같다. 영화와 TV의 시대극 등에는 다른 곳에서 온 방랑자나 지나가는 자 등이 악인을 물리치고 사람들을 구한 후 사라져 버린다는 줄거리가 적지않다. 구로사와 아키라 감독의 영화『7인의 사무라이』가 그렇고 이와 유사한 테마는 일본뿐만 아니라 서양에도 있으며 미국 서부극에도 자주 등장한다. 타관 사람의 신비적 가치는 일본 고유의 것도 과거의 유물도 아니고, 세계 여러 곳에서 찾아볼 수 있는 것이다.

1) 졸저, 『日本の憑きもの』(中公新書), 1972 ; 『魔性の文化誌』, 硏究出版社, 1976.

2) 石塚尊俊, 『日本の憑きもの』, 未來社, 1959.

3) 吉田禎吾·上田將, 「憑きもの現狀と社會構造」『九州大學敎育學部紀要』 14, 1969. 졸저, 『日本の憑きもの』 참조. 마을사람들의 인명은 가명으로 했다. 이하의 인명도 가명이다.

4) 石塚尊俊, 앞의 책, 158쪽.

5) 速水保孝, 『憑きもの持ち迷信』, 柏林書店, 1956, 152쪽.

6) 柳田國男, 『日本民俗學辭典』, 東京堂, 1951, 152쪽.

7) J. Middleton, *Lugbara Religion*, London : Oxford University Press, 1960. p.242 ; C. Maloney, (ed.), *The Evil Eye*, New York : Columbia University Press, 1976, pp.53, 78~79, et al.

8) 竹内利美, 「他官人」, 日本民族學協會 編, 『日本社會民俗辭典』 4, 誠文堂新光社, 1960, 1542~1543쪽. 「えびす」, 同卷 1.

9) Jonathan Friedman, "Marxism, Structuralism and Vular Materialism," *Man* (N.S) 9(3), 1974, 444~469쪽.

10) 上田將, 上田富士子, 丸山孝一, 波平惠美子 등의 공동조사에 기초한다. 또 波平惠美子의

단독조사에 의한 자료도 참조했다.

11) 柳田國男・倉田一郎, 『分類漁村語彙』, 國書刊行會, 1975, 339쪽.

12) 위의 책, 344~345쪽.

13) 牧田茂, 『海の民俗學』, 岩崎美術社, 1966, 85쪽.

14) 앞의 책, 87쪽.

15) 앞의 책, 1966, 85쪽.

16) 竹内利美, 「えびす」, 『日本社會民俗辭典』 1, 91쪽.

17) 柳田國男・倉田一郎 著, 『分類漁村語彙』, 國書刊行會, 1975, 339~340쪽.

18) 牧田茂, 『海の民俗學』, 岩崎美術社, 1966/1973, 265쪽.

19) 竹内利美, 앞의 책, 91쪽.

20) 앞의 책. 大藤時彦, 「海より流れるもの」, 柳田國男 編, 『海村生活の研究』, 日本民俗學會, 1949.

21) 折口信夫의 마레비토 연구의 비판적 고찰로는 鈴木滿男, 『マレビトの構造』(三一書房)가 있다.

22) 折口信夫, 『折口信夫全集』 1・2・7, 中央公論社 ; 牧田茂, 앞의 책, 264쪽.

23) 竹内利美, 「こじき」, 『日本社會民俗辭典』 1, 415쪽.

24) 關敬吾, 「なまはげ」, 『日本社會民俗辭典』 1, 415쪽.

25) 宮良高弘, 八重山群島, 『沖繩民俗學的研究』, 日本民族學會編集, 1973, 133쪽.

26) 中村たかお, 「なまはげ覺書」, 『民族學研究』 16-3・4, 1952.

27) 比嘉政夫, 「琉球の祭祀と世界觀をめぐる諸問題-ニルヤとオボツの分析-」, 牛島嚴, 「琉球宮古諸島の祭祀構造の問題點 - 內間島の祭祀組織を中心に-」, 『史潮』 106, 1969.

28) 住谷一彦, 「奄美大島國直の神祭」, 『社會と傳承』 7-1, 1963. ヨーゼフ・クライナ, 「南西諸島における神觀念・他界觀の一考察」, 大藤時彦・小川徹 編, 『沖繩文化論叢2, 民俗編1』, 平凡社, 1971.

29) 住谷一彦, 앞의 논문 ; ヨーゼフ・クライナ, 앞의 논문.

30) Louis Dumont, "A Strural Definition of a Folk Deity of Tamil Nad ; Aiyanar, the Lord," In L. Dumont, *Religion, Politics and History in India* : Collected Papers in Indian Sociology. Paris & The Hague : Mouton, 1970.

31) 村武精一, 『神・共同體・豊饒』, 未來社, 1975, 228~237쪽 ; 村武精一, 「解說」, 柳田國男, 『海南小記』, 旺文社文庫, 1976, 271~276쪽 참조. 植松明石, 「八重山・黑島と新城島における祭祀と親族」, 東京都立大學 南西諸島研究委員會, 『沖繩の社會と宗教』, 平凡社, 1965 ; 宮良賢貞, 「小浜島のニロー神」, 大藤時彦・小川徹 編, 앞의 책 ; 宮良高弘, 「八重山群島におけるいわゆる秘密結社について」, 『民族學研究』 27, 1962.

32) 中山太郎, 『日本民俗學 3』, 大和書房, 1976, 229~336쪽.

33) 앞의 책, 285~286쪽 ; 中山太郎, 『日本民俗學辭典』, 梧桐書院, 1941, 288쪽.

34) 中山太郎, 『日本民俗學辭典』, 梧桐書院, 1941, 288쪽 「新著聞集」에서.

35) 柳田國男, 『分類祭祀習俗語彙』, 角川書店, 1963, 406쪽.

36) 中山太郎, 『日本民俗學 3』, 257쪽.

37) 中山太郎, 『日本民俗學辭典』, 286쪽.

38) 柳田國男, 『分類祭祀習俗語彙』, 角川書店, 1963, 406쪽.

39) 『日本國語大辭典 1』.

40) 中山太郎, 『日本民俗學辭典』, 梧桐書院, 1933, 186쪽.

41) 졸저, 『魔性の文化誌』, 112~127쪽.

42) 『日本國語大辭典 1』.

43) 이 이론에 대해서는 E. Leach, "Anthrpological Aspects of Language : Animal Categories and Verbal Abuse," In E·H. Lenneberg (ed.), *New Directions in the Study of Language*, The M. I. T. Press, 1964 ; M. Douglas, *Purity and Danger*, Harmondsworth : Penguin Books, 1970 ; Victor W. Turner, *The Foreest of Symbol*, Ithaca : Cornell University Press, 1967/1970 ; V. W. Turner, *The Ritual Process : Structure and Anti-Structure*, Chicago : Aldine, 1969 참조.

제19장 부레이코와 이문화

아오키 다모쓰 靑木保

1. 방콕 체험

방콕에서 생활하고 있을 때 타이인 친구가 늘 곤란하고 납득이 가지 않는다는 얼굴로 나를 방문하곤 했다.

일본인은 개인적으로 만나면 그렇게 점잖고 예의 바르며 또 기분 좋게 사귈 수 있는데 집단이 되면 어찌 그렇게 완고하고 난폭해지는가라는 비난도 개탄도 아닌 의문 때문이었다. 여기에는 개인끼리라면 사귈 수 있겠지만 집단으로는 사귈 수 없다는 뉘앙스도 내재되어 있었다.

게다가 개인으로서의 일본인은 무섭지 않지만 집단화된 일본인은 무슨 짓을 할지 모르는 두려운 존재라는 의미도 담겨 있었다. 그 말을 듣고 보니 방콕 거리에서 볼 수 있는 일본인의 행동양식에는 과연 고개가 끄덕여질 만큼 서로 다른 두 형태를 보여주고 있다. 즉 개인으로서의 행동양식과 집단으로서의 행동양식에 차이를 보이는 것이다. 그 형태의 특징으로는

개인 정적이고 얌전, 예의바름, 겁쟁이, 주저하는 태도, 호인, 소박, 의견 모호, 인간적

집단 동적이고 시끄러움, 방약무인, 완고, 난폭, 엄격한 태도, 빈틈없음, 통일된 의견, 힘, 비인간적

등의 속성은 타이인 친구들의 지적과 나 자신의 체험에 비추어 대체로 거론해볼 수 있는 점들이다.

나는 소위 '일본문화론'자가 아니므로 새삼스럽게 '일본인의 특성'이라든가 '일본인다움'이라는 독선을 싫어하며 여기에서 제시한 '특성' 역시 결코 일본인에게만 보이는 고유한 행동양식일 리 없다고 생각하기 때문에 다른 사람들의 행동양식도 잘 살펴보고 비교해 보고자 한다.

예를 들면 일본인의 행동양식과 유사해 보이는 것이 바로 독일인의 행동양식이다. 방콕 거리를 집단으로 활보하는 사람들은 대개 일본인이거나 독일인이다. 또 호텔이나 유흥지에서 집단으로 먹고 마시며 괴성을 질러 동료들끼리만의 폐쇄된 모임은 열지도 못하는 주제에 극히 방약무인하게 마치 주위에 아무도 없는 것처럼 행동하는 것 역시 이 두 나라 국민이다. 타이인 입장에서 보면 일종의 천박함이다. 독일인은 상당히 품성이 나빠서 거의 야만인이라고 느낀 적도 여러 번 있었다.

그렇다 해도 이런 인상은 물론 소박한 것이다. 원래 누구누구가 어떻다는 식의 특징을 왈가왈부하는 것이야말로 정말 제멋대로의 태도다. 특히 인류학자 나부랭이들이 그런 표현을 쓰는 등 지나치게 직업윤리에 거스르는 일을 한다. 그러나 실제로 방콕이라는 '장소'에서 이 두 나라 사람들의 행동양식이 특히 '집단행동' 때문에 특히 눈에 띄는 것 또한 사실이다. 타이인이나 중국인도 시끄러운 건 매한가지지만 결코 이렇게 눈에 띄지는 않는다. 단 일본인과 독일인에게서 보이는 차이라면, 일본인들은 개인일 경우와 집단일 경우 행동양식이 극단적으로 다르지만 독일인에게서는 그런 현상이 나타나지 않는다는 점이다. 독일인 태도를 보면 개인이건 집단이건 특별히 다름이 없어서 시끄러웠다가 갑자기 고양이처럼 얌전해지거나 하는 면은 볼 수 없다. 개인 레벨과 집단 레벨에 연속성이 나타나는 것이다. 개인으로서의 독일인에게는 촌스러운 면도 있지만 오만한 거만함이 엿보이며 결코 점잖은 존재라고 보기는 어렵다. 미리 말해 두지만 내가 일부러 독일인에게 악담을 하려는 것은 아니다. 어디까지나 일반론으로서 여기에서 언급된 '두 나라' 국민의 태도는 방콕 사회에서는 '상식'에 속한다. 두 나라는 소위 세계대전 후 '벼락부자'가 된 나라로 닮은 꼴로 보인다. 그러나 양자가 팟퐁 거리의 바에서 만나 "다시 한 번 같이 (전쟁을) 하자"며 기염을 토하는 장면을 실제로 볼 수 있는 것도 사실이다. 패러디라고 하기에는 지나치게 추악하다. 여기까지는 상식을 이야기한 것에 불과할 뿐 유감스럽게도 나의 독창적인 관찰은 아니다.

타이인이 지적하는 일본인의 행동양식의 두 가지 '형태'는 아무리 보아도 상당히 독특하다. 일본인의 '집단행동'에는 두 가지 면이 나타난다.

즉 '집단행동(A) – 질서 – 통일 – 힘'이란 측면과 '집단행동(B) – 무질서 – 난폭 – 폭력'이란 두 가지 측면이다. 이 두 가지 행동 형태는 일본인의 행동에 나타나는 '정합성'과 '비정합성', 합리 – 비합리, 이해 가능 – 이해 불가능 등의 특징을 각각 창출해 낸다. 게다가 이 두 가지 측면은 둘다 일종의 '힘'으로 인식되어 타인의 입장에서 보면 현재적顯在的 혹은 잠재적 '두려움'의 대상이 된다.

집단으로서의 일본인의 '낮' 얼굴(회사, 공장, 직장, 기타 공공 장소에서의 행동)이 전자에 속한다고 할 수 있고 이는 바로 '질서'의 얼굴이다. 그리고 '밤' 얼굴(먹고 마시기, 연회와 술자리, 쇼핑 등 비공식적인 장소에서의 행동)이 후자의 대표적인 예라고 친다면 거기에는 '무질서'가 나타난다.

'무질서'라는 표현은 어울리지 않을지 모르겠다. 완전히 질서가 없는 것도 아니기 때문이다. 집단행동이 타이인=남에게는 아무리 방약무인해 보여도 일본인 스스로는 그들만의 허용범위 내에서 질서를 지키고 있어서다.

그러나 그 허용범위란 어디까지나 일본인 집단 내로 한정되며 일본인들 사이에서만 인정된다. 그것이 타이 사회에 어떤 의미를 갖는지 질서감각을 갖추지 못하고 있는 것이 일반적이다. 타이인에게는 그 자체가 무질서로 비춰진다.

방콕의 다양한 사회적 장면에서 타이인이나 기타 '외국인'들과 함께 있을 때, 혼자 묵묵히 서 있다기보다는 풀죽은 듯 앉아서 이야기하는 것도 움직이는 것도 힘들어 보이는 일본인의 모습을 자주 보게 된다. 그러다가도 동료가 나타나면 갑자기 활발해져서 다른 사람보다 더 수다를 떨고 뽐내기 시작하며 (그것도 글자대로 어깨에 힘을 주는) 태도가 돌변하는 것을 몇 번이나 보았는지 셀 수조차 없다. 혼자 있을 때는 전혀 여유가 없어 보이다 집단화되면 확 뒤바뀌는 일탈을 보여주는 것이다. 이렇게 말하는 나 자신 역시 평균적인 일본 남성의 태도 그 이상일 수 없음을 재인식해야겠지만, 내 경우는 안타깝게도 그럴 때 힘이 되어줄 동료도 없고 버팀목이 되어줄 집단도 없어서 나 혼자서 기운을 차려야 한다.

그건 그렇다 치고, 방콕이라는 국제도시의 사회적 장면에서 드러나는 일본인의 집단행동은 첫째 관광집단, 다음은 기업과 상사 등에 속한 집단, 그 밖에 연구자를 포함하여 예를 들면 즉석에서 집단화된 일본인 등에게서 보인다. 타이인을 비롯하여 다른 외국인의 눈에 비춰진 이러한 일본인의 전형적인 행동은 도대체 어떻게 생각해야 좋을지 일본인인 나에게 하나의 과제였다.

이 경우 집단행동B가 가장 문제다. 집단행동A에 대해서는 새삼스레 여기에서 거론하지 않겠다. 거의 신화처럼 된 집단행동의 질서에 관해서는 이미 많은 연구가 이루어졌다.

여기에서 내가 일본문화론자도 아니면서 추구해 보고 싶은 것은 집단행동 B의 '원형'이다.

집단행동B가 타이인의 입장에서 보았을 때 당황스럽고 두려우며 때로는 비난의 표적이 되는 이유를 몇 가지 들어보겠다.

(1) 질서에서 무질서로의 변화를 잘 감지하지 못하는 점(그렇게 통합적이고 빈틈 없던 낮의 행동에서 어떻게 그렇게 무례하고 난폭한 밤의

행동으로 바뀔 수 있는가?)

(2) 남이 그것을 어떻게 볼까라는 의식이 전혀 없는 경박스러움

(3) 사교성 결여

(4) 공사의 구별 없음(이문화 환경과 자문화 환경의 구별이 없음)

(5) 장소와 상관없이 소란을 피움

(6) 타인이 주체인 사회적·문화적 테두리 안에서 독선을 발산

(7) 타이인에 대한 무례한 태도(타이인을 바보 취급하는 모욕적 태도—개
　　인 레벨에서는 절대 나타나지 않음)

(8) 일본어로 된 욕과 악담(타이 문화를 완전히 무시하는 태도)

　통상 아주 일반적으로 거론되는 이유로는 이미 일본인의 '결함'으로 전형화
되어 버린 것도 많다. 여기에 '밤'의 행동이라 한 것은 물론 집단화되었을
때 보이는 행동 형태를 표현했을 뿐이고, 낮이나 술에 취하지 않았을 때도
나타나는 특징임은 새삼 언급할 필요조차 없다. 이러한 약간 심술궂은 견해
는, 동남아시아에서 일본인이 차지하는 현대적 지위에 관련된 일종의 속죄양
이 되기 쉬운 입장 즉 일본인의 행동에 포함되어 있는 공격유발성 때문임은
부정할 수 없다. 강하기는 하지만 본질적인 나약함을 어딘가에 감추고 있는
'이류 외국인'의 비극이라고 해도 별 상관없을 것이다. 그것은 바로 '강대국'
일본을 대표하여 방콕 국제사회에서 '활약'하는 일본인 '엘리트'의 나약함과
도 결합된다. 부와 권력과 소양(그리고 국제적 환경 하에서의 교육)을 갖춘
동남아시아 '엘리트'와 마주하였을 때 일본의 엘리트들은 대부분 너무나도
부족하다. 그들은 대부분 일본 내에서만 통용되는 학력을 가진 엘리트고,
그들이 행동으로 표현하는 것은 너무도 빈약하고 문화적으로 열등하여,
국제적 표준에서 보면 거칠고 난폭하다. 거침과 난폭함(혹은 거칠고 난폭하
게 보이는 행동)은 커뮤니케이션의 단절에 의해 발생한다. 그 결과 일본
국내에서만 통하는 가치의식 때문에 이문화 환경에서 선후의 정황은 무시한
채 과시를 하게 되고 그것이 행동으로 나타나게 된다. 이는 몇 단계를

거쳐 더욱 커지게 되는데, 이렇게 예를 들다 보면 끝이 없을 것 같다. 엘리트는 아니지만 자신 역시 바로 그런 비천한 무리 중 한 사람이기 때문에 자학적인 자기비판은 이 정도로 해 두겠다.

타이인의 이런 비난에 대해 나도 모르게 한 말은 "당신들은 부레이코_{無禮講}1)란 것을 모릅니까?"였다. 나중에 부레이코란 말을 참 적절히 골랐구나 하는 생각이 들어 스스로 쓴 웃음을 지었다. 생각해 보면 부레이코라는 단어는 방콕에서 보여주는 일본인의 행동양식의 특징을 잘 집어내주는 것 같다.

집단행동 시 타인의 눈에는 방약무인하고 거칠고 난폭한 행동으로 비춰져 빈축을 사는 일본인의 행동양식은, 자기 잘못은 제쳐두고 훈계만 늘어놓는 식자_{識者}가 아무리 설교를 한다 해도 반드시 개선될 것 같지도 않다.

나는 여기에서 거창한 일본문화론이 아니라, 작은 논문에서 허락되는 비약을 무기삼아 방콕에서 타인인들로부터 언질받은 일본인의 집단행동에서 나타나는 '무질서'의 근원을 일본문화 안에서 찾아보고자 한다. 물론 그것만으로는 그러한 현상을 전부 설명할 수 없음을 일단 전제로 한다.

2. 제사에서 인간과 신의 향연

전통적 일본사회에서 다소라도 '무질서'가 허락되는 '때'와 '장소'는 어떠한 경우일까?

우연히도 내가 방콕에서 관광객을 비롯한 일본인들의 집단행동에서 받은 인상을 '부레이코'로 표현한 근거는 어디에 있었을까?

이런 소박한 의문이 들자 바로 떠오른 것이 바로 제사행위의 상징이었다.

제사를 지내는 때와 장소에서는 전통적인 공동사회에서 거의 유일하게 떠들썩한 소란이 허락되었다. 제사는 고정된 신분질서의 생활 테두리 안에서 생활하던 사람들이 해방을 맛볼 수 있는 기회였다. 그렇다면 제사란 어떤

---

1) 격의 없는 연회.

것이었을까? 게다가 그때 허락되는 '무질서'란 어떤 성질의 것이었을까?

제사란 많은 손님을 초대하여 개최하는 향연이라고 마쓰다이라 도시아키松平齊光는 정의하였다.[1] 그런데 여기에서의 손님은 평범한 손님이 아니다. 초대받은 손님은 단순한 인간이 아니라 신이다. 그렇다면 제사가 무엇이었는지를 알기 위해서는 신의 본질을 알아야 한다. 일본인이 제사를 지내는 신의 특성에는 두 가지 측면이 있다고 알려져 있다. 즉 초자연적 힘을 가진 존재임과 동시에 상당히 인간적인 존재라는 두 가지 측면이다.

우선 초자연적인 존재로서의 신은 물론 단일한 존재가 아니다. 제사 때는 주객主客으로 공동체나 개인의 수호신만이 아니라 그 밖에 사람들이 알고 있는 신들을 최대한 많이 초대하는 것을 바람직하게 여겼다. 사람도 많이 참석하고 신도 많이 참석하는 것이 좋다고 본 것이다.

그렇다면 이 신들의 속성은 어떤 것이었을까?

신은 인간에게는 보이지 않고 감지될 수 없는 존재다. 그래서 신 쪽에서 일방적으로 접근하지 않는 이상 그 존재를 알 방도가 없다. 이 사실이 제사라는 의례의 필요성을 더더욱 높이게 된다.

그러나 신은 자신의 필요에 따라 다양한 형태를 취할 수 있다. 신의 의지를 인간에게 전달하고자 할 때에는 어떤 형태로든 등장한다. 노파가 되기도 하고 어린아기가 되기도 한다. 짐승이나 요괴 형태를 취하는 경우도 있다. 신이 언제 나타날지 인간은 알 수 없지만 제사 때는 반드시 나타난다고 여겨졌다. 인간은 성대하게 제사를 드려 무엇보다 신을 기쁘게 하여 신과 교류하기를 원하였다. 제사 과정에는 반드시 신이 나타난 것을 보여주기 위한 대책을 마련한다. 신무神舞가 그 예다.

이처럼 통상적으로는 감지할 수 없는 초자연적 존재로서 제사 때 모습을 드러내는 존재를 신이라고 정의하는 전제조건이 있다면, 신의 성질로는 마쓰다이라 도시아키가 지적했듯이 몇 가지 특징을 손꼽을 수 있겠다. 그것은 우선 '신들린다'고 표현되는 성질로서, 인간과 물건에 신이 일시적으로 머물러 그 사람과 물건을 마음대로 조정한다. 신이 옮겨와 그것에 씌인 것이다. 그럴 경우 그 대상이 사람일 경우에는 신탁을 내려 사람을 매개로 해서 신의 말씀을 전하게 한다. 예전에 제사의 주요 목적 중 하나가 신이 옮겨와 신탁하는 것이었음은 이미 잘 알려져 있다.

인간 이외의 대상에 신이 씌이게 될 경우 이를 요리시로(신을 대신하다)라고 하는데 자연물, 돌이나 산이나 호수, 또는 거울 등도 대상이 된다. 요리시로는 대상이 무엇이든 신의 구현물로 간주되었다.

신의 특성에는 이 밖에도 변신하거나 나눠지거나 또는 접촉물로 확충되는 등의 성질이 있다. 이는 모두 신의 다양성 및 다의성을 나타내는데 그러한 특성이 바로 단일성이기도 하다는 점에서 모든 것을 전적으로 통합하는 성질을 갖고 있다. 그러나 신의 이러한 힘은 결코 전능하지 않다. 일본인에게 신은 절대유일의 존재라고 할 수 없어서 어느 신이든 절대 전능하지 않으며 항상 신과 신 사이에는 힘의 균형을 조절하는 상대성이 존재한다고 보았다. 그 점에서 신은 초자연적이고 초인간적임과 동시에 인간적이기도 한 어중간한 특성이 인정된다.

모순되는 것처럼 보이지만 모순되지 않는 이 신의 인간성이란 어떤 것일까? 신은 인간과 같은 성질을 갖고 있다고 여겨졌다. 이 인간의 성질에 초인간적 특성을 가미한 것이 신이다. 바로 이 점에서 예로부터 일본인에게는 신이 상당히 인간적인 존재였다. 신은 강한 욕망을 갖고 있는 존재로서 무용이나 가요를 좋아하고 약속을 잘 지킨다. 그리고 부정한 것을 싫어한다. 신은 식욕과 성욕 모두 강하며 금전욕도 보인다. 술을 좋아하고 미녀도 좋아하고 출세도 좋아하여 인간 냄새를 매우 강하게 풍긴다. 예능을 사랑하고 시가도 좋아한다.

이러한 신의 성격을 보건대, 인간이 기뻐하며 좋아하는 것은 신도 모두 똑같이 기뻐하고 좋아한다는 말이 된다. 이러한 신을 손님으로 맞이하는 제사라는 공적인 장소는 그 무엇보다 기쁘고 즐거운 요소 없이는 성립될 수 없게 되었다. 신이 싫어하는 부정을 깨끗이 없앤 후 신과 인간의 욕망을 채우는 것, 그 이상의 일은 행할 필요가 없기 때문이다.

부정을 일소하기 위한 행위와 욕망을 완전하게 충족하기 위한 행위는 일본의 제사를 성립시키는 2대 요소다. 이 양자는 모두 매우 인간적인 신의 행위에 대한 이해에 입각해서 이루어진다.[2]

이 두 요소 혹은 제사에 참가하는 인간의 측면에서 볼 때 제사의 본질을 이루는 두 가지 조건은 단적으로 말해 두 가지 행위로 구성된다. 즉 재계와 나오라이(제사 후의 연회)라는 두 가지 상반되는 행위다. 상반이라고 표현한 것은 전자의 경우 재계가 정진한다는 것으로 두문불출하여 신을 맞이하기 위해 인간이 자기 의지력으로 욕망을 제어하는 것을 의미하며 미소기(목욕재계)와 하라에(부정 없애기) 같은 엄숙한 행위가 내포되어 있다. 후자는 그런 금욕을 풀어서 신도 인간도 먹고 마시며 연회를 벌여 욕망을 발산한다는 것을 의미한다.

제사라는 의례행위에 포함되어 있는 이러한 두 가지 측면에 대해서는 사회인류학에 이미 정설이 있기 때문에[3] 새삼스레 이것을 끼워맞춰 구조분석을 한다고 특별한 발전이 있을 리는 없다. 타이의 제사의례를 보더라도 이 정설은 타당하기 때문에 그런 측면에서 제사 구조를 해명하는 것은 별 의미 없다고 생각한다. 나의 관심은 깨끗함과 부정, 성聖과 속俗 등의 이원적 대립구조를 파악하는 데 있는 것이 아니라, 오히려 속俗에 해당되는 생활 세계의 모델이 제사·의례에 존재한다는 데 있다. 두 개의 장면을 대비시키고 일상과 비일상 등을 분류하는 방식은 그것만으로는 그다지 의미가 있다고 할 수 없다. 양자 사이에는 이념과 현실의 대응관계가 있다. 그러나 그 관계는 상당히 동적이다.

그런데 일본의 제사에서 발견되는 두 가지 상반된 행위, 금욕과 해방은 그 모두가 신의 성격을 반영하는 행위다. 즉 이 두 가지 행위는 신을 부르기 위한 것으로서 신의 존재 앞에서 정당화된다. 이것이 주의해야 할 점이다.

그러면 이 두 행위는 어떤 성질의 것이었는가?

야나기타 구니오도 이 점을 제사의 가장 중요 요소로 보면서 아울러 상당히 설명하기 어려운 점이기도 하다고 지적한다. 그가 말하듯이 제사의 본체는 오코모리에 있고 오코모리란 재계를 철저히 하는 수단이다.[4] 재계란 삼가는 것을 표현하는 가장 완전한 상태를 의미하는데 이는 정진精進이라고도 불리며 인간이 "의지력으로 스스로 짊어지는 구속"[5]이었다.

이 '구속'[6]이란, 예를 들면 제사 당일이 되기 전 일정 기간 동안 공동의 신을 모시는 집은 모두 이틀 꼬박 낮에는 자고 밤에는 일어나 밤을 지샌다. 이때는 어떤 소리도 내서는 안 된다. 물을 뜨러 가도 안 되고 나막신 같은 것도 신어서는 안 되고 국자의 손잡이에도 줄을 감아서 소리를 내지 말아야 한다. 놀이도 바둑처럼 소리가 나는 것을 해서는 안 된다. 소위 철저한 침묵생활의 강요다. 이런 재계에 대한 다른 사례를 보면 더 철저하여 오코모리 기간 중에는 공동의 신을 모시는 마을사람들뿐 아니라 근처 마을의 주민들까지 빨래를 해서도 안 되고 머리를 땋아서도 안 되며 칼 같은 것을 사용해서도 안 되고 외출은커녕 화장실에도 못 간다. 소리가 날 만한 도구에는 모두 줄을 감는다.

그러나 일본의 경우 이 재계-정진 기간에 음식에 대한 특별한 금계는 없었다. 원래 진수성찬은 차치하더라도 보통 음식에 대한 금기는 없었던 것이다. 불교적 의미에서의 정진과 재계의 정진이 어떻게 다른지에 대해서는 야나기타 구니오도 지적한 바 있듯이 문제점이 있지만, 제사의 정진에서는 불교에서 엄격히 행하는(마하야나 불교의 경우일 뿐이고 데라와다 불교에서는 언급하지 않는다) 음식에 대한 금기가 없다는 점이 큰 차이다.[7]

구라바야시 마사쓰구倉林正次에 의하면,[8] 이즈모 사다 신사에서 행해지는 제의는 재계 기간이 2주인데, 이 기간에는 제사에 종사하는 신관뿐 아니라 부근에 사는 사람들까지 이 규제에 따라야 했다. 부근에 있는 다른 신사의 제사가 정지될 뿐만 아니라 사람들은 며느리 맞기, 재봉, 건축, 음악, 산발,

손톱깎기, 불경읽기 등도 금지되고 매일 조용히 엄중한 재계생활을 보내야만
했다.

이런 재계의 행위는 제사의 중심적인 집행자일 경우 당연히 특수한 엄격함
이 요구되었다. 마쓰다이라 도시아키松平齊光가 기록한 하구로산의 오토시야
(섣달 그믐날의 행사)의 경우,[9] 경쟁으로 채색된 이 특이한 제사에 서로
힘을 겨루는 하구로산 기슭의 마을 상하조직 선수들을 지휘하는 마쓰노히지
리는 특별한 오코모리를 행해야 한다. 제삿날까지 100일간에 걸쳐 행하는
재계가 그것이다. 두 조직의 마쓰노히지리는 자기 방에 틀어박혀 방의 상석
바닥에 단을 두고 고야노히지리를 설치한다. 고야노히지리란 높이 15cm,
직경 9cm의 갈대를 엮어 만든 둥근 모형 집으로, 꼭대기는 뾰족하며 오색
색종이를 씌워 미즈히키[2]로 묶고 앞쪽은 6cm의 정사각형 입구를 열어둔다.
정면에서 보아 왼쪽에 낫, 오른쪽에 괭이의 모형을 붙인다. 이 고야노히지리
로 장식한 자신의 방을 도장 겸 침실로 삼아 100일 동안 칩거하는데 다른
사람들과는 별도의 불을 사용하여 직접 세 차례에 걸쳐 음식을 만든다.
일과는 하루에 세 번 고야노히지리에 절하고, 교키行基[3] 보살이 유도노산에
나타난 신의 화신에게서 받았다고 전해지는 축문을 읽는다. 이런 수행 전에는
반드시 목욕을 한다. 소변 때문일지라도 화장실에 갔다면 그때마다 목욕을
해야 한다. 방법은 우선 통에 냉수를 붓고 소정의 예법(수도장마다의)에
따라 물이 깨끗해지도록 기도를 올린 후 물을 국자로 퍼서 입을 씻고 머리
위에 세 번, 왼쪽 어깨에 세 번, 오른쪽 어깨에 세 번, 가슴에 세 번, 목에
세 번 '온아미리티운핫타'라는 주문을 읊으면서 끼얹고 남은 물로 전신을
씻는다. 이런 고행이 재계 형태로 100일 동안 네 차례의 가벼운 휴식을
제외하고는 계속 이어진다.

이런 재계 형태는 그것을 행하는 자가 개인이든 집단이든 상관없이 일상생

---

2) 종이를 꼰 실에 색을 입힌 끈.
3) 668~749년. 승려.

활에서 이루어지는 행위의 일정 부분을 단절시켜 금지하고 구속하는 것이다. 그 경우 특히 축문 같은 예를 제외하면 극단적으로 침묵을 유지하는 것이 중시되었다. 소리를 내는 것이 거의 금기되었던 것이다.

이와 같이 제사행위 중에는 한쪽에 재계라는 형태의 행위가 있어서 그것을 행함으로써 신을 지상 즉 인간 세계로 초청할 수 있게 된다. 또 다른 한편에는 인간세계로 내려온 신을 맞이하는 대접 행위가 존재한다. 그것이 제사 후의 잔치인 나오라이直會다.

그렇다면 나오라이란 어떤 것이었을까? 나오라이는 야나기타 구니오에 의하면,[10] 제사 때 신에게 바친 것과 똑같은 음식물을 말단 자리에 놓고 함께 받는 것이다. 즉 신과 인간 모두의 잔치다. 야나기타에 따르면, 나오라이 음식물은 매우 청결해야 함은 물론이고 여기에 참석하여 함께 음식을 먹는 영광을 얻은 사람들 또한 충분히 재계하여 조금이라도 부정을 타지 않는 자여야 했다. 참석한 사람의 재계가 충분하지 못했다면 신은 제사를 받아들이지 않을 뿐 아니라 매우 진노한다고 생각했다고 한다. 야나기타는 이러한 제사적 측면이 일본인 신앙의 가장 큰 특색이라고 언급하였다.[11] 다만 이 경우 주의해야 할 점은 재계의 부족으로 부정함이 있거나 규범을 지키지 못했을 때 이것이 명확하게 파계破戒라는 형태로 인식되지 못한다는 것이다. 그래서 데라와다4)의 계율처럼 무엇을 범했으니 어떤 계율을 어긴 것이 된다는 식으로 확실하게 신의 노여움에 대한 코드가 제정되어 있지 않았다. 신이 '진노'한 원인은 언제나 막연하고 태고 이래로 이는 말로는 설명할 수 없는 것으로 여겨졌다. 즉 단순히 "행위와 그 바탕이 되는 감각"[12]이라는 식으로 사람들 사이에 전해져 내려온 것이다. 다시 말하자면 재계와 기타 금기사항을 잘 지켰는지의 여부는 당사자인 인간이 어떻게 의미를 부여하는 가에 따라 달라질 수 있다는 이야기다. 또 재계를 못 지킨 것은 속죄를

---

4) 소위 소승불교로 일컬어지는 것으로 예배보다는 개인의 명상에 역점을 두며 데라와다 불전에 많은 계율이 제시되어 있다.

통해 갱신될 수 있고 속죄에 의해 새로 되돌릴 수 있는 것이었다.

그렇다면 신을 초대해서 인간과 함께 향연으로 이끄는 나오라이란 어떤 성질의 것이었을까?

거기에서도 일본인의 신은 정말로 인간적이다. 즉 일본의 제사에서 신을 대접하는 나오라이 방식은 인간이 인간을 대접하는 경우와 똑같아도 괜찮다고 여겨졌던 것이다. 원래 손님은 최고 대접을 받아야 하지만, 신이라고 해서 질적·양적으로 각별하게 다른 대접이 있을 리가 없다. 대접방식은 술과 음식을 힘닿는 대로 신중하고 정성스레 조리하여 가능한 손님이 즐길 수 있는 형태로 제공하며 식사의 즐거움이 오래 유지되도록 모든 지혜를 짜내어 궁리한다.[13] 이러한 주연은 특별히 횃불을 밝게 하여 그것을 바라보면서 이루어지며 연회의 쾌락은 극치에 달하게 된다.

이 주연을 전후하여 각종 예능이나 경기가 다양하게 펼쳐지는데, 그 목적은 역시 단 한 명의 손님인 신의 환심을 사는 것이며 주연의 흥을 돋우기 위해서다.

이처럼 재계가 신을 맞이하기 위한 근신이었다면, 이어지는 나오라이는 인간이 가지고 있는 모든 능력을 기울인 환락이다. 거기에서는 신과 인간이 구분되는 욕망의 격차는 의식되지 않으며, 지극히 인간적인 기쁨의 추구를 오히려 신의 위엄 앞에서 공공연하게 다 드러내는 것이 특징이다.

3. 부레이코 – 일상 속에서의 제사

제사에서 일본인의 행동 원형을 찾으려는 사고방식은 광범위하게 나타나고 있다. 야나기타도 "일본에서는 제사라는 오직 한 가지의 행사를 통하지 않고는 일본 고유신앙의 예전 모습과 그것이 변해서 현재의 모습을 갖게 된 실정을 알 도리가 없다"[14]라고 하였다. 또한 일본인의 고유한 것을 알기 위해서만이 아니라 역사를 통해 내려오는 전통은 기록된 문자에 의해서가 아닌 행동으로 표현되는 집단적 기억으로서의 제사를 연구함으로써, 즉

"이 제사문제를 이해하면 이해할수록 점점 일본인의 생활은 명백해진다"[15]라고 서술했다.

야나기타의 이 같은 연구태도를 계승한 사람이 많아서, 제사에 대해 접근을 시도한 연구자들의 밑바탕에는 이러한 전제가 깔려 있다고 해도 과언이 아니다. 구라바야시는 저서 첫머리에서 제사를 일본인의 '마음의 고향'이라고 답한 학생의 말을 예로 들며 "제사는 마음의 고향, 그것만으로도 의미가 잘 통한다. 일본인이라면 누구든 설명 없이도 이 대답의 의미를 분명 잘 알 것이다"[16]라고 기록했다. 소노다 미노루薗田稔도 '제사는 마음의 고향'설에 대한 검토를 시작으로 제사에 대한 논술을 시작하였다. 그의 설명에 의하자면 "제사란 소위 '꿈'꾸는 시간을 깨어난 시간 안에 끼워넣는 것이다."[17]

제사 내용은 다양하다. 하지만 제사 행동의 기본형은 재계와 나오라이에 나타나는 두 개의 상반되는 형태로 집약된다. 제사의 정靜과 동動이 그것이다. 여기에서 내가 흥미를 갖고 거론했던 것이 이 행동의 측면이다. 게다가 특별히 전승된 '경전'이 없는 이 일본의 전통은 역점을 어디까지나 행동에 두고 있고, 거기에서는 행동만이 의식의 존속과 계승을 가능케 한다. 그렇다면 이 제사 행동이야말로 일본인의 행동이념을 나타내는 것이다. "제사는 우리 생활 가까이에 있으며 그것은 문화적으로 매우 중요하고 실제로 일본 문화발전의 창조의 모태 역할을 해 왔다."[18]

그런데 나는 방콕에서 일본인 집단이 보여주는 행동의 일탈성을 부레이코 적이라고 표현하였다. 부레이코란 내가 가지고 있는 사전에 따르면, "신분·지위의 상하를 막론하고 즐기는 술"(『岩波國語辭典』)이라고 되어 있다. 부레이코 라는 술자리에서 일상의 질서가 소멸되고 술을 즐기기 위해 모든 '구속'을 제거한 것이라고 해도 될 것이다. 물론 이 '술'이란 술자리·연회의 장을 말하며 일상의 틀에 박힌 업무로부터의 해방을 의미한다. 이는 천하에 거릴낄 것 없이 당당하게 무질서를 향락할 수 있는 기회. 집단의 '종적 원리'에서 벗어나 상하 구분 없이 만날 수 있고 어떤 칠칠맞은 짓도 용서가 된다는 전제가 제시된 행동의 장이다.

그렇다면 이 부레이코는 무엇인가? 부레이코야말로 제사의 나오라이와 직결된다. 그것은 신을 환대하는 주연의 전형적인 행동이라고 해도 좋을 것이다. 마쓰다이라가 말했듯이 "적극적으로 신의 비호를 받기 위해서는 온 힘을 다해 신을 환대할 필요가 있다. 때로는 멧돼지의 살아 있는 머리를 좋아하는 스와諏訪 신처럼 특이한 습성을 가진 신도 있으므로 그를 환대하기 위해서는 상식에서 벗어날 필요성도 있었다. 그러나 대부분의 신들은 인간과 같은 감성을 가지고 있어서 신을 환대하려면 인간 자신이 맘껏 즐기는 외에는 다른 도리가 없다. 자신이 즐겁다는 것이 신을 기쁘게 해주고 있다는 유일한 증거인 것이다. 이것이 바로 고삐 풀린 망아지처럼 정도를 벗어나 제사 소동을 일으키는 이유로서, 여기에 부레이코라고 이름붙여진 정욕의 해방이 존재하는 것이다."[19]

구라바야시는 나오라이와 연회를 제사의 별개의 구성요소로 보았지만, 원래 그렇다 해도 실제의 제사 행동에서 이 두 가지를 따로 구분하기란 무리다. 제사를 연구하는 다른 논자들이 굳이 양자를 나누지 않는 것은 이를 대변한다. 물론 제사의 3대 구성요소가 '제사-나오라이-연회'라고 한 그의 지적은 중요하다. 그러나 제사를 행동 면에서 보면 재계와 나오라이 두 형태가 2대 구성요소로서 제사행동의 기본을 이룬다는 사실을 부정할 수 없다. 거꾸로 말하면 향연 그 자체가 일본인에게는 일종의 제사가 되는 것이다. 이토 미키하루伊藤幹治는 이에 대해 다음과 같이 말한다. "고대 일본의 향연은 단순한 일상적 향락이 아니었다. 오리구치 시노부折口信夫에 의하면 일본어의 놀이란 원래 진혼주술로서 노래, 춤, 악기 연주 이 모두를 가리킨다. 고대의 연회가 모두 진혼주술의 흐름을 이어온 것인지는 다시 짚어보아야 하겠지만, 적어도 쓰쿠바산筑波山5)이라든가 기지마다케杵島岳6) 같은 특정

---

5) 이바라키 현 소재 관동지역의 신령스런 명산. 서쪽의 후지 산과 쌍벽을 이룬다.

장소와, 봄이나 가을이라는 특정 계절을 축으로 하여 행해진 축제를 보더라도 틀림이 없다. 더 일반화시켜 말하자면 어느 종교의 상징(신)을 둘러싸고 산이나 들, 물가라는 특정한 장소와, 제사라는 특정한 시간 속에서 이루어진 축제라고 생각하면 될 것이다."[20] 그는 또 연회와 제사가 서로 비슷하다고도 기술했다.

이러한 제사의 나오라이−향연에 나타나는 일본인 행동의 성질을 단적으로 신을 기쁘게 하기 위해 신의 허락 하에 행해지는 부레이코라고 할 수 있다면, 내가 방콕에서 본 일본인의 무질서한 행동, 그리고 타이인의 입장에서는 그러한 행동의 유래와 맥락을 알지 못해 신경에 거슬리는 것, 또 일본인의 행동 중 가장 큰 비난의 원인이 되는 행동이 바로 이 제사 때의 행동에 원형을 두었거나 이념의 근원을 둔 것은 아닐까? 게다가 "제사는 본래 집단의 장에서만 성립되는 현상"[21]이란 점에서 일본인의 행동이 개인일 때와 집단일 때 변하는 이유를 납득할 수도 있지 않을까?

내가 본 바로는 타이의 제사구조도 정靜과 동動의 이중구조를 가지고 있기는 하지만 '나오라이' 같은 모습은 보이지 않는다. 향연은 원래 성대하게 치르지만 재계는 그렇게 강하지 않으며 신과 함께 식사를 한다는 사고는 존재하지도 않는다. 신은 신이고, 인간은 인간이니 함께 맘껏 즐긴다는 현상이 없는 것이다. 따라서 연회란 오로지 인간만을 위한 행위가 되고, 연회 장소에서 일어난 행동에 대한 책임도 인간에게 있다. 이는 중국이나 독일 모두 당연히 마찬가지다. 동남아시아의 다른 민족문화에도 일본의 제사처럼 나오라이와 부레이코가 전 공동체 규모로 전개되는 일은 없다. 이와타 게이지岩田慶治가 기록하고 있듯이 "거기에서는 마을 전체 단위로 대향연이 적어도 현재는 벌어지지 않는다. 확실히 제사는 있고 제사후 공동식사 즉 나오라이도 행해진다. 그러나 제사에 참가하는 것은 남자뿐이고 제사 때 신에게 바친 음식은 제사가 끝나면 그대로 각 가정으로 가지고 돌아가는

---

6) 구마모토 현 소재 활화산인 아소 산(阿蘇山)의 다섯 봉오리 중 하나.

등 매우 냉정하다. 나오라이라고는 해도 제단의 공양물을 둘러싸고 5~6명의 아이들이 몰려들 정도다."[22]

이런 현상은 일본적 의미에서의 나오라이와는 상당히 다르다고 할 것이다.

자, 그럼 이상의 점으로 볼 때 방콕에서 보이는 일본인의 집단적 일탈행동만이 아니라 해외에서 일본인 집단관광객이 일으키는 '무질서' '부레이코' 태도로 인한 좋지 않은 평가에 대한 보고나 논평은 모두 잘 알려져 있고 상당히 많으므로 여기에서 새삼 지적하지 않겠지만, 타이인들에게 빈축을 사는 이러한 행동의 원형은 제사 행동에서 유래되었다고 생각할 수밖에 없다.

어떤 문화가 처한 상황을 거의 무시하는 태도도 일본인의 국제성 결여와도 관련 있지만, 집단적인 제사의 기분이 고조되었을 때 벌어지는 부레이코는 일본인들에게는 신을 위한 것이며 신의 허락을 받은 행동이기도 하다. 그래서 이는 어디까지나 정당하게 취급되며 다른 사람의 비판이 개입할 여지는 없게 된다.

일본인에게 여행이란 오락이고 여행지에서는 아는 사람도 없어서 무슨 짓을 하든 상관없다고도 하지만, 그것은 또한 연회이고 제사다. 그렇기 때문에 일본인의 존재를 위협하는 것을 제거하고 풍요를 약속하는 성스러운 행위와 함께 진정 부레이코에 이르기까지 행동하는 것이 그들에게는 신 앞에서의 의무라는 것이다.

일본에서의 생활을 근면하게 일하는 재계였다고 간주한다면, 해외여행이나 해외 생활이란 소위 나오라이와 향연이어서 집단적인 부레이코 행동속에 자신을 함몰시키는 것이야말로 신과 인간이 함께 즐기는 유토피아가 되는 것일까?

이렇게 해서 방콕에서 빈축을 사는 일본인의 집단행동의 원형을 제사행동(나오라이와 향연)에서 찾고자 한 시도는 무엇보다도 단순한 억지이며 그저 생각나는 대로 떠올린 연상에 불과하다. 그러나 현재의 나로서는 이런 억지는 유쾌한 것이다. 제사 행동을 고치라고 해도 이는 무리일 것이다. 그렇다면 이러한 축제성을 오히려 일상생활 속으로 끌어들인다면 그때 비로소 방콕에서의 부레이코가 없어지지 않을까? 이것이 현대 일본인의 삶의 방식의 본질과 관련된 중대한 문제임은 두말할 필요도 없다. 그러나 일본문화론은 아무리 잘 정리한 것이라고 해도 '문득 떠오른 연상' 이상은 안 될 것이다. 엄밀한 비교문화의 검토를 바탕으로 한 결과물을 '일본문화론' 자들은 만들어 내지 못하였다. 내가 문득 생각해낸 이 억지는 방콕만이 아니라 그 밖의 해외 여러 나라에서 수년간 경험하고 관찰한 것을 기초로 한 것이기는 하다. 그 점에서 용서를 받고자 한다.

감사의 말 보잘것없이 아무렇게나 서술한 에세이지만 몇몇 분에게 중요한 도움 말씀을 얻었다. 타이에서의 일본인의 행동에 대해서는 가지와라 가게아키梶原景昭, 나오라이에 대해서는 미야타 노보루宮田登, 참고문헌 일부에 대해서는 고마쓰 가즈히코小松和彦의 도움을 받았다. 감사드린다.

참고문헌

伊藤幹治,「宴の民俗的世界」, 伊藤·渡辺 著, 『宴』(ふおるく叢書 6), 弘文堂, 1975.
岩田慶治, 『草木虫魚の人類學)』(淡文選書), 淡文社, 1973.
倉林正次, 『祭りの構造-饗宴と神事』, NHKブックス, 1975.
薗田稔,「祭-表象の構造」, 『日本人の宗敎』 Ⅱ, 田丸·村岡·宮田 編, 『儀禮の構造』, 佼成出版社, 1972.
松平齋光, 『祭-本質と諸相-古代人の宇宙』, 朝日新聞社, 1977.
柳田國男, 『日本の祭』, 角川文庫版, 1956.

1) 松平齊光, 4쪽. 이하 신의 성격에 대한 요약은 같은 책(참고문헌 참조. 이하 저자로 표시하고 저자명은 참고문헌에 표기하였다), 4~20쪽.

2) 이하 제사의 행동에 대한 견해는 필자의 생각이다.

3) 리치의 주장 등.

4) 柳田國男, 87쪽.

5) 柳田國南, 83쪽.

6) 이하의 두 예는 전자가 京都 남쪽의 祝園村의 忌籠의 예, 후자는 播州 加古 군 日岡 신사의 예. 모두 柳田國南, 90쪽 참조.

7) 柳田國南, 88쪽.

8) 倉林正次, 40쪽.

9) 松平, 105~106쪽.

10) 柳田國南, 87쪽.

11) 柳田國南, 89쪽.

12) 柳田國南, 87쪽.

13) 柳田國南, 115쪽.

14) 柳田國南, 31쪽.

15) 柳田國南, 30쪽.

16) 倉林, 11쪽.

17) 薗田, 241쪽.

18) 倉林, 223쪽.

19) 松平, 19쪽.

20) 伊藤幹治, 143~144쪽.

21) 薗田, 242쪽.

22) 岩田慶治, 79~80쪽.

옮긴이의 말

일본에서의 한류 열풍도 대단하지만 한국에서의 최근 일본소설이나 드라마에 대한 젊은이들 사이의 인기 또한 그에 못지않다. 일본을 지나치게 피상적으로만 접하는 것이 아닌가 하는 우려의 마음과 함께 일본에 대한 더 폭넓고 객관적인 정보 제공이 필요하다는 아쉬운 마음에 여러 책들 중에 『강좌 비교문화』를 선택하였다.

『강좌 비교문화』는 겐큐샤研究社에서 1976년부터 1977년에 걸쳐 출판한 총 8권의 시리즈로, 제1권 『일본열도의 문화사』, 제2권 『아시아와 일본인』, 제3권 『서유럽과 일본인』, 제4권 『일본인의 생활』, 제5권 『일본인의 기술』, 제6권 『일본인의 사회』, 제7권 『일본인의 가치관』, 제8권 『비교문화에의 전망』으로 구성되어 있다. 그 전반적인 특색은 이 책의 다음과 같은 소개글에서도 알 수 있다.

> 우리들 일본인에 의해 세워진 일본문화를 종래 생각했듯이 고립된 문화로
> 파악하지 않고 세계문화 속의 하나의 문화로 보고, 그 특수성이나 보편성을
> 비교문화의 시점에서 검토하고 평가한 최초의 야심적 일본문화론 강좌

일본문화를 다각적인 시각에서 다양한 지역(국가)과 비교하여 객관적인 검증을 거쳤다는 것이다.

전 8권 가운데 제일 먼저 제4권 『일본인의 생활』을 지난 2001년에 혜안출판사를 통해 번역 출판하였다. 제4권이 한국문화와 연관시켜 보았을 때

일본문화를 가장 특징적으로 두드러져 보이도록 구체적으로 소개하였다고 판단했기 때문이다(물론 필자의 생각과 달리 그리 쉬운 내용만은 아니었다는 독자의 평도 있었다).

옮긴이의 두 번째 선택은 제6권 『일본인의 사회』였다. 같은 아시아인이기 때문에 제2권 『아시아와 일본인』에도 흥미가 끌렸으며, 세계적으로 유명한 일본 장인정신의 근본이 무엇인가를 체계적으로 알려줄 것 같은 『일본인의 기술』도 유혹이었고, '사무라이 정신'으로 자주 언급되는 일본인의 가치관 말고 책 한 권으로 엮어질 만한 또 다른 일본인의 가치관이 무엇인지 궁금증을 유발시키는 『일본인의 가치관』에도 관심이 갔지만, 『일본인의 사회』를 선택하였다. 일본인 개개인의 생활을 보았으니 이번에는 큰 틀에서 그들의 사회를 체계적으로 파악해 보고 싶었던 것이다. '일본' 사회가 아니라 '일본인'의 사회를.

『일본인의 사회』는 크게 '집단' '관계' '제도' '가치(윤리와 사상)'의 4부로 구분되어 있으며, 각각의 부는 다시 몇 개 장으로 나뉘어 총 20개 장으로 구성되어 있다. 그 중 6개의 장을 외국인 필자가 맡고 있다. 이는 다각적인 시점에서 객관적으로 일본인의 사회를 분석하고자 하는 의지를 단적으로 보여주는 것이리라. 다만 마지막 제20장 '언론의 자유'는 내용이 지나치게 추상적인데다 요즈음의 현실과도 괴리가 커서 이번 번역에서는 제외시켰다. 나머지 19개 장의 내용을 소개하면 다음과 같다.

제1장 '일본의 무라'에서는, '마을'의 개념을 가진 단어로 '촌村'이라는 한자 대신 굳이 '무라'를 제목으로 선택한 특성이 보인다. 물론 서두에서 '촌'이란 단어도 사용되지만, 현 일본의 행정구역단위이기도 한 '촌'과 구별하려는 의도에서인지 본론에서는 계속 '무라'로 일관하였다(옮긴이 역시 이에 근거하여 번역했다). 이 장에서는 일본 무라의 특성을 발리의 '무라'와 비교함으로써 파악해 보고자 하였다. 그 결과 발리의 경우는 기능집단과 친족공동체

의 성격이 분리되었지만, 일본은 비교적 친족촌락공동체적 성격이 유지되었다는 결론을 제시하였다. 이 결과가 한국의 경우와는 어떻게 다른지 궁금하게 만든다. 이 책의 머리말에 언급된 "결론적인 것을 찾지 말아 달라", "학문에서 가장 중요한 것은 자기 머리로 생각하는 것이다"라는 구절이 떠오른다.

제2장 '일본의 도시'에서는, 일본 도시의 형성 과정을 일본인의 네 가지 생활사 유형— ① 농촌이탈형 ② 생애회귀형 ③ 계절회귀형 ④ 근교통근형에 근거하여 설명하였다. 즉 도시는 ① 농촌이탈형과 ② 생애회귀형에 의해 팽창되고, 제2차 세계대전 후에는 ③ 계절회귀형과 ④ 근교통근형에 의해 신흥산업도시가 탄생되어 '도시화'가 전국적으로 확산되었다는 것이다. 그리고 이러한 '도시화'의 근본에는 일본인의 도시지향적 취향이 영향을 미쳤고, 이 취향의 바탕에는 다음 두 가지 요인—① '향도이촌向都離村 도시지향'에 대항할 수 있는 농본주의, 농촌재생운동, 지방문학의 강조와 같은 '대항지향對抗志向'이 허약했다는 점, ② 외부침략이 거의 없어서 '유구한 도시전통'이 그대로 유지되었다는 점—이 작용하였다고 고찰하였다. 주변 강대국의 끊임없는 침략에 시달려야 했던 우리와는 달리 두 번째 요인 때문에 지금까지 다양한 도시의 색깔을 고스란히 간직하고 있는 일본 도시들을 새삼 부러운 눈으로 보게 만든다.

제3장 '연령집단'은 약간 생소한 제목이라 호기심을 자극하였는데, 익숙하지 않은 문화인류학적 용어로 시작되는 서두 때문인지 처음에는 버겁게 느껴졌다. 그러나 일본을 비롯하여 한반도, 중국, 대만, 미크로네시아, 타이의 각 연령집단을 비교분석한 내용은, 국가마다 약간씩 차이는 있을지라도 서구에 비해 아직 뿌리깊은 동양문화권의 공통된 특성, 예를 들어 강력한 지연적 결속력, 엄격한 상하관계, 상부상조의 미풍양속 등을 이해하는 데 많은 도움을 주었다. 아울러 요즘처럼 가족 모두가 뿔뿔이 흩어져 사는 핵가족화 · 고령화 시대에, 멀리 떨어져 지내는 가족보다 가까운 '이웃사촌'의 도움이 더 고맙고 절실해질 수밖에 없는 세태에 새로운 돌파구를 제시해

주는 것 같다. 혈연보다 연령을 기준으로 조직되기 때문에 혈연에 연연하지 않고 개별적·사회적 결속을 추구하는 '연령집단'의 장점을 살려 지역 중심의 소공동체운동이 자발적으로 일어난다면 어떨까 하는 기대를 해본다.

제4장 '어민집단'에서는, '에부네'라고 하는, 땅에 정착하지 않고 배로 떠돌이 생활을 하는 무리의 존재가 흥미로웠고, 어민집단의 변천 과정 중 특히 정치세력과 결탁하여 세력을 확장해 가는 모습은 역사드라마의 한 장면을 연상시키기도 하였다. 아울러 외줄낚시, 다코쓰보, 타뢰망 등 다양한 낚시법이나 어업법은 한일간의 비교자료로도 유용할 것 같다.

제5장 '리더십과 의사결정'에서는, 제2차 세계대전 후 급속한 경제성장을 이룩한 일본사회의 특수성과 일본인 행동의 특이성으로 자주 언급되는 '주식회사 일본' '연공서열 및 종신고용' '품의제' '학벌' '집단주의' '사전교섭' '적정배분' 같은 개념을 재평가하였다. 소위 '관료주의'로도 해석될 수 있는 '품의제'에 대해, "조직의 하부사람은 상사의 신임을 얻을 때만 문서를 기안할 여지가 생기는 것이 일반적"이고 "조직의 지도자에게 권위와 주도권이 적다는 사실을 의미하는 것이 아니다"라는 평가는 매우 인상적이었다. 또한 서구적 시각에서는 이런 특성이 일본만의 것으로 여겨질 수 있겠지만 다른 나라에도 충분히 나타날 수 있는 특성이라는 지적은, 6·25전쟁 후 고도경제성장을 이룩한 우리의 경험에 비추어 수긍이 갔다. 다만 요즈음 일본 젊은이들의 상당수가 정식으로 직장에 취업하는 대신 아르바이트로 생계를 유지하는 '후리타'이고, 개인적 취향에 푹 빠져 타인과의 교제를 기피하는 '오타쿠족'이라는 사실은 격세지감을 느끼게 한다.

제6장 '어디에 귀속해 살아갈까?'에서는 일본 봉건제와 서구 봉건제와의 근본적인 차이를 설명하였다. 특히 서구 봉건제는 '오마주hommage'에 기초한 호혜적 계약관계인 데 비해 일본의 봉건제는 혈연에 기초한 일방적 복종관계라고 하여, 봉건제적 개념 차이를 뚜렷하게 제시하고, 더 나아가 양측의 근대화가 근본적으로 다른 양상을 띨 수밖에 없었던 원인이 바로 이 점에

있었다고 주장하였다. 즉 일본의 영주는, 막부에 의한 세밀한 서열식 좌석배치나 고쿠다카石高 제도 등의 치밀한 방해공작 때문에 상호 횡적인 단결을 이루지 못하여 서구의 신분제의회 같은 정치집단을 조직하지 못하고, 마침내 메이지 유신 때 제대로 된 저항도 못해 보고 특권을 완전히 몰수당하게 되었다고 분석하였다. 만화나 드라마, 영화, 책 같은 다양한 매체를 통해 일본 무사도의 감각적 측면만이 부각되는 요즘 상황에서 "19세기 당시 일본 무사계급은 경제적으로 실권을 잃고 독자적 문화도 갖지 못한 채, 벌거벗은 정치권력에만 매달려 살아가는 한심한 존재였다."라는 새로운 각도에서의 평가는 시사하는 바가 크다.

제7장 '일본의 가족-친족관계와 조상숭배'는 일본적 특성을 물씬 느끼게 하는 주제로, 일본인 연구자였다면 간과하기 쉬운 부분을 서구인의 시각에서 날카롭게 분석하고 있다. 주로 '가문의 수호신'으로서의 조상에 대한 숭배와 공동체적 성격이 강한 가문에 대한 관념이 어떻게 변천되었는지를 실질적인 조사결과를 근거로 상세히 설명하였다. 즉 이미 1951년에 조사했던 지역(가가와 현香川縣)을 1975년에 다시 조사하여 제2차 세계대전 후 일본인의 가족과 주거 형태의 변천을 제시하고, 1963년 조사(현재 어떤 사람을 위패로 모시고 있는가, 위패의 유무 등)를 바탕으로 일본인이 갖고 있는 조상숭배의 의미적 변천도 설명하였다. 결국 제2차 세계대전 후 일본인은 도시형 '부부가족' 형태를 취하며 "죽은 자의 영혼에 대해 존경이라든가 숭배 같은 태도에서 갑자기 벗어나 추도와 공양의 태도를" 취하게 되었다고 결론지었다. 그렇다면 21세기의 일본인은 또 어떻게 변화되었는지, 인구의 90%가 불교와 연관되어 있다고 인식하는 일본인과 달리 기독교도가 상당수를 차지하는 한국의 경우는 과연 어떤 면에서 차이가 있을지 등도 궁금하다. 이러한 궁금증을 해소하는 데 이 글이 좋은 비교자료로 활용되기를 기대한다.

제8장 '은혜의 관념과 부모자식 관계'에서는, 일본에서는 소위 유교적 봉건적 요소가 강한 도덕규범인 '효'보다는 상호 '부채 관념'을 바탕으로

하는 '은혜'가 부모자식 간의 관계에 더 기본적으로 작용한다고 정의하였다. 이를 뒷받침하고자 일본적 '효'를, 유교적 성격이 강하여 일방적이고 절대적인 고대중국의 '효'와, 봉건적인 요소라고는 찾아볼 수 없으며 주로 금기사항으로 구성된 서아프리카 타렌시 족의 '효'와 비교·검토하였다. 일본적 '효'는 '부채 관념'을 바탕으로 한 상호적인 '은혜'가 반드시 전제되어야 한다는 이런 분석법은, 일본인이 '남에게 폐를 끼치지 않는 것'을 가장 중요한 사회생활 덕목으로 여긴다는 점, 결혼식 때 하객에게 식사 제공은 물론이고 축의금에 상당하는 선물을 제공하고 추석과 설에 감사의 편지와 선물을 주고받는다는 것, 감사의 말을 하기에 앞서 "미안합니다(스미마센)"라는 말을 먼저 건넨다는 점 등과도 일맥상통하여 상당히 유효한 것 같다. 그러나 '부채'라는 말이 주는 어감 때문인지 어쩐지 지나치게 계산적이고 사무적인 느낌이 들어 쉽게 받아들여지지는 않는다. 아마도 직·간접적으로 또 의식·무의식적으로 우리에게 강한 영향력을 행사하고 있는 유교사상 때문일 것이다. 요즈음 한국의 젊은이들도 나와 같은 부담감을 느끼는지 궁금하다.

제9장 '이에모토 집단 내의 인간관계'에서는, 슈Hsu가 중국의 클랜(족族)이나 인도의 카스트, 미국의 클럽(자유결사)과 유사한 것으로서 일본의 이에모토Iemoto를 거론했던 것을 바탕으로, 일본의 메타 원原조직인 이에모토家元 제도의 특성을 근대 관료제와 대비시켜 분석하였다. 언뜻 보면 양쪽 다 유사한 피라미드 구조로 보이겠지만, 최고위자와 하위자 간의 명령하달법이나 권한위임법에서 상당히 다른 특성을 띠고 있다는 것을 이에모토의 나토리名取 제도와 일본기업의 품위제 등을 들어 상세히 설명하였다. 특히 일본기업의 대표적인 원조직이라 할 '과課'와 그 우두머리인 과장의 역할 등에 대한 설명은 우리나라 실정과도 상당 부분 유사하여 쉽게 공감되었다. 또한 구미 위주의 근대 관료제의 특성을 그대로 일본에 적용시켜 무조건 일본의 이에모토 제도를 근대화에 역행하는 제도라든가 일본 특유의 과로 분담되는 기업제도가 지나치게 집단적이라서 근대의 개인주의와 대치된다는 식으로 보지

않고, 세밀한 분석을 통해 장점을 추출하고 이를 꼼꼼히 입증해 가는 연구방법이 눈길을 끌었다.

제10장 '일본적 사회관계-기성 이미지의 해석-'에서는 일본의 사회관계의 특성을 기존의 연구 내용, 특히 나카네 지에中根千枝, 도이 겐로土井健郎, 요네야마 도시나오米山敏直의 주장을 꼼꼼히 비교분석하여, 각각의 특성과 문제점 등을 제시하였다. 이를 근거로 다음 세 가지 공통점— ① 일본인의 인간관계는 집단의 의해 구성되고 그 집단은 안과 밖의 범주를 규정한다, ② 이상적인 인간관계는 정신적 일체감이고 그것이 불가능한 외측세계에 대해서는 비사교적이고 냉담하며 적의적이다, ③ 정서적 관계는 종적관계다—을 추출하였다. 이는 일본적 사회관계를 전반적으로 파악하는 데 매우 유익하였다. 다만 일본 관서지역을 대표하는 교토 사람의 동료간 교제방법이 "쿨하다"며 극찬한 요네야마의 주장을 상당히 비판적으로 파헤치는 필자가 관동지역을 대표하는 도쿄 출신이라는 점이 흥미롭다. 어느 나라든 어떤 사람이든 지역감정에서 완벽하게 자유로울 수는 없는 것인가?

제11장 '군주제에서 봉건제로'에서는, 일본의 군주제와 봉건제의 특성을 유럽 및 중국 등과 비교하여 제시하였다. 일본 천황제가 갖는 독특한 특성으로서 종교와 분리되지 않은 '카리스마'와 국가 이데올로기 측면에서 추앙받는 상징성을 거론하면서, 메이지 유신으로 천황은 막부토벌운동의 상징적 중심이 되고 마침내 최고의 상징적 지위를 얻을 수 있었다는 것이다. 그런데 봉건제의 경우는 명확한 결론을 내기보다는, 다양한 시각에서 봉건제에 대한 정의는 물론 유럽의 feudalism과 중국의 '봉건', 일본의 경우를 상세히 비교하면서도 다음과 같이 독자 나름의 판단에 맡겼다. 즉 "도쿠가와 막부체제를 고전적인 봉건제로 간주할지 아니면 봉건제라는 이름에 전혀 걸맞지 않다고 생각할지는 그가 메이지 유신의 의미를 어떻게 해석하느냐에 따라 크게 좌우된다."고 전제하면서, 메이지 유신은 다음 세 가지로 해석된다며 논리전개상 필요한 정보도 덧붙였다. ① 봉건제를 완전히 타파하는 데

실패하여 메이지 전제정치가 등장하였다, ② 메이지 유신은 불완전한 시민혁명이다, ③ 메이지 유신은 근대화를 이룩했다. 마치 영화에서 완전한 결말을 내주기보다는 여운을 남겨두는 쪽이 더 매력적이듯 이러한 저술 방법에 매우 호감이 간다.

제12장 '정부 관료제의 기능적·기능장해적 성격'에서는, 세계적으로도 유례가 드문 고도성장을 이룩한 '주식회사 일본'의 배경으로서 이미 많은 연구자들의 관심의 대상이 되었던 일본 '관료제'를, 인터뷰와 저서 등을 바탕으로 설명하였다. 특히 그 기능적인 장점과 기능장해적인 단점을 어느 쪽으로도 치우치지 않고, 된 필자가 일본인이 아니라는 점을 최대한 발휘하여 미국 등과의 비교를 통해 공평히 추출하고자 노력한 흔적이 눈에 띄었다. 또한 일본 최고위 관료의 책임감 표명 방식이나 "일본 관리는, 필요하면 늦게까지 일하고, 상대적인 기준에서 볼 때 정직하며, 업무는 대부분 그런대로 무난하게 달성해 낸다."는 마지막 결론은, 요즈음 한미 FTA 체결과 쇠고기 협상문제로 정부와 국민여론이 대치되고 있는 우리나라 실정을 떠올리지 않을 수 없게 만든다.

제13장 '중국 선종제도와 일본인 사회'에서는, 현재에도 일본의 대중불교로서 명맥을 굳건히 유지하고 있는 선禪불교가 어떻게 도입되어 일본화되고 확산되었는지를 상세히 설명하고 있다. 특히 도입 당시의 중국식 선불교가 호조北條, 아시카가足利 일가 및 고다이고後醍醐 천황의 비호 아래 일본화되면서 민중들에게까지 확산된 성공적인 포교 과정을 기독교의 실패한 선교 과정과 비교한 결론—선종은 일본 정치권력의 지배를 받는 일본의 종교제도가 되었지만, 기독교는 '일본에 있어서의 종교제도'였지 결코 '일본의 종교제도'는 아니었다—은 인상적이다.

제14장 '교육제도'에서는, 토착신앙에 입각한 마을공동체의 특성을 그대로 학교에 적용하여 천황신앙에 입각한 학교·학급공동체를 형성했음에도 불구하고, 메이지 유신 후의 급속한 근대화와 더불어 초·중등 교육단계와는

완전히 분리된 '비밀종교 같은 지식·기술'을 독점할 수 있는 고등교육을 창출하여 새로운 신분제도를 형성한 일본 교육제도의 특색을 설명하였다. 특히 '학교만능론'으로 표현되는 학교 기능에 대한 맹신으로 본래 가정이 책임져야 할 식사법이나 기초적인 생활습관의 지도, 도덕적 심정의 발달 등을 학교에서 모두 담당케 하는 반면, 학교의 주된 역할인 학습의 상당 부분은 가정학습의 이름으로 가정에 위임하여 치열한 입시전쟁을 조장한다고 한 해석은 상당히 공감되는 부분이었다. 또한 "일본인의 일생은 입시라는 통과의례를 마친 다음에는 거의 바꿔탈 수 없는 에스컬레이터를 탄 것과 같다. …… 세상에서 가장 중요한 것은 인생의 출발점에서의 에스컬레이터 선택이라는 식으로 일본인 전체가 착각하고 있는 것이다."라는 결론은, 21세기 현재의 일본 상황과는 다소 다를 수 있겠지만 근본적으로 크게 변하지 않은 것 같다. 물론 우리나라의 실정 역시 다를 바 없어 안타까울 뿐이다.

제15장 '외래문화와 토착문화'에서는, 우선 구미와 일본의 사고방식 차이의 근원이 커뮤니케이션 형태, 즉 '최대 메시지형 커뮤니케이션'과 '최소 메시지형 커뮤니케이션'의 차이라고 보고, 일본에서는 글자 수가 제한적인 단가短歌나 하이쿠俳句, 억제된 몸짓으로 메시지를 극도로 응축시킨 노가쿠能樂, 무한과 무정형을 추구하여 질서와 규칙성을 배제한 선禪불교 등이 발달하였다며 일본인의 사고방식의 특징을 먼저 규명하였다. 이를 바탕으로 일본글자인 가나의 형성 과정을 예로 들어 일본 외래문화의 수용 과정('모방-수정-일본화')을 알기 쉽게 설명하고, 일본의 신속한 근대화를 뒷받침해준 조건들(외국문화나 기술에 대한 능동적이고 적극적인 태도, 수용한 외래요소의 적극적인 재생산(일본화), 외래문화의 자극으로 인한 토착문화의 급성장 등)을 언급하였다. 특히 애매한 일본어 표현, '비정秘情'의 일본문학, '이심전심'에 의존하는 일본신앙, 외래문물의 '세련된 일본화' 등을 좋은 수신자가 될 것을 강조하는 '최소 메시지형 커뮤니케이션'으로 설명한 점이 흥미로웠

다.

제16장 '유토피아 사상'에서는 '지장정토地藏淨土' '쥐의 정토鼠淨土' '가쿠레
자토隱れ里' '도요노쿠니常世の國'로 비유되는 일본인의 독특한 유토피아관을
소개했다. 특히 '가쿠레자토'가 에도 시대에는 사창가라는 뜻으로 사용될
정도로 일본인은 유토피아를 현실에서 찾으려 했다는 지적이나, 땅속 나라 ·
죽음의 나라 · 암흑의 나라인 '도요노쿠니'가 "일본인에게는 결코 격리된
세계가 아니라 마레비토라는 손님과의 교류에 의해 현실과 맺어질 가능성이
있는 곳"인 "재생의 나라"로 인식되었다는 해석도 흥미로웠다. 한국인에게는
생소한 일본 주택가에 자주 보이는 공동묘지의 의미도 이해할 수 있을
것 같다.

제17장 '시쓰케'에서는, 일본 사람들의 겉모습이 어쩐지 위축되어 보이고
소극적이며 단체행동을 좋아하는 '무리의 민족'이라고 불리게 된 주요 원인
을, 집단적 노동력으로 유지되던 전통사회의 시쓰케에서 찾고, 그 어원에서
부터 시작하여 시쓰케가 발생할 수밖에 없었던 상황, 유년기 · 소년기 시쓰케
의 특성 등을 상세히 설명했다. 즉 시쓰케는 일본에서 독자적으로 개발한
'躾'란 한자로도 알 수 있듯이, 아름다운 몸가짐, 예법, 교육으로 해석되는
것으로 전통사회에서는 필수적인 덕목이었다. 오늘날에는 창의성이 부족한
마이너스적 측면이 부각되고 있기는 하지만, 현대사회에 필요한 협조성과
인간애를 길러주는 플러스적 측면도 재고해 보자는 의견을 제시하였다.
전적으로 동감한다. 특히 할머니 할아버지들이 들려주던 설화나 옛날이야기
가 일종의 시쓰케였다는 해석에도 절로 머리가 끄덕여지면서 요즈음 한국사
회에서는 찾아볼 수 없는 풍경이기에 더욱 아련하게 느껴지기도 한다.

제18장 '타관인 · 내방자에 대한 관념'에서는, 일본의 고유신앙으로 받아
들여지는 '집안에 붙어 있는 귀신'이 원래 그 지역의 토착민에게는 붙지
않고 다른 곳에서 이주해온 타관인에게만 붙는다는 사실을 근거로, 내방인 ·
타관인 · 이방인 · '에비스신' · '마레비토' 등에 대한 이중성(신비감과 재앙,

행운과 불행, 이승과 저승, 안과 밖 등)을 상세히 설명하였다. 이러한 관념은 일본만이 아니라 다른 여러 나라에도 해당된다고 덧붙였다. 한국에도 '여우'가 둔갑하는 이야기가 많아서인지 상당히 공감되는 흥미로운 내용이었다.

제19장 '부레이코와 이문화'에서는, 특히 일본인의 단체 해외관광 등에서 자주 보이는 방약무인한 행태의 원인을, 일본 제사의 2대 요소(재계와 향연)의 하나인 향연(나오라이直會)의 '부레이코無礼講'에서 찾고자 하였다. 즉 일상의 힘든 생활은 '재계'고, 여행은 모든 것을 벗어던진 일탈의 '부레이코'라고 해석한 것이다. 필자도 언급했듯이 외국에서 일본인들이 보여주는 다양한 모습들을 관찰한 결과를 토대로 한 내용이기에 설득력 있고 그 발상의 기발함이 흥미로웠다. 다만 방콕처럼, 예컨대 일본으로 인한 전쟁의 아픈 기억이 아직 생생하게 남아 있는 나라에서 이러한 일본인의 추태를 그저 귀엽게 '부레이코'라고만 해석할 수 있을까? 게다가 미국이나 유럽에서는 왜 이러한 추태가 눈에 띄게 보이지 않는지도 궁금해진다.

이상의 내용을 정리해 보니 역시나 딱딱한 내용으로 채워졌다는 책임감을 절감하지 않을 수 없다. 그러나 화려한 색깔들로 한국 젊은이들의 시선을 현혹하는 책들이 넘쳐나는 요즈음, 무채색처럼 차분해서 더 좋다는 평을 받고 싶은 욕심도 생긴다. 부질없는 욕심은 버리자. 일본에 관심을 갖고 있는 분들에게 이 번역이 작은 도움이라도 되었으면 좋겠다는 바람뿐이다. 이 책을 출판하는 데 거의 만 5년이 걸렸다. 그 사이 1년간 교토 대학에 안식년을 갔다오기도 하여 결국 영남대학교에 부임하면서 번역에 착수한 후 7년째가 되어서야 완성하였다. 책 한 권을 번역하는 데 길다면 길고 짧다면 짧은 시간일 것이다. 능력의 부족을 실감하면서 이 책이 무사히 출판되어 한시름 놓을 뿐이다.

마지막으로 번역에 도움을 주신 여러분들께 감사의 말씀을 드리고 싶다. 특히 일본 교토에 있는 꽃꽂이 이에모토인 쇼후엔슈正風遠州 종가에 문의하여,

까다로운 이름(제자들 이름) 읽는 법을 상세히 알려주신 다나카 미와코田中美和子 씨를 비롯하여, 영남대학교의 기쿠치 세이지菊池誠治 교수님, 홍익대학교의 이누이 히로시乾浩 교수님께 진심으로 감사드린다. 이 책의 번역에 적극 응해주신 겐큐샤 관계자 여러분, 출판될 수 있도록 다방면으로 노력해주신 혜안출판사의 오일주 사장님, 역자의 부족한 표현을 일일이 수정해주신 김현숙 님께도 감사의 말씀을 전한다.

2010년 1월 옮긴이

필자 소개 (논문 게재순)

요시다 데이고　　　吉田禎吾, 1923년 출생, 도쿄 대학 문학부 졸업, 도쿄 대학 교수, 문화인류학 전공
요네야마 도시나오　米山俊直, 1930년 출생, 미에(三重) 대학 졸업, 교토 대학 부교수, 문화인류학 전공
다카하시 도이치　　高橋統一, 1927년 출생, 도쿄 도립대학 인문학부 졸업, 도요(東洋) 대학 교수, 사회인류
　　　　　　　　　　학 전공
이토 아비토　　　　伊藤亞人, 1943년 출생, 도쿄 대학 교양학부 졸업, 도쿄 대학 동양문화연구소 조수,
　　　　　　　　　　문화인류학 저공
에즈라 F. 보겔　　　Ezra F. Vogel, 1930년 출생, 하버드 대학 교수, 동아시아연구소장, 일본 · 아시아
　　　　　　　　　　연구
이케다 고이치　　　池田孝一, 1942년 출생, 도쿄 대학 문학부 졸업, 도쿄 대학 교양학부 강사, 미국문학
　　　　　　　　　　전공
마스다 요시오　　　增田義郎, 1928년 출생, 도쿄 대학 문학부 졸업, 도쿄 대학 교양학부 교수, 이베리아 ·
　　　　　　　　　　이베로아메리카 문화사 전공
로버트 J. 스미스　　Robert J. Smith, 1927년 출생, 코넬 대학 교수, 문화인류학 전공
도스 노리미쓰　　　唐須教光, 1942년 출생, 도쿄 대학 교양학부 졸업, 히로시마(廣島) 대학 강사, 언어인류
　　　　　　　　　　학 전공
나카바야시 노부히로　中林伸浩, 1940년 출생, 도쿄 대학 문학부 및 교양학부 졸업, 가나자와(金澤) 대학
　　　　　　　　　　교양학부 조교수, 문화인류학 전공
하마구치 에슌　　　濱口惠俊, 1937년 출생, 교토 대학 교육학부 졸업, 오사카(大阪) 대학 인간과학부
　　　　　　　　　　교수, 사회심리학 · 심리인류학 전공
나가시마 노부히로　長島信弘, 1937년 출생, 도쿄 대학 교양학부 졸업, 히토쓰바시(一橋) 대학 조교수,
　　　　　　　　　　사회인류학 전공
존 W. 홀　　　　　John W. Hall, 1916년 출생, 예일 대학 교수, 일본사 전공
사사키 아키오　　　佐々木昭夫, 1933년 출생, 도쿄 대학 문학부 졸업, 도호쿠(東北) 대학 조교수, 비교문
　　　　　　　　　　화 · 비교문학 전공
알버트 M. 크레이그　Albert M. Craig, 1927년 출생, 하버드 대학 교수, 일본 · 아시아 연구
마틴 콜커트　　　　Martin Collcutt, 1939년 출생, 프린스턴 대학 조교수, 일본중세사 전공
에부치 가즈히로　　江淵一公, 1933년 출생, 규슈(九州) 대학 교육학부 졸업, 후쿠오카(福岡) 교육대학
　　　　　　　　　　교수, 문화인류학 · 교육인류학 전공
오노자와 마사키　　小野澤正喜, 1945년 출생, 도쿄 대학 교양학부 졸업, 규슈 대학 조교수, 문화인류학
　　　　　　　　　　전공
미야타 노보루　　　宮田登, 1936년 출생, 도쿄 교육대학 문학부 졸업, 쓰쿠바(筑波) 대학 조교수, 민속학
　　　　　　　　　　전공
노구치 다케노리　　野口武德, 1933년 출생, 도쿄 도립대학 졸업, 세이조(成城) 대학 교수, 사회인류학
　　　　　　　　　　전공
아오키 다모쓰　　　靑木保, 1938년 출생, 조치(上智) 대학 문학부 및 도쿄 대학 교양학부 졸업, 오사카(大
　　　　　　　　　　阪) 대학 인간과학부 조교수, 문화인류학 전공

옮긴이 소개

김 양 선　　　　　이화여자대학교 영문학과, 계명대학교 대학원 일어일문학과 졸업, 일본 간사이 외국어
　　　　　　　　　　대학 대학원 언어문화과 박사, 교토 대학 초빙 외국인 학자, 현 영남대학교 문과대학
　　　　　　　　　　일어일문학과 교수

일본인의 사회

마스다 요시오 엮음 | 김양선 옮김

2010년 3월 30일 초판 1쇄 발행

펴낸이 · 오일주
펴낸곳 · 도서출판 혜안

등록번호 · 제22-471호
등록일자 · 1993년 7월 30일

⊕ 121-836 서울시 마포구 서교동 326-26번지 102호
전화 · 3141-3711~2 / 팩시밀리 · 3141-3710
E-Mail hyeanpub@hanmail.net

ISBN 978-89-8494-384-1 93910

값 20,000 원